厦门社科丛书

何丙仲 著

一峰精舍随笔

玉林署签

厦门大学出版社
国家一级出版社
全国百佳图书出版单位

图书在版编目(CIP)数据

一灯精舍随笔 / 何丙仲著. -- 厦门：厦门大学出版社，2022.9
(厦门社科丛书)
ISBN 978-7-5615-8663-1

Ⅰ. ①一… Ⅱ. ①何… Ⅲ. ①读书笔记－中国－现代 Ⅳ. ①G792

中国版本图书馆CIP数据核字(2022)第121628号

出 版 人	郑文礼
封面题签	赵玉林
责任编辑	章木良

出版发行 厦门大学出版社
社　　址 厦门市软件园二期望海路 39 号
邮政编码 361008
总　　机 0592-2181111　0592-2181406(传真)
营销中心 0592-2184458　0592-2181365
网　　址 http://www.xmupress.com
邮　　箱 xmup@xmupress.com
印　　刷 厦门集大印刷有限公司

开本 787 mm×1 092 mm　1/16
印张 42.25
插页 2
字数 692 千字
版次 2022 年 9 月第 1 版
印次 2022 年 9 月第 1 次印刷
定价 168.00 元

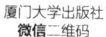

本书如有印装质量问题请直接寄承印厂调换

序 一

谢 泳

丙仲先生是我非常尊敬的学术前辈。厦门地方史研究专家中,洪卜仁、彭一万等先生虽学术会议中有见面之缘,但多无深交。编辑"同文书库·厦门文献系列"时,初识丙仲先生风采,便觉吐属不凡,雅人深致。

厦门地方史研究能有今天这样的成绩,如厦门历代古籍整理、近代文献搜集及鼓浪屿史料的保存等,与诸位先生的学术选择有极大关系。几位先生虽不在大学,但因专注地方史,在自己熟悉的领域均成就斐然。说实话,今天在大学历史系教书的人,多年以后,再看自己的学术成绩,多数可能会感到惭愧。因为大学的学术评价体系导致多数研究工作是为考核而做,为课题而做,时过境迁,极少再为人提起,而厦门几位地方史研究前辈,研究完全出于学术兴趣,毫无功利目的,学术生命得以永续。

历史研究,看似容易,但做好了很难,其间学术方向的选择极为关键,如非天分和才情足够,历史研究的工作多难有长久生命力,所谓成绩不过教书吃饭而已。地方史研究则不同,只要持之以恒,最后总会有可观业绩,因其小反能成其大。就一般历史研究方向而言,专注地方史研究,其实是最聪明的学术选择,可惜多数喜欢历史的人还不明白这个道理。许多大学历史系的教员,退休之日即结束自己的学术生涯,而厦门几位前辈,却保持了旺盛的学术生命,像洪卜仁老先生,可说是将学术坚持到了生命的最后一刻,时时想起,都令人心生敬意!

几位前辈的著作,我偶有涉猎,感觉丙仲先生最有才情,最具文人气质。当代学者的中国传统文化修养,一般说来,随年龄而下降,而丙仲先生例外,他在琴棋书画、诗艺辞章上,都有很好的修养;在研究著述、翻译介绍上,也极见功力。在同代学者中,有如此全面学养的人,真是很稀见了。丙仲先生兴趣广泛,知识渊博。他早年做《厦门摩崖石刻》《厦门碑志汇编》《厦门石刻撷珍》等,虽是地方金石汇集，但足见传统文人趣味。这些学术工作，时间愈长愈见其学术生命力。

本书是丙仲先生的一部笔记专书，今天选用传统笔记体写作的人极少。这部笔记，放在近世著名笔记中，亦属上乘之作。丙仲先生的全部著述中，我最喜欢这一部。这部笔记是信史，更是好读的美文，丙仲先生的其他著述多有专业性，但这部笔记却是学术和文学兼顾，在厦门地方史研究中是一部个性鲜明的著作。

笔记是中国传统文体，篇幅短小，随笔而记，但对作者的要求极高，不仅要知识积累，更须阅历丰富，见多识广，博闻强识。文笔要松闲简洁，内容需结实有趣。丙仲先生自幼读书，熟悉中国经史及各类野史笔记，整理过李禧先生的《紫燕金鱼室笔记》，谙熟笔记体例，晚年撰稿，文笔古雅，生动有趣，深得中国传统笔记妙谛。有史料、有轶闻、有经历、有见识，有感受，有真情。可当厦门掌故读，也可当丙仲先生自传看，因其中广泛记述了他的所见所闻。友朋论学，朋辈交游，闽南烟霞，厦门耆旧，尽在书中，洵为一部厦门掌故全书。

瞿兑之早年为《一士类稿》作序时曾说："通掌故之学者，是能透彻历史上各时期之政治内容，与夫政治社会各种制度之原委因果，以及其实际运用情状。要达到这种目的，则必须对于各时期之活动人物，熟知其世系渊源，师友亲族的各种关系，与其活动之事实经过。而又有最重要之先决条件，就是对于许多重复参错之屑琐资料具有综核之能力，存真去伪，由伪得真。"瞿兑之认为："掌故学者殊不容易养成，这种学问凭实物研究是不行的，凭书本的知识是不够的，不是有特殊修养，必至于事倍功半。"丙仲先生选择这种文体，既是自信，更是全部学养的体现。

以后难得再见这样的掌故笔记，我们应当格外珍惜；一生心血成就此书，丙仲先生无愧于厦门文史研究！

2021年9月23日于山西太原南华门东四条

序 二

洪峻峰

何丙仲先生最近整理成帙、即将付梓的《一灯精舍随笔》,是他数十年来积累丰厚的读书札记和交游记录的精选结集。承作者雅意,我得以先睹为快,尽情领略这部独具特色的笔记体文史著述之广大精微。

"笔记"作为中国传统的一种著作体裁,具有"记见闻、辨名物、释古语、述史事、写情景"诸多著述功能,无固定主题和格式,可随感而发、有得而作,因而成为历代文人偏爱的文史撰述形式。据我所知,晚清民国时期厦门文人所撰笔记体著作也不少,但多不存或绝版难觅。近几年厦门市社科联组织编纂大型丛书"同文书库·厦门文献系列",广蒐近代乡邦文献,我与丙仲先生、谢泳先生一起推动并投入这项工作,深感这些笔记著作的独特价值,便协力搜罗、择尤重刊,使之免致湮灭。其中包括久享盛名的邱菽园"三大笔记"——《菽园赘谈》《五百石洞天挥麈》《挥麈拾遗》、林尔嘉著《顽石山房笔记》、李禧著《紫燕金鱼室笔记》、苏逸云著《卧云楼笔记》、黄伯远著《红叶草堂笔记》等。这些笔记既有近代闽南各地的大量掌故逸闻、风土人情、山川人物的记述,也有史事考据和名物辨证,内容丰富多彩,可补志乘之缺,极具文史价值。

遗憾的是,在现代学术中,这种传统的笔记体裁却因无确定论题和写作体系而遭冷落,甚至被排除于学术著作的畛域之外。其实,正是由于突破了论题的局限和体系的羁绊,笔记成为最为自由的著述方式,因而最能体现作者的兴趣、学识和真知灼见。从丙仲先生的这部笔记著作,我再次感受了这种传统著述方式和体裁的独特魅力。

《一灯精舍随笔》全书共562篇(则),卷帙浩繁,题材广泛,形式多样,而以乡邦文史为主体,以见闻杂记、诗文辑录和考订辨证为重点。无论是辑存零星史料的短章片语,还是展开学术考辨的长篇宏论,都显示了作者的问题意识和文史功力。其中不少系针对厦门文史研究中的空白、争议和难题而作,曾发挥过补缺、解惑的作用,其见解多已成为共识或代表性观点。书中录存韩国磐教授为作者一部《厦门史事杂俎》所作序言,云:"尽写厦门人事沧桑之迹,起于唐,迄于今,大至于帝王将相,小至于陋巷庶民,凡有可书者,靡不笔之,真厦门之信史也。""杂俎"惜未付梓,然序中这段话移于评论这部笔记体撰著,却也颇为恰当。

《一灯精舍随笔》一书的内容可谓包罗万象,而我感受最深的有两方面:一是书中辑录大量的乡邦诗词佚稿、稀见作品以及本事资料、诗坛逸闻,此类厦门诗史的别裁断章,也是我的学术兴趣所在,吉光片羽,引我情思;另一是书中记述作者与众多前辈乡贤文士的交游轶事,包括问学承教和接受熏陶的亲历情景,展示了文脉承续的一种独特方式,生动感人,令我神往。

厦门近代文史著述以诗词文献最为丰富。丙仲先生既是成果丰硕的文史学者,也是颇有造诣的诗词家,对传统诗词的史料价值和艺术价值都有深刻的理解,且具有很强的文献保护和文脉传承意识。这部笔记著作包含了大量的乡邦诗词文献、诗坛掌故等"诗话"内容,其中着重谈诗词说诗人者多达230余篇,涉及厦门众多重要诗人,堪称近现代厦门的"半部诗史"。作为一位传统诗词的爱好者和研究者,我多年来也致力于乡邦诗词文献的辑佚整理和近现代诗史的探索建构,可以说与丙仲先生有着共同的学术兴趣,且常有交流,受益良多。所以,本书这方面的撰述是我最感兴趣的内容。

中国传统诗话的主要功用有论说、品评和纪事、录诗,而本书的"诗话"内容侧重于纪事、录诗方面,所谓"存佚诗、记雅事、忆交游"者也。书中对厦门历代诗词及其本事的钩沉、辑佚、辨析,具有很高的文献价值和诗史意义。

如《〈鹭江志〉八景诗词重校》《南池林兆鲲》二篇对清乾隆本《鹭江志》内八幅鹭江名胜图题咏的考证、校勘。题咏署名"南池林兆鲲",然至今人们尚不知其为何许人,写刻也有鲁鱼亥豕之处。此二篇考证了林氏其人及其履历,并据清嘉庆年间新镌氏著《林太史集》所收"八景图"题咏,与《鹭江志》原刻本对校。《明末厦门诗人寓京所作诗》一篇,作者记述在明人所著《帝京景物略》中发现诸多闽南名贤题燕京名胜之佳什,并据以与许獬、蔡复一、池显方等乡先贤诗文集对勘。此二题所辑校的底本虽已刊行未佚,但其中所包含的有价值史料湮没在书海中,之前未曾被厦门文史界发现和引用,而作者在笔记中率先加以发掘。

尤为难得的是录存了一批私人题赠、私家藏稿,堪称孤本。如《欧阳秋澄〈赋秋草堂图〉》一题两篇,是20世纪30年代二十一位闽南诗人题咏诗的抄录,原图为寓厦画家郑煦所绘,题咏者皆诗坛名宿,题诗多未曾现世。该图卷原为友人家藏,故得以观赏、抄录,而如今藏品已易主。《贺仙舫〈鼓浪屿竹枝词〉》一篇,所录贺仲禹撰竹枝词六首作于抗战鼓岛沦陷期间,反映了当时厦门民众的生活状况,惜未见载流传,系由其后人自澳大利亚抄寄录存。《张兆荣教授佚诗》一题三篇,辑存这位厦大老教授的遗诗四十余首。张教授曾因历史问题长期遭受委屈,其诗作不为世人所知。丙仲先生是他的忘年交,这些遗诗均从他在"文革"中及拨乱反正时寄来的私函、诗札以及相互酬唱中录出,反映了他的坎坷经历和情感状况,是那个动荡年代知识者思想面貌的真实写照,弥足珍贵。

丙仲先生长期致力于闽南历史文献典籍的辑佚、校注和刊行,搜集、保存了一大批乡邦文献,尤其是诗词文献。本书的许多内容乃其之前文献整理的赓续,搜补阙佚,缵续辑之,从中可以看出一位文史工作者为使乡邦文献免遭散佚所做的艰辛努力。

如《〈梦梅花馆诗钞〉补遗》和《〈虚白楼诗〉补遗》二篇,分别为作者辑补、整理厦门文化名人李禧和虞愚二先生诗集的拾遗补编。李禧先生注重"以篇什补志乘之未备,以讴歌系掌故之长存"(《梦梅花馆诗钞》后跋),其诗不仅艺术成就高,且特具文献价值,但散佚甚多。《梦梅花馆诗钞》为其晚年自刊选本,印数少,今已稀见难觅。虞愚教授年少即以诗书鸣,曾获近代诗宗陈衍的嘉许和赠诗寄望,其诗也被列入影响深远的《石遗室诗话续编》予以评介。《虚白楼诗》乃其早年自编诗集,1949年付印,但未及装订即被印刷社误当废纸处理,幸已先裁数册赠人而未至全毁,今存一册系受赠者归还。丙仲先生曾先后游于二先生门下,深知他们诗词作品的价值,尤属意于从故纸文物中寻觅、抄存其佚诗。数年前,正是在他的推动下,这两种稀见诗集先后收入"同文书库·厦门文献系列"第一辑、第二辑。他为二书的重刊寻觅底本、撰写前言,又据历年搜集的数百首遗诗,辑校、整理成《李禧先生佚诗辑补》和《虞愚先生诗词补辑》二种,分别编入新版,使之更臻完备。此两篇"补遗"又新辑数十首,均系两部诗集辑补重版后继续搜寻所获。沧海遗珠,探寻不易;而铁网珊瑚,辑佚者可谓尽心竭力。

除了大量稀见佚诗遗稿的辑存外,特别引起我兴趣的还有关于厦门近现代诗坛掌故、雅人韵事的诸多记述。比如所记之"癸丑雅集"。癸丑年(1973)秋冬,罗丹、张兆荣、陈祖宪等十四位闽南诗人与本书作者相约雅聚,相携访胜,登高临远,联吟分韵。一次游太平岩,并联句成诗,两次游鼓浪屿,登日光岩、游菽庄花园,均有吟唱,又在丙仲先生鼓岛家墨禅室聚饮,分韵赋诗。本书分三篇录存这三次雅集的主要诗作,均典雅之什,览胜抒怀,即景怀古,具见家国情怀,非徒应景。作者写道:"师友邀我雅聚鹭门诸名胜,诗酒流连,竟日作联吟裁句、拈韵分题,为平生最难忘之往事也。"(《癸丑雅集太平岩联句作诗》)在当时的环境下,一群怀着共同兴致的吟友故交连续高调举行雅会,并采取联句和拈韵的传统方式,共同创作一批诗词佳作,这种情形洵为罕见,别有意味。"癸丑雅集"以及本书记述的诸多诗坛逸闻、诗词本事,都是厦门诗史的珍贵史料。

在《一灯精舍随笔》中,丙仲先生以简练的文笔,记述其数十年来与前辈文人尤其鹭岛名士交游的点滴片段。记述的近现代诗书人物不下百人,行文及于风仪、言谈、行迹、居止,以及他们的诗词和书画创作,展现了以乡先贤为主体的一代士人的历史群像。尤其难得的是写下了自己接受教诲和熏陶的人生经历和感受,以及前辈的传灯故事、传薪方式。这是本书最动人心弦、令人回肠荡气的内容。

丙仲先生交游甚广,少年时代即在其祖父的影响下遍访本地文化名士,或入室拜师,或叨陪从游,亲近的前辈甚多。书中述及者有:诗词家李禧、虞愚、钱碧海、李芳远、钟文献、黄紫霞、何适、洪子晖、陈祖宪、潘受、潘希逸;书画家罗丹、张晓寒、杨夏林、孔继昭、萧百亮、张人希、林英仪、顾一尘、许其骏、龚鼎铭、陈子奋、宋省予、周哲文、王云峰;厦大教授高梦熊、邵循岱、张兆荣、万灿、韩国磐、李拓之、余纲;本地闻人李硕果、梁果斋、黄子鋆、张宗洽、黄萱、黄猷,以及北京、上海等地的师长朱东润、蔡尚思、史树青、朱维铮、黄润苏,闻人及诗书画家郑逸梅、柯文辉、区丽庄,等等。这是一份令人敬仰和羡慕的名单,其中多为吾闽名士闻人,其人虽逝,遗风犹存,影响且深。作者用数十篇随笔记述自己受知、承教的经历,写下了与他们交往的细节,包括前辈的言谈、履迹,以及他们许多不为人知的思虑和故事,人物形象生动亲切。如书中《邵循岱先生》一篇写道:

> 邵循岱先生身材高瘦,常年穿着汉装,手持一把带弯柄的黑布伞,在鼓浪屿的街巷里踽踽独行,人不知其为厦门大学俄文教授,却道是宛如漫画里的英国首相张伯伦。我读中学时,在稚华师斋头观赏了邵先生的楷书五言联,因在鼓岛所居望衡对宇,随后就认识并成为他的忘年交。……
> 中学毕业后我到工厂做工烧玻璃熔炉。邵先生并没有嫌弃我,我照

旧得闲就去叩门。他没有强调要我学点什么提高什么,每次只是谈诗词论书法,久而久之,却觉得需受教益良多。某次,我在阅读《世说新语》时,觉得书中"赏誉"一章所说的"学之所益者浅,体之所安者深。闲习礼度,不如式瞻仪形;讽味遗言,不如亲承音旨"这一段话很有意思,邵先生说:"没错!'式瞻仪形''亲承音旨',我小时候就受这种家学熏陶。"……

循岱先生气度如鹤,落落寡合。唯与邻居洪子晖老先生有往来,他说洪老儒雅不俗,家里富藏书,孙女洪珑又能弹钢琴,文化气息浓。……

这一篇记述与厦门大学俄文教授邵循岱先生的忘年交,饶有韵味,寥寥几笔就勾画出一位学者的风骨、气度和学识,尽显浊世清流的"先生之风"。书中写其他前贤师友也多如此,行文宛若"世说",简约玄澹,隽永传神,一个个雅人深致的形象跃然纸上,风骨具见。

尤其引起我关注的是他们交往的特殊背景和方式。据书中所述,丙仲先生与这些前辈的结识和交往,不少起始于"文革"期间,邵先生一篇写的主要也是这一时期的情形。令人感慨的是,在那个"弃学"和"破旧"的特殊年代,仍有像他那样的深受中华文化熏染的青年学子,不顾读书环境之劣,孜孜不倦、默默无声地研习传统诗书琴画,传承文化传统。当其他求学途径断绝之时,这种叩门晤谈,便成为他们求知和受教的独特方式。而在那人情反复的年代,这些并不热衷于交际的鸿儒硕学包括久隐于市的乡彦,竟也坦然为一位年轻求知者敞开门扉。究其原因,除了世谊邻右之缘,定然也有着传统文人"扶书种于绝续交"(陈衍执教厦大时语)的情结,有着在旧学绝续之交扶持能够传承文化薪火的读书种子的执着。书中《瓶花集》一篇恭录1976年李拓之先生为作者早年自编诗集所作序,云:"始获面晤,则恂恂然勤学有得,见于容止。……君盖至性中人,而读书之种子也。"可见,当时这些先生们确是以"书种"视之。所以,从广泛的意义上说,这种交往其实也是那个年代传薪旧学的重要途径,因而也成为承继传统、存续文脉的特殊方式。

丙仲先生早年也曾向多位名家拜师受业,接受耳提面命,如书中所写的先后入李禧、罗丹、李拓之等名师门下学诗,1972年起在钟文献先生绛帐之下执经问字、诵读桐城派姚鼐的《古文辞类纂》,等等,然而,更多的却是受知而过从,在亲近、闲谈中获得教益。对此,书中有大量的记述。

如弘一法师弟子李芳远"文革"中由京返厦,见面常出示当代名贤信札或诗笺供品赏,闲谈南社诸贤诗文及掌故;作者说,"此在当时于我不啻荒漠甘泉"(《回忆李芳远先生》)。虞愚教授1970年归居鼓岛,作者得承诗教;"每回晤叙必为我谈诗,诵读他的得意之作"(《忆虞北山教授》),而作者则必私下默记下这些诗作。作者于20世纪60年代先后游于张晓寒、张人希和萧百亮等画家门下,据《听渢楼》和《鸡山草堂琐忆》等篇的记述,在老"听渢楼"里,令他无法忘却的是聆听人希师与诸文坛老友杯酒论艺、促膝谈心的场景,在"鸡山草堂"学艺,对他影响至深的是晓寒师于谈艺术讲笔墨之余得闲辄与生徒缅怀郑成功、张苍水等先贤的闲谈。他说:"此后,我走向文史研究的道路,应该就萌芽于'鸡山草堂'求学的岁月里。"而出入百亮先生门,记忆最深的则是先生的仪容、举止、神态和殷殷待客之道。他说:"先生的胸襟气度,是我青年时代学习的楷模。"(《隔江枫树迫人红》)总之,品赏、观摩、晤叙、谈往,进而感受、熏染,这就是主要的交游内容和学习方式。《洪子晖仁丈》一篇写与邵循岱先生所称道的"家里富藏书"的洪老过往,"文革"时在其家中获阅大量古籍和乡贤遗落,而仁丈"每晤叙辄垂询读书心得,自谓年老神疲,听听多少可以长进学问也。"长者宽睿,言谈随意然含有期待,书香琴韵,文化气息浓厚,而交游求知者正是在这种氛围中被风濡化。

从上引各篇可见,作者对其身受的这种承教方式早已深有感悟。他从《世说新语》中拈出"式瞻仪形""亲承音旨"来表述,得到邵循岱先生的首肯,告之这就是家学熏陶的传统方式。由这种传承方式,获益的不仅是知识,更是为人之风骨、气度和兴致。

在当今微信成为人们交流的简便方式的年代,本书所展现的"式瞻仪形""亲承音旨"传承方式几成绝响。而作者让我们再次真切感受这种以熏陶为主的、潜移默化的传统方式的巨大魅力,这是本书的又一独特意义。

古贤有言:"君子尊德性而道问学,致广大而尽精微。"(《中庸》)我读丙仲先生这部笔记著作,便有这样的深切感受。谨记下感受片段,遵嘱为序。

2021年7月于厦门大学

序 三

王日根

认识何丙仲先生也有些年头了,时常得到他老人家惠赠的大著,深深膺服于他曲折变幻人生中对历史、世事和人生的深邃见解和宽广知识面,时常在会议间隙聆听到他的海聊,老人家聊到兴致处神采飞扬,颇有说书人沉迷于自我而无外的风范。很多精彩内容都是何先生数十年浸淫书海、跋涉山涧而得来的知识的自然迸发,也是他多年来畅快人生、开朗豁达而实现的思想升华。

近日又有幸先睹何先生的《一灯精舍随笔》,凡562篇,这些短小精悍的篇什,字字珠玑,浓缩了厦门丰赡的历史内容,彰显了厦门文化的悠远、开放、深邃和大气,沉淀出作者阅世的智慧和精华。

首先,从何先生的大著中,读者能进一步加深厦门是有历史底蕴的地方这一认识。唐代南陈北薛的说法似乎众人皆知,也显示了厦门历史的悠远,但陈黯的家世、获取进士的时间以及何时返乡,均经何先生据实考证,一一加以呈现,卒年如何确定,陈氏何时入厦等也由何先生缜密的旁证得以考定。厦门虽处海陬,却与唐王朝宫廷政治有着密切的关系,宣宗李忱曾隐居厦门真寂寺,这又与其兄穆宗李恒之妃、后萧氏是福建晋江人有关,其间包含唐代皇后、妃等制度内容,闽南多出阉宦与闽南女入朝为侍或皆可成为认识福建地方历史的重要辅助窗口。北宋以后,福建包括厦门渐渐受到王朝更多的重视,在王朝造神运动中,厦门的吴真人跻身其中,受到奉赠。何先生还捕捉到宋时厦门男丁依排行称二郎、三郎的历史信息,这亦无疑是中原文化南渐的基本表现。明代以后,东南海洋区域更受到统治者的重视,厦门建城在洪武海防建设中已启其端。明中叶以后,厦门作为月港的外港,其地位进一步得以提升。明末清初郑氏海上帝国的强盛则启示两王朝逐渐调整海洋政策,努力应对西方资本主义势力的侵入。僻处中国东南滨海一隅的厦门实是中国历史上重要事件、重要转折的发生地、见证者,我们不应只以厦门是一个渔村而一言以蔽之。

何先生找到了厦门刻书业的兴盛轨迹,将刻书业与刻石业间的行业联通性给描摹了出来,让人不禁感叹何老的功力之深,于不惊处悄然道出了历史的真谛。何先生从厦门历史的缝隙中,看到明代县一级官员由知县、县丞、主簿、典史、儒学教谕和训导组成,由小历史中勾勒出整个王朝的制度运行脉络。有时遇到知县调动或出缺,接任的知县尚未抵任,就由教谕或训导代理,而不是让县丞、主簿和典史暂时充当。这一判断彰显出何先生的敏锐和深邃。

看地方文献,往往能看到职官称呼被俗化,形成若干别称,譬如《儒林外史》中将知府称为太尊,将县官称作父母,何先生看到的县官就有邑宰、邑侯、令尹、县令、谏台、豸史、神君、圣君等多种不同的别称。明代同安称知县为邑侯、父母、县主和公祖等,统尊称为公,但到了清代乾隆年间同安知县更不止称老爷,还冠上"太"字,谄媚之风趋盛是不难觉察到的。

何先生几十年看似信马由缰的爬梳中,却不知不觉建立起了在厦门历史上的文人谱系和文人网络,这其中有南来就任的中原和江浙官员,有依托厦门这一相对远离政治中心而来清修的看破红尘者。一旦有了比较的视野,为政者往往尤其注重对厦门文化的建设,从而推进书院、塾学的发展,厦门本地文化人的成长也是很引人注目的,他们的文集之丰赡已做注脚;一旦收起凡心,沉溺于艺术创作之中,厦门的书画和艺术作品便具有了若干与世无争的淡雅和从容,也更带给人们心灵的契合与共鸣。从何先生搜集到的书信、碑刻乃至书籍之中,我们不难体会海滨一隅的厦门却也滋长起汩汩的文化清流。

何先生雅好搜集楹联、诗词、绝句和各类字画等,凡山林寺观、祠堂家庙、厅堂居室,都在其视野之内,集在一起,便具泱泱之规模,足征文化积累的浓烈底色。福建水师提督在今人的观念里属于武职,何先生却告诉我们这些人普遍擅长书画,施琅不仅武功盖世,文笔和书法放在今日也不失为精品。

易顺鼎是众所公认的晚清才子,其因为赴台支援刘永福抗击日本殖民者,两度经过厦门,虽来去匆匆,心境复杂,却也给了厦门旁观者清的客观评价:"要皆以面海胜,以负山胜,以奇石胜,以古榕胜,以清净庄严、人迹罕到胜。而南普陀之胜尤著。"

其次,厦门是有开放传统的地方,南来的中原世族进入福建直至厦门,中原文化便与闽文化相互交融,形成陆海兼具的开放文化,宋元以后,随着王朝开放政策的推行,福建凭借海洋优势,迅速实现了经济、文化的后来居上。福建籍的官绅越来越多被输送到王朝体系之中,籍贯厦门的林希元、蔡复一、池显方等都发表了有关开放海洋、壮大民生经济的议论,一定程度推动了王朝海洋政策趋向开放。郑成功以厦门为根据地建立的海上帝国无疑是厦门文化开放性的典型代表。塔头的林亨万和经厦门出发的万千福建海商等则以实际行动将厦门推广到更遥远的世界。

何先生以凿凿的证据阐明厦门的戒缠足会(1877)早于康有为在南海的类似组织不缠足会(1893),厦门船坞有限公司(1859)早于福州的马尾造船厂(1866)。正是奠基于开放的心胸之上,厦门才能谱写出一篇又一篇"领风气之先"的乐章。

何先生本人也超越了本土文史工作者的身份定位,他曾以一线工人的身份考进复旦大学,受教于一流学者,精通英文而使自己的阅读跨越语言的制约。他多有机会受邀出国出境讲学、访学,时常能从境外的文献中搜索到厦门历史的吉光片羽,带给厦门本地人以新的知识滋养。如当时任汀漳龙道的徐继畬记载鸦片战争时厦门的那段历史特别详细。当时我方是铁炮,对方是铜炮,我方岸边部署的炮位稀疏,而对方船上部署的炮位稠密,力量悬殊已注定厦门守军的败北。

何先生身居厦门,自然因硕学而特别受宠于当地的博闻者,他经常听到罗丹老师吟诵"不敢妄为些子事,只因曾读数行书。严霜烈日皆经过,次第春风到草庐",也生出刨根究底之思,发现该句不仅起于《儒林外史》,而且来自元代吕仲实(思诚)"典却春衫供早厨,老妻何必更踟蹰。瓶中有醋堪浇菜,囊底无钱莫买鱼"数句。另有"气散风冲那可居,先生埋骨定何如。日中未解逃兵额,世上人犹信葬书",则来自明代沈石田过郭璞墓所写的诗。何先生总结说:"所谓凡事认真,处处皆有学问。"为学如积薪,何先生从先辈那广泛继承,成就了更丰硕的《一灯精舍随笔》,有关厦门及与厦门相关的内容琳琅满目,随处可见知识的创新。

何先生身体壮实,精力充沛,他闲读熊月之、周武主编,上海人民出版社2007年出版的《圣约翰大学史》,其第六章为"历届毕业生、肄业生名录",当录自该校的学生档案。何先生找到的鼓浪屿人有周辨明(文学士,1911年),马约翰(文学士,1911年),林玉霖(文学士,1911年),廖超照(文学士,1912年),林玉(语)堂(文学士,1916年),陈希佐(理学士,1917年;医学博士,1922年),林谨生(理学士,1919年),章茂林(文科生士,1921年;文学士,1924年),白格外(理学士,1921年),钟品竹(理学士,1923年;医学博士,1926年),殷祖澜(理学士,1926年),黄祯德(理学士,1927年;医学博士,1930年),钟品梅(医学博士,1932年),陈希圣(理学士,1937年;医学博士,1940年),田雪萍[理学士（化学），1934年；医学博士，1937年]，廖永廉［理学士，1940年；医学博士，1942年]，雷怜怜［文学士（教育），1943年]，雷惜惜［文学士（英文），1948年]，陈奇禄［文学士（政治），1948年]等。他在此基础上又进一步阐释道：廖超照，廖翠凤的哥哥。林玉霖是林语堂的二哥［林语堂六弟林玉苑（林幽）也毕业于该校，但名单阙如]。林谨生是声乐家林俊卿的父亲。钟品竹是何先生中学窗友林禧祝君的四姑丈。雷怜怜和雷惜惜姐妹是鼓浪屿雷厝雷文铿的女儿。陈奇禄是鼓浪屿英华中学毕业生，台湾著名人类学者。何先生身为鼓浪屿人，开放的基因已植入肌肤，衍为惯习。

再次，厦门是能兼容并包的地方，郑成功在厦门练兵既招本国人，也招南洋各国的"黑人"兵。南洋"黑人"天生水性好，为郑成功海上贸易和水军作战都做出了杰出的贡献。西医菲利普·海尔曼（Philips Heijlman）于1641年4—7月由厦门进入中国，中医周美爷于1710年7月17日由厦门到达荷兰，这一进一出呈现的是厦门港在中西医学传播交流中的重要作用，这一所谓的"大厦之门"确实名副其实。一些闽南人从厦门移居南洋，担任了当地的甲必丹、雷珍兰。一些华侨由海外回厦门，则带入番薯等作物种子，一些闽南海商除了贩运丝绸、陶瓷器、铁器到海外，也"出额"携带其他本地产却为海外所珍爱的各种货物。显然，厦门海商贸易、中外人员、物资的交流既有若干是政策允许的，也有诸多自我探索的因素。

厦门在历史上起起落落，人口发展往往也呈现出波浪式状态，这与外来人口的进入与撤离多有关联，从文化人的作品中多多少少也会有所体现。何先生关注到若干闽南人都以厦门为出入口连接闽南与世界各地，事业有成的闽南人乐于以厦门作为自己回馈桑梓的落脚点。一些就任于厦门的官员也盛赞厦门是一个温馨如意的居住地。何先生的先辈本来也是一个外来户，但何先生却一贯是以一个老厦门人而自豪的。想必许多新厦门人读后也会深表颔首。

何先生在562篇的随笔中不仅仅在以上这些方面有或浓或淡的呈现，其他更丰富的历史典故、史实考据乃至宏大叙事亦都有不同程度的彰显，所有这些皆让我们不禁感叹何先生已真正深入厦门历史堂奥，经数十年的探幽索隐，为我们求珍献馐，逐渐把厦门的深厚文化底蕴、开放包容风尚与和谐美满氛围揭示得纤毫毕现，描摹得惟妙惟肖，同时眼光又不囿于厦门一隅，且能将厦门与闽南、与福建、与台湾、与内地其他地方及其与南洋、与世界勾连起来加以定位，于纤细的绣花功夫中见出大关怀和大心胸，可谓功德无量，德泽后人。

值得指出的是，何先生是一个有深厚家学渊源、为人谦和敦厚又豁达容人的谦谦君子，本书中记录了一些从前在极左泛滥时期，仍给他以熏陶教诲的前辈文化人，如李禧、李芳远、邵循岱、李拓之、钟文献等，他说他是怀着感恩的心回忆他们教导过他的种种嘉言懿行，说明在那段时期（特别是"文革"）文化人仍然有着他们的风骨和精彩。何先生从这些文化人身上汲取到的不仅是知识，更多的是一种坚韧的文化品格，是引领中国不断前行的不竭力量。

在何先生《一灯精舍随笔》即将面世之际，谨书写上述不成熟的文字，一向何先生表达祝贺意，二祈望何先生身体健康，再建新功。

最后，何先生雅嘱将我的这篇文字设为序言，实在折煞我也，谨向何先生再致谢忱。

2021 年 8 月 28 日于厦门大学人文学院

目 录

稽古篇

华安仙字潭摩崖 …………………………………………………… 003
闽南的唐佛顶尊胜陀罗尼经幢 …………………………………… 003
陈黯卒年考 ………………………………………………………… 004
说"南陈"之入厦 …………………………………………………… 005
陈元通墓志献疑 …………………………………………………… 006
再说陈元通夫妇的墓志 …………………………………………… 006
南普陀肇基于晚唐大中年间 ……………………………………… 007
韩偓身后的箱筥 …………………………………………………… 009
同安朱文公石刻 …………………………………………………… 009
厦门出土宋吕大奎所撰圹志年代考 ……………………………… 010
鼓浪屿整理宋墓小记 ……………………………………………… 012
明代厦门建城的时间 ……………………………………………… 013
《明史·地理志》所载之厦门 ……………………………………… 014
明代同安教谕(训导)署理邑篆 …………………………………… 015
万寿岩的游仙诗 …………………………………………………… 016
南太武摩崖题刻 …………………………………………………… 016
南太武明季诸将诗刻 ……………………………………………… 018
南太武万历年款诗刻 ……………………………………………… 019

明丁一中在厦门的题刻 …………………………………………………… 022

丁一中金门诗刻 …………………………………………………………… 023

"俞戚诗壁"献疑 …………………………………………………………… 025

蔡复一与中国南方长城 …………………………………………………… 026

望洋阡与望洋庵 …………………………………………………………… 027

闲话明代厦门池家 ………………………………………………………… 029

明代清官池浴德的一首诗 ………………………………………………… 030

林希元文集作序者小考 …………………………………………………… 031

明代泉州名宦周伯瑾小考 ………………………………………………… 032

董香光行书长卷浅析 ……………………………………………………… 033

明陆治《山斋客话图》 …………………………………………………… 034

镇北关 ……………………………………………………………………… 035

海沧船 ……………………………………………………………………… 036

深青驿 ……………………………………………………………………… 037

"打石字"石刻文字 ……………………………………………………… 039

明清时期同安的"老爷"与"太老爷" ………………………………… 039

杏林前场曾名为钱塘 ……………………………………………………… 040

厦门古文献最早出现的"资本"二字 …………………………………… 041

郑成功部属在鼓岛之遗迹 ………………………………………………… 041

咏怀郑成功遗迹诗 ………………………………………………………… 042

强渡鹿耳门一日之差 ……………………………………………………… 043

夕阳寮 ……………………………………………………………………… 044

南明人物题"汉影云根"诗刻 …………………………………………… 045

高泉性敦水墨兰石图 ……………………………………………………… 046

陈永华在台湾居憩园 ……………………………………………………… 047

清代之浙闽总督、福建总督与闽浙总督 ………………………………… 048

清代道咸两朝厦门职官补遗 ……………………………………………… 048

清初南普陀寺杂考 ………………………………………………………… 051

清代南普陀之寺名 ………………………………………………………… 052

碧泉岩寺之讹称 …………………………………………………………… 052

厦僧如寿与《清明上河图》题跋	053
澎湖阵亡将士之灵	054
雍正五年厦门港之沐恩商船户	055
补白鹿洞黄日纪诗刻	055
百人石	056
吕世宜《陪观察燕庭先生游白鹿虎溪二岩记》	057
刘燕庭署理兴泉永道	058
周凯游厦门碧山岩南普陀诗	059
周凯在厦门所作《武当纪游二十四图》并序	060
《重修海澄太武山延寿塔记》略考	061
《华圃书院讲堂记》	062
日光岩新见摩崖石刻	063
《春江载酒图》与广州十三行潘家	064
《春江载酒图》题咏	065
"大夫第"与鼓浪屿文人黄崑石	067
"岩仔脚黄"来鼓始祖以航海起家	069
海沧《奎楼讲堂碑记》残碑	070
杨凤来书《重建兴泉永道署碑记》	070
陈忠愍公墓道	071
《陈胜元行述》	072
清贝勒载洵题刻	076
新街礼拜堂	077
翔安香山岩旧庙碑文	079
清代同安画家高峻	079
辜鸿铭的籍贯问题	080
庄志谦榕林题壁	081
鹭江钟氏世居海澄三都	082
海天堂构之门楼	084
南普陀寺放生池	085
厦门古代接官亭	085

清末厦门刻书 ··· 086
石茂头 ··· 086
鼓浪屿外国人墓碑 ··· 087
厦庇五洲客，门收万顷涛 ··· 088
两首被删弃的摩崖诗刻 ··· 088
厦门江夏堂的建造时间 ··· 089
林翀鹤作厦门龙湫亭记 ··· 090
天马山曾作重阳登高处 ··· 091
欧阳秋澄《赋秋草堂图》（一）······································· 092
欧阳秋澄《赋秋草堂图》（二）······································· 095
黄奕住先生墓志铭 ··· 098
黄仲训母郑太夫人墓志铭 ··· 100
北门外街钟楼的建造时间 ··· 101
谈曾国办与思明戏院 ··· 102
厦门客家商人巫德隆 ··· 103
鹭潮美术学校最早的校址 ··· 104
厦门市博物馆馆藏书画杂忆 ·· 104
陪叶更新先生寻访鼓浪屿 ··· 105
博饼说中秋 ··· 106
中秋说博饼 ··· 107
"博"，还是"卜"？ ··· 108
墓志起源之说 ··· 109

蠡测篇

林希元与《与翁见愚别驾书》·· 113
金沙书院 ··· 114
明代厦门人曾见天堂鸟 ··· 114
荷兰使舶歌 ··· 115
"西来孔子" ··· 116

周美爷	118
"厦门真官"	119
亨万,是不是 Hambuan?	119
郑芝龙通晓多种外语	121
郑芝龙的女婿是葡萄牙人	121
郑芝龙手下有一连队黑人兵	122
陈永华请夷人代购老花镜	123
明末清初接受西医治病的闽南人	124
明清时期的厦门舶来花卉	124
18世纪初欧洲人在厦门初识山茶花	125
也说 Amoy	126
也说 Tea	127
徐继畬所记鸦片战争在厦门	128
鸦片战争期间的鼓浪屿覆鼎山	130
鸦片战争时期的厦鼓民情	131
"炮仔红吱吱"	132
西班牙首任驻厦领事	132
近代英国驻厦翻译官也养猪	133
中国近代第一家造船厂的广告	134
近代最早接触西洋乐器的中国人	136
近代第一位来厦的洋医生	136
厦门第一座图书馆史料二则	137
打马字在厦滋事	140
咸丰元年厦门"苦力"在澳大利亚之契约	141
有关白齐文的两则史料	142
《述德笔记》所记贝勒毓朗来厦数事	144
赛金花与厦门海关三等帮办	146
天界寺僧买彩票	147
厦门戒缠足会	147
老鼓浪屿谈往	148

阿罗沙诗话	149
"杜览伯"	149
"No dog allowed!"	150
Auld Lang Syne	150
"车利尼"马戏	151
郁医生纪念塔铭	152
鼓浪屿岛上的福建药房	153
鼓浪屿租界禁种荷花	153
黄雁汀避兵鼓浪屿杂咏	154
周廷旭年表今译	155
鼓浪屿周家多才俊	157
毕业于圣约翰大学的鼓浪屿人	158
近代鼓浪屿教会学校的校歌	158
厦门女子师范学校	160
鼓浪屿工部局干涉清政府建学校	162
艾克博士	163
何博礼教授	164
1938年闽南人出洋准备之口词	165
厦岛洋行商李昆和	167
美锡甜	168
海外华人聚居处之楹联	169
新加坡林谋盛烈士纪念碑	170
福建省厦门市1948年10月份外侨调查表	171
清末民初有关租界的旧档案二件	175
民国十八年鼓浪屿华人议事会关于收回公界致外交部厦门交涉员的公函	177
鼓浪屿工部局董事会的机构	180
近代厦门鼓浪屿的重要史料(一)	181
近代厦门鼓浪屿的重要史料(二)	183
近代鼓浪屿议作公地的两份档案	186

昔贤篇

明人笔下的陈黯	191
唐宣宗登基前遁迹夕阳山之谜	191
冒牌国舅	193
裴道士与吴真人	194
林希元居同安凤山社	195
闲话林希元与洪朝选	196
汤显祖与周起元	197
清官周起元之后事	198
周起元以东林不列己名为耻	199
蔡复一并非残疾人	200
蔡复一的窘况	201
竟陵诗派与蔡复一	202
蔡复一为文作诗倚马可待	203
丁一中与谭维鼎	204
明末抗夷儒将谢弘仪	205
郑芝龙会作诗	206
郑龙屿	208
同安黄季弢会伯	208
郑成功的容貌	209
戏子将军与郑成功官印	210
孙爱	211
思明州知州	212
邓会邓愈诗刻	213
程玙嘉	214
达素	215
无疑和尚	216
陈士京鼓浪屿山居生活	217

施世纶与阮旻锡	218
阮旻锡	220
《岛噫诗》	221
达宗上人	222
施将军擅书法	223
裘增寿	223
南池林兆鲲	224
《榕林唱和诗草》的诗人小传	225
道光朝厦防同知许原清	227
鸦片战争期间之兴泉永道刘耀椿	228
《抑快轩文集》有关陈化成史料	229
李星沅日记所载之陈化成史料	230
陈化成后代	232
陈化成的忠骸	232
苏廷玉自撰圹志	233
吕世宜自作墓记	235
福建水师提督李廷钰	236
易顺鼎两至厦门	237
易顺鼎二次寓厦记事	238
易顺鼎在厦门所作诗	239
易顺鼎品评厦鼓风景	240
水陆提督洪永安	241
清末厦门画家吴伦堂	242
钮承藩治厦有善政	243
叶大年史料	244
雪沧杨浚	245
连雅堂先生居鼓浪屿	246
秋瑾在厦门	247
周莲及其致友人函	249
邱忠坡	251

陈培锟先生墨宝 251
藏书家龚显曾、樵生父子 252
龚樵生先生 253
《如愚别馆诗存》 254
郑霁林 255
郑霁林致友函 256
辛亥革命老人黄元秀 257
苏眇公曾陪陈宝琛到南洋 258
陈宝琛与鼓浪屿林家 259
陈联科、陈掌谔父子 261
石遗老人与厦门大学 263
陈石遗鹭岛游踪 264
陈石遗与厦门诗坛 265
黄廷元履历稿本 266
《黄复初先生事略》稿本 267
黄廷元有关证书 269
弘一法师琐谈 270
弘一法师忘情不了音乐 271
菽庄吟侣庄贻华 271
苏大山与《归舟载书图》 273
板桥林家与旅日华侨王敬祥 273
贺林霁秋夫妇六秩双寿序 274
陈祖荣与《姚峰诗稿》 275
陈熙亮 277
琐谈黄仲训 279
王选闲墓志 280
李硕果先生 281
越南的同安籍华侨苏钟驾 281
教育家马侨儒先生 282
余超与《民国〈厦门市志〉》稿 283

杜唐执教鼓浪屿维正女子师范学校 …… 284
陈文麟作《世界运动会》跋 …… 285
龙榆生在集美 …… 286
周廷旭先生 …… 287
卢铸英自传 …… 288
诗人胡军弋 …… 289
陈桂琛 …… 290
一代学人叶长青 …… 291
周瘦鹃 …… 292
高梦熊 …… 293
画家郭应麟 …… 294
赵复纾擅画能诗 …… 295
诗人连洛珊 …… 297
莫耶曾就读鼓浪屿慈勤女子中学 …… 298
诗人高云览 …… 299
画家蔡鹤汀墓志铭 …… 300
顾毓琇教授 …… 301
卢嘉锡教授 …… 302
卢嘉锡教授擅诗工对联 …… 303
郑德坤教授 …… 305
郑德坤是中国研究古代明器第一人 …… 306
郑德坤教授佚文 …… 307

铎音篇

梦梅花馆二三事 …… 311
《紫燕金鱼室笔记》 …… 312
"阳台夕照"传佳话 …… 312
"廿年才饱看梅福" …… 313
醉桃庵 …… 313

陪钟文献老前辈游山	314
钟文献夫子遗诗	314
先祖父仰潜公	315
先严所作先大父母行述	316
琐记梁果斋先生	318
傅衣凌先生重视乡土史学	319
回忆李芳远先生	320
李芳远先生《李叔同印藏歌》	321
李芳远先生记弘公移居南普陀事	322
李芳远怀念弘一大师的遗诗	322
李芳远《留题招贤寺》遗诗	324
弘一法师致李芳远两封手札	325
澄览大师	325
马一浮赠李芳远诗	326
《艺林散叶》所记之李芳远	326
郑逸梅致李芳远手札集册	327
钱释云为李芳远作名字嵌头联	328
罗丹先生咏梅诗	329
次第春风到草庐	329
稚华罗丹师隽语	330
罗稚华师题山水画	330
罗丹晚习《衡方碑》	331
罗稚华师与南社闽集	332
四君子画屏	333
罗丹介绍画家杨夏林的佚文	334
杨、孔二师家中读画	335
陈子奋先生琐记	336
鸡山草堂琐忆	337
钓归图	338
顾一尘先生轶事	338

老诗翁钱碧海	339
惠安寓厦诗人	340
诗人何适	342
邵循岱先生	343
邵循岱写字静态求美	344
黄紫霞绝笔画荷花	345
隔江枫树迫人红	345
郁诗徐画	346
红豆诗人王凤池	347
宋省予先生论画诗	348
王云峰先生	348
马冬涵赠墨宝不署款	349
橐籥楼	350
黄子鋆世伯八十弧辰唱和诗	351
黄松老人	352
樊伯炎画闽南山水	353
黄永䂮世兄	353
洪子晖仁丈	354
邓拓题"海园"联	355
李拓之《黄花草堂别集序》	355
李拓之教授的诗	356
李拓之佚诗	357
《瓶花集》	358
朱鸣岗先生《抗战木刻集》后记	359
画家许其骏	360
听沨楼	361
听沨楼主喜读王仲瞿诗	362
漱园雅集	363
《怀古斋焚余草》	365
区丽庄先生	366

芦村退叟	366
严楚江与《厦门兰谱》	367
鼓浪屿女词人黄墨谷	368
黄墨谷《谷音集》后跋	369
黄墨谷之师友交游	370
黄墨谷与郭沫若	372
黄萱与黄墨谷	373
忆虞北山教授	374
虞愚之"外观内游"	374
虞愚自评书法	375
虞愚题赠红玫瑰诗	376
弘一法师为虞愚题偈	376
虞愚论颜鲁公书法	377
虞北山论诗与陈石遗	378
虞愚教授题篆刻诗	378
虞北山沪上诗友	379
陈兼与叙《虚白室诗》	380
虞愚与施蛰存唱和诗	381
万灿之教授	382
周哲文先生教我篆刻入门	383
恩师张宗洽先生	384
记"柯髯"	385
曹秋圃与林英仪	386
梁廷琛先生	387
黄润苏教授	387
丰华瞻教授	389
朱东润咏怀郑成功	390
史树青先生	391
史树青夫子怀柴德赓教授诗	392
罗哲文师	392

全增嘏先生 …… 393
蔡尚思教授 …… 394
宋伯胤谈林惠祥先生 …… 394
朱维铮师的中国文化史考题 …… 395
记李学勤讲学和我的考古文物知识 …… 397

诗话篇

弘一法师发现韩偓佚诗 …… 401
《石斋逸诗》 …… 401
明末厦门诗人寓京所作诗 …… 402
《闽中即事诗》 …… 404
《闽游诗话》 …… 405
清蔡新九十寿诞祝嘏诗册 …… 406
池上翁重游日光岩诗 …… 407
短笛横吹古洞天 …… 408
蓼花风 …… 408
《鹭江志》八景诗词重校 …… 409
杨庆琛陪周凯游日光岩 …… 410
郑开禧的《鹭江竹枝词》 …… 411
《知守斋初集》有关厦门的诗 …… 412
林则徐佚诗墨迹 …… 413
"碧纱笼" …… 414
"珍重何人护碧纱" …… 415
《问云山房诗存》补遗 …… 416
清人俞恪士在厦门所作诗 …… 417
吴钟善之厦鼓诗 …… 418
吴钟善赠洪晓春先生五古长诗 …… 419
诗人王人骥 …… 420
周墨史佚诗一辑 …… 421

周墨史佚诗二辑	424
周墨史佚诗三辑	427
周墨史《泉南指谱重编》题词	429
刘大白读苏眇公诗	430
雾峰林俊堂《无闷诗草》	431
林鹤寿工诗词	432
周醒南先生的诗	434
贺仙舫《鼓浪屿竹枝词》	435
黄雁汀诗近"同光体"	436
黄雁汀咏怀郑成功遗址	437
黄雁汀赠先祖父诗	440
苏大山咏板桥别墅诗	440
禽言诗	442
林骚与《半邨诗集》	443
林骚诗咏周起元	445
半邨老人寓厦鼓诗	446
鼓浪屿物产四咏	447
崇武二詹	448
读《悼珍词》	449
《陈仲瑾先生遗诗》	451
陈掌谔填词纪念抗战烈士陈镇和	452
陈掌谔著《中华词》	453
陈掌谔旧作	455
黄晦闻妙文	456
郁达夫厦门佚诗	457
寻源中学教师的诗	458
蒋炳煌作《征妇怨》	459
玉箫吹彻一天晴	459
《梦梅花馆诗钞》补遗	460
绣伊仁丈挽词	465

章佩乙先生遗诗……466

章佩乙奉谢寄茶诗……468

癸丑雅集太平岩联句作诗……468

癸丑雅集日光岩联句作诗……469

癸丑墨禅室雅集占韵分题……470

夕阳空送晚潮归……471

张兆荣教授佚诗（一）……471

张兆荣教授佚诗（二）……473

张兆荣教授遗诗（三）……476

林憾《鼓浪屿竹枝词》……477

《日光岩歌》……478

两宗叔……479

《觉庐译诗遗稿》……480

韩国磐工诗……481

《虚白楼诗》补遗……483

《在水中央》……486

蔡启瑞院士悼念陈泗传诗……487

邵建寅学长的《金禧怀旧》……488

《绿痕庐联语》（一）……488

《绿痕庐联语》（二）……490

《绿痕庐诗词》……492

《绿痕庐诗话》……494

《二十世纪中华词选》所录厦门词人佳作……495

蔡厚示咏鼓浪屿词……497

刘梦芙赠诗……497

《双红树图册》诗跋……498

风物篇

《元丰九域志》有关漳泉之记载……503

宋代厦门的吴西宫 …………………………………………………… 504
宋代厦门男丁以数字称郎为名号 ………………………………… 504
明代闽南民风 ……………………………………………………… 505
蔡复一《遯庵文集》与其骈体文 ………………………………… 506
蔡复一尺牍 ………………………………………………………… 507
海沧金沙书院 ……………………………………………………… 510
明代的圭屿 ………………………………………………………… 511
土笋冻 ……………………………………………………………… 512
明代海澄之土楼 …………………………………………………… 513
《露书》里的闽南风物 …………………………………………… 513
雪关上人与《白毫庵肤偈》 ……………………………………… 514
《白毫庵肤偈》 …………………………………………………… 515
明末徐𤊹笔下的海沧 ……………………………………………… 516
阮旻锡佚文 ………………………………………………………… 516
许钟斗复蔡复一书 ………………………………………………… 517
明清职官别称 ……………………………………………………… 518
福建水师提督多擅书画 …………………………………………… 520
《闽游偶记》所载闽台见闻 ……………………………………… 521
《此游计日》所载台湾民风土物 ………………………………… 522
京华读书记 ………………………………………………………… 523
《大清世祖章皇帝实录》随录 …………………………………… 524
清吴振棫《养吉斋丛录》随录 …………………………………… 524
《圣祖仁皇帝起居注残稿》随录 ………………………………… 526
《粤行纪事》摘录 ………………………………………………… 527
槟 …………………………………………………………………… 528
甘蔗 ………………………………………………………………… 529
蓬莱酱 ……………………………………………………………… 530
宝岛西瓜 …………………………………………………………… 531
古代台湾的牛 ……………………………………………………… 532
乾隆年间的玉屏书院 ……………………………………………… 533

榕林琐谈	533
慈济四宫	535
白铁无辜铸佞臣	535
清人赵翼笔下的闽南风情	536
金门林树梅铜活字印书	537
《剖瓠存稿》	538
道光年间金厦地名及名胜	539
萧重在金厦的交往	540
郭尚先提倡帖学	541
《闽县陈公宝琛年谱》所载漳厦铁路之点滴	542
《竹间续话》书中的厦门书画家	544
盛宣怀跋吴德旋论文	545
杨雪沧在闽南	546
杨雪沧为厦门官廨书院题联	547
杨雪沧鹭门感旧诗所记厦门人物（一）	550
杨雪沧鹭门感旧诗所记厦门人物（二）	553
光绪乙未前后来往厦台之"爹利士"	555
清末民初闽南的工艺精品	557
"郎罢"或是闽南话之"老爸"	558
浦江清日记中之国立厦门大学	558
苏逸云代林国赓作《中山公园记》	560
郑延平王祠	560
闽南菜姑	562
"无匾不恕"	563
"四配"	564
三节涧	565
王人骥故居	566
红豆小馆	566
厦联社	567
厦门近代最早的官办医院	568

厦台美术团体琐话	568
厦门通俗教育社史	570
《厦门图书馆缘起》	571
漳厦警备司令部布告	573
《调查厦门民用航空学校报告书》	574
厦门第一届国货展览会	576
鼓浪屿婢女救拔团史料一则	577
林衡道谈板桥林家秘辛(一)	579
林衡道谈板桥林家秘辛(二)	580
旧时厦门寺庙之禅宗各派	581
抗战期间厦门的几座寺院	582
厦门佛寺之楹联	584
中山公园景点楹联	584
宋词集句长联	585
胡适之令尊所作挽联	586
厦门各界追悼鲁迅的挽联	587
潘受挽陈嘉庚先生长联	587
《归来堂记》	588
英文音译对联	589
异材	590
曾熙致李瑞清书	590
清道人拒绝敲诈书	591
惠安童生	592
叶大年会试硃卷	592
弘一法师手稿	594
张书旂画论	594
记清道人论学书	595
陈培锟记为厦门市图书馆购藏之古籍	596
蔡尚思教授所开书单	597
像赞	598

《绣英阁诗钞》……599
扫云山房……600
《箧书剩影录》……600
《闽中古物集粹》……601
厦门"射虎"……602
许文渊《古砚斋谜集》……603
《春山染翰楼谜剩》……604
《来青阁存删四六》……605
《鹧鸪赋笺释》……606
周寿恺与《轮廓字》……608
夜读《雪涛小书》……609
《烟水庵诗稿》……610
鼓浪屿之书画艺术风气……612
菽庄花园之诸景观……613
眉寿堂……614
宫口桥……615
鼓岛说亭……616
鼓岛井水……617
鼓浪屿郑成功雕像的高度……617

附　录

弘一上人史略…………… 刘质平　谨述 / 619
太史叶大年梅珊公诗稿……… 叶孟粥　恭录　叶更新　珍藏 / 626

后　记……639

稽古篇

华安仙字潭摩崖

华安汰口仙字潭摩崖自1915年岭南大学黄仲琴教授发现至今,尚未有识者。日前偶翻宋人《太平广记》,其卷三九二"铭记二"有载:

> 泉州之南有山焉,其山峻起壁立,下有潭,水深不可测,周十余亩。中有蛟螭,尝为人患,人有误近或马牛就而饮者,辄为吞食。泉人苦之有年矣。由是近山居者,咸挈引妻子,徙去他郡,以逃其患。元和五年,一夕,闻山南有雷震暴兴,震数百里,若山崩之状,一郡惊惧。里人洎牛马鸡犬,俱失声仆地,流汗被体,屋瓦交击,木树颠拔。自戌及子,雷电方息。明旦往视之,其山摧堕,石壁数百仞殆尽,俱填其潭,水溢流,注满四野。蛟螭之血,遍若玄黄。而石壁之上,有凿成文字一十九言,字势甚古,郡中士庶无能知者。……郡守因之名其地为石铭里,盖因字为铭,且识其异也。……其字则蝌蚪篆书,故泉人无有识者矣。(原注:出《宣室志》)

不知此潭或即仙字潭耶?若是,则宋人已知此潭矣。

闽南的唐佛顶尊胜陀罗尼经幢

2004年5月,我获读漳州佛顶尊胜陀罗尼经幢精拓本。此唐懿宗咸通四年(863)所刻,世称唐咸通碑,原在漳州开元寺,两经世变,一毁于太平军之入闽,一毁于"文化大革命"。今剩残石,珍藏在漳州市博物馆。黄超云、张大伟等有识文士爱护乡邦文物,特为细拓刊布。碑中有"朝议郎使持节漳州诸军事守漳州刺史柱国崔衮"等字,读之心头一热,因少小能诵之"秋阴不散霜飞晚,留得枯荷听雨声",即出于李商隐赠崔衮的一首诗。崔衮,唐咸通间任漳州刺史。由于其文物与书法的价值,故清初大儒顾炎武誉之为"天下经幢第一"。清末陈棨仁所著《闽中金石录》卷一记载:"幢高五尺八寸,八面,面广九寸。正书。六十四行,行六十五字。在龙溪县。"并载:"唐石在闽中者自李少温般若台外,当以此为最。惜甲子粤匪之变见碎于兵,郡人林孝廉广迈拾归其家,粘合完固,然多折裂矣。"

读《闽中金石录》,乃发现闽南最早的碑刻当是那座刻于"大唐大中岁次甲戌(854)五月八日"的尊胜陀罗尼经幢。现藏于泉州承天寺,陈棨仁当年还能准确地描述道:"幢高七尺七寸,八面,面广一尺,每面九行,行六十二字。"只可惜时至现今字已漫漶不清。此外,在泉州还可见到建于南唐保大四年(946)、北宋天圣三年(1025)的经幢。前一座在开元寺柳三娘佛塔,系军事左押衙、充海路都指挥兼御史大夫陈匡俊所建,后一座在南安丰州桃源宫,系陈二十二娘为追荐葛姓亡夫所建。

我获读此漳州"唐咸通碑"拓本,喜不能寐,曾作俚句四首以抒情。

陈黯卒年考

陈黯,唐厦门文士也,其生卒时间往往无考。其内侄黄滔在他去世后为其整理诗文集,并作《颍川陈先生集序》(见唐《黄御史集》卷八),序文中称"先生讳黯,字希儒。父讳贽,通经及第,娶江夏黄夫人,贤而生先生,无昆仲姊妹",又称"滔即先生之内侄也。卯而趋隅,顷随计之岁。先生下世后二十五年,而忝登甲第"。查《莆阳志》,黄滔乃乾宁二年乙卯(895)赵观文榜进士,可知陈黯去世于唐懿宗咸通十一年(870)。

陈黯生年则不可知。《颍川陈先生集序》仅载其"十岁能诗。十三袖诗一通,谒清源牧",又"十七为词赋,作《苏武谒汉武帝陵庙赋》,便为作者推伏。二十为文",后来儿子蔚成人了,等他"起于乡荐,求试贡闱,已过不惑之年矣,乃会昌乙丑(845)逮咸通乙酉(865)……往来吴楚之江山,辛勤秦雍之槐蝉",文中还说诗人罗隐"咸通初,与先生定交于蒲津秋试之场"。罗隐在所作《陈先生集后序》也写道:"至甲申(864)春,(陈黯)告予以婚嫁之牵制,东归青门操执之。"说明陈黯碌碌风尘二十年,"而无所成",回乡五年后遂辞世,从此"殁身名路,抱恨泉台"矣。这个时间与上述所考卒年,也相当接近。

说"南陈"之入厦

"南陈北薛"是厦门历史的老话题。先是有《颖川陈氏大成谱·南陈实录》载,"神龙初,进士"陈邕(二世祖)于"开元二十四年(736)被谪入闽",后其子陈夷则(三世祖)等与其子陈俦(四世祖)"于德宗建中二年(781)举家三百余口迁入嘉禾岛"。但是,1982年泉州出土之《唐许氏故陈夫人墓志》却明确记载,陈姓迁居厦门,是《南陈实录》所载的七世祖陈喜(僖),并非三世祖陈夷则与其子陈俦。该墓志写道,陈僖其父任长乐县令,家福塘,遂为一方豪强。因"闽侯有问鼎之意",结果"罄家浮海,宵遁于清源之南界,海之中洲,曰新城,即今之嘉禾里是也,屹然云岫,四向沧波,非利涉之舟,人所罕到。于是度地形势,察物优宜,曰可以永世避时,贻厥孙谋。发川为田,垦原为园,郡给券焉,家丰业厚,又为清源之最"。

据陈夫人墓志所载,浮海来厦开发的是陈喜(僖),他是陈夫人的曾祖。陈夫人卒于大中十一年(857),按照辈分推算,陈喜(僖)的入厦,与《南陈实录》所载陈夷则陈俦父子的"迁入嘉禾岛",在时间上比较接近。

原先所称的陈喜(僖)墓在厦门岛后坑社西。根据《南陈实录》所载,墓主为"开封府仪同三司上柱国"。现场并立有三座墓碑,一为"大唐赐进士出身陈公封茔",一为"唐上柱国陈公茔"。前者落款为"派下裔孙廷芸允彩宗凯丹诏德主为山等同勒石"。陈廷芸系抗英名将陈化成第六子,号石香,同治壬戌(1862)举人。陈宗凯是水师将领陈胜元之子。陈丹诏,字经亭,号小田。他们都是清末本地的陈姓名流。后者所镌重修年款为"同治癸酉(1873)"。由此可知此陈喜(僖)墓的重修者和立碑时间。不过,2004年底为配合岛内建设,市文博部门对这座市级文保单位进行抢救性发掘,却意外发现墓主并非"南陈"的七世祖陈喜(僖),而是九世祖陈元通夫妇,有墓志铭为证。

值得注意的是,现场另外那一通平首石碑,上镌"福唐令陈公茔",它很可能是《南陈实录》中那位陈喜(僖)之父、担任过福唐令陈丞的墓碑,据参加发掘的同人介绍,现场并无墓葬。因而,唐建中年间率家族入厦的陈氏父子,或许正是陈丞、陈喜(僖),而非陈夷则和陈俦。只不过真正的陈喜(僖)墓尚未知在岛上何处。

陈元通墓志献疑

2004年12月至翌年4月,市文物管理部门对"唐上柱国陈公茔"进行发掘,从两个墓穴出土墓主的墓志铭各一方,乃知此系唐陈元通及其继室汪氏的墓葬。其中一通墓志为《故奉义郎前歙州婺源县令陈公墓志铭并序》(简称"陈元通墓志"),它所载曾祖陈承(丞)、祖陈喜(僖)、父陈仲瑀(禹)与子陈肇,与《南陈实录》所载的入厦陈氏六至十世祖的谱系基本一致。且与《唐许氏故陈夫人墓志》所载曾祖陈僖(喜)、祖陈仲禹(瑀)、伯父陈元通这个谱系也能相符。所可异者是,"陈元通墓志"载其祖陈喜是蜀州别驾,却不是"罄家浮海"来厦开发,而且"终身不仕,以遂高志"的那位陈喜(僖)(对此,已有学者产生疑问,见《福建论坛》1986年第3期)。而且该志的那位曾任"抚州司马"的曾祖陈承(丞),也与《唐许氏故陈夫人墓志》所载的"福州长乐县令"高祖——曾祖陈喜(僖)之父的职衔不一致。陈元通卒于"大中九年岁在乙亥"(855),享年75岁;许氏陈夫人卒于大中十一年(857),享年23岁。生存年代有相同时,又生于同地同一家族,照理说,其后人对辈分才隔三代的先人,应该不至于说不清。

再说陈元通夫妇的墓志

《颍川陈氏大成谱·南陈实录》记其九世祖陈元通"任婺源知县",而"陈元通墓志"所载墓主"释褐自余干、南昌两尉,转歙州司兵参军,迁婺源县令",《唐许氏故陈夫人墓志》也载"伯元通,任歙州婺源县令",且陈夫人之父陈元达,在《南陈实录》中被记载与陈元通为兄弟行。此两方墓志所载陈元通生前的职衔是一致的。

问题是,《南陈实录》载"元通生二子:曰肇,曰黯",是否可靠?

如果根据陈黯内侄黄滔所写的那篇《颍川陈先生集序》,陈黯之父名陈赞,母姓黄,"无昆仲姊妹"。依此可见,陈黯与陈元通根本毫无关系。但"陈元通墓志"则记载墓主前妻周氏早逝,"有男不育,唯女二人",后续娶汪氏,"有男子二人,长曰肇,次曰皋。女子三人"。这就是说,在目前我们还无法确认"皋"就是陈黯的名字时,只能认定陈黯与陈元通没有关系。

此外,比较怪异的是,汪氏卒于其夫君过世六年后的咸通二年(861),却写明她"有男一人,曰皋,举孝廉",与其夫君的墓志记载的子嗣甚有出入:她不承认有个叫"肇"的儿子。因而,陈黯究竟是不是陈元通之子,至今还是个谜。

陈元通当年在闽南应该有一定名气,为他撰写墓志铭的这位"乡贡进士欧阳偃",在泉州那通《佛顶尊胜陀罗尼经序》有其题款,曰"大唐大中岁次甲戌(854)五月八日建,乡贡进士欧阳偃、沙门文中共书"(陈棨仁《闽中金石录》卷一)。至于墓志铭中自称"其渤海欧阳偃,实公(指陈元通)之丈人也",这里的"丈人",意为前辈,如杜甫《奉赠韦左丞丈二十二韵》:"丈人试静听,贱子请具陈。"今之人误解为"岳父"(况且其行文略无翁婿间之语气),妄生疑窦。

南普陀后山有一通民国二十年(1931)记述厦门颍川陈氏经始该寺的摩崖石刻称"南普陀者,唐之普照寺,即陈姓之祖肇公所建也"。此"肇公",即陈元通的长子肇。按墓志,陈元通卒于855年,享年75岁,则当生于唐德宗建中初年(780)。20余年后其子"肇公"有三四代人在厦门岛上拓荒生产的基础,因而在"东至仙姑岭、西滨海、南水磨坑、北界陈公墓"(觉斌《普照寺根源记》,载虞愚、寄尘《厦门南普陀寺志·文艺》)的五老峰捐地52亩、山一陇以建寺,并非不可能。看来,这座"北界陈公墓"与陈氏的捐地赠山,可能有关系。

南普陀肇基于晚唐大中年间

历来介绍厦门南普陀寺始创于何年?或曰始于五代,或曰始于唐五代,莫衷一是。岁己亥(2019),时任方丈之则悟大和尚聘我主编新志,嘱我解决该寺始建年代的问题。

此前南普陀寺的点滴记载,皆附于方志文献。其所记载的厦门岛史都始于宋,宋以前一片空白。近年来先后有唐代墓志铭出土,表明大中年间(847—860)厦门岛已名"曰新城,即今之嘉禾里是也"。2005年厦门岛上出土的陈元通墓志铭,更明确记载墓主陈元通自曾祖陈承(丞)以来就世居厦门岛,卒于大中九年(855),享年七十五岁,则出生于唐建中初年(780)。他生前在江淮一带宦游,曾任婺源县令,殆至其"罢秩还乡"后,家道已"丰其产,继为豪室,而行诸礼教,人称名家"。他有二子,其一名陈肇。这位陈肇的名字,在寺院中保存的清光绪十三年(1887)奎俊撰《重修南普陀碑记》,和民国二十年(1931)的《厦门颍川陈氏经始南普陀寺题刻》都出现过,奎俊的碑记写道:"相传漳郡南山寺所祀唐陈太傅□八世孙讳肇,念子孙得有今日,我佛所庇也,乃建普照寺。"民国二十年的题刻写得更具体:"南普陀者,唐之普照寺,即陈姓之祖肇公所建也。……(按:陈肇所捐)为田五十二亩,山一所,五峰山是也,东至仙姑岭,西滨于海,南及水磨坑,北界陈公墓。"墓志文物证实历史上确有其人。这位陈肇在唐大中九年后继承了家业,具备了向寺院捐赠山、地的条件。

值得注意的是,"唐五代以来,福建境内大盖寺院、超度僧人,掀起一个国内罕见的崇佛热潮。由此禅宗佛学中心南移福建","在这一时期,福建的统治者无不大盖佛寺,老百姓也积极捐助佛寺的建设"(徐晓望《福建通史》第二卷,"隋唐五代·佛教",第 317~318 页),"富民翁姁,倾赀产以立寺院亡限"(梁克家《三山志》卷二十三"佛寺")。垂拱二年(686)泉州黄守恭捐地肇建开元寺便是一例,漳州南山寺也是于开元年间由住宅改寺。据陈元通的生卒时间推测,他们父子两人生活过的唐宣宗大中年间之前,曾发生过一场唐武宗的"会昌法难",宣宗登基后,立即兴教立寺。有研究成果表明,"晚唐福建地方官吏富户舍田宅为寺、捐资兴寺的较武宗朝多得多"(王荣国《福建佛教史》,厦门大学出版社,1987 年)。陈肇于此时捐地,具备了其社会背景。

实际上,道光《厦门志》卷二"分域略"就有记载:南普陀寺"自唐以来,兴废不一",福建省和厦门市的《文物志》也都记述该寺院"始建于唐朝"。王荣国教授的《福建佛教史》更是明确写道:南普陀寺乃"唐会昌、大中年间,由陈肇施山一陇、田 50 余亩创寺院,名普照寺"。只是这些论断史料的支撑略嫌不足。

基于上述文物文献的初步考证,我们认为厦门南普陀寺肇始于晚唐大中年间,五代时才被命名为四洲院。先得捐地,后再命名,泉州开元寺有先例在,据乾隆《泉州府志》卷十六"坛庙寺观"载,开元寺于唐垂拱年间得捐地,并无接受方的僧名,其后"建大悲殿及正殿,赐额莲花寺",直到开元二十六年(738)称开元寺,才开始有世祖匡护,"门徒甚广"。因此,南普陀寺大雄宝殿有柱联题曰"经始溯唐朝,与开元而并古",绝非无稽之词。

韩偓身后的箱筥

晚唐诗人韩偓之入闽，辗转居南安桃林场（今之永春县）、招贤院（在南安三都招贤里），最后卜居南安城内。82岁卒于南安葵山之麓的龙兴寺院，其墓葬在今南安丰州镇的杏田自然村。弘一大师当年寻访到"唐学士韩偓墓道"，无限感慨，摄影一帧留念。

乾隆《泉州府志》卷之七十五"拾遗上"载：

> 韩偓流寓闽中，所作诗仅传《南台怀古》一首，后卒于南安龙兴寺。其子寅亮与郑文宝言："偓捐馆日，温陵帅闻其家藏箱筥颇多，而针镝甚固。发观，得烧残龙凤烛、金缕红巾百余条，蜡泪尚新，巾香犹郁，乃偓为学士，日视草金銮，夜还翰苑，当时皆宫人秉烛以送，悉藏之。"又文宝少游于延平，见一老尼，亦说斯事，尼乃偓之妾耳。

我读高文显的《韩偓》（新文丰出版公司，1984年），知韩偓卜居福建南安时，诗作得很多，最有名的有《安贫》《残春旅舍》等，而遍查陈继龙的《韩偓诗注》（学林出版社，2001年）和《韩偓事迹考略》这两部力作，竟无《南台怀古》一首。《泉州府志》此说不知何据？

同安朱文公石刻

同安历来以宋代大儒朱熹过化之地为荣，故同邑朱氏石刻甚多，署名"晦翁"或无名款者有"寒竹风松""仙苑""同民安""安乐村""太华岩""瞻亭""真隐处""战龙松"等十余幅，皆因明清方志有载或故老相传，后人遂深信不疑。其实朱熹于绍兴十八年（1148）中进士后，二十一年春授左迪功郎、泉州府同安县主簿，为其入宦之始（时朱氏二十二岁）。彼时他尚未成名，唯公余研究"释老之学"而已，二十三年夏才徒步到延平（今南平）受业于李侗，因得袭二程"洛学"之正统,奠定其学说的基础。且宋时主簿官微,社会作用有限,加上任期时间不长,又是"理事未逾月,簿书终日亲"(朱熹《释奠斋居》),不可能到处题词。所以此类朱文公手迹遗刻,皆值得推敲。

朱熹能书但不以书鸣世。曩读清人朱和羹《临池心解》云:

> 书学不过一技耳,然立品是第一关头。品高者一点一画,自有清高雅正之气,品下者虽激昂顿挫,俨然可观,而纵横刚暴,未免流露楮外。故以道德、事功、文章、风节著者,代不乏人,论世者慕其人,亦重其书,书人遂不朽于千古。欧阳永叔尝以蔡端明比汉儒,又考端明教闽士以经术,实为晦庵之先声。

清冯班《钝吟书要》也说:"蔡君谟正书有法无病,朱夫子极推之。"足见朱熹于书法推崇蔡襄。但清代阮葵生《茶余客话》卷十七有"奸雄多工书"一节云:

> 《梁虞和论书表》云:"杨升庵谓朱文公书法出于曹操。操书行世甚少,惟《贺捷表》元时尚有,文公所学必此。"按:刘恭父学颜鲁公书《鹿脯帖》,文公以时代太近诮之。刘云:"我所学者,唐之忠臣;公所学者,汉之篡贼耳。"此又见文公之书果学操也。

今所见朱熹墨宝,有传世的《城南唱和诗》一卷,今人评为"晦翁书法取法汉魏,力追钟繇,所作行笔稳健,收放自如,结构自然老成,不求险绝,意在持重,颇有太傅遗意"(止水:《认识不同风格的书法》,《中国文物报》2004年12月15日第7版)。另见《故宫周刊》1931年第103期所载有信札一函,系行草书法,略似《城南唱和诗》笔意。曹操书法相传为汉中某地发现过"衮雪"二字无款石刻,又系隶书,难以比较。

厦门出土宋吕大奎所撰圹志年代考

2006年6月,在厦门市湖里区枋湖之建设工地上出土宋代大儒吕大奎所撰《宋故致政陈君夫人郑氏圹铭》,陶质,长方形倭角,高44厘米,宽52厘米,

厚2厘米。现状完好。厦门岛内出土宋代文物颇少,墓志之属尤为可贵,故过录全文如下:

宋故致政陈君夫人郑氏圹铭

从政郎、新宜差江南西路提点刑狱司干办公事吕大圭撰

余需次家食,门雀可罗。一日,陈朝宗东叔踵门来谒,言曰:"朝宗尝偕弟朝佐季弟里从先生学。己卯,诏里获名,荐书群下士,先生赐也。介恃门人之旧愿,窃有请。朝宗不天,岁辛亥春先妣郑氏卒,冬十月先考卒,痛哉!今得卜于觉性山之原,将以庚申三月壬申葬。思所以妥其幽宫而庇覆其后嗣者,惟铭文是赖。"余谢不敢,而请益坚。则询其世系、行实,而朝宗笔以授余。

君讳子玉,字元振。曾祖鼎,祖嘉言,父俊卿,世为儒家。君少从架阁黄椿学,黄器其颖悟。及困蹭场屋,则曰:"士何必成名哉,为善人足矣!"故其待族党有恩,待亲戚有礼,待同里有义。其殁也,行道之人皆泣之,而君得以一行善者郑氏之助也。君初娶梁氏,早卒,郑其继也,是生男女各三人,正义大夫、漳倅之孙黄克顺;乡贡进士林应爵;迪功郎、前南安军、大庾簿苏天民,其婿也。孙男七人,孙女四人,其详见诸行实。今姑述其梗概纳于圹,是为铭曰:井上之陈自莆邑,徙于嘉禾庆源袭。吁嗟元振学汲汲,积善有余名不立。夫人助之和且翕,有子绳绳孙蛰蛰。夫人七十君八十,今其往矣何嗟及。觉性之山高□岌,有宛其丘于彼隰。哀以葬之闻者泣,窀穸孔安百神集。

圹志作者吕大奎乃宋代理学大师朱熹之再传弟子。民国《同安县志》卷二十九"儒林传"载:

吕大奎,字圭叔,少嗜学,师事王昭复,昭复师陈淳,淳师朱文公,故圭叔得紫阳道学之传。泉之通经学古擢高第者皆出其门。登淳祐七年进士第一。因上书言及执政,授潭州提举司干,迁吏部侍郎兼崇政殿说书,以操南音,出知兴化军,俸米尽输中户以下赋。德祐元年转漳州军,未行。属蒲寿庚率知州田子真降元,捕圭叔署降表,不署,将杀之。适门人有为管军总管者,扶出。至家,乃以平生著作泥封一室,遂变服逃海岛中。寿庚遣兵追之,将逼授之官。追者及问其姓名,不答。寿庚怒而杀之,年四

十九。圭叔著书尽毁于贼,其《易经集解》《春秋或问》《孟子论语》《学易管见》,行于世者,皆门人所传。邱葵赞曰:"泉南名贤,紫阳高弟。造诣既深,践履复至。致身事君,舍生取义。所学所守,于公奚愧?"元孔公俊建大同书院,祀朱文公,圭叔配焉,又祀乡贤并忠义祠。

同书卷二十九"选举·宋·进士"载:"淳祐七年丁未,吕大奎、苏天民(登进士第)",而据本圹志所载"迪功郎、前南安军、大庚簿苏天民,其婿也",是以知吕大奎与墓主之婿苏天民为宋理宗淳祐七年(1247)之同榜进士,作圹志时任"新宜差江南西路提点刑狱司干办公事",当即《同安县志》所载之"授潭州提举司干",尚未"迁吏部侍郎兼崇政殿说书",更未"出知兴化军"也。

该圹志除铭额题为宋之外,通篇无年号,仅出现"己卯""辛亥""庚申"三个干支纪年。然此干支纪年有宋一代出现四次:一仁宗宝元二年己卯至神宗元丰三年庚申(1039—1080);一哲宗元符二年己卯至高宗绍兴十年庚申(1099—1140);一高宗绍兴二十九年己卯至宁宗庆元六年庚申(1159—1200);一宁宗嘉定十二年己卯至理宗景定元年庚申(1219—1260)。从吕大奎、苏天民中进士的时间分析,该圹志当是墓主陈子玉在"觉性山之原"下葬的宋理宗景定元年庚申,即1260年所作,最为合理。至若帝昺祥兴二年亦值己卯(1279),则宋亡于斯年矣。

鼓浪屿整理宋墓小记

1987年10月16日,鼓浪屿人民小学老教师林续中先生来馆报告,说鼓浪屿少年宫的工地,发现一个墓葬。该址于20世纪50年代尚有一巨岩,我小时候常去攀登游嬉。"文革"前因建设需要,就近采石而巨岩荡然无存。墓在原巨岩所在东侧,但原貌已被施工单位破坏殆尽。工人帮忙测得此为砖砌券顶单穴墓,墓首朝东南,长160厘米,宽60厘米,高65厘米。墓穴内无棺木或骨殖碎片,仅有已碎但尚可修复的陶鸡一件,其他明器皆已残破无收藏价值,另有铜钱数枚,可辨币文为对读之"祥符通宝"。据出土文物初步断定此当为北宋祥符(1008—1016)或略迟一些时间鼓浪屿先民之墓葬,乃鼓岛目前所见时代最早的文物遗址,殊足珍贵。嗣后这些文物悉入馆藏。

日前读1878年英国人翟理斯（Herbert Allen Giles）所写的 *A Short History of Koolangsu*（《鼓浪屿简史》），书中记述他来鼓浪屿时，即注意到岛上有宋墓。

明代厦门建城的时间

民间往往把厦门城和中左守御千户所混为一谈。建城设所极可能是同时，但城是城，所是所。明代厦门城究竟建于何时？道光《厦门志·沿革》有记载："（洪武）二十年（1387）江夏侯周德兴经略福建……城水澳为永宁卫，领左右中前后五千户所，又复设守御千户所，城厦门，移永宁卫中、左二所兵戍守，为中左所。"后人不察，有相当一段时间认为厦门城建于洪武二十年。姑且先不论周德兴"经略福建"的时间是否正确，即以行文读之，也可知"中左"之建城设所是在（洪武）二十年"城水澳为永宁卫"之后。

丁卯（1987）春，我读《明太祖实录》卷一八八，和《明史·兵制三》，发现洪武二十一年（1388）福建全省共置永宁等五个卫，金门、高浦等十二个千户所，其中并无中左千户所，所以厦门城肯定不是建于洪武二十年。

厦门城是为城寨，而中左守御千户所则属于官署。道光《厦门志》于此的分类是很清楚的。这部志书的卷二"分域略·城寨"记载："厦门城在嘉禾屿，洪武二十七年（1394）江夏侯周德兴造。"而同卷"分域略·官署"却记载："中左守御千户所，明洪武二十七年都指挥谢柱（后改名玉柱）建。"《厦门志》于厦门城的建造和中左守御千户所的设立，时间都记载为洪武二十七年。这和《明太祖实录》卷二三一"洪武二十七年二月"条所记载的"是月，城同安县嘉禾山，置永宁中左千户所"，是相符合的。因此，可确定厦门城建于明洪武二十七年二月。建城之同时设立中左守御千户所，这也是符合情理的事。只不过其主持者分别是"江夏侯周德兴"和"都指挥谢柱"。为澄清这个史实，我们还需重读《明史》"列传"二十的"周德兴传"。

周德兴，"濠人，与太祖同里"，数十年跟随太祖朱元璋南征北战，"（洪武）十三年（1380）命理福建军务，旋召还"，第二年又率兵镇压"五溪蛮乱"。其后太祖朱元璋"谓德兴福建功未竟……德兴至闽，按籍佥练，得民兵十万余人，相视要害，筑城一十六，置巡司四十有五，防海之策始备"，后来又奉调"节制凤阳"，"二十五年（1392）八月，以其子骥乱宫，并坐诛死"。洪武十三年，周德兴奉命来福建处理军务（可见《厦门志·沿革》关于洪武二十年周德兴经略福建之载不确），其要务可能是筹划"防海之策"。何乔远《闽书》卷四五"文莅志·皇朝"载："周德兴，濠州人……洪武十三年承制理福建军务。沿海边城，相风土形势，修筑创建。凡海上城池墩寨，及卫所军士调配，与孤屿人民之当内徙者，皆德兴经画之。"可惜为时不长，"旋召还"。

"（洪武）十八年（1385），楚王桢讨思州五开蛮，复以德兴为副将军。德兴在楚久……楚人德之。……居无何，帝谓'德兴福建功未竟，卿虽老，尚勉为朕行'。"直到"筑城一十六，置巡司四十有五，防海之策始备"，周德兴又被调任"节制凤阳"。洪武二十五年八月又因受牵连被诛杀。可见《厦门志》"分域略·城寨"所记载周德兴建造厦门城，也是不确之论。因为厦门城建好，他已去世头尾三年了。

《明太祖实录》卷二三〇有一条记载，说洪武二十六年（1393）冬十月丁丑，谢柱奉命为福建都指挥使。因而，厦门城最后的完工者应该是谢柱。

《明史·地理志》所载之厦门

《明史》"地理志"第二十一载：

> 同安，（泉州）府西南。西有文圃山；南滨海，有盐场；西北有西溪，流合县东之东溪，县西之苎溪，又东南注于海；西南有守御金门千户所；西有守御高浦千户所，俱洪武二十一年（1388）二月置；又西南有永宁中左千户所，在嘉禾屿，即厦门也，洪武二十七年（1394）二月置；西有苎溪；南有塔头山；东南有田浦，又有陈坑四巡检司；又西南有白礁巡检司，后移于县西之灌口寨；东南有烈屿巡检司，后移于石浔港口，有官澳巡检司，后移于踏石寨；又有峰上巡检司，后移于县西之下店港口。

同书又载：

> 海澄，（漳州）府东南。嘉靖四十五年（1566）十二月以龙溪县之靖海

馆置,析漳浦县地益之。东北滨海;西有南溪,自龙溪县流入柳营江合流入海;东有海门巡检司,后迁于青浦社;东北有濠门巡检司,本治海沧洋,后迁县东北之嵩屿;东有岛尾巡检司;又西北有石马镇。

海门、濠门、海沧、嵩屿、岛尾今仍沿用,石马即今之龙海市,且《明史·地理志》于嘉禾屿已称为"厦门"矣。

明代同安教谕(训导)署理邑篆

明代同安的方志与文献有教谕或训导署理县令之例。《林次崖先生文集》(何丙仲校注,厦门大学出版社,2015年)之卷九有《送学谕拙修李先生归田序》,记述李拙修在同安儒学教谕任内,"两署邑篆,洁身自爱"的事迹。李榕,字拙修,鄱阳贡生,据民国《同安县志》卷十三"职官"载:他于"(嘉靖)二十一年(1542)"到任,"嘉靖丁未(1547)暮春上旬,学谕拙修李先生致仕之报至"(《送学谕拙修李先生归田序》),在这首尾六年期间,他两次代理过同安知县,其中一次是"甲辰(1544)春,(李)先生适署邑事",正好林希元的《增订朱子大同集》出版有麻烦,因有李拙修等人的帮助,"功始告成"(卷七《重刊〈大同集〉序》)。

另一例是《林次崖先生文集》卷八的《赠龙岗侯先生教谕容县序》,记述同安儒学训导龙岗侯先生"以曲江诸生应贡,上春官,入试内廷,分教诸暨,以忧去。服除,再任同安。仅二年,擢教广右之容县"。在此两年间,侯先生因"巡察陈公按知其贤,委署同安县事,吏民至今羡慕"(同上)。侯先生即侯崇学,号龙岗,"曲江人,贡生,居心则利欲勿动,作人则科条不繁。诸生受其教者多感发。署邑篆,吏民宜之。迁容县教谕"(民国《同安县志》卷十三"职官")。

明代,县一级官员由知县、县丞、主簿、典史、儒学教谕和训导组成。有时遇到知县调动或出缺,接任的知县尚未抵任,就由教谕或训导代理,而不是让县丞、主簿和典史暂时充当。这样做显然可以使政府部门的运作保持正常。此读史偶得,不知《明会典》有记载否?

万寿岩的游仙诗

万寿岩别称山边岩,昔有"万寿松声"之誉,乃厦门大八景之一。今废寺之侧有巨石,上有摩崖石刻数幅,其中有楷书诗刻,系本市唯一的古代游仙诗,诗云:

一片瓦,一片瓦,造化陶镕元不假。峦连上覆碧崚嶒,瓴建周遭翠潇洒。巉岩垒块胡孙头,怪石低昂乌兔马。几番风雨洗霉墙,千古月华穿破甲。掬灵泉,度杯斝;金缕歌,玉板鲊,览胜朋侪邀我耍。安得仙人王子乔,一双飞舄游天下。

此诗乾隆《鹭江志》和《嘉禾名胜记》均有载录,但仅作"吴楷诗",未审吴楷何人,刻于何时。岁庚辰(2000)仲秋,我特扶梯而上,在驻军帮助下,剔薛辨读,首次发现其末行题为"嘉靖六年八月之吉,江浙桐庐吴楷书"。可知该诗刻作于1527年,目前,岛内所有诗刻之年代莫出其右。明世宗嘉靖皇帝崇信道教,好写青词,岂当时海隅一角的鹭岛亦有效尤者?诗中说该处有怪石灵泉,巨石周围尽是翠瓴,然不知是道观抑或是僧庐。此游仙诗刻乃探讨厦门宗教史之史料也。

南太武摩崖题刻

福兴宫在龙海市港尾镇之南太武山上,属该镇隆教乡之黄坑村。2002年宫庙重修,邀彭一万、林岑与我等数人前往随缘,得便登临选胜。南太武山与厦鼓仅一水之隔,风景殊佳。《漳州府志》载:

太武山,其上有太武夫人坛,前记谓闽中未有生人时,夫人拓土而居,因以名山。武一作姥,其说荒远。但《列仙传》称"皇太姥,闽人婺女之精,闽越负海名山多名太姥者"。

又山上旧有"建德城",史志称秦汉时南越王嗣裔建德逃窜至此所建。乾隆《海澄县志》卷一"舆地"载:

> (太武山)元以来好事者列为二十四景:曰延寿塔,曰栖云楼,曰安乐窝,曰锦亭峰,曰石钟楼,曰涧谷桥,曰浴仙盆,曰云根洞,曰九霄岩,曰石眼泉,曰烟霞石,曰弥陀石,曰香炉石,曰涅盘[槃]石,曰棋盘石,曰马蹄石,曰百丈石,曰狮子迹,曰仙人迹,曰仙灶,曰石门,曰石屏,曰龙潭,曰象径。

我素嗜摩崖石刻,当天即访得处,计有"太武名山""万丈丹梯""浴仙盆""象径""云根洞""安乐窝""武岳钟英、东南启运""武岳钟英""石屏""琴台""朝圣石""浴仙湖""屈指""伏地麒麟""天然""武山关""海思"等,皆无款。有款者为:"烟霞泉石",署"省斋书",里居未详。"苍龙入海",署"扶风堂□子",钤二印,"马""癸酉"。"高山仰止",署款"嘉靖辛丑(1541)夏孟八日,汀漳守备武进士王元泰书"。"乾坤一览",署款"嘉靖癸丑(1553)九月守备汀漳年弟黄镇续题"。"修身为本",李材题。李材,字孟诚,江西丰城人,明嘉靖进士,隆庆间历迁广东佥事,屡败倭寇。万历初,历官云南按察使。"长洲陆完游",陆完,字全卿,长洲人,成化进士,正德十年(1515)擢吏部尚书。李材和陆完最后都曾谪戍镇海卫。

最有价值的是道旁有塔名石匾额一件,楷书阴刻"普明延/寿之塔",左右刻"绍定壬辰年","□□进士陈□□"。乾隆《海澄县志》卷十七"名迹"并无载其建筑年代,唯称在"镇海卫,制甚工致,坐可数十人,海上归舶望以为标,陟其巅近则睹一邑之风景,远则瞻漳泉之巨嶂,斯闽南之大观也"。故知此塔必建于南宋绍定壬辰(1232)。明代后期的大航海时代,外国商舶越洋来华,荷兰船长邦特库(Willem Bontekoe)即以这座塔为参照物,第一次驶入"漳州河",事见其所著《东印度航海记》。可惜这座屡屡出现在近代老照片中的巨塔,1967年因故被拆圮。

太武山上多有款诗刻,到福兴宫的沿途中我已发现有明季御侮名将施德政、陈第和沈有容等人的刻石,遂逐一摄影,以备归来抄录。

是日,我乘兴为福兴宫题柱联,一为:"法雨潮音,常观自在;菩提般若,即见如来。"一为:"金厦两门通法宇,海天一色共虚空。"不料开光日,却看到第二联之"宇"字被易为"雨"字,竟成瑕疵。

南太武明季诸将诗刻

施德政之行草七律一诗云:

> 立马闽山第一峰,海天无际豁心胸。身凌霄汉星堪摘,界限华夷户可封。蹯磴喜寻仙子迹,登台羞问宋王踪。千年光景百壶酒,兴尽归来月满艟。

右款为"同连江陈一斋宣城沈士弘登太武山",左为"万历壬寅(1602)春仲吴人施德政书"。施德政,字正之,江苏太仓人,万历十七年(1589)武进士,三十三年(1605)六月由福建南路参将升为神机营右副将(《明实录类纂·福建台湾卷》,武汉出版社,1993年,第365页)。同年九月,任副总兵官(《明实录类纂·福建台湾卷》,武汉出版社,1993年,第392页)。可见,施德政作此诗刻时,任福建南路参将。而万历戊申(1608)春,他作为征倭将领又在厦门岛上的天界寺留题时,已升任神机营右副将。

随行并和诗者,还有陈第和沈有容,他们曾于万历辛丑(1601)就同登过鹭岛的五老峰,留下题名石刻。越一年他们又在太武山陪施德政选胜登临。陈第(1541—1617),字季立,号一斋,晚号温麻山农,别署五岳游人,福建连江人。明代诗人、音韵学家和名将。万历八年(1580)由戚继光举荐,任三屯车兵前营游击将军。后辞职回乡,致力研究中国音韵学。和诗的同年(1602)冬十二月,他即随沈有容往东番(台湾)征倭。沈有容(1557—1627),字士弘,号宁海,安徽宣城人,万历七年(1579)武举,万历壬寅(1602)时任浯铜游击将军。万历三十二年(1604),沈有容经过严密部署,义正词严地谕退盘踞在我国澎湖的荷兰人,从而青史流芳。

陈第诗云:

> 临风清绪共徜徉,东望沧溟思渺茫。古塔嵯峨云不散,故宫寂寞夜

偏长。岩头芳草埋仙迹,春尽飞/花满佛床。偶而开尊问卫霍,伫/看雄剑挂扶桑。

沈有容诗云：

携尊登眺兴偏浓,景物清恬/日色溶。波浪千层翻地轴,风云/八阵结天冲。塔边残垒空芳草,/泉上悬崖有老松。把剑专从飞将后,/壮心直欲扫妖凶。

这两通石刻同为一人所书,总题为"游太武山",陈诗后署"连江陈第",沈诗后署"宣城沈有容",不步官长之韵脚,亦无奉陪的客套话,足见这两人的真性情。

附近另有一通款为"楚人五华李楷书"的七律诗刻,诗云：

太武巍巍接太清,摩霄插汉势峥嵘。千重云峤凌空出,万里沧溟入望平。欲蹑丹梯寻玉检,还因仙掌复金茎。登临渐觉星辰近,半壁东南信可撑。

李楷(1579—1622),字瑞甫,湖广蕲州人,万历间袭千户职(康熙《蕲州志》卷八,"人物·武勋"),时任福建南路参将,"万历三十七年(1609)十月,以福建南路参将为广州参将"(《明实录类纂·福建台湾卷》,武汉出版社,1993年,第366页)。

南太武山近镇海卫城,大航海时代台海多事之秋,施德政等一批将领视察至此,题诗留记,颇值得注意。

南太武万历年款诗刻

厦门文物爱好者朱智强君利用节假日跑遍南太武山,搜集并拍摄了该山几乎所有的石刻。以下几通从未人知的诗刻,即朱君的劳绩。如"石门"石刻附近的一通行草书诗刻,前有小序云：

李老师登镇海之太武山,憩普/陀庵,与吴参戎、陈比部、周学/博□赏,留题□□原□以□□/□承甲虽未登临,而□/老师所作亦亲炙之矣。二首。

诗云:

万壑层峦向此萦,朝舒只/眼照偏明。才□每对蛮烟扫,又谓□宫太上迎。极目瑗山□已/净,凌胸欲海意为营。古来胜/境多贤迹,冠盖如云孰可倾?

平生梦想海云峰,欲迓山灵/庆一逢。应有□叶惊过眼,可无莲/□寄萍踪。□霄壁□擎天柱,/碧水波声□□□。更喜登/高□雅兴,纷纶经济岂堪慵。

署款"知龙溪县事、门人蔡承甲"。乾隆《龙溪县志》卷十二"职官",记有"明知县蔡承甲,攸县人,进士,(万历)二十一年(1593)任"。

另有万历年间的一组纪游唱和诗,亦前所未见。前有序云:

余授镇庠甫二载,传闻太武之胜旧矣。秋来承/带江徐侯、碧峰祁侯偕诸所彦登眺信宿诚殊遇也因□□/句三章以纪胜游云。

诗云:

胜境令人眷恋,名关愧我蹉跎。来游秋色半萧疏,叠□/层峦都过。那管落花流水,且拼坐饮行歌。主人缱绻酒重/沽,归路亭亭日暮。

传道招提好,迤逦探真源。异花开露径,流水出云根。古屋/留苍岚,幽崖倒绿尊。尘缘浑去尽,不与俗人论。

太武名山古,登临蹑旧踪。石盆丹果落,象径紫苔封。碧海翻晴/塔,荒域遇□跂。夕阳催客去,佳境自无穷。

款署"万历壬午(1582)宁海前峰金埴记"。

徐标和诗:

为览名山卓荦,休嫌云路蹉跎。秋空万里骄阳疏,三八洞天/闪过。

拍掌迎风坐啸,携醅摘果行歌。壶中不尽杏村沽,兴/剧那知日暮。

　　胜日陪游衍,闲中见道源。高升凌月窟,平步蹑天根。野色/浮禅榻,花香落酒尊。夜深浑不寐,细与君评论。

　　东岱来仙客,镂铭有旧综。石楼涵翠巘,宝塔耸华封。松竹环僧寺,云霞绕梵宫。名山千古在,佳景信无穷。

款署"带江徐标和"。
祁碧峰和诗:

　　乘兴频来胜赏,登高不惮蹉跎。秋深风景正萧疏,万里云/山逾过。散步逍遥骋目,凭栏啸傲赓歌。凭勤醉倒杯中沽,不/觉追随日暮。

　　信步闲登眺,寻真入太源。泉流开石眼,云破露天根。象径风生/榻,琴台月上尊。芳晨偕胜友,秉烛细评论。

　　历览名山胜,凭高忆故踪。钟楼背嶂绕,丹窝白云封。寿塔通/天汉,石屏枕佛宫。来游曾信宿,往兴尚未穷。

款署"碧峰祁如舜题"。
此外,还有两通万历年款诗刻。其一通前有三行小字序,识得"岁丁酉(按:万历二十五年丁酉,1597年)"三字。诗云:

　　障海撑空不纪年,我来直上最高巅。风/云缭绕寒湫下,日月低环碧树边。龙伴/山僧栖绝境,花从玉女雨诸天。老狂/不遂登临兴,朗诵南华第一篇。

款署"梅溪吴仕典书"。
旁有一诗刻云:

　　太武兮何当?喜登兮欲狂。/老脚兮忘倦,极目兮洪荒。/尽旧迹兮一览,慨今昔兮/彷徨。醉山家兮窸寐,觉身/世兮羲皇。毕生平兮厚顾,/更欲求兮已忘。

款署"万历癸未(1583)龙游洞人林楚同王静修登"。

南太武山之摩崖石刻差不多都集中在明代万历朝,颇值得注意。

明丁一中在厦门的题刻

厦门自宋代迄民国时期遗留的摩崖石刻约460幅。其中个人题刻数量较多者,有丁一中、李暲、俞成与黄日纪,近代则有黄仲训、林尔嘉及太虚法师。明代丁一中有八幅诗刻存世,弥足珍贵。

据明万历《泉州府志·官守志》和清光绪《丹阳县志·名臣传》所载,丁一中,字庸卿,号少鹤、少鹤山人(按:明代人写"鹤",常略去"鸟"之偏旁。如郑成功时代的周鹤芝,后人往往沿袭为"周崔芝",少鹤作"少崔",实误),江苏丹阳人,与其兄丁一敬"并从江西罗洪先、毗陵唐顺之游,所学日益进。年十二,饩学宫。嘉靖中,由恩贡拔选,授青田知县,有训[驯]虎之异。升户部主事"。后因"讦误"谪为延平(今福建南平市)通判,任内建鹤鸣书院以教邑士。明"隆庆元年(1567)升泉州府同知"。《泉州府志》称其少有文名,"来郡以文学饰治,时引诸生讲业。……公暇相与登眺吟咏。境内名山,(丁)一中题几遍焉"。其后,"值海寇曾一本乱,(丁)一中筹兵转饷,竟扑灭之。擢户部榷税邗关"。丁一中最后由户部郎中致仕。《丹阳县志》还说他所著的诗集名为《鹤鸣集》,但我们现在仅能从明隆庆年间俞宪的《盛明百家诗》里获读到《丁一中诗集》。

清道光《晋江县志》卷三十五"政绩志·明同知"所载也比较翔实可靠。该传略云:

> 丁一中,丹阳人,以户部郎谪延平倅。隆庆元年(1567)升泉州府同知。一中少受学于唐顺之,有文名,来郡以文学饰治,时引诸生讲业。性耿直,不阿上官。时朱炳如为守,一中佐之,政简年丰。公暇,相与登眺吟咏。境内名山,一中题镌几遍焉。字画遒朴有法,人多藏之。

1998年前后几年,我利用节假日走遍厦门辖区范围内的山山水水,搜集并记录了所到之处的摩崖石刻。丁一中本人就有八幅诗刻,另外还有一通碑刻,即海沧区东孚街道汤岸社的《温泉铭》。摩崖诗刻计有:云顶岩留云洞两幅,云顶岩方广寺侧一幅,同安西山岩一幅,胡里山、金榜山和厦门城遗址各一幅,鼓浪屿日光岩题刻一幅。按年款时间早晚为序,最早的是汤岸社的《温泉铭》,其署款为"隆庆元年(1567)丁卯冬十月,奉议大夫、温陵郡丞、前司徒丹阳少鹤山人丁一中撰并书"。其次是分别署隆庆三年(1569)之冬月和十月的云顶岩留云洞(之一)和同安西山岩的诗刻,无结衔。再次为署"隆庆庚午(1570)夏日"的云顶岩留云洞(之二)诗刻。再其次为署年款为隆庆六年(1572)的云顶岩方广寺侧、胡里山和金榜山,这三幅诗刻除了年款也皆无结衔。厦门城遗址诗刻仅署名款而已。时间最后者为日光岩上"鼓浪洞天"四个擘窠大字,年款为"万历元年(1573)春"。

由是观之,丁一中在隆庆元年(1567)已任泉州府丞(同知),整个隆庆朝都在厦门任职,至迟万历元年(1573)春尚未离任。

传略称"境内名山,一中题镌几遍焉",诚非妄语。我们在南安的九日山、惠安的崇武所城和金门的啸卧亭等处,都可以读到丁一中的摩崖诗刻。单隆庆六年(1572)这一年,他就在金门岛上一口气留下《登浯洲金门城南啸卧亭》《攀太武山诗》两幅诗刻,和"鹤鸣"两个大字的题刻。甚至所到之处尽管是偏僻之处,丁一中也要留题。今诏安通平和的霞葛镇井边村,有其题为"由南诏过平和宿林婆畲堡中"的摩崖诗刻云:

南诏南来岭,群山鸟送安。宣风过林堡,万姓万年安。隆庆戊辰(1568)夏日丹阳少鹤丁一中书。

丁一中金门诗刻

曩搜集摩崖石刻,在厦门得读明代隆庆、万历间泉州府同知丁一中之诗刻凡八通。岁甲申(2004)初夏我在金门岛上又读到二通。一在金湖镇的太武山上,为同韵七律二首,诗云:

泉南萍迹遍群山,太武由来尚未攀。此日乾坤一俯仰,浮生身世几间关。碧池浸月诸天净,白石眠云万虑闲。独坐翠微空阔甚,夕阳吟啸不知还。

奇胜谁登绝徼山，嶙峋偏自爱跻攀。苍茫四面浮琼岛，青壁千重护玉关。北望五云天阙远，南瞻万里海涛间。令威旧识蓬瀛路，便拟乘风驾鹤还。

后跋云：

时隆庆六年(1572)夏，温陵郡丞、前司徒郎、丹阳少鹤丁一中书。同游者茂才李遇春、黄子燉、杨凤仪、张逢辰、陈懋翔、陈模、陈廷佐、陈荣仁、洪昂、吴士彦、陈复道、赵硕卿、陈玉言、蔡存渊、杨廷远、黄懋化、陈民彝、杨廷选也。

其二系七律一首，在金城镇古城村，即俞大猷啸卧亭旧址之旁，题为《登浯洲金门城南啸卧亭》，诗云：

飞筛乘风信海潮，金城门外涉岩峣。南溟地接三山近，北极天连万里遥。逸客淡留尘迹遍，将军啸卧瘴烟销。苍波漠漠情无限，欲附归鸿向日飘。

后跋云：

时大明隆庆六年(1572)夏，丹阳少鹤山人丁一中书。同游者许南峰、大□□龙泉天佑邵裕香□□□。

金门岛西南有石山屹立海滨，其上即啸卧亭旧址，巨岩上镌"虚江啸卧"四大字，石刻前新建一亭，我友吴君鼎仁为书楹联。周围多摩崖石刻。昔读嘉庆《同安县志·城池》载：

南有石临江，镌字云"金门外谷神完贼舟泊谁有生还"。石上啸卧亭为都督俞大猷平倭后所建，原移同安县丞驻此。

其所引石刻文字疑有脱谬，极想再来摩挲辨读，不料此游竟遍寻未获。幸读丁一中诗刻，差免"满船空载月明归"。

"俞戚诗壁"献疑

厦门万寿岩有"俞戚诗壁",世人谓系明代抗倭名将俞大猷、戚继光诗刻,1982年被列为厦门市文物保护单位。该诗壁共有楷书题刻七律诗三首。一云:

万丈峰峦耸目前,不须雕巧出天然。空涵石瓦生春色,炉爇旃檀起瑞烟。自信明时无隐逸,还疑僻处有神仙。公余正好谈玄妙,又统三军过海边。

二云:

幽岩屹立梵宫前,片石呈奇瓦俨然。峭壁罅虚寒漏月,博山香爇暖生烟。高僧煮茗能留客,樵子观棋每遇仙。说罢禅机登绝顶,恍疑身在五云边。

第三首字幅稍小,字亦略小,诗云:

禅宫俯瞰众峰前,片瓦重重势俨然。松落石檐寒带雨,云飞山日晓生烟。人夸竺国三千界,我爱蓬莱第一仙。幸喜封疆无事日,楼船同泛海南边。

这三首诗刻皆无款。有关的记载最初见诸清乾隆《鹭江志》,称万寿岩有"明人诗三首"。与之同时的《嘉禾名胜记》则认为是"相传俞大猷、戚继光所作",与此诗壁毗邻之乾隆二十三年(1758)《万寿岩记》石刻亦说:

倭寇之时,俞都督讳大猷、戚参将讳继功[光]曾到此,有诗留题,勒于石壁之上,今尚存焉。

后之道光《厦门志》卷九"艺文略"则断定第一首戚作,第二首俞作,但没有提出依据,同时也忽略了第三首诗及其作者。

今查俞大猷《正气堂集》、戚继光《止止堂集》,以及《闽海赠言》等相关文献,均查无此题壁诗篇。明代"又统三军""楼船同泛"之水师将领必不止俞、戚二人,诗中所言"明时无隐逸"和"封疆无事"诸事,也与俞、戚的际遇略有不合。遽言"俞戚诗壁",尚值得推敲。

蔡复一与中国南方长城

明代同安蔡复一之功业与诗文为世所知,而其在湘贵一带建有长城,唯1991年版的《金门县志》曾载其在湘西"复筑边墙七十余里",只有寥寥数字。

2000年12月28日,湖南凤凰县人民政府立"中国南方长城简介"碑,碑文云:

> 《凤凰厅志》《辰州府志》等史载:苗疆边墙,大部分位于湖南省西部的湘西自治州境内,初建于明嘉靖三十三年(1554),参将孙助自麻阳移驻五寨司城(今凤凰县城),悉筑自五寨司奇梁隘至干州哨望城坡止边墙七十里。明万历四十三年(1615),湖广参议、分守湖北兼署辰沅兵备蔡复一请发帑金四万有奇,修筑亭子关至保靖涂乍边墙四百余里,贯穿凤凰全境。明天启年间(1621—1627),辰沅兵备副使胡一鸿委游击邓祖禹,复添筑镇溪千户所至喜鹊营边墙六十里。边墙完整体系形成于清嘉庆二年(1797),全长七百余里,主要针对湘黔边界苗族聚居地,起着划分疆界与军事防御作用。
>
> 边墙呈南北走向,由一条顶宽三尺、底宽五尺、高八尺的开放墙及根据地形成一字、品字或梅花形排列的城堡、屯堡、碉、营汛、哨卡组成。材料因地制宜,有土有石,有土石混合。有着严疆界、巡逻、瞭望、堵截攻战之功能。
>
> 明清时,凤凰城系五寨长官司城,及镇筸总兵和辰沅兵备道的衙门驻地,是大湘西的军事、政治、经济、文化中心,边墙绝大部分位于凤凰县境内,从凤凰西部同贵州交界的亭子关起,经黄会营、鸦拉营、走步营、宜都

营、全胜营、八斗丘、岩板营、鸭堡洞、长冲营、靖疆营、得胜营（右营）、晒金塘（左营）、三炮台、二炮台至今吉首境内的头炮台，全长四百余里。凤凰厅建有汛堡五十一座，屯卡一百零五座，哨台九十八座，炮台七座，碉楼五百四十四座，关厢五座，关门四十五座，共计八百三十五座。现据初步考古调查，尚有各类遗存点五百九十一处，其中边墙墙体遗存八十五处（段），总计长度一万三千一百八十五米。

2000年4月21日，经中国长城学会副会长、中国古建筑专家组组长罗哲文先生考查认定：湘西边墙当为明长城的一部分无疑，较之北京居庸关、八达岭、慕田峪、司马台长城，毫不逊色，而且展现了南国风光和湘西少数民族风情的特色。

四百余年前，乡贤蔡复一在湘西所建的"南方长城"，受到我师罗哲文先生如此高度的评价，实在是厦门之光荣。

望洋阡与望洋庵

阡者，墓之古称也。阡表，墓前之坊表也，宋欧阳修之《陇冈阡表》即是。厦门有一座闽南地区唯一存在的阡，位于翔安区董水村，名"望洋阡"，乃明代浯洲（金门）蔡贵易之墓葬。其石阡表左右次间之额枋为其子蔡献臣所题：

先生姓蔡，讳贵易，号肖兼，隆庆戊辰进士。历南京礼部祠察司郎中、浙江按察司按察使；元配叶，累赠淑人；继配黄，累封淑人、太淑人。先生寿六十，万历己亥□冬，合元配葬于董水狮山之阳。庚子，祀邑学宫，又祀崇德、宁波名宦。丙午，貤赠嘉议大夫。墓丑未穴而虚其左，今外向作坤，证值□隆峰中石，其左遥望别驾大父浯洲戴洋山茔。万历三十九年辛亥十一月初二日、□赐进士、□、锡、常镇兵备，湖广按察司按察使献臣，男谦光、定光、学光、孚光百拜立石并书。

额匾正面刻"望洋阡"三字，背面为"狮山佳气"四字。此阡立于万历三十九年（1611）。正面朝金门，"遥望别驾大父浯洲戴洋山茔"，颇有孝思不匮之意。

蔡献臣所著《清白堂稿》存各体诗两卷共五百九十八首,其中以"望洋庵"为题的诗八首。从诗句分析,望洋庵与望洋阡相近,皆在董水村,疑是蔡献臣奉母并为父亲庐墓所建的别庄。《奉母望洋庵居》云:

卜兆在东偏,结庐近海边。涛观八月望,风急重阳前。将母无兼味,归舟送小鲜。渐于尘趣远,白日欲高眠。

《泛海归望洋庵》云:

一叶乘风破浪回,茶花烂漫桂花开。依依游子望云意,岁晏还期展谒来。

《望洋庵春夜（乙卯）》云:

海头风怒号,松声夜作涛。耿耿不成梦,明发念劬劳。

《人日望洋庵作（庚申）》云:

春入桃花烂漫开,天风日夜卷涛来。望洋庵里醒残梦,畏道阳尊几细裁。

《壬戌人日望洋庵作》云:

岁暮方从海上回,春新复挟堪舆来。隐中茶蕊红将折,墙外梅花白烂开。六十年光空甲子,终天孺慕泣南垓。无端夜半天风起,卷送涛声欲作雷。

《望洋庵忆梅（癸亥）》云:

疏梅横驾短墙来,每到春先烂漫开。此日寻花花不见,前村折得两枝回。

《岁暮望洋庵作》云：

岁行云暮风凄凄，至傍狮封意转迷。梅蕊冲寒将拆甲，松梢落日半斜西（原注：时逼除墓，梅犹未开，松树为秋灾，多偃）。

《丙寅重阳日望洋庵作》云：

登山有客还吹帽，对酒无花却忆家。更向海门高处望，风涛满眼日西斜。

丙寅此作蔡献臣已经六十四岁，时致仕居东山，却经常到望洋庵。此外，与望洋庵有关的诗还有《狮山先茔封石告成有作》云：

山踞金狮卧，桥蟠玉间虹。左砂关锁好，佳气郁葱葱。遗言犹在耳，茔对碧浯间（按："间"当为"开"）。试上新阡望，戴洋松色来。

《（庚午）开岁自董水归》云：

三杯酒醒路行斜，刺眼新桃烂漫花。欲摘一枝归去插，却疑春属野人家。

《重阳前一日董水桥泛小艇出海》云：

一室观天天亦穷，扁舟横海海天空。风云万叠青冥上，烟水双帆杳霭中。

读此，可以想见当时董水一带人文、景色之胜。

闲话明代厦门池家

池氏乃明后期厦门之望族。据1967年岛内出土的《明封文林郎遂昌县知县春台池公杨墓志铭》记载：池家于明初永乐年间由河南固始县迁闽之福安，继迁厦门。墓主池杨（即春台公）生于正德辛未（1511），因"年尚稚而孤"，几被某夺家产的族人所暗算。及长，靠"力田治生"而进一步致富。该墓志铭载池杨有三子，长曰浴日，"呐呐守分"似没出息；次曰浴德，登进士第，官至太常寺少卿；老三曰浴沂，系诸生而有义行，老二老三方志皆有传。但查道光《厦门志》卷十三"义行"载，浴德却还有弟名浴云，死后葬于南普陀"龙洲卧冈"处。又，墓志铭载述隆庆庚午（1570）池杨去世时，有孙二人，即浴德之子基京，浴沂之子基衮，但方志所载系显京、显衮，何时基京、基衮改名为显京、显衮，则一无所知。尚且方志载池浴德还有一个儿子，即后代耳熟能详的著名诗人池显方（直夫），墓志铭亦阙如。这可能是池浴云、池显方于池杨去世后才先后出生，才解释得通。

史载，池浴德父子都有清誉，池浴德奔丧回家才带回"四十五金"，其子池显京任知府返里时，仅"袖风戴月"而已。不过，池浴德辞官后居厦门三十七年，除开造了天界寺的醴泉洞，捐地建东岳庙，还扩建华屋"玉狮斋"；其子池显方也在虎溪岩"建刹名玉屏"，开费甚巨，其家底与"清官"似不相符。

道光《厦门志》卷二"分域略·坟墓"还有一条记载甚奇：池浴德死后，其在"水仙宫后、凤凰山下"之墓葬竟被庶孙池法卖给一个名叫张凤诏的人，"凤诏将墓堆铲平为屋"。池家后人直到乾隆、嘉庆年间还在为此打官司，《厦门志》记之甚详。噫！名门望族之后，穷至变卖祖坟，此中或有难言之苦衷。

明代清官池浴德的一首诗

厦门人池浴德是明代后期著名清官，嘉靖四十三年（1564）中举，翌年登进士，由遂昌县令历官至太常寺少卿。其为县令时多善政，为民办案，只收半升米充手续费，人称"池半升"。任吏部稽勋司时"丁外艰，抵家仅余四十五金。母曰：'谚称县令为银树花，吾子一树乃无花果也。'"。池浴德与隆庆朝当政的张居正政见相左而辞官归里，在厦门家居长达三十七年之久，终年七十九岁（《厦门志·列传》）。

池浴德著有《空臆集》《怀绰集》等，可惜均已散佚。云顶岩上有其题刻于隆庆六年（1572）的摩崖诗刻，诗云：

兴逢佳节酒杯宽,此日追随延旧欢。缭绕松阴闲解带,霏微云气漫侵冠。数茎菊绽香初远,百仞风高石亦寒。携手更同凌绝顶,沧波一任醉眸看。

此系目前仅见之池浴德诗刻。

此通摩崖诗刻的发现纯属偶然,2000年我在方广寺下的巨石上,看到厚厚的苔草覆盖下似乎有字迹。在驻军的帮助下,我利用三四个周日架着长梯勇攀岩壁,一个字一个字描摹出来,居然是从未见诸文献记载的丁一中等人的《九日同登云顶岩用韵作》诗六首,其中丁一中诗两首,除池浴德外,还有傅钥、陈应鸾等厦门文化名人的诗各一首,均可补史乘之不载。是日工竣,恰值12月31日的薄暮。俯瞰山下万家灯火,我们以此劳动,迎接新年的到来,心中无比愉悦。(全诗可见《厦门摩崖石刻》,福建美术出版社,2001年)

林希元文集作序者小考

岁甲午(2014),我为厦门市图书馆校注《林次崖先生文集》。该集乾隆版前有明蔡献臣,清沈德潜、雷铉、陈胪声四序。杀青之日,陈峰世兄忽告以彼从清人王鸣盛之《西庄始存稿》卷二十五中,也读到《林次崖先生集序》,内容与沈序几乎一字不差。经讨论,校注本仍以原刻本为依据。今为其实际作者作小考如下。

两序文末均称:"集版已漫漶,陈舍人鸿亭重刊以行世,不远千里邮寄,属为之序。舍人好古力学,阐扬前哲之遗文,以嘉惠来者,甚盛心也。遂不揣梼昧而论之如此。"关于"陈舍人鸿亭",我查阅查北京市档案馆编的《北京会馆档案史料》(北京出版社,1997年)所载之同安会馆碑文(第1335页),内中提到乾隆二十二年(1757),有中翰陈鸿亭与从弟"复捐其自置所居之宅,为一邑之馆"。可知陈鸿亭乃福建同安人,乾隆二十二年前后居北京,有财力亦热心乡邦之事。读《清史稿》和清人传记可知:沈德潜,乾隆四年(1739)进士,十二年任礼部侍郎,十四年归里(其后乾隆帝还擢为礼部尚书衔)。沈氏之序有年款,为"乾隆癸酉(1753)秋七月,长洲后学沈德潜撰"。乾隆十八年癸酉,斯时沈氏已归里四年。而王鸣盛于乾隆十九年(1754)登进士第,二十四年任礼部侍郎,二十八年始辞官归里。乾隆二十二年前后，王鸣盛与陈鸿亭同在北京，则不必"不远千里邮寄属为之序"。沈德潜和王鸣盛为同时代人，唯登第时间沈早于王，且沈氏时为诗坛祭酒，名满天下，而王氏精文史，尤擅考据，名气略逊前者。很可能是由王鸣盛先执笔，然后由陈鸿亭"千里邮寄"到苏州让沈德潜过目署名。但王氏自编文集时，还是将这篇"代作"收进去。故曰：《林次崖先生集序》之实际作者当是王鸣盛。王鸣盛，字凤喈，一字礼堂，号西江，江苏嘉定人，所著有《十七史商榷》《蛾术编》《耕养斋诗文集》《西庄始存稿》等。

明代泉州名宦周伯瑾小考

蔡复一《遯庵诗集》卷一有《彭城纪事诗别周伯瑾，伯瑾将入金陵因怀张礼卿李狷卿》与《病中约周伯瑾见过》五古两首。周伯瑾为蔡复一之友，然周伯瑾何人？史籍无载。时大病初愈，偶在池显方《晃岩集》卷之五读到《寄周元立》与《元夕前二日访周伯瑾元立父子迎霞园时有边警》七律两首，乃从乾隆《泉州府志》卷五十四"明文苑三"之周廷鑨传，而知廷鑨"字元立，号芮公"，天启乙丑（1625）进士，初授镇江府推官，唐王时累官至詹事兼翰林院侍读学士、太常寺少卿、提督四译馆等职。继而，又从该府志卷三十四"选举二·明进士"查到万历二十三年（1595）进士有周维京其人，注云"廷鑨父，通政使"。于此，仅知伯瑾为周维京的字号，进士，官通政使而已。

李灿煌主编的《晋江碑刻集》收录《明大学士张瑞图暨夫人王氏墓志铭》，其上有周维京的结衔：

> 赐进士出身、正议大夫、南京通政使司通政使、奉旨存问、前应天府尹、浙江左布政使、整饬淮阳兵备、四川右□□使、广东提刑按察使、两奉敕以右参政督理湖广粮储、广东惠潮兵巡道、户部河南江西二青吏司郎中，七十八叟，眷会弟周维京顿首拜篆额。

周维京之官宦履历如此丰富，且善交游，而《泉州府志》居然无传，此亦咄咄怪事。

董香光行书长卷浅析

我友同安吴鹤立兄家藏明董其昌行草书法长卷，书法娟秀儒雅，纸亦古色古香，一看而知是董香光之作。盖因旧时重裱，次序略有颠倒。经我辨读后所书乃七绝六首，按顺序，一为"兵符更自城边石，心印传来岭上衣。拈出斋东青一点，何来神物却能飞"。二为"闻有风轮持世界，可无笔力□［走］山川。□［峦］容尽作飞来势，丈室居然掷大千"。三为"风轩水压□春流，一带平岗草木稠。心喜夜［应］门若［差］解意，狂［祇］客［容］渔父得相求"。四为"桃源柳陌转山□［椒］，古木苍藤自六朝。是处诛茆可容易，几［每］□［乘］春涨弄轻桡"。五为"野人何以傲学［游］子，流水声中把道书。簪［拈］向河梁岂无意，清时巢许□［不］岩居"。六为"青天蜀道不为［难］难［攀］，思入微茫杳霭间。稍若［著］一□［区］扬子宅，居然秀甲九州山"。署款曰："丁卯冬日书于梅花书屋，董其昌。"

卷后有清人四段跋语。其一为"嘉庆庚辰（1820）秋日东冶赵在田［观］"，下钤朱文印"赵在田印"，白文印"太史之章"。其二为"董香光先生无帖不习，其秀逸之气出于天然。此书当在中年，□□可藏也。古滇倪琇观"，下钤白文印"倪琇私印"，朱文印"竹泉"。其三为"咸丰壬子（1852）□巳日观于□□竹斋，天气和朗，时鸟变声，小窗□明，尘几初□，展卷流连，亦一自适之境也。晴皋林鹗腾并记"，无钤印。其四为"元宰于古人之书无不学，而其一种深秀之气扑人眉宇。此册与曩年在吴下所见长卷，笔意亦复相同。今日一玩，似武陵人重入桃花源也。咸丰壬子中秋后雪崖章銮跋于小积古山斋"，下钤朱文印"竹生"。

退休后读董玄宰《容台集》等诗集，发现其"兵符"一首系董作《题王霁宇绣佛图二首》之一。其"闻有"一首系元吴镇题山水诗。其"风轩"一首系董作《题画七首》之六。其"桃源"一首系董作《题画七首》之二。其"野人"一首系董作《题画七首》之一。其"青天"一首系董作《题画寄蜀中徐阆池》。如此拼凑之作，殊不多见，因而此卷真伪可以存疑。

题跋者赵在田，字光中，号谷士，闽县人，嘉庆己未（1799）进士，曾主讲玉屏书院。倪琇，号竹泉，昆明人，嘉庆六年（1801）进士，嘉庆道光间两任兴泉永道尹。林鹗腾，字荐秋，号晴皋，厦门人，清道光庚子(1840)进士，官编修。他们均乾嘉以来的饱学之士，惜非书画鉴定家。

明陆治《山斋客话图》

1989年我奉命整理市博物馆馆藏书画文物，在成堆的破旧书画藏品中初检出两幅明画：一为陆治所绘小青绿《山斋客话图》横幅，一为尤求工笔设色《饮中八仙图》长卷。1988年11月7日在福州经谢稚柳、杨仁恺、刘九庵诸师鉴定为真品，旋选录于所编《中国古代书画图目》第十四卷，由文物出版社出版。《山斋客话图》本无题，我拟数题，稚柳师皆不甚满意。此题乃稚柳师亲定，既高雅又合乎内容。卷末有两跋，其一为果亲王所题：

此卷为包山子仿古之作，树木似营丘，寒林、山石宗关仝，皴似北苑，而各有变局。学古人而不能变，便是篱堵间物，去之转远乃縠过似耳。丙戌长夏同朱子青雷、施子静波、顾子梅坡读画于万柳堂，书管见如此。经畲主人。

下镌一朱文印："果亲王府图书记。"
其二为同安李廷钰所题：

陆治字叔平，居包山，因号包山子。□古文词，兼通绘事。作山水折衷胜国，奇伟秀拔，写生深造徐黄遗意，设色浓厚，艳冶绝伦。墨笔花卉尤天造奇趣，当时罕有伦比。家极贫而清操自守，尝有贵公子因所知，某以画请，作数帧与之。其人它日厚赍币以谢，却之，曰："吾为所知耳，非为贫。"卒不受。《弇洲续稿》载："包山常游祝枝山、文衡山之门，其于丹青之学自出机杼，力与古人角胜，邀一时之誉。"后与文山酽。是卷入藩邸，果亲王有跋，不知何时流落章门？余以数金得之。岁在辛卯春仲，李廷钰识于秋江书屋。

卷之左下侧钤有其私印两枚："壮烈伯章""秋柯草堂"，跋后钤"李廷钰印"

一白文印,复钤"壮烈伯章""润堂"两朱文印,可知为秋柯草堂之珍藏品。

李廷钰以袭忠毅伯李长庚之爵位,多年在京为侍卫,结交多名士,寓目名迹亦多,艺术视野遂不同凡响。闽南小刀会起义时,李廷钰奉命以福建水师提督率师到厦门镇压。事寝,居泉州。其性嗜鉴赏,所藏书画也富,对近代闽南文化影响实不应忽视。其传略称著有《秋柯草堂集》十数卷,惜此书今尚缘悭一面。另有《美荫堂书画题跋》,亦杳如黄鹤。十余年前我在厦门大学某君斋中过眼一批李廷钰书画题跋的手稿,当是《美荫堂书画题跋》原稿散叶。某君不肯分享,及其谢世以后,这批散稿已不知去处,思之怅然。

镇北关

当年鲁迅先生"忘不掉郑成功的遗迹",说是在厦门大学"离我的住所不远就有一道城墙,据说便是他筑的"(鲁迅《厦门通信》)。这"一道城墙",与厦大海外函授学院毗邻,有一段原以三合土夯成的断垣颓壁,中有拱门残迹,盖古城墙也。其长近百米,高5～6米,基广1.2米,此今俗称镇北关,似又被呼作白城。岁戊辰(1988)有学者撰文并镌一小碑,嵌于墙上云:"镇北关系明代抗倭所建白/城关隘遗址。民族英雄郑/成功曾在此及城内演武场/操练官兵。"

万历《泉州府志》载:明初洪武年间同安县辖区内共建有千户所城三座,计二十年(1387)建金门所城,二十三年建高浦所城,二十七年建中左所城(在今厦门)。同时还建有高浦、塔头、官澳、田浦、陈坑、峰上、烈屿等巡检司城与之配套。据田野调查所得,所城石砌,而巡检司城则夯以三合土。

万历《泉州府志》卷四"规制志·杂署"载:高浦巡检司城"在(同安)县南二十二都高浦村。旧在县西积仓坂尾,移此"。据清康熙《大同志》卷之一"舆地志·坊隅"载,嘉禾里为绥德乡,辖二十一至二十四共四都,其"二十二都一图:曾厝湾、小高浦;二十二都二图:塔头、古浪屿、东澳"。原来"高浦村"又名"小高浦",在曾厝湾附近。万历《泉州府志》卷首的"图"第六叶之"同安县图","高浦巡司"就与"曾厝湾"并列。因此可以判断所谓的"镇北关"当即明初所建的高浦巡检司城。万历《泉州府志》卷四"规制志·杂署"又载,高浦巡检司于"万历九年(1581)革。仍改设白礁,建司于充龙山下"。同书又载:该巡司城"周围一百四十丈,广七尺,高一丈八尺。窝铺四,有南北二门。万历九年改设白礁,无城"。

当今之世,明代巡检司城遗址之存世,其可谓仅见。就文物价值而言,当不逊于郑成功之史迹遗存矣。

海沧船

明万历间昆山郑若曾原编、晋江邓钟重编的《筹海重编》,卷之十二"编略四"列举在东南沿海所常见之船有:广东船、尖尾船、大头船、大福船、草撇船(今名哨船)、海沧船(今名冬船)、开浪船(即鸟船)、叭喇唬(浙船多用)、艟艞、八桨、雁船、渔船、网梭船、两头船、沙船、蜈蚣船。明代福建仍然是国内造船的中心,该书云:

> 福建船有六号,一号、二号俱名福船,三号哨船,四号冬船,五号鸟船,六号快船。福船势力雄大,便于冲犁,哨船、冬船,便于攻战追击,鸟船、快船,能狎风涛,便于哨探或捞首级。大小兼用,俱不可废,船制至福建备矣。

该书分析福船和海沧船的优势与不足甚明:"福船大则我未见其必济之策也,但吃水一丈一二尺,惟利大洋,不然多胶于浅,无风不可使。是以贼舟一入里海,沿浅而行,则福舟为无用矣,故又有海沧(船)之设。"书中绘有"海沧船(今名冬船)式"图样,释文为"冬船与哨船同,特两旁不钉竹胶耳",特别举戚继光的话说:"海沧(船)稍小福船耳,吃水七八尺,风小亦可动,但其功力皆非福船比。设贼舟大而相并,我舟非人力十分、胆勇死斗,不可胜之。二项船皆只可犁沉贼舟而不能捞取首级,故又有苍船之设。""海沧船"前几未所闻,船既以地方为名,足证海沧此地在月港对外贸易时期之重要地位。

我友曹放致力于海沧文化发展工作,获悉"海沧船"的史料,连呼"甚好"!

深青驿

深青驿在灌口，今剩深青桥与嵌砌"驿楼古地"石匾之旧楼一座，周垣内实茂林庵神庙也。读嘉庆《同安县志》卷之十一"驿传"所载：

> 深青驿在县西六十里，宋名鱼孚（按：今东孚），在安民铺之侧，元移今所。明洪武十四年（1381），知县方子张重建。景泰元年（1450），尚书薛琏令主簿蔡璘重建，上至大轮驿六十里，下至漳州府龙溪县江东驿六十里。原系驿丞专理，国朝乾隆二十年（1755）裁汰，归县管理。现在额设赡夫六十名，抄单、走递、防夫等六名，兜夫十五名。

由知深青驿设于宋，元移今址，明洪武十四年、景泰元年先后重建。明代重建当不止景泰元年，岁戊寅（1998）后，余为编著《厦门碑志汇编》，在深青得明清两朝重修石桥碑记四通，其中有明正德十一年（1516）一通，时桥属驿管，是年亦应算重修。清乾隆二十年裁汰之前，于康熙三十八年（1699）尚大修其桥，留有碑记两通。其后"归县管理"，又于嘉庆九年（1804）再次修桥，有碑一通。从嘉庆志所载"现在额设赡夫六十名，抄单、走递、防夫等六名，兜夫十五名"来看，清中叶此邮驿仍在使用，唯裁汰驿丞，由同安县管辖耳。清康熙三十年（1691）重修茂林庵碑记还提到有驿丞某襄助，光绪十九年（1893）深青、贞岱、凤尾山并外乡之乡耆与众海外乡贤题缘的三通碑记则只字不提了。深青驿是目前国内仅存的古邮驿遗址之一，极值得注意保护和研究。

2002年，我在荷兰莱顿大学汉学院图书馆读到嘉庆《同安县志》，有关深青驿尚有记载，为康熙《大同志》及民国志所无。此段文字保存明正德十四年（1519），嘉靖十六年（1537）、二十九年、四十三年，万历十二年（1584）、二十一年、三十年深青驿的人员配置、工给待遇等资料，今抄录以饷同好：

> 大轮、深青二驿初设之时，每驿上马三匹，每匹编米五百石；中马三匹，每匹编米四百石；下马三匹，每匹编米三百石。驴五头，每头编米五十石。夫首六十五名，每名编米三十石。防夫二十五名，每名编米二十八石

五斗。正德十四年以前，俱同安、安溪二县民米粮户亲当。十五年，御史沈灼改将粮户减征，解官给发。未几，仍复亲当。嘉靖十六年，御史李元阳尽革马、驴，议复官当，每米一石征银一钱六分八厘，有闰加银一分；铺陈马价，每石征银一分，俱解府给驿官当。二十九年，每驿议设夫保十名，每名另编工食银一十二两，领银应役。四十三年，议革夫马，照前官当，仍议每石上量加银八分，共征银二钱五分。至万历十二年，赋役书册照米编银一千九十二两三钱二厘。二十一年，加编银二百四十四两六钱五分五厘，又加闰月银九十六两九钱八厘四毫。三十年，加编内监夫廪银八十两二钱一分七厘三毫，协助黄田驿银一十三两三钱六分九厘五毫，共实编银一千五百二十七两四钱五分二厘二毫。内解府给驿银一千二百五十四两六钱一分九毫三丝七忽；解福州府协站银三十八两六钱八分九厘六毫三忽；协助黄田银一十三两零；又解府转解福州府总府衣资供应银八两二钱五分七厘；内监夫廪银八十两零；存县给轿、伞夫三十五两四钱，无闰之年扣解布政司充饷。至康熙癸巳志，已云前项俱经革去，只存留给赡夫六十名，每名额设日给工食银二分，大建月该银三十六两，小建月该银三十四两八钱。抄单、走递、解徒、防夫等六名，每名额设日给工食银一分六厘六毫零，大建月该银三两，小建月该银二两九钱。兜夫十五名，每名额设日给工食银二分，大建月该银九两，小建月该银七两八钱，俱对县给领。膳夫在驿伺候应差。勘合火牌内有填马匹者，一马准夫三名；有用车辆者，一车准夫十六名；有廪给者每分或二钱，或钱八、钱六不等，俱照上驿之例；有填口粮者每分给银五分。历已成例，向驿官给领。今又越数十年，其制更不相符，姑附上，俾后之览者知所考云。

明代一匹上马每年的"编米"要比一个夫首多十几倍，比一个防首则多二十倍。呜呼！可谓人反不如畜。

1998年，我中学同窗李振勤掌厦门市邮电局，颇重视此古邮驿遗址，遂与市文物管理部门共建碑廊以保护上述石碑文物。工竣，嘱我撰碑文记其缘起。

"打石字"石刻文字

道光《厦门志》载：

（虎头）山下巨石壁立，前明防倭，李逢年筑炮台，镌费其上，字径三尺余，林懋时书，俗呼"打石字"。道光十年，石崩裂。

今据高振碧兄所藏1871年英国人汤姆森（John Thomson）1871年拍摄的照片辨读，全文为：

天启叁年正月既望，蒙考选/将材、中左所千户李逢华，奉/钦差督抚福建军门商；/分巡兴泉道副使沈；/守泉南游击将军赵；/泉郡署海防通判闻；人/计发银壹拾玖两，议委逢华/领筑厦门港铳城周围/伍拾/丈，并逢华自捐俸钞银□拾/两，添造竣功，防夷固围。勒志。/季夏林懋时书。

清末任厦门海关税务司之英人乔治·休斯（George Hughes）在其1872年出版的《厦门及周边地区》（Amoy and the Surrounding Districts）述其大概，并载其时旁边建有一座贝尔拉米船坞（Bellamy's Dock）。

乾隆《泉州府志》卷二八"武职官"载：嘉禾千户所副千户李逢华，益阳人。

明清时期同安的"老爷"与"太老爷"

曩读《聊斋志异》卷八之《夏雪》云：

丁亥七月初六日苏州大雪，百姓惶骇，共祷祈大王之庙。大王忽附人而言曰："如今称老爷者，皆增一大字，其以我神为小，消不得一大字也。"众悚然，齐呼"大老爷"，雪立止。

蒲松龄于此复加"书后"略云：

> 康熙四十余年中……举人称"爷"，二十年始；进士称"老爷"，三十年始；司院称"大老爷"，二十五年始。

蒲松龄之说当有所据。明代同安称知县为邑侯、父母、县主和公祖等，统尊称为公，所见有《邑侯李公生祠碑》《邑父母谭公功德碑记》《司李姜公署同捐俸振饬四事碑记》等，然也有称之为"爷""老爷"者，如《县主熊老爷功德碑》（碑题为《院司道府革除私抽海税禁谕》）、《守道施爷德碑》和明末永历年间的《崇明伯甘老爷德碑》等。清代乾隆年间同安知县更不止称老爷，还冠上"太"字，所见有现存于同安博物馆之歌颂知县唐孝本勘断马塘、睦命塘的两方讞语碑记，在太老爷前还添加"廉明""青天"等谀辞。数十年间这种变化，皆如蒲松龄所言，因"小人之谄，而因得贵倨者之悦"之故。康乾时期海滨一隅之同安尚且如此，其盛世政风真匪夷所思矣。

杏林前场曾名为钱塘

我市杏林有村名前场。1998年我参加编制《厦门市文物地图集》，在前场村周姓某老先生家中访得一方墓志铭，墓主为周仕望，系明代嘉靖四十三年（1564）同安理学名宦林希元所撰。内称：

> 周君讳昂，字仕望，谥毅斋。其祖寿荣居曾营，迁于钱塘。自高祖琼传曾祖涟、祖玳、父清，历居兹土不迁。

既知"曾营"之地名沿用至今，而于"钱塘"二字殊不能解。岁甲申（2004）夏读金门蔡献臣所著《清白堂稿》，其卷之十五有作者撰于明天启壬戌（1622）的《明隐君周震吾暨配静懿孺人黄氏墓志铭》，内载：

> （周氏）其先八世源深公自吴杭（按：福建长乐别称吴航、吴杭）徙家同之钱塘乡，而人讹呼为"前场周"。五传至绅斋翁，配王孺人，实生公。

因而得知原来明代前场旧称钱塘。

厦门古文献最早出现的"资本"二字

甲申(2004)溽暑,偶读明代同安蔡献臣《清白堂稿》,其卷十五之《邑文学乡宾吕东浯暨配陈孺人墓志铭》中,发现有如下记载:

> 浯东之地故多倭贼出没,至公徙金门所中而捐金数百,筑东堡以护近乡逃寇者,盖非一家一时之计,人尤赖之。沿海渔民行公赀本者,时以所获遗主人翁,公辞不受也。迄今讳日,犹醵金馈奠以志不忘公德。

"赀""资"两字相通,"赀本"即"资本"。此我所见最早出现于厦门古文献的"资本"二字。

墓主吕诚源,字以渐,号东浯,金门人。此墓志铭撰于明崇祯二年(1629)。

郑成功部属在鼓岛之遗迹

郑成功部属在鼓浪屿的遗迹当不止龙头山寨、水操台和国姓井数处。顷读旧报纸,民国二十四年(1935)11月3日《华侨日报》第3版,有文载:

> 鼓浪屿鸡母山麓荒地,有明朝忠臣陈逈庵(原按:陈士京)先生之墓,近被人围以墙,拟毁坟建屋。地方人士出面反对,要求保存。昨鼓陈氏家族自治会亦已正式请求华人议事会函告官厅,并通知工部局,勿给建筑执照。……昨华议会派人查勘,在其旁又发现一忠臣古墓。其墓碑如左:"明诰封/武扬将军础石杨公/复明将军玉缳杨公/元配懿雅淑人惠氏/赞襄贞纯夫人谢氏/之墓。"闻二杨均郑成功之忠臣,与陈逈庵同为民族英雄。

文章标题为《鼓浪屿再发现民族英雄墓》。杨础石、杨玉缳两将军虽名不见经传,但明末追随郑成功居厦门的徐孚远所著《钓璜堂存稿》(《清代诗文集汇编》第 14 册,上海古籍出版社)有《寿杨玉缳将军歌》(卷七)、《赠杨将军玉缳》(卷十二)和《寿杨玉缳》(卷十四)等多首赠予杨玉缳的诗,可见作者与之关系密切,这些作品多少都揭示了这位老将军的生平和晚年不得志的处境,如《寿杨玉缳将军歌》曰:

将军少小立奇勋,俊翮凌风雪下闻。尝统票姚禽羯虏,也与锐士逐黄巾。臂悬角弓印垂肘,青袍白马如无有。廿载疆场身未闲,便蕃荣戟恩何厚。一朝握节黄龙北,啮雪真同苏属国。万里归来觐故宫,故宫萧萧满荆棘。携家闲就沧浪卜,时来方逐中原鹿。不妨遣兴狎酒樽,何以忘忧拊丝竹。即今年方五十余,且坐溪头钓鲤鱼。一梦飞熊犹未晚,帝车熠熠起东隅。

鼓浪屿可能还会有郑成功的相关遗迹。2016 年,原英国驻厦领事馆开始修葺,准备改为鼓浪屿历史文化陈列馆,命我设计展陈。同年 7 月 27 日,在陈列馆大门地下,工人发掘出一通题为"明/定胡伯/杨公墓"的墓碑,它显系南明郑氏时期的文物。当时执事者决定仍在原地回填,以待日后发掘研究。

咏怀郑成功遗迹诗

绣伊仁丈《梦梅花馆诗钞》有"郑延平遗迹"七律十一首,所咏怀者有"厦延平祠"、"嘉兴寨"、"羊角寨"、"水操台"(二首)、"演武场"、"国姓井"、"读书处"、"集美寨"、"延平坟"、"甘辉庙",乃近世咏怀古迹之名篇也。仁丈更有《吊郑延平故垒》四首,刊载于《鹭江乙组梅社吟草》第九册(辑入"同文书库·厦门文献系列"第三辑,厦门大学出版社,2018 年)。该吟草出版于庚申(1920)九月,所咏郑成功遗迹皆散见诗注,计有"鸿山嘉兴寨"、"阳台山羊角寨"、"高读岩"、施琅躲避郑成功追杀的"草仔垵石穴"、"大走马路及玉砂坡"的水操台、甘辉庙,以及"土人称'国姓兵'"的海贝等。

今读近代厦门诗人黄雁汀的《禾山诗钞》,其庚申年(1920)所作亦有《厦门郑延平故垒十二首》,所咏遗迹为:玉沙坡、嘉兴寨、龙头山寨、羊角寨、石门、镇北关、演武场、演武池、高崎寨和太平岩读书处。足见彼时厦门郑成功遗迹尚多,且无定数。雁汀先生所咏怀的"玉沙坡"是郑成功驱荷复台之进军处,诗云:

> 白鹭洲边玉作沙,帆樯摇荡起惊鸦。龙蟠虎踞雄争峙,鹿耳鲲身去未赊。列寨尚然依旧垒,听鼛无限感悲笳(厦门鼓乐发扬蹈厉,盖成功军乐之遗音)。浪淘不尽犹余地,晒网人来趁日斜。

其与绣伊丈不同者则有"石门"与"镇北关"。其"石门"注云"在狮山之南,今石门、石墙具存",但今已无迹可寻矣。"镇北关"今犹存,其注云"在鸟坑园",由此可知鸟坑园(或作"鸟空园")的具体地点。它是明末刘斯徕所建铳城,万历八年(1580)已废,见《厦门志》。

强渡鹿耳门一日之差

郑成功率师收复台湾,其强渡台南天险鹿耳门的时间中外文献有异。以杨英《先王实录》为主的中方文献记为南明永历十五年(1661)四月初一日,这一天是西历1661年4月29日。而以揆一(Frederick Coyett)所著《被忽视的台湾》为主的许多外国文献则肯定这个时间为1661年4月30日。日期相差一天。海峡两岸的学者,甚至荷兰的汉学家胡月涵(Johannes Huber)为了这个一天之差,从1961年开始,以潮汐、文献事后追记等理由争论了二十多年,但都找不到具有说服力的证据。

1994年,我偶然在清初计六奇的《明季南略》卷十一的《陈邦傅留帝浔州》之末读道:"是年(永历二年,1648年)明朝闰六月,而清朝闰四月。明朝闰六月初一甲辰、二十甲寅,而清朝六月初一癸卯、二十癸丑,差一日。"由此发现明清双方所记的时间有不同的现象。于是以若干事件为例,将其在清郑双方文献所记载的时间进行比对,果真多有不一致之处,如磁灶之战:《先王实录》记为发生在永历五年五月二十七日,而《明清史料》则记为同年五月二十八日。海澄保卫战:《先王实录》记为永历六年正月初二日,而《明清史料》则记为同年正月初三日。郑军攻克瓜州:《先王实录》记为永历十三年六月十六日,而《明清史料》则记同年六月十七日海寇攻陷瓜州。可见清郑双方所用的历法必不一样。清顺治年间在"历法之争"之前采用的当是汤若望(J. A. S. von Bell)根据崇祯历改编的《时宪历》,而南明时期的历法则比较复杂,如顾炎武就有以永历改元时"路振飞在厦门造《隆武四年大统历》"为题的诗(王蘧常辑注《顾亭林诗集汇注》卷二)。《永历大统历》颁布于永历十三年(1659)十月,郑成功奉永历正朔,用的当是其历法。于是我据清郑两方所用历法的差异,撰写了《郑成功强渡鹿耳门登陆台湾的日期新考》,得到了学术界的认可。

夕阳寮

康熙二年(1663)十一月,清军攻陷金、厦两岛,"遗民尚数十万,多遭兵刃",厦门人阮旻锡"三更闻画角,廿口走天涯"(《夕阳寮存稿》卷十,《旅怀一百韵》),直到康熙三十三年(1694),时年68岁的他才"老归旧里"。

康熙二年之前,这位两百多年前祖上曾担任过正六品"百户"的阮旻锡,自说他"派承昭毅裔,居傍里仁坻"。厦门现在已找不到"里仁坻"这个地名,不过我们从今之美仁宫这个地名,乃根据《论语》的"里仁为美,择不处仁,焉得知"这句话而得名,可知阮家可能在今美仁社区附近。

读《夕阳寮存稿》后,我们知道阮旻锡丙午年(1666)入都后,曾有两次返回故里。第一次是因"戊申(1668),舍弟辈移居邑东夕阳山下"(《夕阳寮存稿》卷九,《夕阳寮诗》前序),这回阮旻锡主要是将其家眷安顿在"夕阳山下暂安居",好让"儿耕妻织完吾事"(《夕阳寮存稿》卷七,《得家书》)。夕阳山在今厦门市海沧区东孚镇内,与厦门岛一水之隔。第二次是如《夕阳寮诗》前序所载,"庚申(1680)返自京师,葬二亲于夕阳山麓"。此行"二亲掩重泉,凄清感霜露",又见到"痴儿各长成,有弟亦同住。病妻久卧床,淹淹迫岁暮"(《夕阳寮存稿》"补遗",《还家》),心情沉重。所以阮旻锡特地回到历经"丧乱",阔别"一纪年"的厦门,还到海边眺望,写下"极目烟波外,难寻海上槎"(《鹭屿》)等怀念郑成功的诗句。自此以后,"夕阳山"便经常出现在阮旻锡的诗中。

康熙二十二年(1683)七八月间,施琅率师平台。九月二十七日阮旻锡到北京的燕山太子峪观音庵剃发出家,继而开始过着诗游四方的遗民生活。康熙二十八年秋冬之季,"予至金陵,买屋城南青溪之上,都阃参军傅介如为予修葺。于时寒雨初晴,夕阳在山,咏郑所南'天下皆秋雨,山中自夕阳'之句,凄然有旧山之感,栖霞楚公(按:明末遗民诗僧楚云和尚)为予扁［匾］曰'夕阳寮'"(《夕阳寮存稿》卷九,《夕阳寮诗》前序)。显然,阮旻锡的夕阳寮是在南京的"城南青溪之上",著名的遗民诗僧楚云和尚(即楚公)为他题的匾额。

阮旻锡辗转回厦门时,虽然"旧庐杳无处""老至已无家",但他是一位僧人,尽可在寺庙挂单。他在《留宿万石岩,偶得"古月夜悬双石壁"之句,因足成之》(《夕阳寮存稿》卷七)有"余生拟向闲中老,往事都从梦里参"之句,结合他晚年自署"轮山梦庵",万石岩寺很有可能就有他的禅房。

5　南明人物题"汉影云根"诗刻

鲸波阻隔,昔仅知金门岛上南明文物有鲁王所作"汉影云根"题刻、郑成功观兵弈棋处和卢若腾留庵故居。甲申(2004)夏,首次趁"小三通"之便组团到岛上做文化交流,又发现若干处。其中金城镇古城村古岗的鲁王所题"汉影云根"石上,另有一组南明重要人物的诗刻。前有序云:

监国鲁王遵澥而南,驾言斯岛,挥翰勒石,为"汉影云根"四□字,意念深矣! 倬等瞻诵之余,同赋诗志慨。

作者共有诸葛倬、吴兆炜、郑缵祖、郑缵绪等四人。诗云:

十年潜见寄波涛,手劚虬螭紫爒高。江左匡勋余挂颊,澥邦庋止事挥毫。为章影缋扶桑炎,匪石根维砥柱牢。他日日归仍带砺,从公倍忆旧旌髦。(诸葛倬)

郊坰野望洒清濯,何处崔巍森羽翯。趯走山精捧笔花,纵横字势端龙角。静看汉影识高深,顶立云根崇澥岳。湖水近知日月心,波光时映晴光卓。(吴兆炜)

翰墨题分娄胃纱,浯山曾似太山长。青藜笔挟云根外,鸿宝函开汉影旁。僻岛凫鸥多气色,江村草木有晖光。衮衣是处诗遵渚,会见崇朝一苇

航。(郑缵祖)

□阳蚪蚪志文维,忽缀骊珠碧练东。汉影昭回催瀣曙,云根菁蒨擘秋空。苔花绣撷烟霞地,墨露香传草木风。最是臣灵饶气色,静看一叶化江红。(郑缵绪)

诸葛倬等人皆郑成功部属。诸葛倬,字士年,晋江贡生。隆武时荐授翰林院待诏,加御史监军,监郑鸿逵。出浙东,闻变,移居两岛依郑成功。永历帝进光禄寺卿。著述有集二十卷藏于家。后卒台湾。传见《同安县志·思明州人物录》《厦门志》。郑缵祖、郑缵绪亦石井郑氏族人。郑缵祖,字哲远,号远公,南邑贡生。郑成功重要部属郑泰之兄郑阶(升庵)的长子,后归清,题授参政道。郑缵绪,字哲孜,号孺云,康熙二年(1663)随其叔郑鸣骏降清,受封慕恩伯。两人后均老死于北京。吴兆炜则不知何许人。

高泉性敦水墨兰石图

长婿詹毅之友林君近日由拍卖行购得"水墨兰石图"横幅一件,纯系东洋式样的装裱。其卷轴外有题耑为"黄檗高泉兰自画赞"行草一行,钤二印,一白文"田印",一漫漶不清。其画心作写意墨兰逸笔草草,山石一拳,颇有八大山人意趣。右上题句行草五行:"石比道人骨,兰称王者香。高泉笔并题。"书法极俊逸。下钤二印,一白文"性敦之印",一朱文"高泉氏",右上闲章为朱文"未空文字"。

林君查阅诸多书画家传略,皆不知高泉为何人。我告诉他,此即明末清初东渡日本之黄檗宗隐元和尚的徒孙、侍者高泉性敦是也。

陈智超、韦祖辉、何龄修为日本黄檗山万福寺编《旅日高僧隐元中土来往书信集》(中华全国图书馆文献缩微复制中心,1995年)有注释云:

性敦,号高泉,福建福清人,慧门如沛弟子。辛丑年(1661)与晓堂道收等受慧门如沛派遣东渡,为隐元祝寿,后定居日本。在宇治开创佛国寺。日本宽文四年(1664)应丹羽玉峰居士请去江户,住继摩室。元禄五年(1692)为宇治万福寺第五代住持。元禄八年(1695)去江户谒见将军德川纲吉,十月在宇治万福寺示寂。

高泉性敦与隐元和尚关系密切,《太和集》卷二有隐元《与玉峰居士》函写道:"又得高泉法孙等孝道温靖,兰桂芬芳,以慰老朽。"又称"泉法孙芳年不宜远应,察其才德可嘉,且有洪护之力,可保无虞"。另在《云涛三集》卷一、卷四尚有隐元的《示高泉侍者》《送高泉法孙应丹羽玉峰居士请》等诗,隐元之《送高泉法孙应请》诗云:"天空海阔独徘徊,突出孙枝劫外来。且喜因缘今出现,拈花正脉向东开。"

高泉所绘"水墨兰石图",颇值得收藏。

陈永华在台湾居憩园

陈永华,字复甫,福建同安人。郑成功据金、厦抗清时,因有"经济之才"被郑成功任为参军,遇事必咨询之。郑氏驱荷复台后,陈永华辅佐郑成功之子,任勇卫、留守东宁总制使,在岛上大力推行屯垦政策,"训农讲武、招商兴学"(李光地《榕村续语录》卷八),对台湾社会经济的发展贡献至大,台人建庙祀之。陈氏于1680年病逝于台湾,与夫人"合葬于天兴州赤山堡大潭山,清人得台后,归葬同安"(连横《台湾通史》卷二十九)。近中国历史博物馆(今中国国家博物馆)刘如仲兄在《清代人物传稿》中曾订陈氏生于1634年,不知何据。如是,则其终年方47岁。

陈永华墓在厦门灌口镇下店村,曾出土有三枚印章,其中一枚为水晶质闲章,1962年经郭沫若来馆辨读为"厩鈴",其后我曾据《六书通》等书考释为"憩园"二字,并撰考证文章刊登于《福建文博》(2004年第3期),然苦于不知其义云何,遂久久不敢定论。近因为"泉州文库"点校日本内阁文库珍藏孤本《东壁楼集》,认真阅读此书。该集经台湾学者考证系郑经在台湾时期所著诗集,共8卷,辑录其各体诗作444首。其第四卷中有《游陈复甫憩园》七律一首,诗云:

憩园桃李映杯春,满地残红浑绣茵。翠竹芳林开曲径,碧流孤棹动高旻。轻烟冉冉浮江际,飞鸟翩翩闹水滨。醉后归来将坠马,霏霏细雨净车尘。

第八卷亦有《游憩园》七绝一首，从而足见憩园乃陈氏在台湾之园邸，斯足以为闲章考释之证据也。

昔读安溪李光地《榕村续语录》，其中记载陈永华在台湾"自题其堂曰'魄脩'"。其所居还能接待"延平王世子"，想必也属豪宅，则与《野史无文·陈参军传》所载"布衣蔬食""轻装缓带"，以俭朴著称的陈永华迥若有别。

清代之浙闽总督、福建总督与闽浙总督

乙酉（2005）盛夏读《清史稿》，才略知清代福建、浙江两省之总督沿革情况。《清史稿》卷一九七之"疆臣年表"载：顺治二年（1645）十一月设，称浙江福建总督，简称浙闽总督。第一任张存仁（顺治二年十一月至顺治三年十二月病免），以下为陈锦（顺治三年十二月至顺治九年七月被刺）、刘清泰（顺治九年九月至顺治十一年七月病免）、屯泰（顺治十一年七月至顺治十三年二月召）、李率泰（顺治十三年二月至顺治十五年七月）。

顺治十五年七月，分为浙江总督和福建总督，李率泰为福建总督〔至康熙三年（1664）六月病免〕，以下为朱昌祚、张朝璘、祖泽溥、刘兆麟、刘斗、范承谟、郎廷佐、郎廷相、姚启圣、施维翰、王国安。至康熙二十六年三月，又与浙江合称闽浙总督，直至整个清朝。

清代道咸两朝厦门职官补遗

道光《厦门志》卷十"职官表"，水师提督一项，最后为"陈化成，（道光）十一年（1831）回任"。兴泉永道一项，最后为"周凯，（道光）十三年十二月回任"。海防同知（或厦防同知）一项，最后为"任沈锴，（道光）十二年十二月三署"。

民国《厦门市志》卷十一"职官志"因袭旧志。所续者水师提督一项始于"吴鸿源，同治元年（1862）实授"，兴泉永道一项始于"曾宪德，同治二年实授"，海防同知一项始于"俞林，同治实授"。其中有约三十年空缺。今读清三朝《筹办夷务始末》，此三职之官员或可补遗。

福建水师提督

程恩高:署水师提督[道光二十年三月,见道光《筹办夷务始末》卷十《吴文镕奏同安师船与英船互击情形折》。道光《厦门志》卷十"职官表"载"广东□□人,(道光)十一年任"]

陈阶平:新任水师提督(道光二十年五月,见道光《筹办夷务始末》卷十《吴文镕奏同安师船与英船互击情形折》)

窦振彪:水师提督(道光二十一年七月,见道光《筹办夷务始末》卷三十一,《颜伯焘奏厦门失守情形折》)

窦振彪:水师提督(道光二十一年八月,见道光《筹办夷务始末》卷三十三《上谕》,福建水师提督窦振彪"着交部严加议处")

窦振彪:水师提督(道光二十四年十一月,见道光《筹办夷务始末》卷七十三,《刘韵珂奏配纪里布在厦门官地择定二处建盖洋馆片》)

蔡润泽:水师提督(咸丰十年闰三月,见咸丰《筹办夷务始末》卷五十,《庆端奏荷兰船只驶入厦港旋即开行折》)

兴泉永道

刘耀椿:兴泉永道(道光二十年三月,见道光《筹办夷务始末》卷十,《吴文镕奏同安师船与英船互击情形折》)

恒昌:兴泉永道(道光二十四年十一月,见道光《筹办夷务始末》卷七十三,《刘韵珂奏配纪里布在厦门官地择定二处建盖洋馆片》)

恒昌:兴泉永道(道光二十六年六月,见道光《筹办夷务始末》卷七十六,《刘韵珂又奏美国壁洛抵厦察看贸易情形折》)

张熙宇:升任兴泉永道(咸丰元年三月,见咸丰《筹办夷务始末》卷四,《裕泰又奏英领事强索漳州会党首犯陈庆真已咨徐广缙照会英使不得干预片》)

延英:护理兴泉永道(咸丰四年七月,见咸丰《筹办夷务始末》卷九,《王懿德奏英使包令来见欲变通和约已加婉拒片》)

赵霖:前兴泉永道(咸丰十年九月,见咸丰《筹办夷务始末》卷六十七,《庆端瑞璸奏厦门英领事租地案应俟其请示公使再定折》)

司徒绪:前任兴泉永道(咸丰十年九月,见咸丰《筹办夷务始末》卷六十七,《庆端瑞璸奏厦门英领事租地案应俟其请示公使再定折》)

潘骏章:署理兴泉永道(咸丰十年闰三月,见咸丰《筹办夷务始末》卷五十,

《庆端奏荷兰船只驶入厦港旋即开行折》）

潘骏章：署兴泉永道（咸丰十一年正月，见咸丰《筹办夷务始末》卷七十三，《庆端瑞璸奏英国厦门租地案已委员查勘折》）

厦防同知

顾教忠：卸署厦门同知（道光二十年七月，见道光《筹办夷务始末》卷十一，《邓廷桢奏来厦英船被击退情形折》）

蔡觐龙：厦门同知（道光二十年七月，见道光《筹办夷务始末》卷十一，《邓廷桢奏来厦英船被击退情形折》）

顾教忠：厦防同知（道光二十一年七月，见道光《筹办夷务始末》卷三十一，《颜伯焘奏厦门失守情形折》）

顾教忠：厦防同知（道光二十二年二月，见道光《筹办夷务始末》卷四十六，《怡良等奏筹议闽省海防情形折》）

霍明高：厦门同知（道光二十四年十一月，见道光《筹办夷务始末》卷七十三，《刘韵珂奏配纪里布在厦门官地择定二处建盖洋馆片》）

杨承泽：厦防同知（道光二十五年十二月，见道光《筹办夷务始末》卷七十四，《刘韵珂奏法使拉萼尼抵厦求赴漳州察看织绒折》）

俞林：厦防同知（咸丰十年闰三月，见咸丰《筹办夷务始末》卷五十，《庆端奏荷兰船只驶入厦港旋即开行折》）

俞林：厦防同知（咸丰十年五月，见咸丰《筹办夷务始末》卷五十二，《庆端瑞璸奏法美兵舰来厦已驶出口折》）

其他文职官员

道光二十年七月，石浔巡检金光耀、同安县胡国荣、闽海关委员兴贵、马巷通判俞益，见道光《筹办夷务始末》卷十一，《邓廷桢奏来厦英船被击退情形折》。

道光二十一年八月，马巷通判俞益、署马巷通判刘铭本，见道光《筹办夷务始末》卷三十二，《颜伯焘奏现在筹办情形折》。

道光二十五年十二月，海关委员佐领兴奎，见道光《筹办夷务始末》卷七十四，《刘韵珂奏法使拉萼尼抵厦求赴漳州察看织绒折》。

道光二十六年六月，海关委员协领葛尔萨，见道光《筹办夷务始末》卷七十六，《刘韵珂又奏美国壁洛抵厦察看贸易情形折》。

清初南普陀寺杂考

清初施琅修普照寺改称南普陀寺的时间,最初可见道光《厦门志》,曰"国朝康熙间";其次为民国二十二年(1933)虞愚、寄尘上人编纂的《南普陀寺志》,曰"迨清康熙间"。2011年出版的《南普陀寺志》(上海辞书出版社,2011年),分别有三个不同的说法:(1)"清康熙二十二年(1683)"("概述");(2)"清康熙二十二年的第二年(1684)"("历史沿革");(3)"康熙二十三年(1684)"("寺院建筑");(4)"康熙二十四年(1685)"("大事记"),这显然很不规范。

如果将这个时间确定在施琅率师平台的康熙二十二年,至其去世的康熙三十五年(1683—1696)的头尾十四年间,或比较客观可信。清王熙撰《襄壮施公墓志铭》(清康熙《浔海施氏族谱·志铭》)、清施德馨撰《襄壮公传》(清康熙《浔海施氏族谱·家传》)、清陈万策撰《施襄壮公家传》(《涵芬楼古今文钞》卷六十一"传状类")等,均有他1683—1696年在厦门水师提督任内,"捐千金崇修文庙","郡有双石桥……公捐俸鼎新","于公暇拓建大小宗祠"(《襄壮公传》),"治军之暇多延宾客讲论文史为乐"(《襄壮施公墓志铭》)等事迹,却查不到施琅修建南普陀寺的点滴记载。可能在施琅心目中,修一座普照寺并改称为南普陀寺,并非大事。

然而,在整个南普陀寺的发展史,这却是很重要的事。清初之前,普照寺和厦门岛内其他寺院并无二致,都是寻常庙宇,而佛教禅宗的临济宗,自宋至明,在八闽大地(除厦门岛外)已逐渐发展为禅宗的主流宗派。崇祯年间,临济宗费隐通容的法嗣隐元隆琦率徒应邀往东洋传法,开创日本的"黄檗宗"。另一法嗣亘信行弥复兴漳州的南山寺,开创了临济宗的喝云派。

清康熙二年(1663),清军攻克厦门,随之迁界,"厦门遂墟"。康熙二十二年,靖海将军施琅底定台湾,实现大清版图的统一,随后驻扎厦门,设置福建水师提督衙门,接着闽海关厦门正口、泉州府同知、台运正口和兴泉永道先后在岛上设立,厦门逐渐成为闽南的政治文化中心。南普陀寺创立以后,施琅即延请漳州南山寺喝云派第八代慧日和尚来任住持。有清一代到1924年该寺"十方选贤制"订立的期间,南普陀寺一直是属于临济宗喝云派子孙承袭的寺院。如今,寺内尚保存有"南普陀开山第一代传临济正宗第三十五世"的石碑。由于寺院所在的厦门岛区位优势发生变化,加上承续了法脉,南普陀寺一跃而成为闽南的甲刹。

清代南普陀之寺名

清康熙二十二年至三十五年间(1683—1696),靖海将军施琅重修普照寺,并改名为南普陀。此名典出《华严经》之"于此南方有山,名补怛洛伽(梵语,又译为'普陀落伽',海岛山之意),彼有菩萨,名观世音自在"句。民间望文生义,以为得名于其地处于南海普陀山之南,此说可以商榷。

乾隆初年,该寺的名称并不统一。乾隆二十九年(1764)福建分巡台湾道觉罗四明所撰的《建造龙王神庙碑记》称"建龙王神庙于南普陀西偏",而黄日纪刊行于乾隆三十二年(1767)冬的《嘉禾名胜记》却仍以"普照寺"为该书单元标题。其前言云:"普照寺,今名南普陀……自唐以来,废兴不一,俱名普照寺。国朝康熙年间,靖海将军施侯重兴,始改今名。"黄日纪是当年厦门文坛祭酒,他明知寺已改新名,但不知何故还是继续使用旧名,并且刊刻印行。

乾隆五十三年(1788),四通皇帝的御制碑及碑亭在寺前竖立。董其事者为厦门海防同知刘嘉会,竣工后的乾隆五十五年,刘同知担心"亭后寺前势联而形不贯",还捐俸铺地树栅以"肃观瞻",并留下《普陀寺前捐廉墁地树栅碑记》。继而,福建分巡兴泉永等处海防兵备道胡世铨在乾隆五十六年又借口御碑亭"翼然宏丽",而南普陀寺却"益形萧疏",于是赶紧捐资倡修,使之"殿亭廊庑,焕然聿新"。从此,该寺即以南普陀为名,往后的光绪乙亥(1875)、光绪甲辰(1904)等年度的捐置寺产,和光绪十三年(1887)、十四年等年度的几次重修,这些史事载于碑记,也都统一名为南普陀,一直沿用至今。

碧泉岩寺之讹称

道光《厦门志》"分域略"记载:"宋僧文翠建普照寺。"其下注云:"元至正间废,明洪武间毁于兵。"其后普照寺应该还有过重修,所以明中后期诗人刘汝楠

有诗咏之,其名句云:"树色摇山殿,江声到寺门。"崇祯十三年(1640)林宗载之《田租入寺志》更是赞美该寺:

> 五老开芙蓉于后,太武插云霄于前。骊龙探珠,吞吐日月。左右钟鼓,对峙两肩。每风雨晦明,若有击撞之状。蜿蜒之下,飞泉历落,可以濯缨;石洞玲珑,可以逃禅。岛屿参差,渔火四照;山光水光,上下一色。凡来游鹭门者,皆延清把爽于此,真吾禾胜地也。

文中所谓"飞泉历落",即指五老峰下原有的碧泉岩寺。

道光《厦门志》载:

> 碧泉岩……与普照寺相近,一名石室寺。……石室旁巨石,李廷机镌"碧泉"二字,又有草书"飞泉"二字,不署名,旧志以为林太常宗载书也。山门两壁屹立,右为万历间陈第、沈有容题名,左题"龙洲卧冈"四字。寺今圮。

寺原有山门,住持僧雾云的墓在山门下。

即今方志所载的石洞(石室)和这四幅摩崖题刻俱在,从其方位来看,这处标明"普照寺"的地方,正是清中叶已废圮的碧泉岩寺,而真正的普照寺,是在今南普陀寺大悲殿的范围内。

五 厦僧如寿与《清明上河图》题跋

宋代张择端之名画《清明上河图》的卷后有十四段后人题跋,其最后一段楷书诗跋,为七绝二首云:

> 汴梁自古帝王都,兴废相寻何代无。独惜徽钦从北去,至今荒草遍长衢。
>
> 妙笔图成意自深,当年景物对沉吟。珍藏易主知多少,聚散春风何处寻?

署款为"鹭津如寿",下钤一白文印"如寿印"。

明末清初厦门有僧名如寿者,道光《厦门志》卷十三"列传下·方外"的"明光"词条即有其简介:"时有同寺僧如寿精于楷书,与光齐名,人称'明光草,如寿真'。……如寿姓傅,字济翁,亦能诗,俱尝居厦门。"因而近日有识者认为鹭津或为厦门之别称,因此考证明末厦门名僧如寿曾在这幅名画上题诗,甚至认为此名画或曾流落厦门。

我意此说甚值得商榷。一者,诗僧如寿的真书手迹仅此孤品,尚未能找到他的其他作品来做比对。目前仅据单款而加确认,略嫌过早。二者,即使果为如寿墨宝,也无法证明他曾收藏过。古来名人为藏家题跋之例甚多,且尚未见此名画流入佛寺的记载。《厦门志》记二僧"尝居厦门"而非常住,乾隆《泉州府志》卷六十五"方外"且记明光与如寿曾同在泉州开元寺涌幢庵为僧,可见二位皆云游四海的和尚。倘若如寿云游某处,因能诗擅书而应请为此名画题跋,也有可能。说名画《清明上河图》曾流落厦门,乃向壁之词,实难苟同。

重要的是,此"如寿",除了历史上厦门这位高僧外,至今还没找到哪一位名家的字或号。

澎湖阵亡将士之灵

乾隆《鹭江志》卷之一"寺院"载:"中岩……入门有亭,俗呼为将士亭,以其祀澎湖阵亡将士故。"今祠圮碑存,碑石上镌"澎湖阵亡将士之灵"八字,碑后殿侧之巨岩上有"康熙五十三年(1714)二月"年款的题刻,首句云:"提宪蓝公于万石中岩建澎湖鏖战从征奋勇死事将士之祠。"说明此祠乃提督蓝理为祭祀澎湖阵亡将士所建。

我们知道,凡此纪念为朝廷捐躯的将士,理应在阵亡不久即由朝廷建祠设祭,为何在事隔三十一年后,才由蓝理以私人名义来创建?

这必须由蓝理说起。《清史稿》列传四十八"蓝理传"载,蓝理,字义山,福建漳浦人,"少桀骜,膂力绝人",三藩之乱时投军,康熙二十二年(1683)在清军征台战役中,配合施琅在澎湖之战一举成名,叙功授参将加左都督。从此蓝理帝眷甚隆,步步高升。他又特别崇信佛教,所到之处皆大修寺院,如康熙二十九年修复南海普陀山,并以"定海总镇左都督蓝理"署名,题刻"山海大观"四字。康熙四十二年任天津总兵时，也修葺了当地著名的海光寺。康熙四十五年，蓝理擢任福建陆路提督，其宦绩达到巅峰，也开始遭来忌恨。《清史稿》载："（康熙）五十年，巨盗陈五显等纠二千人扰泉州永春、德化诸县。事闻，逾数月，（蓝）理始疏陈，并言村落安集如故。上斥其诳，命夺职。总督梁鼎、巡抚满保先后劾（蓝）理贪婪酷虐诸状。遣侍郎和托、廖腾煃会督抚按治，得实论斩。诏从宽，免死，入京旗。"可见在中岩建造"将士祠"祭祀"澎湖阵亡将士之灵"，正是蓝理在京差一点遭"论斩"的最狼狈时期。幸亏他主动捐资建造了这座"将士祠"，虔诚祭拜昔日随他征战而在澎湖阵亡的麾下弟兄。第二年，也即康熙五十四年，"师北征剿……（蓝）理请赴军前效力。赐总兵衔，从都统穆尔赛协理北路军务"。

雍正五年厦门港之沐恩商船户

2003年夏，我在厦门破狱斗争纪念馆之旧牢房门口，发现有已被凿成四长条的碑石铺在地上。经认真辨识，乃年款为清雍正五年（1727）的《奉督宪禁革水手图［赖］碑》，知其为清雍乾时期厦门港对外海上贸易的重要文物，遂辑入《厦门碑志汇编》书稿，于2004年正式出版。惜当时"沐恩商船户"姓氏未能卒读。随后此碑归厦门市文物部门清理、收藏。我当时毕一日之功全文照录，碑文内容占四分之一，其余皆"沐恩商船户"姓氏。今据所录统计，计有蔡得胜、赵□胜、赵□顺、李胜兴、黄万兴、陈柏兴、张合吉、陈赐宝、蔡祥五等有登录的商船户共474户，没登记者不知凡几。设使每户至少一船，厦门一港就有越洋海舶当上千艘。鸦片战争前，厦门港的兴盛，于此可见一斑。

补白鹿洞黄日纪诗刻

2001年，我毕两载光阴走遍厦门山水，搜集整理并加注释而成之《厦门摩崖石刻》一书终于出版问世。翌年夏日，偶与白桦兄再到白鹿洞寺。新任住持泉州人，亦爱文墨，指殿隅后壁一方石刻，问已收录否？及见，乃清代厦门诗人黄日纪之大幅行书诗刻也（高 2.30 米，宽 2.50 米）。近在眼前，当时却被一巨石所蔽而失之交臂，殊遗憾也。亟录之在此。题为"癸未中秋日同薛晋侯、家莲士、林春三游白/鹿洞限韵"，诗曰：

烟霞酷爱因成癖，汗漫连/旬兴趣长。筇杖卓云登法/界，山花粘屐带秋香。新池/溜细分泉眼，古磬声幽出/道房。休恐归迟樵径暝，/今宵月色倍清光。荔崖黄日纪。

厦门古文物不多，吉光片羽也值得珍惜。

百人石

苏州虎丘有"千人石"，天下知名。厦门却有"百人石"，虽清乾隆《嘉禾名胜记》和道光《厦门志》均有载，然人多不知其所在。1998 年，同窗龚万钟君偶然发现，并承相告，乃知在今之华辉广场后，旧定安小学附近之巨石顶端。此题刻系"百人石"行书三大字，左署款"廖飞鹏"，清乾隆时黄日纪所辟榕林别墅二十四景之一也。

此"百人石"当时诗人多有题咏，黄莲士（黄彬）诗云：

绿榕影里数青螺，爱此云根顶似磨。四面环观方觉峻，百人齐上未云多。江山望里三杯酒，风月佳时一曲歌。乘兴徘徊情已适，虎丘十倍欲为何？

莫凤翔（子瑞）诗云：

神鞭仅得石临波，文笔能令石不磨。不见千人虎邱畔，只今万古尚嵯峨。深藏岩壑应嫌小，屹立家园岂在多？童冠春风偕坐处，犹余强半挂藤萝。

张锡麟诗云：

池边忽睹石嵯峨,石上宽然月色多。列坐尽容人满百,衔杯休问夜如何。

廖飞鹏,字翼博,号石川,"龙溪籍,住厦霞溪",乾隆辛未(1751)进士,累官河南汲县、宜阳知县,后归厦门,讲玉屏、丹霞等书院。

吕世宜《陪观察燕庭先生游白鹿虎溪二岩记》

上海嘉德拍卖行1998年秋拍会寄示《古籍善本》图录一册,其652号拍品为《鹭江纪游图卷》。图册登载图卷中之两幅作品,一为鹭江(厦门)近海山水景物图,以工笔浅绛画成。画中巨石累累,嘉木稀稀。烟波海气中,近有房舍二三,远见帆樯点点。图右上有作者篆书题款:"道光戊戌(1838)正月三日,燕庭先生招同人游白鹿虎溪欢饮竟日属余作图以记之。海盐陈畯。"一为引首和吕世宜撰书的《陪观察燕庭先生游白鹿虎溪二岩记》。引首为海盐张开福以飞白隶书作"鹭江纪游"四字,下面题款:"道光著雍阉茂陬月,燕庭先生属海盐张开福以飞帛弁首。"下钤二白文印:"张开福印""张质民"。吕世宜撰书的《陪观察燕庭先生游白鹿虎溪二岩记》,全文如下:

道光丁酉(1837)十一月,燕庭先生以汀州守权兴泉永道事,世宜以部民礼见。先生出所著《苍玉洞宋人题名》一册见示,卷首陈南叔绘图,盖甲午纪游之作也。世宜伏而诵之,窃叹先生亨[享]有大名,而于昔人之名又惧其铄迹销声,不惮搜幽别隐,使其人之姓若氏一一见著简册,是何先生用心之公也,是何先生之游之不偶也。戊戌(1838)正月三日,先生将与友人吴菽堂、张石瓠、陈粟园、华少韩及其从子密甫、公子载卿游白鹿洞、虎溪,先期折简招世宜与林研香昆弟。世宜不敢辞。于是,为之先导。下超然亭,冯梯云阁,入六合洞,登大悲阁,遍读赵纾、朱一冯题名,复跨岩背,越虎溪,蹑攀天石,憩云中亭,观"棱云"二大字,仍饮酒于超然亭而乐焉。是日也,风日晴和,山川掺丽,远睇近瞩,郁郁葱葱。酒酣兴发,先生以诗倡,石瓠、少华和之,粟园,南叔从子也,复踵其故事而为之图,使世宜执笔以记。盖较之苍玉洞之游,殊不寂莫也。惟二岩所刻皆万历、天启、崇祯时人，无宋人名，不足续录尔。虽然名有今昔之分，而名之所以立，则今犹昔也，况君子所至，草木皆香。前苍玉洞之游，先生为昔人传，今日鹿洞虎溪之游，独不令后人思乎？窃愿先生留题石上，大书年月而深刻之，一以志此日观游之乐，一以作来日去思之碑，如是则先生之游不偶而陪先生游者亦得借以永久也。戊戌人日，吕世宜撰并书。

据图录介绍，此图卷尚有张开福、刘喜海、虞采、童光晋、龚文龄、朱大源、缪浚、金涛、韩韵海等人的题记，因限于篇幅，没有刊录。陈畯，字粟园，浙江海盐人，工书画，精墨拓。张开福，字质民，号石瓠，浙江海盐人，诸生，好金石，精鉴赏，工诗能画。

《鹭江纪游图卷》比同为兴泉永道的周凯于道光十六年（1836）属"门下士黄荆山作十二图以纪胜"的那本《闽南纪胜》，要迟二年。吕世宜的这篇文章，正好可以填补他所著《爱吾庐文钞》之阙如。

庚子（2020）夏，我在厦门市图书馆偶见昔日《厦门市文献委员会财产清册》，其中有"吕世宜书之'游虎溪白鹿二岩记'，珍品"，不知即此《鹭江纪游图卷》否耶？

刘燕庭署理兴泉永道

吕世宜作《陪观察燕庭先生游白鹿虎溪二岩记》，称"道光丁酉（1837）十一月，燕庭先生以汀州守权兴泉永道事"，而原兴泉永道周凯"奉檄权台湾道，以十六年（1836）九月上事"（道光《厦门志》卷十六"旧事志"，《周凯墓志铭》）。可见福建兴泉永道周凯去任后，接任者即为刘喜海。他的大名在道光《厦门志》或民国《厦门市志》的职官表皆无记载。

刘喜海（1793—1853），即刘燕庭，是清代道咸间著名的金石学家、古泉学家和藏书家，被后世誉为中国钱币学的奠基人。刘喜海，字吉甫，号燕庭（亦作燕亭、砚庭），山东诸城人，名宦兼书法大家刘墉的侄孙，所著有《海东金石苑补遗》《古泉汇考》《三巴金石苑》等。嘉庆二十一年（1816）举人，历官兵部员外郎、户部郎中，道光十三年（1833）外放福建汀州府，道光十七年底至十八年春，曾短期署理兴泉永道，驻厦门。清海盐张开福跋刻本《嘉荫簃论泉绝句》言其

"权兴泉永观察,公余清暇,捡所藏古泉,按时分咏,得绝句二百首,逮返临汀,长夏消暑,复加排次";在《北京图书馆藏善拓题跋辑录》这部书中可以在《华山庙碑》拓本查到"道光十七年小除夕,观于燕庭观察厦门官斋。仁和华衮、海盐陈畯、张开福并记"的题跋,和为《晴韵馆收藏古泉述记》所题的"戊戌花朝燕庭志于鹭江(厦门)道署涵山洞"等跋语。旋改任陕西延榆道,道光二十五年(1845)擢四川按察使,丁未(1847)升浙江布政使,以好古为言官弹劾,罢官归(参见胡昌健:《刘喜海年谱》,《文献》2000年第2期)。

综上可知,刘喜海于道光十七年(1837)十一月来厦署理兴泉永道,翌年夏又返回汀州。这个小小的发现,当可补充志书"职官表"的缺漏。如果不是任职时间太短,这位文化名家肯定也会和周凯一样为闽南文化增添光彩。

周凯游厦门碧山岩南普陀诗

厦门市博物馆馆藏周凯行书横幅一件,系芸皋先生任兴泉永道时公余所作七律二首,洒金熟纸,写来却飘逸儒雅,似得力于赵松雪、董香光一路,诗亦清丽可诵,有放翁之旨趣。诗曰:

> 岛上楼台半嵌空,碧山岩畔依玲珑。当窗日照秋潮白,匝树藤飞老叶红。新种稚松才似竹,静看颓石自摇风(岩有风动石)。我来不尽登临兴,吟入苍岚杳霭中。
>
> 凌霄五老太离奇,扣到禅关动客思。泡影三生余劫火,功名一代有穹碑(寺为王审知建,屡毁兵燹。国朝施襄壮重建。门有福文襄纪功碑)。留人恰好开丛桂,呈佛何妨斗小诗。宦海茫茫如此水,顺风安稳布[帆]吹。

后有跋云:"辛卯(1831年,道光十一年)重九后二日邀同筠竹仁兄与王香海诸君游碧山岩与南普陀寺,兼送悔余同年之台湾。芸皋弟周凯未定稿。"下镌二印:"周凯私印"(白文)、"梅花山人"(朱文)。卷尾有周氏小字行楷注云:"余诗易四字:照改落、匝改著、飞改缠、自改欲。香雪诗亦代易四字:自改去、名改浑、态改自、甲改牧。芸皋记。"此诗《内自讼斋诗文集》或未载,亦厦门文化之遗珍。从而可知周凯别署"梅花山人",是吴德璇作周凯墓志及其他传略所未记。又可知厦门市博物馆所藏乃剪裁本,前端应有王香雪等人的诗,方称完整也。

吴德璇,江苏宜兴人,清嘉庆道光年间进士,著有《初月楼闻见录》,乙酉(2005)仲春我在冷摊购得一册,惜残卷也。

周凯在厦门所作《武当纪游二十四图》并序

1984年我在国家博物馆实习,某日访导师史树青师于灯市胡同寓所,师出示所藏清道光兴泉永道周凯所绘《武当纪游二十四图》册子。分上下册,各由西村吕世宜隶书题签。诗画对页,游记题图上。前有序云:

余守襄阳时,每岁会巡于豫楚之交,经武当山麓,以山势峻削,艰于登陟,未遑游焉。乙酉冬,会巡事毕,返乎均州。闻舆人窃语,谓余忤灵官,不敢入山。先是九月朔,山有坠崖死者,道士妄谓其人不洁死,灵官鞭。讹传至襄阳,死者数百人。余使侦之,使者受道士愚,报如所闻。问尸安在?则曰:"同行者负以去。"余曰:"有是哉!"移书问州牧,州牧和之。乃遣巡检钱埁,授以锁封,谓之曰:"灵官无辜杀人,罪宜抵,见之者即为证,皆系以来,毋为鬼神所惑。"埁至,细访,实毕一人,亦无敢为证者。欲系灵官,州牧乞给,而至于是,浮言顿息。故舆人有是语,余乃却骑从,乘竹兜,取道入山。自麓至巅,凡再宿。南岩当山之中,头山门以上,旁扶石阑,缠以铁索,便人扳援者三十余里。余腰系布,借人牵挽以上。登至乎绝顶,瞻谒元武,旋察灵官殿。至天门,磴级梯立,踵迹皆陷,蹞蹶无活理。乃作《问灵官诗》题壁上,以问道士。道士喋不敢出声。宿于皇经堂。还,游诸洞而返。后阅《太和山志》,佳胜孔多,惜不及遍游,然及游者已非人间世矣。琳宫绀宇,雕阑曲磴,不知费胜朝几万万,而怪石矗列,悬崖倒垂,神工鬼斧,莫喻其巧。岩隧清幽,花竹修美,宛若神仙洞府者,已不可胜记。山顶无草木,石铁色,远望七峰并峙,至则退然下矣。夜观星斗,手若可摘,然天风凛烈,不耐久住,赋诗记之,每往来于魂梦间也。今来厦岛,病后念及,恍焉心目,因作《武当纪游二十四图》,越三月而成,补诗若干首。翻感灵官惠我,得成吾游。武夷为闽中山水最佳处,去厦岛极远,未知何时得遂游愿,行当作图,用副此册,俾为卧游之具云。道光十二年壬辰(1832)夏四月,富春周凯并书。

1992年,史树青师将此珍藏无私捐赠给浙江省富阳县(今杭州市富阳区)政协永久保存,同时交由浙江人民美术出版社正式出版。树青师在读后记说明了这件文物的来历:

《武当纪游二十四图》余昔年得自沈阳市上,传为太清宫某道士遗物。图中诸多景物有的今天尚存,但有些景物,如周府茶庵、回龙殿、自在庵、老营宫、沧浪渡、金仙洞等,因年代久远,仅存遗址,当年面貌,尚赖此图保存。

《重修海澄太武山延寿塔记》略考

我友陈国辉君购藏一残碑,黑色页岩质,高43厘米,宽100厘米,厚5厘米。文曰:

重修海澄太武山延寿塔记。/海澄东南有山,曰"太武",宛连百余/里,矗立千仞,卧镇溟渤,栓带百川。/陟其颠,则漳泉二郡道里之崄夷,/城郭川市之疏密,如县方罭。东望/岛屿,错落烟雾间,千百里内,估帆/历历,相距若寻丈。山有越王城,相/传汉时南越王建德辟兵于此,故/亦名建德城。城隅有石塔,耸出云/表,下可容数十人坐。其创自何年?/建于何人?志乘皆不载,即俗所传/延寿塔也。当大波澎湃,归舶迷津,/辄望塔为标的,以收内港。其利济/于漳厦商民者,实非浅鲜。惜历久/颓圮,又以费巨工艰,弗克修举。道/光丙戌夏,台湾匪滋事,孙/制府金匮宫保公平之,余从其役。/冬十二月内渡,舵师手语以塔圮/不便于商舶,且咨嗟太息,无大愿/力者为之葺治,以复旧观也。余遥/望而心识之。丁亥、戊子余两莅厦/门,距太武仅一衣带水,因有意修/建斯塔,而山属漳辖,势难越意以/谋。己丑春,余适奉檄摄漳郡事,漳/之人士佥请与圭屿塔同鼎新之。/案:圭屿去太武二十余里,明周忠/愍公塔其上,为漳郡镇补巽维,固/与延寿塔同有关于地利民生者/也。余与观察方公、镇帅唐公割奉/为倡,同僚及绅士商民继之,檄海/澄令沈君仕恒访基止□事,期计/财用,而延寿塔之赀出于厦门绅/(下缺)。

续文与撰述者名款、年款估计在另一残碑上,已佚。该碑文的隶书显系清代道同年间闽南大书家吕世宜所书。从碑文所载的"道光丙戌夏",及"孙制府金匮宫保公"等语,可知此时应为道光初年孙尔准擢任闽浙总督任内(孙尔准,江苏金匮人,嘉庆进士,因治理台湾有政绩,加太子少保,故称宫保)。在此期间,"丁亥、戊子余两莅厦门","己丑(1829)春",又"适奉檄摄漳郡事"者,仅有许原清一人。查阅民国《厦门市志》卷十一"职官志",许原清于道光七年(丁亥,1827)、八年(戊子,1828)两度署理厦门海防同知(十年、十一年又有两次回任),又据光绪《漳州府志》卷之十二,"职官四·知府"载:"许原清,华亭人,吏员,(道光)九年任。"光绪《漳州府志》卷之二十七"宦绩四"的本传记载,许原清,字本泉,一字少鄂,华亭人。其人"性明敏,静镇有谋,耐烦,剧勤于治事"。在漳郡任内为民做了许多好事,包括"建太武、圭屿二塔,修丹霞书院",又特别提到"(道光)十年回厦防任未三月,复署漳州府事……明年修城垣,其二塔、书院皆落成"。所以此碑当刊刻于清道光十一年(1831),许原清撰,吕世宜书。

《华圃书院讲堂记》

岁辛巳(2001),我在龙海市角美镇(原属同安县)之龙池岩寺发现乾隆二十七年(1762)兴泉永道谭尚忠所撰《华圃讲堂碑记》,并辑录于拙编《厦门碑志汇编》第160页(中国广播电视出版社,2004年)。顷获读谭氏《纫芳斋文集》一卷(《清代诗文集汇编》第354册,上海古籍出版社),见该书又有《华圃书院讲堂记》,内容文字与前者迥异,且更有史料价值。今全文录之如下:

  余去泉之明年,同年友黄君涛邮书来京师,以华圃书院讲堂成,属余记,且曰:"微使君之力不及此,今而得与乡人士朝夕讨论此堂也。"余览而愧之。泉之厦门滨海,聚海舶为雄镇,以观察使驻之。余下车课士,知士之环处厦门者千有余人,思有以振兴之,乃就玉屏书院与厦绅黄兵曹日纪谋捐金充膏火。时黄君涛请以其新设之华圃乡塾附，余唯之，以玉屏之微美侔华圃。上之大府曰善。华圃士欣然议曰："观察主持文教，非讲堂无以课士，我曹愿自为之。顾得寺僧田作基址乃可，愿一扳观察来亲相度之。"余欣然往，以其基谋之僧，僧曰可。众浮其值易之，复月给僧饩钱守馆地。议甫就而余罢官去。今得其书，知兹堂之倏然落成如此。我闽人士之勇于义而兴于善，类若斯也，余何力之有焉？

考之志，华圃在同安县城西八十里，临海，有龙池岩，为唐文士谢修读书所，南唐洪文用、宋石蕡皆隐此，进士杨志作三贤堂祀之。后易其堂名曰栖贤，以朱子来游故也。余惟自唐迄今垂千余年，其乡人士与宦游其地者何限，而能至今传者，有四贤焉。呜呼！此不朽之所以难也。夫讲堂以讲求乎不朽之业之地，非所以凭吊游览也。而凭吊游览者，得古人遗迹，虽一木一石，犹将拂拭护持，期诸久而不腐；甚至有沦没不可复考者，犹必从疑似仿佛中，标识而揭示之，俾后之人有所感发奋兴，则虽仅资凭吊游览，已足为教，而况即其地以兴学设教者乎！苟士之肄业于是者能师三贤；客之来游于是者能师紫阳，安知三贤之数不可增，而紫阳祠之不可以配食？传也朽不朽，亦存乎其人耳，岂真古今人不相及哉！

余德薄，又少文，无足以光是典，乃欲系名其间，其将比于祀三贤之杨公志，附姓名以不朽也耶？故记之。

道光《厦门志》卷十"职官志"之"乾隆朝·兴泉永道"载，"谭尚忠，南丰人，进士，（乾隆）二十七任"。《纫芳斋文集》卷首有张望《谭古愚先生文集序》，其自序亦署"古愚谭尚忠书"，故知谭尚忠号古愚。

日光岩新见摩崖石刻

2018年，鼓浪屿游览区管理处嘱编《日光岩、菽庄花园摩崖石刻》一书，时有苏州顾军率队来为景区的石刻捶打拓片。由是，日光岩寺庙旁的巨岩上那方当年我无法看清的摩崖石刻，终见天日。其全文曰：

咸丰乙卯（1855），余秋试不第，来厦省/视祖妣先节孝坟，路经仙洞，值/蒙范成侯飞乩示句云:"来景无/如此景佳,笔花梦出别一天。林/弟子可喜可贺无疑。"又云:"留心/添种福,不愧锡阴功。"诗机确验。/余即鸠题,图新天界,所捐淡薄,/不足经营。迨同治戊辰(1868),感慨洞/天福地基址倒塌坏残,大士避/英乱。次卅年,余亟嘱里老洪泰、/黄狮董其事,躬诣范公请驾,恩/准光临,遂竣亭榭,专建文昌宫,/又得华洋乐助者数十员,余自/凑捐叁百余金,以得落成。更感/圣灵诸方显应,理并择吉恭请/菩萨、范侯帅府福禄寿仙祖同/赴洞天,永受香烟,长保俗我乡/民子孙,永炽永昌,万世无疆。时/同治戊辰冬十二月吉日也。

此石刻内容虽乏善可陈,但至少载明鸦片战争时期,日光岩寺曾遭英军破坏,同治戊辰重修,除辟有亭榭外,还建有文昌宫。唯一遗憾的是此石刻没拓下名款。

《春江载酒图》与广州十三行潘家

甲申(2004)初秋,在同安我友吴鹤立君处观赏道光、咸丰时期厦门吴廷材舍人为其父吴文标所作行乐图卷,名之曰《春江载酒图》,由福州名宦廖鸿荃题引首,厦门画家东谷叶化成绘图,卷首还有附有传主吴蘦畦(按:吴文标号蘦畦)的画像和传记,以下为苏廷玉、黄宗汉、陈庆镛、郭柏荫、林鹗腾、蔡廷兰、吕世宜和陈荣试等七十二位当时的仕宦名流的题咏墨迹,同时还有福建布政使徐继畬、广东十三行的富商潘仕成和石浔巡检司、萧山人来锡藩所题的拜观款。从所题年款看,其最早为道光十九年(1839),最迟者为咸丰四年甲寅(1854)。今虽存拓本,但各体诗和词写作俱佳,又经"温陵洪章辉镌,厦门耕文斋拓",裱装成册,乃不失为近两百年前的文学艺术珍品也。

图卷中有"壬寅(1842)初春姻家弟潘仕成拜观"一行行书题款,下侧钤二印,一白文"仕成之印",一朱文"子诏"。

清嘉庆年间起,广州豪商巨富,首推潘振承家族。潘振承(1714—1788),一名启,字逊贤,号文岩,据潘月槎《潘启传略》载,其先世乃福建漳州龙溪乡人,后迁泉州府同安县鸣盛乡栖栅社(按:今龙海市角美镇潘厝村)。潘振承早年迁居广州,曾往返三次至吕宋(按:今菲律宾)贸易,数年后创办同文洋行。

在鸦片战争前,"潘启官"(Puan Khequa)已在广州十三行中声名鹊起,潘振承遂于 1776 年在广州河南一带建祠开基,经子有度、孙正炜三代经营而成的潘家花园,和伍浩官的伍家花园并称广州最豪华的别墅园邸。美国人亨特(William C. Hunter)著《旧中国杂记》引用 1860 年 4 月 11 日寄自广州的刊载于《法兰西公报》的一封信说:"我最近参观了广州一位名叫潘庭官[按:潘正炜,号榆庭,称'潘庭官',潘仕成的伯(叔)父]的中国商人的房产,他每年在这处房产上的花费达 300 万法郎……这一处房产比一个国王的领地还大。"(刘亦文《简话十三行》,载《广州十三行沧桑》,广东省地图出版社,2002 年)潘仕成(1800—1873),字德畬,一字子韶(或为"诏"),潘振承三弟振联的曾孙,原籍龙溪,久居广州,道光壬辰(1832)副贡,继承家业后还被特旨授予两广、两浙盐运使,经营盐务乃至洋务,成为广州十三行的官商巨富而享誉朝野(朱万章《潘氏家族和岭南刻帖》,载《广州十三行沧桑》,广东省地图出版社,2002 年)。潘仕成好收藏,金石、书画、古器兼收并蓄,号称粤东第一,其所著有《海山仙馆丛书》。

潘氏家族致富后不忘家乡,能敬堂《潘氏族谱》"潘启官传"云:"公乃请旨开张同文洋行,'同'者取本县同安之义,'文'者取本山文圃之意,示不忘本也。"其在广州河南一带同样也辟有龙溪乡、栖栅街等,皆以故乡地名命名。至今角美龙池岩寺山门仍有"文圃禅院"四字匾额,署款"乾隆丙戌(1766)捐修,湛园潘振元立",潘振元即潘振承的二弟。此外,寺里还保存有乾隆二十七年(1762)"栖栅潘振承"、道光十八年(1838)"潘正威"两人捐款重修的碑记。潘仕成和吴文标既是儿女亲家,且为其题写观款,可见当年厦、穗两地商家关系密切。

《春江载酒图》题咏

《春江载酒图》题咏册子佳作如东谷叶化成之题画七绝云:

鸭绿浮春涨碧烟,鹅黄初熟醉江天。桃花流水三篙暖,只为骚人泛酒船。

福州杨庆琛七绝四首云:

无数江头画景收,桃花初醉柳初抽。瓜皮艇子人三两,爱向春波自在流。

囊琴匣剑上扁舟,酒圣诗仙互劝酬。撑近黄鹂声处泊,绿阴如幄水如油。

打桨鸣榔得自由,风神奕奕画中留。较他李郭知何似,纵不成仙趣亦幽。

我曾鹭岛恣豪游,欲策神鳌到十洲。眼底风涛千万顷,一声长啸海天秋(道光壬辰,余在鹭门主玉屏讲席,曾作大小担之游)。

退叟苏廷玉七绝云:

春江滑笏腻于油,载酒寻春豁远眸。如此青山如此水,满船诗思与天游。

黄宗汉七古云:

海乡二月风光好,江边桃李觉春早。何处舣船百斛来,面尘蹴起烟波浩。先生家住江之侧,消受清闲行自得。不隐朝市隐山林,姓名鱼鸟能相识。回首高风迹已陈,披图犹得接音尘。柴桑宅畔陶元亮,菡萏湖边贺季真。愧余未识平生面,无由风浴随童冠。令嗣昂昂鸡树姿,唱酬红药常相见。先人遗事感风木,妙手绘成图一幅。千秋占得四时春,认取先生真面目。

王东槐七绝二首云:

门前一棹即江湖,好向苍烟访钓徒。欲把幽情问鸥鹭,春潮得似昔年无?

云顶岩前江水生,篁筜港外雨初晴。推篷鸭绿浓于染,更有何人载酒行。

西村吕世宜七绝一首云:

葡萄美酒木兰舟，日泛春江事胜游。人世风波都不荛，且浮绿蚁且盟鸥。

秋崖陈荣试七律一首云：

净无可唾远浮烟，五两乘春欲上天。越酿碧倾婪尾酒，蛮江晴放橄头船。莺花艳曲翻宫体，瓢笠狂歌压妙年。镜里须眉重省识，风流不减石湖仙。

略有可读者，唯咸丰元年(1851)九月瓯宁郑天爵跋语中之一段云：

友人知余者携之游万石岩、榕林诸胜，极磊砢雄拔，幽深古异之观，余心畅焉。一日，友人拉余登楼对鹭江之落日，把秋色于中流。天风不起，鱼龙尽伏；小舸巨舶，纵横波间。夷人蛋子，出没烟际。东望海门，相距数里，俨在户牖。岛上鳞次数千家，临水而居，倚潮而立，炊烟赘聚，若万山云气戎戎。

"大夫第"与鼓浪屿文人黄崑石

鼓浪屿海坛路的"大夫第"系典型之清代民居。房主黄君藏有先世墓志铭，乃知黄氏自六吉公(号有山)始迁鼓浪屿，因道光年间其孙黄崑石"就职京曹""荣邀天宠"，乃父、祖俱获赠奉政大夫。继而又因黄崑石捐助朝廷平定闽南小刀会之乱，乃父获赠中宪大夫。旧时宅第悬"中宪大夫"之匾，是以"大夫第"当建于清道咸年间。邻近之黄家"四落大厝"则稍晚矣。

墓志载，黄元琮，字君琬，崑石其别号也，"幼而岐嶷，长攻举子业，年十六，博茂才"，自"夷氛告警"回鼓浪屿之后，"无复出山志，数椽屋、一卷书，谆谆然课督儿曹为务。讲授之余，或艺菊煮茗，饮酒谈诗，日以自娱"。光绪十五年己丑(1889)杨雪沧作《鹭江感旧诗六十二首》，记"黄崑石观察元琮，由诸生官户部员外郎。海氛助饷，上其功，加道衔。从周芸皋先生学，为校刊《内自讼斋文集》"，并系一绝云："服膺公艺见生平，能解风诗本性情。长抱富阳知己感，校书中有老门生。"查《内自讼斋文集》十卷,道光二十年(1840)庚子雕版印行。该书所载"参订门人"有二十一位,首位"林鹗腾,号晴皋,庚子进士,改翰林庶吉士",第二位黄元琮,字君琬,号云圃(按:崑石当后之改号),时任"户部浙江司副郎"。而素称亲近周凯的叶化成、吕世宜则列第六、七位。

今将该墓志录之如下:

皇清诰授中宪大夫钦加道衔即选知府户部
浙江清吏司员外郎加一级崑石黄府君墓志

考讳元琮,字君琬,号崑石,中宪大夫勖斋公长子也。自昌庆公肇基浔阳,历曾祖懋园公讳群良,貤赠奉直大夫,曾祖妣氏洪貤赠宜人,祖有山公讳六吉,诰赠奉直大夫、貤赠奉政大夫,祖妣氏许,诰赠宜人、貤赠正五品宜人,始胥宇于嘉禾里鼓浪屿居焉。父勖斋公讳志敬,候选州同加二级、诰赠奉政大夫、晋赠中宪大夫,母氏郭诰赠正五品宜人、晋赠正四品恭人,继母杨氏、陈氏俱诰赠宜人。考,郭恭人出也,幼而岐嶷,长攻举子业,年十六,博茂才。越旬年,就职京曹,官户部员外郎。值时享太庙,获与骏奔。比奉查越漕,屡垂鸿烈,遂乃荣邀天宠,渥荷褒纶,晋赠祖有山公、父勖斋公俱为奉政大夫。未几,夷氛告警,考先灵未厝为憾,即日乞假南旋,躬营窀穸焉。嗣后,会匪扰厦,复居浔阳。时筹款孔急,考毁家以助军食,朝廷奖其急公乐输,钦加道衔,以知府即选,晋赠父勖斋公中宪大夫。溯自回籍以来,恬澹自安,无复出山志,数椽屋、一卷书,谆谆然课督儿曹为务。讲授之余,或艺菊煮茗,饮酒谈诗,日以自娱,娓娓不倦,其天趣有如此者。考德配吴氏,诰封正四品夫人,国学生嘉宾公长女,侧室周氏。男七女四:长景濂,次景泗,三景尧,四景涛,六景北,吴恭人出。五景南,七景荷,侧室所出。景濂娶苏氏,得孙邦佐、邦誉,女孙二,邦佐聘林氏;景泗娶庄氏,得孙邦俊、邦杰、邦偕,女孙二,邦偕出嗣长兄;景尧娶吴氏,得孙邦诰、邦诠;景涛娶陈氏,得孙邦诚;景南娶吴氏,继娶陈氏,侧室陈氏,得孙邦令;景北娶陈氏;景荷聘纪氏。长女、次女、三女俱已适人,惟四女未字。余绳绳未艾。考于咸丰己未年(1859)四月初四日辰时,以疾终浔阳正寝,距生于嘉庆壬戌年(1802)正月初十日子时,享寿五十有八龄。兹以咸丰九年岁次己未葭月初二日未时,葬于嘉禾里鼓浪屿内厝澳官宰石下,穴坐甲向庚兼卯酉,分金庚寅、庚申。男景濂、景泗、景尧、景涛、景南、景北、景荷同谨志,长孙邦佐等勒石。

"岩仔脚黄"来鼓始祖以航海起家

近年,我在整理民国时期厦门文献委员会编纂的市志稿中,获读清咸丰癸丑(1853)黄绍言所撰《清直隶州刺史圭石黄府君墓志》(简称《黄圭石墓志》),清末黄赞夏所撰《肖庵黄先生墓志》(简称《黄肖庵墓志》)以及有关黄元琼、黄赞周、黄赞夏等"岩仔脚黄"的传记稿。这些墓志和传略,一致证实"岩仔脚黄"系"派衍紫云,世居同石浔乡。……曾祖六吉公遂卜宅于岛之面山鼓浪屿"(见《黄圭石墓志》)。

《黄肖庵墓志》进一步记述:

> 至我高祖有山公始来居厦门鼓浪屿,遂家焉,是为石鼓黄氏之始祖。公有子四人,留其长子居故乡,守先人祠墓,其仲、叔、季三子皆随公居鼓浪屿。故滨海,乃以航业起家,居积致富,数传而后子姓日繁,居然巨族矣。

可见,生活于乾隆、嘉庆之际的黄氏来鼓始祖黄有山(六吉公)与其子果真是以航海起家致富的,因而历来的民间传说,和现存于大夫第宅内天井的波浪纹铺地砖,都是有所根据的。

清乾嘉时代,以沙坡尾为中心的厦门港对外贸易已很繁盛,当时的莆田进士林兆鲲作有一组《鹭洲竹枝词》,其中一首云:"舶趁风高十幅蒲,石浔回棹看衔舻。西洋宝货多如许,更带葡萄酒百壶。"(载《莆阳文辑·国朝莆阳诗辑》,福建人民出版社,2009年)

清龙溪进士郑开禧也写过《鹭江竹枝词》十首(郑开禧《知守斋初集》卷五),其中两首写道:

> 鼓浪屿前春水生,厦门港口暮潮平。谁家夫婿横洋去(俗谓台湾为横洋),趁得东风几两轻。

> 洋船初到北船开(往西洋者为洋船,往天津、锦、盖州等处为北船),冬以为期便驶回。商女可知离别意,镇南关是望夫台。

海沧《奎楼讲堂碑记》残碑

1997年10月22日,我参加全市文物普查,偶在海沧中心小学花坛上发现《奎楼讲堂碑记》之残石三方。时诸同事以公务繁忙而促返,我不忍过怫其意,唯匆匆摘抄碑中数字,悻悻去之。丙戌(2006)元春,再到奎楼,碑石仅存一方。辉绿岩石质,高0.82米,宽0.47米,厚0.13米。亟录之如下:

砌石埠,埠之前凿地种□,一院渟蓄之区也。呜乎!蕞尔一隅,养虽不赡,所以为教学地者,亦略备矣。庶几,都之英子弟登斯楼也,将有俯仰于负山涵海之胜,浩然激发其志气,益以勤于学,而不甘自暴弃也。抑都之贤父兄入斯堂也,将有触发其尊师重友之忱,率子弟以砥行砺名,乐群敬业,远希何、黄之踵武,近绍柯、周之渊源,勉成为孝子仁人有体有用之学,而不忍听其汩没势利以枉其才也,则庶乎斯役或有助万一云尔!事竣,爰记其略,并胪乐输者如左:

同治五年(1866)丙寅桂月日,里人林温志,张绍莘书。

总理督工:岁贡颜元徽,恩贡林温,廪生谢元璋,增生张启昌、邱守恒,庠生周承芬、谢云鸿、谢汉章、林玉辉、杨廷熙;协董劝捐:岁贡钟大亨,廪生谢鸿猷,庠生马廷琨、邱曾琛。

乡邦文献日渐湮没,有关文教之文物更为难得。希望海沧建设工程启动时,能留意对这些文化遗存的保护。

杨凤来书《重建兴泉永道署碑记》

《重建兴泉永道署碑记》,址在今中山公园一侧之厦门市少儿图书馆大院内,1982年被公布为市级文物保护单位。它记载道光二十二年(1842)英军侵厦,占据兴泉永道署,把建筑物拆掉"改洋楼",直至同治二年(1863)夏四月,英人才归还该道署,前后凡22年之史实,此乃中国近代史重要之文物也。该碑末署款:"钦赏花翎、福建分巡兴泉永海防驿传兵备道兼兴化水利事务、京山曾宪德撰并书。"

其实该碑的书写者并非曾宪德本人。绣伊李禧世丈所著《紫燕金鱼室笔记》一书,其中有"杨止庭书法"一章云:

> 厦人擅书法者,西村、东谷而外,当推杨止庭凤来……余家藏先生墨迹、对联、条幅、册斗等不下十余件。其临《九成宫》一册自跋云:"余不作欧书已三年矣,岁甲子(1864)夏游武夷,三月方归,适曾峻轩观察营建衙署,出碑索作欧体书,征尘甫卸,百事云忙,心事杂沓,手腕疏纵,一举笔非笔强纸弱,即纸强笔弱,而实则久不作书之故。适案有素纸一卷,取而试之,前中后迭见参差,足见用工未至,董香翁谓赵文敏日书千文一卷,有以也。古称弹琴者三日不弹手生荆棘,余窃谓作书亦然,三日不作,不仅手生荆棘也。"

由此可知,此碑确为厦门书法家杨止庭凤来所书。为官长代书,古有成例。

《重建兴泉永道署碑记》的书法师法欧阳率更令,写来结体严谨,笔力遒劲而古味盎然。曾宪德在厦门白鹿洞和中山公园崎山上,各有一幅内容字体一致的"三巡鹭江"摩崖石刻,其楷书题款的字体与该碑确不一样。

5 陈忠愍公墓道

厦禾路原省汽车运输中心曾堆积一批拆迁后移来的古墓碑和古建石构件。1987年4月28日,我在彼处进行田野调查,发现两件与抗英将领陈化成有关的重要文物。一为陈化成墓道碑,上镌刻楷书:"皇清/诰授建威将军江南提督/特旨专祠赐谥忠愍陈公/诰封一品夫人继配曾氏/墓道。/男廷芳廷□廷□泣血立石。"一为墓道坊的方形联柱,正反面刻联文为:"帝不忘忠,死所馨香留正气;公犹握节,墓门灵爽靖妖氛。"1990年金榜山公园创办陈化成纪念室,我将这两件文物墨拓为展品,然后搬移到公园办事处门口保存。其后陈化成纪念室停办,此石刻文物暂存在原处。

壬寅(2022)陈化成殉国之日,厦门市思明区文物部门派员整理,这两件珍贵文物终于重见天日,并且意外发现墓道坊的联柱反面镌刻一行名款:"玉屏书院掌教、莆田林扬祖谨撰。"林扬祖,字孙诒,号岵瞻,福建莆田人。道光九年(1829)进士,签分刑部主事,二十年(1840)任广西主考。二十二年(1842),乞归终养祖母。二十五年(1845),回京师,补授湖广道监察御史,后累官至陕西布政使、署理陕甘总督。据《清史稿·疆臣年表》载,林扬祖署理陕甘总督的时间为咸丰九年(1859)十一月至十年八月。林扬祖作此联文,当是在其"乞归终养祖母"之后,掌教厦门玉屏书院之时,可贵的是他没有处处炫耀其功名职位,而仅以现职为称。是以乞归终养祖母海滨一隅的厦门书院,居然走出一位封疆大吏,则前所未闻。

《陈胜元行述》

1987年,厦门大学陈孔立教授将家藏《表忠录》《陈胜元行述》两部稀见的旧刻本捐赠给厦门市博物馆。陈胜元是清代武将,道光二十一年(1841)任署水师中军参将,在厦门参加抗英之战。关于其生平除方志有简传外,后人知之不多。因此,此行述有补史之用。兹过录如下:

皇清诰授武显将军赏戴花翎江南福山镇总兵官蒙恩赐恤追赠振威将军钦赐祭葬特旨专祠赐谥刚勇显考胜元府君行述

呜呼!自咸丰三年春正月府君殉难太郡,迄今二十余年。不孝宗翰等数欲甄综先烈,以备立言君子之采择,顾念亲骸未归,临颖生恸,茹荼衔棘,忽忽逮今。光绪三年秋八月,始获扶奉灵柩还葬故里。追维府君扬历海疆三十余载,茂勋亮节,轩磊天地,及今无述,不孝等更何以为人、何以为子耶?谨和泪濡毫,泣书其略。

府君姓陈氏,讳胜元,字建珍,号晓亭。先世居福建泉州同安县厦门之殿前乡。国初,质诚公始移居溪岸。再传讳恂旭公,府君曾祖数也。曾祖妣氏林,钦旌节孝,事详《厦门志》。祖克若公,讳希昊,祖妣氏林,生祖妣□□。父钟岳公,讳文山,妣氏林。钟岳公有子四人,府君其次也。三代皆以府君贵,赠武显将军,妣赠夫人。

府君少贫,不能就傅,日樵苏以佐家计。家故濒海,又承率先绪,习知风潮沙线,跳荡超距之用,而尤精于射,楗竹为的,发无不中。年十八,隶水师赤籍。越两年,复补县学武生。道光三年拔额外。五年,奉檄赴省。总督孙文靖公尔准一见器之。六年三月,拔外委,五月随提督许公松年往台湾缉捕械斗。六月随巡洋,在吞霄获匪犯余文庆等十名。七月在铜锣湾地,获陈和尚等十九名,又在南势河地获赖阿贵等十二名、杨册等三名。七年,拔把总。十二年,台匪陈办滋事,提督陈忠愍公化成派随都司许君远生进剿。府君率士卒扼险固守,时出奇兵杀贼,为大军犄角,朝夕坐卧瘴土。比归,手足发毒,指甲尽脱。十三年三月,拔右营千总。四月,署左营守备,奉派巡查内海,获匪船一,擒盗庄启等六名,复随金门镇缉捕潘涂、杏林等乡,获匪犯余铨、江炎。八月,随提督忠愍公缉盗潘涂、官浔、柏头等乡,先后起获草乌船并匪犯林轻等二十四名。忠愍公以府君勇于捕务,咨总督程公祖洛预保守备,送部引见。十一月,补海坛右营守备,并护金门左营游击。十九年八月,在澳头海面获盗薛两等六名。十月,随忠愍公巡洋,遇盗于东椗外洋。时诸舟皆阻于风潮不得近,惟府君与忠愍公合击。忠愍公舟为盗伤,退而修具,府君以孤舟与贼战,自辰至未,贼拒愈力,火器一时并下。府君拔佩刀砍舷曰:"今日有不用命者,斩之!"自急装帕首靴刀,冲烟焰,跃登匪艇,手刃数贼。军士蚁附而上,获盗曾胜仁等十八名。忠愍公率诸舟继至合击,复获李胜等六十名。忠愍公由是益重府君。

二十年,护水提标右营游击。三月,护中军参将。六月,英夷闯入厦港。时承平久,上下不知兵,人心汹汹无所措。府君持以镇定,率弁兵要击,阵杀多名,夷遁去。七月再至。府君护后营游击,督兵在水操台截击。夷不得肆。奉旨以都司尽先赏戴花翎。十一月,署左营游击,寻补南澳左营游击。二十一年,署水中军参将。时夷氛愈炽。总督颜公伯焘驰驻厦门,夷连艅拥至。官军三路堵击,左右军皆外标入援,府君率提标兵居中,在演武亭前迎战。夷拥众由白石头登岸。左右两军相继溃。夷三路并进。府君督战益厉。后营游击张公然战死,府君坐马毙于炮,军益惊溃。左右仅二十八人,乃随总督退守同安。奉旨革职,遣戍。

新总督刘公韵珂由浙抚督闽,素闻府君名,奏留在闽差遣,督造哨船。六月,报竣,蒙赏给五品顶戴。寻委署提标后营游击。七月,随提督窦襄武公振彪在崙山洋获匪船一，匪犯郭板沅等三十一名。二十五年六月，护督标水师营参将。时匪盗出没港汊行劫，商贾患之。府君请造快字船，式长而浅，多其桨，行驶如飞。相夕巡缉，屡获盗林利益等十七名，群匪敛迹，行旅赖以安。又驰赴马巷辖之柏头乡会捕，获犯林山等四十三名，烧匪船二十三只。二十六年正月，护水中军参将，未抵任，在镏江缉获积匪陈阵、陈福二名。九月，在青屿洋获盗林经等二十七名。十月，获林决路等十七名。府君每击贼，辄坐楼船指挥，弁兵勇怯，无不周知。凡有拿获军械外，悉分赏士卒，以勇怯为差等。一毫不自私，其尤出力者则请上宪拔擢之，以故士争用命。凡贼遇之，无能脱者。经总督刘公韵珂、巡抚徐公继畬据情入告，奉旨赏给守备，遇缺尽先补用。至是，补海坛右营守备。刘制军、窦提军复以府君正直勤奋，缉捕有方，堪膺专阃之任，会衔保奏。二十八年，补福宁左营游击。

三十年，以升署参将引见，蒙召见，奏对称旨，实授铜山营参将，旋调署水中军参将。时泉漳接壤文圃山左右匪民陈庆真等倡结小刀会，累千人，将为民患。府君侦知，与观察张公玉田捕获之，立毙杖下。旋移军到地穷搜，又获渠魁王泉等六十余人，余党解散。咸丰元年，补山东文登协副将。二年，擢江南福山镇总兵。府君莅官严而有惠，僚寀上下无不钦服，而上宪以水中军为二十四营领袖，非府君莫胜其任，故任水中军最久。其间，革宿弊、整营规、绥士卒、恤员弁，盖非一端能尽。至是，卸篆弁兵咸怀其德，奉禄位于衙署之偏，遇诞日则笙歌拜舞，久而不替。五月，入都陛见，蒙召见，赐"克食"。七月，莅福山任。十二月，奉总督陆公建瀛檄赴江宁，督办军务。府君兼程驰赴。

三年正月，粤匪自武昌窜安徽，府君统舟师军于荻港。寻奉檄以荻港辽阔，防守较难，调扎东西梁山。二十五日丙夜，逆船窜至太平府四合山。二十六日平明，府君率舟师进击。是早，有鸦鸣于桅杪，左右以为不祥。府君曰："今日之事，以死报国耳。祥不祥岂所计哉！"督各船逆流戗风而进，击沉逆船二只，余匪骤退。官军追至芜湖，逆船蔽江而下，两岸匪党潮集堵进，府君麾军冲突，复沉逆船二十余只，毙贼无算，岸匪亦多被炮伤。戌刻，逆船乘流复下，会西风顿息，官军所驾海船高大，篙戗难施。贼据上风发喷筒，火箭、炮子撒落如急雨。府君挥诸船为横阵，援枪登舵楼，慷慨励将士并力，与角号声动天地。江水轰轰欲沸，鏖战正急，鼓声忽止，我军遂溃。呜呼痛哉！盖府君已于其时殉难矣。

事闻，江宁将军祥公厚驰奏。奉上谕："该总兵奋勇剿贼，临阵捐躯，深堪悯恻。著加恩追赠提督衔，即照提督阵亡例赐恤，以慰忠魂。钦此！"旋奉部议，赐恤祭葬如例。加赏帑金八百两，世职骑都尉兼一云骑尉，袭次完时，以恩骑尉罔替。赐谥"刚勇"。国史馆列传，入祀京师昭忠祠及阵亡地方府城昭忠祠、本籍府城昭忠祠。

先是，府君殉难后，采石矶人徐如贵捞于江，知为殉难忠官，棺葬于古唐寺岗。咸丰间不孝宗凯奔寻未遇。光绪三年，不孝宗超再行求寻，禀请三江总制沈公葆桢，扎饬当涂县张君攀桂悬示招觅，沿江偏访，始得确耗。不孝宗凯赴同滴血辨认，礼殓扶归，而太平府及本籍绅耆以府君力战卫民，捐躯报国，禀请奏建专祠。得旨俞可。

府君之镇福山也，知粤匪猖獗，必为江南大患，而福山新立，标营尤当整顿。单骑抵任，修战具、练士卒、足军饷、明纪律。故有城门、盐例诸陋规，悉裁去，军民悦服。及闻殉难之信，莫不痛哭流涕，相与卜地建祠，祀府君于其中。疾病、风雨皆祷焉。府君性正直廉惠，居官以忠义鼓士卒，尤善因才器使，凡所拔擢如台湾总镇林公向荣，提标游击吴公菁华、郑公振缨，铜山参将陈公登三，多以功烈著。廉俸外一无所取，漏规泛费革除殆尽，故历官三十余年，家无余赀。或讽以积蓄为子孙地，府君曰："吾子孙苟能贤，皆财也，奚赖祖父积蓄哉！"每事必以忠愍公为法。道光二十二年忠愍公殉淞江之难，诸公子年尚少。府君教之骑射，趣使袭职。遇事掖劝，论者谓忠愍公之知人与府君之报德，相得益彰焉。事亲孝先，意承志，尽其力之所能。先祖姑适鼓浪屿黄姓，早寡无子。先大父以幼叔父为之嗣。先大母夜辄思季不成寐。府君时尚少，暮必抱弟归，朝则送诣黄家。自家抵鼓浪屿陆行六七里，隔水一程，朝夕往来者再，历三年如一日。居先大父母丧，哀毁逾制，或梦中哭失声，终丧未尝见齿。既葬，公余必到墓前，依恋不忍去。待兄弟友。凡廉俸所入悉交先叔父料理家计，未尝问其出入。虽极盛怒，一见则婉愉之致见于眉睫。道光二十五年奉差赴省，觉心动思归。到家而先二叔父适于是日卒，府君抚之恸哭，呜咽不可劝止。视子侄一体而家法极严，有过辄责之，或罚长跪终日，能改乃已。待亲友厚，乡里穷乏，必周恤之。幼时家窘甚，见邻妪无炊，即回家请米馈之，大为先大父所器赏。少未读书，洎服官，凡案牍往来，使吏诵于侧，过耳无不了然。折节下士，一时士大夫咸乐从之。好山水游，幼樵西山之万石岩，辄留连忘返。及贵，倡捐廉俸葺其寺，暇时辄凭眺焉。陈忠愍公、窦襄武公有功德于厦门,皆为鸠资建祠。任福山时,不孝宗凯随侍,辄举二公事以训。及奉调进剿,遣不孝归,曰:"吾身受国恩,誓以死报。汝兄弟能忠贞相励,廉洁自持,毋玷家风,吾愿足矣。"不孝谨受命,泣拜而行。讵料违侍无几,竟以军孤援绝,捐躯报国,至于二十余年始克归骨首邱,再荷恩纶,以慰九泉之志乎!呜呼痛哉!

府君生于嘉庆丁巳年九月初五日,距殉难之日,享寿五十有七。配姚氏姚,诰封一品夫人,庶母氏郭,以不孝宗凯职,貤封淑人。子五:长宗翰,候选衍圣公府赞奏厅,娶林氏。次昊,守备衔候补千总,前水师提标左营千总,署中营守备,娶张氏、王氏、李氏。三宗凯,世职骑都尉兼一云骑尉,浙江太湖营游击,娶吴氏,皆姚夫人出。四宗超,光绪丙子科举人,娶王氏。五宗美,娶吴氏,皆郭淑人出。女四:长适外委吴君讳定邦。次适江南福山镇总兵孙讳云鸿公四子、蓝翎补用守备,名长丰。三适盐运使衔即选道林讳国华公次子、恩赏举人、即选道林讳国芳嗣子,花翎三品衔候选道名维源。四适邑庠生叶名际昌长子,邑庠生名丹铭。孙男十一人:镇海,尽先补用把总、镇藩、镇忠、镇香、镇福、镇勋、镇春、镇霖、镇林、镇磐、镇碔。孙女十人。曾孙三人:古骓、万基、古杰。

咸丰辛酉,不孝等特将葬姚夫人,以府君遗骸未得,痛备衣冠合葬于文灶社双篷石。光绪丁丑扶柩旋里,乃谨礼葬于衣冠旧穴,穴坐丙向壬兼己亥,分金丁巳、丁亥。不孝等谫陋不文,语无伦次。伏冀当代大人先生鉴此哀忱,锡之传志诔铭,以光泉壤,则世世子孙感且不朽。

赐进士出身、诰授荣禄大夫、兵部侍郎、湖北巡抚、署理湖广总督,前翰林院编修、国史馆纂修。愚弟郭柏荫顿首拜填讳。

三十余年前我已抄录全文,今者再次核对原刻本,感谢厦门市博物馆郑晓君提供了帮助。

清贝勒载洵题刻

1998年,我偶于南普陀寺藏经阁后山发现清代贝勒载洵题刻。文曰:

宣统纪元秋,郡王衔贝勒载洵、海军提督萨镇冰奉天子命兴复海军,阅视海疆至此。从者番禺曹汝英、大兴冯恕、鹤庆赵鹤龄、满洲荣志、闽陈恩焘、新宁温秉忠、番禺关景贤、蔡灏元。冯恕察书。

载洵系光绪皇帝载湉的同胞兄弟,光绪二十八年(1902)袭封贝勒,三十四年又加封郡王衔。1894年中日甲午战争后,清之水师几乎全军覆没。继而1900年八国联军武装入侵,清政府的封建统治已岌岌可危,而国内民主革命之形势正风起云涌。故而清政府不得不从1901年起陆续推行"新政",设商部、废科举、办学堂、练新军,并进一步准备"变更政体,实行立宪"。据《清史稿·宣统纪》载:宣统元年(1909),载洵之兄载沣以监国摄政王代理大元帅,亲统禁卫军。同年五月,任命"贝勒载洵、提督萨镇冰俱充筹办海军大臣"。秋,"出洋考查海军"。可知此乃载洵、萨镇冰等乘出洋之便,到厦门"阅视海疆",小作勾留时之石上题名,亦近代海军史之资料也。

新街礼拜堂

厦门新街礼拜堂称"中华第一圣堂"。美国宗教研究学者德庸(Gerald Francis De Jong)所著《美国归正教在厦门 1842—1951》(*The Reformed Church in China 1842—1953*)一书有较详细之材料。该书记载,因《南京条约》的规定,早期基督教传教士仅能在厦门租房布道。但这些传教士积极要求建礼拜堂,据称还得到闽浙总督的批准。2008年我在阅读此书时,看到美国牧师波罗满(William J. Pohlman)致美部会的报告提到此事,于是随手把它们翻译出来:他们已在"1847年9月16日,租到城中偏东一块40英尺×100英尺、上有四座行将倒塌的老房子的小地块,并签了契约"。当年的12月13日,该牧师又写信报告说:

> 在大清帝国外国人是不准买地和拥有地产的,可想而知我们不可能租到一个合适的地点。因此,福贵伯(一位首批信徒)用不到550美元买来这一小块地永远租给我们。我们除了付税,不用缴交租金,而我们给的一点钱已够付税。该地点虽然在城中,但没有城市的繁华喧闹。它在一

条马路上,可望会拥有许多慕道友。

由此可见,教会出面租地并没有成功,后来是教徒王福贵自己承买下来,永租给教会的。这座礼拜堂于1847年动工建造,1849年2月11日举行献堂仪式。上悬"敬拜真神大主宰之堂。1848"之匾。1933年该堂重建,"新建筑的奠基石为中华基督教会所赠,上书'中华第一圣堂'"。

戊子年(2008)春节无事,读陈娟英、张仲淳两同事所编《厦门典藏契约文书》(福建美术出版社,2006年)第39页,竟发现有道光二十七年(1847)九月和道光二十八年,厦门新街仔业主王忠山向"耶稣道之总会牧师"出赁土地两契,称:

> 有自己明买之旷地壹所,坐址黄厝保,土名新街仔,坐东向西……听黄方圆说,皇上有旨示准下民旷地基,出赁外用筑礼拜堂□□□与旷地全赁□□美利驾洲人,耶稣道之总会牧师□□□□□□等,当三面言定,租银壹拾贰元,每员重库柒钱贰分足,逐年清楚,不得少欠。至其所有□□及地租银项系忠山自行完纳,契与耶稣教之总会牧师无干。此旷地自赁自后,任耶稣教之总会牧师等出银架筑礼拜堂以及□□□□道理,□人祈善之所,忠山不敢阻挡。……倘日后皇上官宦不准本地民人旷地出赁与外国之人,而耶稣教之总会牧师等应当即刻撤空,不得强赁霸占,以及抗言向取架筑杜卖等情,亦不得擅自别赁他人,理应将所筑之礼拜堂并地基全行来还业主王忠山掌管。口恐无凭,立出赁字为照。

第二件契约是为王忠山向"耶稣道之总会牧师"出赁与旷地一起的"明买王益含店屋壹所"而立。读契而知,此乃自称"耶稣道之总会牧师"的波罗满在报告中所提到的1847年9月16日租地签约之事。当时虽然有黄方圆的口头谣传,但业主似不放心,除将契约定得很严密之外,还拉黄方圆做知赁人,在契尾画押签字。

翔安香山岩旧庙碑文

翔安区之香山今辟为旅游胜地。此地有香山古寺，旁有徽国文公祠诸胜，而其沿革则言人人殊。我友吴君鹤立收藏清光绪辛丑(1901)之《重修香山岩佛祖宫序》稿本，或有助于后人稽古。文曰：

盖闻明神所栖止，山川聿焕其精英；至德可凭依，降鉴如迩乎馨欤。此聪明正直，所以为崇奉之资；而上下陟降，尤不可无观瞻之所也。考自朱子簿同时，来游斯地，诸山之草木皆香，乃改荒山为香山，而庙之兴建，于是基焉。神之英灵于是著。尊神系塑清水祖师佛像，分炉于彭岩，而奇验于巷属。凡地方之利害，生民之休戚，与夫婚娶、疾病等事无不有感斯通，如响斯应。故敬奉之诚，香火之盛，直有固结乎人心而不可解者矣。闻之《礼》，能为民御大灾则祀之，能捍大患则祀之。而神之御灾捍患，历验于数十年之前者指不胜屈，则神之宜世祀又何疑欤？前者创造庙宇，颇极堂皇。近因风霜剥蚀，虫蠹交侵，神灵虽赫，庙貌渐颓。刻桷丹楹，已失其旧；榱崩栋折，务谋其新。所愿绅耆，共襄善事。凡诸士女，不吝解推，而海外大商钜贾，必能倡首乐输，倾囊相助，庶众擎之易举，可集腋以成裘，则神灵之呵护必加，而同井之祯祥聿至矣。是为序。光绪辛丑年小春之月谷旦，董事郑锦文、陈生寅熏沐拜题。董事蔡光云、蔡念宗、蔡玛武、蔡分明、蔡日宣、黄光扶、黄□□、张鸿仪、张春根、张德三公启。董事陈光岩、陈根旺喜助同启。

清代同安画家高峻

丙戌(2006)初秋，我与白磊兄为厦门市文联编辑出版《厦门近现代中国画家》(厦门大学出版社，2007年)，始知同安有画家高峻之山水佳作。

陈子奋先生的《福建画人传》(油印本)将他列为明代。传曰：

> 高峻,(明),字叔崧,号晚香老人,同安人。善画,凡山水、人物靡不精究,尤工草虫。精诗、书,人称三绝。

于是,俞剑华编著的《中国美术家人名辞典》(上海人民美术出版社,1981年)沿用《福建画人传》之说,也将同安高峻列为明代画家(该书第782页)。

但民国《同安县志》卷之三十七"方技录"却将高峻归为清代:

> (清)高峻,字叔崧,别号浣香老人,铜鱼馆人,邑庠生。工画,凡山水、花卉、人物靡不精究,尤工于草虫,其描摹形神毕肖,栩栩欲活,人多爱之。然廉洁自持,一毫不苟,唯借画润以赡其家。虽年七十余,犹清晨早起,伏案作画,手不停披,终日无倦容。求画者户限为穿。又工于诗,时常吟咏,所画必题之。行书尤工,习六朝之体,如走龙蛇,飞行无迹,时人称为"三绝"。(倪炯访稿)

高峻到底是明代,还是清朝的画家?我们在编书的过程中,搜集到高峻所作工笔草虫花卉册子四帧,其一题"壬戌闰夏五月之末,抚南田抱瓮客设色画法于双溪坝上枕流草堂,时年六十有七"。民国十一年壬戌(1922)正好有闰五月(《中国史历日和中西历日对照表》,上海辞书出版社,1987年),因此可以考证出高峻是清末民初的人,出生于清咸丰五年(1855),活动于民国初年。旋又在厦门市博物馆读到高峻水墨山水中堂《雪溪访道图》,画心左上有行草参差题曰:

> 冻云漠漠雪漫漫,十里梅花野外寒。惟有板桥诗思客,独寻好句跨驴鞭。乙巳荔月中画于[双溪]浣香室之读画楼。叔崧高峻。

"乙巳"乃1905年,高峻时年50岁,故技法成熟,水墨灵动,确是佳品。惜高峻卒年不详。

辜鸿铭的籍贯问题

辜鸿铭的祖籍地历来纷纭其说,莫衷一是。一为漳州海澄说,因《槟榔屿华人史图录》称槟榔屿的辜氏家族来自漳州海澄；一为厦门说，因辜鸿铭自称"厦门辜汤生"；一为泉州晋江说，最早有王森然《辜鸿铭评传》稿本即持如是说，但此类说法至今尚缺少历史文献和地名材料为之有力佐证。近期又有福建惠安螺阳镇上坂说，主要是2004年台湾辜振甫认定辜鸿铭是其"堂伯父"，遣其妻严倬云来惠安寻祖，后来此说同样因缺乏考证材料的支撑而为人所不取。

比较多的意见倾向于其祖籍地是同安，最早有《清史稿》与辜氏好友罗振玉的说法。20世纪初，西方学者就开始编撰一部包括英属海峡殖民地在内的《英属马来亚志》，其中列举了槟榔屿辜氏家族四代谱系，负责该书人物志部分的马来亚雪兰莪博物馆馆长罗宾逊（H. C. Robinson）在记录槟榔屿辜氏家谱时，就明确告诉读者这个家族"来自中国福建省泉州府同安关辜厝村"（"…from the village of Koh-Choo, Tang-on-Kwan, in Chuan-Chiew-Fu in the Hokien Province of China"）。这里的"Kwan"，实际上是"县"的闽南话发音。《中华读书报》2017年7月5日《辜鸿铭的"祖籍"及其槟榔屿祖先考》的作者程巍先生可能不是闽南人，所以把"Kwan"译为"关"，并与小盈岭上的"同民安"隘门联系起来。不过，作者为证实"清代泉州府同安县永丰乡长兴里辜厝保，即今日厦门市翔安区新圩镇古宅村"，还以拙编《厦门墓志铭汇粹》（何丙仲、吴鹤立编纂，厦门大学出版社，2011年）一书中的元代《辜仅娘圹志铭》（新圩古宅出土）为据，说明辜姓很早就生活在那里。

1918年版之北京大学《现任职员录》也载有辜鸿铭的信息："文本科教授兼英文门研究所教员，辜汤生，鸿铭，六十二岁，籍贯福建同安，椿树胡同晋安寄庐。"（《中华读书报》2019年11月6日第18版）至此，辜鸿铭的籍贯不争自明，为厦门市同安区新圩镇古宅村。

庄志谦榕林题壁

庄志谦题壁诗刻在厦门榕林别墅旧址。诗云：

我昔游榕林，厦岛方无事。自经兵燹后，一至复再至。荒榛与蔓草，一一烦芟治。主人亦能贤，诵芬知继志。一丘与一壑，不改旧位置。石瘦便能奇,榕老更增媚。即此可栖迟,何须求衡泌。

诗后无年款,仅题"吉甫大兄大人属,牧亭庄志谦题"。

十数年前,余搜集编撰《厦门摩崖石刻》一书,竟不知庄志谦谁何。乡贤张国琳兄承乏惠安县政协文史委,潜心乡邦文化有年,他根据我乡出土《皇清赐进士出身诰授中宪大夫晋中议大夫军功赏戴花翎四川即补道恤赠太仆寺卿牧亭庄公墓志铭》,以及《重纂福建通志》等文献,撰有庄志谦传略寄我。读之乃知庄志谦,字兼六,号牧亭(一作牧澄),又号菊生,福建惠安县东岭涂厝人,生嘉庆十年乙丑(1805)九月初二,卒同治元年(1862)六月初三,享年五十七岁。清道光十四年(1834)中举,十五年联捷登二甲九十九名进士第。初任兵部职方司主事,改武库司主事,后晋兵部员外郎。咸丰年间闽南、闽中先后爆发会党起事,庄俊元、庄志谦等在籍官员奉旨率团练往剿,因军功"恤赠太仆寺卿"。沈儲《舌击编》于咸丰四年(1854)、七年有多处记载其事,称"部郎"者即是。庄志谦为官清廉,致道光癸卯年(1843)夫人陈氏去世,"家居贫困,无力买山"。其捐馆后,由泉郡名翰林庄俊元撰写墓志铭,"赐进士出身诰授光禄大夫协办大学士钦差大臣统辖四省军务两江总督年愚弟曾国藩顿首拜篆盖;赐进士及第诰授朝议大夫日讲起居注官翰林院侍讲南书房行走通家愚弟杨泗孙顿首拜书丹",规格极尽哀荣。

庄志谦六子名观淳,字春士,号慰农,优廪生,为台湾板桥林氏姻亲,子庄棣荫,字贻华(又作怡华),号瘿民,林维源之外甥,林尔嘉之表兄也。庄棣荫工诗,时客鼓浪屿,1914年菽庄吟社成立,即为吟社"十八子"之一。其后羁寓台北,为板桥林家之西席夫子,课余与连雅堂、魏清德辈分韵唱酬,有南国骚坛巨擘之誉,著有《耕余吟草》。

鹭江钟氏世居海澄三都

厦门王人骥王家与钟寿麒钟家有姻亲世谊。王人骥先生文孙世元世兄珍藏有钟氏《鹭江家谱》手抄本一部。其"二房"一卷有王人骥先生为钟寿麒撰《清敕授承德郎钟府君墓志铭》,墓志铭云:

府君讳寿麒，字毓麟，号晚斋。先世居海澄之三都，清康熙间，经商于鹭门，遂家焉。鹭门为海舶麇聚之所，蛮胡贾人候风潮而至，岛人习与之游。君幼而颖异，濡染西学，遂精周髀之书，工计然之术，厦人之研究西算者，实自君始。年长，为治产积居计，出其囊蓄，购地于古浪屿，不数年而赢利盖倍蓰焉。晚年以诸子能述父志，遂家居颐养，以乐余年。顾犹精神矍铄，计事不爽，锱铢以之，从事货殖，余勇尚可贾也。今夫求田问舍、称铢较两，迂阔之士，或羞称之。然而谋食乏才，傲骨每与枵腹相终始，因是途穷日暮，坐困愁牢，至于贫不自聊，丑态百出，或且以口腹贻宗族交游之累，令人望而畏却，即与之赀而不知所可，商之事而一无所能，药贫无术，何以自存？以视君之善治家人生产，自食其力，不致作寒乞相见憎于世者，其巧拙为何如也。君生道光庚子年(1840)八月初二日戌时，卒民国癸丑年(1913)十二月十三日午时，享寿七十有五龄。于丙辰年(1916)四月九号卜葬许度坪。有子男四人，曰音、曰岳、曰谋、曰崧，女子六人，均适人，孙六人，女孙七人，俱幼。铭曰：货殖端木，艺学冉有。在昔前贤，谁诗得而咎（按：诗字疑衍字）？彼世之伧，不自糊口。书空咄咄，莫知其丑。何以作之？用戒厥后。铭兹于石（按：石，原文作右），庶示不朽。前法部主事、壬寅科举人、日本法政大学毕业、思明中学校长，世愚王人骥拜撰。

另有一篇钟寿麒夫人郭氏的《皇清敕封安人显妣钟母柔顺郭安人暨次男广德钟君合附于晚斋钟府君寿域之左右圹志》，圹志云：

显妣姓郭氏，闺名蕉姊，字柔官，谥柔顺，晋江籍郭讳振崑公长女也。十七岁于归家严为元室，世居厦岛和凤后保芸局内，生有男女各六人，长男钟灵；次男广德，殇；长女适林氏；次女适柯氏，俱嫡出。三男钟音；四男钟岳；五男钟谋；六男钟崧；三女适姜氏；四女适陈氏；五女适杨氏；六女适叶氏，皆庶出也。安人卒于光绪十一年乙酉(1885)五月廿六日辰时，距生于道光廿八年戊申(1848)七月初八日午时，寿四十有七（按：此生卒年或有误）。原葬鼓浪屿纱帽石。今于光绪卅四年戊申(1908)季冬改祔于晚斋钟君寿域之左首。钟君讳广德，小名白皮，行二，殇于光绪十一年五月廿三日辰时，距生于同治六年丁卯(1867)七月初八日午时，寿十有八岁，原葬鼓浪屿纱帽石，今同母并迁合祔于兹寿域之右首云。襄事哀子钟灵泣血稽颡谨志，襄事庶子钟音、钟岳、钟谋、钟崧泣血稽颡同志。

据这部谱牒载,钟氏"先世居海澄之三都(今厦门海沧区)",康熙年间迁居厦门岛内。钟寿麒,字毓麟,号晚斋,生于道光庚子(1840),卒于民国癸丑(1913),懂西算,精于计然术,曾在鼓浪屿购地产而赢利数倍。夫人郭氏,晋江人,生于道光廿八年(1848),卒于光绪十一年(1885)。钟寿麒共有子女各六人。其子为:灵、广德、音、岳、谋、崧。长子钟灵(谱名广俊)生钟世藩,即今钟南山院士的令尊也。综合这两方墓志和圹志来看,钟寿麒夫人郭氏和次男广德同去世于光绪十一年五月(子廿三日,母廿六日),原葬鼓浪屿纱帽石。其后于光绪卅四年(1908)迁葬到钟寿麒在许度坪所造的生圹,长男钟灵为撰圹志。民国癸丑年钟寿麒去世,由王人骥撰写墓志铭,并于丙辰(1916)与郭氏和次男合葬。估计王人骥撰写墓志铭时,钟灵已不在世,所以《清敕授承德郎钟府君墓志铭》无他和钟广德的名字。钟谋(谱名广文)乃王世元世兄的外祖父,《厦门市志·节义传》记"钟广文,住局口,营丰美参行,富爱国观念,卢沟肇衅,颇事抗战宣传",厦门沦陷后迁往鼓浪屿,旋因"具有抗日思想",竟被"囚絷经年",终为敌寇杀害。王世元世兄日前来寒斋聊天,为我言之,并说20世纪80年代初,钟世藩先生回厦门,他曾与亲友接待过。

海天堂构之门楼

华侨黄秀烺之海天堂构乃鼓浪屿著名近代建筑,其门楼非唯富丽堂皇、岛内绝有,且楼内匾额、楹联及壁上屏幅之作者名气与书法水平,亦海内罕见。"海天堂构"四字与楹联"楼台平地起,龙虎两山朝"为近代名书法家曾熙所书,曾熙(1861—1930),晚号农髯,湖南衡阳人,光绪二十九年(1903)进士,尝主讲石鼓书院,书法得夏承碑和魏碑张玄墓志的神髓,书名与李瑞清并重,被尊称为"曾李"。屏幅有四:一为吴俊卿石鼓文条幅,吴俊卿(1844—1927),字昌硕,别号缶庐,浙江安吉人,近现代著名书画大师,书法以石鼓文最擅长,用笔结体一变前人成法,独具风骨。一为张祖翼隶书条幅,张祖翼(1849—1917),字逖先,号磊庵,安徽桐城人,髫年好篆隶金石之学,隶书取法汉碑,力充气足,颇有韵致。一为赖鹤年行书条幅,赖鹤年(1842—1899),字耘芝,光绪十八年进士,广西桂平人,甲午战争中,奉台湾巡抚唐景崧之召,办理台湾后路转粮事宜。嗣后任四川洋务总局会办等职,以行书蜚声书坛。一为陶浚宣六朝体条幅,陶浚宣（？—1917），字心云，浙江会稽人，举人出身，书宗六朝，笔力峻厚。民国《厦门市志》谓其用笔"上追北魏，擘窠书魄力雄厚"。此五位皆近代第一流的书法家，其传记均可见于俞剑华《中国美术家人名辞典》。鼓浪屿时为公共地界，海天堂构展示中华传统文化之瑰宝，意义大焉。

南普陀寺放生池

美国的大白舰队于1908年10月30日（光绪三十四年十月初六日）开始访问厦门，为期一周。所有接待费用不赀，据美国夏威夷大学荣休教授马幼垣在《美国舰队清末两访厦门史事考评》一文估计，约为当时的100万美元，相当于2008年2300万美元的币值（《九州学林·2010春夏季卷》，上海人民出版社，2010年）。这些招待费全由清政府买单，唯独南普陀寺前的放生池例外。据《南普陀放生池碑记》所载，这口放生池竣工的时间正好也是在"光绪三十四年十月吉日"，但它是由兴泉永道刘庆汾"捐俸倡义"，然后"谕广善堂杨君本湖暨同人……各出巨款"，最后由"监院转道募捐督造以赞成"，简言之，由民间出资。在碑文中，刘道台用优美之骈体文赞美南普陀寺"屏列五峰，耸峙于后；流环一带，潋映在前。兼以翠竹苍松，足供赏心乐趣；鲜花异果，频闻扑鼻余香。时而鼓振暮天，正云破月来之候；时而钟鸣晓曙，有鸾翔鹤舞之欢"，然后笔锋一转，说是"光绪丁未（1907）春，菩萨降鸾示：凿一池为放生，盖将俾水族遂生生不已之机。非徒壮寺外之观瞻也"。结果信众相信是菩萨意旨，纷纷解囊乐输。当时刘庆汾道台若说是政绩工程，恐怕现在就没有这口放生池了。

厦门古代接官亭

前年，厦门民间在沙坡尾建造仿古接官亭，或有微词，说接官亭宜在鹭江道，非玉沙坡也。我查道光《厦门志》卷二"分域略·坊表"，其所载"'盛世梯航''天南都会'坊，在玉沙坡接官亭前，乾隆三十九年（1774）厦防同知蒋元枢建"。但同书的"分域略·官署"又载:"接官亭,在提督路头。"庚子(2020)春夏,我为厦门市图书馆编纂《民国〈厦门市志〉余稿》,获读民国时期厦门文献委员会修志剩下的原稿,其中我编卷末"杂录"者,有一条云:"提督施琅平台湾,由铁隘门下建造路头,故名提督街。凯还,文武在接官亭恭接,改称得胜路头。(连城璧采)"其卷五"建置志"的"街衢之沿革"也有一条记载云:"自提督路头接官亭为市政局从路头经始,拆两旁市肆为马路,阔广一丈六尺,至得胜楼(即天公楼铁隘门)。(连城璧采)"足见有清一代,沙坡尾与鹭江道都设有接官亭。

清末厦门刻书

孙楷第先生所著《中国通俗小说书目》辑录古、近代以语体文所作旧小说凡八百余种,乃研究中国文学史之重要工具书。全书除述版本目录和内容摘要外,还介绍刻书作坊,其中提到厦门有两处。

其一为:清咸丰戊午(1858)厦门多文斋刊本《玉支玑小传》四卷二十回,原题"新镌秘本玉支玑小传",北京大学图书馆馆藏,为半叶八行,行二十字。前题"天花藏主人述,西山散人评"。经郑振铎先生鉴定为明人小说重刻本。

其二为:《施公案奇闻九十七回》,清无名氏撰,现存有厦门文德堂刊小本,序后题"嘉庆戊午(1798)新镌",孙先生认为它比常见的道光十八年(1838)刊本与光绪十七年(1891)铅印本都要早,应属首刊本。

清代中期厦门岛上的印刷业应该不止于此,据方文图先生生前告诉我,英国牛津大学图书馆尚藏有道光年间厦门会文堂的《绣像荔枝记陈三歌》刻本,不知确否。此外,我在搜集整理厦门历代碑铭时,见过文德堂所刻小碑或墓志,想必清末刻书作坊亦兼刻石,此现象甚可注意。

石茂头

石茂头旧村在今思明区莲前街道前埔社区,今社会上仍有"石胃头""石胄头""石渭头"等不同地名,一片混乱。但当地民间依然称之为"石墓头",因闽南话"茂""墓"音同。

据传其地有石岩,岩下有陈姓大墓(一说系附近之"宋叶氏十五郎墓"),故称;另一说是那块石岩略似帽子,故也称"石帽头"。后有村民为雅化、简化,易"墓""帽"为"冒",继而衍生了"胃""胄"之错别字。于是民国时期的地图,遂标有"石胄头"之地名。21世纪初,有集美大学某教授根据村边那块岩石状似古代将士的"胄"——"头盔",便想当然断定"石胄头"才是正确的名称(《文史专家说"石胄头"才对》,2005年5月18日《厦门晚报》)。

2010年厦门市民政局经调查讨论,将此定名为"石茂头"(《厦门市地名志》,福建省地图出版社,2013年,第462页),该词条解释此定名既符合同音雅化之妙,又包容了各种说法。今政府已有规定,我们在地名使用方面必须认真依法执行,庶免乱套。

鼓浪屿外国人墓碑

鼓浪屿原有外国人公墓,俗称"番仔墓",即今音乐厅所在地也。1958年废,其后数方大碑被移至"美华"海滨置驻军营房外,犹有几方居然在厦门岛上五通驻军营区。1988年我在晃岩路"鼓浪屿好八连"驻地后山,发现三通外国人墓碑,现场将文字抄录如下:

1. Ann/ Daughter of the/ Rev. A. Stronach/ and of/ Eliza his wife/ Died at Amoy/ June 3rd 1847/ Aged 5 months/ 18 days/ "The Dead Should be □□".

2. To the memory of/ Eliza Marchret/ daughter of the/ Rev. Alex. Stronach/ and Eliza his wife/ Who departed this life/ in the □ shape of the gospel/ June 11th 1859/ Aged 17 years and 9 months/ In Her Life and In Her Death/ She Was Into God a □/ Soul of Christ.

3. In Memory/ of/ Caroline Adriance/ Assistant Missionary/ of the/ Reformed Dutch Church/ U. S. A/ Born at □ Iowa/ Oct 29th 1824/ Died at Amoy/ March 5th 1864/ "She Had Done What She Could".

时过境迁,近闻这些碑石已渺如黄鹤矣。

厦庇五洲客,门收万顷涛

2017年9月3—5日,金砖国家领导人第九次会晤在厦门举行。在金砖国家工商论坛开幕式上,习总书记发表讲话,他说:"厦门自古就是通商裕国的口岸,也是开放合作的门户,正可谓'厦庇五洲客,门纳万顷涛'。"之前每介绍厦门港,必举此联语以赞美之,然竟无人去详考其出处。

数年前我曾翻译近代美国来厦传教士毕腓力(Philip Wilson Pitcher)1912年在伦敦出版的 In and about Amoy 一书(《厦门纵横:一个中国首批开埠城市的史事》,厦门大学出版社,2009年),其原书的封面即绘有一座牌坊,其坊额题"厦门"两字,方形的坊柱上刻有两副冠头联,一曰"福地钦名胜,建邦仰阜康";一曰"厦庇五洲客,门收万顷涛"。毕腓力1885年来华,在厦门居住二十余年,人称中国通,他必定见过此坊,而且石坊所刻联语当年肯定得到过中外人士的一致认可,毕腓力才会选择它作为封面之插图。可惜时过境迁,此坊或已荡然无存矣。

9月5日,媒体专门就此事对我进行采访,经厦视新闻播出后,大家方知此联语出处。原书乃我友厦大潘维廉教授(Prof. Bill Brown)在美国拍得,珍如拱璧。

两首被删弃的摩崖诗刻

2001年我编纂《厦门摩崖石刻》一书,有两方摩崖诗刻被删弃勿用。一为鼓浪屿日光岩寺后"民国九年(1920)获登郑延平水操台口占一绝,即请仲训先生雅正,汪兆铭"之七绝诗一首:"劲节孤忠久寂寥,海山遗垒未全消。高台月皎霜寒夜,仿佛如闻白马潮。"一为虎溪岩寺左侧"民国甲戌(1934)秋七月,江亢虎留题"之七绝诗一首:"虎溪岩上多顽石,白鹿洞前唯夕阳。佛法儒宗长寂寂,天风海水两茫茫。"

汪兆铭(1883—1944),字季新,笔名精卫,广东三水人。早年投身民主革命,留学法国。陈嘉庚创办厦门大学时,曾聘其为筹备委员,并拟请其为首任厦大校长。于是1920年携眷到厦门,寓鼓浪屿黄奕住之观海别墅。翌年因孙中山先生在广州就任非常大总统,开始第二次护法运动,汪氏遂辞去聘任,至粤为孙中山先生助手。抗战期间,汪兆铭甘心事敌,陈嘉庚骂其为"天字第一号大汉奸"。江亢虎(1883—1954),江西弋阳人,中国近现代文化学者,著名的无政府主义者和政治人物。1934年曾由福建厦门至台湾访问,虎溪岩题诗当作于斯时。抗战期间依附汪伪政权,沦为汉奸。

语云:"士先器识而后文章。"此两人皆民族败类,某书中岂能容此两颗老鼠屎乎!

厦门江夏堂的建造时间

黄氏在厦大宗祠曰江夏堂,其建成之具体年代众说不一。壬午(2002)秋偶读民国八年(1919)9月15日(星期四)新加坡之《振南报》,其第5页有"厦门江夏堂黄氏大宗祠落成广告",全文如下:

启者:我宗同人自前年标买厦门户部大小衙门,建筑江夏黄氏大宗祠,以为尊祖敬宗、敦亲睦族之地,刻意经营,于今六载。兹幸土木已竣,告厥成功。择定本年旧历八月间庆成进主,凡我宗亲到堂捐充主位者,日见其多,惟南洋各埠离厦门较远,一时未遑派人招进主位。爰于星嘉坡一埠托承日兴号宗奕寅君处介绍,凡侨居是埠诸宗亲如有欲进主位者,务于七月内就近与之接洽,方好赴期进祀。本堂已付主位填表收据,该捐款亦可交其代转,自不致误。合应登诸报端,将主位捐数、吉课日期附列于后,俾我族众周知。计开:中龛主位捐银五千元;中左主位捐银二千元;中右主位捐银一千元;左龛主位捐银四百元;右龛主位捐银三百元。计抄:进主安位择八月十五日,庆成安祠择八月廿五日,开祠堂门择九月初二日。中华民国八年己未六月初三日,仲训、奕住、培松、秀娘、书传、亿念(按:应为念亿)同启。

由是可以确定，江夏堂标买购地在1913年，6年之后即1919年五六月间建筑竣工，同年八月十五日进主安位，八月廿五日庆成安祠。

戊戌（2018）仲秋，我友曾谋耀兄云：厦门钱炉灰埕2号江夏堂房屋总占地面积4亩5分9厘7毫，即3061平方米。于1950年向厦门市人民政府重新登记产权，代理人为厦门自来水公司黄省堂先生。档案记载该祠堂系民国三年（1914）由江夏堂代表黄抟扶向"厦门关监督公署"投标，以通用大洋5万元得标，承买前"厦门户部海关"大小衙门及所属照墙一带基址，为黄氏宗祠，持有"厦门关监督公署"发给的执照为凭，其坐落四至经查明，据前清地保蔡祯祥云，均无错误，其面积经实测与登记无误，权属合法。谋耀兄因工作单位所在，言必有据，亟泚笔记之。

另，厦门海关档案室藏民国期间文员林崧据其尊人林鸿所编《林鸿遗墨》整理而成的《厦门见闻》载："黄江夏堂宗祠落成：民国九年（1920）一月十三［日］。"不知何据，存此一说。

林翀鹤作厦门龙湫亭记

林翀鹤，字祐安，号一朴山人，泉州人，光绪三十年（1904）登进士第。辛亥鼎革后，民国五年（1916），任泉州中学校（今泉州五中）校长，民国十四年任泉州国学专修院（院址在今许厝埕）院长。林翀鹤先生工书法，尤长行书，弘一法师尝赞叹曰："斯人若居通都大邑，则书名大振矣。"先祖仰潜公藏有林翀鹤先生之墨宝行书一幅，足见两位先人早有交游。

林翀鹤先生曾为厦门景外景之龙湫亭作记云：

> 亭在虎山之麓，自大宋朱文公建塔虎山巅，号曰"旗山"，为同安县水口雄镇，因筑斯亭为驻足以避风雨，其间两涧合流，泉水清冽，故以龙湫名焉。后之人不忍泯灭，乃崇祀观音菩萨于是亭而保卫之。是亭也，南倚洪济山，北附朱公山（即文公山），前有金山捍门，后有玉笏（俗名割石）撑空，莲湖为池，涂桥作几（桥蜿蜒十步，下有龙窟清泉，四时不竭），为鹭江八景之一，真奇观也。历代重修虎山塔者，如大明万历甲戌孙柳塘、永历丙申刘四瞻，继而清嘉庆己酉林毅峰，道光乙巳厦防分府霍明嵩、布政

理问陈联恭诸先生亦皆于斯亭而憩止焉。嘉庆戊辰春，住僧少江募缘重修是亭，规模拓大。迨道光戊申，同安县公张萃田先生莅嘉禾和械斗，而于亭之后扩地建文昌祠，聘泉州赐进士某先作山长，招集本镇诸生讲学其间，颜曰"安睦书院"，欲使禾山庶民安分和睦也。然风雨飘摇，易于剥蚀。同治甲戌，经湖边乡林德万，华侨林文德、林德文、林天财等募修一过。至光绪壬寅秋，本岛巨绅叶大年、陈纲、陈宗超等邀南洋诸商捐资重修庙宇，丹楹刻桷，以壮观瞻，而亭则犹是名，盖亦甘棠召伯之遗爱也，是为记。

龙湫亭原在何厝村后之虎仔山，今移建厦门岛上之金湖社区。我在整理《民国〈厦门市志〉余稿》时，获读林翀鹤先生这篇龙湫亭记，真可为昔日厦门这处"小八景"之一的景点增添史料。

天马山曾作重阳登高处

2005年岁末，收藏家林君来馆闲坐，出示所藏折扇两幅共览。扇面皆行楷书诗，略有欧阳率更令之风，诗亦有工部遗韵，颇可把玩。其一题七律一首云："天风浩荡海汪洋，策马高峰叩夕阳。安得百年蜕生死，顿教大地泯炎凉。眼前城郭惊残破，梦里家山指渺茫。岁月催人秋易老，客心犹滞水云乡。"题款云："右录戊午九月九日登同安天马山之作，为达阶先生属书，即希两政，锡山病骥老人。"下钤一印："浩劫余生。"

另一题诗各一首，五律云："万方多难日，佳节共登临。险峻疑无路，崎岖到上岑。海云千顷梦，客思九秋心。绝顶发长啸，天风拂素襟。"左题"右题天马山石壁"一行。五绝云："有客中宵起，掀帘呼月行。愿从最高处，照彻万方明。"题款云："右秋夜偶成，达阶先生两政，梁溪求进化室主人。"下钤一印："□□病骥。"戊午即1918年。

时闽南军阀混战，北洋政府派童保暄率浙军第一师由宁波进驻厦门，第二旅李全义部驻同安。浙军将领在厦门多处景点都有题刻，如南普陀寺有童保暄的"石荷"两字，日光岩有蒋拯的"汪波千顷"、鲁霞亭的《减字木兰花》和朱以德的"重怀旧垒"，白鹿洞有朱以德的"鹿洞书声"等。初疑病骥或亦当时浙军之军旅文人。某日,老友洪峻峰兄来寒斋夜谈,曰:"病骥即侯鸿鉴(1872—1961),字保三,号病骥,又号'病骥老人',无锡人,邑廪生,日本弘文学院师范科毕业,南社社员。1918年秋任厦门集美师范中学校长。冬随陈敬贤往台湾参观学校,后又南游菲律宾、新加坡等地考察教育。1922年任泉州明新师范校长,著有《病骥文存·诗存》《沧一堂文钞》和多种游记及教育、科学著述。"我友陈满意君编著《集美学村的先生们》一书,独缺侯病骥其人,盖沧海未免遗珠也。

欧阳秋澄《赋秋草堂图》(一)

岁壬申(1932),欧阳秋澄乞霁林郑煦先生为作山水横幅《赋秋草堂图》,欧阳小邨为题引首,并遍求厦门骚坛诸名宿为之题咏。此书画卷子原系鼓浪屿世家所藏,去秋归我友台胞洪明章君。好事者发现作者有一二台籍人士,遂急急以闽台文化交流之名物广为宣扬。我得闲细览之下,知为郑霁林先生用欧阳修《秋声赋》之意境所作画,卷后题咏者二十一人,皆菽庄诗社吟侣。戊子年(2008)元宵,录此以存我厦门近世诗坛之一段鸿爪。

黄鸿翔幼桓五古云:

赞皇筑平泉,云欲追先志。虽有佳泉石,官程莫能至。但留此林居,垂诫勿遗弃。物主本无常,万世妄希冀。未抵陵谷迁,已招鬼神忌。一朝遭贬谪,虽免没官寺。六一信达人,集古资强识。久暂必同归,聚散无异致。及身足所好,何必子孙诒。区区颍水庐(欧诗:颍水多年已结庐),退休聊托庇。援笔赋秋声,解忧怯俗累。如记醉翁亭,佳酿不在意。讵想千百年,堂构承后嗣。平泉委烟芜,秋声见图记。二公倘有灵,地下互惊异。各者莫能留,弃者终弗坠。冥冥有主之,要非关人事。欧君守敝庐,宁与刻舟类。四壁足卧游,四休堪饱睡。倏然市尘外,不竞锥刀利。得失等鸿毛,金商未由刺。心远地自偏(陶诗),古人如可企。

施乾健庵七绝四首云:

占得粉画好溪山,老屋门前水一湾。秋色平分到窗户,葭苍露白夕阳殷。

萧瑟秋风叶满庭,栖鸦流水暗前汀。君家旧有如椽笔,写出商声纸上听。

驱遣霜毫妙入神,琴边棋畔著秋人。广文三绝丹青手,留取庐山面目真(白香山有庐山草堂)。

秋灯古壁淡溪烟,中有骚人夜不眠。坐冷青毡宵课读,怕嘲边笥腹便便。

苏菱槎镜潭七绝五首云:

江山憔悴减秋光,一赋流传最擅场。七百年来容易过,遥遥前后两欧阳。

凉雨疏烟绾柳丝,辋川图画玉山诗。无端枨触萧疏意,梦落蒹葭水一湄。

驱遣烟霞入素纨,丹枫白藕满江干。园林一角青灯影,中有秋人正倚阑。

江湖满地杜陵兴,澧浦极天宋玉悲。如此骚怀秋不管,古今一例断肠时。

三弓小拓傍溪沿,隐几看山索醉眠。料理黄花门暂掩,最难消受晚凉天。

南岳(沈)傲樵七绝一首云:

大千世界秋何意,六一先生赋不平。人在草堂容易画,最难画处树间声。

龚樵生七绝一首云:

营丘十笏护秋篁,容得骚人作隐乡。一幅诗中好图画,风流不让辋川王。

吴尚秀人七绝一首云：

千年尚有秋风屋，不信庐陵胜杜陵。作画倘知庇寒士，邻家来共读书灯。

(胡巽)军弋七绝一首云：

岚影溪光一望奇，赋秋堂外玉敲枝。倘教欧子披图看，恍惚当年夜读时。

陈桂琛丹初七古一首云：

山川寂寥壮士悲，草木零落秋声凄。北溪之北草堂西，中有秋人赋秋分。初观恍似庐陵欧阳子，伤时一篇秋声赋。再观乃其苗裔秋澄甫，别有秋心托毫素。秋讯消沉八百年，后起有人继先贤。纵然秋色归平淡，一图一赋相后先。秋声动地去复来，萧萧戚戚风雨哀。可怜百卉无劲节，昔日繁华今蒿莱。达人作达应解此，不以荣枯为生死。毋劳女形摇女精，示我真诠广成子。心无芥蒂如秋空，秋人颜色秋月霁。秋山自佳秋水媚，秋树如沐秋花丽。独怪秋澄本无须，图中突见数茎髭。颊上添毫或有意，画家师法虎头痴。望衡对宇十五载，一居溪头一溪尾。秋风容易年复年，我亦养须撚以指。两家元白结芳邻，三径羊求过从频。一笑题诗草堂里，头衔偷署北溪陈。

梁溪沈紫若足庵满庭芳一阕云：

秋嶂还青，秋林乍紫，草堂高下三楹。半篙秋水，门外十分清。道是醉翁苗裔，倩弱斋子姓图成。休认做卧龙茅屋，莫当子云亭。　　风流承远祖，不吟青帝，不咏朱明。待吮毫蘸墨，重赋秋声。堂上寒灯净几，又堂前皓月疏星。真助兴，满庭干叶，一片乱蛩鸣。

欧阳秋澄《赋秋草堂图》(二)

龚显禧颂眉七绝四首云：

结庐小隐鹭门东，大好园亭万绿丛。一角残山斜照里，依稀人在画图中。

槁木嗤人万事牵，如君清福自悠然。瓣香好续庐陵笔，华胄遥遥七百年。

无限秋光付尺纨，渔歌消息动江干。平山风月杜陵柳，点缀尽堪作是观。

白杨衰草情无奈，老破寒毡强自支。虚影萧疏宵课读（余馆于君家已数年），青灯有味恍儿时。

龚显祚（昌庭）七绝二首云：

庐陵一赋旧知名，奕世孙犹借此鸣。桐叶已黄枫叶赤，青山到处作秋声。

广文妙手写来真，矮屋低墙自可人。堂外疏林门外水，老天造此畀吟身。

惠安贺仲禹七律一首云：

草堂秋思近如何？风雨名山乐事多。书画生涯闲岁月，琴樽位置伴烟萝。

三弓隙地群花集，十里寥天一鹤过。入座忘言人意淡，吾庐亦爱悔蹉跎。

杨绍丞七绝一首云：

草堂树影望萧疏,中有高人夜读书。难得郑虔三绝笔,尽收秋色颍州居。

马亦箋七绝二首云:

无恙秋风七百年,书声又入菊花天。草堂兰桂青灯里,不课文章课计然。
人境随缘好结庐,栖凰老树傍幽居。鹭门秋色源头水,市隐何心问毁誉。

林鸿(霁秋)五古一首云:

高山孕寒光,怪石支古木。溪水更澄莹,浣花如在目。倏然尘世外,别有高人屋。凭几写瑶笺,秋怀满空谷。茆茨幸无恙,神州正沉陆。凤凰虽有枝,鸱鸮竞安宿。描出悲秋心,凄恻寄短幅。

赤嵌卢心启五绝四首云:

悲秋反宋玉,永叔擅文章。俯仰成今古,千年尚有堂。
草树画图里,分明六一居。孙谋欣燕翼,题额当楣书。
半亩北溪地,逍遥解百忧。天南新野色,颍上旧风流。
万物感飘零,游虚足屏情。此中有真意,秋实胜春荣。

王人骥选闲七绝二首云:

市声充耳恍秋声,货殖人怀作赋情。堂构数椽留手泽,聊将集古代争荣。
北溪拓地供琴书,窃比当年颍水庐。抛却百忧兼万事,也同解组赋闲居。

蔡谷仁七绝四首云:

画荻犹留笔一枝,篝灯课读忆儿时。广陵而后谁能继?风树依然动孝思。

白露苍葭水一方,小溪傍筑读书堂。骚怀记取秋声赋,题额流传翰墨香。

漫说经霜草不枯,张莼陶菊正芳腴。人生晚节须珍重,好把秋光入画图。

蛩吟雁叫触秋怀,听到书声是最佳。难得延师借蝶隐,栽培兰玉满幽斋。

苏荪浦七绝四首云:

赋才凌轹一千年,底事秋来便怆然。垂老颍川方卜宅,买山还让子孙贤。

署作寓公过廿载,爪痕印遍小桃源。披图触我前游感,落叶声中忆叩门。

壁翠崖丹楼外山,分明不是在人寰。横流无地充奉宿,可许移家住此间?

商声动地北来频,嘉祐仍为盛世人(秋声赋作于嘉祐四年)。我欲监门寻大隐,乞他泚笔绘流民。

施随七绝四首云:

荻花枫叶满庭秋,门外青溪不断流。中散园林几俪展,来时便作小勾留。

图中一老一书童,天际秋高万籁空。羡杀广文神妙笔,丹青写出旧家风。

堂内主人日起居,莳花种竹与观鱼。听来别有开心处,婢咏毛诗儿读书。

飒飒长廊落叶声,月光如水上帘旌。分明照出陈蕃榻,有个骚人梦不成(时龚绍庭孝廉馆于此堂,故调之)。

李禧绣伊五古一首云:

络纬声如雨,秋风万叶凉。先生读深夜,佳节近重阳。获教灰曾画,名山轴自藏。肯堂绳祖武,况更表泷冈(秋澄令堂太夫人旌孝节)。屏绣十洲画,铛烹陆羽经。佛胸雕卍字,鸟目瞰廉丁。隔院梅华白,比邻杨柳青(堂邻叶小谷梅林,与杨健侯家尤近)。翼然北溪上,更似醉翁亭。

黄奕住先生墓志铭

丙戌(2006)仲秋,我友周菡女士赠其外祖黄奕住先生之墓志铭拓片,为录如下:

南安奕住黄先生墓志铭

自海通以来,豪俊魁垒之伦,于世无所伸则高举/远引,附海舶、泝重洋,据其伟抱□略,因而起家,富/埒人国者,比比矣。然恒拥厚资、辟田园、立家室、长/养子孙,终身于异域,忘首禾之义,不踵旋而泯焉/以殁,君子不之取也。以余所闻而知,见而信者,若/黄君奕住则翘然异矣。

君以名行,无字,南安楼霞/乡人。世业农,有隐德,传至则华公,生子三,君序居/长,少歧嶷,从塾学即斩然露头角。壮有大志,以家/贫辍学,辄郁郁叹。一日,请于则华公曰:"方今时代,/外侨鼓轮数万里来商吾国者,趾相错。□而埋首/蓬颗,无桑弧之志,岂丈夫哉?吾其图南矣乎。"则华/公题之。君即买轮渡新嘉坡,而绵兰,而苏门答腊,/就时于爪哇之三宝垄。初事负贩,自力以食。久之,/习其语言,谙其民情土俗。察其地宜蔗,乃专营糖/业。历三十年,虽间有折阅,而旋蹶旋兴。盖信义凤/孚,为裔氓引重,故终能志遂而业成也。时有为君/策者,曰:"中原多故,不如此间乐?君雄于赀,何地非/吾土?为终焉计,不亦善乎?"君谢之曰:"吾为中华民/国之国民,安能忍辱受人苛禁,托人宇下,隶人国/籍者乎?且我国地大物博,建设易为功,畇畇禹甸,/宁非乐土?天下事在人为耳。"遂括所积□,归装抵/厦门,曰:"此地与港粤毗连,沪淞亦带水之限,闽南/商业之枢也!"爰创立日兴银号,以与南洋群岛通/呼吸。念则华公已逝,葬于南安狮头。阿母年高,故/乡多匪患,乃迎萧太夫人于鼓浪屿居焉。观海别/墅饶水石之胜,春秋佳日,君必躬奉板舆,叙天伦/乐事。闻垠里刺华侨多泉人金融之权操纵于外/国银行,损失甚钜。君至,倡设中兴银行,以挽回利权。上海为五口通商之一，外商齐聚，皆行驶其国币。君与商界名流组织中南银行，自输股金数百万。复别存数百万为护本金，向财政部立案。政府谂君才，知可倚重。遂予发行钞币，视中国、交通二行奖君归国自效，为华侨劝也。无何，丁萧太夫人忧，以道梗不得归葬，即安厝于鼓浪屿东山顶家园。每思养不逮亲，辄潸然涕下。盖君之至性过人也。

嗟乎！以君之才，使得行其志，凡有裨于国计民生者，次第举行，其事业又恶可量？顾频年内难间作，逮南北统一，而芦[卢]沟之事复起。当金厦未陷时，君见几避往沪上，蛰居寓庐，谢接见。每闻时事则悒悒不乐，谓天不相中国，降此鞠凶。呼钦书兄弟告之，曰："吾爱国爱乡之心，不后于人。一入国门，即思竭涓埃之报，乃卒卒未酬所志。今老矣，不能为役矣。"弥留之际，尚朗诵孔子"言忠信，行笃敬，蛮貊之邦可行"数语而逝。遐迩闻耗，哀悼同深。钦书兄弟扶柩南下，葬有期。先日伻来，以余知君审，请为窀穸之文。余客菽庄十余年，名园密迩，两家均艺菊，花时恒相过从，谭乡谊、叙平生。君每以少时失学为憾，故创办斗南学校于楼霞乡，慈勤女子中学于鼓浪屿。而新嘉坡爱同学校、华侨中学、厦门大同中学、英华中学、北京大学、广东岭南大学、上海复旦大学，均倡捐巨资不吝。君好义天成，四方之以慈善事业踵门劝募者，靡弗乐为之应，琐琐不胜枚举也。君谦抑为怀，叠受政府二等大绶宝光嘉禾章、一等大绶嘉禾章，而院部之以顾问、委员征聘者，皆逊谢之。惟有关于地方家国者：若创办厦门之自来水以重卫生，协助厦门市区之开以便交通，收回鼓浪屿日人电话权以尊国体，独修泉州开元寺东塔以存古迹，倡建厦门江夏堂大宗以联族谊，无不竭力为之。使天假以年，在筹议中之漳厦铁路以及矿务航业，皆可以次第推行矣。顾不惜哉！顾不惜哉！

君卒于民国三十四年六月五日午时，农历四月二十五日，距生于清同治七年戊辰十月廿四日戌时，享寿七十有八。配王夫人，在南洋娶者蔡夫人，簉室杨氏、苏氏、朱氏、吴氏。生男子子十二人：钦书、鹏飞、浴沂、友情、鼎铭、天恩、德隆、德心、德坤、世哲、世禧、世华。女子子八人：宝章、玉琼、玉杏、宝萱、金华、宝蓉、宝萃、宝芸。钦书、鹏飞、浴沂、友情、天恩、宝华，王夫人出；宝章、玉杏，蔡夫人出；鼎铭、玉琼，杨氏出；德隆、德心、德坤、金华，苏氏出；世禧、宝蓉、宝芸，朱氏出；世哲、世华、宝萃，吴氏出。鹏飞、鼎铭先卒。男孙三十六人、女孙十四人；曾孙六人、曾女孙三人。诹于十一月一日未时葬于鼓/浪屿九层塔之麓,穴坐巽揖乾。铭曰:史迁愤世传货殖,千百年眼光烁烁。富国之道乃/在商,爰进卜式黜弘羊。外资吸取在互市,刺桐港/自吾乡始。君真健者今人豪,但凭七尺涉波涛。金/豆撷拾充囊橐,乘风长谣归国乐。槃槃才大资设/施,斯人胡忍天夺之。一坏高峙延平垒,其下环以/金带水。嗟君世迹忽奄收,我昭其实备轩辀。载笔/龙门修信史,后有作者尚视此。

晋江苏大山拜撰;晋江曾遒拜书;福州陈培锟篆盖。泉州石室居□□□。

黄仲训母郑太夫人墓志铭

丙戌(2006)冬,我友白桦君旅游越南归,赠以黄仲训母郑太夫人墓志铭拓片,为录如下:

清一品夫人黄母郑太夫人墓志铭
宗侍生黄培松篆盖

太夫人姓郑氏,父讳清汉,为鹭江名医。/年十七,归同里文藻社黄秀荣封翁。家/故贫,少游越南。归娶,不期月,即复去。太/夫人持家十余年,朝夕劬事,措置井井。/年三十二,封翁絜之南。于时,封翁居越/浸久,名重越中,大为西人推服,乐与共/事。封翁则观时变、计赢朒,蹲财役物,逐/什一于外;太夫人为之时起居,筦针膝/樽节于内。历十六年之久,累赀数十万,/今且至数百万而未有已焉。盖越中有/地,曰"厚芳兰"者,纵横十余万尺,久荒不/治,莫之顾也。封翁往来相度,知为后日/商贾扼要之区,意欲得之。太夫人亦以/为治生之道既饶争时,人弃我取,大利/必归,亟劝成之。于是薙蓬刈藿,乃疆乃/理,久之,而气象一变,车阗马骤,铁轨四/通,顿为绝大商场,地价比之于昔,或相/倍蓰,或相什百。经营未能十之一二,岁/率所息不下十余万。为之于二十年之/前,收效于二十年之后。拓此百世不敝/之业,何其识之远也。封翁中年后,慕晋/邑谣俗,自鹭江迁于城之文山境,光绪/辛丑殁于越。太夫人扶榇南旋,扃户课/子妇,动作有法,内外肃穆,自奉不逾中/人,终岁无豪奢之举,过其门者，不知其富甲南中也。爱子有方，能见其大。以根本在越，难于付托，任其中男仲赞往治之。归有期，则使其长男仲训代之。彼往此来，不稍宽假。盖知前人创业之艰难，惧后人守成之不易，不欲其坐而待收。饮食衣服，恣所美好也。古人有言，曰："本富为上，末富为下。"又曰："善者因之，其次利道之。"若太夫人之动与时会，自然而然，殆所谓因者欤？得地之利，用之不竭，殆所谓本富者欤？而持之有道，济之以人，守而勿失，其福量之宏远，乌能测其所至也哉！

民国四年乙卯四月二十日，殁于鹭江之鼓浪屿。距生咸丰五年乙卯十月初二日，春秋六十有一。以封翁前得一品封典，诰封一品夫人。子四：伯图出嗣其伯父文炳，娶陈氏，生子二，曰庆初、曰庆祥；仲训奖四等嘉禾勋章、前邑庠生、候选训导，娶庄氏，继娶王；仲赞奖五等嘉禾勋章、前花翎道衔，娶傅氏；仲评娶王氏。女二，长适王；次未字。孙十二人，自仲训出者：庆楠、庆榕、庆桐、庆楣；自仲赞出者：庆杉、庆枞、庆枫、庆林、庆椒、庆枚、庆杭；自仲评出者：庆榆。女孙十一人。太夫人殁之明年十月，子仲训等自鹭江扶丧归泉，将以六年丁巳正月八日葬于西关外南安石坑之麓，与封翁之兆相去二百武。穴坐申向寅，兼坤艮。仲训与增凤好，居庐相接，属以铭，不敢辞。

铭之曰：吾乡濒海，航路四通。侨海外者，多以财雄。畴破天荒，别具卓识。聿来胥宇，拓地万尺。万尺之地，寸土寸金。勖哉夫子，黾勉同心。治产居陶，有古先哲。爰始爰谋，若合符节。契龟筑室，有人有天。其量百世，永锡后贤。

世愚侄吴增撰文，宗侍生黄抟扶书丹。泉城石室居吴钊刊。

北门外街钟楼的建造时间

厦门北门外街钟楼的建造时间，言人人殊。市图书馆藏有一份"中华民国卅七年（1948）四月七日时发"的"厦门市警察局（代电）"。原文如下：

厦门市文献委员会公鉴：卅七年三月十七日笺函敬悉，查本市户口系属厦门市政府第八科经办，本局无案可稽，无从编造数目，可径函该科查复。又警察钟楼建筑情形,系于民国十六年(1927),杨前公安局长遂鉴于守望火警与报时乃警察必尽责任,故择地于米出岩之巅(即现之公园西路),以铁骨士敏土层叠六级,而顶层可远眺全厦,前警察消防队即驻该楼。至于建筑费用,由杨前局长商承前厦门市商会会长洪晓春先生出为鸠资,并由前海军漳厦警备司令部所属路政办事处会办周醒南先生及工程师廖希谷先生设计建筑焉。诸函前由,相应电复,查照为荷。厦门市警察局。

可见该钟楼建于 1927 年。

谈曾国办与思明戏院

厦门曾厝垵有《国办路》石碑,碑记云:

> 路筑于民国十六年元月,越四阅月告成。起镇/北关,迄曾厝垵。全线计长五里许。跨大小桥梁/七座,耗费叁千捌百余元,除由本处拨支四百/二十元外,概由曾国办先生独力捐助。先/生志在济世,本无沽名钓誉之心,惟阐扬善举/责在有司,讵能任其湮没无闻?爰颜之曰"国办/路",庶行路者顾名思义,永垂不朽欤!/中华民国十八年十一月一日,/禾山海军办事处勒石。

曾国办先生,曾厝垵人,厦门近现代颇有名气之华侨也。惜民国《厦门市志》《厦门华侨志》缺其专传,故时过境迁,即便曾国办与人共同创办思明戏院之事,亦未免言人人殊。

己亥(2019)孟春雨后,萧斋无事,与薛世杰(紫日)、曾谋耀、陈亚元聚谈。三君皆潜心地方史有年,薛君尤以所收藏厦门老照片数量之多、质量之精鸣于世,曾、陈二君则以大量掌握契约文献为胜。于是话题遂转至曾国办先生其人。曾君云:曾国办先生少年时代移民马来亚的马六甲,在亚沙汉陈齐贤先生(马来亚第一个树胶种植家)的橡胶园任书记,后来自己出来谋求发展。先是开设米行,1918 年在柔佛州明吉茂垦殖橡胶园千亩。1926 年回厦门投资,与印尼华侨曾国聪共组龙飞公司,投资 15 万银圆,向协隆号购地,并兴建思明戏院。其后,曾国办又创办"全禾汽车有限公司"。民国时期曾厝垵的海军航空处飞机场的用地,也是他捐献的。抗战全面爆发前夕,曾先生举家再度南迁马六甲。曾国办曾担任过马六甲州中华总商会的董事长,"培风华文中学"的创办人。曾国办于 1941 年病逝于马六甲。

陈君云,关于曾国办参与建造思明戏院之事甚蹊跷,1991 年之《厦门华侨志》、2016 年之《闽商发展史·厦门卷》均谓"曾厝垵的曾国新、曾国聪于民国十六年(1927)斥资 20 万兴建厦门思明戏院",而 2004 年之《厦门市志》卷四十"文化"、2007 年之《厦门电影百年》等则谓思明戏院,是华侨曾国办、曾国聪两兄弟投资 15 万银圆兴建的。区区一事,二十年间竟有两种不同说法,令人不知所从。薛君袖出数帧有关思明戏院的旧影,一一以《厦门市志》所载文字解之,他认为曾国新、曾国聪之说既无论证,也无出处,只好以这部方志为依据。随后曾君出示所藏的一份民国三十六年(1947)六月的诉讼案原档(复印件),乃曾国办之子控告在"厦门沦陷期间,原告均居南洋,被告曾国聪竟私擅处分",要求地方法院判决"思明戏院及附属房产"为"全体共有人管业"。内称"原告故父曾国办在日,曾与被告曾国聪合资组织龙飞公司,购买厦地瓮菜河地区编昃字第乙号至第八号土地建筑思明戏院及附属房屋"云云。曾国办、曾国聪共建思明戏院之事既有文献实物佐证,又与曾厝垵父老相传旧事吻合,答案至此已明。吁!此虽坊间小事,但也必须实事求是。

厦门客家商人巫德隆

2007 年 9 月 26 日《厦门日报》记者海鹰所写的《客家石氏家族参与开发厦门》一文载:

> 从 19 世纪 80 年代起,就有不少客家人在厦门经商。巫德隆、巫如珊父子设在大同路的泰漆行……都是客家人在厦门较有影响的商号。

陈娟英、张仲淳两同事所编《厦门典藏契约文书》所辑有关巫德隆的材料不少,皆为厦门市博物馆馆藏。计有:1914—1947 年在家乡购屋买田的契约共 34 份,共用银圆 2845 元。此外,尚有 1918—1925 年一些人向巫德隆典押田产、住房的契约 10 份,金额近银圆 500 元。这批契约从集中的年份来看主要是 20 世纪一二十年代,估计他在厦门经商也应是这个时候。但不知巫德隆是在厦门经商发迹后才回乡置业,还是两者同时进行?总之,客家民间的经济活动,以及他们从山区到"开埠"后的厦门之经商过程,都值得深入探讨。

契约中提到巫德隆家乡的"北昌楼""北山下"等地名,今从网络上可知,乃在本省龙岩市永定区之古竹乡大德村。

鹭潮美术学校最早的校址

丁酉(2017)初夏淫雨连旬,读杨夏林师山水佳作,有题曰《春潮》之作,上题跋云:

> 壬戌年(1982)六月既望,忆写鹭潮美术学校第一个校园,时于北京颐和园藻鉴堂。夏林。

杨夏林师毕业于国立艺专,厦门解放后,于 1950 年 5 月经市教育局批准,成立"厦门美术研究班",教职员 6 人,先借用深田路某侨房,后迁至鼓浪屿田尾办学。其时成立美术学校筹委会和董事会,1952 年始获批试办"厦门私立鹭潮美术学校",校址在鼓浪屿八卦楼。杨老师将田尾海边那幢洋楼(田尾路 38 号)当作"鹭潮美术学校第一个校园",实为"厦门美术研究班"之所在地也。

厦门市博物馆馆藏书画杂忆

我幼嗜丹青书法,及长,读书之余游艺于书画名家罗稚华、张晓寒两夫子门下,其后在复旦大学又接受书画鉴赏方面的专业训练,所以厦门市博物馆馆藏书画早期均由我负责鉴定、分类登记。1983 年 6 月,国家文物局成立中国古代书画鉴定组,对全国范围内的馆藏古代书画进行全面的考查鉴定,并编印目录、图录。1988年11月7日,我携带44幅馆藏古代书画到福建省博物馆,如期呈请业师谢稚柳、刘九庵两先生为主的鉴定组鉴定。结果有:明陆治《山斋客话图卷》、明尤求《饮中八仙图卷》这两件属珍品,被登载于《中国古代书画图目》第14册(第214页);明设色《仿仇英款雁荡山图卷》、清何焯《行书五律诗轴》、清上官周设色《山水轴》、清黎简设色《驴背观泉图轴》、清伊秉绶《隶书临李翕黾池碑》和清秦祖永设色《山径长亭图轴》这6件真品登载于《中国古代书画目录》第9册(第45页)。其他被谢、刘二师口头鉴定为真迹,但不见于图录、目录者,有明张瑞图,清张照、翁方纲、何义门、王仁堪等人的书法藏品,以及清梁元翀、费丹旭、姜壎、潘鼎、陈远等人的画作。其鉴定结果,我当场都有记录。2012年5月以后,我在央视4套《国宝档案》栏目中,就是根据馆藏的文物,先后讲述"画家上官周"和"吴门画家陆治"等节目。

陪叶更新先生寻访鼓浪屿

近人数十年来一直在整理鼓浪屿史迹者,据我所知有张镇世、叶更新、曾世钦、杨纪波、洪卜仁和杜申裕(笔名余丰)等本岛人士,这些先生们今已作古多年矣。1989年5月,我曾陪叶更新先生游鼓岛田尾等洋楼建筑,听他一路解说,随手记录。今撷其重要者记如下:

1.中华路5号。荷兰安达银行旧址,之前为"正道院",是一种秘密组织(按:共济会),从前太古、工部局和大北电报局的头头都是成员。华人也有,昔日育元印字馆的胡聪泉(原闽南职业中学职员)也参加过。

2.中华路1号。鼓浪屿最早的洋楼,米黄色连"地陷脚"三层,是林鹤寿的住宅。林曾经捐助郁医生一千元大洋。奇怪的是林鹤寿已有房子住,还要去建八卦楼?

3.观海园入门左侧洋楼,乃育婴堂(按:怜儿堂)旧址,后林振勋住此。

4.观海园入门右侧洋楼(时编田尾路9号,已拆),黄仲训的房子,租给外国人使用。

5.田尾路28号。旧毓德小学旧址。抗战胜利后,王爱华募捐2万美金建(按:《2010年鼓浪屿风貌建筑认定资料汇编》B3-17将其定为"田尾女学堂"辅楼,建于1880年。显然值得商榷)。

6. 田尾路 14 号。毓德女学堂旧址。最早是 1880 年前后所建的"花旗女学",现今该建筑应该没那么早。

7. 旗仔尾山(按:英雄山)原有德国领事公馆,后废置。1920 年,叶永河办新华中学,再后来为许春草的婢女救拔团所在地。

8. 杜嘉德纪念堂。原在鸡母嘴口,生白蚁。林振勋以 2 万多白银买来建"林屋"。

9. 苏穆如先生宅,原系德国领事馆(按:今已拆),后创办过武荣中学。苏先生寓所是以后的事。

10. 漳州路 28 号(在音乐学校对面,黄聚德堂花园住宅内),近代鼓浪屿最早的洋楼之一(按:《2010 年鼓浪屿风貌建筑认定资料汇编》A4-13,为"建于解放前"。无乃过于简单?),原系英国医生寓所。

博饼说中秋

厦门中秋博饼民俗作为一种非物质文化遗产,现已成当地最热闹的节庆活动。然这种特殊的区域文化之由来,说者莫衷一是。

"仲(中)秋"或"仲秋之月"一词始载于春秋之《礼记·月令》。见月思人,古已有之,但未必皆在中秋。每年八月十五的赏月活动最早却见于中唐。泉州历史上第一位进士欧阳詹(757—802)在其《玩月诗序》云:"八月之于秋,季始孟终;十五于夜,又月之中。稽于天道则寒暑均,取于月数则蟾兔圆。"(《欧阳行周文集》卷九,上海古籍出版社,1993 年)日本僧人圆仁在其《入唐求法巡礼行记》这部日记还记载,晚唐时期八月十五日不仅被定为民间节日,连"饼食"都作为节庆礼品。该书的唐文宗开成四年(839)条有如下一段话:"(八月)十五日,寺家设馎饨、饼食等,作八月十五日之节。"两宋时期,每年的八月十五日已自发成为一项民间喜庆的节日。靖康二年(1127)孟元老《东京梦华录》、端平二年(1235)耐得翁《都城纪胜》、咸淳十年(1274)吴自牧《梦粱录》以及南宋时期问世的《西湖老人繁胜录》等笔记,都记述了当时八月十五日民间彻夜狂欢、"城开不夜"的热闹场面。"月饼"作为节令食品第一次出现在《梦粱录》这部书上。南宋嘉泰三年(1203)谢深甫监修的《庆元条法事类》,是首次把每年八月十五日定为中秋节的史料,该法令汇编的"假宁格"一章有中秋放假一日的记载(《中国民俗辞典》认为始于北宋太宗年间,其史料根据似有不足)。虽然以后的元、明、清三代均取消中秋节的休假,但中秋作为民间的节日,已经深入人心。明代民间的中秋节除了赏月、拜月、听香等活动外,还兴起互相赠饼的习俗。明清两朝基本上沿袭这些节庆活动。如田汝成的《西湖游览志余》卷二十之"熙朝乐事"说"八月十五日谓之中秋,民间以月饼相赠,取团圆之义";万历年间沈榜的《宛署杂记·民风》说"八月馈月饼。注云:士庶之家俱以是月造面饼相遗,大小不等,呼为月饼";清富察敦崇的《燕京岁时记·中秋》说"每届中秋,府第朱门皆以月饼果品相馈赠"等。此外,各地八月十五日除了赏月、品尝月饼这些通常的节庆外,还根据各自的地方特色或民俗风尚过节,如杭州一带为"观潮",苗家为"赶秋"等。总之,每年的八月十五日自南宋成为中秋节以后,已经成为我国人民的盛大节日之一。

中秋说博饼

　　唐宋以后,中秋节品尝饼食便开始成为一种习俗,每逢中秋,月饼便成了家家户户拜月祭月、馈赠亲友必不可少的节庆佳品。明末清初,台湾府(今台南)出现中秋节士子们以骰子博饼做游戏的记载。这种游戏可以说,即现今"厦门中秋博饼"习俗的滥觞。清康熙二十二年至二十八年(1683—1689)任台湾府知府的蒋毓英所编纂的《台湾府志》卷之六"岁时"说:"中秋……是夜,士子递为燕饮赏月,制大面饼一块,中以红砵涂一'元'字,用骰子掷以夺之,有秋闱夺元之想。"当时距离郑成功收复台湾已有数十年的历史。两岸民风大致相同,厦门历来"俗重簪缨"(清道光《厦门志》),因而台湾士子以中秋博饼来占爻科举功名的现象,当起源于厦门或闽南地区。明代,江南民间有以骰子博"状元筹"的博弈游戏(郭双林、肖梅花《中国赌博史》)。但用骰子博饼,却是第一次见之于文字记载。

　　台湾的中秋博饼因其独特而且成风,所以乾隆十二年(1747),巡视台湾兼提督学政的监察御史高拱乾的《重修台湾府志》卷十三"风俗",乃至连横1920年编纂、1945年出版的《台湾通史》卷二十三"风俗志"也有内容基本相同的记载。只不过乾隆年间,士子们博的必须是"四红"才算夺元,而且大面饼已变成中秋饼。但所博饼的还是一个用红砵涂写"元"字的饼。

乃至近代，闽南各地的地方志所载中秋的节庆多是"演戏""祀神""夜荐月饼""听香"等俗尚，并无类似台湾中秋博饼的明确记载，然而我们还是可以从前人的诗词等作品中，发现中秋博饼这个习俗在当地民间仍然保存着。如清代诗人钱琦的《竹枝词》有句云"研朱滴露书元字，奇取呼卢一掷中"；光绪十六年（1890）厦门诗人王步蟾的诗集中也有"月饼团圆新买得，拈骰夺取状元筹"之句。

现今盛行的"厦门中秋博饼"，则是20世纪20—30年代厦门商家发明的。这个时期，正值厦门基本完成现代城市建设，港口经济发达，商业相对繁荣的时候。百业中，较出名的糕饼业就有庆兰斋馅饼、轿巷钟馗爷月饼等数十家（仅抗战胜利后出版的《厦门大观》即载有86家）。由于竞争激烈，商家就采用"状元筹"这种博弈游戏的那一套玩法，用六粒骰子每轮一次，掷出状元、对堂、三红、四进、二举、一秀六个等次中的一个，分别可得一个相应大小的月饼。由是，月饼就以成套促销出去。厦门诗人黄雁汀写于1937年的《赌月饼》云："六子齐投任变翻，街头巷尾笑言喧。科名久已遭人唾，犹集群儿抢状元。"诗中所描述的"赌月饼"即今之"中秋博饼"。当时商业活动集中在厦门老市区，泉州的安海镇和漳州的石码镇（今龙海市）又是厦门港的卫星港，经商往来不断，因而中华人民共和国成立以前，厦门中秋博饼主要就盛行于这三个地方，这个习俗也就保存下来。

"博"，还是"卜"？

厦门中秋博饼，用的是"博"，还是"卜"？我国古代，"博"与"卜"各有不同的词意。

"卜"字，东汉许慎《说文解字》释为："卜，灼剥，龟也，象灸龟之形。一曰：象龟，兆之，从横也。凡卜之属，皆从卜。"意思是此"卜"字是象形文字，是一种吉凶的预兆。

现代汉语中的"卜"字，指的是：

（1）古人迷信，以火灼龟甲，以其灼开的裂痕来推测行事的吉凶。如《周礼·大卜》："问龟曰卜。"《礼记·曲礼》："龟为卜，蓍为筮。"《诗·卫风·氓》："尔卜尔筮，体无咎言。"

（2）选择。如：《诗·小雅·楚茨》："卜尔百福，如几如式。"常用的如卜居、卜地、卜邻、卜葬等。

"博"字，《说文解字》释为："大通也。从十从尃。尃，布也。"该书对其部首"十"的解释是："一为东西，丨为南北，则四方中央备矣。"即交汇的意思。"布"，即布贝，古代的一种钱币。带着货币从四面八方而来，显然即从事博弈行为。如《公羊传·庄公十二年》："与闵公博。"《庄子·外篇》："则博塞以游。"《论语·阳货》："不有博弈者乎？"《后汉书·王符传》："或以游博持掩为事。"明高启《书博鸡者事》："一日，博鸡者遨于市。"

现代汉语中，"博"，同时也引申作博大之意，如地大物博、学问渊博等。此外，还有换取之意，如清黄宗羲《原君》："屠毒天下之肝脑，离散天下之子女，以博我一人之产业，曾不惨然？"

"卜"和"博"，皆动词。"卜"字的宾语是推测行事，大到国家大事，小到日常的事，主语往往是个体。而"博"字的宾语主要是博弈争输赢的事，主语一般是两人以上，或众人。通常说，"卜"比较严肃，而"博"字几近游乐。厦门中秋博饼究其游戏规则，确实导源于古代民间的博弈活动，发展至今成为一项健康的民俗习俗，因而用"博饼"两字并无伤大雅。

墓志起源之说

2011年，我编纂的《厦门墓志铭汇粹》出版，乃采用诸家之说解释墓志之起源，嗣后颇觉语焉不详。今读赵力光编《鸳鸯七志斋藏石》一书，其"概论"有言：

关于墓志的起源，有关著录说法不一。《西京杂记》称，前汉杜子夏，临终作文刊石，埋于墓侧。但形制不详。叶昌炽《语石》卷一中说："世传墓志始于颜延年，晋以前无有也。"他在《语石》卷四又云："《博物志》载，西京时，南宫寝殿有醇儒王史威长葬铭，此实志铭之始，今皆不传。"王史威葬铭曰："明之哲上，知存知亡。崇陇原野，非宁非康。不封不树，作灵垂光。厥明何依，王史威长。"这种铭辞，与后世流行的墓志铭辞较为接近。罗振玉《辽居稿》贾武仲妻马姜墓记跋中说："汉人墓志前所未见，此为墓志之滥觞。"马衡在《中国金石学概要》中认为墓志"始于东汉，《隶释》载张宾公妻穿中文（建初二年）即圹中之刻"。据上述记载并结合考古发现来看,墓志在汉代已初露端倪。如解放前发现的西汉《卜伊墓记》曰:"惟汉五凤二年(前五六),鲁三四年六月四日,司隶校尉卜伊,讨北海,四十战卒上谷,火葬冢焉。"东汉《贾武仲妻马姜墓记》,延平元年刻。文中记述了马姜的卒年、丈夫及家庭情况等,文共一百八十多字,已具墓志的雏形。

赵力光兄是我复旦大学同窗,长西安碑林博物馆多年,楼台近水,所言果精当哉。

蠡测篇

林希元与《与翁见愚别驾书》

明代厦门有三位先贤被写入《明史》,曰林希元,曰周起元,曰蔡复一。林希元(1481—1565),字茂贞,号次崖,同安人,明正德十二年(1517)进士。在当地林希元以"理学名宦"著称,一者因为他是朱熹理学的明代传人之一,曾和陈琛、张岳一起被誉为弘扬朱子学的"泉州三狂";二者是他虽官居五品,但恪守规矩、公正不阿,结果仕途坎坷,最后还因力主征讨安南(今越南)而被嘉靖皇帝赐给"特与闲住"。

林希元生当大航海时代,欧洲人向远东扩展之际,他登进士第的第二年,也即大明正德十三年,欧洲的"佛郎机"——葡萄牙人来到漳州海面。嘉靖二十年(1541)冬返籍回同安后,一直到嘉靖四十四年他去世,这期间,闽南沿海正值倭患最为猖獗,山贼海盗和"佛郎机夷"活动最频繁的时期。除了著书立说,林希元都在为家乡的事操心出力。他多次向当道建言献策,俱不见用。但他那封不经意的《与翁见愚别驾书》,数百年后却被学术界称作是具有超前的海洋意识的代表作,为闽南文化大放异彩。在东南沿海海禁最严厉之时,林希元力排众议,提出"夷狄"如果没有"侵暴我边疆,杀戮我人民,劫掠我财物",而只是"以货物与吾民交易",就应该"不在所禁"。这封信出自恪遵"实事求是""格物致知"理念的林希元,所以陈乐民先生在其《十六世纪葡萄牙通华系年》中还称赞这是"一篇很有价值的文献"。

甲午(2014)秋,我校注《林次崖先生文集》,从光绪《漳州府志》卷之十"秩官二·通判"查到:翁灿,号见愚,上海进士。从而知道林希元这封信写于嘉靖二十七年至二十九年(1548—1550),翁灿在其漳州的任内。《林次崖先生文集》之卷八另有一篇《赠翁见愚别驾之任道州序》,赞扬他虽"官居贰佐",却在处理"岛夷商贩"等方面,堪称"今世之人才"。

金沙书院

金沙书院遗址在厦门海沧区的后井村，今已无迹可寻。它是九龙江入海口的滨海村庄。16世纪以来，远东海域进入大航海时代，据《世宗实录》的卷一五四载：嘉靖十二年（1533）九月，就有"漳民私造双桅大船，擅用军器火药，违禁商贩"；同书的卷一八九又载：嘉靖十五年七月兵部备倭事宜说，"龙溪、嵩屿等处地险民犷，素以航海通番为生，其间豪势之家往往藏匿无赖，私造巨舟……居民泛海者，皆由海门、嵩屿登岸"。后井与海门、嵩屿毗邻，当属于当时反海禁斗争最为激烈的地方。

《林次崖先生文集》卷十有一篇《金沙书院记》，记述此前"苏文岛夷（即当时闽南人称从苏门答腊岛转而来华的葡萄牙人）久商吾地，边民争与为市，官府谓'夷非通商，久居于是非礼'，遣之弗去，从而攻之，攻之弗胜，反伤吾人"，于是龙溪县令林松与巡海道柯乔联手设立公馆，处理此事。事后，林希元来到海沧，"憩金沙公馆"，见有诸生在此攻读，遂进而"教以礼义，敦以诗书"。"岛夷既去，乃即公馆改为书院"，同时"拓其旧"，"又增号舍三十楹"，命名为金沙书院，"五澳之民，远近闻风，咸兴于学"。读光绪《漳州府志》卷之十一"秩官三"，林松于嘉靖二十五年至二十九年（1546—1550）任龙溪知县。金沙书院的开办当在其稍后不久。

据现在所知，金沙书院除了讲习传统经书之外，还在开办后不久的"嘉靖岁次乙卯（1555）孟冬"重刻了《古今形胜之图》。这幅现藏于西班牙塞维利亚西印度群岛总档案馆的古地图，以大明帝国的版图为主，还增加了爪哇、三佛齐、渤泥和彭亨等东西洋的地名。这些举措，与提倡开放海禁、主张为政当"有利于吾民"的林希元是否有关？颇值得研究。

明代厦门人曾见天堂鸟

明末厦门诗人池显方所著《晃岩集》之卷一，有四言古诗《雾鸟》一首，前有序云：

客从西夷携一鸟腊，背紫、嗉绿、颅膺俱黄，尾则紫黄相间，纤秀可爱，虚肠乏足，以自孳长，报尽始坠，坠必匹随，名雾鸟，《山海经》所不载者，异而赋之。

诗云：

龟虽咽气，而难遐陟。凤凰冲天，犹馋竹实。异哉仙禽，昼夜云域。空烟长养，焕成五色。不栖胡足，不啄胡臆。绿颔碧咪，黄裳紫翼。修尾纤文，巧天孙织。音留轻霄，远避矰弋。惟待蜕后，方许人识。至今残翎，十千价直。俯视群禽，因贪被得。宁忍清饥，立品轩特。所以高人，耻干禄食。

近人考证池显方吟咏的这种珍禽，即巴布亚新几内亚所产之天堂鸟，又称极乐鸟。因其标本（鸟腊）通过菲律宾宿务进行交易，故名"雾鸟"。清人王大海著《海岛逸志》称"雾鸟，产万澜、安汶间，状似锦鸡"。读《晃岩集》，知明末厦门人已见过"西夷"之天堂鸟矣。

荷兰使舶歌

《明遗民诗》卷六有韩崮"代友人纪事"而作的《荷兰使舶歌》，它用五言长诗的形式，记录明末清初中国人第一次登上西方舰船的见闻。这篇诗共78句，通篇有多处夹注，内容丰富、新颖，颇有史料价值。作者写道"乙巳（按：康熙四年，1665年）冬十月"，因"抚军"到荷舰"窥其使"，首次见到了外国的坚船利炮。在诗人眼中，这些荷舰"横流蔽大海，望之若山坠。千重列楼橹，五色飘幡帜。飞庐环木偶（舶上周遭刻木偶如人，已疑远），层舰含火器（大佛郎机百位，含伏舰中）。画革既弥缝（外裹牛革），丹漆还涂墍（每月涂伽马漆一周，故坚固）。叩舷同坚城，连锁足驰骑"。当诗人一行从藤梯登上舰船时，但闻荷方"施放诸炮为敬"。上得甲板，先是发现荷兰人"其人各垂手，周行若沉思（舶上人无事则负手闲行竟日,千周不息,不测其故)",当代人知道这是他们在做体育锻炼,而诗人当时却百思莫解。诗人边走边看到了"七帆恒并张",还看到"大罗经"、"帆索交结如网"和"舶第二层,以四铁索悬大釜作食"等新鲜事物,最后在"甋毹足明媚,雕棂障玻璃(舶尽处,窗皆玻璃)"的后舱接受招待,饮用"高泻成贯珠"的洋葡萄酒,品尝又酸又脆的"银盘荐瓜蔬"。席间,诗人还注意到荷兰舰船上居然"载土滋种莳",也就是船甲板上铺上泥土种植蔬菜瓜果,确实前所未闻。

诗人有意无意之中还看到"明明簪笔边,半卷有文字。绘事江海迹,水道何太备?岛屿分微茫,山川入详委",细看之下发现这是一幅荷兰人窃绘的福建沿海地形图,他在夹注中写道:"是日于其贮笔处得一卷,长丈许,绘画山水,各有番字如蚁,分识其下,考之皆五虎门内外沿海地形及水深浅处,诘问译人,以译水、停舶为对,时使者相视旁皇。"可见荷兰"使舶"者做贼心虚,在中国人的责问下,面面相觑。尤为可贵的是,诗人在揭露荷兰殖民者侵略野心的同时,大声疾呼:"呜呼通王贡,讵可忘觊伺!周防勿逡巡,公其戒将吏。"

《荷兰使舶歌》的作者韩菑,字经正,号石耕,明末北直隶(今北京)人,所著有《天樵子集》。诗人当时任福建巡抚许世昌的幕府,而荷兰舰船是停泊在福州港外。据阮旻锡《海上见闻录定本》所载,1662年郑成功收复台湾后,荷兰"守台湾城夷长揆已等……率余夷五百余众驾甲板远去",游弋于台湾海峡。1663年"九月,红夷纠集甲板船十六只,夷兵数千"(阮旻锡《海上见闻录定本》),伙同清军攻破厦门。第二年六月,这伙荷军残部依仗配合攻厦有功,遂"领诸夹板尽入福州港"[江日昇《台湾外纪》卷之六,但记为康熙三年(1664)的事,误],于是有幕府韩菑随福建巡抚上"荷兰使舶"的事。

网上载此诗作者为侯官人高兆,或即韩菑所代之友人,且所引诗皆无夹注,已削弱其文史价值。

"西来孔子"

明末,随着福建海商与葡萄牙人、西班牙人接触的同时,欧洲天主教传教士也于17世纪初来到福建。天启五年(1625)意大利耶稣会士艾儒略(Julio Aleni)首先在福州传教,继而方济各会和多明我会的传教士也相继在福建各地布道。顺治六年(1649)艾儒略病逝于延平,他在福建传教首尾二十四年,共建大教堂二十二座,小教堂不计,受洗一万余人。艾儒略颇受福建士子欢迎,尊之为"西来孔子",且纷纷投赠以诗文。

巴黎法国国家图书馆藏有一册《崇正集·闽中诸公赠诗》,共收录71位闽中、闽南的士大夫和知识分子赠艾儒略之诗歌,其中张瑞图、何乔远、庄际昌、林欲楫等19位为泉州籍,曾楚卿等17位为莆田籍,周之夔等10位为三山(福州)籍,叶向高等8位为福唐籍,其余者为永春籍3位,漳州和同安籍各2位,籍贯不清楚者10位。总体来看,闽南地区人数居多。其中池显方和黄文炤两位乃同安人。池显方之赠诗云:

尊天天子贵,绝徼亦来庭。邹衍无斯识,张骞所未经。五洲穷足力,七政佐心灵。旨与吾儒似,人疑是杳冥。

黄文炤之赠诗云:

绝徼梯航来献琛,袖珍一箧胜球琳。八行译出全倾橐,六籍参同总盍簪。沧海无波风最远,西方有圣信而今。吾徒休夸亚尼玛,邃古虞廷这道心。

从"旨与吾儒似""西方有圣信而今"等诗句来看,明代厦门的这两位文化精英或已皈依耶稣。池显方,字直夫,天启举人,工诗,著有《晃岩集》。黄文炤,字懋显、季彂,是明末著名的理学家,平生未仕,人称"理学布衣",著有《孝经注》《道南一脉》。

同安三秀山之雪山岩有黄文炤隐居的读书处,2000年我与吴鹤立诸君登山游之,为作楹联云:

道术溯关闽,海峤曾嘘平旦气;忠心存社稷,瓣香独仰雪山岩。

某日夜读,在池显方的《晃岩集》卷之四读到《与大西国艾思及》五律二首,其中一首即《崇正集》所录者,然略有差异。今将此两首抄录于此:

尊天天子贵,绝徼亦来庭。邹衍之余说,张骞所未经。五洲穷足力,七政佐心灵。何必曾闻见,解颐在宵冥。

宗门如暑候,一线判星缠。沙海竞难算,稗经亦可传。呢喃成汉语,浩荡拜尧天。吾教绝无伎,明心即圣贤。

由此可知,艾儒略,又号思及。

周美爷

1997年冬,我友莱顿大学汉学家包乐史(Leonard Blusse)赠我新著《巴达维亚华人与中荷贸易》,其第八章乃"跨洋医生周美爷"。

周美爷(Tsiu Bi-ya)是巴达维亚(今雅加达)的华人老中医,兼负责管理当地华人居民的遗产,并拥有一座甘蔗种植园和糖厂。据当年所存的档案载,周美爷医术高明,曾应邀为当时荷兰东印度公司总督范·霍恩(Joan van Hoorn)的第二任妻子把脉看病,从而"赢得了范·霍恩的尊敬",成了他家庭的帮手和常客。总督本人也患了慢性胸闷症,所以他被批准辞职回荷兰时,也请周美爷同往。

1709年10月31日,周美爷和总督夫妇及其女儿彼得耐尔小姐乘坐"珊德堡"号旗舰出发,翌年7月17日才抵达荷兰。现存于海牙国立档案馆的范·霍恩笔记和该旗舰航海日记表明,周美爷一路上广泛介绍的中国文化成为船上所有西洋人漫长的航途生活中的重要内容。船经过好望角后,周美爷开始"把他的中国式诊断法的知识传授给总督夫人","夫人如饥似渴地记录下她在舰船甲板上得到的指导"。她死后所留下的文书档案中,有两幅左、右手的经脉图画,标示着在某部位可以检查出肝、肾、心脏和肺的功能。在离开开普敦驶往欧洲时,英国船长哈里森(Harrison)和他五艘船的船队也一起加入荷兰船队,同时经常登船向周美爷请教从中国现时的贸易环境到人参根的药效等问题,范·霍恩还草拟了一个关于"古代中国社会和宗教"的提纲要他演讲,结果周美爷从儒、道、释三教谈到阴阳五行以及基督教新教和中国的编年史,他渊博的知识"使'珊德堡'号的所有听众着实惊愕不已"。

可惜周美爷在荷兰只逗留六个星期。他的到来是阿姆斯特丹的特大号新闻。这位"尽管年迈,却也行动快捷"的老中医不仅为荷兰人切脉看病,还向关心中国文化的洋人解答那方出土于1625年的大唐景教流行中国碑的有关问题。荷兰人对他的离别深感遗憾,认为"假如他逗留更久一些,我们可能会从他身上学到更多东西"。

周美爷有时也用周美官(Chou Meikuan)这个名字。据道光《厦门志》卷十五"风俗记"载"闽俗:……呼有体面者曰官(讹官为观,遂多以观为名者)",所以这位周美爷很可能就是闽南籍的华侨。据读书所得,与周美爷差不多同时到过欧洲的,还有1702年的福建莆田人黄嘉略、1707年的山西人樊守义以及乾隆间的广东人谢清高等。

"厦门真官"

2002年荷兰为庆祝其东印度公司成立四百周年,在鹿特丹的海事博物馆(Maritiem Museum Rotterdam)举办一场展览,特地向英国伦敦的国家肖像馆借到一尊名为"柯勒先生"的全身泥塑像,作品下部有"Amoy Chinqua, fecit 1716"(厦门真官,1716年造)的署名。西方学者根据柯勒本人的《私人函件集》进行研究,考证出柯勒为英国东印度公司的高级职员,1712—1726年间先是在印尼的苏门答腊一家商馆服务,其后升任驻印度马德拉斯长官。为了让住在英国老家的夫人伊丽莎白看到他的尊容,于是请中国艺人"真官"为他创作此像。作品完成后,装船运到英格兰。据知这位科勒先生从未到过中国,可见"真官"是一位旅居南洋或印度的厦门民间工艺家。这尊塑像是传入欧洲的有中国作者名字、籍贯的第一件工艺品。我友中国台湾学者陈国栋兄时游学荷兰,有幸观赏到这件文物,并写入其大著《东亚海域一千年》(山东画报出版社,2006年)之中。

亨万,是不是Hambuan?

曹履泰,字大来,号方城,明天启五年至崇祯三年(1625—1630)任同安知县,任内以公文编为《靖海纪略》四卷。时荷兰红夷、海商巨寇云集大厦门湾,

《靖海纪略》所载公牍皆史料也。其卷二《与李任明》云："近有恶生林献采，勾贼劫夷，抚台严令缉获。不知其为林亨万中表弟也。以是开罪垢辱，已甘蒙面。"同卷《上朱未孩道尊》又云："（林献采）被获之日，亨万差干五六至县门内，拿差役到家毒打，始之以板，继之以棍，遍身几无完肤。职受此辱，岂能一日苟留哉！"此胆敢把公家差役抓到自己家中毒打的势豪"亨万"，海峡两岸学者都一致认为是林宗载。据道光《厦门志》等方志记载，林宗载，字允坤，号亨万，厦门塔头人，万历四十四年（1616）进士，崇祯皇帝即位之1628年擢太常寺卿，旋"乞终养归"。最后"优游泉石者十余年，年七十卒"。在那个官商勾结、通夷下海的年月，致仕官员林宗载利用其余威和人脉，掩护中表弟的贩洋走私，完全有可能。

2000年开始，我友江树生翻译出版《热兰遮城日志》，此书及之前的《巴达维亚城日记》皆为记录17世纪荷兰东印度公司在远东贸易和殖民活动的重要文献。闽南海商Hambuan这个名字屡屡出现在这两部荷兰史料之中。这位持有"船引"的大海商Hambuan，其商船经营着台湾海峡两岸以及巴达维亚、马尼拉和日本之间的贸易，是17世纪30—40年代远东海域具有很大影响力的人物。1640年10月2日，Hambuan带着10吨黄金、14247斤胡椒等许多货物从大员前往安海交易，在横渡台湾海峡的航行中遭遇海难，不幸溺毙（《巴达维亚城日记》第二册，第29页）。台湾学人根据"人名拼音、姓氏关系、住居地点及去世时间等颇多符合"的原因，推断Hambuan即亨万，也即致仕的"厦门进士"林宗载［翁佳音：《十七世纪东亚大海商亨万（Hambuan）事迹初考》，（台北）《故宫学术季刊》第22卷第4期］。大陆学者则持不同意见，认为"荷兰人从未提到他（即Hambuan）有当官的背景"，且怀疑林宗载"这样的人物，有必要退休之后，奔波海上经商吗"？尤其是1634年Hambuan介入金门海战后的中荷交涉，还需要"由郑芝龙两次引见泉州海道"等等迹象，根据荷方史料认真对照Hambuan和林亨万的经历，认为他们并非同一个人（杨国桢：《十七世纪海峡两岸贸易的大商人：商人Hambuan文书试探》，《中国史研究》2003年第2期）。

然而，迄今为止，我们尚未能从当时我国东南沿海著名的海商中，找到一个名字或字号与Hambuan音译相近的人物。明末退休的林亨万既然已敢于"勾贼劫夷"、毒打官差，在巨大利益的驱动下，难道不敢再次到海上冒险？

郑芝龙通晓多种外语

明朝后半叶,月港对外贸易兴盛,海澄的少年都懂得一点外语,所谓"间左儿艰声切而惯译通"(萧基《〈东西洋考〉序》)。泉州安平也不例外。安平商人不仅"贾行遍郡国",而且"冲风突浪,争利于海岛绝域之墟"(李光缙《景璧集》卷四)。与此同时,当地的文化教育也相当发达,时称"诗书冠绅一大邑"(何乔远《镜山全集》卷五十二,"杨郡丞安平镇海汛碑")。郑芝龙的家乡福建南安石井和安平港毗邻,也是民间海商活跃的地方。他生于 1595 年,家境贫寒,以至 16 岁时便不得不离家到澳门投奔舅父黄程,并在那里初涉商海,和葡萄牙人打交道,在很短的时间内就学会当时作为亚洲商业通用语的葡萄牙语,还接受天主教的洗礼,取教名尼古拉·一官(Nicholas Iquan)。同时他也熟练地掌握荷兰语,其后一度在荷兰东印度公司的船上当翻译[徐健竹:《郑芝龙任荷兰译员和遭讷茨诱捕析疑》,载《文史(第二十三辑)》,中华书局,1984 年]。他到过日本,投靠同乡巨富李旦从事武装海上贸易,并在那里与平户女子田川氏结婚,1624 年生下郑成功。不用说也知道他必定精通日语。以后郑芝龙继承李旦的事业,逐渐发展为东亚海域势力最为雄厚的海商集团的首领。他之所以在二三十年间如此发迹,除了自身精明、勇敢的气质外,还和他在青少年时代已具备良好的文化素养,以及特殊的语言天分分不开。

江日昇《台湾外纪》卷之一将郑芝龙描述成一个"性情逸荡,不喜读书,有膂力,好拳棒"的不良少年,殊不可信。

郑芝龙的女婿是葡萄牙人

乙酉(2005)岁末,读崔维孝著《明清之际西班牙方济会在华传教研究(1579—1732)》(中华书局,2006 年),书中引 *Sinica Francisna*(今译作《方济会士中国书简汇编》)一书有关西班牙方济会士利安当(Antonio de Santa Maria Caballero)在华传教的资料甚详。1649 年利安当神父第二次来华,即从菲律宾马尼拉航海至闽之安海,投寓郑芝龙之葡萄牙籍女婿安东尼奥·罗德里格斯(Antonio Rodriguez)家中。利安当神父于1649年10月15日在一份传教报告中说:"上述这位官员(即郑芝龙)在澳门有一个女儿,此女同该城的居民马努埃尔·贝洛(Manuel Bello)的一个儿子结了婚。在前往北京之前,他将女儿的全家及其亲戚从澳门接到了这里。我在澳门就认识他们,还曾经拜访过他们。"随利氏来华的文度辣(Buenaventura Ibanez)神父在他的另一份传教报告中也说:"改天,贝洛的一个儿子来看我们。他们父子二人是澳门出生的葡萄牙人。他叫罗德里格斯,娶了一官(即郑芝龙的教名)的一个女儿为妻。他向我们叙述了他在澳门同一官女儿成婚的事情。她叫芜索拉·德·巴尔卡斯(Ursola de Bargas),其母为日本人,同她父亲一样是基督徒,并称基督徒不可以生活在无教堂和神父的地方。他又派人去接她,并传话叫她来,还带一位方济各会士来。他不喜欢其他教派,还说给他们起造一座教堂,抚养教士及其所有人。"郑芝龙长子郑成功,其母日本人田川氏。如 *Sinica Francisna* 的材料可靠,那么芜索拉·德·巴尔卡斯当是郑成功同胞姐妹的葡萄牙文名字,安东尼奥·罗德里格斯则是他的姐夫或妹夫。明代安平的方济会教堂是郑芝龙为其女儿女婿所建。

郑芝龙手下有一连队黑人兵

《明清之际西班牙方济会在华传教研究(1579—1732)》一书所引的 *Sinica Francisna* 还说,在安海的郑芝龙手下有许多来自澳门的"黑人"(Cafre)雇佣兵及其眷属,均为虔诚的基督徒。随利安当来华的文度辣神父在他的《中国行纪实》中说:"在安海城内,官员一官手下有一连队的黑人士兵,是他从澳门和其他地方招募来的。他们是基督徒,携有妻子儿女,他们前来看望我们。他们的连长叫路易斯·德·马托斯(Louis de Matos),是一个非常聪明而理智的黑人。"利安当神父一行三人在郑芝龙的亲家马努埃尔·贝洛的家中住下。该住宅中有一间非常漂亮的祈祷室,所有的教徒常到这里聚会。每逢重大节日,他们便请方济各会传教士一同做弥撒,贝洛的儿子还带领家中的用人在竖琴和六弦琴的伴奏下高唱圣歌。

郑成功的军队确曾有过一支"黑人军"。中方文献虽于此几乎一片空白,然荷兰驻台湾总督揆一在其《被忽视的台湾》中却曾留下记载:"他(即郑成功)还有两队黑人兵,他们大多数原来是荷兰人的奴隶,学过来复枪和滑膛枪的使用方法,他们在台湾的战争中给荷兰人以很大的损害。"读 Sinica Francisna 的记载,方知郑成功的"黑人军"原来乃其父郑芝龙从澳门招募到安海的旧部。明末西洋的"佛郎机"红夷大炮先于澳门铸造,那些黑人兵必已能熟练掌握使用枪炮之技术,其后随郑成功抗清,并且在驱除荷兰殖民者收复台湾的战斗中大显身手。是以闽南民间至今尚有"番仔放熕(即大炮)"之俚语。

陈永华请夷人代购老花镜

中国国家博物馆藏有一幅明人所绘的《南都繁会景物图卷》,画中有一群人在观赏杂耍,其中有一戴眼镜者。据说这是明末眼镜传入中国的文物见证。而最早有文字记载者当见之于《十七世纪台湾英国贸易史料》("台湾研究丛刊"第 57 种),它记载英国东印度公司和台湾郑氏政权在 1671 年至 1684 年间的贸易情况。明郑方面主持这项事务的 Punhee,即闽南话的"本院",就是同安人陈永华,时任"留守东宁总制使"。英方在 1675 年(永历二十九年)的记录中写道:这位 Punhee"愿自出运费,请我(英)方运来黄铜炮(Brass Guns)六架,其中三架要能装九斤重之炮弹,另三架能装八斤者。渠相约以同等重量之铜偿还。又请我等代购若干副特别之眼镜,并叮嘱勿忘"(第 64 页)。台湾学者黄典权通过研究认为,陈永华生于崇祯七年(1634),这一年正四十二岁,可能要求"代购"的是老花眼镜(黄典权:《陈永华史事研究》,《台湾文献》第 26 卷第 1 期)。与陈永华几乎同时代的阮旻锡也写有《眼镜》七律两首(阮旻锡《夕阳寮存稿》卷八),其中有"隔眸秋水镜双悬,西国良工巧琢磨。质本玻璃原映彻,光含冰玉最轻圆""蝇头灯下大如拳,老眼回光似少年。妙补化工机自巧,力持文字秘能传"等句,看来当时的眼镜已是双玻璃镜片,而且能让"蝇头灯下大如拳","老眼回光",它无疑是老花眼镜。

明末清初接受西医治病的闽南人

顷读日本村上直次郎等人翻译的荷兰海牙国立档案馆藏《长崎荷兰商馆日志》,其卷中的 1644 年 9 月 28 日条记载:"通译吉兵卫,将渠前自荷人处所得实情呈报称:'约四年前,官人一官(按:郑芝龙)因母与妻均染恶疾,曾由台湾延请荷兰外科医师前来诊治,该医师滞留三月,将患者完全治愈后返台。'"经查该书的 1641 年 12 月 13 日条,果有其事,并且记载这位荷兰医师名菲利普·海尔曼(Philips Heijlman),曾于这一年的 4—7 月前往厦门为一官的继母看病。郑芝龙当是较早接受西医治疗的闽南人。

另有一例,康熙二十二年(1683)施琅率军平定台湾,其麾下猛将漳浦人蓝理在澎湖吼门的海战中中炮负伤,"腹已破,肠流出外,为掬而纳诸腹中",仍然坚持作战直到胜利,"施(琅)大喜,拜疏上(蓝)理首功,亲至理舟慰劳,有红夷医药极神效,命医之。医言须七日勿动,气方可平复。施曰:'大功已成,安卧十日可也!'"(《福建通志》"列传·蓝理")结果,蓝理经过红夷(荷兰)医生治疗,伤未全好已能驾楼船解主帅之危,使郑克塽闻风丧胆。

明清时期的厦门舶来花卉

厦门的气候与水土适宜种花莳卉。明清时期该岛上共有几多花卉?曩读明弘治己酉(1489)黄仲昭《八闽通志》,所记漳泉两地凡 50 种;明崇祯朝何乔远《闽书》则载全闽不过 46 种;清康熙《大同志》的"花属"有 61 种;乾隆朝的《鹭江志》记载吾厦一地才 28 种。数年前我在冷摊觅得清初厦门诗人曾源昌所著《百花诗》一卷,乃吟咏当地 100 种花卉之咏物诗集,一花各系一首五律,曲尽其风姿神韵之妙,且间有小注,颇具知识性。

因花的品种繁多,来源复杂,且有些花名与闽南各地称呼有异,读来容易引起混乱。如"鹿葱"即萱草花,"班支"即木棉又称"吉贝","指甲花"别称"蕃桂"又叫"七里香","佛桑"又称"照殿红","夹竹桃"也称"半年红","杜鹃花"称"踯躅""山石榴""映山红"等。作者似乎对"舶来"的花卉颇有注意,如茉莉花"原出波斯国,移植海南",素馨花则据"李时珍曰:'自西域移来,谓耶悉名花',即《酉阳杂俎》所载野悉蜜花也"等等。另外还有两种当时进口的花,花名也相当古怪,如"千里马褂",诗云:"偏宜卑湿地,放蕊耀眉端。岂挂金鞍去,虚同骏马看。绣球疑乍缀,红粉欲成团。海舶传佳种,霜深度岁寒。"诗下注云:"种出东洋,花如绣球而色微红"。又如"柳串金鱼",诗云:"色黄香正淡,异域种才移。似引金鱼颊,长穿绿柳枝。轻盈摇弱质,纤小露丰姿。遍植荒庭畔,迎风影半欹。"诗下注云"种传外国,丛如柳枝,花细微香"。单就诗句和简单注释,人们确实很难猜出它们到底是现在的什么花。《百花诗》还描述"罂粟"因其"丰姿啼晓露,娇态弄芳春",所以"初晴开烂漫,每动看花人"。如果没有读过曾氏的诗,谁也无法想象这种制造毒品之原料,当年居然是厦门的观赏性花卉。

曾源昌,字幼泉,号逢斋,厦门曾厝垵人,清康熙六十年(1721)岁贡生。少擅诗文,著有《澎游草》《逢斋诗集》。《百花诗》系民国十九年(1930)厦门新民书社编译部出版,书前有李禧序,称"余藏此卷,漫漶十过七八,序言亦缺。……爰据先叔父石溪公钞本,补足百什"。可见此书乃据绣伊仁丈的藏本。书后附"编译部出版书目"页,介绍其出版物尚有《爱吾庐文钞》《岛上集》《闽中撷闻》《移情集》等十五六种,惜未见。

18世纪初欧洲人在厦门初识山茶花

日本学者大庭脩所著《江户时代日中秘话》(中华书局,1997年)一书的第132页载:

> 浅井敬太郎的《了解山茶——山茶入口》(收入《椿花与文化》)介绍说,1676年英国东印度公司在厦门设立,詹姆士·坎安宁来到厦门。他将亲手作的山茶腊叶标本寄给伦敦的詹姆士·皮特维,皮特维又于1702年将山茶图介绍给 Philosophical Transaction,可以说这是山茶在欧洲的初次亮相。正德元年,恰好距此10年之后,因此广东船、咬留巴船之所以从日本载去大量山茶,也许是出于在母港和西欧商船交易的需要。若果真如此,又可以形成一幅日本—中国—欧洲三者之间的交流画面。

山茶花,英文名为 Flower of Japanese Camellia,盛产于中国的浙江、江西、四川和山东,日本、朝鲜半岛也有分布。它自古以来就是中国的名花之一,17 世纪始传入欧洲广为繁殖,为人们所喜爱,而有"世界名花"之誉。至于欧洲人之最初认识山茶花,却是出自厦门的腊叶标本。

也说 Amoy

近代以来,厦门国际通行的外文地名为 Amoy,坊间的说法是近代厦门海关职员中多福州人,Amoy 乃由福州方言音译而成。此说实非。因为在 16—17 世纪大航海时代,国人还把这个岛屿称作"中左所""鹭门"之时,它却以与 Amoy 发音相近的地名进入了世界的视野。

这些音似 Amoy 的名称有如下几个:(1)英国人的《十七世纪台湾英国贸易史料》1623 年 3 月 8 日条:(一官的)"官署在距 Eymew(厦门)约七海里处"。(2)荷兰东印度公司《热兰遮城日志》1629 年 11 月 1 日条:"一官被李魁奇赶出厦门(Aymoy),据说已逃去福州投靠军门。"(3)荷兰人奥尔弗·达佩(Olfer Dapper)于 1740 年绘制的"金厦海湾"地图(李仕德:《十七世纪的海上金门》,第 16 页),厦门标为 Aimoey。(4)法国传教士普列夫(A. F. Prevost)于 1750 年出版的《漳州湾或漳州与厦门金门岛海图》的厦门标为 Emowi(李仕德:《十七世纪的海上金门》,第 20 页)。最值得注意的是 1738 年艾萨克·提里奥(Isaac Tirion)绘制、阿姆斯特丹出版的《中华帝国新图》,厦门标以 Amoy(李仕德:《十七世纪的海上金门》,第 34 页)。说明在大航海时代,Amoy 的发音随不同国家而异,但参照同个时期欧洲人在不同的地图或文献上标示的 Haiting(海澄)、Gossou(浯屿)、Anhay(安海)、Lissiou(烈屿)、Toatta(大担)等,它们也和 Amoy 一样,看起来与福州方言的发音大相径庭,都是由闽南话(或漳州音的闽南话)过译的,这与当时西方国家大多数是来月港——厦门湾做生意有关。

鼓浪屿申请世界遗产时,我们从网络上获读一批大英图书馆与其有关的地图档案,这批主要是 18—19 世纪的地图上的厦门基本上都标为 Amoy。鸦片战争时期,奥特隆尼(John Ouchterlony)的《对华作战记》、宾汉(J. E. Bingham)的《英军在华作战记》和麦克法森(D. Mcpherson)的《在华二年记》等侵厦英军所写的书，都统一称厦门为Amoy。英国人爱德华兹(J. H. Edwards)在其1896年刊行的《厦门地理通述》甚至解释"Amoy是本地方言的音译，即下游的门户或港口"(何丙仲辑译：《近代西人眼中的鼓浪屿》，厦门大学出版社，2010年)。我们在崇祯六年(1633)刊行的《海澄县志》卷十二"坊里志·津渡"发现有"厦门渡"，其注释为"即泉之中左所，一名鹭门"。这说明大航海时代，作为与Amoy谐音且带龙溪口音的地名已经在闽南民间使用，"厦门"两字的出现也早于清朝。

《南京条约》签订后，Amoy更是作为对外通商口岸的地名在全世界通用。

也说Tea

茶是中国先民的伟大发现。欧洲人对茶的认识是在新航路开辟之后。早在1559年以前，一部威尼斯人编写的《航海与旅行》(*Voyages and Travels*)，记载了当时中国人普遍使用一种被称为"中国茶"(Chiai Catai)的植物树叶做饮料。1553年，葡萄牙人取得在澳门的居住权。1569年，在亚洲生活了近20年的葡萄牙传教士克鲁斯(Gaspar da Cruz)回到里斯本，撰写了一部《中国志》(*Treatise on the Things of China*)，书中提到一种叫作茶(cha)的中国饮品。明末清初是中西文化开始大规模交流的时期，有关饮茶习俗的信息也通过来华传教士的著作和日志影响了早期欧洲人对茶的认知。最早提到茶的英文文献是1598年荷兰探险家兼商人范·林希霍腾(Jan Huygan van Linschoten)的《东印度与西印度航行记》，他注意到日本人饭后"将一种称作'茶'(chaa)的药草粉末倒入壶中用热水冲泡来喝"。1610年7月20日，荷兰东印度公司的一艘货船返回阿姆斯特丹，带回了据信是最早到达欧洲的一批茶叶。1615年6月27日，英国东印度公司的代理人理查德·威克汉姆(Richard Wichham)写信给他在日本京都的朋友，请求他购买一种很稀有的奢侈品——茶(chaw)。这些文献至少说明，茶在17世纪初年之前还只被称作cha、chaw。

英国东印度公司17世纪主要对华贸易是依赖胡椒香料，18世纪中期之后，茶叶逐渐成为中英贸易中最大宗的货物，并在工业革命以后至19世纪初成为英国的国民饮料，维多利亚时代更是形成了"下午茶文化"。目前所见最早销售茶叶的记载，是1658年9月23日伦敦的《政治快报》(*Mercurius*

Politicus）上一位名叫加威（Thomas Garway）的咖啡店主所刊登的广告，广告说："为所有医师所认可的极佳的中国饮品，中国人称之茶（tcha），而其他国家的人称之 tay，或者 tee。"在此时期，加威在推销茶叶的过程中交替使用了四种文字，除了中国文字最流行的发音 tcha 或 ch'a，还有《航海与旅行》一书所出现的 Chiai，和克鲁斯书中所提到的 cha，以及法国神父亚历山大·罗德（Alexandre de Rhodes）在其著作中所写到的 tay。罗德于17世纪30年代在澳门生活了整整十年，受到广东方言的影响，于是葡萄牙语对茶有了 ch'a 这个称谓。最后罗德决定使用 tay 或法语化的 the 以取代 ch'a。

事实上，荷兰东印度公司早期的对亚洲贸易中，就采用厦门方言的 te 或 thee 来称呼茶叶。1629年，巴达维亚工厂在给荷兰东印度公司十七人议事会的信中抱怨，说日本 cha 和中国 thee 都弄不到手。这说明他们已认识到中日茶叶的区别。英国获得茶叶的第一次记录是1664年，英国东印度公司从荷兰人手中用4磅5先令购买了22磅12盎司的茶叶。17世纪80年代，英国才开始直接从中国进口茶叶（《茶叶与鸦片：十九世纪经济全球化中的中国》，仲伟民著，中华书局，2021年）。在英语词汇中，来自法语的 tay 和来自荷兰语的 tee，以及它们的混合体 tea，共同存在了几十年，1670年，加威表示他更喜欢 tea 这一单词。经历了数十年的语言融合，最终英语 tea 才得以定型，沿用至今。

2019年11月20日《中华读书报》第17版有山东菏泽学院曹瑞臣教授最新的研究成果——《茶与欧洲的文化相遇：兼述英语中"茶"的语言流变》，今简述如此，以广见闻。

徐继畬所记鸦片战争在厦门

鸦片战争期间，徐继畬任汀漳龙道，有《致赵盘文明经、谢石珊孝廉书》，记英军侵厦之事，犹隔岸观火也。书云：

> 两兄足下：英夷之乱，北方想亦有闻，然未能得其详也。红毛诸部在极西北，英吉利乃红毛之最强者，其国至中土七万余里，自大西洋、小西洋、南洋、东南洋沿海侵占之地约数十处，其船最坚大，其炮最猛烈，自国

初以来在粤东通商,渐以鸦片烟愚弄中国,睃其财赀,萌心窥伺,已非一日。上年粤东查办烟土,焚其鸦片两万箱,遂启兵端。上年夏间,突陷浙之定海,旋赴天津,递呈诉冤。圣主意在怀柔,褫两督之职(林少穆、邓獬筠),命琦相赴粤查办,琦相为逆夷所愚弄,弛备求和。定海虽退,还而旋攻陷粤东之沙角、大角,又攻陷虎门,兵临省会。琦相逮问下狱。奕山、隆文、杨芳三帅徂征。今年四月间进兵,初得小胜,旋即大败,省城几陷。不得已以白金四百万两贿之,逆船乃退。人共知为以薪救火,祸不旋踵,而不料祸变之骤移于闽浙。厦门者,闽中咽喉之粤,水师提督、兴泉永道驻之。上年夏间,曾有两船来厦滋扰,以炮击之,乃退。今年颜制军驻厦督办,经营半载,安炮四百余门(大者万斤),屯兵六七千,不可谓之无备矣。突于七月初十日,逆船三十余只驶入厦门开炮,我兵亦开炮对击。我之铁炮不如彼铜炮之轻灵,我岸上之炮又不如彼船中之炮之稠密。相持半日,大炮台亦被其攻破,遂致全军溃败。死难者一总兵(江继芸)、两游击(凌志、张龙)、一守备(王世俊),千把数人。颜制军退守同安。厦门遂为逆夷所据。弟所辖之海澄县距厦三十余里,所驻之漳州距海澄四十里,皆一水相通,直抵城下,乘风顺潮,片帆可达。向恃厦门门户,兵皆屯于沿海各口,而两城未设重兵,一旦厦门失守,强寇直追寝门之外,民心惶骇,一日数惊,文武官中有将家眷偷送出城者,百姓纷纷有逃亡之意。弟极力抚以镇静,誓以死守,调兵募勇,运米拦港,劝练诸事,昼夜拮据,略有头绪,人心乃渐安贴。逆夷火轮船直驶至海澄城下,因水浅退去。其杉板屡次窥探,我兵静伏于岸上,不肯轻动,幸未失事。逆夷住厦门十日,其大队驶往浙洋。八月中旬重陷定海(定海百姓两年中两遭大劫,可为悲痛),下旬陷镇海,又陷宁波,慈溪、余姚逃窜一空,殉难者钦差大臣裕谦(此公豪杰之士,以灭贼自任。力竭而死,天下悲之),总兵王锡朋、郑国珍、葛云飞,同知舒恭受,知府邓廷彩,全浙大震。现命奕相(经)为扬威将军、特将军(依顺)、文侍郎(蔚)为参赞,率北路之兵赴浙援剿,此浙江现在之情形也。厦门自逆船大队开出之后,留兵船五只据厦门对面之鼓浪屿,其货船时往来者五六只,我兵欲用火攻之策,而逆船坚而且高,炮极猛烈,又散泊于海中,无从下手。与之相持,则我兵组织耗费不赀,军饷难继。此时我不动彼亦不动,我一动则无必胜之果。而彼或肆豕突,城池有失陷之虞。现奉派广东怡中丞良为钦差大臣来闽会同办理,大意先固守而后议攻,然攻之之法殊无把握,竟未知作何了局。查逆夷船坚炮利,海中断不能与之角逐,即在海岸安炮与之对击,亦是下下之策。至于登陆步战,则非彼之所长。其所用者,自来火之小枪,不能过四十步,此外则短刀而已。我兵之排枪、弓箭、长矛等器,彼皆无之。彼又地利不熟,何至不能抵御?然乃连城失陷,而陆路亦致败溃者?彼以重资买我内地之奸民为之爪牙,我之虚实彼无不知,战则驱汉奸为前导,为之致死,而我之官兵则承平日久,人不知战,名之为兵,实则市人,无纪律,无赏罚,见贼即走,此其所以败也。逆夷以商贩为生,以利为命,并无攻城掠[略]地、割据疆土之意,所欲得者中国著名之码头,以便售卖其货物耳。今见官兵连年败挫,知中国孱弱无能,其志愈侈,其谋愈狡,非大挫其锋,其势未有所止。而水战非我之长,仓卒无制胜之术,欲与之议和,则彼且索银一千数百万两,又必索沿海要地为码头,岂能听之耶?二百年全盛之国威,乃为七万里外逆夷所困,至使文武将帅接踵死绥而曾不能挫逆夷之毫末,兴言及此,令人发指皆裂,泣下沾衣。弟本书迂,安知兵事?大宪误以为有用,而置之岩疆要地,一年以来驰驱海岸,日不暇给。厦门失守之后,则寝食不遑,心力交困,劳悴[瘁]不堪言状。自念一介寒微,曾受知遇,当此危难之际,正当捐糜图报。逆夷叵测,事无了期。与此土为安危,与此城为存亡,以八字自坚,曰"竭力尽心,听天由命",如是而已。幸而境土获完,身家无恙,自是如天之福,非弟之敢必也。家乡路远,闻海疆之乱,诸相好必深念鄙人,军书匆促中书此数纸,亲友之询及者,祈转示之。

壬午(2002)秋我在荷兰莱顿大学汉学院图书馆读《松龛先生全集》(文海出版有限公司,1976年),见此一文,亟录之。

鸦片战争期间的鼓浪屿覆鼎山

道光《筹办夷务始末》卷四十一,《端华奏查明厦门失守情形及兵勇数目折》载:

二十一年(1841)十一月奴才于抵同安后,将应查各卷逐一调取,并将在厦门接仗之员弁摘传,督同司员隔别讯问。……据鼓浪屿打仗之游击杨靖江供称：七月初九日申刻，在鼓浪屿覆鼎山上，瞭见夷船数十只，在大担外驾驶，酉刻联鲸寄泊。当即整备炮火，实力防范，并奉总督令箭，谕令奋勇攻击。初十日辰刻，夷船起篷，悬挂红旗，由南太武山巡驶进水操台等处，一齐开炮。当即挥令弁兵，开炮百余出。逆船直扑覆鼎等汛，又经连开大炮四百余出，击沉火轮船一只、兵船二只，该逆溺水伤毙甚多，余众跳落杉板小船，将欲登岸，我兵开炮击退。无如逆船众多，彼此连环救护，我兵击退五次，该逆又再来兵船数只，三面夹攻，我兵伤亡甚多，逆夷拼死四面蜂拥登岸。杨靖江猝被炮子中伤，又被逆夷从背后用刀砍倒，昏迷在地，兵勇夺扶小船回厦。计阵亡兵丁三十三名，受伤兵丁三十七员名。

英人柏纳德（W. D. Bernard）的《"复仇神"号轮船航行作战记》（《鸦片战争在闽台史料选编》，福建人民出版社，1982年）记载鼓浪屿是"厦门的锁匙"，"当时中国人已经在堡垒上架设了不下七十六门的大炮，包括已经架好的和尚在架设中的"。这说明鼓浪屿炮台当设立在以覆鼎山为主的海边一带。

鸦片战争时期的厦鼓民情

道光《筹办夷务始末》卷四十一《端华奏查明厦门失守情形及兵勇数目折》既记"夷匪自十一日以后，侵占石寨及各衙署，肆行拆烧，抢掳资财，奸淫妇女，焚毁庙宇，人人痛愤"，又载"逆夷于十九日夜尽数下船，二十日早驶去，只留泊鼓浪屿五只。曾出重价买猪羊牛只，图利奸民及贫苦之人，亦肩挑瓜果蔬笋等，向鼓浪屿岸边昂价售卖"。英国当事者的记述文章也说攻下石壁炮台以后，"他们（按：指中国军队）的火药库被炸掉，他们的军械库和库内贮存的东西，被烧毁无遗，他们最好的水师船和造船厂被付之一炬，五百多尊口径不同的大炮再也不能使用了。他们的防御工事经历了酷似虎门一样的命运。在完成这一切破坏之后，9月5日，我们的舰队和部队便离开厦门"（麦克法森：《在华二年记》，《鸦片战争在闽台史料选编》，福建人民出版社，1982年）。在侵略者的记录中，没有出现过向他们出卖"瓜果蔬笋"的奸民，反而是看到了"虎兵"，这些"身上穿着黄布衣服的人，衣服上面有黑斑点或条纹，头上包着头帕，形似虎头，使人看起来显得很凶猛可怕，胆战心惊"（柏纳德：《"复仇神"号轮船航行作战记》,《鸦片战争在闽台史料选编》,福建人民出版社,1982年)。"虎兵",这个近代厦门民间自发的反帝组织,颇值得调查研究。

"炮仔红吱吱"

1842年8月26日,英军攻占厦门。其登陆后,先是拆掉并销毁清军的铁炮和工事,继而烧杀抢掠。当年同安文人童蒙吉有诗记述"英夷鸦片之战,兵船迫至丙洲。是日南风大作,官兵部战而走",结果"纵横飞火炮,顷刻失江城。旱苦兼兵苦,秋声带哭声",整个厦门更是"月晕涛声泣,风骄战血腥"的凄惨景象(童蒙吉《辛丑七月初十日纪事》,民国《同安县志》卷二十五"艺文")。绣伊李禧世丈曾收集到当时的民谣,所载的史实更加具体。歌谣写道:"炮仔红吱吱,打城倒离离。番仔反,鼓浪屿作公馆。番仔爬上山,城内任伊搬。"诗后世丈注云:"此歌系七十余年前郭氏嫂口授。"整首民谣的后面绣伊世丈还加一段跋,称:"英人占厦,兵少胆怯,军队虽占厦门,办事处在鼓浪屿。怕军民反攻,把鼓浪屿民居烧毁,故清代居民要求不纳地租。"后世认为鸦片战争后,英人先于鼓浪屿设立"办事处"之说,盖源于此。其实厦门开埠后,英人在鼓浪屿租用民房为领事馆,英人所著《巴夏礼在中国》(金莹译,广西师范大学出版社,2008年)于此事言之甚详。

这首民谣,绣伊世丈约于1958年前后以行书写在绿色虎皮笺上。郭氏嫂的口授当于清光绪十余年,离鸦片战争不过四十多年,岛民应该记忆犹新。1988年厦门市博物馆新馆展出,此件文物成为重要展品。

西班牙首任驻厦领事

西班牙何时派驻厦门领事?中国第一历史档案馆、福建师范大学历史系合编之《清季中外使领年表》(中华书局,1997年)载在"同治二年(1863),首任领事菲拉日栋(Fiburceo Faraldo),1867年后授总领事"。

今读道光朝《筹办夷务始末》卷七十七,有道光二十六年(1846)十二月二十日的《刘韵珂奏西班牙派领事德滴驻厦并英兵船格勒幅来厦更代折》,记述"本年十月十九日,有英夷德滴配坐西班牙即大吕宋国货船抵厦。……该夷官极为恭顺,并称伊系英吉利人,向在西班牙国贸易。兹西班牙国因奉准在五口通商,是以托伊来厦,充作该国领事官,伊欲在厦租住民房作为番馆"。正好"海关左近有吴姓空房一所,本系英吉利国领事记里布租住,嗣记里布搬至番馆,即将是屋退还,现在德滴既欲租房居住,自可仍旧议租",于是"德滴感谢出署,向吴姓议明,查照记里布租住旧章,每年付给租价番银四百圆,吴姓应允,德滴当即搬入居住"。可见西班牙首次派驻厦门领事的时间为道光二十六年(1846)农历十月或十一月,代理领事为英商德滴(James Tait),领事馆乃租住闽海关左近吴姓的房子。

近代英国驻厦翻译官也养猪

　　鸦片战争后根据不平等条约,厦门于1843年11月2日作为"五口通商"之一对外开放。我据道光朝《筹办夷务始末》福州将军保昌的奏折,考证出英国首任驻厦领事纪里布(H. Gribble)是于道光二十三年九月初四日(1843年10月26日)抵任[何丙仲:《纪里布与厦门开埠》,载《鼓浪屿研究(第三辑)》,厦门大学出版社,2015年]。第二年,也即1844年6月末,16岁的英国少年巴夏礼(H. Parkes)来到厦门担任领事纪里布的翻译官,开始其外交生涯。1844年11月4日,英国第二任领事阿礼国(R. Alcock)夫妇到厦接任,巴夏礼继续为他工作,直到1845年3月28日调任福州。

　　英人斯坦利·莱恩-普尔(Stanley Lane-Pode)和弗雷德里克·维克多·狄更斯(Frederick Victor Dickins)根据巴夏礼大量日记和未刊的书信,编著了《巴夏礼传记》,其中译本《巴夏礼在中国》已于2008年由广西师范大学出版社出版。巴夏礼在厦门时间不长。他第一次看到的厦门印象并不佳,在一封书信里他写道:

　　　　厦门一片贫瘠,四周只见沙土和岩石,这和舟山肥沃的山丘、充满生气的村庄相比,真是天壤之别。一些堡垒还在,我们的部队没时间将它们全部炸毁,但它们或多或少遭到了破坏。

该传记的作者写道：

> 厦门建造在一个岛的西岸，岛的面积大约为 35 平方英里。巴夏礼以前来的时候曾对南面和西面贫瘠的山峦感到震惊，那些裸露的不毛之地现在被村子之间的草地取代了。树木仍然稀少，只在村子的周边地区才有。所有的水果和大部分肉制品都依赖进口。当地居民唯一的谋生手段是捕鱼，1844 年的时候，他们看起来很穷困。房子和寺庙破烂不堪，没有整洁的居住环境。巴夏礼评论道："这是我见过最邋遢的地方，街道狭窄，又脏又乱。"

接着，又写道：

> 领事办公室在厦门的城里，但是领事和英国人的社区（其中有七名传教士）坐落在对面的鼓浪屿上。岛上驻扎着英国的部队。巴夏礼最初住在办事员的房子里，那里通风很好，一共有三间房间，还有一个很大的庭院，种着花花草草和农作物。巴夏礼很喜欢，决定按照原样保留下来。但是从他的日记来看，他最终放弃了这样的想法。后来的几个月里，他出售了很多猪以及家禽。他每天都要从自己的住处去领事馆上班。

可惜本书没有引用翻译官巴夏礼饲养猪和家禽相关的资料。另者，1842 年 2 月来厦门布道的美国归正教牧师雅裨理（D. Abeel）肯定是书中所说的与"领事和英国人"一起住在鼓浪屿的"七名传教士"之一。他们所居"通风很好，一共有三间房间，还有一个很大的庭院，种着花花草草和农作物"，则似非现在官方所认定的"黄氏小宗"。

中国近代第一家造船厂的广告

20 世纪 80 年代初，陈福安同志整理厦门造船厂厂史，命我到上海图书馆徐家汇藏书楼查阅资料，于 1859 年 2 月 12 日出版的英文报纸 *North China Herald*（《北华捷报》）的第 2 版读到一份史料，乃将于同年 5 月 1 日开张的

"厦门船坞有限公司"的广告,据此可知,就建造有船坞,从事修、造船只而言,它比前称中国近代最早的专业造船厂——福建船政局马尾船厂[清同治五年(1866)兴建,翌年年底竣工]还要早若干年。兹录原文以飨同好:

Amoy Dock Company, Limited

The directors of the above company beg leave to intimate to merchants, shipowners, masters of vessels and the public generally, that the Amoy Dock will be opened and ready to receive ships on or about the 1st May proximo.

The dock is 300 feet long and 60 feet broad, built entirely of granite, on a solid foundation. The company will always have a large stock of masts, spars, planking, copper, yellow metal, bolts, &c., and they will be able to supply all requisites for the repair of ships on the most favorable terms.

An experienced manager has charge of the works, and a full staff of efficient carpenters, blacksmiths, &c., will always be kept up.

For the Directors

Thos B. Boyd, Amoy, 22nd January, 1859

此广告译文刊载于 2010 年我翻译出版的《近代西人眼中的鼓浪屿》第 164 页,文曰:

厦门船坞有限公司。厦门船坞有限公司董事长敬告机器所有者、船东、商船船长和广大公众,厦门船坞将于 5 月 1 日开业,并接纳船舶。本船坞长 300 英尺,宽 60 英尺,全以花岗岩砌筑为坚固之基础。本公司常备有大量的桅杆、圆木、板材、钢板、黄色金属和螺钉等材料,能以最优惠的条件满足所有修船的需要。由富有经验的经理在工厂负责,长年拥有充足的优秀修船木工、锻工等一应人员。1859 年 1 月 22 日,董事长 T. B. 博伊德于厦门。

近代最早接触西洋乐器的中国人

在日光岩题刻"鹭江第一"的林鍼,乃近代中国应邀赴美之第一人,有"近代中国测量大海的第一块贝壳"之誉。1847年,时年二十三岁的林鍼"受外国花旗聘,舌耕海外",二月由粤东(潮州)启程,至六月达其国,在美国工作了近两年,于1849年二月回国。写有《西海纪游草》和《西海纪游草序》,详尽地介绍他在美国看到的先进科技、社会生活,为国人开了眼界。

林鍼也是近代最早接触到西洋乐器的中国人。他在书中说:"番女虽工诸艺,予独取其风琴,手弹足按,音韵铿锵,神致飘然。"这比1866年史称张德彝在上海第一次看到"洋女拨弄洋琴,琴大如箱,音忽洪亮忽细小,参差错落,颇觉可听"要早了近二十年。

林鍼,字景周,号留轩,原籍福建长乐。

近代第一位来厦的洋医生

Dr. William Henry Cumming 是近代来厦的第一位洋医生,其名字通常被译作甘明,亦作高民。鸦片战争期间,基督教美国归正教会的传教士率先赶到厦门鼓浪屿。1842年,甘明作为传教医师从美国先到澳门、香港,同年6月7日抵达鼓岛,在先他而到的传教士雅裨理租来的寓所里办起小诊所,给鼓浪屿人施医赠药。1844年元月,又在厦门寮仔后开办一家小医院。当时厦鼓尚无西医,再加上甘医生的医术可能也不甚高明,故其医疗成效不甚彰显,因而1847年只好借口健康问题打道回府,一去不返。甘医生倒是在其他方面留下雪泥鸿爪,当时的《中国报道》(*China Report*)说他在鼓浪屿时,与当地官员和知识分子有所接触。时任福建布政使的徐继畬为了解世界地理,常到鼓岛向洋人请教。徐氏于所著《瀛寰志略》一书中称甘明医生熟悉泰西各国情况,对瑞士尤了如指掌,说:"花旗人甘明者,尝游其地,极言其山水之奇秀,风俗之淳古。惜乎远在荒裔,无由渐以礼乐车书之雅化耳。"(《瀛寰志略》第172页,文物出版社,2007年)。

厦门第一座图书馆史料二则

厦门第一座公共图书馆是博闻书院,建于1875年。今有史料两则。
英人许妥玛(F. F. Hughes)的《厦门海关十年报告(1882—1891)》云:

> 报告提及本地唯一的一座公共图书馆。它的存在不是由于本地人的事业心或慷慨大方。它的创办人是德国领事馆人员巴德热先生(Mr. H. Budler)。1875年,他在厦门城内创办这一机构并给它取名"博闻书院"。创办人的用意在于为中国人提供一个读书的处所。它免费向所有的人开放。在那里,人们可以接触到外国经典著作的译本和主要的中国报纸。该图书馆名义上由社会捐款资助。每月固定给予捐助的有道台8元,海防厅2元,海关2元。然而几年后,其他资助停止了,图书馆完全依靠上述官方资助。从1884年起,海关税务司依据职权成了图书馆名誉秘书和司库。在厦门居住的一位领事雇用了一个办事员,专门管理图书和期刊。据报告,这个人还是香港和上海出版的中国报纸的代理人。据说,定期到图书馆来的人中,有很大一部分是为了买报纸,也有想到这里收取更多精神食粮的学生,但人数极少。(《近代厦门社会经济概况》第281～282页,鹭江出版社,1990年)

该书第329页有习辛盛(C. Lenox Simpson)的《厦门海关十年报告(1892—1901)》又云:

> 本十年间,厦门博闻书院有了扩展,添置了更多的书和报刊。

再者,近代重要涉外档案《海防档》第206～208页载,光绪元年(1875)八月二十九日闽浙总督李鹤年函称:

> 敬再肃者,本年八月初四日,据署兴泉永叶道永元禀:准厦口德国领

事克劳尔,英国领事费笠士,税务司康发达、(德达)那、白兰多、协品多等联名函称,拟特仿上海规模,在厦创博闻书院,使厦门人士风气日开,西学日进。由该领事等倡捐经费,先行试办。金称由道会商在地方官绅等议捐输,或于公项闲款按月酌拨若干,以期集事。一面给示,俾使周知案由。查上海捐设格致书院,未知其详。该领事请于厦门仿照办理,似应如其所请。惟厦地公款无可筹拨,只有会商在地官绅量力筹捐。一面分给告示,以昭信睦等情,并将原函、规函及书院知单、执照分别抄送前来,除饬通商局司道刻日核议,并将官绅筹捐一节有无窒碍,一并核复,到日另再咨呈冰案外,合先肃此,并抄录原函、条规、知单、执照,送呈尊览。

(原函)

敬启者:窃维格致之学,大之可跻治平,小之可通艺术,是诚尽人所宜讲求者也。中国人材林立,智能不让西人。向时风气未开,素不究心于器艺。自贵国军兴以来,参用西国枪炮操练之法,所向克捷,是非徒托空言,洵属有裨实用,早经贵国各直省大宪目击其利。创设制造各局,讲求艺学,然已渐窥其机奥矣。惟是局中从事者知之,而局外未尽知也。目前学艺者能之,而后日未必尽能之。但欲使人人通晓,而不虞日久废弛,则必有聚会讲论之所,招集深思好学之人,随时学习,讲求参考。务使中外艺学并兴,人材施诸实用。于是,去年泰西仕宦会同贵国官绅筹议,在于上海口岸另设格致书院一所,直督、江督各捐千金,上海、九江、天津各道亦捐数百两。其凡申江中西巨绅富贾,均各乐输捐助,刻已举办将成。兹闻厦门一带,近为瓯闽之门户,远为南北之枢纽,中士素称殷繁,西商亦复云集。敝领事、税司等故特略抒管见,仿照上海规模,在厦捐创博闻书院一所,亦使厦地人士风气日开,西学日进,则中西士商得以时相联络,永敦和好,岂不美哉!惟现在事方图始,集资不易,只能粗备书籍、器具、租赁房屋,由敝领事、税司等倡捐经费,先行试办。刻日拟举董事,略定章程。功将图半,而图始当必图终,其事可历久不废。用敢公具寸函,仰请贵道可否会商在厦文武官绅筹议,俯念事关利益华民,随意捐输,共襄美举,或再于公项闲款内按月酌拨书院经费若干,则可终始集事,并请一面给示悬贴院内,以免滋扰;一面告示通衢,咸使周知,俾厦地士商人等有所观感而兴起焉。专此奉布,顺颂升祺!仍希示复为盼。名另具:克劳尔、康发达、费笠士、德达那、卜德荣、白兰多、协品多。计附送书院知单三十纸、抄录规条一纸,并执照各件。再:复函及示稿等件,即送德国公署。

(条规)谨将本书院条规列左:

一、凡厦地仕宦绅商文雅之士,有志欲来本书院观看各书各报者,须向司理书院董事取给执照,方可出入。其余工匠、仆役以及粗俗、轻浮、下贱之人,一概不准入院遭扰。倘敢故违,硬自闯进者,定即送究。

一、查上海书院设有各种新式机器图样、天球、地球、五金、矿石、气炉、雷箱等类俾学者省观。本书院初立,一时未能购备,容俟陆续招集多款再行购办,以便学者揣摩。

一、凡来看书之士,须各安心静坐观阅,不得言语喧哗,以及谈说闲话,倘如不知自爱者,面斥莫怪。

一、本书院内所有各书各报,欲看之人俱请来院阅看,无论何人一概不准借出。倘有无耻之辈私自窃取出门,一经发觉,定照窃律究治。

一、本书院各书各报各有一定处所安放。凡来看书看报之人,须在原处观看,不可参差翻乱,以及东走西观,漫无定向。如此处安放之书及报,不得携至彼处安放,观毕仍归原处,以免紊乱难查。

一、本书院定于每日早晨十点钟开门,以日没之时关闭,天长约于六七点钟为度,天短约于五六点钟为度。院内皆不继灼。

以上本书院所定章程,或有未善未周,或不便于众者,听凭大众商告更改,断不坚持固执。

(知单)

盖闻中华亘古素称文物之邦,自三代以下历汉、唐、宋、元、明、大清一统,圣圣相承,昌明学术,教化文章,无不博传天下。惟吾泰西学校,历代中华人士均未深知,至明季年间,始有人士自泰西入华,与中国士儒同游,出其底蕴,著有成书,凡诸天文、地舆、格致、算数各学,无不交相译传。迨于今中国京都设有同文馆,上海设有广方言馆,闽、粤各省亦各设有书院,均延泰西士儒在内,翻译西书,发明西学,以期有俾治道,利及寰区。兹吾西人旅来中国有年,所有中国风俗、吏治、民情,吾西士无不讲求讨习,而中国之人于吾泰西各国礼仪、制度、学校、民风至今尚未深悉,徒知美艳泰西之器艺而已,不知泰西之器艺所以精且利者,皆由学问而出,而学问乃为政事之本,实足补中国圣贤所未及。故中国聪明特达之士,有志者虽留心西学,每苦无门可入。于是,去年泰西各国仕宦会同中国直隶、两江各督,上海、天津、九江各道,申江中外各商筹议,在上海口岸捐创格致书院一所,院内购备各国书籍,并译成华文泰西各国格致各书,延请各国士儒讲求西学,专励中华人士,见识日广,学问日精。若此则中国器艺之一道,有不勃然而兴者,未之有也。兹厦门一岛,向称傍海名区,人物既繁,文风亦盛,故吾等特抒管见:仿照上海规模,在厦捐创博闻书院一所,院内购备万国公报、中国京报、中西闻见录、上海申报、香港日报及各处新报,并购买译成华文泰西格致各学书籍存于院内,然并无传教之书,以备厦地仕宦绅商入院观览,可期扩充器识,共广见闻,不独于此时学术有裨,且将来通商,彼此联为一气,更必中外相安,永昭诚信矣。惟望有志者勉而习之。光绪元年夏六月,驻厦门泰西各国仕商谨启。

(执照)

博闻书院执照第一百十六号。出入院内阅看书报,以三个月为期更换。

光绪元年七月,司院人:金陵徐垒三经手给。

本院设立厦门卖鸡巷泰山口便是。

打马字在厦滋事

道光三十年(1850),美国归正教会传教士打马字(J. V. N. Talmage)在厦门编著《厦门方言拼写课本》(*Amoy Spelling Book*)这部指导学习厦门方言的入门教材时,和另外两名传教士共同延请一位名叫杨乔年的读书人为教读先生。这位杨先生某日被厦门局口街的无赖许牛所敲诈,许牛以到他家"题缘"未遂,便于同年十月二十六日晚在局口街聚众殴打杨先生。美国驻厦门领事认为杨先生是他们国家传教士的雇员,遂照会地方官员要行使治外法权,惩治许牛。结果地方官员借口生病不见。最后此事闹到兴泉永道,才斥责厦门海防厅失职,把许牛拘捕归案,并答复美方将进行审讯。此事件见诸美国国务院档案馆的《美国政府解密档案》。2006年广西师范大学出版社将其中一万三千余份照会,整理出版为《中美往来照会集》,共十九册。其第一册即辑入此照会。复旦大学周振鹤教授在其随笔集《余事若觉》的《推进中外关系史系列档案的公刊》一文曾举为例。

咸丰元年厦门"苦力"在澳大利亚之契约

1999年秋,澳大利亚研究近代澳洲移民史的学者唐纳利(John Donnelly)访华期间特到寒舍做客,并出示若干史料,其中有一份清代咸丰元年(1851)八月十七日厦门人 Lin Qing(林庆),和1851年10月11日 Yap Hai(叶海),被"招募"到澳大利亚打工的合同英译件。他们肯定不是第一批到那里的"苦力(猪仔)"。陈翰笙《华工出国史料汇编》未载此文。今将原文移载如下:

清咸丰元年 Lin Qing(林庆)的华工契约英文文本:

Translation of Chinese Language Contract

I, Lin Qing, am willing to sign for five years with an Australian, living in colony of England. This person asked the Tait and Company in Amoy to recruit workers to work in the pastoral industry as a shepherd or as a general hand in Australia. The employer will give Lin Qing 3 dollars salary per month, or give the same amount in English currency. In addition to this salary, the employer also will provide 10 Ibs. of rice, 8 Ibs. of flour, 1 Ibs. of sugar, 8 Ibs. of meat and tea. Because of Lin Qing's request to serve his urgent needs he has borrowed 6 dollars in advance in Amoy. After arrival and commencement of work, his salary will be deducted one dollar every month until he has paid back all the money owing. Afterwards, he will get his full salary again. Lin Qing is required to do whatever work the employer asks without protest. This contract is the proof of all things mentioned above.

17th Day of the Eighth Month in the First Year of Xian Feng

清咸丰元年 Yap Hai(叶海)的华工契约英文文本：

Memorandum of Agreement

Witnesseth that the said Yap Hai agrees to serve the said T. B. Simpson, and such person or persons whom he may place in charge over the said Yap Hai, in the capacity of Shepherd, Farm and General Servant, and Labourer, in the said Territory, for the term of Five Years, to commence from the date of the arrival of the said Yap Hai in the said Territory, and to obey all his lawful orders, and the orders of such persons as may be placed over him. And the said T. B. Simpson agrees to pay the said Yap Hai at the end of every three months, wages at the rate of three Dollars per Month, the said amount to be paid in Sterling British Money at the rate of Exchange of 4/-per Dollar. And to provide the following Weekly rations, namely:

1 Ib. of Sugar

8 Ibs. of flour

9 Ibs. of meat

2 Ozs. of tea

And the said Yap Hai agrees to pay to the said T. B. Simpson out of the first Moneys or Wages to be received by him, by four equal monthly payments, the sum of Six Dollars now advanced to him.

Witness of signature and Payment of advance Jno Condly.

Yap Hai

T. B. Simpson

(Eleventh day of October, 1851)

有关白齐文的两则史料

美国人白齐文(H. A. Burgevine)投奔太平军，在厦门死难一事，我中学时的老师张玉姐先生撰写《关于白齐文后期投奔太平军在厦门被捕死难的探讨》,刊载于1981年省历史学会厦门分会所编之《史论》。

张老师据英人包罗(Cecil Arthur Bowra)的《厦门》、《太平天国史料译丛》和《曾文正大事记》以及厦门李禧所著《紫燕金鱼室笔记》等文献,论述甚详。白齐文初任洋枪队副管带,1860年5月代理管带,旋哗变而投太平军,被美国驻沪领事驱逐出中国国境,于1865年5月13日乘船到厦门,被清当局逮捕,在押解途中"因舟复溺于水"。包罗的书中记载白氏在厦被拘押,"有一位同谋者带领一群莽汉到海防厅衙门……破门而入后,才发现他已被送往他处",可见其中尚有解救之插曲。李禧的笔记则谓白氏"来厦,欲往漳州参与乱事,寓鼓浪屿美领事署。越日乘小舟他出,夜十二时过海关虎哨船,适为翻译官竭模触见,即小舟中搜获三人:一白齐文;一克令,英人,亦名将;一仆人。送郭提督妥禁,将解上海讯治,至浙境覆舟毙于水"。

兹据夜读所获,关于白齐文之史料又得数条。

一为美国学者马士(Hosea Morse)和宓亨利(Harley MacNair)所著《远东国际关系史》(上海书店出版社,1998年)第十四章"太平天国的国际形势",其中有白齐文哗变的经过,并评价"白齐文具有他的前任所赋的许多品质。他勇敢,是一个能干的组织者,并且深得部下的信任。然而,就处事圆通周到来说,向为华尔之所长,却正是他的短处。他没有能和中国官员建立起良好的关系。大家怀疑他的野心比原先认为华尔所抱的野心还要大些,而尤为李鸿章所不信任,李氏一上来就要求士迪佛立将军推荐一位英国军官担任白齐文的军事秘书,因而在11月11日,奥仑上校奉派担任了这个职务",此事引起白氏的极端不满。继而又发生白鹤港之战功劳被抹杀,以及1863年与上海钱商杨坊关于饷款纠纷的处置不当,发生口角,打了杨坊的耳光,"并且从屋子里为他的军队拿去了四万两的一宗款项"的事件,于是受到解职处分,因而发生哗变。该书的注解称"白齐文将军后来的经历是五光十色的,复职的打算失败后,他和他的一批旧部就在8月间投入苏州的太平军。两个月之后他向戈登投降。11月,他被押解到日本。1864年的夏季他又投入太平军。翌年5月,他落到福建官员的手里。他被解往苏州,但是在路上落水溺毙,这大约是奉中国方面的命令故意造成的。1865年10月,他的尸体运到上海"。

一为台湾"中央研究院"所编《海防档·甲》,其中有同治三年(1864)正月九日"总署收江苏巡抚李鸿章函":"详陈李泰国与赫德交代案;戈登来苏谒见及常胜军现状;白齐文抢船被拿,押逐返国经过。"内称"承示,将白齐文抢船被拿情节开送美使,面为辩论,嘱其重治白逆之罪。并谕询该逆如何起意连劫二船,毕竟前船是否一并抢去?令即切实声复各等因。查白逆于解交领事押禁后,旋即赴东洋,美领事则指为回国。已经鸿章前函陈明。花旗立国未久,现又内乱,最无纲纪。白齐文治罪一层,既属不肯遵办,押令回国,亦恐徒托空言。今既前往东洋,无从再为追究。该逆粗暴性成,毫无真实本领。助贼数月,不能取胜于我。随被拿获,押在中国,已足申明法制。该逆迭次受伤,即使仍不甘心,似亦无能为役。是此案已有结果,惟不必与之明结"。

当太平军残部"李世贤既陷漳州",曾派一个名叫陈金龙即陈九鲤者"饬带函件面交驻厦外人联络援助,盖时将大举围厦也"。不料陈金龙把信误投到厦门海关,被关通事林鋮破获,勾结税务司休士(G. Hughes)把陈金龙扭送兴泉永道,会同厦防分府讯为匪首,"即夜正法"。白氏之事似略早于此。事载李禧《紫燕金鱼室笔记》。

《述德笔记》所记贝勒毓朗来厦数事

清光绪三十四年(1908),贝勒毓朗来厦门主持欢迎美国东方舰队之来华访问。毓朗之弟毓盈记述其兄平生行迹共二十四篇,集为《述德笔记》八卷。其第六卷为《记欢迎美舰事》。开卷记其兄"秋九月忽拜命往厦门欢迎美舰",先"往拜驻京美公使",旋接到"南省有电来:革党麋聚厦门一带。今又有电来,往厦者愈众"。毓朗不惧,遂乘京汉火车南下。过黄河,到汉口,改乘江轮至南京,乃"由上海乘海崎军舰行"。

继而记云:

> 距厦门约百里,忽无线电钟鸣,译之乃闽督之电,"请入口停泊后,约来船上跪安。请不必登岸,以革命风声甚大,恐有失也",余笑曰:"予之来,受命迎美舰,苟不登岸,何以尽职?托病不出,人其谓我何?美舰来时仍须登岸,则其险一也。余不见厦门山水,脱殉国难,不亦慎乎?"使复电云:"必登岸,请勿来船。"午正至厦,俟岸上备接见公所讫。未正登岸,至炮台接安毕。众劝回船,余不可,曰:"余固知会场为水所没,湿不堪居,然鼓浪屿余已前期订寓所矣。"松制军、尚藩台颇以租界不能派兵保护为虑。余遂往会场稍坐,梁尚书留。

余去至鼓浪屿,青天碧海,风景顿殊。白鸥与帆樯往来,萧闲之致,使人忘倦。回视厦门,则亦一海岛耳,乃市中不见海、不见山,天且一线屈曲,两旁屋中,白昼燃灯,秽污狼藉,肩舆两旁扶轿杆,武弁时时释杆退后。街窄不容并行,对此真天渊也。寓楼四望,浓荫环匝,上山路宽而修洁,西人士女散步于夕阳影下,殊少喧嚣龌龊之态。楼院有白玉兰,树极大,几若北京之槐,香闻四邻。沿途瞥睹一蓖麻,高不异常度而老干重重干皮,若蕉心颇厚,已拱把矣,似多年不枯者。抵寓,问闽督署所遣办差者,茫然无以对。予笑曰:"试循来路自见。"乃去久之,归曰:"是蓖麻也。"福州人视厦,几如外域,言语风俗,亦颇有不同,隔阂甚矣。故从者每闻土人言,问之省城人,辄不能解之。

次日,拜美领事等。初,余之至厦也,德军舰鸣炮二十一响以欢迎之。概西洋对皇族礼也。初,中土不尚西礼,无鸣炮之举。李傅相以北洋大臣侯爵出洋,舌人索鸣二十一炮礼,遂沿成定例。至是,闽督至,德军舰问欢迎炮数,翻译以此礼答之。德人不可。遂以二十一炮礼迎余,一十九炮礼迎梁尚书,即止。此亦中国不明白规定之过也。无何,美舰至,计十六艘,船极大,来人亦众。余同梁尚书往船上欢迎,美提督殷殷感谢。相见甚欢,邀余观其舰之内外布置,问余能入其炮台一观否?概入台须曲偻梯登,由穴而上。余曰:"可!"乃去冠,披褂襟朝珠,鼓勇而登。入见炮膛甚巨,一切装送子弹,扫刷炮身,皆电力为之,洵利器也。

归乃预备欢宴来宾。既夕,美舰尽以电灯重重缘之,远望之如贯珠。我海圻效之,然渺乎小矣。会场备种种游戏之具,任其兵丁赛之,并燃广东五色烟火以助兴,室中演广东戏。设席款客,自申刻起,率至午夜始止。次日如之。时在十月初旬,余着单蟒袍补服,犹挥汗也。会场外无树木,惟哆啰麻数丛高过人,俗呼为龙舌掌是也。无何,至初九日,厦门鼓浪屿西人绅商士女,请舰上人茶会。是日,舰上官兵皆不至。松制军欲宴予于会场。时予正持先严服,以王命不敢不从吉,周旋王事,私宴则不便往,乃婉辞之。

连日因于公务,俗不可医,思登眺以舒怀抱。乃潜出,杖而登山,只一童从焉。既,为护从兵弁所觉,大惊,群来围护,肩舆亦至。时戒备正严也。余却之不得,乃乘肩舆使之西行,茫茫无定处。至一破庙稍息,小雨亦作,衣衫尽湿。周视岛四面,一面与大陆若断若续,海天空阔,但少林木耳。余平生喜登眺,尤喜见未尝见者。至是,心目一快。比返,已行十七里矣。归至会场始上灯。闻日间松制军等正宴梁尚书及随员,忽有一人环场而窥,巡警喝之,即奔。追捕之,搜其腰间,刺一,长咫尺;铁环、铁搬指各二。概行刺者也。闻已交县,后不知其所终矣。问之松、尚二公,辄唯唯。概旧日风尚,有变不欲张扬于外也。初十日早,率梁尚书以下在会场北向扣祝如礼。午后,接待来宾如初。十二日,外宾去,送行如礼。梁尚书病莫能兴。

适有厦门工人等,挽唐国安来诉:美人对往菲律宾岛工人严厉不中情,乞缓颊事。余乃同唐国安往鼓浪屿见美领事,言工人苦况,如贫民贷薄产往菲岛佣工,往往未登岸,以目疾不许逗留逐回。比归,家已罄。再往,无力行矣。又如工人在岛久,往往假归,一时不能往,辄取消执照,再往,费又不赀,其余皆工人不便处,商美领事更张之。领事许为电美国政府。后余归京,接领事公文,及工人团体谢函,则验眼已改就内地,俾省工人船资;假期展为二年矣。

毓朗(1864—1922),字月华,号余痴,爱新觉罗氏。

赛金花与厦门海关三等帮办

清末八国联军破北京,据说联军统帅瓦德西(Alfred von Waldersee)因赛金花的缘故,凶焰稍敛。曾孟朴的小说《孽海花》言之甚详,于是人遂深信不疑。此事《梅楞章京笔记》(中华书局,2007年)却有当事人的记录,似较为可靠。该笔记作者为"萝蕙草堂主人",1942年十月伪满铁大连图书馆印行。从书前的图书馆馆长北川胜夫的日文一序获知,"萝蕙草堂主人"即伪满驻日公使丁士源。丁士源出身北洋水师学堂,曾是肃亲王的亲信,民国时期任过京汉铁路局局长,其后又效忠于伪满洲国,充当汉奸。

据笔记所载,瓦德西在北京打磨厂设有军法处,处长格尔,其翻译官乃厦门海关三等帮办葛麟德。葛氏其人"嗜好甚多,每至赛金花南妓处吸阿芙蓉,故石头胡同各妓寮如有被德兵侵扰者,必告赛转恳葛麟德宽恕或查办。是时,丁士源与王文勤之子日赴赛寓酬应。赛曰:葛大人,吾等空相识月余,前恳君携赴南海游览,君虽口诺而终不见实行。葛曰:瓦德西大帅于南海紫光阁办事,军令森严,吾辈小翻译不能带妇女入内。语至此,葛遂询丁曰:闻阁下曾入内谒瓦帅数次,昨日又谒参谋长,为办理掩埋善事,阁下或能携彼入观。丁曰:可。惟赛必须男装。……"于是,葛、赛、丁、王四人"遂约于翌晨十时同往",先至景山,再过金鳌玉练桥而到南海,则瓦德西与参谋长适外出,"因之不克入内,及退归赛寓,已钟鸣一下"。读"萝蕙草堂主人"以亲身见闻所记,赛金花与瓦德西确无关系,瓦德西之《剿拳日记》也可以参证。

笔记又指证:外界的传言皆出自丁氏的僚属钱塘钟广生和浏阳沈荩两人之口,彼时赛金花所熟悉者实为原厦门海关三等帮办葛麟德也。葛麟德既在厦门任职,又如何到北京参加八国联军充任翻译,此过程日后读书,当留意也。

天界寺僧买彩票

岁庚辰(2000),我在厦门天界寺读到一方清光绪三十三年(1907)题刻的《重修天界寺碑记》,其内容乃记载当时寺僧以买彩票中奖之款项修建佛殿一事,颇有意思。碑文记载光绪戊戌年(1898),该寺正苦于"为费较巨"而无力维修,以致日渐朽坏。突然有"一夕,寺僧锦晓和尚忽梦神告之曰:'财非难也,得其人、得其时之为难。此月川汉彩票将为厦门人所得,子其图之,得其财以修吾庙,亦犹夫捐资也。然子福薄,寺中有李清洗者,可与之谋也。'"于是,两人真的合买了一份川汉彩票,果然中了头奖。该碑还记述厦门"某巨绅"这次也得神人托梦,购买湖北彩票中了一千元。结果光绪三十年的这次重修,"六月兴工,葭月落成",花费"二千余金",而这通重修寺庙的碑文,的确没有附上别的捐资者芳名。

神仙托梦之事本属子虚乌有,但方外和尚也买彩票之事,却反映了清末厦门的社会风情。

厦门戒缠足会

厦门戒缠足会成立于清光绪三年(1877)。顷读1879年3月22日《万国公报》，其中有署名抱拙子所撰之一文，披露了当时厦门戒缠足会的情况云："缠足之俗，贻害闺门。……牧师见信徒积习未肯卒改，心焉虑之。于是共设一会，名曰'戒缠足会'，每年聚集二次，凡有不愿为儿女缠足者，则当于会中立一约纸，书其姓名于上，令其亲押号为凭，然后将约纸各为一半。后若背约，则会众共责之。然非以勉强制人，实由自己甘愿也。自设此会，于今三年，入会立约者计八十余家。"据当时在厦门传教的英人麦高温（John MacGowan）所写的《中国人生活的明与暗》一书，乃称其为"天足会"，系"一位高尚的英国妇女阿契巴尔特·里托夫人在南方的厦门开始这项事业"（[英]麦高温著，朱涛、倪静译：《中国人生活的明与暗》，时事出版社，1998年，第375页）。

据此可知，厦门的反缠足运动要比1893年康有为先生在广东南海成立的"不缠足会"还要早。

老鼓浪屿谈往

英国牧师 George Smith 于1846年1月到厦门传教，自取华文名字为"四美"。可能是他身高腿长，勤于布道，而厦门人常比喻走得快的人说"两只脚跑得像'四美'"，由此得名。四美也是《瀛寰志略》作者徐继畬的朋友，他称赞这位福建布政使是一个博学的人，"会一连几个小时地谈论地理学""对于西方的政治和地理异乎寻常的精通"（《中国丛报》1846年第15卷）。

杰拉德·F.德庸的《美国归正教在厦门1842—1951》一书说，19世纪90年代末，鼓浪屿就有足球运动，当时一位教师在报告中称，他们（按：指中国孩子）踢起球来，"鞋子往往飞得比球还高，因为他们不像我们，是有绑鞋带的"。话虽揶揄，却是史料。寒夜读书，顺手摘译。

美国归正教会传教士 P. W. Pitcher，华文名字曰毕腓力，1885年来厦门传教，旋在鼓浪屿寻源书院任主理，因身材短小精干，人称"古董毕"。"古董毕"办事刻板。某年暑夜，学生科头赤膊在校园里乘凉，不料被"古董毕"发现，他一边高喊"打生番啊"，一边提着长竿追过来，学生们赶紧作鸟兽散。（庄克昌：《感旧录》，厦门大学出版社，2018年）

闵加力太太（Mrs. S. Veenschoten），英国音乐家也，1917年随夫君旅居厦门鼓浪屿，遂在岛上诸音乐团体中任指挥兼伴奏。美国学者杰拉德·F.德庸在一书中记述闵加力太太"还协助毓德女子中学校成立了完全由民族乐器组成的国乐团"（《美国归正教在厦门1842—1951》第309页，龙图腾文化有限公司，2013年），说明中西音乐文化在鼓浪屿曾经有过有益的交流。至今岛上的老者尚能回忆，说闵氏体态丰腴高大，还擅长唱女高音。某次在中华基督教会福音堂唱圣诗，以手摇风琴伴奏，由一小孩摇风箱，"闵牧师娘"弹奏，十数辈男女老信徒合唱。结果，小孩之气喘吁吁，风琴之呜呜，夹杂着参差不齐的合唱声，一时成为鼓岛之美谈。

阿罗沙诗话

1924年秋，林尔嘉先生赴欧洲游历养疴，旋息影于瑞士之阿罗沙。阿罗沙者，瑞士之旅游胜地，风景绝佳，素有世界公园之称。林氏久羁异域，不免乡愁，某日寄语鼓岛旧侣云："青松白雪无情物，红豆春风有所思。六千尺山五年客，朝朝暮暮数归期。"诗至，有菽庄吟社社友和韵促归，诗云："古雪六千尺绝顶，秋人五万里相思。东西流水成今日，万壑朝宗无尽期。"林氏得诗，情不自持，遂理归装。及抵家，已离开故乡七载矣。

"杜览伯"

"杜览伯"者何物？西洋乐器中之小号也，因其英文为Trumpet，鼓浪屿人遂依声独创此"洋泾浜"语言。抗战胜利后，厦门常举办音乐会，鼓浪屿毓德女子中学亦其中一主要地点，王政声等名家的钢琴演奏及以林克恭的小提琴、廖永廉的大提琴和朱思明的钢琴伴奏组成之三重奏最令人倾倒。方连生擅长吹奏"杜览伯"，据说声情并茂，每有"此曲只应天上有"之妙。世谊方友义兄的《侨师集》油印小册子，录有当时的节目单，颇有参考价值。

"No dog allowed！"

陈煜博士在其所撰论文"The Recreation Ground on Gulangyu"(《鼓浪屿番仔球埔的前世今生》)中认为,鼓浪屿"番仔球埔"(今鼓浪屿人民体育场)创设于1872年,这一年,美国驻厦领事李仙得(C. W. Le Gendre,一名李让礼)在鼓浪屿承租了大片土地,包括向8位有名有姓的中国业主租9块田地,将1600平方米土地围筑了短墙,铺上草皮,整合形成一大块绿地,这便是番仔球埔的雏形。这些契约至今有据可查,陈博士之说可谓确论。英人翟理斯在其1878年出版的《鼓浪屿简史》也提到这个球埔可以进行板球和网球的比赛(见何丙仲译:《近代西人眼中的鼓浪屿》,第189页,厦门大学出版社,2010年)。但至今尚未查出它改为足球场的具体时间。

20世纪90年代,我在为母校厦门二中(英华、毓德)编撰校史时,有老校友捐赠一帧英华中学学生足球队在"番仔球埔"的旧照片,照片的原持有者在背后加贴一张小纸头,上面写道:1941年11月某日英华学生首次进入球埔踢球。为此事,我特地请教黄猷、吕庭祥等英华前辈学长,蒙他们相告,当年"番仔球埔"门口确实钉有一个木牌,上书英文"No dog allowed！"意即"狗不得入内"。如果查实抗日战争鼓浪屿沦陷前夕,华人才能入内活动,那这个"文明告示"的性质就截然不同了。

Auld Lang Syne

1908年4月,英人赫德(Robert Hart)创立的华人乐队在北京演奏"Auld Lang Syne"一歌,时人将此歌译为《珍重再见》,今则译作《友谊地久天长》,耳熟能详之外国名歌也。20世纪30年代,鼓浪屿邵庆元(觉庐)先生任毓德女子中学校长。邵先生于古诗词、西洋音乐均有造诣,并精英文。他认为"译外国古典主义的作品,必得用旧诗词的句调才配",遂动手翻译一批外国名诗名歌,其中将"Auld Lang Syne"译为《往日》,歌词曰:

一、宁有故人可以相忘,曾不中心眷藏?宁有故人可以相忘,曾不眷怀畴曩?和:往日时光,大好时光,我将酌彼兕觥!

二、我尝与子乘兴翱翔,采菊白云之乡。载驰载驱征逐踉跄,怎不依依既往?和:往日时光,大好时光,我将酌彼兕觥!

三、我尝与子荡桨横塘,清流浩浩荡荡。永朝永夕容与徜徉,怎不依依既往?和:往日时光,大好时光,我将酌彼兕觥!

四、愿言与子携手相将,陶陶共举壶觞。追怀往日引杯须长,重入当年好梦。和:往日时光,大好时光,我将酌彼兕觥!

邵先生配曲并与朋友"拊案低唱"后,还让毓德女子中学校之女生练唱,他边听边改,最后才定稿。他平生所译存世仅五十多首,抗战时期带至菲律宾。

"车利尼"马戏

王步蟾《小兰雪堂诗钞》有《醉仙岩观肩戏歌》一诗,记光绪辛卯(1891)"仲冬二十有二日"观来自榕垣福州的"踏肩戏"演出,王步蟾有短序记之:

> 来自榕垣,其台后实前虚,实以处奏乐诸伶,虚以容登场脚色。以青布幕台下四角。童子有八,载以壮夫,能于肩上掌中搬演杂剧,坐作、进退、俯仰、周旋,歌舞自如,如履平地。间为武戏,有累几四五倒立于上,因而跃下者;有联肩而上,骈三四人植立不仆者,询其齿则小者才九岁,大者尽十四五,便捷轻利、变幻离奇,几与"车利尼"马戏相埒。……所惜者乐操土音,呕哑啁哳,殊难为听,识者病之。

看样子似是民间歌舞夹杂杂技表演也。此前诗人王步蟾曾在鼓浪屿观赏过来自西洋的"车利尼"马戏团表演,故诗中有句云:

> 曩岁人来"车利尼",鼓浪洞天呈角抵。黄衫舞马继开元,碧眼胡儿恣瑰诡。吞刀吐火复跳丸,伏虎驯狮如执豕。寻橦端不羡都卢,走索会应迈绳妓。一时倾动争往观,万口流传犹赞美。

王步蟾觉得之前在鼓浪屿观看洋人的杂技、马戏,有"吞刀吐火""伏虎驯狮""跳丸""走索"等精彩节目,比福州人的"踏肩戏"好看。

有趣的是,明清两朝厦门的佛寺常为群众娱乐场所,除这里说的光绪年醉仙岩有"踏肩戏"表演,清乾隆年间黄日纪《嘉禾名胜记》就曾留下名士薛起凤因"时日光岩演剧",他不得不"转山行"的诗句。至于民初,鲁迅先生还曾在"夜间,丁山、伏园往南普陀寺观傀儡戏。食面",事见《鲁迅日记》1926年11月13日条。

郁医生纪念塔铭

美国医生郁约翰(John Otte),人称"郁医生"者也。1898年在鼓浪屿"河仔下"创设救世医馆,旋办西医、护士培训学校,1910年因出诊时感染肺疫而去世。是年,其华人门生陈天恩、黄大辟等在医馆门前造塔镌铭以纪念之,用谢师恩。其"闽南白话字"翻成的汉字塔铭曰:

> 郁约翰牧师,美国人也。医学博士,学称厥名,志宏厥名,志弘厥学。侨厦敷教,施诊精心毅力。廿载靡濡,手创医院三,授徒成业二十余辈,功效聿著,愿力弥宏。以身殉志,生不遗力,殁不归骨,卒践誓言,葬于兹邱。追念功德,表石以记。石可泐,骨可朽,先生功德不可没。诸学生同泐石。

此塔铭原以英文、荷兰文、拉丁文和"闽南白话字"四种文字铸于铜板,嵌在塔之四面。1958年后,塔之构件犹在,而铭文铜板已荡然无存。故陈天恩先生的后人陈宏复兄由美国寄赠有关郁约翰的史料,包括这座纪念塔及其塔铭的图文。鼓浪屿申请进入世界遗产名录之际,我将这些资料捐赠给相关单位,俾其塔铭得以重镌。

鼓浪屿岛上的福建药房

20世纪初,厦门之西药大药房有屈臣氏大药房(A. S. Watson & Co.)、主利大药房(Whitfield & Co.)和福建药房(Fukien Drug & Co.)。据《光绪三十二年(1906)农工商部奏准办理各类农场、公司事统计表》之"附件一、商类"称:"福建药房股份有限公司,创办人高敬廷等,股本五万元,(1906年)八月十四日注册,总公司设在厦门鼓浪屿。"此亦中国较早之西药公司也,《历史研究》1992年第1期曾有文载之。

鼓浪屿租界禁种荷花

林尔嘉先生性好荷花。癸丑1913年在鼓浪屿辟建菽庄花园,其补山园即有荷塘一景。《林菽庄先生诗稿》有题为《爱莲》之五古诗一首,有句曰:

> 忆昔营菊圃,莲池在其间。长夏盛开日,嘉客相流连。碧筒杯共醉,艳曲歌田田。无端遭蜚语,聚蚊生绿烟。种者复有禁,割爱绝其根。缕指十九载,思之心犹酸。

诗中注云:

> 鼓浪屿工部局种莲之禁,始于壬戌。旧有者以药水杀之。

原来壬戌1922年,公共租界工部局借口荷塘滋生蚊子,竟颁布律例禁止在岛内种荷花,原种者则以药物清除之。时林尔嘉先生任公共租界华人董事,对此中西文化之冲突,犹无可奈何。此必为林先生之终生憾事也,己丑1949年农历六月二十四日在台北板桥花园再作《荷花生日有怀菽庄》七古长诗一首,犹有句曰:

奈何孤屿公共界,寓公终竟遭人欺。种莲悬禁忆壬戌,泥几尽涸根俱夷。当年此事岂止焚琴煎[煮]鹤杀风景,至今念及犹觉丧权蒙耻痛心脾。

其前序更云:

曩在菽庄花园侧,曾辟荷田数亩,值花盛开时,社中吟侣必于是日举觞为花作寿,兼为余补祝。红灯翠盖,缟袂碧筒,十里香风,一时韵事。乃壬戌之夏,鼓浪屿工部局悬禁种莲,旧种者亦强制以药灌注,使其根茎尽绝,自是而亭亭者仆,田田者沉矣。其实凡在所谓"公共租界"地作寓公者,历受欺压,何止乎此!此但其一例耳。

读林尔嘉先生这两段诗与前序后注,可对在近代鼓浪屿这个"历史国际社区"的华人生活状态,增加理解。

黄雁汀避兵鼓浪屿杂咏

诗人黄雁汀岁戊午(1918)曾暂居鼓浪屿,作《避兵鼓浪屿杂咏》七绝十首。其第三首云:

炎天无那起悲风,碧眼胡髯气倍雄。自笑不因人热者,谁教来此托饼懞。

第四首云:

胸襟何地涤烦烘,田尾沙滩浪走风。夷夏判然分坐位,不知谁属主人翁(纳凉多赴田尾,有长凳可坐,但划然标明"夷坐""华坐"耳)。

第八首云:

梵王宫殿旧山巅,苦竹苍松几岁年?此地公然干没去,旃檀香味换腥膻（瑞眺庵久为英国商人囯作住宅）。

如此"夷夏判然分坐位"，可做研究"历史国际社区"中，华人生活状态之第一手史料也。

周廷旭年表今译

西画家周廷旭，鼓浪屿人也。《厦门文化艺术志》曾举其名，然所知莫之详也。2003年秋，美国华盛顿大学卡兹教授（Prof. Kazimierz Z. Poznanski，又译波兹南斯基）来厦追寻周廷旭之贤踪，并携其所摄作品照片数十幅以飨当地美术界诸君。卡兹此行多在寒斋盘桓，其后隔海飞笺，乃继续探讨周氏其人。彼撰有英文之《周廷旭年表》，试译如下：

1903年：4月27日生于厦门。父名S. K. 周（按：周之桢牧师）。

1917年：入天津英国教会所办之"英华学院"，时父为当地基督教男青年会会长兼一所女子学校校长，与孙中山、蒋中正有交往。

1920年：赴美留学，先在哈佛大学攻美术史与考古学。

1921年：入波士顿美术馆之美术学院，师从欧文·霍夫曼（Irwin Hoffiman）。

1923年：到法国巴黎美术学校注册入学。旋到英国与姐妹团聚。

1924年：入伦敦大学。参加英国篮球队。

1925年：在皇家美术学院学画，师从乔治·克劳森（George Clausen）爵士、沃尔特·拉塞尔（Walter Russell）爵士、查尔斯·西姆斯（Charles Sims）先生至1930年，连获英王室所颁皇家美术学院奖学金。暑假在英国各地写生，画户外风景。

1926年：被吸收为英国皇家艺术家协会为预备会员。同年获两个奖学金。

1927年：获克瑞斯维克奖（Creswick Prize）（两幅人物油画获一等奖，一组四幅人物素描获二等奖）；同年获皇家美术学院银奖；作品入选皇家美术学院年展。

1928年：获巴黎油画沙龙奖。美术学院作业获阿米塔基奖（Armitage

Prize)。

1929 年:荣获权威的吞纳金奖(Turner Gold Medel),为获此奖的第一个外国人;风景画获美术学院金奖;在伦敦约瑟夫·杜威恩展览会展出作品;在伦敦克瑞奇画廊(Claridge Gallery)举办他的第一个画展,玛丽皇后莅临参观。

1930 年:在大英博物馆工作。从著名的东方学者劳伦斯·比尼恩(Lawrence Binyon)从事研究;在伦敦中国协会赞助下举办一次展览;在利物浦的沃尔克画廊举办画展。

1931 年:首次在英国皇家艺术家协会展出作品;同年到中国旅游并在北平国立艺专举办展览。

1932 年:前往印度尼西亚巴厘岛旅游,并在雅加达、万隆和三宝垄等地举办个人展览。

1933 年:在中国上海举办个人展览。

1934 年:访问南亚,在柬埔寨吴哥窟等地写生作画;在越南西贡的大陆画廊展出。

1935 年:回中国,在香港举办个人展览;返回欧洲,住于靠近法国的西班牙小渔村托萨德马尔(Tossa de Mar)。

1936 年:到巴黎、伦敦和苏格兰等地旅行;在伦敦举办个人画展(此前举办过《大中国画展》)。

1937 年:移居摩洛哥西部之马拉克什(Marrakech);并到葡萄牙、英国、德国、匈牙利、捷克斯洛伐克和意大利等欧洲国家旅游、访问。

1938 年:回英国,与宋美龄的外甥女结婚(按:后有人著文称,其妻为九江望族张氏女,名 Rhoda,据说是宋子文夫人张乐怡的胞妹);婚后移居美国纽约,畅游美国各地。

1942 年:在纽约市著名的诺德勒画廊(Knodlers Gallery)举办新大陆首展,获高度评价;展品之一被卡内基研究院主办的美国绘画年展选入,同年展出。

1943 年:哈利·萨尔彼得(Harry Salpeter)撰写有关其生平及艺术的评论文章,刊登于《绅士》杂志(*Esquire Magazine*)当年 3 月号。

1944 年:应邀到墨西哥州的亚比克犹(Abiquiu)访问女画家奥基芙(Georgia O'keeffe);在圣塔·菲举办一次画展;接受纽约美国画家联盟授予的油画奖。

1945 年:移居康涅狄克州并建画室;与太太离婚;参加梅特兰(Maitland)

的研究工作室;在佛罗里达州做了几个月的逗留。

1957年:作为爱德华·麦克道威尔(Edward MacDowell)协会的客人,参加了在班宁顿的艺术家夏季聚会。

1971年:在康涅狄克州的新不列颠美国艺术博物馆举办回顾展。

1972年:元月在康涅狄克州的格拉斯顿伯利(Glastonbury)去世,享年六十九岁。

据卡兹教授在美国所闻,周廷旭先生是在街上无缘无故被两个美国不良少年用棒球棍打伤致死的,他在厦门不敢说也。卡兹教授原籍波兰,经济学学者而略能搦管作画,尤服膺周廷旭之油画,谓有中国古代之道存焉。

鼓浪屿周家多才俊

周廷旭的故居在鼓浪屿港仔后,今已荡然无存矣。周氏惠安人,上代不彰。祖某,生男二:

长曰周之德(字捷三),闽南职业牧师,娶谢氏,育二男三女:男曰周宗侨(留美医学博士,业医),曰周辩明(留英语言学博士,中国著名之语言学家,厦门大学、新加坡大学教授);女曰周淑勤,曰周淑俭,曰周淑安(1894—1947,美国哈佛大学文学士,中国现代第一位专业声乐教育家,第一位合唱女指挥家)。

次曰周之桢(号寿卿),亦业牧师,昆仲皆属基督教伦敦差会,娶白氏,名既然,育三男五女,男曰周廷杰,曰周廷旭(即著名油画家),曰周廷伟;女曰周默士(归卓绵成,即今英籍钢琴家卓一龙女士之高堂,傅聪先生之令岳母也),曰周默希,曰周默□,曰周默志,曰周默道。其孙辈亦多受高等教育或留学国外,今皆星散海内外,故厦门人不之知也。

美国学者卡兹教授来鼓浪屿调查周廷旭家世,幸有几个老知情者在,犹能忆及些许往事。所言周辩明博士,谓周夫人朱秀鸾女士幼年时被英国人收养为女,后赴英国生活,得识伦敦东方语言学院任讲师之周辩明,遂结为伉俪,此前闻所未闻之事。又谓周廷旭先娶宋子文之妻妹张氏,继娶护士安娜·巴列特,无子女。卡兹教授跟踪研究周氏多年,知其在美国有异性挚友、画家奥基芙,竟不知有安娜·巴列特其人。

毕业于圣约翰大学的鼓浪屿人

闲读熊月之、周武主编《圣约翰大学史》(上海人民出版社,2007年),其第六章为"历届毕业生、肄业生名录",当录自该校的学生档案。其中有我所知道的几位早期鼓浪屿人,如周辨明(文学士,1911年),马约翰(文学士,1911年),林玉霖(文学士,1911年),廖超照(文学士,1912年),林玉(语)堂(文学士,1916年),陈希佐(理学士,1917年;医学博士,1922年),林谨生(理学士,1919年),章茂林(文科生士,1921年;文学士,1924年),白格外(理学士,1921年),钟品竹(理学士,1923年;医学博士,1926年),殷祖澜(理学士,1926年),黄祯德(理学士,1927年;医学博士,1930年),钟品梅(医学博士,1932年),陈希圣(理学士,1937年;医学博士,1940年),田雪萍[理学士(化学),1934年;医学博士,1937年],廖永廉(理学士,1940年;医学博士,1942年),雷怜怜[文学士(教育),1943年],雷惜惜[文学士(英文),1948年],陈奇禄[文学士(政治),1948年]。

廖超照,廖翠凤的哥哥。林玉霖是林语堂的二哥[林语堂六弟林玉苑(林幽)也毕业于该校,但名单阙如]。林谨生是声乐家林俊卿的父亲。钟品竹是我中学窗友林禧祝君的四姑丈。雷怜怜和雷惜惜姐妹是鼓浪屿雷厝雷文铿的女儿。陈奇禄是鼓浪屿英华中学毕业生,台湾著名人类学者。由于我对鼓浪屿前辈的认知有限等等原因,以上所举必有挂一漏万之疵。

近代鼓浪屿教会学校的校歌

鼓浪屿作为历史国际社区,彼时岛上的教会学校多有校歌,一般由华人作词,曲则套用西方名曲。今抄录几首,以做资料存焉。

基督教英国长老会1877年创办的怀仁女子学校,其校歌曰:

怀仁女校建设绵延,方知教育无偏。打破黑幕放出光明象,普救女界万千。挽回颓风灌输新文化,争效巾帼名贤。出谷迁乔吾侪逢盛会,快哉于万斯年。

怀仁女校建设绵延,女教喜得心传。励志潜修研究真学问,当知努力争先。适应潮流文明欣日进,教化赖以敷宣。穷理致知吾侪逢盛会,快哉于万斯年。

怀仁女校建设绵延,基础愈久愈坚。弹琴鼓箧远近欣就学,女界固宜勉旃。敬业乐群吾侪逢盛会,快哉于万斯年。

基督教美国归正教会1880年创办的鼓浪屿毓德女子小学校歌曰:

鹭水滔滔去,我校高耸东山阿。窗明几净,楼阁竞嵯峨。居闽南之要津,挹太武之灵气。山水甄陶,巾帼人杰多。作女界之先声,导女子于文明。闽南闺阁,从此多群英。任社会之导师,树家庭之模范。溯源考绩,女教孰与竞?

可爱哉我校旗,可敬哉我校旗。飘扬空中,贞洁招威仪。明星光四表,毓德名垂万世。可爱哉可敬哉,我校旗。为学首要诚意,励己有方曰洁。以之立身兮。与之友兮。脚跟立定,竞三育奋进作完人。诚且洁兮,吾辈终身守!

美国归正教会1921年成立毓德女子中学,沈亨九作校歌曰:

蔚蓝之天,朗耀之星,是为我校之旌。看他矗空,高展飞腾,色彩何其鲜明。振我士气,作我先声,导我奋进前程。化及三千,光被四表,与天日兮并行。

天地一诚,圣贤一诚,学问由诚而明。以身作则,吐辞为经,惟无伪兮乃能。兰花素兮,梅花则清,方我洁抱莹莹。昆山之玉,寒河之冰,惟洁白兮莫名。

游钦自由,平等博爱,乃基督之精神。入世出世,拯救万民,大地咸与维新。阳春有脚,教敷八闽,岂但邹鲁海滨!德智体群,四育并臻,陶成巾帼完人。

基督教英国长老会与伦敦公会1898年合创的英华书院,初名中西学,

1924年改为英华中学,沈省愚作校歌曰:

> 乐群敬业,荟此良才。专诚尽智,着意培栽。英华,勉哉英华！信不厌不倦有心哉,英雄圣迹,剩此荒台。狂澜谁挽？慷慨予怀。当今之世,敢不勉哉,英华！当今之世,敢不勉哉,英华！
>
> 驼峰雄耸,鹭海展开。山明水阔,学子胸怀。英华,勉哉英华！要高瞻远瞩逾驽骀,登高自卑,学问无涯。诚唯敬一,智从学来。当今之世,敢不勉哉,英华！当今之世,敢不勉哉,英华！

美华学校系基督复临安息日会美国牧师安礼逊(J. N. Anderson)所创办,1934年其华文校歌歌曰:

> 华山浩荡,华美菁莪。向溟渤,澄海之滔。前程无量,期望巍峩。璞成器,琢磨切磋。一粒之积,泰山之高,一滴之成东海涛。逸芜忘身,兴国忧劳。勉前途,步武贤豪。可敬哉,美华母校！可爱哉,美华同窗！束我带,预备奋斗。向前走,志同力同！

1999年夏,加拿大国际学院教授、英华中学老校友陈慰中先生首次回鼓浪屿。当我陪他寻访到田尾"三落"这座旧楼时,时值深夜。他突然触景生情,邀其老同窗林世岩合唱英华的老校歌,唱时老泪纵横。时门卫持灯随行,见状笑曰:"两只老夜莺！"

厦门女子师范学校

近代鼓浪屿之教育事业最盛,其中中国人自办的厦门女子师范学校尤值得研究,林巧稚、周淑安、黄潜(墨谷)和黄萱等杰出人物皆出诸该校,其俗称又曰"上女学"或"海滨女子师范"。《厦门海关十年报告(1901—1911)》记载:

> 厦门女子师范学校于1906年4月24日设立于鼓浪屿。它依靠私人捐款、学费和捐赠基金的利息来维持开支。

1905年清朝废除科举，实行新式教育，许多名儒硕彦开始转到新学堂执教鞭。《厦门的租界》一书仅提到惠安名贤贺仲禹（仙舫）先生在厦门女子师范学校教授中文，其余均略焉不提。近代著名女诗人、教育家吕碧城的胞妹吕坤秀在该校任教，则仅见于郑逸梅的《艺林散叶》：

> 清末民初，吕惠如任南京女子师范学校校长，吕美荪任奉天女子师范学校校长，吕碧城任天津女子师范学校校长，吕坤秀任厦门女子师范学校教师，姐妹四人，同事教育工作。（第2495号）

退休后偶读"清末民初文人丛书"有刘讷所著的《吕碧城》，乃知吕碧城（1883—1943），一名兰清，字遁天，号明因，安徽旌德人，中国近现代著名女诗人和教育家。吕氏出自书香门第，童年早慧，20岁在天津襄办《大公报》，旋与其姐吕湘（惠如）、清扬（眉生，后更名美荪）合刊《吕氏三姊妹集》，因诗文之精彩、思想之激进而名闻天下，时人缪珊如有诗称曰：

> 飞将词坛冠众英，天生宿慧启文明。绛帷独拥人争美，到处咸推吕碧城。

直隶总督袁世凯筹办北洋女子公学时，吕碧城得侯官严复的推荐，综理教务。1906年该校改为北洋女子师范学堂，吕碧城出任校长，同时也叙及吕氏四姐妹同事教育一事。其妹吕坤秀南来厦门任教，应在厦门女子师范学校创办时或创后不久，可谓早期的教师。

关于吕坤秀在厦门鼓浪屿的情况，今已无法知其详。即便厦门女子师范学校的校址，也言人人殊。我尝闻黄萱女士说，该校初办时在大德记厦门经贸干校后面升旗山下的白色洋楼里，入学者皆鼓浪屿的名媛闺秀。后因经费发生困难，暂迁到港仔后晃岩路37号周之桢牧师的私宅继续办学，为时不长，《厦门的租界》所指的厦门女子师范学校校址即此周宅。

1929年终因经费竭蹶，由黄萱女士的尊翁黄奕住先生接办，改称慈勤女子中学。黄萱女士还告诉我，厦门女子师范学校的董事长初有黄复初先生，慈勤女子中学的校长则为林尔嘉之四公子林崇智先生。除教授英文的外籍教师外，中国教师有贺仲禹、庄克昌和鄢铁香等先生。鄢铁香是前清举人，福建永泰人，工诗古文辞，尤擅四六骈体文。黄萱女士晚年犹时时怀念鄢老夫子的师恩。

鼓浪屿工部局干涉清政府建学校

黄萱先生在日，曾告诉我，其母校厦门女子师范学校最初校址在大德记海边。厦门档案馆藏有一份1915年9月16日，校长林本杨关于工部局竟然在校内竖界碑事致交涉署的函件（载厦门市档案馆编：《近代厦门教育档案资料》第505页，厦门大学出版社，1997年）。函件云：

> 光绪三十四年（1908）间，同人向鼓浪屿黄杨氏、黄乾舍等永租鹿耳礁山园地一大所，拟建校舍。当时该地块因"各国洋人及宝记行争租，经中国官府示禁不准出租洋人"，后经兴泉永道刘庆汾和洋务局董廷瑞商量，认为该地"并非永远不能租人。况以中国民地租与中国学校为校地，于理甚顺"，于是批准双方签字立约。该校现"承租该地已历八年（按：1914年）"，不料工部局以"本局之意非侵占此地，亦无权变卖此地。不过间有缪辗不明之点，中政府前已出示不得买卖"等为借口，公然在校内竖立界碑。厦门女子师范学校据理力争，认为"地系中国民地，租系中国学校，与洋人毫无关系，且敝校历经禀准本省官厅并中央教育部立案，并无与洋人合办，即聘有英国教习，亦有合同可稽，则敝校实为纯粹中国学校也"，且官府批示俱在。因此，上报厦门交涉署陈恩焘，要求照请工部局，"勿得越权混竖碑界，俾免敝校有失校地"。

从函件内容看，工部局确实无理取闹，甚至有霸占土地之嫌。从而可知，当时中国人在鼓浪屿自办教育何等艰难。那方界碑今已不可获见，惜哉。

附：己亥（2019）春，我在藏友曾谋耀兄处获读两份地契。一为"宣统三年（1911）五月，'黄品、洪谅承世管地，址在鼓浪屿岩仔后，土名三不正顶，十一层楼梯……卖与林裕本堂，以为厦门女子师范学校为业。计时价龙银壹千伍佰大圆'"。另一为"中华民国五年（1916）九月，厦门女子师范学校总理周之桢、董事林资铿、董事黄廷元，（称）有校舍叁层，在古浪屿土名三不正顶，虎空后，东至山沟内，西至石崎，南至马路，四至分明"。此又与前函件所称之"鹿耳礁山园地"相去迥异,从地契的四至描述,此地块很可能是周之桢宅所在地(按：现编晃岩路 37 号),以后暂做过厦门女子师范学校的校舍。

艾克博士

最初向世界介绍泉州东西塔者,当推德国人艾克(Gustav E. W. Ecke),和法籍瑞士人戴密微(Paul Demieville)。20 世纪 20 年代,他们受陈嘉庚先生之聘,与鲁迅、林语堂、顾颉刚、邓以蛰诸名家先后来厦门大学任教。1926 年 10 月,艾克与中国学者陈万里、张星烺对泉州的东西塔进行考察。其后,他和戴密微共同研究,合著了《泉州双塔：中国晚期佛教雕刻研究》(又译作《刺桐双塔》),1935 年在美国出版。戴密微是著名的汉学家和哲学家,在厦大留下很好的影响。至于艾克其人,他的另一部专著《中国花梨家具图考》(薛吟译,地震出版社,1991 年)有文介绍。

艾克教授生于德国,专修美学,后加入美国籍。艾氏热心中国古代文化,自取汉名为"艾锷风",他对闽南古迹极有兴趣,仅泉州开元寺的双塔就拍摄数百帧照片。《泉州双塔》一书出版后,其赴清华大学任教。辅仁大学创办后,即受聘讲授北欧文学及西洋美术史。在北京时,被梁思成、刘敦桢邀请为营造学社唯一的外籍会员,研究中国砖石建筑,其间还创办有《华裔学志》。艾氏 1944 年著有《中国花梨家具图考》,采用欧洲美术绘图法,将节点构造按比例绘出,探讨明式家具榫卯斗拼之关系,因其分析精密确切,受到国际学界的瞩目和赞赏。艾氏在华 26 年,醉心于中国古代艺术精粹。1949 年回美国任火奴鲁鲁美术馆东亚艺术部主任,夏威夷大学教授。其夫人系美籍华人曾佑和女士,1925 年生于北京,曾从启功先生学书画,毕业于辅仁大学美术系。1950 年起任美国火奴鲁鲁美术馆中国美术顾问,夏威夷大学教授,夏威夷大学中国研究中心主任。有关艾氏的情况,厦门大学校史可能介绍得更详细。今走笔记之,以做资料。

何博礼教授

曩读厦门大学唐仲璋院士感旧文章,获悉其曾受业于美国昆虫学家克立鹄(P. C. Kellogg)和瑞士寄生虫学家何博礼(R. Hoeppli)两教授,唐院士对后者感情尤笃,1977年写有《忆何博礼夫子》一诗云:

> 感旧传经处,当年钟子期。倥偬戎马日,破碎山河时。人老学犹拙,时迁讯未知。天涯昧生死,云树只凄迷。

何博礼教授20世纪二三十年代在厦门大学生物系任教。我友陈满意为我从1928年《厦门大学四周年纪念特刊》第41页"教员表"获悉其简介:

> 何博礼,德国人,(本校)病理学正教授。德国克鲁大学医学博士、汉堡大学理学博士、克鲁大学病理学助教、汉堡热带病研究所助教授、美国约翰何百金(约翰·霍普金斯?)及农林部之洛克夫勒研究学侣、汉堡大学病理学教授候补员,欧战时德国海军医官。

当是时,宗叔明德先生方弱冠,由螺阳故乡来厦,在校门口经营餐饮小摊,盖引车卖浆者流。何博礼教授见其年轻手巧,主动吸收他到实验室习艺。据宗叔回忆说,从认读、背念药品标签上之拉丁文开始,到标本制作等,皆蒙何博礼的亲自教导。继之又带他同至北京协和医学院工作。抗战军兴,何博礼离开中国,还让他到齐鲁大学随童第周教授学习剖制鱼类标本的技术。后来宗叔就以解剖文昌鱼之技术见长,在厦大生物系的实验室服务到退休。

"文革"前夕,何博礼教授与宗叔仍保持书信联系。近年偶在科技杂志获读悼念他的文章,知其病逝于20世纪90年代初。何博礼教授在厦门大学任教时,必有其他事迹值得记载,幸勿使之"云树只凄迷"矣。

1938年闽南人出洋准备之口词

2007年,《海峡导报》邀我每周为收藏界"鉴宝"。某日有藏友出示一件旧藏,乃晋江华侨子弟陈金中为到马尼拉投靠父亲陈连升,登轮前夕到鼓浪屿请人为他准备一份"口词",以应付菲律宾移民局官员入关时盘查。当时新入境者必先拘禁在"水厝",与其亲戚分别接受审问,确认为亲戚关系者才能入境。该件系若干张直行红栏笺纸(印有"厦门洪崑德造"标记)粘贴而成,共86行,楷书齐整,是研究闽南移民史的文物资料。

文曰:

　　名陈连陞,现在吕宋。有做生理,但我未曾到此,所以开设在何处及何营业,个人或股东?我均不知;母名:曾骄,承父言及,不幸于民国十四年五月初五死于唐山陈厝乡。因逐年纪念忌辰,所以即知之。我母生兄弟拾个,姐一个:长男陈福田,48岁,承父言于二十年前来宋,但死宋已久;二男陈金宇,44岁;三男陈金换,37岁;四男陈金堆,34岁;女陈月英,34岁。此四个承父言在唐山,于今死有十外年。但当时我幼岁,何年月我均不晓得。六男陈金成,29岁,现在唐山读中学第二年;七男陈金中,28岁,本人,亦读中学第二年(大字名就是陈金中,28岁);八男陈金华,27岁,现在唐山读中学第一年;九男陈金国,25岁,现在唐山读中学第一年;十男陈金泰,24岁,现在唐山读小学,至明年毕业;十一男陈金民,23岁,旧年西历拾月初八由香港搭皇后轮到垵。后母生弟妹各一个。后母林氏,40岁,记得民国十五年正月间与我父结婚,当时我约六七岁之谱,未甚明晓。至后来再问我父,方记结婚年月。该母于旧年西历拾壹月间由厦乘安庆到垵。现住我父处,乃是放足的。十二男陈金安,20岁,现在唐山读小学第三年;十三男,陈金合,19岁,现在唐山。祖父母及外祖父母均死甚久,不相识。伯叔姑姨舅妗均无。亲堂无几位,另住他乡,不相识。诸兄弟均未结婚。惟生辰之日依各人知之。我本人生辰系民国八年十二月十二日。

　　我唐山陈厝乡,我母外家曾厝乡,我后母外家林厝乡。而陈厝离曾厝、林厝个相距成里路，但外家现时均无人，罕往相探。我父唐山无生理及田园，惟有厝一座，坐东向西，太阳早时从厝后起，至午后从厝前落。房二间，房门各一扇，在厅边双畔。左右房壁窗仔各一个。厅一间，厅中大门二扇。房内铁床各二张，橱桌各一件，椅多少，其余杂碎物不能多记。左右房无确定何人安睡。房内无挂像，亦无时钟大镜。厅内无挂像，亦无山水人物，只有四方桌二块，员椅十二块，有桌钟一个，大镜一个，其余什物不能多记。厝前埕，埕中一个水井，离厝十外步。埕外无墙围，对面亦无田园、厝宅、树木等相看。厝前惟有小路一条，再行成百步透乡里大路。厝后小路，行成百步有学校一间，比厝较大。厕所设在后壁，厝后并无与他人厝宅相接近。再行出去是乡里大路。厝左畔空地，右畔空地，均无与他人厝宅相接连。厨房设在厅后。厝无楼顶，无阶砌。厝盖用杉、瓦料造成的。门窗户扇用杉料造成的。厝乃旧式，无电灯，无油漆，无花园。学校之名乃平民学校，系乡里公共组织的，无学费，教员一名陈先生，男女生四十外人。该校乃中小学合办，先生一名担任中小教授，只有汉文，并无英文及别科学。因乡间学校，经费较绌，均如此办法。学校无电灯，无油漆，无操场。乡里无寺院，无田园，无山，无溪，无桥，只有树木在乡里中。

　　是帮我父叫我来垊读英文，于最近寄陆佰元唐银交我本人收入，以作川资之费。所买船单贰号或叁号，将此陆佰元有无敷用，可以婉转实说。我之厝在乡里头，他人之厝在乡里中，将近离三四佰步之远。乡里之厝约三四十座，人烟约三四佰人，均杂姓。

　　动身之时，由我乡陈厝行成里路到车站，乘车到东石二点钟久，车税贰元。由东石乘顺安帆船到鼓屿一日水路，船税拾元。因前平静时搭小轮只五句钟久，轮票壹元。但现为□□，海面不安，所以由帆船，其费较多。寓鼓浪屿吉安栈二星期。该栈东与我朋友，名曰柳埕君。然后搭直透轮何名？或往香转轮来垊何轮名？此可以照言。我往香港有无登岸入客栈？可以照言。动身时并无打电通知我父，因为在鼓之时有一友林吉星君要先来垊。我曾托他到垊向我父通知：不久便起程，若逢由唐来垊之轮到垊者，请注意到码头等候。所以我到码头时，见我父身穿合领白洋装，我戴笠，穿皮鞋，剪短发，口内无补金齿。

　　是帮我本人自己来垊，并无与人相伴。自我出世至今，忆得我父于民国十九年来垊一次，住垊约二年久，至民国廿一年再回家，住唐山六年，至旧年西历三月间再到垊。此次与我父年外不相见，我所知者我父来垊连旧年即帮共二次,其余我不知。现时我家只剩陈金成、陈金国、陈金泰、陈金安、陈金华、陈金合,每月我父寄给伙食。自我入水屘以来,我父买果子托水屘管理员交我收用,共几次,并有无现款,可以照言。若逢问父几次,以便符合也。我入水屘之后,就不见我父,并无谈话。(以上口词须记在心,若问一句,可答一句须抱镇定为要。因现时关员问话颇认真,初入水屘则预先问一片,至不久正式叫其父并干证再问一片,所以前后口词须说相同,以免发生危险。最好在鼓托一人过套一片,俾一切成熟甚妥。如入水屘之后,不时须在楼上窗仔口,以防有话要言。至于该口词须万分谨慎,如熟可免带。如不熟勿被番仔侦知。切切!)

厦岛洋行商李昆和

厦门鹭江道原水涨上帝宫有两通《重修武西殿碑记》,一通年款为清嘉庆壬戌(1802),一通为道光十四年(1834),嘉庆碑上署名捐题者有和合成、金元德和许和发等三家洋行,金丰泰、金源远等十一家商行,金万和等十六家小商行。它们是清代中叶厦门对外贸易的重要史料,可惜近年因宫庙被拆迁,这两通碑记已杳如黄鹤。

2002年秋,我在荷兰莱顿大学历史系欧洲扩张史研究中心访学,获悉该校图书馆藏有40封1790—1810年中国洋行写的中文信函,其中有厦门的和合成、金元德和许和发,以及署名厦门的金合成、金元美、商顺兴号、许维和号和苏合成号等负贩厦门与雅加达之间的"洋行商"或"洋铺户"。这些只是当时厦门对外贸易的一个部分,相信还有一些尚未被得知,"厦岛洋行商李昆和"即其中之一。这批信函中有7封是李昆和致"噶国大贤爵"或"大国王殿下"的。

李昆和即李清恩,其洋行为昆和洋行,创办于嘉庆七年(1802),属下至少有"荣发"号(船主黄及官)和"十三万胜"号(船主马华官)两艘大船每年"敬贩贵邦",同时也提供"搭客"业务。李昆和行的这两艘船当属于道光《厦门志》"船政略"所举"其大者可载万余石"的洋船。我友包乐史教授的《巴达维亚华人与中荷贸易》一书第261页有一份1798—1802年间驶往雅加达的中国船船数和载客情况的表格称:1798年9艘,2235人;1799年7艘,1378人;1800年8艘,1338人;1801年7艘,1877人;1802年4艘,1138人。平均下来每艘船每次装货之外,还可以载客 236 人左右,当年从厦门出海的洋船之大,或超出我们的想象。

昆和行的这些信函有多处在解释"出额"的原因,如嘉庆九年(1804)的信中说"因诸搭客半多穷乏不赡,临行私藏船上,时当开帆赶潮出担,无暇稽检,及至水途查单,即有出额,大洋之中,亦无小舟可以驳回,情属可怜",因此恳求"准予宽宥"。还有嘉庆十二年(1807)腊月的信函中,李昆和委婉地拒绝荷兰当局关于私运铜钱出口的要求,信中写道:"贵处要用铜钱,原议欲载前来奉赵,碍此物系属国中应需,上人历禁,王法难欺。敝行亦则费尽心采办,其如关口知风严防,出口维艰。"有趣的是,李昆和行每年一次随船从厦门送给对方的礼物,均为:黄金箔二箱,西河亨(茶)二箱,漂贡布二匹(一次换为紫布),乌贡缎二枝。

"厦岛洋行商李昆和"致"噶国大贤爵"的信函,包乐史教授辑入于《巴达维亚华人与中荷贸易》一书第 262 页至 268 页,广西人民出版社,1997 年。

美锡甜

厦门海沧素称侨乡,其地之宗祠宫庙的捐款碑文有一些职衔称呼,人莫知其详,如:康熙三十六年(1697)青礁慈济宫《吧国缘主碑记》之"甲必丹郭讳天榜舍银陆拾玖两","甲必丹林讳应章、美锡甜马讳国章同议,将吧国三都大道公缘银……"咸丰甲寅(1854)青礁慈济宫《重修慈济祖宫碑记》之"大妈腰陈敦麟捐银四百员"。光绪十年(1884)温厝村《重修龙山宫碑记》之"把东大妈腰李妈赛拜撰并书"。与海沧毗邻的龙海市龙池岩寺康熙三十五年(1696)《重兴龙池古刹碑记》之"雷珍兰王讳应瑞舍大钱壹拾员","美硕甘林讳元芳舍大钱廿五员","安问甲必丹林乞观舍大钱贰拾员","万丹甲必丹蔡腾观舍大钱壹拾员"。

查厦门大学和莱顿大学合作校注的《公案簿——吧城华人公馆(吧国公堂)档案丛书》(总十三辑)的第九辑,附有比较完整的注释。妈腰,或大妈腰:荷兰语 Majoor 音译,荷属东印度政府授予当地华人首领的最高头衔。甲必丹,亦称甲必丹大、甲大:荷兰语 Kapitein,马来语 Kapitan 的音译,原意为首长,1619 年荷属东印度政府设此以管理华人的民政事务。雷珍兰:荷兰语 Luitenant 音译,1633 年始设吧城华人雷珍兰,协助甲必丹管理华人的民事。唯美锡甜或美硕甘则不知何物,与其音相近者有美色甘,一作美惜甘,可能也是管理华人的等级较低一些的民事官。《档案丛书》未有解释。相近之荷兰语 Weeskamer,乃孤贫养济院。

此外,海沧邻近的深青村有三通光绪十九年(1893)的《重修茂林庵海外题缘碑》,其捐款皆以"盾"为货币单位,盾:荷兰文 Gulden,荷兰币制。

该丛书第六辑的注释还可以读到一些已近消失的闽南话,这些话语显然曾经来源于马来语,如戈丕、高丕:Kopi 音译,即咖啡。瓦廊:Warung 音译,小商店。八仙:Persen 音译,百分比。巴刹:Pasar 音译,市场。黎垄:Lelang 音译,拍卖。交寅:Kawin 音译,结婚。麻里:Bale 音译,床;闽南尚有"吃公司睏困麻里"之俚语。

海外华人聚居处之楹联

海外华人聚居处的堂馆多有楹联,佳者如马来西亚槟榔屿华人会馆长联云:"平其不平,安其所安。喜今日一杯称庆,旧基新宇,遥挹注五千年源源历史文化,落成此中华会堂。登临拍手高歌,爱槟榔屿壮丽风光,山环海绕(上联)。章以当章,美以加美。念先人万里投荒,斩棘披荆,渐结合三大族世世同胞感情,建立我南洋邦国。俯仰伸眉展望,看轩辕氏神明苗裔,霞蔚云蒸(下联)。"澳大利亚悉尼市浙江会馆联云:"会馆喜相逢,同上顶楼观落日;乡关渺何处,却寻峰岳望归云。"印尼万隆市华人学校联云:"碧海闪明珠,物阜民康,异国风光情亦恰;蓝天舒望眼,云飞霞灿,故园山水意尤亲。"原中国驻日本公使馆有清末诗人题联云:"放眼搂头,看海水南流,夕阳西下;寄怀天末,吟京华北望,零雨东归。"日本神户市中华会馆联云:"广厦维新,试看神水当门,坂山作壁;登堂话旧,且说蓬莱故事,桑梓乡情。"新加坡虎豹别墅挹翠亭有郁达夫题联云:"爽气自西来,放眼得十三湾烟景;中原劳北望,从头溯九万里鹏程。"加拿大温哥华市中山公园联云:"霜叶流丹思夏土,名园分翠到西洲。"英国伦敦广东四邑会馆联云:"四海汇英伦,会上欣联三岛谊;邑侨怀故国,馆中畅叙九州春。"

廿余年前我旅居美国,在旧金山访天使岛木屋移民博物馆,曾读石刻楹联云:"茹苦含辛,凄凉囚木屋;开天辟地,创业在金门。"2000年夏与内人同访印尼,于三宝垄之"三保洞"所见楹联颇多,佳者如昔年张君劢隶书所题:"继张班立功异域,开哥麦探险先河。"岁甲戌(1934)夏卢良坚所题:"大任建殊勋,万里蛮疆寻友国;雄风扬绝域,千重黑浪变通途。"1955年文成忠所题:"三渡西洋,名重泰山睦邻国;保护群生,施恩赐福誉南邦。"惜有署"勋二位、前东三省筹边使章炳麟"款之五言篆书联未能记取。泗水西河林氏宗祠"雍睦堂",外观纯闽南风格,楹联亦多,佳者有"特授雷珍兰、裔孙振耀"之"天上飞升,海国安澜有庆;圣母灵威,湄洲分派无疆",林甫老之"两疆崇庙宇,俎豆馨香勿替;河水发源流,子孙派衍长绵",光绪乙未(1895)裔孙某之"派承闽省,祀享千秋;绪揽西河,基于三宝"。

新加坡林谋盛烈士纪念碑

新加坡伊丽莎白女王径之海滨公园有林谋盛纪念碑。1996年我因公访问该国,曾敬录原文,二十年后竟已佚去。所幸中学同窗萧秀凤女史居新加坡有年,特地拨冗到现场拍照寄赠,圆我心愿。碑之文字铜版凸铸,凡四面,其中文碑题为"陆军少将林谋盛烈士事略",全文曰:

君福建南安人,生于一九零九年四月廿七日,年十六,南来星洲,毕业莱佛士学校,继入香港大学。父志义先生没,君继营先业,历任中华总商会董事,华侨建筑商公会会长等要职。一九三七年中日战起,遂成反日中坚。日军南侵,华侨倡保卫大马来亚,组抗敌动员总会,君任执委兼劳工服务团主任,发动数万侨胞协助政府。一九四二年二月,星洲沦陷前夕,撤往重庆,旋奉国民政府命,赴加尔各答组训中国留印海员战时工作队,数逾二千。翌年,调任盟军东南亚总司令部第一三六部队马来亚区华人区长,并于印度、锡兰等处组训我侨青年百人,以潜艇、降伞输送来马从事敌后工作。一九四三年十一月二日,君乘潜艇霹雳安顺峇眼拿督港口登陆,会合原已联络当地抗日部队之中英军官,共策进行。初居森林,继而化名陈春林,入怡保市指挥工作。事泄,被捕,囚于华都牙惹日军监狱,迭遭刑讯,不屈。迨六月廿九日,竟为解放马来亚而殉难,时年三十有五。光复后,由华人副区长觅拾遗骸运星。一九四六年一月十三日,英军政府以隆重军礼营葬淡申路蓄水池畔。兹特立碑,以昭忠烈。一九五四年六月廿九日,林烈士谋盛纪念委员会敬立。

顷读马来西亚新加坡福建社团联合会于 1970 年出版之《闽人创业史》,该书第 194 页有林谋盛传记,载其"幼年即就读鼓浪屿英华书院"。华侨抗日英雄林谋盛之事迹亦为我厦门二中母校之荣耀哉。

福建省厦门市 1948 年 10 月份外侨调查表

2007 年春,洪明章君得《福建省厦门市 1948 年 10 月份外侨调查表》,乃旧档案原件也。移录如下:

芬围矶(D. V. Fenwick),英国人,女,1882 年 10 月 23 日出生,1946 年 9 月 7 日入厦,住鼓浪屿田尾路 40 号,养病。

丽丝亚达(G. Authur),英国人,女,1877 年 9 月 9 日出生,1946 年 9 月 27 日入厦,住鼓浪屿田尾路 40 号,养病。

卜屡克(F. Bloke),英国人,男,1902 年 4 月 28 日出生,1946 年 5 月 27 日入厦,住鼓浪屿田尾路 4 号,厦门太古洋行经理,携二子。

卜屡克夫人(Mrs. P. M. C. Bloke),英国人,女,1914 年 10 月 2 日出生,1946 年 10 月 17 日入厦,住鼓浪屿田尾路 4 号,家庭主妇。

美德理(P. D. Beeby),英国人,男,1920 年 8 月 24 日出生,1946 年 9 月 16 日入厦,住鼓浪屿维新路 33 号,大英长老会牧师。

美德理夫人(Mrs. Joyce Beeby),英国人,女,1920 年 1 月 25 日出生,1947 年 10 月 4 日入厦,住鼓浪屿维新路 33 号,家庭主妇,携一子。

白亚施(Daisy Pearce),英国人,女,1904 年 10 月 4 日出生,1946 年 5 月 27 日入厦,住鼓浪屿维新路 35 号,大英长老会姑娘。

田渊澄(Thomas Whifield),英国人,男,1886 年 2 月 24 日出生于鼓浪屿,住鼓浪屿洋墓口 13 号,从商,附妻一:Julice Lee。

阎义思(I. T. Authomy),英国人,男,1906 年 6 月 28 日出生,1946 年 6 月 11 日入厦,住鼓浪屿旗尾路 13 号,亚细亚石油公司经理。

阎义思夫人(Mrs. Alice B. Innes),英国人,女,1908年6月28日出生,1946年6月11日入厦,住鼓浪屿旗尾路13号,家庭主妇,携子一女三。

蒲乐思(Allen Price),英国人,男,1906年7月15日出生,1946年10月23日入厦,住鼓浪屿漳州路5号,英国驻厦总领事。

蒲乐思夫人(Mrs. B. E. Price),英国人,女,1913年7月15日出生,1947年2月25日入厦,住鼓浪屿漳州路5号,家庭主妇,携子一女一。

斐美珠(M. Fraser),英国人,女,1898年8月21日出生,1947年1月8日入厦,住鼓浪屿维新路35号,大英长老会姑娘。

戴扬安(A. R. De Young),美国人,女,1916年5月19日出生,1946年9月21日入厦,住鼓浪屿救世医馆护士。

明仁意(J. Veldman),美国人,女,1901年11月23日出生,1947年1月13日入厦,住鼓浪屿救世医馆护士。

麦淑禧(Edna K. Beekman),美国人,女,1889年10月14日出生,1946年2月9日入厦,住鼓浪屿田尾路24号,美国归正教会姑娘。

厦理民(B. F. Holleman),美国人,男,1890年9月8日出生,1946年7月12日入厦,住鼓浪屿维新路47号,医师。

厦理民夫人(Mrs. R. E. Holleman),美国人,女,1893年10月9日出生,1947年12月9日入厦,住鼓浪屿维新路47号,美国归正教会传道。

胡适基(A. G. Olkhersky),白俄,男,1901年9月26日出生,1935年3月入厦,住鼓浪屿港后路40号,前工部局局长。

华拉索(Mr. Vlasoff),苏联人,男,1897年9月21日出生,1946年5月25日入厦,住鼓浪屿漳州路24号,厦门自来水公司工程师;附妻一:I. Vlasoff。

葛美杜(Victord Covalho),葡萄牙人,男,1897年9月21日出生,1940年8月10日入厦,住鼓浪屿中路217号,厦门海军造船厂工程师;附妻一、子二、女二。

马凯斯(A. Melchers),荷兰人,男,1907年3月6日出生,1946年11月3日入厦,住鼓浪屿港后路44号,荷兰驻厦领事。

马凯斯夫人(G. B. Melchers),荷兰人,女,1908年3月6日出生,1946年11月3日入厦,住鼓浪屿港后路44号,家庭主妇。

内尔森(N. E. Nelson),瑞典人,男,1889年12月23日出生,1946年12月17日入厦,住鼓浪屿港后路16号,厦门海关灯塔管理员,附妻一,子一。

胡德乐(Bamilo Otero)，西班牙人，男，1897年3月14日出生，1923年10月6日入厦，住厦门磁安路15号，厦门天主教教士。

沛扬(Melecis Rodirigreg)，西班牙人，男，1889年5月24日出生，1936年7月入厦，住厦门磁安路15号，厦门天主教教士。

周美华(M. Landa)，西班牙人，女，1889年10月7日出生，1919年8月8日入厦，住厦门磁安路15号，厦门天主教教士。

庞迪仁(Luis Martineg)，西班牙人，男，1901年6月18日出生，1947年8月7日入厦，住鼓浪屿博爱路天主堂内，鼓浪屿天主堂神父。

魏卡斯(Robert J. R. R'dieeds)，菲律宾人，男，1917年4月24日出生，1947年4月5日入厦，住鼓浪屿港后路5号，厦门天主堂医师。

马锋庆(G. W. Muysker)，荷兰人，男，1921年2月17日出生，1936年4月5日入厦，住鼓浪屿港后路17号，厦门安达银行副经理。

明娜嘉(Sor. G. Minguez)，西班牙人，女，1909年5月24日出生，1936年5月12日入厦，住厦门磁安路15号，厦门天主堂修女。

育金星(Raul E. V. Jorgensen)，丹麦人，男，1918年5月27日出生，1936年5月30日入厦，住鼓浪屿田尾路19号，厦门大北电报局工程师。

育金星夫人(Mrs. J. Jorgensen)，丹麦人，女，1918年7月7日出生，1947年5月30日入厦，住鼓浪屿田尾路19号，家庭主妇。

钱查理(Charls Lee)，英国人，男，1905年10月16日出生，1947年11月28日入厦，住鼓浪屿海坛路40号，厦门卜内门公司代理人。

安理纯(Ben J. Anderson)，美国人，男，1873年12月16日出生，1947年6月7日入厦，住鼓浪屿田尾路24号，鼓浪屿安息日会牧师。

威逊(John A. Wilsson)，英国人，男，1899年10月28日出生，1947年6月7日入厦，住鼓浪屿田尾路24号，亚细亚石油公司工程师。

华立司(M. H. Wallace)，英国人，男，1916年5月10日出生，1947年6月30日入厦，住鼓浪屿港后路5号，厦门海关船长，附妻一。

马德里(Baman Matarring)，西班牙人，女，1900年7月15日出生，1947年7月29日入厦，住厦门磁安路15号，厦门天主堂修女。

白舒服(D. E. Fuithful)，英国人，男，1902年4月13日出生，1947年9月21日入厦，住鼓浪屿田尾路6号，英国驻厦副领事。

杜育方(Miss. J. E. N. Aidu)，危地马拉人，女，1914年6月3日出生，1947年9月16日入厦，住厦门磁安路15号，厦门圣约瑟医馆护士。

胡德乐(F. W. Wright)，英国人，男，1903年7月2日出生，1947年9月3日入厦，住鼓浪屿中央酒店，厦门海关监督员。

买灵伯(John Muilenburg)，美国人，男，1911年10月26日出生，1947年9月25日入厦，住鼓浪屿维新路35号，美国归正教会牧师。

买灵伯夫人(Mrs. V. Muilenburg)，美国人，女，1919年2月3日出生，1947年9月25日入厦，住鼓浪屿维新路35号，美国归正教会传道。

李乐白(Robert Tully)，英国人，男，1896年7月30日出生，1947年11月24日入厦，住鼓浪屿英华书院内，附妻一。

李乐白夫人(Mrs. K. M. Tully)，英国人，女，1896年12月31日出生，1947年11月24日入厦，住鼓浪屿英华书院内，家庭主妇。

华基那(Sor. J. Drez)，西班牙人，女，1910年11月1日出生，1947年12月1日入厦，住厦门磁安路15号，厦门圣约瑟医馆护士。

李丹士(R. Wallace Lee)，英国人，男，1901年7月2日出生，1947年12月22日入厦，住鼓浪屿漳州路70号，英国汇丰银行经理。

李丹士夫人(Mrs. M. S. Lee)，英国人，女，1902年5月8日出生，1947年12月22日入厦，住鼓浪屿漳州路70号，家庭主妇。

德茂勒(Charles E. Temlett)，英国人，男，1903年1月11日出生，1947年12月8日入厦，住鼓浪屿海关俱乐部，厦门海关职员，附妻一。

德茂勒夫人(G. E. M. Temlett)，英国人，女，1909年8月2日出生，1947年12月8日入厦，住鼓浪屿海关俱乐部，家庭主妇。

士必礼夫人(Emily E. Spray)，英国人，女，1894年4月27日出生，1947年11月15日入厦，住鼓浪屿海关俱乐部，家庭主妇。

士必礼(Fired Spray)，英国人，男，1899年12月2日出生，1947年11月15日入厦，住鼓浪屿海关俱乐部，厦门海关工程师，附妻一。

力义(P. E. Legge)，英国人，男，1920年2月7日出生，1948年3月19日入厦，住鼓浪屿伦敦公会内，鼓浪屿伦敦公会牧师，附妻一、子一。

力义夫人(Mrs. K. Legge)，英国人，女，1922年11月1日出生，1948年3月19日入厦，住鼓浪屿伦敦公会内，鼓浪屿伦敦公会姑娘。

高尔登(A. G. Colton)，英国人，男，1919年4月26日出生，1948年入厦，住鼓浪屿田尾路44号，来华学习华语。

雅怀德(Albino Andres)，西班牙人，男，1903年5月23日出生，1948年3月7日入厦，住厦门磁安路15号，厦门天主堂神父。

罗马那(E. Q. Sta Romara)，菲律宾人，男，1915年11月21日出生，1948年3月24日入厦，住鼓浪屿菲律宾领事馆内，厦门菲律宾领事馆副领事，携妻一、子二。

陈淡高(C. N. Tanes)，菲律宾人，男，1903年10月15日出生，1948年3月24日入厦，住鼓浪屿菲律宾领事馆内，厦门菲律宾领事馆通译，附妻一。

安达仁(L. F. Untalan)，菲律宾人，男，1917年2月11日出生，1948年3月24日入厦，住鼓浪屿菲律宾领事馆内，厦门菲律宾领事馆书记。

李胡仪(R. A. Lyogi)，菲律宾人，男，1907年2月16日出生，1948年4月11日入厦，住鼓浪屿旅社，厦门菲律宾领事馆职员，附妻一。

黎尔丝(A. M. Lynes)，菲律宾人，男，1913年3月26日出生，1948年4月11日入厦，住鼓浪屿旅社，律师，附妻一。

西理道(Benedieto Cu)，菲律宾人，男，1913年4月27日出生，1948年7月31日入厦，住鼓浪屿集美路117号，厦门菲律宾领事馆通译，携妻一、子一、女一。

西理道夫人(E. A. Cu)，菲律宾人，女，1920年4月10日出生，1948年7月31日入厦，住鼓浪屿集美路117号，家庭主妇。

占姆斯(Lindsay Artha James)，英国人，男，1913年9月25日出生，1948年8月23日入厦，住鼓浪屿博爱路26号，艺术家。

舒丹玲(Anna C. Stening)，英国人，女，1923年4月29日出生，1948年4月31日入厦，住鼓浪屿伦敦公会内，鼓浪屿伦敦公会传道。

文质(Felsno Becu Son)，菲律宾人，男，1915年10月6日出生，1948年5月入厦，住鼓浪屿菲律宾领事馆内，厦门菲律宾领事馆职员，附妻一。

李炳树(P. R. E. Lebenshuts)，荷兰人，男，1912年11月16日出生，1948年9月16日入厦，住鼓浪屿旗尾路4号，厦门渣华轮船公司经理。

敏尼西斯(H. T. Maneses)，菲律宾人，女，1910年10月1日出生，1947年1月28日入厦，住鼓浪屿港后路16号，厦门菲律宾领事馆指纹家。

三　清末民初有关租界的旧档案二件

厦门社会近年好古成风，凡烂铜故纸，好事者皆如蝇逐臭，视以为宝。往

往所费不赀,而不知所得者何物。往岁为人鉴宝,得观清末民初旧档案原件两件,或有近代史参考价值。乃抄录如下,

其一为《咸丰元年兴泉永道致英国驻厦领事之照会》:

大清钦命福建兴泉永兵备道赵/照覆事。咸丰元年十二月二十日,准/贵领事照会,内开:本国在厦居住各商民自开市以来,贸易/日增鼎隆,而近来尤甚,所以各英商行栈及住眷寓处,亟/宜刻日兴工,建造房屋,不能再为稍缓时日。案查:道光二十四/年八月间,经前贵地方官同本国前管事官遵照和约,前往会勘/较场及水操台等处。因该处并无坟墓,亦无民房等项,实为无□/之地,定与英人建造行栈寓所,当经公同定价,每地方圆四丈年出租/银库平壹两。又该两处附近民地田园,均准英人自向地主彼此/公平租赁。前贵地方官亦经出示晓谕各在案,则该两处基/地理应照约听英人自行兴工建造。兹本日早准,贵道公同面/商,请将较场一处仍归华官,另将别地换与英人。本府因翼彼/此和睦,故无不应之。第欲更换则其地之宽、长及租价等项/亦应与较场相等,亦无坟墓、民房相碍者,方昭妥叶。本/日复准贵道督同委员暨厦防厅、同安县等会同本府/公勘:自岛美路头至新路头等窄狭滩地,计长伍拾伍丈,/深贰拾丈,亦属无碍之区,略可建造数间栈房。本府依照/所请,即按滩地丈数将较场地面扣抵。此外,较场尚余基地。/经准贵道议定:从本日扣起,以壹个月为限,另将妥地更换。/本府亦经应允,但候至壹月期满,如无照数妥地更换,则较/场所剩基地,本府断不能再为阻止租用。因办该地耽搁日久,/英人受亏实多,自应听从本国商民人等仍在该处即日兴/工建造,至附近较场民地、田园均应照旧准英人自向地主租赁。/为此照会,请烦查照办理,并希刻即见覆,等因准此。查岛/美路头至新路头海滩,业经本道督同委员、厅、县勘明,除/前后公路留出四丈外,其余基址并无窒碍,自可准予租/给英商建盖行栈,年纳租价亦应照议,按丈计算交/收,以敦和好。至较场、水操台两处,既经恒前道议定,现/在亦可彼此通融商办,但事隔多年,断非旦夕间所能办/结。兹经面议,以一月为期,期内本道即当赶紧,一切照来/文所议,另择妥地换抵。为此,照覆/贵领事,请烦查照施行,须至照会者。/右照会/大英钦命驻镇厦门总理本国通商事务管事府苏。/咸丰元年拾贰月贰拾日。

其二为《民国七年福建督军李厚基为厦门租界事给交涉员罗昌的训令》：

> 福建督军兼省长、闽浙军援粤总司令训令/令厦门交涉员罗昌。/准英领事窦尔慈函称，厦门本国租界章程：凡有中/国军队欲入界内之时，务必先行知会本领事或该处/之董事，然后无有不可。近因屡有违背界章，未经知/会，擅自闯进，并经叠次面向交涉员道及，今仍依然/常常如故，请烦查照通饬，务必照章而行，抑□出示/通告。又准英国租界总董事威麟函称，现有内地运/到大帮兵士，由海后上山。查租界条例，不能持枪任/行。该兵士均带有军装，实属不合。应请迅饬前去，勿得延留，各等。因查：厦门海后地方为中国官地，并/非外国租界，以中国兵士行中国官地，不得谓之违/背章程，并不得谓为不合光绪四年章程，揭载甚明。/英人素本文明，英领又系通晓法律之人，应由该交涉/员据理照覆，查照章程遵守，则英领及英租界总章/必能涣然冰释也。准函前因，合行令，仰该交涉员遵/照办理，勿得含混违延，切切此令！中华民国七年九月五日，福建督军兼省长、闽浙军援粤总司令李厚基。鉴印官刘世培。（钤盖"闽浙军援粤总司令关防"朱文印）

民国十八年鼓浪屿华人议事会关于收回公界致外交部厦门交涉员的公函

中国第二历史档案馆藏有鼓浪屿公共地界相关的档案，尚未整理出版。岁戊子（2008），余承乏该岛申遗顾问，越年在该馆读此公函，顺手录存。

> 公函。鼓浪屿市华人议事会公函。第一〇八号。
> 径启者：本年二月十八日敝会第十次常会，时主席李岳以议员资格提议"收回鼓浪屿/公共地界，建立模范自治区"案，原文内称：（理由）我国自前清道光对英宣战以后，每战败/挫，于是列强视之为俎上肉，群挟其政治上、军事上、经济上之优越势力，对我逞其侵/略之野心，或割据我土地，或划地为租界，或攫取领事裁判权，或强索巨大之赔款，或/以苛刻条件贷以资本，或夺取我关税权、交通权、产业经营权，得寸进尺，剥床及肤，/一部不平等条约，实不啻卖身之文契。我鼓浪屿亦于清光绪二十八年辟为公

共地界，为厦埠外侨居留之地。主权虽仍属我国，惟章程规定以洋人所组织之纳税人会为市自治之立法机关，工部局董事会为市自治之行政机关，住居界内者我华人较洋人多数十倍，即我华纳税人及纳税额亦较洋纳税人及其纳税额多六七倍，但我方除华董之外，无人能列席纳税会，而工部局董事七人，我华人又只占有一席，仅有备员，难参末议。且华人又不特无参政之实权，即集会结社之自由，前此亦屡受钳制，剥夺无余。夫负有义务而莫享权利，情理既觉不平，多数主人受制少数外侨，尤感喧宾夺主。更就经过事实言之，工部局虽属市政机关，对于市政既无具体之设施，华人利益尤觉漠视。教育事业全无补助；公众娱乐亦付阙如；筹设菜市极感需要，乃数年不见实行，遂使货摊塞途，阻碍交通；公厕稀少，前年议决添设，至今迄未照办，致令随处便溺，污秽不堪；自来水关系饮料，商家请求承办，阅时两年，工部局不速帮同择定地点，致无从进行；消防队关系防火，市政机关本当设备，工部局仅有极小水龙两架，不足消防火患；卫生既不认真办理，公安尤见维持不力，白昼抢劫绝少破获，人民身家财产亦失其保障矣。彼洋人包办既成不良状态，或华人参加又为彼所不喜。如前年华董增为三名，洋董减为四名，合炉而治，通力合作，乃因电灯问题争论未决，洋人始则掩耳盗铃，擅用洋人纳税会侵越工部局董事会之行政权，助英商攘夺而去，继于客岁擅增洋董为六人，使洋董、华董成众寡悬殊之势，以便操纵工部局事权。夫洋人居留本屿，只需要公安、交通、卫生之完善，身家安适，此外诚复何求？乃必与多数华人为难，时相龃龉，致双方均蒙不利，岂为得计？第洋人怙于公界章程，颇为拗执，处此状态之下，欲为局部之补救，终觉多劳而少效，非从根本解决，收回租界，无以裨补于事实。幸我国民政府廓清障碍，统一中华，秉承总理孙中山先生之遗教，积极废除不平等条约，重订双方互尊主权之条约，以求中国在国际上之自由平等。顷新税则已见施行，关税可期完全自主，各地租界有妨统治，着手收回，岂能再缓！我鼓浪屿在昔系由自行开放，今日自行收回，理由极为正当。本会受民众付托，以图谋自治、拥护国权为职责，亟应及时领率全屿华民为收回鼓浪屿公共地界之运动，以恢复已失主权并建为模范自治区，以图谋人民乐利。按：鼓浪屿孤峙海中，周围虽仅三里，然屿上居民户口约在四万左右，十之六七系属各县回国华侨，实闽省精华荟萃之区，且学校林立，人民尤多识字，迥非内地所可比，而每年财政收十余万元，各项设施尽敷展布，建立模范自治区，实施训政,既足树各属之先声,足资华侨之观感,非仅一隅之幸已也。(办法)收回公界办法:依管见,(一)呈中央党部、中央政治会议、国民政府行政院、外交部请愿收回;(二)函厦门交涉员,据情转呈外交部核办,一面先行知会领事团;(三)函各地党部,一致督促政府实行收回;(四)呈请福建省政府转呈国民政府,特准鼓浪屿为模范自治区,设立市政局为市自治行政机关,办理市政;(五)派代表向第三次全国代表大会、中央党部、国民政府行政院、外交部请愿;(六)派员赴南京、上海、北平、天津、广州、武汉各地考察市政,以为将来设施之借镜,务使收回之后,市政有改善之望,中外人士咸称便利;(七)本会应推选明法之士,组织收回鼓浪屿公共地界委员会,策划关于收回公界之一切事宜,为政府办理收回公界之助。是否有当,敬希公决等由,当经详加讨论,一致决议通过,照所拟办法向上级党政机关请愿,并候推员组织收回鼓浪屿公共地界委员会,筹画办理等词在案,除分行外,相应函请贵交涉员查照,积极办理,据情转呈外交部核办,一面先行知会驻厦领事团,并希将办理情形随时见覆为荷。此致外交部厦门交涉员刘。中华民国十八年二月二十四日。(钤"鼓浪屿市华人议事会之钤记"关防)

此档案后附厦门交涉员刘光谦转呈外交部函之手稿:

  呈稿第三十五号,十八年四月十日。呈外交部一件,据鼓浪屿华人议事会函请收回公共地界,改为模范自治区,当否?请察核示遵。厦门交涉员刘。

  呈为据情呈转,仰祈鉴核示遵事案。据鼓浪屿华人议事会函称:本年二月十八日敝会云云,叙至并建为模范自治区,以图谋人民乐利,是否有当?敬希公决等由;当经详加讨论,一致议决通过,照办相应函请查照,据情转呈核办等情,据此伏查:厦门鼓浪屿自我国辟为公共地界以后,所有屿内一切权利完全操之外人,公界章程规定之不平等,固不待言,然外人管理公界既久,市政亦渐呈不良现相,实不足以满华人之需要与期望,而华人以主权者资格竟致不能过问。不平之气郁积于中,久而自必发表于外。近年以来华洋双方常因种种事故,发生龃龉纠纷,错杂不可究治。揆之现情,殊有改弦易张之必要,我国民政府素以取消不平等条约、收回租界为职志,自实行革命外交,关税自主已达目的。现值全国/统一训政开始之际,再进而着手收回各处租界,/以期次第实现,亦属当务之急。鼓/浪屿公共地界华洋既时生纠纷,为根本解决起见,现在计划收回,以挽国权,并非侈谈。况厦门为/华南重镇,华洋杂居,久为世人所注目,今正改良市政,如建/筑沿海堤岸,开辟市内马路,计划新市,推广/商区,均在着□积极进行中。鼓浪屿与厦市仅隔/一衣带水,唇齿相依,关系密切,如能收回鼓浪屿/公界,取消外人一切特权,与厦市联合为/全厦大规模之建设,发展前途不可限量,将来中外同沾乐利,可断定/也。兹据该华人议事会来函所陈各节,情形尚属实/在,似不无可采之处。惟兹事体重大,究应如何办理,/理合据情具文呈报钧部察核,伏乞/训示祇遵,实为公便。谨呈/外交部部长、次长。衔名。

鼓浪屿工部局董事会的机构

鼓浪屿进入世界文化遗产名录之后,仍有一些细节值得探讨,如《厦门的租界》(鹭江出版社,1990年)第89页"工部局组织系统"一节,有图表作"1928年以后,工部局董事会下辖:财政委员会、建设委员会、卫生委员会、教育委员会、公安委员会",后之研究者多引用之。今阅读工部局报告书,发现1928年后董事会下辖机构为财政、公安、工程、卫生、教育共5个股,各股由董事、委员组成,并非5个委员会。现将1928年后若干年度的董事会组织系统列举如下:

1.1932年鼓浪屿工部局董事会各股职员:

正董事长:洪显理。副董事:黄奕守。财政股:董事依仕孺路、黄奕守,委员罗信容。公安股:董事马太士、陈荣芳,委员陈攀英。工程股:董事吉原、林刚义,委员林荣森。卫生股:董事阿部、陈荣芳,委员林遵行。教育股:董事洪显理、林遵行,委员吴着盌。(《鼓浪屿工部局1932年报告书》)

2.1935年鼓浪屿工部局董事会各股职员:

董事长:苏为霖。副董事长:李汉青。财政股:董事毛候士、陈荣芳,委员马锡嘏。公安股:董事麦诺、王宗仁,委员黄省堂。工程股:董事原田、李汉青,委员周宗侨。卫生股:董事矢口、王宗仁,委员林遵行。教育股:董事苏为霖、李汉青,委员吕振中。(《鼓浪屿工部局1935年报告书》)

3.1937 年鼓浪屿工部局董事会各股职员:

董事长:洪显理。副董事长:李汉青。财政股:董事李汉青、毛候士,委员舒吉人。公安股:董事麦诺、陈荣芳,委员黄省堂。工程股:董事竹村、叶谷虚,委员林荣庭。卫生股:董事阿部、叶谷虚,委员林遵行。教育股:董事阿部、李汉青,委员邵庆元。(《鼓浪屿工部局1937年报告书》)

4.1940 年鼓浪屿工部局董事会各股职员:

董事长:希士谷。财政股:毛候士、高桥。公安股:卜显理。工程股:高桥。卫生股:中川。婢女收容院委员:欧施美。(《鼓浪屿工部局1940年报告书》)

鼓浪屿近代文化历史研究,工部局自1903年至1940年的年度报告书乃至关重要的第一手史料,惜散失殆尽,今仅存不足十个年度。

近代厦门鼓浪屿的重要史料(一)

我友吴仰荣得中国第一历史档案馆有关厦门近代史料的缩微胶卷打印件,其中有明清档案馆馆藏第4全宗150号卷之第6号与第7号卷,乃记载鸦片战争厦门开埠后,英国在鼓浪屿租用民房为领事馆,以及1845年"二月十五日夷兵皆全行撤退",英国领事馆移至厦门岛上利用原兴泉永道署衙门的经过,为道光朝《筹办夷务始末》所未辑录的重要史料。今为照录如下:

闽浙总督刘韵珂等奏为英夷派令领事来福州筹议开市现在分别查办谨将该领事到省缘由折(道光二十四年五月二十日)

闽浙总督臣刘韵珂、署福州将军臣敬敦、福建巡抚臣刘鸿翔跪奏:

为英夷派令领事来福州筹议开市,现在分别查办。谨将该领事到省缘由恭折由驿驰奏,仰祈圣鉴事。

臣等于本年五月十一日接准兼护两广督臣程矞采咨会:英吉利国夷酋璞鼎查现欲回国,该国现派德姓到粤接替等因,臣等当即转行各海口知照。嗣据闽安协副将沈河清禀报:在洋面瞭有英夷火轮船自外洋内驶。臣等正在查探间,即于五月十五日据该国夷官李太郭遣令通事赍持德酋照会至臣刘韵珂衙门呈递。臣等公同拆阅,内称福州海口,前蒙大皇帝恩准该国等通商,兹特将李太郭派为领事,带人前来开市,呈乞查照等情;并据该通事口称李太郭等因五虎门内罗星塔地方水势较浅，火轮船不能前进，是以遣伊将照会前来投送，恳请代雇小船俾李太郭等乘坐进内，并求代觅寓所，以便栖止等语。臣等查：福州本系许给马头，上年各口开市之时，璞鼎查以无人可充此口领事，是以从缓。兹德酋即派令李太郭前来，自应准其进口，当饬署福州府沈汝瀚、署福防同知王江雇觅小船数只前往罗星塔，令李太郭等乘坐进内；并在城外之鸭母洲觅得空房数间，为该夷等栖止之所。至次日，李太郭与同来之夷官或谢淡、麦惠兰等二人及通事跟役等七人来至寓所，其原坐之火轮船当时开驶。李太郭等抵寓后，即欲赴各衙门谒见臣等，因该夷甫经到省，未便即令进城，致骇观听。至臣等近在省城，将来虽不能不与该夷接见，然于该夷初到之时，即出城与之晋接，未免有亏体制。自应先令藩司等与之接晤，熟察其人，并将通商事宜分别筹议，禀候臣等会核奏办，庶足以肃体统而示等威。遂饬藩司徐继畬、协领霍隆武及沈汝瀚、王江等于十八日在城外空庙，传令该夷等进见。该夷等执礼甚恭，李太郭能作华言，词语极为驯顺。惟通商之事，该夷因初到尚无头绪，恳俟另日再议。臣等查福州虽为议定互市之区，但自有夷务以来，并无夷船至口内日久停泊。不但与粤省之向为外夷马头者不同，并与厦门、宁波、上海之曾有夷船久驻者互异。此次该夷自粤而至，人地皆属生疏，其所称尚无头绪，恳请缓议，系属实情。自应俯准所请，以顺夷情，并免日后借口反复。至通商章程，凡一切宏纲巨领，上年钦差大臣耆英等均已筹定，其余细微节目，本年藩司徐继畬等亦在厦门与在厦夷目议有条约。所有福州通商事宜，臣等惟当遵守历次定章，饬令藩司等与该夷李太郭画一筹议。其或地势不同，应须酌量损益，并当详察情形，斟酌妥善，以资遵守。统俟议定后，容臣等另折奏报。再：查璞酋前欲将厦门领事记里布撤回，改派李太郭赴厦接替。兹李太郭来充福州领事，与前议不符。臣等饬令藩司等向李太郭诘询，据称前议系璞酋所定。今璞酋将次回国，接任之公使德俾士因福州通市未便再缓，故派伊前来办理。厦门现因无人可换，仍令记里布经管等语。臣等查：厦门通商条款俱已议定，惟住处一节，前此记里布因瓜代伊迩，借词迁延。兹德俾士既未将记里布撤退，则记里布责无旁贷，自应饬令在厦门另觅住处，以便来年将鼓浪屿收回。臣等现已檄饬兴泉永道等催令就厦选择，俾免借端占据；并俟该道禀复到日，另行具奏。所有英夷派令领事来省筹办开市缘由，谨合词缮折，由驿具奏，伏乞皇上圣鉴谨奏。道光二十四年五月二十日。

近代厦门鼓浪屿的重要史料(二)

闽浙总督刘韵珂等奏历次筹办福州厦门两处夷人住处情形
及鼓浪屿夷兵业已全数撤退缘由折(道光二十五年三月十五日)

闽浙总督臣刘韵珂、署福州将军臣敬敦、福建巡抚臣刘鸿翔跪奏：

为敬陈历次筹办福州、厦门两处夷人住处情形及鼓浪屿夷兵业已全数撤退缘由恭折密奏，仰祈圣鉴事。

窃照英夷所派福州领事官李太郭，于上年五月间抵省，即经臣等与藩司徐继畲督饬地方官在城外南台地方代觅民房一所，给令租住。该领事一住数月，意甚相安。至九月间，夷酋德庇时至福州查看马头，徐继畲出城与之接晤，该酋即以李太郭住屋卑陋为言。及德酋去后，徐继畲接据李太郭函信，恳于城内白塔寺附近地方代租房屋，俾其移寓。臣等当查江南原议和约虽载有英国领事等官住在广州、福州等五处城邑，专理商贾事宜之语，惟并未指明城内；且白塔寺地居省会之中，民居稠密，一旦该领事移入居住，舆情是否相安？自应详加体察，再行酌办，未便遽准。其时绅民许有年等亦已闻知其事，即联名赴藩司衙门呈请谕阻。当经该司将民情不顺缘由向李太郭晓谕，饬令地方官在南台为之另觅房屋；一面详经臣等移请钦差大臣两广督臣耆英谕令德酋，转向李太郭阻止。耆英于未接臣等移咨之先，已在粤接有德酋照会，声称李太郭住宅卑陋。该大臣咨令臣等代为另觅，节经臣等饬令地方官在南台觅得宽大民房数处，引令李太郭前往相度，该领事总称不合其意。旋又以城内乌石山积翠寺地势偏僻，与白塔寺不同，该寺现有空房数间，轩爽高敞，欲图租赁居住，向藩司殷殷吁求。臣等与藩司再三固拒，而李太郭以城外恐有水火盗贼之虞，坚求入城，词意激切。时德酋复以伊不便谕令李太郭住于卑宅等词，复经耆英转行咨会李太郭，遂偕夷官一人，于上年十二月间向积翠寺僧人租房数间，移入居住。臣等复备文向耆英咨商。兹接该大臣来咨，令臣等察看情形，自行筹办。

臣等伏查福州海口，紧傍南台。此时英夷如在此口开市，则其所派之领事自应令在南台栖止，庶可弹压夷众，经理通商。兹自上年五月李太郭到后,时已九月有余,并未通市,该国货船来者绝少,即偶来一二只,亦因民间无人与之贸易,旋即他往。该领事并无应在城外查办之事,亦无应须责令弹压之人,其住城内与住城外,系属同一闲居,本无二致。臣等当该领事初请移入城内之时,因其所指之白塔寺地方为居民萃聚之处,诚恐华夷错杂,未克相安。是以未经允准,并咨请耆英行令德酋谕阻,冀其听从。嗣该领事舍原请之区,另请租住积翠僧寺,其地乃城市中之山林,寺屋建于高阜。山下毗连城垣,与居民互相隔绝,并无华夷错杂之嫌,而臣等前请耆英转饬德酋谕阻,该酋又以未便向谕致覆。臣等细察该夷性最固执,此时驱之愈力,则彼据之愈坚,势必徒费唇舌。且原议和约内所载领事住于五处城邑一语,并未分别内外。今臣等若必令在城外居住,更难保该夷不以臣等违约,反唇相稽,彼时愈觉难与辩论。中国现在之所以驾驭该夷者,全凭和约各条向其裁制,各省必须一律坚守,方可示诚信而期折服。设中国于原约稍有参差,则该夷他日别有要求,反得援引借口,于大局所关,殊非浅鲜。查该领事自移寓之后,业经两月,情极驯扰,未尝轻自出入民间,见其如此,亦无猜忌。臣等细加筹画,应即准其暂在积翠寺租住,以符原约而顺夷情。俟将来通商之时,察看情形,另行酌办。当将准令在城居住之处,向李太郭晓谕。该领事极为感激,称谢无已。前月杪,李太郭经德酋调赴厦门,而将去岁派至厦门之领事亚利国改赴福州。臣等饬令藩司复向抚谕,亚利国亦复感谢。现与带来之夷官一名,及其妻夷妇二口,并与李太郭同来之夷官一名,均在积翠寺居住。此臣等历次筹办福州海口英夷领事住处之原委也。

至厦门该夷住处,自前岁领事记里布前来开市之后,即经兴泉永道恒昌等饬令选择。该领事欲仍在鼓浪屿居住,多方推托。臣等以鼓浪屿乃应行缴纳之地,不能任其久占。叠饬该道等反复开导,并咨经耆英向德酋晓谕。嗣因德酋有甲辰年银款交清,先将鼓浪屿缴还之说。记里布始于上年七月间,在厦门择得官荒二处,为建造夷馆之所。并以房屋营造需时,鼓浪屿缴还后,原在该屿居住之夷官人等仍须在屿内租屋栖止,俟新屋造成,再行迁出。十月间,德酋至厦门查看马头,所言亦复相同,并称俟伊回粤后与钦差商酌。当经臣等附片具奏,一面移咨耆英,酌核办理;并饬兴泉永道等催令记里布在选定处所建盖房屋。记里布旋即回粤。亚利国至厦接充领事,复又托故迁延时。耆英在粤亦与德酋再三辩论,并劝令在厦租房。该酋以必须厦门有合宜屋宇,方可移居之言具复。耆英移经臣等檄饬该道等速为选择。讵亚利国任意挑剔，虽有整齐洁净之房，悉皆目为湫隘，不肯向租，其意欲内地民人在厦代建夷馆，给令赁住，以省工本而获新居，以致多所刁难。臣等察出夷情，因思鼓浪屿之缴还，必须厦门建有夷馆。厦门之夷馆一日不定，则缴还鼓浪屿之事亦一日不了。纵使夷兵撤退，而夷官等仍留屿内，则缴还与不缴无殊，不特坠记里布前请在该屿居住之计中，且与原议和约相悖，殊非制驭外夷之策。

查亚利国欲华民代建夷馆，伊止出钱租住。其情虽属贪狡，但民间建筑室庐，租给他人居住，事所常有，不妨仿照办理，庶在彼可省建屋之赀，在民可收租房之利，于事颇为两便，且鼓浪屿境土俱可按籍收回，不留一夷在内，于疆事更有裨益。当即遴委干员，驰往厦门，与该道等访求代建夷馆之人；一面向亚利国据实告知。谕以如果有人出而承造，伊每年租银必须加重，俾承造者不致亏累。该领事深为感悦，愿出重租。至本年正月间，即该道等招得该处诚实匠头，情愿集资代造。并据亚利国以记里布前择官荒各处地势空阔，恐遭窃劫，恳为另择妥便之区。复经该道等带同亚利国勘有兴泉永道旧署余地一段，自兵燹之后废为瓦砾之场，可以建屋。当据亚利国绘具屋图，交匠头照图营建，核计工料等项共需番银九千圆。亚利国愿每年出租银九百圆，并愿先付两年租银以助缮造，议俟新屋造成，该领事即率同该国官商迁入居住，将鼓浪屿全境交还中国，不敢再行逗留。该道等恐其复有反复，令亚利国将所议各情备文照会，俾有证据。亚利国即遵谕出给文书。该道等将查办缘由录具，亚利国原文禀送。臣等查核所禀办理极为周妥。其亚利国文内语意，亦皆坚确，似不致再有更变。臣等即饬该道等转饬匠头赶紧兴工，约计两三月即可竣事。前月，亚利国来省，李太郭赴厦，复经藩司向该二夷三面要约。李太郭声称照亚利国原议办理，不敢复有异议。察其情词，亦属切实，可无他虑。此又臣等历次筹办厦门海口英夷住处之情由也。

至鼓浪屿夷兵上年十二月间先已撤去一队，彼时亚利国已请将空出民房交还。臣等以其零星缴纳，与原约不符，且其时厦门夷馆未定，诚恐该夷另有诡谋，未便准行。当饬兴泉永道谕令各民人暂缓复业，以免他弊。至本年二月十五日夷兵皆全行撤退，惟夷官、夷商五人，因厦门夷馆甫经兴工建造，仍住屿内。所占民房，仅止数座，余屋尽皆空出，经兴泉永道委员前往查点，交给地保看守。并因该夷恳求拨兵防护，移经水师提臣窦振彪派委守备一员，带兵六十名，赴屿驻守。惟查该屿夷兵既已全退，夷官等亦不过在彼暂住，不久即当迁出。所有该处居民流离已久，本可即令复回故土，但人数较多，其中强弱不一。自二十一年被兵后，该民人等失业数年。今于该领事等未迁以前，即令全数搬回，设有不逞之人挟嫌寻衅，妄图报复，难保不另起事端，自应详查妥办，以昭慎重。臣等复饬该道等察看民情，如果并无怀仇图报之心，自可即令归业[皇帝硃批：是]，否则将距各夷住处较远之民人先行遣回，其余仍令暂缓，以期始终绥靖。此又鼓浪屿夷兵先后撤退，臣等查办之情形也。

伏查英夷情既诡诈，性复贪习，控驭稍未合宜，无论或抗或卑，皆难折服。惟有恪遵原约，本诚信以杜其鬼蜮之谋；熟察事机，示变通以驯其桀骜之气，庶足免枝节而靖边隅。现在福州、厦门两口该夷均有住处，福州并未通市，鼓浪屿夷兵已退，不日即当收复，可以上慰宸怀。此后臣等惟有设法笼络，加意抚循，俾该夷就我范围，瀛壖永臻静谧，以仰酬高厚鸿慈于万一。除俟厦门夷馆建筑完竣，夷官等迁入居住，将鼓浪屿全境收复，另行奏报，并将现办各情随时移咨耆英查照外，臣等谨合词恭折具奏，伏乞皇上圣鉴训示。谨奏。

道光二十五年三月十五日

[皇帝硃批：只可如此办理，另有旨片随密寄发回]

近代鼓浪屿议作公地的两份档案

闽督许应骙奏厦门鼓浪屿议作公地一体保护折

闽浙总督许应骙奏为厦门鼓浪屿现经议作公地，一体保护厦门，以固藩篱而臻辑睦事。窃照闽省厦门为各国通商要埠，其鼓浪屿系距厦西南小岛，四面环海，商贾素称繁盛，各国官商房栈咸萃其间，缔造经营，相安已久。自台湾外属之后，厦门地当冲要，民心极为浮动，镇抚维艰；税务商情关系綦重。前因美国巴领事请将鼓浪屿开作公地，借可保护厦门。经臣檄饬洋务局，按照自开各口成案妥议章程，与巴领事面商定议，交兴泉永道延年与各国领事会商办理。乃巴领事旋经回国，各领事辄行自拟条款，竟将鼓浪屿全岛认作各国公共租界，遇事悉归领事专管，并不兼护厦门，实与自开商埠章程权利迥异。复经臣电达全权大臣照会各使，饬照公地办法,彼此妥商,并加派漳州府知府孙传衮、候补通判郑照随同该道延年,与各国领事往返辩论,再三磋磨,时阅数月,始克就范。现议各款虽领事办事之权不无偏重,惟局董既可酌派华人,定章仍须彼此批准,揆以公地之义,大致尚属相符。且厦门均归一体保护,实于地方有裨,亦不至失自主之权。当由该道延年于本年十一月初一日会同各国领事在日本领事署将章程草约公同签字。禀经臣饬,据福建洋务局核明详请奏咨前来,除将章程草约送咨外务部查覆外,谨恭折具陈。谨奏。光绪二十八年正月二十六日。奉硃批:外务部知道。

(《清季外交史料》卷一五二,第 16 页)

外部奏闽省鼓浪屿议作公共租界未便兼护厦门折

总理外务部庆亲王奕劻等奏为:闽省鼓浪屿地方议作各国公共租界,未便兼护厦门,拟将该督原订第十五款汉文章程删除事。

窃本年正月间,闽浙总督许应骙奏称:闽省厦门为各国通商要埠,鼓浪屿系距厦西南小岛,四面环海,商贾素称繁盛。自台湾外属之后,厦门地当冲要,民心浮动,镇抚维艰。美国巴领事请将鼓浪屿开作公地借可保护厦门,当由兴泉永道延年与各国领事会商,再三磋磨,时阅数月始克就范。现议各款揆以公地之议,尚属相符,且厦门均归一体保护,实于地方有裨,当将章程草约会同签字,咨送外务部查核等语。臣等细绎该督原奏所称于兼护厦门一节,极为注重。乃检阅原约汉文第十五款,载有:"鼓浪屿既作公地,各国官商均在界内居住;厦门为华洋行栈所在,商务尤重。应由中外各国一体互相保护。"而检查洋文,于此条则空留未填。不特汉洋文原约不符,且究竟各国领事于此条曾否议定?甚有关系。当即咨行该督查覆,去后旋准领衔美国使臣康格照称"鼓浪屿公界章程各国兼护厦门一事,各使臣以为仅于鼓浪屿立租界,合同不能言及兼护中国地土,各国领事实无此权。即各使臣非奉本国之嘱,亦复无此权力。合同内立此条款,系属无用。请按前定章程办理"等情。复经臣部电令许应骙奏明办理。九月十七日复准许应骙奏称"鼓浪屿草约合同第十五条兼护厦门一节,各领事以此条洋文须候驻京各国公使核填。现在各使既称领事无权,则外间无从商办。惟华洋合同未便两歧,请饬外部与各国公使仍照华文填写,或即以华文为凭。此项草约本已声明必须候朝廷批准,方能遵行。倘各使不允,尽可将前约作废"等因。

伏查：厦门地当冲要，实为闽省屏藩。该抚议定鼓浪屿租界章程，拟令各国一体兼护，意在预防他国专行窥伺，不为无见。惟厦门系中国地方，本非外人所能干预。若明定约章，强令各国互相保护，转失自主之权，于义无取。若因各国不允保护，遽议将前约作废，无论各使未必允从，即令就我范围，窃恐名既不正言又不顺，亦将重贻列邦讪笑。现在领衔使臣康格既称非奉本国之嘱，无此权力；又谓合同内立此条款，系属无用。原订洋文章程又未载明。臣等公同商酌："不如将原订汉文章程第十五款保护厦门一节径行删除，较为简净。查该督咨送鼓浪屿汉文地界章程共十七款，除删去第十五款外，其余十六款于公地之义尚属相符，自应请旨准行，以符原约而敦辑睦。如蒙俞允，即由臣部咨行该督，并照复领衔使臣康格知会各使臣，一体遵照办理。"谨奏。

光绪二十八年十月二十二日，奉硃批依议。

(《清季外交史料》卷一六七，第 7 页)

昔贤篇

明人笔下的陈黯

明万历进士、晋江人何乔远所记述的陈黯尤为翔实生动。文曰：

> 黯，字希孺。父赞，通经及第，娶妻黄，甚贤，而生黯，独身而已。黯十岁能诗，十三袖诗通谒清源牧，其首篇《咏河阳花》。时面豆新愈，牧戏之曰："藻才花貌，胡不咏歌？"应声曰："玳瑁应难比，斑犀定不加。天嫌未端正，满面与装花。"由是声名大振于州里。十七，作《苏武谒汉武帝陵庙赋》，便为作者推伏。早孤，事母至孝，无意求仕。子蔚既冠，母氏勉之曰："付蔚潘岳之筵，俟尔郤诜之柱。"芳起乡荐，求试贡闱，已过不惑之年。黯，松姿柳态，山屹波注，语默有程，进退可法。其为文词，不尚奇而重切理，意不偶立而重师古。诗篇、词赋、笺檄皆精，尤工官试。乃会昌乙丑（845）逮咸通乙酉（865），凡十八举不第。所著有《绮藏集》。……黯久在文场，人称场老。今豪灶有金榜山，是黯读书处。书堂侧有大石，高十六丈，名金榜石，刻"谈玄石"三字。临海有钓鱼矶，场老垂钓处也，后人筑海为埭，今在田中矣。又云：其当时，书堂有新罗松二本云。又有动石、浮沉石，汐若沈也，而涨亦不没。天将风，其下有声，名石虎礁。宋熙宁中，邑尉张矞咏《嘉禾风物诗》："衣冠陈氏宅，桃李薛公园。场老遗文古，岩僧旧迹存。苔矶荒碛岸，金榜勒瑶琨。已怜松特异，尤喜石能翻。"皇朝，则吾友傅钥国毗居之。

傅钥，字国毗，自号鹭门山人，明中后叶厦门诗人，道光《厦门志》"文学"有传。

唐宣宗登基前遁迹夕阳山之谜

夕阳山在厦门海沧天竺山之毗邻，方志文献都记载唐宣宗李忱未登基时，曾遁迹于此山的真寂寺。民国《同安县志·名胜志》记载：

> 真寂寺在安仁里十二都夕阳山下，初名义安，唐宣宗龙潜时与黄檗禅师观瀑吟诗于此，登极后赐今名。五代刺史王延彬重建。元至正中圮。明洪武辛未雪峰重修，后废坠。

至今山上除真寂寺遗址的残碑、断墙和石柱外，附近的后溪还有"皇帝井""皇渡庵"等遗址，据传都与唐宣宗有关。

我们知道，唐朝自"安史之乱"后，政风腐败，太监弄权，国步艰难。820年唐宪宗李纯去世，其子唐穆宗李恒继位。后来的唐宣宗李忱即唐宪宗的第十三子。四年后，唐穆宗驾崩，由其子唐敬宗李湛即位。这位唐敬宗在位十六年，只活到十八岁，后来其弟唐文宗李昂、唐武宗李炎相继当皇帝。846年，皇叔李忱在太监的拥戴下，从侄儿手中夺权即位，为唐宣宗。在古代封建的皇位世袭制或"兄终弟及"的制度下，唐宣宗李忱的即位显然很不正常。唐中期以后，宫廷内部的权力斗争十分尖锐残酷。范文澜《中国通史》说，李忱自幼起便懂得装傻弄痴，处处韬晦。其兄穆宗李恒一向没把他看在眼里，长庆元年（821）封九个皇弟为王，就没李忱的份。唐文宗、武宗常常轻侮他，特别是"武宗气豪，尤不为礼"（《旧唐书·宣宗纪》）。至于皇叔李忱受武宗迫害、诈死出宫和削发为僧之事，正史皆无述及，反而是与之年代接近的令狐澄所写的《贞陵遗事》、韦昭度的《皇王宝运录》和尉迟偓的《中朝故事》等野史却留下点滴记载，如841年唐武宗初登极时，《中朝故事》便说李忱只好"寻请为僧，游行江表间"。

皇叔李忱为何隐遁于闽厦之真寂寺？一者可以暂避"会昌毁佛"的风头。唐武宗会昌五年（845）六月，为"惩千古之蠹源，成百王之典法。……拆寺四千六百余所，还俗僧尼二十六万六百人"（《旧唐书·武宗纪》），时闽海一隅或未波及。二者因唐中叶以后，由于赋税繁重、土地兼并，八闽等地百姓"多罹掠夺之虞"（《唐会要》卷八八），朱维幹《福建史稿》称此时福建是"奴隶的产地，阉宦的家乡"。李忱的兄长李恒和三个侄儿都是由宦官太监们一手扶上皇帝的宝座。他之千里迢迢来到"阉宦的家乡"，目的就很明显，何况李忱自己后来也是通过"中人（即太监）请还京，遂即位"成为宣宗皇帝的（《中朝故事》）。特别是李忱当上皇帝以后，不无感慨地说"朕左右前后皆（福）建人也"（裴庭裕《东观奏记》下卷）。很可能这些"（福）建人"即曾经帮他夺权称帝的闽籍太监们。

李忱，或称"琼俊和尚"，云游四方，最后来到偏远海陬的厦门夕阳山，他在真寂寺遁迹三年(何乔远《闽书》)。其实,唐武宗在位的六年(841—846),李忱都在为日后的复辟做好准备。可能后来大事有了眉目,某日与真寂寺僧——黄檗断际和尚一起观赏山中瀑布,断际和尚忍不住吟诗,暗示他已知道底细,诗云:"穿岩越壑不辞劳,到底方知出处高。"这时"琼俊和尚"也按捺不住,索性狂吟道:"溪涧岂能留得住?终归大海作波涛!"过后似乎发觉不妥,又补作一首云:"惟爱禅林秋月空,谁能归去宿龙宫。夜深闻法餐甘露,喜在莲花世界中。"这些诗作历来的方志文献皆有载录。明人何乔远认为"兹寺遗迹昭然,表文诗词,当亦不诬"(《闽书》卷之十"方域志·夕阳山")。

冒牌国舅

唐宣宗李忱之兄为唐穆宗李恒,在位仅四年(821—824),其"皇妃"萧氏乃福建晋江人。明何乔远说,"(横山)南行十里为萧妃村,俗讹为'烧灰'矣"(《闽书》卷之七"方域志·横山"),今晋江市龙湖乡尚有烧灰村。

中唐以后,政风腐败,民不聊生,福建境内的百姓"多罹掠夺之虞"(《唐会要》卷八八),妇女甚至被当作土产贡入朝廷。萧氏就是在这种背景下被带到长安,在当时还是建安王的李恒所居的"十六宅"当侍女。元和四年(809)生下李昂。太和元年(827)李昂即位为文宗皇帝,萧氏遂上"尊号曰皇太后"。萧氏因"母因子贵",直接由侍女当上皇太后,后人犹称之为"萧妃",实不妥。

萧氏当上皇太后,遂想起晋江老家和亲人,说"自入王邸,不通家问。别时父母已丧,有母弟一人",唐文宗李昂也觉得"母族鲜亲,惟舅独存",马上下令"于故里求访"(《旧唐书·后妃传》)。

第一个来认国舅的名叫萧洪,是户部茶纲役人,估计也是晋江人。他通过商人(估人)赵缜被引见给太后姐姐徐国夫人的女婿,但夫人"不能省认",结果一起糊里糊涂去见太后。一见面萧洪就"呜咽不自胜"。唐文宗见找到舅舅,"遂拜金吾将军、检校户部尚书、河阳怀节度使",后来又"迁检校左仆射、鄜坊节度使"。后来萧洪卷入一场经济纠纷,得罪了太监仇士良。正好这时有"闽人萧本者,复称太后弟",仇士良乘机揭发萧洪是冒牌国舅。萧洪最终被治罪,流放赐死,萧本因有太监做后台,随即"拜赞善大夫、赐绯龟",乃至追赠三代,"赐与巨万计"。萧本还趁太后"孱弱不能自达"而就近她,"得其家代及内外族属名讳,复(仇)士良保任之",他自己也当上卫尉少卿、左金吾将军。不料,开成二年(837)又有福建观察使唐扶举报说"泉州晋江县令萧弘,状自称是皇太后亲弟",朝野一时议论纷纷,建议让萧弘"赴阙",由御史台按问,免得"取笑于千古"。于是,开成四年,唐文宗诏令御史中丞、刑部侍郎和大理寺卿三司会审。审理结果萧洪、萧本和萧弘这三人全都是假国舅。从此,"太后终不获真弟"。

此事可见《旧唐书·后妃传》的"穆宗贞献皇后萧氏传"。

裴道士与吴真人

宋代道教盛行,裴道士是当时活动于闽南并且名见经传的道士。乾隆《泉州府志》卷之六十五"方外·仙道"载:"裴道士,不知何许人,语音似江东人。绍兴中来泉,头戴通草花,行歌于市曰:'好酒吃三杯,好花插一枝。思量今古事,安乐是便宜。'……后数载坐化于清源洞石嵌中。"民间相传宋绍兴年间,云游道人裴道士在泉州清源山治妖蛇后坐化,人们感其德而塑像拜祀。现清源山的蜕岩据说是他的坐化处,今泉州裴巷的得名也与裴道士有关。可见,宋代的裴道士和吴真人一样,也是生前为民做好事,死后被尊为神的人物。

现存厦门市湖里区五通社区泥金社的孙氏族谱《柳塘记》,有其十世祖孙瑀写于北宋元祐二年(1087)的《西宫檀越记》,提到裴道士在厦门的行踪,并且记述他与名医吴本两人的交集。这篇记写道:"天圣四年(1026),大父有河鱼之疾,偕兴叔甫调养旗山上。处月余,会方士裴其姓者年八十余,自号'养真老子',周游至庵中,与先大父讲日议月,盘桓若弟兄。无何,白礁有吴姓名悟真者,素以神医名,闻养真妙契神灵秘旨,且深修炼之术,遂跋履渡江而致访焉。裴见吴,知为超世人,相得欢甚,悉以神秘授之。"据该族谱记载,孙瑀字伯升,并无科举功名,其祖父孙天赐因在旗山调养,让从白礁"跋履渡江而"来的神医吴悟真有得识裴姓方士(道士)的机会。旗山,今称虎仔山。我们知道,神医吴本生于宋太宗太平兴国四年(979),卒于宋仁宗景祐三年(1036),"世住白礁,平生医灵济人,明验如神"(万历《泉州府志》卷之二十四"杂志"),天圣四年吴本正好47岁。这段时期,青礁、白礁一带不曾出现过第二个吴姓神医,从时间、地望和职业来看,吴本和"吴姓名悟真者"当是同一人。吴本是道教中人,生前除了字华基、号云冲外,再取个道号"悟真"也不足为奇。这位裴姓"养真老子"与泉州的裴道士两者的活动时间相当接近,只不过天圣四年已经"年八十余"的老道,能活到"绍兴年间"(1131—1162)似不可能。这或许是民间传说的年代不尽可靠所致。

孙氏族谱《柳塘记》记录孙氏一族自北宋入厦到清末的繁衍情况,始修于元天历二年(1329),其《孙氏族谱叙》开头便说:"嘉禾之望曰孙、陈、倪、薛、倪、薛今微矣,而孙、陈为盛,孙又盛于陈,散居四都之中无虑七十五房,柳塘其一也。"整部族谱昭穆有序,朴质无华,既无科名宦绩之炫耀,也乏高官名士的捧场,数百年来仅以抄本传世。因附有相关序记,故颇具史料价值。

林希元居同安凤山社

林希元去官后居同安凤山社,晚年还在《请姜伯溪方伯查赈时弊书》中提起"敝居凤山社在城外,居民八百"(《林次崖先生文集》卷六)。凤山社当是今同安区大同街道岳口村。此地原先有天兴寺,据《大同志》——清康熙《同安县志》卷之十"丛祠志"载:"天兴寺在县东佛子冈。隋末,莆田黄氏女结庵于此。南唐改'天兴',宋治平改'鹿苑'。元大定重建,复旧名。明永乐重修,寻废。"林希元崛起农家,弘治十四年(1501)考取秀才以后,便首尾九年在天兴废寺一边设馆授徒,一边读书应试,乃至登科出仕。据林希元晚年所写的《凤山得地记》(《林次崖先生文集》卷十)记述,他首次被"致政"回乡时,仍"寄寓外家郭氏"。嘉靖四年(1525)好不容易才购得"天兴寺地",最后还是靠为人修谱和到永春修志得些报酬,同时东挪西借,建屋之事勉强成功。嘉靖二十年(1541)辛丑冬,林希元从广东按察司佥事任上被"罢归",甫回故乡的凤山社,亲朋索债者也先后踵至,作诗《亲朋索债无偿姑书此应之》,还在《辛丑至家祭祖文》向祖宗表示歉意:说自己"身为大夫,家庙不能建,使祖宗神主栖于颓垣破屋之下,罪何如也"。可见彼时他确实一贫如洗。即便七年后的丁未(1547),67岁的林希元写作《凤山得地记》,仍称这所住宅"尚须白金百余,而功始毕。然昔日之成者又将坏,昔之捐囊相助者,犹责偿未已"。虽然如此,林希元依然坚持抗倭、开放海禁的主张,不断向当道献策。

不料林希元的这些行为却招来忌恨,时任提督浙闽海防军务的朱纨向朝廷启奏:"考察闲住佥事林希元负才放诞,见事风生。……守土之官畏而恶之,无如之何,以此树威。门揭'林府'二字,或擅受民词,私行拷讯;或擅出告示,侵夺有司。专造违式大船,假以渡船为名,专运贼赃并违禁货物。"(朱纨《甓余杂集·阅视海防事》)朱纨是明朝海禁政策的忠实执行者,由于政见的相左,居然采取这种毫无根据的诬陷手段。迨至嘉靖三十六年(1557)"强盗黄老虎流劓同安,虏乡官郭贵德、知县并其家属,分劫刘御史等家"(《林次崖先生文集》卷六,《上巡按二司防倭揭帖》),林希元凤山社的家却安然无恙,说明他根本没有因从商致富。

闲话林希元与洪朝选

洪朝选(1516—1582),字舜臣,号芳洲,明代同安名宦,嘉靖二十年(1541)进士,历官至刑部左侍郎。为官清正不阿,卒遭权贵迫害致死。所著有《芳洲初稿》《归田稿》等。

洪朝选出仕前受到前辈林希元的悉心栽培。林希元的《送芳洲洪子之任南都序》(《林次崖先生文集》卷八,厦门大学出版社,2015年)对此言之甚详。

嘉靖十年(1531),洪朝选初识林希元时,年十六。林希元"见其文,惊曰:'是嶰竹渥洼,非人间凡品也!'许以女,携之南都(南京),授之《春秋》,令与缙绅长者游,舜臣崭露头角。于是名在士夫间矣"。嘉靖十三年(1534),洪朝选乡试不售,林希元还写信安慰他:"大器无速成,未见,非子之幸也,惟当勉之耳。"并鼓励他"毋徒空言"。结果嘉靖十六年(1537)洪朝选乡试中举。林希元时被贬官任钦州知州,"得报,喜不寐"。嘉靖十九年(1540),洪朝选要参加翌年的会试,林希元特地把他的原来的"小名天民",改为"朝选"入试,"云其望之不浅也。"第二年春,洪朝选果然以二甲二十四名登进士第,当时因"安南之役"受到罢免的林希元,还作诗《外子洪舜臣将赴留都以诗为别走笔和之》。但从此至嘉靖四十四年(1565),85岁的林希元去世,在彼此的诗文集里竟找不到任何反映交集或酬酢的作品。在嘉靖壬戌(1562)洪朝选为母丧而作的《先母宜人庄懿叶氏圹志》(《洪朝选研究·芳洲先生文集》,华星出版社,2002年)里,明确地称林希元为"外伯父次崖公",还提到"朝选始娶林氏,即大理寺丞林次崖公侄女,再娶蔡氏,再聘朱氏",可见林希元当年并未"许以女",而只是嫁以侄女。至于林、洪两造关系之异常,则留给后人研究。

汤显祖与周起元

周起元(1572—1626),字仲先,号绵贞,别署月溪主人,福建漳州府海澄县三都后井村(今为厦门市海沧区后井村)人,明万历二十九年辛丑(1601)进士,累官至太仆寺少卿,右佥都御史、巡抚应天。周起元是一位能体恤民瘼,救饥拯溺,深得民众爱戴的良吏,同时又是一位在"珰焰方张"之下,不肯"趋炎附膻",而"正直敢言"的诤臣,最后遭受迫害而死,因此还有"东林后七君子"之一的美誉,并且是厦门史上唯一一位两次得到朝廷赐谥(忠愍、忠惠)的名宦。

己亥(2019)冬,我在辑补《周忠惠公传疏》时,鹭江出版社的责编蔡本畑君发现周起元与戏剧大师、诗人汤显祖还有过一段文字因缘。原来周起元登进士第后的当年,到江西饶州府的浮梁县当知县。为官之始,周起元便持法不阿,把被当地势豪侵占的双溪书院夺回来,不仅"捐赀赎之",还加以修葺,汤显祖为此而作《浮梁新作讲堂赋》,后来周起元调任南昌令,汤显祖还作《东作怀周绵贞明府南昌》这一首长诗怀念他。后来我在《玉茗堂全集》和《浮梁县志》都找到这些诗文。这首五古长诗曰:

> 达人贵济世,知音常苦稀。陶潜觉今是,蘧瑗悟昔非。虽云息交乐,终悲怀卷违。兰陵赋云物,郊干春鸰旟。我有良友人,倾箧仁前辉。气茂神理清,襟虚言笑微。心赏暂所悦,目成良可睎。握别动盈岁,从游霜雪霏。灯烛醉余塞,蒸樵饫朝饥。鸾鹤从西来,山水当鸣徽。聊为朝夕言,忘吾天壤机。岁晏难久淹,车马送言归。归来垂中春,田事绕荆扉。野雉既登垄,黄鸟复飞飞。被洁方及辰,临流振初衣。为问神明宰,南州谁见依?

可惜周起元的《归田稿》和《居稽斋集》等著作都毁于"珰祸",以至于我们无法进一步找到他们之间的往来酬酢之作。

汤显祖(1550—1616),字义仍,号海若、若士,江西临川人,万历十一年(1583)进士。他是一位充满正义感的人物,因而得罪权贵,万历二十六年(1598)弃官归里,专心从事戏剧和诗词的创作。他比周起元年长二十二岁,中进士也早十余年,可谓是周起元的前辈。他为讲堂作赋,赞美其"龙栖凤游,弦歌在堂",称颂周侯"经营其地"的功劳。其后还在怀念这位"良友人"的诗中,对其"气茂神理清,襟虚言笑微"的印象犹深。

清官周起元之后事

周起元是明代第一流清官,他在浮梁县令离任时,"行箧不固肩镳,所携布衾书籍三两肩而已"(道光《浮梁县志》卷七"名宦传")。其后调任应天巡抚,已经"禄秩四品",但他仍"凡公给一缕一器,出俸薪偿之,不染库帑"([明]查继佐《罪惟录》卷之十三)。如此清正廉吏,却因得罪阉党,天启六年(1626)九月初十日,竟以"坐赃十万",被关押在北镇抚司狱,惨遭酷刑,最后毙于狱。第四天,堂弟周起龙去领遗体,但见"五窍流血,胸膛肉破,面歪,腿足杖夹伤烂,身无寸缕"(《周忠惠公年谱》,[清]同治壬申金沙乡书屋刻版)。周起元临终"遗命大布裹身,市船木为棺。停丧野舍,后一所亲扶榇南下,而诸孤方避匿,未能招魂,权次建安"([明]张燮:《大中丞赠少司马仲先周公传》,载《张燮集》,北京:中华书局,2015年)。

周起元去世后,家眷"无分文之积蓄","内外族戚兄弟之业,为我被逮,典卖在先,寄来完赃"(《周忠惠公年谱》),但朝廷犹"遗赃下闽严追,臬宪承旨,行县捕其亲属,藐诸逃窜,不敢迎丧还家"([明]张燮:《祭周仲先中丞文》,载《张燮集》)。因"罄赀不足,亲故多破其家"(《明史·周起元传》)。

崇祯登基的元年(1628),周起元终于得到昭雪平反。他的好友张燮在《大中丞赠少司马仲先周公传》写道:"甫迎榇归里。时漳苦旱,丧车初入,宾朋成礼甫毕,大雨倾盆,似为贞魂浣泪者。"其友黄道周当时参与其事,他在所撰《少司马绵贞周先生墓志铭》云:"今天子元年与赠荫祭葬特祠于乡。乡里闻之雨者为之霁,旱者为之雨。榇归且葬,以长子彦升殇,未克葬。后又数年,次子彦基、彦奎乃襄厥事。"

据嘉庆《漳州府志》卷七"古迹志·邱墓"载,周起元墓葬在"(漳州)郡城西门外西渡头"。近年媒体报道,在漳州市南靖县靖城镇廊前村的正峰寺发现其墓址。

周起元以东林不列己名为耻

偶读明遗民高宇泰(号檗庵)撰《雪交亭正气录》,其卷一《甲申纪》载:"崔呈秀列诸君子姓氏数十人,为《天鉴》《同志》《点将》等录,嗾魏阉按籍而诛之,而海澄周起元初以不列己名为耻。"东林党人是宦寺阉党的眼中钉,恨不得诛之而后快,但周起元反而以名列东林为荣。

所谓的东林党,实际上是明末社会矛盾日趋激化之际,一批要求振兴吏治、敢于讽议朝政而又声气相求的官僚朋党。他们没有严密的组织,不是现代意义的政党。近年有学者认为东林"本没有什么党的名称,这时候凡是正人君子,或与魏阉作对的,皆名为东林党"(谢国桢:《明清之际党社运动考》,辽宁出版社,1998年)。被列入魏忠贤党羽所编造的《东林同志录》《天鉴录》《东林点将录》《选佛录》等黑名单的,都是那些崇尚儒家道德、不肯依附邪恶势力的士大夫君子。

天启三年(1623)周起元擢任右佥都御史巡抚应天之前,与东林党关系不多,《东林同志录》等黑名单确实查无其名。其后因多次与邪恶势力抗争,引起了阉党的忌恨,因而天启五年(1625),魏忠贤爪牙王绍徽所进的《东林点将录》中,出现了"地刑星菜园子右佥都御史周起元"之名。周起元终于进入东林党的名册。

最后魏阉宦党处治周起元的"罪名"之一,也有一条是"与攀龙辈往来讲学,因行居间",所以与高攀龙、缪昌期、周顺昌、周宗建、黄尊素、李应升等先后被拷掠至死,后世合称之为"东林后七君子"。

崇祯初年,周起元的冤案得以昭雪。凭借着人们对东林风骨的敬仰,在南京的清凉山、杭州西湖的六一泉边及漳州、龙溪和海澄等地,以及其任职过的州县,都设立有周起元的专祀或合祀的祠宇。这是厦门历史上从未有过的哀荣。

蔡复一并非残疾人

蔡复一(1576—1625),字敬夫,号遯庵,泉州府同安人。明万历二十三年(1595)登进士第,时年二十岁。出仕后先居郎署十七年,后出任湖广参政等职。天启二年(1622)以右副都御史抚治郧阳,继而以兵部右侍郎、都察院右佥都御史总督贵州、云南、湖广军务,兼巡抚贵州,赐尚方剑,节制五省。在平定苗民之乱时,因兵饷不继、事权不专而败绩,天启五年卒于平越军中,享年五十。讣闻,赠兵部尚书,赐祭葬,谥"清宪"。《明史》除登载他的仕途功绩外,还特别记载他"好古博学,善属文。耿介负大节,既殁,橐无遗赀"。遗著有《遯庵全集》。明清两朝,无论从功名、人品还是诗歌成就等方面来看,蔡复一的名气在厦门堪称第一流。

古同安关于蔡复一是"残疾人"之说流传甚广。尽管他自己也曾自称"瞽且尪者""某半残人"(《遯庵全集》卷二"楚牍"),但视其平生行动,可能只是近视或腿脚不利索而已,似乎还不至于是"残疾人"。万历二十三年榜的进士多少年英俊,在京城颇受围观,时人沈德符将其盛况记在其《万历野获编·补遗》卷二的"乙未诸才士",文曰:

> 同车之誉诸进士中,最年少者如浙人王刑部季重,生辇下,幼有潘河阳之目,需次未选;闽人曹尊生户部,卯角登乡书,再试成进士,以末甲守部,久住燕都,几如卫叔宝看杀;楚中李梦白大参,风裁鲜令,但色微有黔,遂有"铁铸观音"之号,以庭试高第,授户部曹。三君子俱命代才人,又弱冠美丰标,一时团聚辇下,人皆指为神仙中人。……闽中更有蔡敬夫户部,年最少,其才亦与尊生伯仲,但貌不逮耳。时予未之识,蔡与曹同是科会魁,又与之同乡榜。

沈德符看到的蔡复一只是和福州人曹尊生(即曹能始)比起来,"貌不逮耳",并非传说中容貌丑陋的残疾人。

明代人谈及他人的生理缺陷往往不加隐晦,清初朱彝尊在他的《静志居诗话》卷十八的"唐汝询"篇写道:

明之诗人形累者:孙伯融跛,偶武孟、张节之、谢茂秦眇,祝希哲枝指,何仲默秃笄,其余不可悉数。至唐仲言无目,李公起口哑耳聋,两君乃能勤于笺述,不废吟咏,是难能也。

如果蔡复一果真是残疾人,朱彝尊能不记下一笔吗?我友陈庆元教授曾撰《蔡复一的本来面目》(《东南学术》2015年第5期)谈之甚详。

蔡复一的窘况

万历四十年(1612),蔡复一居郎署十七年后,"始迁湖广参政、分守湖北。进按察使、右布政使"(《明史·蔡复一传》)。在其"入楚首尾四年"的任上,他"清积逋、核虚冒、革加派、严保甲、杜参谒",还为防控"苗患","筑边墙七十余里"(《福建通志》卷二百之五"明·列传")。《遯庵文集》卷一的"楚牍"中,有一篇蔡复一因政见"大拂黔抚意",决定"引疾归"(《泉州府志》卷四十四"蔡复一传"),并"思为借差过里",而向上峰申诉的《与两台奏记》。这篇"奏记"透露了他在此期间少为人知的生活窘况。蔡复一出身贫寒,"先人以孝廉为令,家无负郭。某十六年曹郎,望债家而食,入楚称贷治装"。关于其还乡的理由:一是"某蚤失怙恃,兄弟二人相依如形影,行年俱垂四十,尚无男息。以故庐墓情切,随牒意微。……怀不可解,郁则为病"。二是"邸舍自随,止一妻一女一舍弟之女,今妻女俱病,辰中无医,迎澧医治之,未有起色。盖病在念乡,忧思转侧,非药石所可除也"。三是这几年自己"禀质素弱,用心过劳,内无文墨之宾,外无起稿之椽,一切公移,皆收入卧内。……故无论大轭,即寻常小票,无非躬裁。辰沅兵饷,素为弊丛,一一稽磨,手持勾股,二库钱粮稍清,而精已销亡矣。二月患痰火怔忡等症,虽幸遄愈,入秋以来,时作时止。某日啖素少,居辰视沅,复减其半",于是,"若不假羽省视先茔,归就骨肉,岂特风露难愈,抑且性命可忧"。

竟陵诗派与蔡复一

钟惺和谭元春等人为代表的竟陵派,是晚明诗歌史上一个重要的新流派。万历四十年(1612)后,蔡复一一度在湖北任职,因与钟、谭二位声气相求,时常唱酬,而被认为是竟陵派的中坚人物。清初钱谦益认为他们"另立深幽孤峭之宗",是"诗妖"([清]钱谦益《列朝诗集小传》丁集"钟提学惺"),同时代的朱彝尊更是大加挞伐,说"闽人蔡复一等既降心以相从",正声从此"走入醋瓮"([清]朱彝尊《静志居诗话》卷十七、十八)。乾隆年间的侯官学者郑杰满足于"吾闽自十子以后诗派,历历未改",他不仅讥讽竟陵谭友夏"不读书之病",还指责蔡复一"宦游楚中,召友夏致门下,尽弃所学而学焉",以至于所作诗"何庸劣乃尔"([清]郑杰《闽中录》)。最后,光绪《金门志》卷之十六"旧事志"出来打个圆场,说:

> 蔡清宪才气本足自雄,入楚以后乃染竟陵,舍家鸡而爱野鹜,论者訾竟陵亦訾清宪。钱牧斋极力攻击,专摘其瑕者以论,《四库书》讥其颠倒是非。自牧斋此论后,人不见清宪集,随声附和,正如矮人观场。而林沧湄诗话曲为之解,此亦不必。朱竹垞亦尝言之。盖清宪湛深经济,原不以诗争雄,出入竟陵,诚不能为之讳,惟汰其染竟陵者而存其初作,亦铮铮作者。斯为持平之论。

但时至近今,仍有学者持蔡复一"完全投向竟陵派的营垒"的偏见(陈广宏:《竟陵派研究》,复旦大学出版社,2006年)。

明清两代厦门诗人的作品能够得到海内诸大家的如此关注和评论,舍蔡复一者其谁?蔡复一为人性格"耿介负大节"(《明史·蔡复一传》),所以其诗"忠义之气,自然发见,非有意于诗也"(池显方:《蔡敬夫诗集序》,《遯庵全集》,北京:商务印书馆,2018年)。我今承乏蔡复一《遯庵诗集》十卷之校注。书成,学术同人读后自会有客观之评价也。

蔡复一为文作诗倚马可待

与蔡复一同时的厦门文人池显方评其"为诗渊远雄浑,触事不露,感时不伤,其一往深情处,读者如听大江,束带有晓风残月之致。盖其用意厚,故发音亦厚,而本之自然"(池显方:《蔡敬夫诗集序》,《遯庵全集》,北京:商务印书馆,2018年)蔡复一可谓英年早逝,得年仅五十。收录到他的诗集里的各体格律诗共有1100首(630题),大部分作于万历四十年(1612)其迁任湖广参政,至天启五年(1625)他"殁于军中"。这十多年间,蔡复一几乎每刻都在忙于用兵、筹饷等大事上,而还能在军书露布之隙写下这么多的诗篇,其效率之高不得不令后人惊佩。谭友夏在《蔡清宪公全集序》里写道:"公十龄以往,书史上口,触目皆如重阅。尝借人奇书数十卷,烛下取读,晓而还之。其敏可及,其勤不可及也。目下十行者,思力屃贔,率无遐想。公作古文、诗歌、章奏、笺启、檄移、科条,日可百数通,数小吏不给,朝属草,申酉成书,而公优游尚自如。"

《遯庵诗集》中的佳作甚多,《甲子元旦试笔》云:

春入岁前寒已微,云光三素护山衣。鸟知病色留医住,花带离情送雁归。乡梦五千余里外,浮生四十九年非。屠苏最晚成吾老,一醉朱颜事岂违。

《九日轮山》云:

欢情一往已成非,犹爱秋光上翠微。磴折寒云行款曲,帆开远水见依稀。霜鸿惜影应迟菊,露叶含情欲染衣。明月当歌乌鹊起,暮钟虽发忍言归。

丁一中与谭维鼎

清代厦门海防同知,在颁布公文示禁时,有以下不同的官称:"管泉州清军海防总捕驻镇厦门分府"(雍正五年《奉督宪禁水手图赖碑》),"特调泉州总捕海防驻镇厦门分府"(嘉庆七年《打铁路头奉宪示禁碑》),"泉州厦门海防分府"(光绪九年《林后村薛氏公告》),"署理泉州厦防华洋分府"(光绪二十九年《阳台山示禁石刻》),但都标识它是"泉州海防分府",又简称"海防分府"。这个机构与明代丁一中担任的"泉州府同知"性质是否一样?至今尚不甚清楚。道光《厦门志》卷十"职官表"载:"海防同知。旧驻泉州府城,康熙二十五年移驻厦门。管理海口商贩、洋船出入、收税、台运米粮、监放兵饷、听断地方词讼。"可能两者性质接近,只是"旧"的"泉州府同知"衙门不在厦门,处理公务也没那么多。

据乾隆《泉州府志》卷二十六"文职官上·同知"载,明代泉州府同知就有54人,丁一中的前任即谭维鼎。该文献载:

> 谭维鼎,新会举人,(嘉靖)四十三年(1564)以同安知县升任。

民国《同安县志》卷三十五"循吏录"载:

> 谭维鼎,字朝铉,号瓶台,新会人,嘉靖三十七年(1558)知县。

明嘉靖年间,倭患和海禁与反海禁斗争最为剧烈,闽海不宁。谭维鼎的传略除了歌颂他作为地方官的种种惠民德政外,更多的是记述他率民抗击,"邑借以安"的事迹,如县志说:

> 时倭寇充斥,告当路请缓兵,修城池,简军实,多方捍御。擒倭酋阿土机等于浯洲,招抚林三显,借其策破杨三,擒黄大壮,追郑大果、王子琪于安溪戮之,致马三岱于庭下。值贼攻南关,以兵授岱,立解其围,剧寇数万一朝效顺,邑借以安。

嘉靖四十一年(1562)林希元所撰《邑侯瓶台谭公保障记》(《林次崖先生文集》第410～412页,厦门大学出版社,2015年)、嘉靖四十三年刘存德撰《邑父母谭公功德碑》(何丙仲编纂:《厦门碑志汇编》第13～16页,中国广播电视出版社,2004年),叙述得更为具体。

谭维鼎从嘉靖三十七年至四十三年在同安任知县的六年间,几乎都在弭乱的战尘中度过。事过三四年的隆庆元年(1567),丁一中任泉州府同知,却能在同安县属的嘉禾屿到处吟诗留题,这是否与月港时代的"隆庆开海"、海上贸易得到有效管理有关? 很值得研究。

明末抗夷儒将谢弘仪

谢弘仪,原名国,字简之,号寤云,浙江会稽(今绍兴)人,乃明末闽台重要的历史人物。道光《厦门志·旧事志》等志书却将其改称为"谢隆仪",如天启三年(1623)"冬十月二十四日,福建总兵官谢隆仪大破红夷于浯屿"。"四年秋,巡抚南居益自岛大发兵,剿红夷于澎湖,克之。注云:正月,遣将城镇海,且战且筑。夷退风柜城,居益攻击数月,犹不退。乃大发兵,命谢隆仪、俞咨皋、王梦熊三路齐进。夷窘……破之,献俘于朝,余寇遁归,台湾、澎湖之警以息。"

查《明实录·崇祯长编》卷二十六,记载"崇祯二年九月己酉,以高勋为总兵官,镇守湖广;以谢弘仪为总兵官,镇守福建"。

又康熙《会稽县志·选举》:"谢国,武甲,万历三十八年庚戌科,谢弘仪状元。"

与谢弘仪为友的厦门诗人池显方所撰《赠大将军谢简之平红夷序》(《晃岩集》卷之十二)记述兵戎之间,"公攻诗善书,唐韵、晋帖两擅其美"。谢弘仪在闽厦一带均有诗刻留存至今。如厦门虎溪岩大雄宝殿右侧的巨岩上,便有其《次南中丞韵》五律两首,诗曰:

玉屏谁洗出,崒崇瞰禅瀛。不□鸣深窍,其如洞壑清。依人山□□,听法石俱灵。一自逢青眼,相过倍有情。

此中结真契,携笈至□林。夜月僧察课,春云静侣襟。看山明俗眼,观海浴文心。□美皆如是,当前不解寻。

署款为"会稽谢弘仪"。另在本省福清市瑞岩山,亦有诗刻一段,题七律两首,其一为《游瑞岩》,诗云:

钩衣挂帻手犹扪,读尽巉岩碧藓痕。山恐鉴时驱鬼斧,洞疑飞处凌云根。流泉一缕清于沚,立石千头怒欲奔。椅取醉眠层嶂上,看他沧海浴朝暾。

其二为《又次叶师相台翁壁间韵》,诗云:

才入云林思已遥,小开萝磴不容轺。峰头孤翠分晴岛,槛外千帆散暮潮。藓壁诗推元老富,烟岚兴割野僧饶。穷探别洞幽奇甚,一罅玲珑望碧霄。

署款也为"会稽谢弘仪"(见《福州晚报》2012年7月31日)。从诸多文献乃至他自己的署名,其姓名并不是"谢隆仪"。

谢弘仪虽为武职官员,却是一位文采斐然的诗人和剧作家。崇祯十年(1637)四月,江南的祁彪佳、王思任、倪元璐和张岱等名士在会稽结"枫社",致仕在乡的谢弘仪也是社友之一(见张岱《快园道古》)。此外,谢弘仪还创作了戏剧《蝴蝶梦》传奇两卷。诗友茅元仪作七古《观大将军谢简之家伎演所自述蝴蝶梦乐府》(见《石民横塘集》卷二),有"耳目无久玩,新者入我怀"之叹。清初祁彪佳编著《远山堂曲品剧品》,乃至近人庄一拂所著《古典戏曲存目汇考》(上海古籍出版社,1982年),均有谢弘仪及其《蝴蝶梦》之条目。

郑芝龙会作诗

郑芝龙是明末清初一位富有传奇色彩的闽南人。他一生扮演过海商集团首领、朝廷命官武将、南明时期"挟天子以令诸侯"的地方军阀等角色,最后被骗降清乃至丧命宁古塔。在后人的印象中,郑成功的父亲郑芝龙似乎只是善于经商、航海和打仗的豪强,殊不知他不止断文识字,还能赋诗作文。

广东肇庆有"崇祯十年(1637)又四月望日温陵郑芝龙游七星岩题"的七绝

诗刻二首,诗云:

> 偶缘开府抵崧台,奇石清泉洒绿苔。群玉山头迎佛相,恍疑身已在蓬莱。
>
> 乳岩突兀五丁开,直把星辰摘下来。金粟庄严真色相,肯惭能赋大夫才。

崧台,即崧台驿,在肇庆城西。郑芝龙于崇祯元年由武装海商归顺明朝,崇祯十年前后任"钦差管协守潮漳副总兵事前军都督府带俸右都督"(崇祯十一年正月《重修水心亭记》的结衔),所以有美好的心情游览七星岩,所作的诗无论是意境还是用典都相当有水平。

此外,意大利罗马的一所耶稣会院现藏有1645年郑芝龙50岁时,写赠给意籍耶稣会传教士毕方济(Francesco Sambiaso)的一首七言长诗,诗云:

> 乾元之德在用九,天禀聪明作元后。坤承天施服黄裳,舜有七友文四友。紫薇之垣下华星,沐日浴月过沧溟。泰西景教传天语,身是飞梁接天庭。斜枕魁衡携龙角,曾友吾皇入帷幄。天章洒赠怀袖中,荒野甘盘称旧学。光武昔日起南阳,帝尧封侯原为唐。赤伏符名缘寰宇,颁来鸟纪因凤凰。布衣敦叙文华殿,金盐玉版天厨宴。铁勒九真知我名,瑶宫三岛逢君面。至人浮云视肋庸,黄石师后友赤松。严光共被仍垂钓,李泌暂相终明农。君伏天心来救世,崆峒访道归黄帝。鼎成但留握奇经,金轮宝马随君致。

诗后跋云:"毕金梁先生出其所赐御制诗见示,感而赋赠,并请郢政。温陵道人芝龙。"(方豪《中国天主教史人物传》)"金梁"是毕方济来华后自取的中文名字。这段跋语说的是南明的隆武帝曾写诗赠给毕方济,郑芝龙见了诗兴勃发也赋诗一首。明季耶稣教会传入福建,写诗赠洋教士成为仕宦人士的一种风尚,天启五年(1625),包括闽南张瑞图、何乔远、池显方和黄文焌等在内的71位八闽士人用各体格律诗向传教士艾儒略表达对基督教义的慕道之心。郑芝龙到澳门之前在家乡很有可能已受到这方面的影响。

郑龙屿

我在《南明人物郑彩早年史事考》(载《何丙仲学术文集》,鹭江出版社,2018 年)一文中考证郑彩是厦门高浦人,所据史料是 1993 年在厦门市郊杏林镇高浦村附近"明封骠骑将军云台郑公暨夫人王氏墓"出土的《大参戎郑公墓志铭》,和道光壬寅年(1842)季春重修的《高浦上郑大总谱图》(手抄本),得知墓主郑德乃"建国公"郑彩的功弟,他们这一支派居高浦城东,另"一派居城南,以龙屿先生登进士起家",他们皆为"浦之望族"。

此"龙屿先生"何人?民国《同安县志》卷十五"选举·明举人"仅载:"郑陛,原名阶陛,高浦所人,甲辰进士。"后来我们在《高浦上郑大总谱图》的第七世郑陛的附注查到:"郑陛,字公擢,号龙屿,明戊子文魁,万历甲辰(1604)进士,任南京两淮转运使。"今读明张燮《群玉楼集》卷之七十"尺牍十二"和七十三"尺牍十五"(《张燮集》第 4 册,北京:中华书局,2015 年),分别有《答郑台(公)擢转运》《寄郑龙屿运长》两函,后一函乃张燮向"姻翁"郑陛(龙屿先生)叙说其子亡故等家事。从信函称谓的字号和职务来看,均与谱牒记载相符。据陈庆元学兄《张燮年表》(《南京师范大学文学院学报》2013 年第 1 期)中其子张于垒去世的时间推断,该信函应写于天启七年(1627)。看来,作为考证郑彩籍贯的史料——郑德墓志铭与《高浦上郑大大总谱图》是可靠的。

同安黄季弢会伯

晋江二水张瑞图乃我国历史上著名的书法家。厦门同安祥露顶之妙建庵有其题匾,而相传万石岩张瑞图所题之"问渔"二字,今已不可见矣。日前读张氏《白毫庵集》,知其贤踪实未到过厦门,却与同安蔡复一、黄文炤交笃。集中赠蔡诗有《送蔡元履备兵易水》《过辰州乞诗蔡元履》,赠黄诗有七古《黄季弢会伯以本芝孙郡伯所赠南台歌见示,里中诸君子多次韵和者,余亦貂续焉》、七律《九日南台为季弢会伯赋,用王仲初山人韵》、七律《次季弢会伯见赠韵》《次韵答黄季弢会伯》二首。

黄文炤,字懋显、季弢,福建同安新圩人,乃明末著名之理学家,所著有《道南一脉》《孝经注》。唯黄季弢终身未仕,"会伯"不知何意?昔日读《泉州府志》卷四十四"林孕昌传",知理学大儒林孕昌等创立笋堤社讲学,又于崇祯"癸酉(1633)开讲于在兹堂,与布衣黄文炤倡明旦气之学,从者日众",后来入阁任宰辅的黄景昉、蒋德璟皆先后在社中讲过学。与之同时的张瑞图当与笋堤社有联系,故称社中前辈黄文炤为"会伯"。

二十年前,我在同安搜寻摩崖石刻时,无意中在新圩金柄村后之大帽山腰发现署款"万历辛卯(1591)秋月季弢谨撰"之《石帮记》石刻一段云:

石帮洪瀑,雨必成灾。殒吾良陌,且伤观瞻。余心不忍,倡导修治,垒风水石担拾丈有八尺,筑槽道百有贰玖丈,即此为夷世代。

理学名家犹能关心环境治理,殊为难得。

5 郑成功的容貌

目前鼓浪屿的郑成功塑像有三四尊,容貌均不一样。史籍文献只说他"骨骼非常""风仪整秀"等寥寥几句,皆缺乏具体的描述。三百多年来,闽台两地的民间都把郑成功敬为神明,于是就有各式各样的郑成功像流传于世。过去闽南地区流传一幅他的坐姿画像,其形象浑似菩萨——体态丰腴,面如满月,白净无须,两耳垂肩,一看就知道是后人出自敬仰之情而向壁想象的作品。

比较可靠的是1982年入藏中国历史博物馆的《郑成功弈棋图》。此画得诸在京的郑氏后裔,且有郑成功部属王忠孝所题的《百字赞》,虽然画中的郑成功面部略显清癯,微须,颇为老成持重,但其神态清肃儒雅,而且目光闪烁着刚毅睿智之气,这位人物显然非郑成功莫属。众所周知,明朝后期我国传统肖像画已吸收了西洋画的优点,以莆田画家曾鲸(1568—1650)为首的画派,其"傅彩晕染"已达到"如镜取影,妙得神情"的水平。这幅画的作者"壶兰黄梓"乃曾鲸的同乡,是这个画派的高手。台湾省立博物馆也藏有一幅郑成功身穿明代官服的坐像大中堂,面貌神情与弈棋图略为相似,只是面部较为丰满且蕴含着王爷特有的富贵态。

真正近距离看到郑成功而且做过描述的,是荷据时代在台南的一个叫梅氏(P. D. M. van Meijensteen)的荷兰土地测量员,他在1661年5月4日的日记写道:

> 国姓爷坐在帐幕正中央的一张桌子后面,桌子铺着刺绣得很贵重的桌巾,他身穿一件未漂白的麻纱长袍,头戴一顶褐色尖角帽……我猜他年约四十岁,皮肤略白,面貌端正,眼睛又大又黑,那对眼睛很少有静止的时候,不断到处闪视。嘴巴常常张开,嘴里有四五颗很长,磨得圆圆、间隔大大的牙齿。胡子不多,长及胸部。他说话的声音非常严厉,咆哮又激昂,说话时动作古怪,好像要用双手和双脚飞起来。中等身材,有一条腿略为笨重,右手拇指戴着一个大的骨制指环,用来拉弓。(江树生译注:《梅氏日记》,汉声出版社,2003年)。

不过,我认为郑成功脸上可能还有一道刀伤留下的痕迹。据《先王实录》所载,南明永历十三年(1659)郑军北伐南京,四月二十九日,郑成功率少数骑兵驰至后提督万礼营中,因通报时"闻听不真",以致"藩马走过,颊上被班官陈勇斩马刀伤一痕,血怆不止"。过后万提督亲捆陈勇请求处斩,不料郑成功说:"尔非敢故,乃误也,亦我自误。今伤疤已愈,奋勇立功,更不尔负!"不仅当场将他释放,还重赏银两。于是,三军"闻者悦服"。

戏子将军与郑成功官印

郑成功用人唯贤,以"胆勇"为上,其部属就有一位"优旦"(戏子)出身的将军洪复。清初刘献庭的《广阳杂记》卷二记载:"洪复,泉州同安人。初为优旦,赐姓(即郑成功)拔以为将。丰姿娇艳如妇人,而勇冠三军,射能百步穿杨。赐姓尝曰:'观汝才略,可为大将,惜汝之性情气质柔媚耳。'复曰:'复蒙主恩,今至于此,必为鬼以报主,大将则何敢云!'赐姓曰:'何为也?'复曰:'为将者,阵前阵后,岂能必胜?复效力行间,惟一死以报主恩,复之愿也!'赐姓尝攻漳州营,为敌所劫,披靡而走,思文所赐七印,一囊贮之,遗失于营中。复独骑随敌后入营中,挟囊而走。敌始觉,追之。复发三矢,连毙三人,敌不敢追,遂以印反命。后果死江南之难。"洪复果有其人,据连横《台湾通史》卷二十九"列传一·诸臣"所载,清同治十三年(1874)在延平王祠从祀东庑的第一人即为"副将洪复"。漳州城下拼死救夺郑成功的官印,可能是洪复一生见诸史载的战功之一。这七颗官印都是什么内容?直到清康熙二十二年(1683)施琅底定台湾,郑成功之孙郑克塽奏缴一批关防印信,才得到答案。他缴交的官印也正好是七颗,《广阳杂记》卷一有如下记载:"郑克塽降日,奏缴延平王册一封,'延平王印'一颗,'招讨大将军'正印一颗,副印一颗,盖副印用以随带军前者。又郑成功受明'御营御武副中军勋戚关防'一颗,'御营协理行在宗人府关防'一颗,'御营御武副中军总统御营军务印'一颗,'忠孝伯印'一颗。"这些官印与施琅的《靖海纪事·赍缴册印疏》所载一致,该奏疏载康熙二十二年闰六月二十日,伪藩郑克塽先赍具延平王印一颗,然后又交到"伪印五颗",此外"郑克塽尚有'招讨大将军印'一颗,据称有户口兵马各项册籍俱未攒造,因暂留用候缴"。"招讨大将军印"是郑成功父子经常使用的印章,今大英博物馆所藏嗣王郑经时代颁布的《永历大统历》上就钤盖此印。

孙爱

2012 年,我为泉州文库点校之《延平二王遗集(外二种)》在上海辞书出版社出版。书中有一首五古《春三月至虞谒牧斋师同孙爱世兄游剑门》,或问,与郑成功同游剑门者是孙爱,抑或孙爱世?一时无解。

后来我阅读陈寅恪先生的《柳如是别传》(三联书店,2001 年),该书第三章第 45 页写道:"复观牧斋之子孺饴(孙爱)所辑《河东君殉家难事实》中《柳夫人遗嘱》。"又在同书第五章所附《钱氏家难》一章的第 1246 页,有陈先生举光绪修《常昭合志稿》卷二六的《钱裔僖传附族人上安传略》云:

> 族人上安,原名孙爱,字孺饴,顺时曾孙(按:钱谦益祖父钱顺时,字道隆,嘉靖末进士)。性孤介。顺治丙戌举于乡。父殁,蒙家难,必伸其意而后已。谒选除永城令。始至,人以为贵公子,不谙吏事。升大理评事,遂归,闭户不见一人,即子孙罕见之。

这两条史料证实那年"春三月"和郑成功同游剑门者,乃老师钱谦益之子钱孙爱,他又名上安,字孺贻。

考证出如此偏僻的典故,可见陈寅恪大师学问之博大精深,同时也进一步证实这首诗的作者是郑成功本人,毋庸置疑。

剑门景区在今常熟市虞山之上。

思明州知州

郑成功设立的思明州,是厦门历史上第一个市政机构。

明初岛上设有中左守御千户所,明后期沿海卫所军纪废弛,天启元年(1621)十一月戊午,"新设福建泉南游击……于中左所","起都司金书陈图福建新设泉南游击将军"(《明熹宗实录》卷十六)。但这两个还只是军事设置。1650年,郑成功据金厦两岛为抗清、复台基地,先是任命郑芝莞负责行政管理,但他在1651年春清军围攻厦门时,因"贻误军机"被郑成功处斩。郑成功再任命"忠振伯(按:洪旭)管理中左地方事,一应兵粮船器悉委任之"(杨英《先王实录》),因而郑氏的部属王忠孝认为"(厦门岛)设民牧则永历辛卯(1651)始"(《王忠孝公集》卷之一,《邓啸庵思明治绩记》)。1655年,郑成功因与清军"和议不就,必东征西讨,事务繁多,议设六官并司务及察言、承宣、审理等官",同时同意"请改中左为思明州"的建议(杨英《先王实录》)。

据明郑史料统计,前后担任过思明知州者有:薛联桂、邓会、蔡政、黄为辉和郑畛。江日昇《台湾外纪》记载1655年设六官时,"令思明州知州邓会劝学取士",1658年"擢思明州知州邓会为监督粮饷,又以薛联桂为思明州知州",似乎思明州首任知州是邓会,薛联桂此前也曾担任过此职。相对比较翔实可靠的《先王实录》和《海上见闻录定本》则明确记载郑成功"改中左所为思明州,以薛联桂知州事","举人邓会、恩生张一彬为(承宣)正副审理",而后到1656年,才开始"以邓会管思明州地方事",至1660年"九月初三日",还有"思明知州邓会条陈"之记载(杨英《先王实录》)。因此,思明州第二任知州是邓会。顺此献疑,江日昇《台湾外纪》载顺治八年(1651)三月,"改厦门为思明州,以郑擎柱为思明州知州",时间和人物当有误。

邓会,号啸庵,福建三山(今福州)人,贡士出身。至于他何时来厦门追随郑成功为"参军""幕贤",则不得而知。王忠孝曾撰写《邓啸庵思明治绩记》以赞扬其治理思明州的政绩,称郑成功据金、厦抗清时,岛上"衣冠生齿甲于列邑,而楼橹辐辏,贸迁讫于裔夷,殆俨然巨都矣",但由于供给不足,"岛民困踣极矣",加上"兵民错聚",形势较为严峻。邓会善于"观时审势","从静宓中,晰时计如指掌","政壹出于恬愉",结果"兵不哗,民无忧",思明州的军民都"奉法循理",社会状况转危为安。

1662年,郑成功收复台湾,同年农历五月初八日病逝,其后明郑内部发生内乱。1663年,嗣王郑经"以审理所正蔡政兼理思明州事"(夏琳《闽海纪要》卷之二),估计此时邓会已经降清,康熙九年(1670)授太原知府(江日昇《台湾外纪》)。

邓会邓愈诗刻

明郑政权在厦门留下的题刻遗迹,当以思明州第二任知州邓会为最多,今在虎溪岩、万石岩共有摩崖诗刻四通,邓愈一通,基本完好。

虎溪岩棱层洞之上有"永历十三年(1659)夏知思明州事户部主事三山啸庵邓会题"的"虎溪一望景多多,石壁千层拂薜萝。寄语山僧留尺许,他年许我作头陀"。

万石岩"狮子洞"口有"永历庚子(1660)秋知思明州事户部主事三山邓会题"的"喜听松声碧涧流,芒鞋踏破海天秋。自从烧却昙花钵,万石而今尽点头"。

万石岩大雄宝殿后石壁有"辛丑(1661)春访玄铨和尚偶咏,三山邓会"的"石壁岩岩倚碧虚,桃花春色几枝舒。西来祖意原无意,竹影都摇闲乐居"。

万石岩"小桃源"洞壁有"辛丑(1661)春同友人林新尼谢纯公□□□在庵乙□玄铨含光和尚到此吟,三山啸庵邓会"的"相别而今又一年,禅心空焰海中天。潺潺春水桃花外,笑枕石床自在眠"。

此外,虎溪岩棱层洞之上有"永历十五年(1661)辛丑正月过此次啸庵韵,雷霆吏、复阳道人、三山内史氏邓愈题"的"棱层深处碧云多,绝壁冲霄挂古萝。我本雷天寻剑客,而今洞里礼弥陀"。邓愈很有可能是邓会的兄弟。郑成功改中左所为思明州、设六官的同时,还设储贤、育胄两馆,以荐举邓愈等人充储贤馆。

程玙嘉

1977年6月,台湾台南市仁德乡牛稠子地区发现题有"皇明程玙嘉公墓"的墓碑和骨坛各一件,因明郑史料中缺乏关于程玙嘉的记载,台湾学者认定其"身世莫考"(《台湾风物》第28卷第1期)。后来我在与郑成功一起抗清的张煌言(号苍水)所著的《奇零草》找到与程玙嘉有关的两首诗,其一为《夏日过鼓浪屿饮程玙嘉将军署中》,诗云:

入林偏爱晚凉生,灌木疏疏坠月明。鹤梦到山原独醒,蝉声绕树有余清。不堪归兴逢人急,真觉炎趋较世轻。相对素心聊一醉,盘餐何用五侯鲭。

其二为《送程玙嘉将军还闽南》,诗云:

闻说君家近若耶,却从闽峤问归槎。十年许国悬旌节,千里征师点鬓华。过越新霜怜客冷,留吴旧雨怅人遐。兴朝会有抡侯赏,莫羡东陵五色瓜。

从以上诗句推测,程玙嘉是浙江绍兴附近的人,多年抗清的老前辈,他和张苍水应当都是监国鲁王朱以海的部属。读杨英《先王实录》载,鲁王于永历庚寅(1650)十月南奔厦门依附郑成功,而全祖望《张苍水年谱》(《张苍水集·附录》)则记载张苍水于癸巳年(1653)离开厦门。于是,我们基本上可判定在郑成功据守金门、厦门为抗清和复台基地的期间,至少1650—1653年鼓浪屿的郑军守将是程玙嘉。

当年鼓浪屿还居住着一位著名的浙东诗人陈士京,他后来因病在岛上去世,其题为"遁庵"的墓葬依然完好,而程玙嘉若干年后却成为郑成功收复、开发台湾追随者,最后安息在宝岛。

5 达素

  顺治十七年(1660)清廷派遣达素统兵攻略厦门,五月初十日清郑双方在筼筜港和鹭屿北部的赤山坪、牟尼屿一带展开激战,清军大败。据阮旻锡《海上见闻录定本》载:"(同年)十月,清吊达素回京问罪。达素在省吞金而死。"但杨英《先王实录》载清军战败后,五月"二十五日,报:达素回省",十月"报:达素回京"。陈碧笙教授在校注《先王实录》此节时注曰:"《闽海纪要》《郑成功传》《海上见闻录》诸书均载有'达素在省畏罪自杀'之说,今按《清史稿》列传卷二十九,达素回京,仍照旧供职,康熙八年,鳌拜败,达素为所引用,坐罢官,故以本书(按:《先王实录》)所记为是。"

  同为谣传不足为信者,还有是役顺治皇帝被炮击死于筼筜港之说。《清史稿》列传二十九"达素传"载:"(顺治)十六年,郑成功内犯江宁,授达素安南将军。……移师赴福建。"然读《清史稿》,同时被授以安南将军率师到厦门参战者,尚有洛托和明安达礼两人。洛托的传见《清史稿》列传二"庄亲王舒尔哈齐"的附传:"(顺治)十七年命为安南将军,征郑成功,大破之。"另一位明安达礼,其传略可见《清史稿》列传十五"明安达礼":"(顺治)十五年,命为安南将军。……上命明安达礼移师舟山。十七年召还。"据《清史稿》记载,随征到厦门的还有许多名满洲宿将、公子王孙。这位洛托是正宗的皇亲国戚,"一等镇国将军",其祖父舒尔哈齐是清太祖努尔哈赤的同母弟,他与顺治皇帝福临为同曾祖父的堂兄弟,还曾经是皇太极身边的重臣。

  如此重要的天潢贵胄既在军中,麾下又有那么一群战功显赫的八旗将领,其旌幡旗号、车马服饰必然会有非同一般的排场。难怪当时击败清军后,"有人密启藩主以'高崎之战,伪虏顺治实在思明港被炮击没'",幸亏藩主郑成功说:"余亦计及之。但当时恍惚,未敢信耳!"(佚名《延平王起义实录》)好在如此,此等大事才仅以民间传说流传至今。

无疑和尚

20世纪80年代,我承乏郑成功纪念馆,在同安区五显镇发现《同归所碑记》,即记清初戊子(1648)八月,清军屠城,"三秀山僧无疑兴悲悯心,无所怖恶,亲裹拾而聚化之,已,复散埋之,所收骸以万计",嗣后建"同归所"等事。1998年,我应请为同安新圩镇大帽山之甘露寺撰写重修碑记,复在山路之畔,见到一小石塔座,上刻"无疑和尚舍利塔",为摄像而归。近年,寺僧为建"无疑之塔",其新作塔铭竟称"无疑者,佛门弟子也,其籍贯、俗名、生卒年月无从考"!

我读1975年新文丰出版公司印行之《雪峰如幻和尚瘦松集》,其"石部"有《无疑大师暨徒行勉达己二师合葬塔铭》,称:

> 无疑大师讳某,同安浯海人,俗姓林,中岁厌俗舍家,投礼印指大德,披剃于金门宝月庵,性姿纯实,笃杜多行。……师结茅于三秀中峰,刀耕火种,不染外缘。俄戎马生郊,同安、石尾相继沦陷,僵尸填城野,师偕徒行勉哀而瘗之于同安城北,立同归所。岁壬辰(1652)漳郡被围,阅七月,城中人相食。及清兵南下,转战百里,积骸如山,臭秽溃烂,见闻咸畏。时亘和尚受周方伯诸当道请,于漳南山寺建水陆大道场,悯斯暴露,委师掩埋。师领徒行勉、徒孙观素等,募众任其役。烈日苦雨,备极辛勤,收骴录骸,仍置同归所,于南山寺侧建万善庵,香灯钟梵,以资冥福,远近皆闻,感泣涕涟,以为真大士行愿也。及乙未岁(1655),仙游城陷被屠,师亟赴收埋,如同邑漳郡。计十年中,所瘗尸不下百万。

同安浯海即金门。于是,无疑和尚之籍贯、俗名,足以明矣,且可知无疑和尚还在漳州、仙游也同样做善事。幸亏如幻和尚的《瘦松集》有所记载,否则方志文献又嫌略简,即如康熙《大同志》卷之十"释道志"稍详细,也只记载:

> 本朝三秀僧无疑,戒行端严,戊子屠城,枕尸塞路,率其徒达因等六七众不避朽烂,亲以草荐裹之,佣抬城外化以火,如是者累日,仍掘地十余丈

而为之厝,标其坟曰"同归所",邑人林志远叙事而美之。后漳州被困,死者数万。解围时,无疑又偕诸徒往收如同故事。满汉官长引见嘉奖,争赏给焉。终于长兴锡头山上甘露寺。

此外,《瘦松集》之《黄檗隐老和尚衣钵塔铭》《宫詹朴园周先生墓志铭》《林涵斋居士诗集序》等是研究隐元和尚以及周廷珑(字元立)、林之蕴、陶石公等明末文士的史料,《送清公长老住夕阳真寂寺序》提到"乡近同邑之夕阳山,其寺曰'真寂',唐章敬晖禅师薙染于此。宣宗龙潜时,与希运禅师所尝憩游,浴龙池遗迹尚存,盖古名刹也",尤值得注意。

如幻和尚讳超弘,字如幻,福建惠安刘氏子。父讳佑,潮州府学教授。生于明万历乙巳(1605),受知于何乔远、黄道周等名师,年二十七因病依雪峰寺亘信和尚出家为僧,圆寂时世寿七十四,见集后门人所撰《行状》。

陈士京鼓浪屿山居生活

道光《厦门志》卷十三"列传八·寓贤"载:

> 陈士京,字齐莫,浙之明州人,由进士官给事中。先偕江上诸君子仗节衢、婺间,已随鲁王泛海入岛,寓居鼓浪屿。……卒于鼓浪屿。

陈士京墓现为首批厦门市级文保单位,位于鼓浪屿鸡母山麓,墓碑中镌行书"遁庵"两字,两侧分别镌刻:"陈齐莫先生嘱笔自志""男式荣式行式成式明等敬勒"(《厦门文物志》,文物出版社,2003年)。

陈士京居鼓浪屿何处?今已不可考。其定居鼓岛后,明季松江几社的领袖徐孚远于"辛卯(1651),舟山破,从监国(鲁王)浮海至鹭门",多次渡海去拜访陈士京,他在其所著《钓璜堂存稿》(《清代诗文集汇编》第14册,上海古籍出版社,2010年)留下一些诗篇,其中有涉及陈士京岛居生活者,如《同王愧两过陈齐莫山居》七古一首云:

> 君真此中高尚者,筑室名曰"海之野"。王公携我荡桨来,微风演漾入

初夏。一登其堂神洒洒,朴雅不须求木石。经营即可当亭台,闲写青山挂四壁。婆娑其间兴不回,莫道子云常寂寞。烹鱼剪韭倾深杯,药栏芽茁鸭栏静,榴花已蕊葵花开。门外车马无以为,看君高卧水之隈。(卷六)

这一天下雨,徐、王二位留宿陈家,徐孚远又作《是夕宿陈君斋欢初雨》,诗云:

挥麈欲倦夜将分,星没河沉天作云。入梦时时檐溜滴,起看阶下雨洗尘。人意初欢物亦得,花殷草绿入眼新。盆里金鳞晨吸水,跳波泼剌尾逐尾。屋角山头色照人,插青石壁海弥弥,解舟劳劳烟波里。(卷六)

过了不久,徐孚远再次拜访陈士京,作《过陈齐莫山斋》,诗云:

一丘以外水洋洋,啜茗清谈竹簟凉。石壁成图原笼雾,红蕖未蕊已含香。何妨长日恣高卧,自有英人建小匡。吾辈胜情还不浅,重来欲候菊花黄。(卷十三)

陈士京比徐孚远更早来到厦门,时间当在丁亥(1647)。是年,"郑彩至海坛,复为乡兵所败,遂同鲁王至厦门"(《海上见闻录定本》,福建人民出版社,1982年),陈士京可能是这一年随鲁王入厦居鼓浪屿。通过这些诗篇,我们可知陈士京名为"海之野"的山居四周"水洋洋",其非木非石,简陋"朴雅",周围"花殷草绿","屋角山头色照人",盆里养着金鱼,"跳波泼剌尾逐尾"。初夏时光,客来以"烹鱼剪韭"招待,宾主坐在竹簟上"啜茗清谈",其乐融融。

施世纶与阮旻锡

施世纶,字文贤,号浔江,福建晋江人,清代福建水师提督、靖海侯施琅之子,历官扬州、江宁知府,漕运总督。工诗,所著有《南堂诗钞》十二卷附词赋一卷〔雍正四年(1726)刻本〕。该诗钞有赠阮旻锡(字畴生)的诗数首,如《闻箫同阮畴生郑远公和丁雁水枢部韵》云:

清商日暮燕归巢,谁使春心系柳梢。吹彻玉关人未返,怨成金管梦难抛。秦楼月朗堪飞凤,赤壁秋深欲舞蛟。曲尽夜阑眠未得,满庭凤竹细相敲。(卷一)

《寄阮畴生》云:

岁暮怀君万里心,兴来屡欲棹山阴。别经丧乱他乡久,梦断江关何处寻。无限烟花收卷帙,许多洞壑恣登临。虔州春色真无赖,知听莺声入碧岑。(卷一)

《留别阮畴生郑远公哲殁哲昭诸会嘉陈定侯母舅迩可兄》云:

西风渐渐动征轮,尊酒离歌出四邻。十载吟同燕市月,一官忙逐马头尘。江干晓雁愁行客,山外秋花忆故人。别后相思何处是,霜桥野店梦频频。(卷二)

《别阮畴生归里次原韵》云:

饮子离觞花里时,论文后会更何期。低头合拜老东野,并世敢云今退之。剩水残山经契阔,孤筇独客倦栖迟。榕阴几局楸枰罢,好采英灵一代诗。(卷十)

阮旻锡是厦门人,郑成功的储贤馆人物,著有《海上见闻录定本》。2002年,我偶得其《夕阳寮存稿》孤本,并为之校注出版(厦门大学出版社,2011年),从诗的内容获知康熙五年(1666)阮旻锡由闽入京,依先期归清的郑鸣骏家属,与其后嗣郑缵祖(字哲远)、郑缵光(字哲殁)友善。翌年,施琅也入京任内大臣,并于康熙二十年(1681)受命以右都督充福建水师提督专征台湾。在此期间,《夕阳寮存稿》仅有《庚申(1680)南归施琢公将军有诗饯别奉答》一诗,说明阮旻锡与施琅在京犹有联系,今阅《南堂诗钞》,方知施琅之子施世纶不仅与郑成功旧部,甚至与其族亲都保持很正常的友谊,"施郑世仇"之说或为民间讹传。

阮旻锡

在郑成功部属中,阮旻锡是一位比较地道的厦门人。

岁壬午(2002),我从林豪、林策勋之后人处复印到阮旻锡《夕阳寮存稿》十二卷(原缺前两卷),共存各体诗五百多首,诚有助于明郑历史和清初遗民史的研究。阮旻锡是一位传奇性人物,多种方志皆有其传,但都语焉不详。就他所撰《海上见闻录定本》记述自己于1655年受聘入郑成功的储贤馆,至康熙二年(1663)的"海山破后,弃家行遁"这八年间,也留下空白。今读《夕阳寮存稿》,其卷三有一首他后来在北京回忆往事的《大风行》,其中有"忆昔壮年泛巨洋,轻舟一叶波中委。天边黑点小于拳,霎忽弥空狂飙至。叠浪排山百怪多,飘入鬼国等儿戏。天如覆釜客如鱼,到今时犹骇梦寐"之句,才知他原来是在郑成功麾下从事泛洋航海活动,出没风涛,到过"鬼国"(外国)。在这期间,阮旻锡以储贤馆人士的身份参加海商活动,生活大有改观,其卷十有一首《旅怀一百韵》,在这首入都前所作的自传体诗作中,他自己说:

> 济世虽无术,谋生幸有资。闲园重草创,陋室盖茅茨。翠幕因风卷,衡门带雨欹。藤萝悬峭壁,杞菊间疏篱。曲折芙蓉径,周遭荇菜池。柳桥斜系艇,花坞密张帏。引睡书连屋,消愁酒满卮。西郊招逸客,北里聚歌姬。狼藉醒还醉,喧呼巷及逵。缠头分次第,赋手定妍媸。不觉韶光转,难将乐事延。

从诗的内容我们可以知道,此时的阮旻锡已经有钱在"荇菜池"(按:旧地名"瓮菜河")辟造闲园,种花莳柳,读书休闲,甚至西郊结客、北里召妓。于郑成功坚持抗清的同时,在金厦两岛筑园享受的,至少还有郑成功的叔父郑鸿逵,他曾于永历五年(1651)在金门建造"华觉"别业,"广构亭沼,艺植花本"以"笙歌自娱"。

《夕阳寮存稿》还出现了一些厦门的旧地名,如《旅怀一百韵》开头就回忆起"岛中之景":

仙乐乡仍在,官荣迹尚存。金盆罗几案,玉笏挂阶墀。莲坂荷舒叶,筼筜竹泻枝。五峰岩上下,万石洞参差。鼓浪高浮屿,层湾曲绕碕。天低日月峡,潮涨凤凰陂。

　　仙乐(今仙岳社区)、莲坂、筼筜港、五老峰、万石山、鼓浪屿和浮屿等皆为大家耳熟能详的地名,玉笏在今金榜山公园内,"官荣"石在岛内黄厝村。又如卷七《夜坐读书,以油代烛,偶成二律》的"忆昔西庵幼读书,夜烧落叶扫阶除",可见阮旻锡幼年在西庵宫念过书,今厦门犹剩有路名"西庵宫巷"。"白鹤先人垄,金鸡舅氏村"(《夕阳寮存稿》"补遗",《鹭屿》),一望而知即今之白鹤岩和金鸡亭。凡此种种,都让本地人读来甚感亲切。

三 《岛噫诗》

　　郑成功踞金厦抗清时,其属下的王忠孝和卢若腾均是重要的明朝旧臣,这两位闽南人皆进士出身,都有诗文集存世。卢若腾居金门,王忠孝"居厦门曾厝垵者十三年,寻徙浯之贤聚村,复徙后丰港……康熙三年(1664)偕卢若腾入台"(道光《厦门志》卷十三,"列传下")。卢若腾著有《岛噫诗》,它客观反映了明郑踞金厦时期所经历的种种困厄艰危,因而作此"忧愁之诗,痛悼之诗,愤怨激烈之诗"(卢若腾《岛噫集小引》),却为后世留下研究思明州社会状况的史料。

　　郑成功时代,思明州的社会并不安宁。首先是清军的不断进犯,大的战役如永历五年(1651)清将马得功攻陷厦门,顺治十七年(1660)清郑厦门之战。其次是活动在粤东北"不清不明"的沿海武装集团,即卢若腾诗中所称的"南洋贼",也同样"屡捣我巢饱尔贪,掳我妻女杀我男"(《南洋贼》),为害甚烈。此外,还有散匪冒充"义师",与清兵轮番劫掠岛民,"义师与狂虏,抄掠每更番。……时俘男女去,索赂赎惊魂"(《老乞翁》)。

　　郑成功部曲鱼龙混杂,扰民之事时有发生。"悍卒猛于虎,纵横任叱咤。昼而攫通衢,夜则掠庐舍"(《庚子元夕》);有的悍卒成群结队"拔剑砍蔗如刈草,主人有言更触怒"(《甘蔗谣》);甚至"兵妇群行掠蔬谷,田妇泣诉遭挞伤"(《田妇泣》)。除此之外,"世乱多豪强"(《荒芜》),地方"暴客"趁机作乱也成为祸害,

"濒海诸村落,处处闻夜惊。暴客暗窥袭,出没何纵横"(《夜惊》),"壬寅(1662)九月初五日","暴客"居然趁夜入室,掠走卢老先生"两簏敝衣"(《暴客行》)。

由于两岛本来耕地有限,一下子屯兵数十万,郑成功"兵食"显然严重不足,所以他不得不一边抗清一边四处征粮。卢若腾说他自己"六七年以来,但糜亦欢笑。去年艰粒食,饥赖山薯疗。今年薯也无,冷灶频断烧"(《冷灶》)。连卢若腾这样的官绅人物都要经常饿肚子,平民百姓更是"十室九啼饥,碗灯问谁借"?

卢若腾后随郑成功东渡居澎湖。其《东都行》以"红夷怯战斗,独恃火器精。城中一炮发,城下百尸横"之句,描述了驱荷战役的惨烈,还用"况皆苦桴腹""尺土垦未成"之句,记载开发屯垦初期青黄不接的艰辛。是年(1664)卒,年六十六。墓题"有明自许先生"。

达宗上人

厦门万石岩寺大殿后之石壁上,有署款"长林寺僧道宗题"之"闲乐居"三大字。经闽台学术界考证,此道宗上人与达宗和尚同为一人,明末清初天地会之创始人也。郑成功部属卢若腾所著之《留庵诗文集》卷上有《赠达宗上人》五律一首,其前序云:"达宗上人,建安伯春宇万公之弟,原住长林寺。春宇万公即万礼,原姓张名要,平和小溪人。崇祯间,乡绅肆虐,百姓苦之,众谋结同心,以万为姓,推要为首,率众踞二都。至永历三年(1649)归郑国姓,永历封为建安伯。"诗文集另有一首《次韵答达宗上人》,其中有句云"忆昔相逢臭味亲,谁分德士宰官身",说明两人交谊很深,言之有据。

据明郑文献记载,永历十三年七月,建安伯万礼在郑军北伐南京之役阵亡。据江日昇《台湾外纪》卷之五记载,"成功回厦,建忠臣庙享诸死者,以甘辉为首,次张万礼。后有人怨礼,言其非战死,是逃履水,忙不及去甲溺死,岂可与阵亡将士齿?成功信之,遂撤去。"永历十五年,郑成功率师收复台湾,派所部蔡禄(万二)、郭义(万七)留守东山。这两人却因为万礼被撤出忠臣庙的事对郑成功怨恨不满,企图投顺清朝。值此之际,万五〔原注:(张)礼小功弟,即长林寺僧道宗也〕说"台湾新辟,荒凉之地,去者多不服水土,此决不可去",而鼓励他们"弃暗投明",致使郑成功失去东山这个重要的后方根据地。如果《台湾外纪》的记载有根据,则坊间传说道宗上人是为以反清为宗旨的天地会创始人,就不甚靠谱了。

施将军擅书法

赵翼在厦门作《厦门水师提督署,昔靖海侯施襄壮公琅驻师地也。公平金厦两岛及台湾后,镇此凡十余年。署后有涵园,公所手辟。余来登览,慨然想见其为人,因赋二诗》,其第二首有"成围柳是将军树,悬榜书成叔子碑"之句,其后有注云:"公(施琅)手书匾尚存。"乃知施靖海能书。泉州清源山近年发现"郡人施琅"所题楹联"海静分明水月,山高咫尺神仙",益信施琅固非"粗鲁武夫,未尝学问"(载《康熙起居注》,二十三年七月二十二日条)之辈矣。

裘增寿

壬寅(1962)之前,张伯驹在北京曾与叶恭绰、于省吾、罗继祖、阮鸿仪、裘文若、郑逸梅等结社曰春游,据其主编的《春游社琐谈》(北京出版社,1998年)前序云:该社社侣36人,"每周一会,谈笑之外,无论金石、书画、考证、词章、掌故、轶闻、风俗、游览,各随书一则,录之于册,则积日成书",其卷六有丛碧(张伯驹)之《妙对》一文,乃记述清代厦门海防分府裘行恕的掌故:清乾嘉时期,江西裘曰修有少子名行恕,依靠父官大学士,兄任总督,自幼娇生惯养,及长乃捐官为同知,分发福建候补。时闽省重科甲,捐官多被冷落,而福州将军例为满洲人担任,品位虽高,却也因无权无势,时亦门可罗雀。恰好裘行恕"善京话,且染满人习气,养鸟、观戏以为常,因与将军某气味相投,为莫逆交"。适"闽浙总督某病殁于任,新任总督以道路遥远,又办理交待,须数月始达。朝命将军某护理总督职。将军因首问行恕,愿得何缺?行恕以愿得厦门厅同知对。其职兼管厘税,厦门船舶货物充斥络绎,官是者年可得银十万余两,最优缺也。将军某即以简之。会新总督到任,例问将军有何朋友需照顾,将军谓只有裘某为至交,请勿动。行恕遂得官其任数年,宦囊盈五六十万两"。

查道光《厦门志》卷十"职官志",乾隆六十年(1795)至嘉庆五年(1800)任厦门海防同知者为裘增寿,(江西)新建人,举人,乾隆六十年任[民国《厦门市志》作"海防同知,裘增寿,(乾隆)五十八年任,署理"]。此增寿与彼行恕是什么关系?某日获读南昌新建《双港裘氏家乘》,乃知裘曰修有四子:长裘麟,乾隆二十五年进士,早卒。次允师,监生,亦早卒。三行简,乾隆举人,官至署直隶总督。四行恕,字慎甫,任《四库全书》馆誊录,工诗,著《草草诗存》。老二裘允师有子曰增寿,字祝君,乾隆乡举,曾任福建、河北等地方官。原来来厦门当海防同知的是裘曰修的孙子裘增寿,并非其子裘行恕。可见名家所撰笔记,也不尽可靠。

南池林兆鲲

乾隆《鹭江志》之"附一·八景图诗",有蒋国梁绘"洪济浮日"等鹭江名胜八幅,各由南池林兆鲲题咏诗或词一首。至今,人不知林兆鲲其为何许人也。顷读清代涂庆澜辑《莆阳文辑·国朝莆阳诗辑》(福建人民出版社,2009年),其卷一辑录"林兆鲲四首",称其:

字南池,乾隆丙戌进士,官翰林院编修,有《蜩笑草》。《荔隐居纪遗》:"南池大前辈散馆后,以亲老假归,遂不出。授徒讲学,如郭仲伊、黄鉴皆游其门。同年李中丞殿图序其集,谓歌行古体,阖辟因心,雄放天成,余亦和平醇实之作"。

可见林兆鲲是莆田人。该书所辑录其诗四首,其中有《鹭洲竹枝词》二首云:

舶趠风高十幅蒲,石浔回棹看衔胪。西洋宝货多如许,更带葡萄酒百壶。

怪石奇峰插碧霄,竹舆咿轧竞招邀。山僧拱手山门外,引入亭心看海潮。

本书的点校者王英丽在此有"校记：此诗载《林太史集》（嘉庆年间莆田林氏翰香堂存板）卷七，共六首，此为第一、第四首"。从诗的内容看，鸦片战争前，厦门港已停泊有许多洋船，它们带来了葡萄酒等宝货。

今阅《林太史集》（《清代诗文集汇编》第391册，上海古籍出版社，2010年）卷七，将《鹭洲竹枝词》未录者补上：

> 动地轰雷贝阙翻，海天竞渡到黄昏。何人会鼓成连曲，楚些声中吊屈原。
>
> 七夕筵中瓜果垂，羊车竹马走孩儿。儿家已得天孙巧，不用人间续命丝。
>
> 山骨雕镌路曲盘，真行篆楷逼巉岏。就中定有韩陵石，打点双睛仔细看。
>
> 竹榻纸窗炉火红，茶烟一缕飐松风。仪征小罐儿拳大，艳说孟公兼逸公。

顷又读到黄日纪著《荔崖诗集》（厦门大学出版社，2020年），其中有原藏于上海图书馆的乾隆三十五年（1770）的《榕林汇咏》刻本。"南池稿"即其中一章，卷首记：

> 林兆鲲，字崇象，号南池，莆田人。乾隆壬午（1762）举人，丙戌（1766）进士，钦点翰林院庶吉士。颖敏异常，自经史子集以及稗官野乘，过目辄能口诵。所著古文诗赋词调数十卷。

《榕林唱和诗草》的诗人小传

惠安庄毓兴君藏《榕林唱和诗草》一册，乃其先人庄志谦"咸丰庚申人日因公在夏步游榕林即景"作诗，朋辈唱和之集。全书凡十九首，前后有序跋各二篇，同治十年（1871）任兴泉永道道尹潘骏章之《步游榕林记》列为前序之一，直行铅印。诗无可录，唯作者小传，甚有文史价值。

一司徒绪《书怀用庄牧亭山长题壁原韵》，传云"司徒绪，号伯芬，广东开平县廪生,顺天乡试挑取誊录,实录馆议叙,前福建兴泉永道,钦加盐运使衔,赏戴花翎"。

一梁卓英《春日徒步厦岛榕林,归与伯芬贤婿叙话,即次其人日游榕林题壁诗韵,率成一首》,传云"梁卓英,号爱莲,广东高明县进士,寄籍广西平乐县,前吏部主事、光禄寺典簿、云南盐提举、福建候补知府"。

一冯宪会《司徒伯芬先生人日步游榕林,首唱五古一章,次韵奉和》,传云"冯宪会,号伯和,福建侯官县举人,署长汀县教谕"。

一梁梦严《新正奉陪姐丈伯芬都转游榕林,用壁间诗韵,即事赋呈俚句一首,兼质榕林主人》,传云"梁梦严,字诵清,又字滋圃,广东高明县监生,候补光禄寺署正"。

一黄炳瑜《初春奉陪爱莲太守、伯芬都转、伯和广文、滋圃署正、少伯正郎游榕林,漫赋一章》,传云"黄炳瑜,号烺瑛,江西泸溪县监生,福建候补典史"。

一司徒琮《侍家大人步游榕林次韵恭和》,传云"司徒琮,号少伯,广东开平县监生,候补郎中"。

一沈储《司徒伯芬都转偕亲友及令郎人日步游榕林,次韵补和一首》,传云"沈储,号粟山,浙江会稽县附贡,加同知衔"。

一司徒璟《上元间游,敬次家君人日榕林题壁原韵,恭和五古一首》,传云"司徒璟,号簝平,广东开平县监生,候补光禄寺署正"。

一汪箋《读伯芬都转榕林题壁诗,依韵谨步,录请改正》,传云"汪箋,号伯年,浙江钱塘县监生,前署福建同安县县丞,试用知县,加同知衔"。

一司徒绂《感事书榕林唱和诗后,奉寄伯芬大哥,即求教正》,传云"司徒绂,号仲芬,广东开平县监生,顺天乡试挑取誊录,国史馆议叙分发知府"。

一司徒绎《读榕林唱和诸作,次韵奉寄》,传云"司徒绎,号叔芬,广东开平县监生,山东候补知府"。

一司徒绷《读榕林唱和诸作,次韵奉寄》,传云"司徒绷,号季芬,广东开平县监生,候补主事"。

一司徒珂《恭读家严步游榕林唱和诸作,敬依原韵,寄呈五古一首》,传云"司徒珂,号玉方,广东开平县监生,候补主事,加员外郎衔"。

一司徒玥《次韵补和家大人庚申初春步游榕林五古一首,敬题卷后》,传云"司徒玥,号珠崖,广东开平县监生,候选盐大使"。

一沈洙《次韵恭和司徒都转榕林题壁诗》,传云"沈洙,号泗亭,安徽英山县附生"。

一林鹗翔《奉和司徒都转游榕林用庄牧亭师题壁原韵》,传云"林鹗翔,号宾秋,福建同安县廪生,候选训导"。

一俞林《读伯芬都转人日游榕林诗,奉和原韵,录呈海正》,传云"俞林,号壬甫,又号芝石,浙江德清县举人,福建厦门海防同知,候补知府"。

一潘文凤《回厦门销差,恭读司徒都转步游榕林诗,即事谨步原韵录呈削政》,传云"潘文凤,号仪卿,安徽泾县附贡,福建候补知州"。

一蔡福清《庚申正月杪,于友人案头得读司徒都转及诸名公人日游榕林诗,心目为之一快,遂不揣谫陋,次韵奉和。甫脱稿觉意有未尽,复叠原韵,拜录呈正》,传云"蔡福清,号静山,浙江湖州府学廪生,候选训导,改官福建府经历"。

纵读全集,可知咸丰十年庚申(1860)正月梁卓英、司徒绪等亲友游榕林时,庄志谦的诗已经题壁。据民国《厦门市志》卷十一"职官志"载,司徒绪任兴泉永道在光绪二年(1876),诗题均称他为"都转",可能当时任转运使或候补转运使之职,尚未任道台。庚申之游,从司徒绪游者仅妻舅梁梦严,儿子司徒琮、璟,其他皆事后和韵作诗。沈储,《舌击编》的编撰者。俞林,同治初年任厦门海防同知,亦见民国《厦门市志》。司徒绪诗题称庄志谦为山长,且同安县廪生林鹗翔称之为师,可见咸丰庚申之前,进士出身且因协剿会党起事而"军功赏戴花翎"之庄志谦,最后犹在厦门某书院任山长。清末杨浚雪沧作《鹭江感旧诗》,其"披裘一老向江干"一首后有注,称黄绳其茂才振先主大榕林,其从兄吉甫主小榕林。此黄吉甫必为庄志谦刻石之小榕林主人也。

道光朝厦防同知许原清

清道光朝,厦门兴泉永道署后有园,名"快园","国朝许原清"为作记,见道光《厦门志》卷九"艺文略"。读周凯《内自讼斋文集》,其卷六有"快园记(代)",及"快园跋",乃知《厦门志》的这篇记系其代许原清而作。许原清,字本泉,一字少鄂,华亭人,非科举出身,"幼从父皖江幕府,习法家言。后参抚臬幕中事,为巨公所尝"。道光元年(1821),分发来闽,在福清、同安、福州和蚶江等地任职。其署同安县事时,凡事"先立条约,责族正副约束",任职不到一年,即注重环境卫生,"浚城中沟渠及铜鱼池,俗称八卦水,朱子为主簿时所凿者"。许原清在《厦门志》的"职官表·海防同知"中出现过四次：道光七年任、道光八年七月回任、道光十年三月回任、道光十一年六月回任。他在厦任职六七年间，调动频繁，缺乏连续性，但也为当地尽心尽力，做了许多好事。如道光八年，"有吴衮者，贩洋至越南国，遇佛兰西夷船遭风破，附其舟来粤，衮利其赀，夜杀十二人于老万山外洋。一夷跳海附木免。赴粤控诉粤东大府，以事关外夷，奏请敕闽省获犯解审。君初抵厦门，风闻之，不待檄，追获盗首从犯五十余人，夷货二百余石。檄至，解粤伏诛"。道光十二年，许原清在厦防同知任上，除了"除仓廒、台谷积弊，裁规费，立石示禁"外，特别是在厦门做好"浚沟渠，治道路"等有关公共卫生的事。周凯问其故，他说："秽恶所积，水道淤塞，犹人身脉络不行，必生疫疠。王政所重，故某所至，首事焉。"其时，周凯在道署后面辟一花园，"少鄂司马以快名斯园"，周凯理解其用意，他在"快园跋"写道，"厦门濒海一岛屿"，官斯土者不仅要因"驶浪驾风，征帆利涉"而"快于目"，因"蜑妇鱼童，衢歌巷舞"而"快于耳"，更重要的是要因"弭盗贼，惠商贾，政通民和"而"快于心"。"道光十五年冬，华亭许君卒，讣至厦门，士商设位以哭"，周凯为撰《诰授朝议大夫华亭许君墓志铭》。这篇墓志铭也收录在《内自讼斋文集》。许原清是历史上为厦门做过好事的良吏。

鸦片战争期间之兴泉永道刘耀椿

鸦片战争期间，英军进犯厦门。时协助闽浙总督颜伯焘固守者为兴泉永道刘耀椿。道光《筹办夷务始末》卷三十一《颜伯焘奏厦门失守情形折》记载道光二十一年（1841）七月的中英厦门之战甚详。炮战开始，颜伯焘即"督同兴泉永道刘耀椿率同在事文武，督令弁兵开炮，并排列水勇分堵隘口。……刘耀椿率带印委各员，往来指挥于兵勇炮火之间"。最后因兵力悬殊，势不能支，刘耀椿乃令厦防同知驻守浔尾（今集美）与颜伯焘一起退往同安。然《皇清通议大夫四川按察使庄年刘君墓志铭》记其在厦门任职时经历之战事，只一笔带过，说："其在厦门也，除洋行、助修战舰三千金，捐廉补之。英吉利至，捐俸三千金倡议团练，募新兵备甚设，屡沉其舰。夷大举至，厦门无城垣，夷于上风纵火，烟焰迷天，遂失厦门。"该墓志铭由"赐进士出身，前福建巡抚、翰林院编修"徐继畬书丹。

刘耀椿(1784—1858),字庄年,号曜鹤,山东安丘人,清嘉庆二十五年(1820)以二甲第八十七名登进士第,历任安徽颍上、阜阳知县,泗州、庐州、安庆和颍州知州,为官清廉,颇有政绩。《甲午战争研究》2018年第3期有文载之,上述资料皆出自这篇文章。

《抑快轩文集》有关陈化成史料

丁亥(2007)购书,最心赏者为江苏广陵古籍刻印社出版之清高澍然所著《抑快轩文集》。高澍然(1774—1841),字时埜,号甘谷,晚号雨农,福建光泽人。嘉庆六年(1801)举人。官内阁中书,旋告归。生平好治古文辞,所著有《抑快轩文集》等。其丙编卷七之《谢陈水师提督书》,系近年所见陈化成的罕见史料,文曰:

> 澍然屏迹田野,不阅读世务,及修志省城,始闻将军襄勤果毅,水律精严,扫荡槮枪,千里息警,为国家东南藩寄。澍然□在下风,无由望见颜色,奉清尘,徒积景仰之思而已。去夏薄游,节下属将军渡海大阅,不胜咫尺山河之叹。今再至,修谒叩见,将军温然如春,肃然如秋,同符古神武不杀之略。遭时亢旱,澍然每闻客席,见将军云合则喜,云散则忧,忧喜转移,与时消息。谨按:春秋书不雨有二,其列书孟月不雨,志闵[悯]旱也。汇书某月不雨,至于某月志不勤雨也。将军为民请命,无间晷刻,则尤古大臣之用心也。往时主讲玉屏者,率达官贵人,侧闻将军遵故事,礼以宾师而已。今于澍然特加亲爱,道款曲、说家常,如兄弟欢。澍然思汉汲黯与卫大将军亢礼,或以为言,答曰:"使大将军有揖客,顾不重耶? 大将军闻之,愈贤黯。"古今人何必不相及? 亦遂忘其愚贱,解脱仪节,以成将军之高,抑亦越石父士伸于知己之谓也。临行,将军言九降风起,海渡堪虞,戒毋轻发。已,怀中出白金为贶,丁宁后会。亲爱如此,澍然但有涕泪,不知所答也。翼日,渡五通,违将军戒,遭风几覆,幸得岸,无恙,行七日至省。回首岛云,心驰左右。自惟生平托业斯文,常铭述当世名卿大夫功德,而将军雄武大略,宜载史氏,亦须得善本为之柢,则澍然无多让焉。暇时属幕府录一通寄我,非欲借是为报,亦以致亲爱之情云尔。

陈忠愍公待人"温然如春,肃然如秋",关心农业"云合则喜,云散则忧",与读书君子"特加亲爱,道款曲、说家常,如兄弟欢",临别时知道作者要远行,还特别交代"九降风起",诸多小心等等,皆前所未闻。

李星沅日记所载之陈化成史料

清末李星沅之日记所载陈化成吴淞殉难事迹甚多,亟为录之:

壬寅(道光二十二年,1842)(三月)廿二日。至局,见上海局移,已铸炮位一百二十五尊,应于苏省择地安放。复卓海翁书,备言陈提军化成,水军宿将,曾随李伯诛海寇,今六十八岁矣。隆冬犹着单裤,登高如夷。两年来驻吴淞口,只一帐房,与弁兵共卧起。绝不言劳,志守端正。镜翁(按:牛鉴)亦倚之为臂指。有以将才少之者,要与齐参赞,皆能人所不能者也。

(三月)廿三日。宝山周令恭寿来禀:……陈提军化成带兵将二千人,在吴淞口塘岸帐棚住二十三月,昼夜戒严,百姓无不感服。

(四月)十三日。……拟十五日视师宝山,往来激励,陈提军心如金石,号令严明,与之同志。

(四月)廿一日。接宝山县禀:廿日辰刻有大夷船二只、中夷船四只,驶向吴淞廿里外洋面游弈,其为窥伺上海,已可概见。

(四月)卅日。宝山禀:廿七日复有夷船九只、火轮船一只,驶向小七山前停泊。

五月初二日,署崇明镇林明瑞来访谈,悉李壮烈伯长庚攻剿海寇蔡牵时,有兵船一百八号,许君松年、王君得禄皆从军亲兵。陈君化成本海船舵工,曾入海寇党。旋为壮烈收用,洊至提戎,能识水性,耐劳苦,颇有威名。方今英夷不靖,非造战船练水师,不能有所牵制。

(五月)初四日。镜翁由高桥视师,带亲兵七百名,于初二日驻扎宝山县署,与陈提戎就近商榷战守计。

(五月)初七日。卯起出胥门,送鳌石于舟中,谈悉夷匪在吴淞,遣渔户寄语陈提戎,以去年攻厦门,未犯其家作人情。提戎复词甚壮,亦见该匪心慑。

(五月)初八日。宝山周令来禀：以该逆战船排列，势将分路进攻。为牵制连环之计，而制府将城内外伏兵尽撤向城上，并不设防，陆路自撤藩篱，皆误信说士丁大椿之言也。

(五月)初九日。午刻回署，元和洪令进见，形色苍黄。询之，则吴淞已于初八日辰刻失守。自寅至辰，逆船大炮连环轰击，提军陈化成先中一腿，力竭阵亡。制军督战海塘，适遇炮子飞起，伏地不动，竟为所伤。为弁兵扶出上马，逆炮仍追轰，毙一马。制军出西门二里外，始乘舆。三十里至嘉定县城，而宝山县城早为贼据，东西炮台及海塘均被轰毁。

(五月)十三日。嘉定禀：十一日午间，夷匪水陆并进，占据上海。……陈提戎尸在柴塘，未及夺回，可怜，可痛！

(五月)廿日。晴翁来谈，悉……镜翁奉批折，以该督身冒矢石，卒失孤城，着暂缓治罪。务须振刷精神，力图补救，不可再有疏忽。又于提督陈化成阵亡句，奉硃批挥泪览之。复于寄谕中以某忠勇夙著，今果敢捐躯，殊堪悯恻！着赏银一千两，查明子嗣。请旨并着扬威将军，酌分参赞一人，带兵来苏。

(五月)廿二日。得周令恭寿书：言宝山之失，由汉奸金胡子为导引，本浙江宁波人，在吴淞卖酒，状颇雄伟，逆夷器之。

十一月初九日。辰刻起，八十里至淮安府，舟遇练笠人自京回，询悉两次蒙召见，垂问宝山失守事甚悉。据云：提军陈化成坚守吴淞海塘至两年之久，住宿帐房，与士卒同甘苦。至五月初八日辰刻，夷船突入，遂亟发巨炮，击坏大夷船四只，约伤二百余人。逆夷已挂蓝旗，遥见小沙背徐州军无故溃散，海塘亦不成列，冒险迎炮，直抢口门。陈化成提标亲兵死伤殆尽，亦即被炮轰倒，左乳受大子，伤最重，腿肘皆有伤，约被群子数百，惨不可言！其尸在芦柴中，幸不腐坏。嘉定县练廷璜觅所部兵往负至嘉定棺殓挂孝。牛鉴时同督战，见陈化成已死，所布伏兵疑兵接应，皆一哄而散，遂拼死不肯去。所带河南兵从炮火矢石中护之，始退守嘉定，深恐夷船入江。

李星沅(1797—1851)，号石梧，湖南湘阴人，道光进士，授编修，历官至陕甘、云贵总督。传见《清史稿》。其所写日记，起道光庚子(1840)至己酉(1849)止，手抄本十大册，藏上海图书馆。《清代日记汇抄》(上海人民出版社，1982年)有李星沅日记节录。

陈化成后代

杨雪沧《冠悔堂诗集》卷八有其光绪己丑(1889)所撰《鹭江感旧录六十二首》,其中有怀念武将和文教方面名人的一首诗,诗曰:"文露流根武露浓,风烟长护万千松。尽看黛色参天去,四十腰围各化龙。"诗后注云:"厦之名将,道光末、咸丰初为盛,皆陈忠愍公莲峰军门化成、窦武襄公升堂军门振彪所培植者。文教振兴,以道光中年周芸皋观察凯与光泽名孝廉高雨农舍人澍然,善诱称最。"其忆及陈化成后嗣廷菜、廷芸两兄弟,合为一诗云:"爆栗烹荷白纸坊,曾过赐第索杯尝。酒阑时有吴淞泪,翻海何年洗大荒。"诗后注云:"陈茝塘比部廷菜、石香水部廷芸兄弟,一道光癸卯恩赏举人,一同治壬戌举人,忠愍公之四子、六子,均官员外郎。二人以父殉吴淞之难,计车誓不航海。"

另有第五子廷荃,克承父志,以都司参加中英虎门之役,杨雪沧有诗感旧云:"来从虎口气轩昂,抵掌高谈易夕阳。羡汝葫芦藏小印,一生耻较是非场。"后注云:"陈荫塘都戎廷荃,官闽安,忠愍公五子也。庚申十月,虎门擒艇寇之役,随报捷来省。先至予家,淋漓述战事,至暮不休。大府传呼,竟忘赴之。次日补奖以翎枝。尝自刻小印,曰'耻与群小计较得失是非',师不翁(按:吕世宜晚号不翁)意也。"

从其注可知,陈化成之四子廷菜,号茝塘,道光癸卯(1843)恩赏举人,时在刑部任员外郎。五子廷荃,号荫塘,任武职,官五品守备。六子廷芸,号石香,同治壬戌(1862)举人,时在工部任员外郎。

陈化成的忠骸

练廷璜《陈军门遗像诗》前序云:"(道光)廿二年五月初八日,英夷入吴淞口。公手毁夷船四艘,忽飞炮洞胸死之。叙用刘国标藏公尸芦苇中。廷璜时为嘉定令,募死士觅公尸。越十日,殓于嘉定。"(咸丰刻本《表忠录》卷一)顷读《十三日备尝记》(《清代日记汇抄》,上海人民出版社,1982年),作者曹晟,字静山,道光间上海人。所作日记起道光二十二年(1842)五月初八日,止二十日,附《记事略》一卷,光绪申报馆有铅印本。其有关陈化成的记录如下:

> 十四日。天晴。(夷人和匪徒连日搜查、破坏)继闻洋人于十二、十三两日放三舟往松江,因浅而返。……又闻洋人遍索陈提宪尸,献者予番饼五千枚,予深危之。后有沿海民为予言云:"系求而礼葬,非甘心也。"后卒不得,洋人恨惜不已。

原来陈化成壮烈殉国后,英军曾不惜以重金悬赏来索求陈化成的忠骸,难怪练廷璜在自己的治内寻觅陈将军的遗骸,必须"募死士"。

苏廷玉自撰圹志

戊戌(2018)冬在好友洪明章处获读鳌石苏廷玉自撰圹志之墨拓本,与《亦佳室文钞》卷四之"鳌石自撰圹志"略有不同,知非定稿。今抄录如下:

> (前缺)事大理寺少卿翰/林院庶吉士鳌石/苏公自撰圹志(篆书铭盖)。/鳌石自撰圹志(楷书铭题)。/洪范九五福,始曰寿,终曰/考。终命言全受全归,理也。/古有自营生圹、治生棺者,/世以为达而实理也。人生/天地间,有生即有息,事所/必有,理亦固然,又何讳焉!/诔墓之文,子孙必乞名公/卿椽笔以为荣,而辞多饰/而诬。余息影蓬庐,日长无/事,乃仿古人生圹、生棺之/意自为圹志。事皆纪实,言/亦亲切。至他年匿迹,销声/月日,以及卜葬坐向,即令/子孙谨志于末,附刻以纳/于幽可也/。
>
> 余名廷玉,字韫山,号鳌石,/归田又号退叟,世居同安。/曾祖汉辟,祖国宸。父融亭,/官安徽泥汊河巡检,皆以/余官四川按察使时封通/议大夫。曾祖母徐氏,祖母/彭氏、郭氏,母洪氏、庄氏封/淑人又以余官总督,封三/("拓本"此以下错置)代考光禄大夫,妣一品夫/人。融亭公四子,余为季,以/乾隆四十八年五月初二/日辰时,生于马巷厅翔凤/里十四都澳头乡。兄景星,/岁贡生,以余官刑部郎中,/封朝议大夫。景悦。适纪氏,/姊,适何氏,姊("拓本"此以下错置,《亦佳室文钞》为"景悦。姊二,适纪氏、何氏"),□

洪夫人出。兄廷策,未娶,卒,与余皆庄夫人出。

十岁时随母赴父任。十二岁母卒,恸不欲生。十六岁父卒于官舍,哀毁如丧母,天性然也。家贫甚,衣食不给者数年,而发愤读书不怠。二十一岁补邑庠。二十六岁戊辰举于乡。三十二岁成进士,改翰林庶吉士,散馆改刑部主事。历任员外郎、郎中,律例馆提调,以京察一等,授江苏松江府,署江宁,调苏州。勤听断,毋敢怠,升陕西延榆绥兵备道,署江苏督粮道,调苏松太兵备道。升山东按察使,署布政司盐运使。调四川按察使,以军功赏戴花翎,升布政使加兵部侍郎,都察院右副都御史衔,升署四川总督。以猡夷频年出扰,奏请举兵挞伐,以救民命、张国威。奉旨以未能筹画万全,妄思("拓本"此以下错置)大举,降补四川按察使,夺花翎,升大理寺少卿。入觐后,奉旨休致。旋奉旨仍以四品京堂起用,办理江苏粮台。计通籍后,京职十三年,外任十二年,各敬其事。在蜀七年,严办匪徒,民赖以安者数十州县;赈恤饥馑,民赖以生者十余万户。去蜀日,百姓遮道,万人泣送,余亦依依泪下。至吴齐虽有公明慈惠之称,然为时未久,不如蜀之入人深也。

夫人高氏,邑附生超然公女,性刚如丈夫,甘贫苦,尚勤俭,虽贵不移,至老不倦。长子士荣,邑增生,官通判。次子士准,邑附生,官直隶州知州,皆高夫人出,并女四。三子士毓,四子士廉,五子士纶,皆妾范氏出,并女一。士荣娶武举汪捷陞女,士准娶举人王沛瑛女,士毓聘江苏海门同知陈经女,士廉未聘,士纶聘浙江提督壮烈伯李廷钰女。孙清洛、清沐、清沅,皆士荣出。楷桢,士准出。

余生平质直刚毅,遇事敢为。自贫困至仕宦,不受人怜。历官显要,皆荷特达之知,无引荐者。与人言,无粉饰。居官时,开诚布公,无脂韦习。退则独善其身,故朋友无恶声。惟少孤,每以禄不逮养为憾。父祔祖母郭氏茔,旁无隙地。每戒诸子:"他年即葬于母庄氏墓侧,俾千秋魂魄仍依膝下也。"因自志大略如此。志而不铭,不必铭也。

道光二十三年癸卯五月,鳌石自书于西湖圣因寺。时年六十有一,由吴旋闽时也。自书圹志大略如是,若天假之年,得与木石鹿豕长此居游,不知何年归真?中间云烟过眼,隐见各殊,多有变更,则听儿孙随时损益。附记于后,不能先知也,并记。

吕世宜自作墓记

吕世宜,字可合,号西村,清季闽台著名的书法家。2004年岁甲申之初夏,我因参加金门考察之旅而获识吴鼎仁君。吴君系金门书画名家,又是当代研究西村书法的学者,其获铭传大学应用中文研究所硕士学位的论文,即《吕世宜书学风格研究》。以后我每到金门,必与鼎仁君谈文说艺,常过宵半,甚或不知东方既白。某日,蒙出示所珍藏之咸丰四年(1854)《吕西村自作墓记》。此墓志以行楷书体刊刻于一石砚之背,题一行,正文12行,显系吕世宜自书,框外楷书附刻其生卒时间和坟地分金事项又两行,乃后人补刻。鼎仁君所著《西村吕世宜》一书第13页有言:

"文革"期间,厦门大厝山坟地被掘毁,出土吕世宜之"陪葬砚",此砚流落民间。1989年,金门许丕府氏,自厦门藏家手中重金购买此砚,携归金门。

此是研究吕世宜之第一手资料,亟据拓片,谨录如下:

吕西村自作墓志。西村名世宜,号不翁,厦门吕孝子谦六公之元子。嘉庆戊辰秀才,道光壬午举人。其加京官、翰林院典簿衔,乃友人林君枢北为之请,非其志也。性戆直,不苟同于人,尤不顾人之是非,人曰然,翁或以为不然;人曰可,翁独以为不可,故号曰不翁也。孝子公之殁也,翁益贫,以舌耕而嗜古如饥渴者之于饮食。遇古图书、古彝器、金石刻、奇书妙画、名研名印,必拮据致之。积四十载,凡得书若干,藏器若干。枢北君弟小山爱之,赠以二千金,人为翁喜,翁曰:"子谓我幸而得之,我盖不幸而失之。我半生有用精神尽销磨于此也。"人又以为翁愚。翁年四十,以隶名于时。其始人亦非笑之,翁弗闻。尝自言所制小字《四十九石山房帖》、大字《先君孝子碑》《张公玉田去思碑》具得汉人意,必传无疑,其自以为是也如此。阅所习举子业,辄不满,曰"不异人意",毁之。刻文钞六十余篇,笔记三卷贻人,人无有寓目者,翁哂曰:"是真不可时施也耶?"其不自知其非也又如此。病且笃，犹以所著《古今文字通释》十四卷、《历代碑帖题跋》一卷、《千字文通释》四卷未刻，嘱其友诚甫与其徒守谦，语刺刺不能休。翁殆九死而未悔者欤？翁作斯记为咸丰四年五月十五日，年七十一矣。后莫知所终。

砚之左侧框外刻两行云：

> 翁生乾隆甲辰五月午日午时，卒咸丰乙卯五月朔日辰时，粤七日葬大厝山三十六间旧穴，内寅申艮坤，丙寅丙戌分金，外艮坤寅申。

先祖父仰潜公藏有吕世宜隶书册页十开，极为精美。其手迹刻石除南普陀后山的题名纪游隶书三行外，以同安妙建庵之柱联"妙矣无垠，诊脉椒房凭一线；建诸不悖，化身金阙统三元"为最佳。

福建水师提督李廷钰

福建水师提督李廷钰，字润堂，号鹤樵，福建同安人。民国《厦门市志·良吏传》叙其咸丰年间镇压闽南小刀会起义之事甚详，并记其所著刊刻行世者有《七省海疆纪程》《新编靖海论》《行军纪律》《美荫堂书画论跋》，未刊者有《秋柯堂文集》与诗集凡七种。而记其袭爵后之仕宦生涯，却过于简略。杨雪沧撰《诰授建威将军福建水师提督前浙江水陆提督世袭三等壮烈伯李公墓志铭》，虽通篇骈文，但所记足补方志之不足。如"嘉庆十八年（1813），服官始也。越二十五年，奉派随园，预领侍卫章京。……三扈朔塞，再度居庸，五临易水。""道光元年（1821），奉母讳，解官归。……洎四年，天子命授江西南昌副将。……七年，檄镇九江。……八年，移镇南赣。""（道光）十三年，升授广东潮州镇总兵。……二十年，节相琦善奏，檄赴虎门合剿。……越岁事平，仍返潮。""（道光）二十二年，召赴江苏军营，交耆英差遣。旋补安徽狼山镇总兵，进授浙江提督。……维时官兼圻者为刘韵珂、耆英、璧昌，公和衷相济。"终至"大名招忌"，竟被弹劾免职。"咸丰三年（1853），巡抚王懿德以漳泉滋事，奏起统领诸军。……上以其功，赏给二品顶戴。俄任福建水师提督。……天子念其久劳,诏为内简,于七年卸篆焉。"墓志铭并载其"春秋七十,以咸丰十一年六月二十有七日卒。……夫人许氏,福建水师提督松年女"。

最奇者乃记李廷钰有子二十有一,女二十二。子女凡四十三人,世所罕见。

易顺鼎两至厦门

近代著名诗人易顺鼎(1858—1920),字实甫、硕甫、仲硕,少年时自号眉伽,中年后自号哭庵,湖南龙阳(今汉寿)人,清光绪举人,其后捐试用道,被保荐为候补道,加按察使衔。张之洞惜其才,聘其任两湖书院教席。甲午中日战争后,愤而入佐两江总督刘坤一军幕,屡上疏弹劾李鸿章、李莲英等。光绪二十一年(1895),随刘坤一赴山海关。三月,《马关条约》签订,易顺鼎从唐山疾行赴都,上《请罢和议褫权奸疏》,力陈"割地一事尤为万不可行",五月,易顺鼎坚请只身前往台湾。是月二十三日到厦门,闻台北已陷,决意改赴台南,晤刘永福。时林朝栋、邱逢甲兵败内渡,易顺鼎与刘永福歃血为盟,举兵抗日,并至大陆筹饷乞援。张之洞竟答以"此时实无救台法,刘(永福)当奋力自为","成则为郑成功,不成则为田横耳",予以搪塞,易顺鼎感伤不已。复闻台湾云林人简金华(大狮)等义民起师截杀日军,他再次渡台,以期有所作为。七月二十七日,易顺鼎第二次赴台,见事已无可挽回,遂于八月六日内渡,返厦门。台湾抗日义民闻易顺鼎到厦门,俱来求见,倾诉田园家业被日寇焚毁,恨倭切齿,请易顺鼎为之主,并且联名禀请他为"台湾民主国副总统",敬上"台湾民主国副伯里玺天德之章"。无奈南洋大臣张之洞不肯接济,还责令他速离厦门,万勿再管台事。九月,易顺鼎无可奈何,离厦返武昌。

今厦门南普陀寺之"六月寒"山洞岩石上,有篆书题刻四行,题曰:

光绪乙未九日,蜀人岳嗣佺尧仙、楚人易/顺鼎实父、陈昌崑粒唐同游,时天风吹衣,/海波如镜,感珠崖之新失,闻玉门之被遮。/匡衡之雅无功,弦高之志未竟。俯仰徘徊,/百端交集。题此以志岁月。昌崑书。

此乃易顺鼎离厦前夕所镌。读此,爱国悲愤之情陡然在胸!

甲申(2004)季夏,我读易顺鼎《四魂集·魂南集》(《琴志楼诗集》第 633 页,上海古籍出版社,2004 年),其中有易氏在厦门时所作《和岳尧仙孝廉韵》《再和》《三和》七言律诗三首,诗云:

南云万里翼低垂,闲共凫鸥憩水湄。贯日有心虹欲冷,补天无术石空奇。聊将左股蓬莱恨,说与山阿薜荔知。何用摩崖纪名字,百年而后子为谁(时有题名南普陀之举)。

西蜀神交十载垂,相逢翻在瘴江湄。三生对石缘非幻,九死看山遇亦奇。天外有天秋梦远,客中送客海云知。漆身鲵面还吞炭,昔日少年今日谁。

白日荒荒南斗垂,与君来醉水之湄。海为杯杓户应大,云作揪枰局益奇。天地无情精卫老,江山有泪杜鹃知。莫兴广武英雄叹,竖子成名果是谁。

岳尧仙,字嗣佺,成都人,举人。陈昌昙,字笠唐、粒唐,龙阳人,光绪十五年(1889)进士。当时两人都为张之洞幕府。

易顺鼎二次寓厦记事

光绪乙未(1895)夏五月,易顺鼎第一次到厦门,盘桓前后五天。据其《魂南记》(易顺鼎哭庵撰:《魂南记》,《台湾文献丛刊》等 212 种,大通书局,第 3 页)记载:

癸巳(二十三日)早,抵厦门;石山奇耸,风水苍凉,俨然丁丑岁在古州所梦游地。乘小舟抵岸,已见台北溃兵塞满街巷,旅舍几无投足处。良久,始得万安栈,斗室一间。

同年八月,易顺鼎第二次到厦门。据同书第 17~18 页载,当月:

乙亥(初七日),抵厦门,始有更生之庆。粒翁往晤黄芍岩军门(按:清末福建水师提督黄少春,字芍岩,湖南人,左宗棠旧部)商借兵械未成;甫自泉州返,拟继余一往台南。余留厦门,寓源丰润官银号。司事陈子琴,宁波人,尝游日本、高丽、安南,性情伉爽。所居飞楼数重,负山面海,与鼓浪屿夷埠相对。各国兵轮,即泊其槛下,海市蜃楼、风帆沙鸟,尽在目中。沿海诸山,奇石插天,古榕蔽地。青绿山水,间以金碧楼台。赤日当空映城郭人物,斑驳陆离皆成火色,真南极下景象。黄蕉丹荔,气候常如五六月间。前以书招俞恪士户部,已由沪来;蜀中岳尧仙孝廉受湘帅命,寓厦侦探,亦居止甚近。两三人者嬉笑歌哭于蛮荒瘴海中,如韩伯休之卖药、苏子瞻之负大瓢行歌、杨升庵之插花骑象也。

易顺鼎在厦门所作诗

近代爱国诗人易顺鼎两次渡台经过厦门,作诗数首。

《游厦门鼓浪屿》云:

余生岂意到龙堂,也算东坡笠屐乡。青绿山川图小李,丹黄村落认诸杨。楼台照海云千尺,岛屿浮空水一方。二十年来寻梦影,却将血泪染斜阳。

《游厦门南普陀二首》云:

一自绵田隐不偕,板舆追念独伤怀。见佳泉石惟思哭,遇好溪山便欲埋。已誓首邱成羽化,尚惭面壁学心斋。炎荒风景还如梦,两道清湍百尺崖。

不向瀛南靖蜃楼,却来江上弄渔舟。榕能绿日天无夏,稻已黄云岁有秋。六月图南海东运,七星在北汉西流。风烟一壑休萦念,早办骑鲸越十洲。

《厦门寓楼中秋感兴二首(八月)》云:

嫦娥与我共无眠，泪眼成枯望眼穿。大地山河将破碎，古今人月几团圆。八千余万可怜户，三十六重离恨天。玉宇琼楼归未得，却来海上作飞仙。

凄凉蟋蟀伴空床，缥缈麒麟跨大荒。露下披衣天宇白，月中横笛海山苍。英雄未免伤儿女，仙佛强于作帝王。佳节今生还有几，莫催明镜满秋霜。

《与俞恪士游南普陀恪士作磐陀对话图》云：

精蓝负岫起嵯峨，榕树阴中对远波。身世九州双涕泪，乾坤万古一磐陀。秋声浩浩人间去，斜照荒荒海上多。桃梗漫怜看土偶，寒山拾得较如何。

其他还有《与林鼙云郎中诗卷兼讽林诗甫卿使》《和鼙云见赠》《感事和鼙云韵（九月）》等与林鼙云（鹤年）、林诗甫（维源）等诗人唱酬之作。

甲申（2004）岁相续购读王闿运《湘绮楼诗文集》与易顺鼎《琴志楼诗集》，喜而记此。

易顺鼎品评厦鼓风景

易顺鼎在《魂南集》品评厦鼓诸景云：

是役也，独在厦门淹留甚久，其名胜曰南普陀，曰虎溪岩，曰日光岩者，尝屡游焉；要皆以面海胜，以负山胜，以奇石胜，以古榕胜，以清净庄严、人迹罕到胜。而南普陀之胜尤著。中秋后与恪士游，两人坐石上瀹茗清谈不忍去，恪士为作《磐陀对话图》。九日与粒翁、尧仙游，呼酒登台，尧仙又为摩崖题名以志岁月。曾几何时，俱成陈迹，故人亦天各一方矣。余又喜棹小舟渡厦门港，为鼓浪屿之游。屿中本夷埠，间以民居；路皆铺以细沙，平软胜于辇道。珠宫贝阙，固极辉煌；茅舍竹篱，无不幽洁。奇花异草，怪石珍禽。身历其间，俨然在仙山楼阁。岛上一奇石突起，高八九丈，西人建飞楼于石顶,缥缈天末,望之如武夷幔亭。石旁摩崖,碑字大七寸,每行三十字,可二十余行,乃嘉庆癸酉福建水师提督王得禄所泐"鼓浪屿三元宫(按:应为'三和宫')记",因平蔡牵而作,空留虎臣之名,已作龙伯之础,伏波横海,况今日无人耶?立斜阳中,徒倚叹息久之。

今鼓浪屿已为世界文化遗产,殆非昔日"清净庄严、人迹罕到"之地矣。

水陆提督洪永安

据民国《厦门市志》卷十一"职官志"载,清代倒数第二位水师提督是洪永安,河南商城人,光绪三十年至宣统三年(1904—1911)在任。洪永安在厦史志无载,仅南普陀寺那通光绪三十四年(1908)欢迎美国舰队访问厦门的摩崖石刻,留下"水陆提督洪永安"的名款,时宣统二年中秋也。

岁癸未(2003),有河南洪氏裔孙作志先生来闽访求先人遗迹,回京后寄我《河南省商城县乡土教材》,始知洪永安,字梓青,商城县汪岗乡人,据《商城洪氏族谱》称,洪氏"十四世琦公生二子,长永浚、次永安"。洪永安生于1841年,家贫,自幼失怙。同治元年(1862)投多隆阿部行伍出身,随多部穆图善西征甘、陕,镇压捻军及回民起义,因功由守备、游击、参将升至副将加总兵衔。光绪五年(1879),穆图善调任福州将军,洪氏随之入闽,"管代凯字左营,驻守长门炮台"。中法战争中,福建水师全军几没。时洪永安率炮台官兵与敌决一死战,亲自纵马挥刀,杀退登陆的法军,并发炮击沉法舰一艘,保全炮台。事闻,朝廷授以"巴图鲁"记名,简放福建总兵。是年十一月,左宗棠督办福建军务,洪永安佐之。光绪二十一年,侵台日军挑拨悍弁李文魁率党羽千余人窜犯厦门,洪永安率福建毅字左军擒李文魁,击溃余党,稳定厦门局势。二十五年,洪永安赴任漳州、福宁等镇总兵。二十八年,一度调北洋督办巡防营,训练新建陆军,获慈禧太后四次召见。三十一年,因闽南匪盗骚乱,清廷知洪永安在闽日久,遂升为福建水陆提督,命回闽督兵平定。辛亥革命前夕,洪氏以"老迈多病"上书辞官,其后携眷返里。民国三年(1914),白朗起义军破光山、潢川,12月19日攻打商城,洪永安中流弹死。北洋政府赠以陆军中将衔。

庚子(2020)夏,我整理《民国〈厦门市志〉余稿》,却发现旧采访稿中有连城璧所撰的"生祠"云："洪梓青军门，河南人，光绪季世来任水师提督，厚待兵弁。离任后标营念其德，就参府衙边地建洪公祠。光复后改为陆军公所。"道光《厦门志》卷二"分域略"载："水师提标中营参将署，在城东门内。"

清末厦门画家吴伦堂

清季同光时，厦门三大画家之一为吴大经，字伦堂，以字行。吴伦堂擅花鸟，中年后喜作梅菊怪石，墨沈淋漓奇诡。王金坡（步蟾）《小兰雪堂吟稿》卷九之"感旧诗"有一首是怀念他的，诗曰：

挥麈清谈数逸樵，延陵公子更超超。能文能武兼诗画，岂但吴歌律吕调。

并注云：

吴伦堂少尹，讳大经，同安人，候补县丞兼袭云骑尉。

又云：

君与陈逸樵俱善诙谐而诗画尤胜，兼善度昆曲。

诗人雪沧杨浚在光绪庚辰、辛巳（1880—1881）有《索吴伦堂大经绘雁门策马图》和《柬吴伦堂》两诗，说明斯时他已成名。王金坡孝廉另有诗称吴伦堂虽袭世爵而家甚贫，平生淡泊，颜其斋为"地瓜庐"，故辛卯年（1891）赠以诗，有句云：

朝朝啖地瓜，谓此珍无价。有味胜膏腴，独视如燔炙。特举以名庐，安能自慰藉。艺圃足菑畬，笔墨抵耕稼。（《小兰雪堂吟稿》卷六）

迨至20世纪20年代，其去世也，绣伊李禧仁丈犹有诗以挽之，曰：

一生低首地瓜庐,大笔能濡水墨图。天予聪明工作画,未妨余事尽糊涂。

吴伦堂擅诗,惜诗作已散失殆尽。昔年我在梦梅花仙馆曾拜观其花卉图,图上有两首题画诗,今抄件尚存箧笥。诗云:

九十繁华转眼空,伯劳飞去燕西东。蘼芜有恨花无梦,愁绝湖州见落红。

淡似黄花瘦似梅,不堪风雨妒相摧。年来懊恼凭谁慰,末路英雄酒一杯。

钮承藩治厦有善政

友人展示一页题为"火化钟进士"之图画书影,其眉题为"号礼拜一,时事报图画杂俎"。1907年12月5日,《时事报》创刊于上海,同时附有图画报,称"时事报图画杂俎"。这页图画无出版日期,其上有文字曰:

厦门钟进士神,系三十年前所装饰,嗣复涂面竹身,外蒙衣冠,以一人入像内戴之,即便行走。近以时疫流行,众铺户迎像游行,以为驱疫计。前日厦厅钮司马带同差勇,将该像移在天一楼前火化,观者如堵。殆欲破除迷信云。

此厦厅钮司马,即钮承藩,字耕孙,浙江吴兴人,附贡出身,光绪三十三年至宣统元年(1907—1909)在厦门任海防同知(俗称海防厅)。火化钟馗像乃其破除迷信之一例,览图还让后人知道,今仍存世之天一楼当时已建成。

钮承藩的另一善政是受理"翠云园彩花"产品和字号被侵权案,维护厦门的商业竞争秩序。厦门民间有制作春仔花(即春花)的传统。清末,有胡相皋者字春庭,开始制作彩花(又称仿生花),这种彩花具有与真花相同的观赏、摆设、装饰等多种功能,深受市民喜爱,翠云园彩花遂为厦门官场、商界馈赠礼品的首选之一,产品供不应求。于是厦门市面上就出现冒牌"翠云园彩花",这些冒牌货不仅样式,连字号都冒充翠云园,导致真正的翠云园彩花无人问津,生计日拙。因此翠云园主人将此事告到主管厦门政务的海防厅。时任海防同知的钮承藩为此颁布一份告示,严词告诫所有制花铺知悉:"嗣后尔等制花铺须各擅所长,毋得鱼目混珠,假冒翠云园字号及模仿式样。一被指控到案,定即从重惩办,绝不宽贷云云。"这份示禁告示颁布后,厦市假冒现象有所收敛。清光绪三十四年四月二十五日(1908年5月24日)出版的《鹭江报》上给予报道,称其为厦门第一起老字号保护案。

钮承藩以书法鸣于世,先大父仰潜公藏有其行草对联"明者独有月,时人无此心",另有七律四屏幅,皆俊秀飘逸,今犹宝藏于寒斋。

叶大年史料

叶大年先生乃厦门近代文化名人。民国《厦门市志》载:

> 叶大年,字廉卿,号梅珊,莲坂人。受业于胞兄廪生有年。读书聪颖过人,为诗文有清超拔俗之致。福建学政陈学棻最赏识之。光绪辛卯科举人,壬辰进士,授翰林院编修,候选京师。庚子之变,间关回里,董禾山书院事,诱掖后进,不遗余力。受聘主持上海泉漳会馆,任厦门官立中学堂。

其贤裔叶更新先生居鼓浪屿,从事教育,业余颇娴于地方掌故,今归道山有年矣。叶先生生前曾赠我叶大年史料抄件一篇。全文如下:

> 叶大年,厦门禾山莲坂乡人,字廉卿,号梅珊。他在同胞十一人兄弟中,排行最后,因又字季椿。生于同治二年癸亥十月初十日(1863年11月20日),辛于宣统元年己酉八月廿一日(1909年10月4日),终年47岁。曾先后受业于汪学苹、宗兄子修、胞兄邑廪生有年(字渊其,行五)、傅雪湖(讳炳锽)、族人藤谷(讳璿)、薛鳌洲(讳冠三)等。光绪十四年戊子科会试中式优贡第一名,朝考一等第十九名,钦点知县。光绪十七年辛卯科乡试中式第八十五名、复试一等第十六名举人。光绪十八年壬辰科会试

中式第一百四十一名、复试二等第十五名贡士,殿试二甲第一百二十名赐进士出身,朝考一等第五十五名,钦点翰林院编修,诰授奉政大夫加四级。光绪卅一年科举废后,翌年,厦门教育界人士周殿薰(墨史)、余雨农、黄雁汀(瀚卿)、王隆惠、王选闲(人骥)、王伯吹等组织厦门中学堂董事会,共同推举叶大年及其如弟陈纲(字紫衍)为正副总董,因校址设在前玉屏书院,故又称玉屏中学堂。1894年丁双亲忧,1897年禫祭除服后,接受上海泉漳会馆曾铸(字少卿)之聘,为该馆主事,直至去世,皆常驻沪,其间虽曾数次上京等待铨叙,为期不长。1900年庚子八国联军之役,两京西狩,他和部分留守京畿诸臣,悉罹夷劫,嗣后扈从诸臣均膺帝简,他反而向隅,为此曾致书曾少卿作不平鸣。

其余附有宣统元年冬十月"丁丑越六日壬午,绅学商界代表施士洁、林尔嘉、叶崇禄、周殿修暨诸同人等"公祭叶大年的祭文,因通篇赋体文,故不录。

雪沧杨浚

清末光绪间杨雪沧等人对厦门文化影响甚大。民国《厦门市志·杨浚传》云:

> 杨浚,字雪沧,晋江籍。先世商闽县,遂家焉。咸丰壬子举人,学问渊博,曾入左文襄幕,随征甘肃,为李文忠、彭刚直所器重。左侯逝,来厦主紫阳讲席十有一年,循循善诱,多所造就,士林向之,一时从游者,合金门、漳州无虑千人。卒于厦。群伦失仰,门生吕潋作诔告哀。

杨雪沧,字昭铭,号雪沧,又号健公,所著为《冠悔堂诗文集》,其生平以在福州受左宗棠之托主"正谊书局"为最得意,盖杨雪沧先生嗜爱藏书刻书也。郭柏苍《竹间十日话》载:"侯官杨雪沧孝廉浚,博览群书,家多秘本,著述甚富,尤究心轶事。"郭白阳《竹间续话》载:

> 杨雪沧先生浚,由晋江移籍侯官,寓会城虎节河沿,家多藏书。同治

间，左文襄任闽浙总督，拟重刻《正谊堂全书》，遍访诸缙绅家，不得其本。后闻先生藏有完帙，托人商之，先生以传本罕为辞。左公好名，乃便服夜访，先生不敢见，于翌日赴谒。文襄礼待甚殷，为道刻书之意，且托董其事。先生遂允，悉召福州及泉州涂门名匠，雕刻全书六十八种，凡五百一十五卷。卷帙既繁，所费亦大。文襄即以举办厘金所入充其资，而先生得润亦丰矣。事竣，请先生助理文牍，旋保奏内阁中书，补用道员。先生于是设"群玉斋"书肆于总督后，广搜善本。同治辛酉，陈左海太史家书籍散鬻，多列朝集及未梓本。先生谋诸夫人，脱金钏以购之，见所著《示儿录》。乃就所居筑楼三楹，贮七万卷于其中，颜曰"冠悔堂"，今李宅是也。余曾得冠悔堂书目两巨册，中多孤本秘钞，先生自谓为省垣藏弆之冠，非自炫也。

杨雪沧先生在厦门掌紫阳书院教席凡十一年，亦生平一得意事。杨氏善篆书，厦门南普陀存有光绪辛巳（1881）所书"袖中东海"四字摩崖石刻，该寺藏经阁尚有其篆书楹联一副，上有楷书长跋云：

光绪丙戌（1886），杨厚庵宫保、杨石泉制军、彭纪南军门、奎乐峰观察倡修南普陀寺。四公追念左文襄公戡平诸难，功德在闽，增建公祠，浚乐观厥成，为志数语。前总办福州正谊书局、陕甘爵督大营总理营务处兼督办军需总局候选道、内阁中书、紫阳书院掌教，温陵杨浚敬撰并书。

连雅堂先生居鼓浪屿

关于连横先生几次到厦门，说者纷纭。其外孙女林文月女士所著《连雅堂传》说有两次。邱铸昌所著《台湾近代三大诗人评传》之连横评传（华中师范大学出版社，2011年）说还有一次，即甲午战争后的1896—1897年间，连横先后到达厦门、福州、上海、南京，想求深造而未成。近读台湾学者郑喜夫编撰的《民国连雅堂先生横年谱》（台湾商务印书馆，1980年）所载，乙未（1895）割台后，连横似曾"走番仔反"到过福建，光绪二十三年（1897）"春，先生（指连横）赴上海，入圣约翰大学攻俄文"。未几，"奉母命归台"。然"年谱"并无连横经过厦门的点滴记载，因而林文月的传记将此忽略不记。

据林文月女士之说,连横先生两次来厦,一在清光绪二十八年,时因由台赴榕参加庚子、辛丑福建乡试,归途滞留厦门,曾主《鹭江报》。友人林辂存(景商)居鼓浪屿怡园,园中有郑成功拔剑斫地为井之遗迹。故"雅堂应邀渡港去造访此园,并与园主畅谈甚欢"。其间连横先生为榕东女诗人苏宝玉《惜别吟诗集》作序,署款"壬寅(1902)冬十月望日台南连横天纵甫书于鼓浪洞天之下",并作《满洲最近外交史》专论及《重过怡园晤林景商》《鹭江秋感》等七律数首,旋归台湾。《鹭江报》系英人山雅各牧师(Rev. James Sadler)所办,址在厦门大史巷。从诗文内容看,连氏首次来厦到过鼓浪屿。

连横先生第二次到厦门,乃在光绪三十年。时连横与蔡佩香创办《福建日日新闻》[《厦门报业》载为爱国华侨黄乃裳创办,厦门林辂存、周之桢(寿卿)协办],该报1905年1月正式出版,为时不到一年。"报社开设在厦门,但是连雅堂和他的家人是借住在一水之隔的鼓浪屿,一位牧师的家里,所以他每天得渡船往返于家和工作的地方。"此次连氏举家居鼓浪屿,山雅各虽然也是牧师,但因中外人士生活习惯不一样,当时并非基督徒的连雅堂没有理由去取扰洋牧师,更何况1905年连横还积极参加过当年厦门的"反美拒约"运动,《福建日日新闻》报载:"阴历十一月二十四日……连雅堂上台演说……激昂慷慨,以动众听。"此时的连横若住洋人家,岂非成了心口不一的人物?至于他是否借住华人牧师周之桢的家,虽然可能性极大,而且周之桢还是连横在厦鼓朋友中的华人牧师,但未获更可靠的根据之前,我们还是不敢信口雌黄。

上述连横先生第二次在鼓浪屿的引文撷自林文月女士所著《连雅堂传》,书前有连战先生的序言。

秋瑾在厦门

欲知秋瑾在厦门之事,必先了解其祖父秋嘉禾和父亲秋寿南两人的宦迹。秋嘉禾,号露轩,号诲老人,浙江绍兴人。据百度介绍:他于清同治四年(1865)八月以第一百二十四名在杭州秋闱中举,补行咸丰辛酉正科并壬戌恩科举人,为补用同知。同治十三年因丁父忧,居丧三年。光绪四年(1878)三月入福建厦门需次(按:需次,指明清时期官吏授职后,按照资历依次补缺。秋嘉禾当在闽浙总督所在的福州补缺,然后经厦门抵云霄厅)。秋瑾异母弟秋宗章所撰

《六六私乘》载,"先大父(按:秋嘉禾)宦闽久,先君(按:秋寿南)随侍,全眷侨寓,故伯姊(按:秋瑾)实生于闽,时为光绪元年夏正十月十一日也"(载于《秋瑾史料》,湖南人民出版社,1981年)。秋寿南,字益山,号星侯,同治十二年癸酉科举人。"初,居福建提督孙军门幕,以劳绩保知县,分发台湾"(《秋瑾史料》,第75页)。此"孙军门"即孙开华,字赓堂,湖南资利人,同治十二年至光绪五年间(1873—1879)两署福建陆路提督,治厦门、台北防务,秋寿南为其幕府师爷。其后秋寿南的"保知县"事,"忽为某有力者捷足所得"(《秋瑾史料》,第75页)。如是,秋寿南当比其父秋嘉禾早入闽,故云秋瑾"实生于闽"。

光绪四年八月秋嘉禾初到福建云霄厅署理厅事,秋寿南全家(妻单氏,子誉章,女秋瑾)与之在云霄"全眷侨寓"。第二年农历九月秋寿南在云霄又产一女,名秋珵。可见这段时间秋寿南已离开孙氏幕府。秋嘉禾的第一次云霄厅同知卸任于光绪七年八月。光绪十二年秋嘉禾到福建南平任知县(民国十七年《南平县志》),光绪十五年五月至翌年五月第二次又回云霄署理同知(民国《云霄县志》卷十三"秩官·四"),包括《六六私乘》在内的《秋瑾史料》都没有秋寿南在此期间继续"随侍"的记载,而《六六私乘》却记载"光绪十年以后,先君(按:秋寿南)膺余姚邵筱村中丞(友濂)之聘,为台湾抚院文案。中丞调湘,先君亦以直刺听鼓楚南"。这就是说,光绪十年后,秋寿南又开始在闽自谋出路。私乘所说的这位邵友濂,字筱春(筱村),浙江余姚人,光绪十三年晋台湾布政使,光绪十七年调任台湾巡抚(《清史稿·疆臣年表》),但私乘仍称其为"中丞"这个布政使的尊称,说明秋寿南很早就在邵友濂的幕府。乃至秋嘉禾从光绪十六年十月至次年三月在厦门任海防同知(民国《厦门市志》),秋寿南可能都不在他身边。

《六六私乘》云:秋瑾"幼与兄妹同都家塾,天资颖慧,过目成诵,为先君所钟爱"。又云:"先妣单太淑人,系出名门,亦读书识字,遂自课之,盖慈母而兼师保焉。"得见秋瑾从小是在双亲养育下成长的,并非在祖父身边(首次到云霄者除外)。光绪十七年三月秋嘉禾从厦门海防同知卸任回乡后,于光绪二十年去世。这一年九月,邵友濂正好调署湖南巡抚(《福建省通志》卷首下,"大事记"),秋寿南于是"奉藩司何公檄,筦榷常德,量移湘潭",最后官至湖南桂阳州知州(1900)。秋瑾一路随父亲到湖南,光绪二十二年即与当地"邑绅王氏"结婚。由于秋寿南在闽宦迹不甚了了,是以秋瑾在厦门仍是个谜。

至于坊间有秋瑾故居在鼓浪屿之说,源于相传其父秋寿南曾一度在厦门海关做事。目前所见关于秋瑾的史料和研究成果均未提及此事。虽然当代上海名家郑逸梅曾撰文说："秋瑾童年,一至五岁,居福建厦门,其父在海关工作。后其父调至诏安县,秋瑾随之而往。海关设于鼓浪屿之鸡峰山下,今楼址尚存。"(郑逸梅:《艺林散叶》第857段,第62页,中华书局,1982年)但在尚未找到当时海关文员花名册之前,仍属空穴来风。书中所谓"鼓浪屿之鸡峰山(按:鸡母山)下"那幢"白楼",现编鸡山路8号,即旧海关监督署遗址。不过,据《厦门海关志》记载,厦门海关监督署设立于1913年,1916年才由厦门迁到鼓浪屿,1921年再迁到"鸡母山巷"(《厦门海关志:1684—1989》第16页,科学出版社,1994年)。另者,《六六私乘》等史料亦无秋寿南曾在诏安任职的记载。郑逸梅先生根据民间传说的记录显然不足为凭。是故,秋瑾是否曾居鼓浪屿,更是无法找到正确答案。

周莲及其致友人函

清末民初,厦门海关文员林崧辑有《林崧手记》未刊稿,书中记周莲字子迪,光绪二十一年(1895)十月至翌年五月,二十四年三月至七月,两度在厦任兴泉永道尹(二十二年五月任道尹者为杨执中,字子权)。而民国年间李禧仁丈等编《厦门市志》,载周莲来厦任道台乃光绪二十一年至二十四年,其中无杨执中一任。光绪二十四年继任道尹恽祖祁编《厦门日租界交涉案公牍》(载《厦门的租界》,鹭江出版社,1990年),其中"厦门道周莲任内卷"之起讫时间为"光绪二十三年二月至二十四年五月";"七月后护道管元善任内卷"记管氏任职起讫时间为"光绪二十四年七月至十一月";"厦门道恽祖祁任内卷"之起讫时间为"光绪二十四年十二月至二十五年五月",杨执中亦付阙如。恽祖祁所记当为可靠,但未审何以无杨氏任内之卷?周莲又字鼎臣,见恽氏公牍之"复晋珊方伯与鼎臣廉访两司函"之注解:"余联沅字晋珊,时任福建布政使。周莲字鼎臣,时任福建按察使。"

戊子(2008)元日,在郑炯桓同学座中读到其家藏周莲手书信札两通。其一云:

佑铭仁兄大人阁下:远违兰教,时切葭思,抵以路隔重洋,不克常聆玉屑为怅。接林南斌书,朱宅近迁移,兰无交处。今由长孙南陔收到,运至如皋矣。昨又承手书相问,不遗在远,荷相爱盛情。南洋千里,颁到"龙岩素"一大盆,情文兼至。远叨君子之风,臭味相投;感谢良朋之锡,当加护惜,永以为佩。前请代购,原还兰价若干,仍祈示明,弟当邮寄。莲隐居东海,虽理乱不知,但闻莽莽风云,战和无定。前闻厦岛戒严,不识我兄与令亲庄府以及周墨史、龚绍庭诸君起居如恒否?不禁神驰。厦岛贵社乃闽南之善举,美俗移风,宜乎桂子兰孙,蒸蒸秀发,曷胜欣羡。弟训孙课子,花草精神,暑假林婿夫妇到皋,少慰远怀。肃此奉复致谢,敬颂台安!世兄辈均祉。弟周莲顿启,四月廿六日。(下一朱白章"子迪")

其二云:

右铭大兄先生阁下:二十年旧雨联欢,喜出意外;七十翁重洋会合,相慰幽怀。无非香火因缘,确有感应。在厦承挚爱殷拳,更同绅耆作瑕,荷寿礼多珍,濒行叠叨厚馈,感乔梓之云情,由热肠之古道,五衷铭谢,乐不胜言。弟五朝衰朽,居然破浪乘风,几变沧桑,犹托平安幸福。今年如皋大隐,历来烽火无惊,有似桃源,不让厦门鼓浪屿也。令亲庄氏昆玉勤俭持家,《礼经》云:"兄弟睦,家之肥。子孙贤,族将大。"如阁下之作善,降祥子孙,昌盛合然,天必佑之。故人乐得为君子也。为善最乐,当以我兄为法。弟中秋日乘新疆轮船,五十点钟抵上海。到家十日,又有扬州之行,皆因亲朋故旧,征逐留连,所幸精神顽健,儿孙课读如恒,差慰绮怀耳。肃此鸣谢,并颂潭祉。愚弟周莲顿启。阴历十月初五(下一朱白章"子迪")。世兄辈均吉。令亲庄先生致候不另。

周莲任职期间正值日本人在厦门强行划定租界,周氏一味让步,故为后世所诟病。此二函当是其后归田所书。中山公园内有其题刻"万壑云根"与"石瘦松肥,云痴鹤老"两幅。前一幅署款"贵筑周莲"。据百度网介绍,周莲(1848—1920),字子迪,原籍贵州贵筑,出生于江苏如皋,清光绪五年贡生。1895年因恭亲王之荐任厦门道台、福建布政使(按:应为"按察使")。

邱忠坡

邱忠坡的名字在《中国航海史（近代航海史）》（人民交通出版社，1989年）被译作郭顺保，该书写道："行驶厦门至槟榔屿的劳易·郭顺保公司（Lloyd Kuo Tiong Poh）的轮船，1875年开航，装货搭客。闽粤移民去南洋，半数搭该公司轮船前往新加坡、曼谷和西贡，这也是一家华侨投资悬挂英国国旗的公司。"后来我们查到，根据闽南白话字拼写的 Kuo Tiong Poh，原来是厦门海沧人邱忠坡。邱忠坡是中国近代航运史都要提到的著名侨商。《海沧姓氏源流》的作者廖艺聪根据谱牒资料，在其第五章"邱姓族贤"中写道：

> 邱忠坡（1830—1892），清朝新江（按：今海沧新垵村）19世榕房人，字如松。咸丰二年（1852）南渡新加坡谋生，先后与人合伙开设长和商号、万兴号。他的商务范围很广，涉及霹雳州的锡矿、西贡和仰光的舂米机器。1875年集资150万自创"万兴"轮船公司，航行于香港、槟榔屿、上海、宁波、厦门等。

《厦门华侨志》第二章"创业"也提到"1875年，邱忠坡创设万兴船务行，购置和租用漳福建、漳海澄等10多艘轮船，除航行新加坡内港外，还通航槟榔屿、香港、汕头、厦门"。邱忠坡曾在厦门设立万兴的分行，对近代厦门港的兴起，与有功焉。时至今日，新加坡仍有一条以他为名的 Tiong Poh Road（忠坡路）。

陈培锟先生墨宝

陈培锟先生在厦门时，先大父仰潜公曾从之游。今我家犹珍藏其手迹两幅，一为楷书五言古诗一首云：

> 星光坠衣袂，化作秋月白。夜半盘膝坐，吟魂得静宅。巨石让开窗，

乔松欣接席。一枝抵一树,树树太古碧。邱壑寒虫多,笙簧咽四壁。顿忘身在山,不知今何夕。灵机自荡摩,百年嗟行役。

一为行楷楹联一对云:"泽流仁圃麟之德,声振天逵鸿有仪。"书法均端庄秀逸。

某日,先大父与挚友共观培锟先生墨宝,钟文献仁丈说此诗乃录近贤谢章铤《翠云观夜宿》之句,而楹联或为其文案彭某代笔也。及长,我读书得知:谢章铤(1820—1903),字枚如,号药阶退叟,福建长乐人,光绪进士,所著有《赌棋山庄集》,亦我闽近代之硕彦。

藏书家龚显曾、樵生父子

樵生龚植先生人知其工诗,并擅书能画,而不知其为藏书家也。樵生先生之藏书,乃承袭温陵龚氏之家藏。其曾祖龚维琳,字承研,号春溪,清道光六年(1826)登进士第,授翰林编修,尊人龚显曾,字毓沂,号咏樵,同治二年(1863)进士,也授翰林编修,于是"祖孙翰林"成了泉州诸多望族中很特别的一种荣耀。温陵龚氏的成员大多都能诗,龚维琳著《芳草堂诗存》,其诗作有"清丽雅俊"之誉,龚显曾更是当年闽南诗坛的祭酒,后人评其"诗文典雅艳丽,风调冠绝一时",所著有《薇花吟馆诗存》等。龚显曾的几位堂兄弟显灿、显鹏、显鹤、显鸾、显禧、显祚等都有诗文传世。其中,龚显曾尤以其丰富的藏书著称于世。

亡友陈峰著《厦门藏书史略》(厦门大学出版社,2020年)记述道:

> 龚显曾极喜读书,亦极好聚书,"在京师时,每得秘册,虽典衣缩餐,勿恤也"。他通过购买、抄录,积书三万余卷,庋于其家亦园的薇花吟馆内。馆中所藏不乏珍品,有宋本《说苑》、元本《古史》、明抄本《宋史记》等,此外,还收藏大量的"天一阁""淡生堂""汲古阁""知不足斋""文瑞楼"等藏书楼的抄本。他重视对泉州乡邦文献的搜集与整理,收集了很多历代泉州人著述,包括唐宋元人的著述41种、491卷。

1912年，龚显曾之子樵生龚植先生移居鼓浪屿，这批古籍遂随之藏于岛上的亦楼。龚植先生不仅继承父辈的大部分藏书，自己也勤于聚书。厦门市图书馆藏部分得之于亦楼的古籍，多钤盖有"龚显曾印""薇花馆主""薇花馆图书""龚樵生藏书印""樵生所藏"等印章。1969年龚鼎铭老师赠我的《由里山人菊谱》，即盖有其尊人樵生先生的藏书印。

　　樵生先生没有编著藏书目录，今人只能从印章或其边款的文字，进行大体窥测。如市图馆藏《亦楼印存》有一方"四万卷楼"印蜕，其边款云："余家藏书七万卷，宋元明善本约四万余。二十年来兵火虫蚀，毁散殆尽。先代心血，每思泪下，刊作此石，聊志感伤。"我友龚万钟同学乃樵生先生文孙，藏有先祖印蜕数十枚，其中边款与藏书有关者有二，其一："拥书权为小诸侯。抱经寝史，聊慰所嗜，号以'慵蝉'，名实颇相称。樵生志并刊。"其二："金石碑记，余家所藏不下千余种，先人搜置垂三十年。壬子之秋，移居厦门之鼓浪屿，兵火后散失殆尽。吉光片羽，仅此一二，真令人沧桑之感。书此志恨。庚午樵生。"壬子（1912）乃龚氏移居厦门之年；庚午（1930）刊此以志二十余年来因家道零落，加上"兵火虫蚀"，两代人藏书"毁散殆尽"的感伤。20世纪20年代初，厦门市图书馆创建时，陈培锟带头"捐俸三千元，向惠安（按：应是泉州）龚亦楼及各故家续购宋、元、明旧版暨手抄秘籍，以期共览"（陈培锟：《岁寒居士集》，福建美术出版社，2015年），或是其藏书陆续归于公藏之始。

龚樵生先生

　　台湾板桥林家自乙未（1895）内渡居鼓浪屿后，创设"菽庄吟社"，温陵南塘龚氏也相继迁来岛上，其中影响最大者为龚植（樵生）先生。龚氏一门素以科甲鼎盛、诗礼传家著称，龚植先生尊甫龚显曾（字毓沂，号咏樵）系清同治二年（1863）进士，授翰林院编修，与其祖父龚维琳（字承研）有"祖孙翰林"之美誉。龚显曾工诗，著有《薇花吟馆诗存》。同时居鼓浪屿的叔辈有龚显鹏（字伯抟，晚号一愚，前清贡生）、龚显鹤［字仲翔，号云史，光绪十七年（1891）举人］、龚显禧（字绍庭，号颂眉，光绪二十三年举人）、龚显祚（字昌庭，毕业于北京高等政法学堂）等亦都以诗书鸣世。岁庚申（1920）评出的吟社"十八子"，龚氏一门占有五席，足见他们在当年鼓浪屿国际社区多元文化中之实力。

龚樵生先生工诗擅书画，并精篆刻。其画以工笔设色画菊最为著名，笔墨敷彩俱入宋人堂奥。近年《中国书画》《台湾美术年鉴》《美国侨报》皆有文章介绍其作品。可惜大陆公私所藏不多。樵生先生的书法学赵之谦，多揉入汉隶魏碑之意味，写来别具一格，自称"五分半书"。我与其文孙龚万钟同学曾做过调查，日光岩之"嵌石亭"三字和虎溪岩的林尔嘉诗刻，乃其有名款的佳者。此外，日光岩的许多题刻，以及太平岩、万寿岩凡署黄仲训款的擘窠大字，皆出其手。最可贵的是樵生先生还是一位富有民族气节的文化人，民国《厦门市志·龚植传》记载：

> 抗战军兴，（龚植）以老且贫，不能离厦，蛰居鼓浪屿，治印卖画为生。

我中学时代的音乐和美术老师龚鼎铭先生乃樵生先生季子，我始终得到他的教诲，直到他去世。1969年龚老师将下放山区，临行赠我一部近代缪谷瑛之《由里山人菊谱》。其扉页有吴石卿、龚樵生两先生的藏书印，想必两位前辈皆得益于缪氏之技法。龚老师捐馆后，我至今仍与万钟、文田、书鑫、佩瑜（舒婷）和小莞等温陵龚氏诸贤裔嘤鸣友善，声气相求也。

《如愚别馆诗存》

龚樵生先生的诗集曰《如愚别馆诗存》，未刊。乙酉（2005）冬十二月，有古玩界人士携一包旧书来馆分享。拆观之下，为《亦楼脞牍》数卷，以及樵生先生隶书题签之《亦楼随笔》（实为诗稿），皆手稿也，另有一册复写誊抄本，字迹甚工整，知为龚樵生诗集之定稿本。据称彼乃高价购得，任我加倍求转让而未果。其时抄录《林叔臧妹丈与舍妹结婚五十年，西俗为金婚。念及旧况，诗以志盛，并感沧桑。即依元韵和寄》两首云：

> 忆昔蓬瀛晤地仙，繁华尽付梦中缘。光阴一瞥浑如昨，已过云烟五十年。
> 晨星寥落旧时人，曾见当时倚阁春。懿泽喜留兰桂秀，况公龙马尚精神。

林尔嘉结婚于光绪十八年(1892),可知此两首诗皆作于1942年,系晚年之作。

岁乙未(2015),我为鼓浪屿管委会编纂《琴岛潮音:林尔嘉菽庄吟社及其家族诗选》,龚万全先生从泉州图书馆复印《如愚别馆诗存(卷二)》一册,存诗若干首。此虽残本,终于聊胜于无。箧中几首俱平时读书所抄录,《闲居》云:

> 侵窗密雨湿轻纱,无数寒梅尽着花。一掬茗香闲领略,小炉活火试春芽。

《题秋菊图》四首云:

> 此生爱菊似陶潜,艺雨莳烟总不厌。一自客中秋课减,慰情将画上霜缣。
> 赏秋强起忍轻寒,细雨轻烟日倚栏。我欲为花工写照,写花容易写香难。
> 黄昏把酒过东篱,好植秋花满径时。莫怪今年开更瘦,比花我亦瘦些儿。
> 昔闻甘谷有仙葩,酿得香泉当鼎砂。此日为君祝无量,噙毫着色写黄花。

郑霁林

郑煦,字霁林,又字晴方,号平岚村农,晚年居鼓浪屿,近现代厦门著名国画家也,精工笔设色人物、花鸟。今坊间所见遗作颇多,然其身世皆莫知其详。

民国《厦门市志》载:"郑煦,监生,广东香山人。"

厦门市博物馆藏郑煦所作《苍松喜鹊》画轴,其题款云:"岁庚午(1930)侨居厦门,适我宗亲建筑延平郡王庙并荥阳通祠,以画屏见属。爱抚宋元之人笔法以应,借作纪念。东粤南湖派廿一传煦绘,时年七十又二。"丁亥(2007)岁,我与画友白磊合编《厦门近现代中国画家》(厦门大学出版社,2007年),其中选录郑煦的画作有为献甫先生所作《松风清韵图》,题云:"庚辰(1940)重九,弟写时年八十二。"又为嘉寿仁兄所作《梅妻鹤子图》,题云:"庚寅(1950)八月弟郑煦时年九十二。"又我友谢伟东藏郑煦画作五十余幅,其中有岁庚寅在香港为逸村仁兄作《温陵四友齐年图》,亦题"香山郑煦绘祝,时年九十有二"。由此推算,得知郑煦生于清咸丰九年己未,1859年。

清光绪二十八年壬寅(1902),郑煦作为清朝地方政府"厘金委员",和兴泉永道延年、海防分府张文治、洋务委员杨荣忠一起在《鼓浪屿公共地界章程》签字。时年43岁。

据郑煦《厦厘公牍》手抄本载,光绪二十八年十一月,兴泉永道延年荐其任"代理泉州府正堂,赏戴花翎"。

民国《厦门市志》载:"(郑煦)清光绪二十九年(1903)实授厦门海防同知。同年骆腾衢接任。"另,厦门旧海关林崧手抄本《同治元年至民国十八年厦门各衙门主管官员到职录》则云:"郑煦,别号霁林。光绪廿九年六月初三日任(厦门海防同知),同年十一月十二日骆腾衢接任。"郑煦由厦门厘金委员调任"代理泉州府正堂",乃至其后"实授厦门海防同知",都未满半年,坐未暖席,亦可谓十日京兆也。

辛亥革命后,闻郑煦曾任中国银行行长。其后寓居鼓浪屿,鬻画为生。抗战前夕移居香港,何时去世则一无所知。但九十二岁犹能作大幅工笔人物画,堪称人瑞哉。

郑煦居鼓浪屿时,斋号除常用的优钵罗盦,还有蕅海云楼、丹桂红棉之轩。

郑霁林致友函

伟东世讲拍得郑霁林先生致友信札一通,其内容对了解画家郑煦之生平宦迹,颇有价值。信札全文如下:

> 介侯尊兄太守乡大人阁下:燕云话别,鹍蟀频移,怀想玉珂,积思渭树。顷奉手教觉数千里外,惓惓故人之意,溢于行间。三复之余,感纫无极。吾兄经济宏深,不屑外任,何以展布?转瞬之间,荡节荣持,柏薇叠晋,勋名事业特冠一时,正不徒以(第一页)福履绥佳,远资慰释已也。弟自乙未分发到闽,次年蒙裕朗西星使奏调随节东瀛,滥竽三载。己亥旋闽,

委办南台税厘,支应数月,量移厦门税厘提调,迭次留办。荏苒四年,去冬庀代泉郡。去夏调权厦防篆务。此间为通商巨埠,交涉繁剧,甲于通省。自维简陋,无裨时艰,竭虑殚精,昕昏旁午,每恐疏虞愆越,仰贻(第二页)知己之羞,尚望箴教时颁,俾有持循,实深感幸。承属作画,又何敢辞?惟俗尘万斛,此调不弹已久,六法强半遗忘,容俟稍有余闲,再当勉图报命。纪常侄自戊子秋闱别后,十余年未通鸿雁。兹奉来书,始悉近况。现致尺一书,借通积愫,尚乞转致。同乡谭建甫刺史组纶,为昔年皇华旧雨(第三页)亦需次皖省,现当何差?曾否补缺?如知其详,尚希示及。附致一函,统祈饬纪探投,尤感。关山间隔,会合难期。依依之情,笔不能罄。肃复,敬请勋安!鹄盼回玉,诸惟惠察。乡愚弟郑煜顿首,九月廿六日。(第四页)

读信札可知,郑煜于光绪十四年戊子(1888)赴过是科秋闱。光绪二十一年乙未(1895)始"分发到闽",第二年随特使裕庚(字朗西)出使东瀛日本,在那里"滥竽三载",己亥年(1899)回闽,先是在闽海关南台正口办税厘,没几个月又"量移厦门税厘提调",此次任职时间较长,"迭次留办。荏苒四年",一直到光绪二十八年冬,伊宁奉调泉州知府,以及第二年夏的厦门海防同知。光绪二十九年冬,44岁的郑煜退出宦途。从信札的内容推测,它当写于光绪三十年。这一年之前,他在信中向老友自述:"此调不弹已久,六法强半遗忘。"估计没时间作画。

光绪己亥年,裕朗西调任驻法国特使,郑煜没有随任,否则其艺术成就可能还会更大,但与厦门就无关系了。裕朗西的子女都随双亲在欧洲生活多年,接受西方教育,其小女儿裕容龄还专门学过芭蕾舞。

辛亥革命老人黄元秀

厦门白鹿洞寺之六合洞附近,有款为"民国丙子(1936)杭州黄元秀"所题之"寻声救苦"四字。黄元秀何许人?杭州西湖畔有"黄元秀放庐旧址"石碑,乃2002年杭州市园林文物局所立。碑文称黄元秀(1884—1964),原名凤之,字文叔,号山樵,杭州人。早岁入浙江武备学堂,清末留学日本,曾协助孙中山、黄兴等人组建同盟会,归国后主盟浙江省。辛亥革命后任职于总统府。黄元秀是浙江早期的实业家,同时他又承继家学,擅长书画、辞章,今灵隐寺之"灵鹫飞来"即其手迹。

有趣的是,厦门江夏堂也藏有一方题为"源远流长"的旧匾,款为"民国廿五年春月,福建第四区行政督察专员兼保安司令、同安县县长裔孙黄元秀献"。一位是辛亥革命元老,江浙地方大名士,一位是保安司令、同安县县长,或以为名分上不对称,可能是同名者。

顷读香港启明出版有限公司出版之《辛亥革命老人黄元秀传》,始知1928年后黄氏曾一度隐居林下,1931年"九一八"事变,日寇侵占我东北三省,国难当头,黄元秀听从朋友劝告,到泉州出任专员,兼任同安县县长。白鹿洞寺的石刻和江夏堂的匾额,皆黄元秀题写于此任内。卢沟桥事变后不久,杭州沦陷,汪伪政权曾胁迫黄氏担任伪浙江省省长,他以死相拒,几遭追杀,最后只身逃至重庆。黄元秀担任泉州的专员一事,任镜波主编《百年树人》一书也有文章提到。时为1935年,陈村牧先生不顾专员黄元秀的责问,保护进步教师许钦文。由此可见,"此黄元秀即彼黄元秀"。1949年以后,黄元秀致力于弘扬佛学和武术,当地人民政府还授予他"辛亥革命老人"的称号。

苏眇公曾陪陈宝琛到南洋

厦门近现代民主革命者,著名报人和诗人苏郁文(1888—1943),字监亭,号眇公,原籍为福建海澄港尾镇(今福建龙海市港尾镇)。《厦门人物辞典》载其"早年在全闽师范学堂求学时,宣传民主革命,开展反清活动。事发避难日本,在东京结识孙中山,加入中国同盟会。辛亥革命后,经香港、汕头回国,参加光复漳州",却忽略了苏郁文有1907年丁未陪陈宝琛"从往爪哇视学"一事。

据张允侨《闽县陈公宝琛年谱》载,陈宝琛戊辰(同治七年,1868年)成进士、改翰林院庶吉士,后充日讲起居注官、武英殿提调、左右春坊侍读学士、洊升内阁学士等,癸酉(1873)、乙亥(1875)任顺天、甘肃、江西等地乡试正考官,会办南洋事宜,光绪十一年(1885)坐保举失当之责,"遭部议降五级调用",复不出。光绪廿九年在福州,改东文书院为全闽师范学堂,任监督。乙巳(1905),闽省京官张亨嘉创议自办铁路,成立"福建全省铁路有限公司",公推陈宝琛为总理。十月"遂有厦门之行,初十夜,月下渡鼓浪屿"。第二年,经汕头、广州往南洋诸国,目的向华侨筹款,据年谱载,此行共募得170多万元。宣统元年(1909)奉调进京,官复原职;三年,授陕西巡抚,又授正红旗汉军副都统、弼德院顾问大臣。其被清室加封"太傅"乃在辛亥革命以后的民国十年(1921)。

顷读陈宝琛《沧趣楼诗文集》,其卷四乃吟咏游历南洋之地的诗作,其中有《舟中示林鸿懋、苏郁文二生从往爪哇视学》一首云:

> 向时目笑怡山僧,持牒走海如户庭。禅房荔熟付徒辈,日与贾贩相将迎。老来牵率亦至此,雪浪山立扬冬舲。七洲洋过裸且汗,镜面静数鱼飞行。越裳一发渺波际,雨脚漏日忘阴晴。汉唐旧版忍捐畀,遑教岛屿淩南溟。流入役属那择主,秅负满载轻重瀛。虞衡失职况地宝,坐弃此众资驱令。近闻金银动折阅,廛市颇亦伤繁征。计然氾胜古有学,莫倚侥幸操奇赢。西铭同胞语敢袭,异域畴免维桑情。醵金通道细事耳,何日黉舍翘才英?

可见当时陪陈宝琛"从往爪哇视学",其实是一起去开辟"醵金通道"的为林鸿懋、苏郁文,这两人看起来还是在学的学生,时苏郁文年方19岁。他们遍历息力(又称实叻,即新加坡)、槟榔屿、吉隆[坡]、巴达维亚(今雅加达)、茂物、万隆、加里巴丹、三宝垄、泗里末等地。陈宝琛之所以选派苏郁文等两位青年学子作陪,一者苏氏当是很优秀的后辈,二者恐与南洋的海澄苏氏侨亲有关,《沧趣楼诗文集》卷四有《海澄苏学书、邱子安并生长缅甸,而以"兴教育才"倡,其乡人苏尤习缅地图志,尝为竹枝词数十首。有诗见投,因答其意》七律一首,足以说明问题。

陈宝琛与鼓浪屿林家

陈三井、许雪姬的《林衡道先生访问纪录》(台湾"中央研究院"近代史研究所·口述历史丛书[43])记述板桥林家的大、二房为林维让、维源兄弟,林维让有尔昌、尔康二子,林衡道先生即尔康之子。林尔康娶陈宝琛的异母妹陈芷芳为妻,为林衡道先生之母。其后陈宝琛的四女陈师桓又嫁给林尔康的儿子林熊祥为妻。是故陈宝琛与板桥林氏的林维让一房有着双重婚姻关系。

于此,《闽县陈公宝琛年谱》有所记载:光绪十二年(1886)"(陈宝琛)在台识林时甫(维源)侍郎。林氏徙居台湾后,用垦田致饶,至侍郎兄弟,亦扩其业。时甫为其侄镜帆(林尔康)求婚,光禄公(按:陈宝琛之父陈承裘)以次女芷芳许之"。

陈、林缔婚后,福州陈宝琛有过几次因事来厦门,顺便探访亲人的机会。第一次,据年谱记清光绪三十一年乙巳(1905)陈宝琛因筹划漳厦铁路事,于十月到厦门,是月初十日晚乘舟到鼓浪屿。《沧趣楼诗文集》卷三有诗记其事,此即《十月初十夜鼓浪屿月中作》,诗云:

出门伤世变,行路觉吾衰。海月萧森夜,风林叫啸时。潮涛生故习,陵谷后遑知?廿载轮顽石,崔嵬是旧姿。

第二次,当是年谱所记的三十三年陈宝琛从南洋募捐回国,"七月,返抵厦门,宿林氏妹之西楼。林氏本居台湾,甲午后始内徙。妹婿镜帆旋殁于疫。妹时年甫四十,自课诸子。公来共谈家事,辄至夜午。门外风涛叫啸,与妹课子声相应答"。《沧趣楼诗文集》亦有其本事诗,即卷五《七月十三夜厦门寓楼作》,诗云:

忍携孤月就嚣尘?肠断沧波一片银。舟小畏风差得泊,楼高近市漫成邻。顽山是处愁吟望,残夜无人省病呻。却为彗星搔短发,万方涕泪诏书新。

《林衡道先生访问纪录》又载,林本源家族全都居鼓浪屿,林尔康卒年28岁。祖父林尔康死后,祖母陈氏"带三子二女守寡"。林维源1905年六月去世后,陈芷芳则举家搬到福州,住在杨桥巷的明代大宅院里。陈宝琛1907年到厦门(鼓浪屿)时,寡妹陈芷芳尚未迁回福州。《闽县陈公宝琛年谱》载"光绪二十年正月十四日,四女瑜贞(即师桓)生,侧室杨淑人出"。林熊祥和陈师桓结婚后都住在福州,以书道自娱,一直到抗战爆发后携眷回台湾,再没有回到鼓浪屿。

陈宝琛两度到鼓浪屿探亲,都没有与林家成员发生文字往来。一者是可能由于陈宝琛"生平于所为诗珍吝千万"(黄浚《花随人圣庵摭忆》),二者是菽庄吟社尚未创立。邵循岱先生故家在福州三坊七巷，与陈家望衡对宇，他曾对我说，其厅事悬有"先太傅"陈宝琛自书的集陶诗对联："四时自成序，千里仍相关。"足见陈宝琛多情。

陈联科、陈掌谔父子

岁辛未（1931）正月，陈掌谔为校勘《岛噫集》作序云："牧洲卢先生《岛噫集》，乃先考穆斋公得自浯江林瘦云先生者。"

穆斋公讳联科，民国《厦门市志》卷二十九"节义传"云：

> 陈联科，字穆斋，性敦诚，有识度，遇事详审，不避艰虞，随父镇黄岩，以战绩得议叙。值甘肃逆回倡乱，随军助剿，时总制左文襄奏设制造局，普宁提军赖长总其事，檄科帮办，兼理文案。

杨浚《冠悔堂诗集》卷六"辛巳（1881年，光绪七年）"有《赠陈穆斋太守联科之秦》七律一首云：

> 陇月催人早出门，离离春草一销魂。昭陵石马心如寄，函谷青牛背尚温。羡汝及时能报国，迟予何日重开樽。晨星部曲如相讯，为道年来髀肉存。

其卷七"乙酉（1885）"又有《陈穆斋太守陇上望云图》七古一首，其中有句云：

> 浮云富贵我何加，禄不逮亲甘粗粝。鹭江近幸得同心，蓼莪齐泣三章废。却愁时局苍狗多，我已晴天学养晦。羡君出岫急为霖，待慰天下苍生辈。……曾为出塞入塞歌，英雄而今髀肉惫。

看来陈联科"以战绩得议叙"，乃得一"候补知府（太守）"的空衔。他们交游始于鹭门，杨浚对其到西北"随军助剿"并不看好。与之同时且为诗友的王步蟾《小兰雪堂诗集》也有有关陈联科的诗数首,如卷一《题陈穆斋太守梅花帐额二首》、卷四《陈穆斋太守属题塞上望云图为作长句四十韵》、卷五《(庚寅,1890年,光绪十六年)孟春四日穆斋渊甫两君招同诸友宴集》、卷九《挽陈穆斋太守次林氅云部郎原韵》,据此诗可知陈联科穆斋去世于辛丑(1901年,光绪二十七年)。同年岁暮,王步蟾作《感旧诗四十四首》,其中有怀念"陈穆斋太守"一首云:

半生游迹遍西南,绝塞重洋恣远探。枉抱长材难领郡,铭旌中宪尚虚衔。

自注云:

讳联科,同安人,候选知府。君由甘肃出关,又尝游历南洋群岛,足迹几半天下。

《厦门市志》"陈联科传"之后半记述他归厦门后热心公益:

厦门有集省、慎行两堂,周济贫民之无告者,其经费资洋药局津贴,既而改归育婴堂及恤无告堂。观察吴世荣属科董之,科厘其产业,立为规条,后之承办者称便。厦镇义仓旧有湖莲埭洪山柄田,年久经界不正,科与委员叶范履亩丈量,绘图存档,得以不紊。其详审于事,综理缜密类如此。族之宗祠茔地有纠葛者,皆集族人谋之,而自任其责。事上敬而不谄,与友信而不渝,御下宽而有礼,故其卒也,亲疏无违言。子掌谔,美国芝加哥大学毕业。

陈掌谔的传略见《厦门经济特区词典》(人民出版社,1996年):

陈掌谔(1897—1981),厦门人,早年就读于同文书院,1915年参加厦门首届学校运动会,获田径个人总分第一。1922年留学美国斯普林菲尔德体育大学,毕业后应聘任教上海暨南大学,翌年改任厦门大学体育部主任。抗战爆发后赴菲律宾,出任华侨体育会主席。(下略)

陈掌谔除了是体育名家外，尤重文化，且工诗词。我所见有《中华词》一卷。李禧绣伊仁丈《梦梅花馆诗钞》有《题厦门中山公园宋代均窑鱼缸》一首，其前言曰：

> 缸为陈生幼穆旧物，失去数十年，兹赎回，献归公园。辛丑（按：1961年）人日举行献赠式，主客数十人，题诗者尤多，孙印川先生为作序。

此为陈联科、陈掌谔父子热心社会公园之又一盛举。

陈掌谔又名幼穆，绣伊仁丈的学生，故称"陈生幼穆"。

石遗老人与厦门大学

昔在省垣冷摊购得侯官陈衍（号石遗）之《石遗室诗续集》两卷，其卷二有他寓厦时之诗作多首。石遗老人于癸亥（1923）秋自榕城来厦，在厦门大学文科国文系任教授、主任。读《石遗室诗续集》，其卷一之同年所录诗，有课余与诸生朋友游览酬酢之作。诸生亲近者有叶俊生、龚达深，"可与言诗者"有培元、松坡、夷庚等人（卷二十九）。读我友洪峻峰注《松柏长青馆诗》（厦门大学出版社，2018年）可知，叶长青，原名俊生，福建闽县人；龚达深，福建闽侯人；叶若抡，名培元，福建罗源人；叶松坡，福建闽县人。当时均为厦门大学第一届（龚达深第二届）教育科学生，石遗老人的同乡兼追随者。夷庚即毛常，字夷庚，浙江江山人，时任厦门大学国文科讲师。

石遗老人初来时，皆由诸生陪他登山临水，九月初九日与叶俊生、龚达深两生同游南普陀，旋又有"由鹿洞至虎溪"之行，有诗曰"我来鹭岛仅旬月，出游踊跃皆吾徒"。与当地名士有来往者先有"霁林太守"即郑霁林（名煦）。所居在海边，见诗题《楼居室前广台风景极似杭州西湖湖滨旅馆》。甲子（1924）仍在厦门大学，春游虎溪、"三节洞"（其地待考），且与生徒在村店招饮，野步荷塘。生日仅"诸生以银杯为寿"，并无朋友同事祝暇。然是年开始交游渐广，作诗赠德籍外教艾克（Gustave Ecke），黄雁汀（名瀚）、周墨史、曾逊臣、叶崇禄（赠《题颐园石上》诗）等厦门文士始与之游，多有赠诗唱和。"岁暮将归福州"，周墨史、余雨农、蔡维中、翁纯玉、黄雁汀、叶谦丞、曾逊臣、柯伯行、李寿禧（即李禧,字绣伊)等九位当地文友设宴送别。翌年,石遗老人在省垣有丧子之痛,故与厦门友生无应酬之作。"丙寅(1926)三月重至厦门"(《石遗室诗话》卷二十九),是为"避兵",因有《墨史、雁汀招余避兵厦岛,至则舍馆、器用、饮食具备。墨史又先以诗来。此少陵所未得于孙宰者也》之诗。此行不居厦门大学校内,其《游云顶岩还寄雁汀》一诗自注云"余舍于镇南关侧",另在《石遗室诗话》亦说"墨史馆余于镇南关外一公廨",还称赞此地"有花木之胜,门对鸿山,山上刺桐经冬犹苍翠,卧斋中望之,犹如吾家皆山楼之对乌山也"(卷二十九)。石遗老人此行,乃事先有厦门诗友之"交驰函电","至则舍馆、器用、饮食具备",周墨史还"先以诗至"。黄瀚在和章加注云"丈(即陈石遗)方辞厦门大学讲席",故丙寅年石遗老人已不在厦门大学任教矣。因而有时间游览云顶岩与禾山诸胜,每有纪游诗作,其中《雁汀招同墨史、文典登云顶岩》与吟咏胡里山炮台、自来水池诸作尤佳。其间,石遗老人还与会泉、常惺等方外人士时有往来。是年9月,林语堂、鲁迅、顾颉刚、沈兼士等先后至厦大执教。10月,创办厦门大学国学研究院,石遗老人皆未参与焉。鲁迅于12月19日致沈兼士函说:"陈石遗忽来,居于镇南关,国学院中人纷纷往拜之。"(《鲁迅书信集》上册第119页,人民文学出版社,1976年)其实这一年石遗老人比鲁迅还早到厦门,不知何故与国学诸贤似无文字之交,但却有一首《送戴密微归国并游学日本》五古长诗,以"青眼望吾子,高歌振南风"之句赞许这位法国汉学家。

石遗老人晚年对钱锺书私下说:"叶长青余所不喜,人尚聪明,而浮躁不切实。"(钱锺书:《石语》,中国社会科学出版社,1996年)回观叶长青《松柏长青馆诗》所刊诸序,发现石遗老人对他果然不曾有溢美之词。

陈石遗鹭岛游踪

石遗老人有暇即遍游厦门岛上山水,他对厦门岛上的白鹿洞、虎溪岩和万石岩及云顶岩印象殊佳,偶尔也应邀到胡里山炮台、上里自来水池、黄厝一带(时称禾山)游览,都有吟咏。他认为"厦岛罕可游观",独"虎溪、鹿洞、三节涧,余既有诗纪之矣"(《厦岛五君咏》)。他赞美云顶岩可与"杭州十八涧"媲美,有诗云:"百怪千奇石刺天,九溪十涧恍鸣泉(初入山,极似杭州十八涧)。平桥忽向芦崎转,仄磴刚容竹轿旋。拔地众峰都俯伏,有亭绝顶尚高悬。一层更上观云海,始信岩名不浪传。"(《雁汀招同墨史文典登云顶岩》)当年虎溪和白鹿洞的石磴崎岖,山涧有泉水,石遗老人比喻略似庐山,有诗句云:"俯临百级石磴窄,仰望一道石栏扶。浅溪又似十八涧,其上位置小浮屠。台前老树颇幽秀,石案且复倚斯须,持较匡庐如不如。"(《率俊生达深培元松坡诸子山行由鹿洞至虎溪》)万石岩、太平岩一带松榕深碧、泉声叮当,石遗老人也很喜欢,有诗句云:"中岩最佳胜,松榕入深碧。泉声邀清听,涛响动岸帻。"(《黄雁汀诗人招集万石岩遂至中岩及太平岩》)

石遗先生特别心赏厦门的碧海和绿树。这里的海"绿波淡沱浪花无"(《楼居室前广台风景极似杭州西湖湖滨旅馆》),"鹭江楼阁枕惊涛"(《霁林太守索题其先德吴淞放艇图》)。岛上树茂花多,"满山尽是相思子",还有"刺桐花与木棉花"(《厦楼独坐》),连所居之处也"小园花树密层层,楼外浓阴苦未增"(《苦热袭荆公语意成二绝句》),即便如此,触处还有外国引进的花,故写有题为《花匠所植皆洋花觅得红玫瑰一盆宠以二十字》之诗。

陈石遗与厦门诗坛

陈石遗老人寓厦时,其《近代诗钞》适刊成,一时海内诗坛尊为祭酒,厦门诗人黄瀚(雁汀)、周殿薰(墨史)、陈桂琛(丹初)、余雨农、柯伯行(硕士)、李禧(绣伊)、虞愚(竹园)、蔡维中、翁纯玉、叶谦丞、曾逊臣等则皆从之游。"诸君多在图书馆与墨史同事,每七日联吟一次"(《甲子岁暮将归》),陈石遗先生时常参与唱酬。

在这些诗人中,他独对黄雁汀与周墨史两人青眼有加,并称为"鹭江二妙"(《赠周墨史》),《石遗室诗续集》卷二多有他们之间招游出行的唱和诗篇。每次游山,周墨史都"让坐篮舆自芒屩"(《赠周墨史》),丙寅年还赠送藤杖一枝,"俾扶衰朽上丘陵"(《墨史赠藤杖长句为报》)。黄雁汀不仅多次陪石遗老人游览云顶岩、万石岩诸厦岛名胜,还一起专访"古戍周遭尽刺桐"的胡里山炮台、"几多白石红砖屋"的仓里社和"塞门土合石为陂"的自来水池(《雁汀招游禾山杂诗五首》),归来雁汀所送的"鼎肉轩然馈在门"(《倒次前韵呈硕士居停兼示逊臣雁汀墨史》),其后"叨君鼎肉再而三",又送了两次。

民国初年,厦门有三个比较有名的诗社组织:一为创立于1914年以林尔嘉为代表、施士洁和沈琇莹等人为中坚力量的菽庄吟社,一为1917年钱文显发起、周墨史"左右其间"的海天吟社,一为1919年陈维垣为社长的鹭江梅社。黄瀚、柯伯行等人都是这些诗社的重要吟侣,周墨史、李禧甚至都有菽庄"十八子"之誉。石遗老人虽然没有直接参与这些诗社的活动,但由于他在海内诗坛的声望,厦门的诗人都乐与之游,因而其影响是很大的。虞愚(北山)先生晚年还常诵读石遗老人对他鼓励有加的"青眼高歌老杜陵"那首诗。

石遗老人与佛有缘,丙寅(1926)在厦门时,作《题南普陀佛学院示会泉》和《赠常惺》两首,时值南普陀寺天王殿落成,大门之楹联即其所撰,泉州孝廉振仲曾逎敬书,联曰:"分派洛迦开法宇,隔江太武拱山门。"今之游人过此,每驻足赞叹焉。

黄廷元履历稿本

家藏黄廷元先生履历稿本二份,一为其六十八岁时所填:

黄廷元,字复初,福建省思明县人,年六十八岁,住鼓浪屿荔枝宅。前博文日报、厦门日报、鹭江报创办人,前同盟会会员、福建光复民国政府曾受[授]一等勋章,前厦门弭讼会干事,前福建交通司路政科科长,前福建省议会议员,前福建省公署顾问,前民立学校创办人,前公立中学校、公立小学校创办人,现大同学校创办人,现高等女学校、普育学校、崇德女学校董事,现闽厦警备司令部顾问,现厦门市政会会董,现董事厦门淘化罐头公司长,现厦门电灯公司董事,现漳州电灯公司董事,现福建药房董事,现江东制冰公司董事。

一为其七十岁时所填:

黄廷元,福建思明县人,现年七十岁,前清光绪三十年由黄乃裳介绍入同盟会。越年组织厦门日报作秘密革命机关,廷元被举充该报主理。光绪三十四年福州桥南公益社为省革命机关,廷元晋桥南公益社为会员,省厦始互通声气。前清宣统三年,省城革命同志谋光复福建,苦于无款。廷元回厦,立措二千元汇省接济。一面在厦与诸同志计划光复厦门。因是时，军界已疏通完满，唯缺巨款，未能与光复省城同时实现，幸王振邦自南洋带款来厦，于是大功告成。厦门光复后，各界举元为民团部长，后奉省命，任元为交通司路政科长，驻省数月，改派来厦组织国民党。全省秩序奠定后，蒙省军政府颁给光复一等勋章。

此两件稿本从语气看，似为黄廷元自撰，唯时间稍有出入，如黄乃裳到厦发展会员在光绪三十三年(1907)2月，中华革命党福建支部的筹建，乃在1914年，而中国国民党福建临时省党部之成立则迟至1925年6月8日。

另有一篇他人所记的事略草稿云：

> 辛亥光复，奉派国民党厦门特派员，被选为厦门参事会参事。民国元年，闽都督府聘为高等顾问，叙勋给予一等勋章。二年，被举为福建省议会议员。三年，任厦门总商会会董，历任闽赣边防督办公署参议(民十三，李协和)，海军闽厦警备司令部(民十三六月，杨树庄)顾问，福建省长公署(民十三七月，萨镇冰)，鼓浪屿公界工部局(民十一)顾问，华民公会董事(因工部局强征铺捐，创设华民公会，集中公界华民意见以抗)，厦门市政会会董(九年、十三、十四连任三届会董)，大同学校董事会主席，厦门大学董事(廿四年、廿五年)，廿四年被举为鼓浪屿调解委员会委员，鼓浪屿平民医院发起人，旋被举为董事。收回海后滩；收回船坞；创拒毒社、天足会、弭讼会。四月卅一日，晨起与友谈，忽觉手足麻木。家人毕集，扶之卧，并用红花油擦手足。约三小时复元。五月二日，复见步履蹇，手微颤，医者力劝静养，家人亦阻其勿预外事。因一月未调解，事件既多而平民医院正议改组及筹划进行方法，皆就其床开会，公规划周详，发言独多。三日，遵西医嘱，服泻丸，如厕一时，血压突高，知觉□失，延至十一日亥刻逝世。

《黄复初先生事略》稿本

《黄复初先生事略》：

先生姓黄氏，讳廷元，字复初，同安西炉社人也。世业农。先生逾冠移寓厦门，娴于技艺，以牙医起家。交游日广，喜谈时事。鉴于清政不纲，外交失败，因而浸淫革命思潮，与黄□□先生、黄莪臣先生为挚友，遂入同盟会。兴办社会公益事业，以宣传革命种子，□□厦门之博文、厦门、鹭江三报暨公立大同小学校、去毒社，皆其手创者，而以大同小学、厦门日报为秘密机关。时□美人排斥华侨，国内各步[埠]抵制美货，以为声援。厦门日报于此尤力，先生与莪臣先生实主其事。旋充闽垣桥南公益社社员，省厦同志遂得之通声气。辛亥年，武汉首义，省同志密谋响应，以乏款告，先生立汇二千元接济，并与厦同志计划光复厦门，军界已表同情，为军需不给，未能遂行。适同志王振邦君等自南洋携款来厦，始□成功。先生被举为厦门统制府民团部长，诅府中内讧，未以有所施为。奉闽军政府令，任交通司路政科长，留有数月，以彭寿松专政，□告退。改派回厦组织国民党支部。省府叙勋，颁给光复一等勋章。民国二年，二次革命失败，袁政府派海军总长刘冠雄莅厦镇压。先生与同志杨子晖君□□□□□，几遭不测。旋被举为福建省议会议员。三年，任厦门总商会会董。九年，任厦门市政会会董。十年，英商太古洋行擅筑栈桥，激动公愤，厦人组织海后滩公民会，为政府声援，以收回滩地主权。先生被推为代表，与卢乃沃君赴京外部陈情。先是，英人依据前清道光二十二年《南京条约》，租厦门西境近海处为居留地。前有海滩，为吾国官府自筑者，约明不在租地之列。嗣以失管，英人擅设工部局，不准武装华兵及华人结队经行其地。清季厦门学生为孔诞纪念，持木枪□□，横遭干涉。先生联合各界，呈请官厅交涉，未得要领。嗣搜集道署中英所订约章及来往公文，交托黄幼垣君编成档案，就英人违约各点，加以指驳，重请官厅交涉。为时局关系，成为悬案。至是，英人自知理屈，始渐就范。越年，□□得成立，英人撤下围墙、監门，□□英旗移插洋行巷中，□为英人自动归还租地之□□□也。十一年，任鼓浪屿公界工部局顾问、华民公会董事。时工部局强征铺捐，先生争持甚力，□民□□□以□□。十二年，任闽赣边防督办公署参议。十三年，任闽厦海军警备司令部顾问，厦门船坞公司古丹国人倡办，华洋合资，□□□□，将售之某国人。先生以主权、国防所关，未忍坐视，联合绅商鸠资赎回。福建省公署聘为顾问。同年至十四年，厦门市政会两次改选，先生均得连任。二十四年，任私立大同中学主席董事。二十五年，被举为厦门大学校董，时年力就衰，病不能行，以陈嘉庚先生毁家兴学，未忍坚辞。

其致力于革命与社会上事,即此可见一斑。先生长于治生,于社团法人业,素富经验。历充厦门淘化大同罐头公司董事长、厦门电力公司、漳州电灯公司、福建药房、江东制冰公司董事,为实业界闻人。其于子女教育尤具热心,不惜以巨资□遣海内外著名大学留学,成绩厦门常冠侪辈。迩年以多病家居,不常与外事。今夏四月三十一日晨起,忽患中风证[症],医药罔效,于五月十一日亥刻逝世。距生于民国纪元前□□年,享寿七十有八。夫人□氏,如夫人□氏。□氏先先生卒。子(略),女(略),孙(略),女孙(略)。

先生年高望重,兰桂盈阶,撒手人寰,毫无遗憾。惟其生平事迹,有不可湮没者,爰为胪次如右,伏望海内外立言君子,□以□□,不啻金石,借资阐扬焉。中华民国二十五年六月十一日亥时。

此《黄复初先生事略》,字迹潦草,且复印件字迹部分漫漶,或是故黄廷元先生戚友于其去世之翌月所撰之稿本,既记其"享寿七十有八",当较可信,则黄廷元生于清咸丰八年(1858),姑存此一说。其他具体时事仍需考证为是。

上述资料乃先生之女黄墨谷女士复印后寄赠鼓浪屿之葭莩亲,最后归我珍藏,殊可贵也。

黄廷元有关证书

黄廷元有关证书七份:

一为"省议会议员证书,第五拾壹号。福建省长公署,为给与证书事。依省议会议员选举法第八十条,凡应选者为省议会议员,由复选监督给与议员证书。兹黄廷元先生在第六复选区被选,所得票数与复选当选票额相符,合行给与议员证书为凭。右给与黄廷元先生。李厚基(钤'福建省长'朱文印),中华民国五年十一月三日(加钤'福建巡按使印'朱文印)"。

一为"福建省长公署证书。福建省长公署为给发证事。案照厦门筹设市政会,据厦门道尹陈培锟呈报,选举黄廷元为会董,合给证书为据。中华民国九年一月三十一日给(钤'福建省印'朱文大印)。福建督军兼省长李厚基(钤'福建省长'朱文印)"。

一为厦门市政会请柬。"径启者。本月七日下午二时,本会互选会长、副会长当众开票。洪鸿儒君得二十二票当选为会长,黄奕住君得一十七票当选为副会长。除分别函知并开折函请厦门道道尹转呈省长给发证书外,相应函请查照。此致会董黄廷元君。厦门市政会启,五月八日(钤'厦门市政会图章'朱文印)。"

一为"福建省奖章执照。查黄廷元著有合于福建省奖章条例第一条第三项之劳绩,给予福建省三等奖章,合给执照,以资证明。福建督军兼署福建省长李厚基(钤'福建省长'朱文印)。中华民国十年三月二十八日(钤'福建省印'朱文大印),字第叁百肆拾号"。

一为福建省长聘任顾问公函。"敬启者。镇冰猥以衰龄,谬膺重寄;匪求贤俊,蔑济艰难。素仰执事品重圭璋,望孚桑梓。兹特聘充本署顾问。钦迟雅操,愧无玉帛之将;伫企良规,用作韦弦之佩。此致黄廷元先生。萨镇冰启(钤'省长之印'朱文印)。中华民国十三年七月十九日。"

一为福建省长颁发厦门市政会会董证书。"福建省长公署为给发证书事。案据厦门道尹吴山呈报厦门市政会第三届选举黄廷元为会董,合给证书为证。中华民国十四年十一月六日(钤'福建省印'朱文大印),福建省长萨镇冰(钤'省长之印'朱文印)。"

一为厦门警察厅第一六四号,聘请黄廷元任厦门警察厅顾问兼警政评议会评议员的公函。函末署款为"此致黄复初先生。厅长陈为姚(钤'福建厦门警察厅厅长'朱文小印)。中华民国十二年十一月八日(钤'福建厦门警察厅印'朱文大印)"(文长不录)。

一为厦门大学校董会议文件敬请察阅函。"敬启者。我校第二次校董会议于四月廿八日举行。兹检呈开会记录及下年度改编后新预算各一份,敬请察阅为荷。此上黄廷元校董。主席校董陈嘉庚。中华民国廿五年五月十三日(钤'国立厦门大学校董章暨主席校董之章'朱文印)。"

弘一法师琐谈

先祖父仰潜公尝对我说,岁癸酉(1933)弘一法师在厦门,他曾与诸善友去亲近法师。某日下雨,弘公将出门,打开破伞,忽掉下许多蟑螂。他轻声念佛,告诫大家勿伤小虫。最后在众居士苦劝下,才肯换一把旧伞。仰潜公说,法师曾对他喟然叹曰:"和尚也是不好当的。"

郑逸梅先生之《艺林散叶》有两段记弘公的话甚妙。其一为:"民十六年,当局主张拆毁寺院,弘一法师语其弟子宣中华曰:和尚这条路还当留着。"其二为:"郁达夫旅闽时,曾访弘一法师,弘一赠以著作数种。及别,弘一谓郁云:你与佛无缘,还是做你愿做的事吧!"

2000年作家王健先生为电视片《一轮明月》的主题曲创作歌词,来闽南搜集资料。朱家骐兄约我陪她到厦门追寻弘公的遗踪。数十载沧桑陵谷,城郭人民皆非,王健先生最后来到鼓浪屿港仔后,时晚潮拍岸,暮霭四垂,静听迟归的鸥鸣。俄顷,王健先生告诉我:"有感觉了。"

弘一法师忘情不了音乐

弘一法师在俗时名李叔同(1880—1942),曾于1905—1910年东渡日本学艺,尤爱音乐,擅奏钢琴。留日期间,编辑出版过我国第一本音乐刊物《音乐小杂志》。李叔同平生共编过七十多首歌曲。即使出家为僧后,他的内心仍忘情不了音乐。1928年冬,他到厦门弘法,1936年5月移居鼓浪屿日光岩闭关修行,当年还创作了《清凉歌集》,嘱其学生刘质平等谱曲,交上海开明书店出版。翌年在万石岩破例应厦门市当局之请,创作其一生最后一首歌曲,名曰《厦门第一届运动会会歌》,表达其崇高的爱国情感。时值抗战军兴,这位一代高僧振臂高呼:"大家图自强,把国事担当!到那时,饮黄龙,为民族争光!"今日读来,心犹为之热。

菽庄吟侣庄贻华

2015年,我为鼓浪屿管委会编辑出版《琴岛潮音:林尔嘉菽庄吟社及其家族诗选》(鹭江出版社,2015年),旨在弘扬近代菽庄吟社之诗文化。书中介绍许多吟社的诗侣及其作品。其中有林尔嘉之中表兄弟庄贻华,又名棣荫,字瘿民,吾邑惠安之诗人,菽庄"十八子"之一也。所录有祝寿与贺银婚诗多首,均录自"菽庄丛刻"。

戊戌(2018)秋风之夜,读1984年出版之《板桥林本源家传》,其中"林公柏寿诗存"有载庄瘿民《次韵和季丞(按:林柏寿)表弟见赠》一律云:

去燕来鸿各惘然,尘踪小住话吟缘。乘桴早辨居夷策,游箧频添哭友篇。梦入故园迟远信,天留病骨饯流年。先生瘦尽便便腹,差免人嘲作懒边。

另一首《次韵答文访并呈季丞表弟》云:

年光度尽海东头,呫呫蛮天写四愁。老成劳薪仍客况,借君浊酒散离忧。弓衣勿论千金价,莼菜秋生一叶舟。沧海横流今正急,无聊笔墨暂赓酬。

第一首诗后有学人王国璠注曰:

庄贻华,名棣荫,字瘿民,惠安人,工诗,有悱恻之情、旷逸之抱,推为闽南大家。尝自曰:"吾诗如赵瓯北,无燕并豪宕气。"所谓"游箧频添哭友篇",盖言施耐公、汪杏泉相继谢世,而伤吟侣凋零也。公之诗成于民国十三年四月十七日,通首流畅,一气呵成,有撷藻抒思、情理融会之长。

我友张国琳承乏于惠安县政协文史委,近日颇致力于搜集棣荫先生之古今体诗。今亟寄呈,用助其集腋成裘云尔。

戊戌岁暮,在鼓浪屿我友洪明章处,又获读台湾啸霞杨仲佐所编《网溪诗集》,其上卷有庄贻华《饮杨君啸霞别墅赋赠》一律云:

破闲偶践隔年期,独一家村傍水湄。斗酒惯扶诗兴发,菊花偏笑客来迟。溪云过槛留余态,野竹成围弄古姿。吾老机心都息尽,汉阴应许订心知。

另有署名瘿民之《题网溪别墅六言二首》,其一云:

忙极好花作主,狂来招客吟诗。岚气阴晴屡变,溪声来往无时。

苏大山与《归舟载书图》

闽南近现代诗人、藏书家苏大山(1869—1957),又名有洲,字君藻,又字荪浦,福建泉州人。清末廪生,逾冠名噪文坛,旋任厦门教育会会长,创办崇实学校。1919—1931年,参与菽庄吟社并为其重要成员。苏氏平时搜罗宏富,藏书不下万卷,其中多精善本,且多地方文献。1932年,忽起莼鲈之思,归乡之时也将其所有藏书由鼓浪屿装船,载回泉州,从此在家乡积极从事地方文史研究。据我友陈峰《厦门藏书史略》(厦门大学出版社,2020年)所载,苏大山于1929年自编的《红兰馆藏书目》,著录藏书已有四千五百余卷,其行前曾请朋友为绘《归舟载书图》,遍征荐绅题咏。

今《归舟载书图》和诸家题咏已难觅踪影。庚子(2020)仲冬在某会上,我友洪峻峰兄告诉我,作此图者乃绣英阁主人之外子杨文升先生也,事见《绣英阁诗钞》。归家果见其诗钞有《题外子画苏荪浦归舟载书图》七古一首,诗云:

> 荪浦先生隐君子,风流跌宕世谁似?鹭江来作汗漫游,倾倒中郎迎倒屣。麈尾清谈惊座人,吞吐海潮苏学士。十载羁留作寓公,团扇家家画放翁。倦游忽忆篱边菊,归思匆匆治书簏。临行示我锦囊诗,展卷如嚼梅花淑。夜深笔底吐长虹,万道光芒穿茆屋。鹿礁东去刺桐城,望尘下拜空私淑。万卷图书一叶舟,回首风尘往事悠。蜃凝天际楼台接,浪拂江中日月浮。先生家在白云深处住,万勿舟中吟绝句。恐惊星斗落深渊,打起眠鸥与宿鹭。

板桥林家与旅日华侨王敬祥

丙申(2016)春,我再访台北板桥林家花园。时花园适在修葺,林尔嘉先生之玄孙林道国邀余在园中小亭促膝坐叙,赠我以鼓浪屿菽庄旧照片及令萱堂王真治女士遗墨两帧。其书法端丽秀逸,俨然大家闺秀,下笔果尔不凡。所书均七绝诗,一曰:"一枝竹外梦春酣,云落绡裳舞翠岚。天淡水平山月小,一人吹笛过江南。"读之良有清人绝句韵致,未审是女士佳作否耶?款署"戊子(按:1948年)六月朔,真治书于大千草堂",另一幅书七绝六首,款署"戊子六月廿日,金门真治书于介庐"。料为临池日课。大千草堂与介庐则不知何处。王真治系近代著名旅日华侨王敬祥先生之爱女,金门山后人。

归读史料,乃知王敬祥先生曾任神户八闽公所所长、日本中华商务总会董事长,又是孙中山先生亡命日本时之忠实追随者,早期之同盟会会员。辛亥革命后,受孙中山先生委任为中华革命党神户大阪支部长。其后随孙先生回国,参加实业建设。曾参与创办闽南民办汽车股份有限公司,并在金门建宅。余数度游金门、过山后,却无人为我介绍先贤事迹,颇为遗憾。览菽庄花园旧影,见彼时四十四桥仅建至渡月亭止,可见石桥非一次性完工。此旧影第一次问世,足以补史料之阙如也。

贺林霁秋夫妇六秩双寿序

厦门市图书馆藏有其首任馆长周殿薰墨史先生之《恭祝七等嘉禾章霁秋林君暨德配柯夫人六秩双寿序》手稿,颇有文史价值。其文曰:

> 人生百二十年为上寿,八十为中寿,六十为下寿,而著述之寿则不可以年数限,生平有一撰述足以行世,毋论识大识小,综可多延百年,或数百年,或数千年之流传,使读其书者如见其人,如闻其声,而其人之精神与简策并寿,则所谓立言不朽也。
>
> 余友霁秋林君,多才多艺人也。少从尊甫习建筑,即通工程学,营商贾即通货殖学。弱冠见人读书进取,即弃旧业,学帖括,日诵数千言,钞千字,勤奋三年,一试遂为漳郡名诸生,以才学受厦门海关榷使之聘,任文案,贤能勤职。于前清光绪三十一年民众闹关一案,得君与当地官绅极力劝谕,弭患解纷,事得平靖。改革后,尤多匡襄,由总榷使呈请,奖给七等嘉禾章。供职三十五年,历任榷使皆致敬礼焉。盖君性敏而力勤,有不习,习无不精。学国语,精国语;学篆隶,精篆隶;学图画,精图画;学刻划,

精刻划，而自少至老，酷嗜音乐，尤精琵琶，以泉南词曲无成书，师以口传，以指授，久而失真。文牍之暇，费数十年考证，著《泉南指谱大全》六巨册，《南曲》十二卷，学曲者人置一书，循宫商按之，无师自会。于其书之成也，余与同人曾宴饮以落之，并谓君成此著述，传之百年，或数百年，或千年，凡采风问俗，审音观乐者，必于君书是考，君之寿自此永矣。

今岁戊辰九月十五日，为君下寿之期，同人复燕饮于其家，谋寿以言，而属笔于余。余谓君有书以寿世，固已自寿矣，宁待人言乎哉！且余之寿君也，固又不待今日矣。君之寿在于身者，虽上寿犹有限也，托于书者无限。当君著书成，余题诗八绝于简端者，非所以寿君乎！君将印书，筹梓梨费，余与有劳焉。此非所以寿君乎？君以原书精写本存图书馆，余为椟而藏之，异于他书，此非所以寿君乎？余之寿君，宁待今日乎？虽然，君之所施予余者，余亦不敢忘。余创办厦门图书馆，得君指引，请于榷使，得将博闻书院地价千余金移交，而事以成，此其一。余前任修志局得君力助，凡历年厦关进出口货之盛衰，及厦地政治之概况，君手自钞录，详以畀。余志虽中辍，而采访稿件以君为多，此其二。余谬长君两岁，著作无一成，此二事者或为余寿命之所托，而君皆赞襄于余，则君所以寿余，不既多乎？以报酬论于君之六十，宜又有以寿君。顾君在五十余岁时，颇露衰态，近年康健胜恒。君德配柯夫人与君偕臧已三十三年，持家有法。君之哲嗣各成一业，皆足以娱君老境，君之寿由下而中、而上，方未有艾。君之著述由识小而识大，亦将与年俱进，则余所以寿君者，又何必定再今日，故略叙一二，以应同人之嘱。至若家庭戚属之间，君笃孝友，克己待人。柯夫人复能曲体君心，敬嫂抚侄，多科称者。君意以此为分内事，无足称述。从君之意，不备叙，留以为后文材料可也。社愚弟周殿薰拜撰，岁在屠维大荒落季秋谷旦。

南音大师林霁秋先生曾获"七等嘉禾章"，前所未闻也。

陈祖荣与《姚峰诗稿》

甲申（2004）秋，我于鼓浪屿街头冷摊得线装刊本《姚峰诗稿》一册，陈绍宗著,民国十六年(1927)厦门文化印书馆承印。书前有柯荣试、汪煌辉、萧幼山、孙宗武作序(缺序一),黄挢扶、欧阳桢、苏警予、谢云声、杜唐题诗,皆近代闽、厦文坛知名俊士。

从其前序与内容可知,陈绍宗,又名陈祖荣,福建惠安人,清光绪丙戌(1886)入泮,"岁癸巳(1893)饩上庠"(廪生),壬寅(1902)秋到南洋新加坡、槟榔屿等地,曾于缅甸倡设仰光中华学校。丙午(1906)回国。"民国初肄业京校"后,相继在惠安锦山学校、县立中学校和厦门华侨女师范、励志女中、雅化女校及同文书院等校任教职,其间壬戌(1922)和民国十五年(1926)先后短期代理过惠安县县长和泉州闽海关。陈绍宗是汪煌辉的父执,与周墨史、柯伯行、陈丹初、苏警予、谢云声、马侨儒、陈天恩等文化名人都有过交游。他的诗虽多涉及旨蓄生涯的琐事,但仍有不少关乎家国事件的诗篇,如《祝革命军北伐胜利》《厦门福建妇女解放协会成立祝词》《上海英日惨杀我华人爰赋四章以志哀感》《敬劝厦商慨助巨款赈沪华工》《咏抵制仇货》等皆是。《丁卯立春二日奉陪蔡子民、马夷初及诸同志等游清源山赋此》《追悼马君侨儒》《参观云梯学校一律并序》《祝思明日报七周纪念》《偶游龙须亭》《侨居里仁(马头社)》等皆与厦门地方史有关。

其《参观厦门美术学校展览会五古一首并序》之序略云:

> 黄先生燧弼,闽南写真家之最有名者,厦门及外地美术新学巨子强半出其门下。去岁夏间创立此校,迄今周岁,成绩甚佳。是日会开展览,予因华侨女师季考完竣,从事参观。观其所绘人物、器具穷工极巧,推陈出新,其布景传神尤得真相。

诗云:

> 专门名一家,精工在写照。善诱能循循,培养诸年少。艺成绝代技,性灵乃为要。绘尽欧亚人,一一擅其妙。或者摹爱情,或则状啼笑。拿帝像尤神,形容真酷肖。山水物品图,各有天在窍。展览会特开,成绩何荣耀。

诗集中的《鹭门竹枝词十二首》《感时局难八首》则反映了民国初年厦门的社会风情,具有一定的史料价值。

陈熙亮

陈祖荣之《姚峰诗稿》有数篇提及其仲子陈熙亮。如庚戌(1910)到京赴试,其间写有《与亮儿同游万生园》《吉臣干臣二部郎在京邸柬邀同亮儿赴宴》,归闽途中又有《同亮儿归海上遇林岳轩景轩二昆仲》。查其后陈祖荣的《六一双寿征言》有句云"仲子学京师,康庄骋骐骥。分部隶参谋,课功精测地",推测陈熙亮清末在京学的是军事,善测量。陈熙亮积极参加北伐,证之诗稿中的《辛亥武汉军兴,熙亮儿由京来厦组织北伐军。共和告成,仍回京校,作七古以纪之》一首云:

> 鄂渚轰烈树义军,健儿百万起风云。闽南落落诸同志,养晦正待及锋试。是时亮儿正南旋,力筹北伐张兵权。日讨国民申训练,羽檄飞星马逐电。相期反正建共和,决胜千里奏凯歌。壮气熊熊威虎虎,雄心直欲吞鞑虏。五族共和幸告成,崭新民治创上京。儿返京黉看底定,我也馨香祝太平。

说明陈熙亮参加过辛亥革命,嗣后还参加了反袁斗争,丁巳(1917)其父写有《袁氏称帝,亮儿回厦与同志张、许辈起义讨袁不成纪事》,从而可知陈熙亮曾积极投身近代民主革命。最值得注意的是陈熙亮于戊午(1918)还被荷兰莱顿大学汉学院聘任汉文教授,可惜中途染病去世。陈祖荣痛心之余,作《戊午夏四月,亮儿将赴荷兰,任国立莱丁大学汉文教授,由京起程而香而岷而巴城至泗水,骤染热病而亡,哀赋四章》。其一云:

> 文风万里扇莱丁,国学扶轮甲汉京。斐岛香江劳往返,还看买棹向南行。

其二云:

> 乘风破浪抵巴城,珍重离家父老情。泗水停骖无几日,定期返棹赴

荷京。

其三云：

> 谁教二竖客中来，望断音书数一埃。暗自心伤归土矣，不须问卜费疑猜。

其四云：

> 传来噩耗老亲悲，生别新孀哭死离。三子不知无父母，也同阿母泣涟洏。

余悲未尽，又有《前诗意有未尽再赋一律二绝》云：

> 忽辞京阙赋南征，知己天涯费送迎。酬应忙于百感集，谋为难得一肩轻。积劳成病医无效，患难相扶友尽情。壮志未伸身遽殒，终虚讲席误诸生。
>
> 小照题词太不祥，递来一见我心伤。果然句句都成谶，尘土功名三十霜。
>
> 临终最痛无他嘱，只有酸声不可言。三字沉吟悲白发，教谁膝下侍晨昏。

晚年在《六一双寿征言》诗中，陈祖荣又提到儿子熙亮"教席应荷兰，中途竟我弃。人事感沧桑，浮生真若寄"，可见其哀至恸。甲子客岁（即癸亥，1923年）冬，陈熙亮遗骸归寄故乡，闽南诸同志还召开追悼会，见陈祖荣之《亮儿骸骨于客岁腊冬归寄厝花园内至此，三月间闽南诸同志开会追悼》一诗。

陈熙亮当年应系闽南之风云人物，然百年之后，若非《姚峰诗稿》记述，则斯人寂寂焉。

琐谈黄仲训

黄仲训是近代厦鼓华侨名人，今人却很少知道他还是一位藏书家。厦门市图书馆藏有一册他生前编纂的油印本《黄氏瞰青别墅藏书分类目录》，可知其当日藏有古籍 698 种 10009 册之多。遗憾的是他的这些藏书后来散佚殆尽（陈峰：《厦门藏书史略》，厦门大学出版社，2020 年）。

据民国五年（1916）泉州吴增所撰《清一品夫人黄母郑太夫人墓志铭》所载，黄仲训曾获前清的功名为"邑庠生、候选训导"，后来又获民国政府"四等嘉禾勋章"，弟仲赞也同获"五等嘉禾勋章"。他本人很看重这个奖章，还将它做成艺术品，装饰在瞰青别墅蠡亭两侧的"山花"（又称"规尖""悬鱼"）之上，附近杨家栋的诗刻有"争传双绾嘉禾授"之句，还加注"君兄弟曾同受民国嘉禾章"（何丙仲搜集整理、释文主撰：《厦门摩崖石刻》，福建美术出版社，2001 年）。

黄仲训其里居常为人所讹谈。今据黄母郑太夫人墓志铭所载：

> 太夫人殁之明年十月，子仲训等自鹭江扶丧归泉，将以六年丁巳八日葬于西关外南安石坑之麓，与封翁之兆相去二百武。……铭之曰：吾乡濒海，航路四通。侨海外者，多以财雄。（下略）

可见黄仲训的家乡是在泉州府的南安县，而与鹭江之文灶乡无涉。

黄仲训的生卒年月所载也言人人异，无所适从。2014 年 3 月 12 日，泉州华侨历史博物馆的梁春光先生根据黄仲训孙女黄元（园）镜的朋友苏婉玲女士来访并提供的资料，得知黄仲训"享年七十有六，1876 年 4 月 4 日丙子（鼠）年三月初十生于越南西贡，1953 年 9 月 29 日癸巳（蛇）年八月廿二卒于越南西贡"（梁春光：《泉州华侨民居》，九州出版社，2015 年），此说应该比较可靠。

王选闲墓志

岁己亥(2019),我承乏整理民国《厦门市志》余稿之辑遗,获读"施健庵撰文"之《选闲王君墓志》,选闲王君即近世厦门名人王人骥先生。亟为过录如下:

甲午中日之战,吾师熸廷议,割台湾以和,东南天府沦为戎索,伤已!于时佩节纫义之士捐乡井、复邦族者趾踵相接。同年王君,先世龙溪县人也,族于台,为巨室,水田百双[亩],第宅云亘。君去利义,奉大母及父母内渡,僦居鹭门且复籍焉。君幼颖慧,年十五受知顾肇熙学使,入安平邑庠,居厦时,复从名孝廉吕澂、吴增祺两先生游,学益进。举光绪壬寅(1902)[补行庚子(1900)、辛丑(1901)恩正并科]本省乡试,援例得内阁中书,改主事,分法部。制科废,士夫竞言新学,君自费赴日本习法政,毕业,归国,补会计司主事,晋员外郎,加四级。以堂上年高,告假归省,当道刘庆汾、郭道直观察、董廷瑞、赵时枫、王志廉司马以君才德隆重,淹通新旧学,先后礼聘襄助新政。历充去毒社社长、自治研究所所长、教育会正副会长、福建咨议局调查事务所协理,均著成绩。民国肇造,曾一长省立十三中学校,造士尤多。旋即奉身而退,日与二三知己搜罗古今书画,研讨金石为乐。

七七变后,厦门沦陷,君避居鼓浪屿,敌人以君旧隶台籍,又留学彼邦,意必雅有情愫,利诱势迫,冀为己用。君峻拒不为动,絮聒者日踵门,则戒阍人不为通。寇虽悍,卒莫如君何。至饔飧不继,处之晏如也。君性端重寡言,与人交,和易无城府。家本丰裕,未尝以一介自污。笃于内行,事亲孝,死生尽礼。兄人凤每自台归省,必谢绝酬应,与共寝处,或饮酒登眺以为乐。古云联床同被不足过也。呜呼!以君之有,而与夫世之侈言留学致通显者计焉,其独歉彼耶?生以太早,又以科举自累,致世以遗老相目。生平一再拒敌,清介自持,使出而与家国事,度必有异于今之从政者之所为,可断言也。世不相需而君亦落落寡合,卒至于以老以死命也,亦时也!

君讳人骥,字选闲,号蒜园。曾祖彩,祖式豪,貤赠中宪大夫,例贡生。考用其,封中宪大夫,候选训导,附贡生,大总统褒题"孝德永彰"匾额。封公有丈夫子二人,君其次也,先娶黄,嘉义县岁贡生星华公次女,光绪丁酉(1897)科举人鸿藻胞妹,壬寅同榜举人鸿翔胞姊,先君卒。继娶许,生子三,长绍志,娶钟;次绍兴,娶黄,均厦门大学毕业;三绍澜,集美水产航业学校毕业。

李硕果先生

李硕果先生,南安人,居鼓浪屿,先大父仰潜公之好友也。我鬌龄常随先大父到李家茶叙。印象中他乃豁达耿直的老先生。及长,才知道硕果先生生于光绪九年(1883),比仰潜公齿长五岁。早年在仰光加入孙中山先生领导之同盟会,任同盟会敏建分会会长。辛亥革命后回国居鼓浪屿,1916年起创办《民钟报》与启新印字馆。鲁迅先生所编的《鼓浪》《波艇》即在该报刊登。仰潜公归道山后,遂少趋府请安,但知老先生晚岁楼居,得闲唯读报喝茶而已。1976年秋,厦门大学鲁迅纪念馆为征集有关文物,邀我引见,盖因《鲁迅日记》1927年有一则日记写道:

> 一月八日:昙。下午往鼓浪屿民钟报馆晤李硕果、陈昌标及其他社员三四人,少顷语堂、矛尘、顾颉刚、陈万里俱至,同至洞天夜饭。夜大风,乘舟归。雨。

硕果先生读罢哈哈大笑,说:"记得当时请的是顾颉刚,鲁迅是跟着来吃饭的。早知道他以后那么出名,该多请他几次才是。"再问,说时隔多年,全忘了。

越南的同安籍华侨苏钟驾

同安郭瑞明兄研究该地区旅外华侨华人历史有年,所编著有《同安华侨华人名人录》与《同安境外宗乡社团概略》两种,于乡邦侨史大有参考价值。其后一种之书中有越南"河内福建会馆"一章,根据馆内碑文,述及该会馆创立于越南嘉隆十六年丁丑(1817),"民国十五年(1926)岁次丙寅"重修,捐资者有苏钟驾等侨商和合记号等商号。但不详苏钟驾先生何许人也。

我友薛世杰藏有"鳌山苏公遗像"挽幛,其肖像下有题为《厦门商会会长洪鸿儒谨述》的苏先生行状一篇:

> 苏翁钟驾,字鳌山,商界中泰斗也。福建同安人,弱冠远涉重洋,备尝艰辛。先至星洲,继往西贡,后诣东京,初业小经纪。翁天资颖悟,奋勇耐劳,克勤克俭。数年间,信用昭著,营业大振。东京各埠及厦门等处俱设分号。翁虽拥巨资而自奉极薄,惟对于社会公益如教育、慈善诸事无不轻财仗义、慷慨不吝。曾任海防华侨公立侨英学校、时习中学校董,河内福建帮正帮长,河内大同学校校董,福建厦门兴学社社长,借其伙助者甚大。翁年虽高而体尚健,矍铄不逊昔年。其哲嗣清天、清劝、清福、清传、清哲、清练等君皆各成其业,方兴未艾,文孙满堂,琼林玉树,灿然美茂,此翁之贻谋克臧,而翁之遗泽孔长矣。翁于前清咸丰十一年九月廿九日生,民国廿五年国历三月六日以病卒于海防寓次,积闰年七十有九岁。

此文可做厦门华侨史资料,通篇以隶书写成,未审是洪鸿儒(晓春)先生之手笔否耶?

教育家马侨儒先生

民国十六年(1927)一月所刊之《厦门通俗教育社年鉴》第58页有"本社已故主任马侨儒先生遗像"及传略,颇有史料价值。传略云:

> 中华民国十四年十月十四日,双十、云梯两学校校长马君侨儒,以肠病没于厦门,享年三十有六。君惠安人,居邑之北门。其先世黉序有声。君自幼肄业邑之时化学校,才出班行,孔耶学理,罔不究心,师长器之。十九岁卒业,拥皋比于崇武学校,人谓扶风马帐,继起有人。负笈而问字者,

户庭履满。君志犹不自为足,清宣统元年春,升学于鼓浪屿回澜圣道书院,而学业益进。学既成,历任同美学校、鼓浪屿养元学校、泰关敦化学校、厦门基督教青年会三育学校等校教职员,诲人不倦,春风化雨,宏被鹭岛洞天,真可为不负所学矣。君娶崇武龚丕松君女为室,女毕业惠安女学校,佐治家务,尚称有方。迨民国九年挈眷来厦,寓于小走马路之榕林别墅。翌年十月十日,邀集同志组织商业中学校于厦门,颜曰"双十"。今之黉舍翼翼,学子莘莘,皆君之赐也。君秉性沉毅,热心国事。当华府会议闭幕,全国汹踊,与康伯钟君等倡设厦门通俗教育社于关隘内福音堂,以实施平民教育,鼓吹同胞爱国,深得社会信仰,前后被举为教育股、演讲股主任。其登台演讲也,阐扬义理,探玄钩深,座位凛然,盖非富有教育经验者不能。十一年春,旅菲侨胞林君珠光纪念乃父云梯先生,设校以垂不朽,聘君兼任该校校长。君精心计画,鸠工庀材,一身经理。惟频年劳绩,或奉公晋省,或商榷海外,奔走跋涉,二竖潜伏。迨本古历八月初间,隐疾暴发,药石罔效,而长辞人世矣。呜呼!举目八荒,人才何限;噩耗传来,斯人竟失。一抔黄土,长埋志士之躯;寸缕英灵,永享冕旒之福。而生前面目,不可复得而见之矣。

惠安贺仙舫仲禹前辈为双十学校作校歌,当是马侨儒先生创建学校事竣之时。校歌云:

> 钦吾侨学生雍融相聚一堂,鹭岛上,鹿洞旁,共研磨,发奋图强。习琴书,和弦歌,乐未央,一班班、一行行,气象煌。勤毅信诚,敬业乐群,同学记着勿相忘,努力为国争荣光。

余超与《民国〈厦门市志〉》稿

余超(1885—1967),字少文,厦门人。民初,署理厦门道尹陈培锟说:厦门市图书馆创始之初,"时北京正设图书馆讲习所,派余超前往肄业,六个月回厦后,即畀以管理之职"(陈培锟《岁寒居士集》)。抗战厦门沦陷前夕,余超先生携带馆藏两部珍品走避香港,一为元至正十四年(1354)的建阳麻沙版《注陆宣公奏议》十五卷，一为清康熙刻本《埤雅》二十卷（原以为宋椠），胜利后又完好地送还市图书馆，至今尤为厦门文坛佳话。庚子（2020）夏，我读1947年8月2日《星光日报》，发现有题为《市志旧稿完整无缺》一文，记述了余超先生保护厦门市志稿件罕为人知的事迹。原来民国十年（1921）厦门成立修志局，经过当地文化人士10多年的共同努力，"所有搜集资料，自清道光二十二年起至民国十二年止，得稿40余种，都800余件"，厦门沦陷前，这批重要的市志稿由市民教育馆负责保管。"厦门沦敌以后，该馆财物散失殆尽，一般意料此项稿件恐亦难逃浩劫。对今后修志工作，将感棘手。讵该项稿件现仍完整无缺，缘当厦门危殆之时，民教馆余馆长少文，即将全部稿件移往鼓浪屿，分批寄港保存。其弟于任务完毕后，亦即搭轮赴港，不幸中途遭遇盟机扫射，竟以身殉。该项稿件抵港后，全部寄存东亚保险库，所有费用，亦由余君一人负责。"1948年2月5日《厦门大报》又报道："余少文委员本日将前思明县修志局长周墨史先生所采集稿计41门838件，合订13大本，全文献交本会（按：厦门市文献委员会）保存。"余超先生仅要求："（甲）全部志稿移交后，应由会负责人具条收领，以完手续。（乙）所有稿件将来纂修时，应另纸起稿，原稿件交市立图书馆永远保存。"其他别无所求。这批采集稿即1999年出版的《民国〈厦门市志〉》的底本，余超先生之功弗可没也。

杜唐执教鼓浪屿维正女子师范学校

丙申（2016）秋雨连宵，读杜唐先生所著《惠安古迹新咏》三卷。是书存诗三百余首，所咏皆人文古迹，可谓我乡历史文化之集大成者也。惠安固有唐季韩冬郎、明张襄惠以及明季王忠孝诸贤躅，三人非唯正史有传，且俱有诗文集传世。今阅集中《望五峰歌》，乃知"吾邑名贤以峰号者有五，元有卢琦号圭峰，明有张岳号净峰，康朗号盘峰，戴一俊号卓峰，清有卢易号瑞峰，其品学功德，邑乘均载列传"，故谓我乡为"海国文明"之邦，实不为过。敝乡驿坂入古迹之咏者唯有大帽山，岁戊子（2008）我迁葬先祖考妣于山下。杜先生《大帽山》七律一首只称"三髻峰东大帽横，峨峨雄峭此天擎"，又说"而今仅仰腾龙迹，古洞泉深水一泓"，可见除山水尚佳外，似无古迹足以充奚囊。

杜唐（1870—1944），字印陶，惠安人，前清辛丑（1901）秀才，"辛亥（1911）

往省入法政别科"，后回乡创办守钦学校，并在惠安中学执教，近代惠邑之文教人士也。昔明崇祯间张冲至根据"惠安风人所咏及古迹共八卷，颜曰《惠风集》"，辛亥鼎革之后，杜唐先生"恐旧咏古迹埋没"，毕数年之功"考献征文"，又于全邑之"古人古地、故山故水搜奇抉隐"，以格律诗夹注释，撰为是集。前有汪煌辉、张时觉、贺仲禹、何适为序，四友皆邑之饱学名贤。杜先生在集中注释自言丁卯（1927）二月到鼓浪屿，任教维正女子师范学校，还曾寄寓"鹿耳礁西畔，龙头渡北边"的英华书院。今之人唯知天主教会在鼓浪屿办过小学，不知往时有维正女子师范学校也。又查《东南坛坫第一家》（黄乃江著，武汉出版社，2011年）一书所记，杜唐、汪煌辉、贺仲禹皆菽庄吟社吟友，则杜唐先生亦应为近代鼓浪屿文人也。

陈文麟作《世界运动会》跋

民国时期厦门海军航空处陈文麟处长，先府君启人公之恩师也。丙申（2016）酷暑，读七十年前厦门陈掌谔先生在菲律宾出版之《世界运动会》，书后有陈文麟先生跋一篇，非唯文采斐然，且具史料价值。跋云：

> 幼穆陈君掌谔忧时之志士也，留学新大陆专攻体育、教育、科学，对技能理论，均有精深之探讨，辄欲举其心得献诸国人为素志。返国后，历任国立暨南、厦门诸大学体育教授兼体育主任，上海江南八大学体育会会长，及华南菲律宾华侨体育机构要职。迩者厦门人士必欲聘陈君主办福建厦门专门体育学校，良以陈君于体育、教育各科造诣殊深邃也。今年陈君由菲回国出席第七届全国运动会，旋又被派出席第拾四届世界运动会，足迹踏遍欧洲大陆，考察体育事业，归来始辑成《世界运动会》专书，报告国人，借以鼓吹我国青年参加世运，以体育精神进而谋世界和平，其思想之伟大与学理之磅礴，既能起予，进之当能令国人闻风景从，而陈君素志亦可以偿矣。君擅文学，以生花之笔而抒写体育专书，必能珠联璧合，则余纵欲不为之跋，其可得乎！一九四八年十二月，陈文麟书于厦门。

龙榆生在集美

龙榆生(1902—1966),字沐勋,号忍寒居士,是 20 世纪与夏承焘、唐圭璋并负盛名的词学大师,所著有《风雨龙吟室词》《唐宋名家词选》《近三百年名家词选》等。龙榆生 20 世纪 20 年代曾在厦门集美学校任教前后四年,陈衍《石遗室诗话》卷三十录其在集美时所作诗数首。《初夏集美寓楼玩月》云:

淡淡遥山见黛痕,宝珠屿似阮公墩。纵然不及湖烟好,他日犹应系梦魂。

《九日天马山登高》云:

荦确何嫌一径微,故山风物记依稀。极天烽火悲重九,撼地寒潮逼四围。无佛称尊聊复尔,有花堪插亦忘归。伤心懒数南飞雁,独立苍茫念昨非。

石遗老人评为"颇有悲壮之慨"。又《晓行集美村遥望金门岛》云:

羁思愁永夜,卧听百鸟喧。被衣起视之,残月已无痕。宿雾笼衰草,牛羊出远村。红光发荒岛,千林捧朝暾。翩翩估客帆,欲蔽海东门。澄波镜面平,炯炯入望昏。阴晴山向背,依约云吐吞。万变岂终极,幽怀渺若存。飘摇委轻躯,沉潜固灵根。秋色尽堪娱,匪独菊可餐。庶保养生术,悠然返田园。

石遗老人评价龙榆生这些诗作"兼学陶、谢,并得其气味,前半确是集美村景物"。

龙榆生诗崇王荆公(安石),在集美期间曾向陈石遗请教,石遗老人认为他的绝句很近宋人杨诚斋,后来他读《诚斋集钞》,发现杨诚斋是学王荆公,于是非常佩服石遗老人的眼光。我友陈满意君在其新著《集美学村的先生们》(江苏人民出版社，2018年)曾举此事。

当是时，同时在集美学校任教的还有黄晦闻的弟子何达安，字之兼，江西人，龙榆生之挚友也。石遗老人称其"工填词，嗜诗，诗才极清而苦瘦"，《石遗室诗话》并记之。

周廷旭先生

顷读张中行《负暄琐话》，有记述 20 世纪 30 年代北京大学西方语言文学系温源宁教授的文章，知 1935 年上海别发有限公司曾出版过温教授的英文著作，名 *Imperfect Understanding*，张先生译作《一知半解》。该书收集了十七篇评价人物的文章，原发表在英文杂志《中国评论周报》上。所评价的十七人为吴宓、胡适、徐志摩、周作人、梁遇春、王文显、朱兆莘、顾维钧、丁文江、辜鸿铭、吴赉熙、杨丙辰、周廷旭、陈通伯、梁宗岱、盛成、程锡庚，皆一时俊彦。据称所记皆作者的感触和认识，以极优美的散文写成。厦门人或与之有关者即有辜鸿铭、朱兆莘和周廷旭三位，此可见出身于鼓浪屿的油画家周廷旭先生当时的知名度已非同小可。

在温源宁教授的笔下，周廷旭先生"那匀称的身材，那圆圆的、胖胖的脸，那十分合体的服装，那安安静静的态度，那从从容容的举止，那低吟一般的语音，那惹人欢喜的微笑，这一切都是银行家所应有的特点，然而周先生是认真学习西方艺术的少数中国人之一。跟所有的勤勤恳恳的学生一样，他清醒地下定决心，先学走，后学飞。在技巧或设计上，他都不想搞什么革新来吓唬人，同时，也不想拿出质量粗劣的作品来惹人注意。……周先生在美国、英国和巴黎学习多年。他的学术成绩记录是辉煌的，曾经荣获许多大奖，例如一九二六年的克雷斯维克奖、一九二九年的伦敦英国美术院特诺金奖章。他是一位并不缺少荣誉的预言家，只不是在本国；其原因是周先生没有能干的嘴皮子"。温教授认为周廷旭画作的特点是："精细的观察，灵巧的笔法。善于把雄浑豪放之气一发聚于笔端。"

我读到的《一知半解及其他》是南星的译本，2001 年由辽宁教育出版社出版。*Imperfect Understanding* 一书台北的图书馆有收藏，日后当请我二哥振汉代为复印索读。

卢铸英自传

卢铸英先生，近现代鼓浪屿教育界、宗教界之名人也。顷读基督教会编印之《公报》，其"教会史料专载"有《卢铸英自传》云：

前总会来函索予自传，迫脱稿而随我入狱（按：抗战时期鼓岛沦陷，卢先生被日寇逮捕）。兹谨就记忆者补述书之。予曾祖卢光万，为同安当时三富翁之一。先祖父以儒学而仕武职，有功于朝，封世职云骑尉。先祖母以长子随父阵亡，次子刚袭父职而病殁，伤仕途之偃蹇，悟玉观音之迷信，乃率诸子农于乡。先父贞赵行七，事母至孝。长于乡，有鲁仲连名，远近有事咸就解焉。适福音传至同安，先父愤洋教侵入，联邑绅阻之。迫教信教，古有先例，终为同安教会首果之一。历任执事，升长老职，凡数十年。终以巡视会友，肺被鼠疫传染而致命。

1880年予生于福建同安县之古庄乡，十岁入乡校破笔，十二岁转升教会启悟小学，十五岁考入寻源中学，均以最优等毕业。十九岁起，先后受美国归正教会聘任同安启悟小学（二年）、小溪育英小学（二年）、鼓浪屿养元小学校（八年）、寻源中学并书院（二十年）等校之校长职，共三十二年。一生事业至此告一段落。

1929年，予年仅五十，即有六七十岁的老态。董事会因予胃病复发，准予休养两年。两年后，闽南大会聘任"五运"四五年。五十六岁，受新街、竹树、厦港三堂会在鼓浪屿合立之三一堂会票选为第一任牧师，在任三年。任满，适厦门失陷，维持一年，再投票选举，被聘续任。第二届任满，该堂长老、执事联合会又公决。以第三届无限期约束，聘予连任。（下数则为"奇妙神恩"，略。以上是1942年稿）

诗人胡军弋

胡军弋名巽,号迤默,福建惠安人,寓厦门。民国《厦门市志》卷三十三"流寓传"载:

> 胡巽,字军弋,执律师业,无时下风,刻篆章云"半生呕尽心头血,一饱难为笔下刀",尚不失其本心。《新安访欧大归舟口占》云:"睡起披衣趁早潮,片帆风动雨潇潇。出山输与入山好,鸡犬桑麻话一宵。"结有神韵。

1914年,胡军弋创诗社于厦门,名"星社",诗人李禧、萧幼山、欧阳桢、贺仙舫、陈桂琛等皆社友也。1938年5月,日寇陷厦门,胡先生走避鼓浪屿。初,日食窘迫,或有劝其回厦门任伪职者,辄摇手坚拒。黄伯远著《红叶草堂笔记》也记载:

> 厦门既陷……厦律师界出任伪官者,有李思贤、谢若濂、洪景皓、谭培荣、杨廷枢、许世昌辈,而军弋独否。虽居阛阓,家徒四壁立,恬如也。

旋受聘英华书院(时称中学)教席,终因忧国伤时,积劳成疾,一病弗起。英华师生停课治丧。出殡日,中外人士素车白马相送者万人空巷。

《红叶草堂笔记》又记,

> 军弋不能饮,与人交亦落落寡合,所谓不合时宜满肚皮者,而晚节竟能甘死如饴,不蹈陷阱,可敬也。

苏逸云《卧云楼笔记》卷二"客窗闲话下"载:

> 胡律师军弋,惠安人也,避居鼓屿,时过从。赠予句云:"相怜晚景同飘泊,猛忆春云自卷舒。"指东山隐居处也。……撰联云:"马蹄倦后怜芳

草,燕子归时认旧痕。"语颇含蓄。尝刻篆章云:"半生呕尽心头血,一饱难为笔下刀。"殆不失其本心与?

胡先生生前所著有《迍默诗草》(未刊),今已佚。陈桂琛编《近代七言绝句续集》选其《新安访欧大归舟口占》一首云:

睡起披衣趋早朝,片帆风劲雨潇潇。出山输与入山好,鸡犬桑麻话一宵。

陈桂琛

先祖父遗藏有陈桂琛《甲戌(1934)重阳日菽庄小集》五律一首手题墨迹,诗云:"故事重阳展,诗情九日高。忧中难忘酒,字里认题糕。却羡名山驻,平添老兴豪。吟身同健在,一为反离骚。"所以我自小就知道厦门有陈桂琛先生其人。

陈桂琛(1889—1944),字丹初,号漱石,别署靖山小隐,福建厦门人。据1959年菲律宾出版《陈丹初先生遗稿》,其挚友苏警予为作《传略》云:"民国前三年,毕业厦门官立学堂;又三年,毕业福建优胜级师范数学专修科。初任教省立思明中学,兼事务主任;民国七年,改任厦门同文中学教员,并自创办励志女学。二十年,任上海泉漳中学校长。两年归来,重任同文教职,及专理励志校务。七七事变后,来菲任宿雾中华中学教员,嗣改任古达磨岛中华中学教员。日寇南侵,比距古岛帛雅渊山中,而于三十三年(1944)六月六日被日寇所杀。"陈桂琛工诗,"时亲灸石遗(陈衍)、耐公(施士洁)",著有《鸿爪集》《北溪集》《抗战集》《投荒集》等。陈先生是厦门著名的诗人、教育家和抗日爱国志士。

陈桂琛先生学数理出身,但毕生热衷于传统诗文创作,成就斐然。所奇者,他与海内文化和书画界名家皆有交游。丁酉(2017)我友洪峻峰整理出版《陈丹初先生遗稿(外一种)》,书中列举其师友中的国学家和诗人有:章太炎、陈衍(石遗)、夏剑丞(敬观)、王西神(蕴章)、龙榆生、高梦旦,书画家有谭泽闿(瓶斋)、吴待秋、王一亭、王师子等,张大千、黄宾虹和余绍宋等还分别为他绘制《陈佑铭先生渡海寻骸图》,以彰其先人的孝道。此在彼时海陬之地的厦门,殊为不易。

一代学人叶长青

我知叶长青之擅为诗,盖由读过陈衍的《石遗室诗话》始。近日从我友洪峻峰兄处获读叶长青之《松柏长青馆诗》,乃窥全豹。陈衍在卷首作序云:

> 《石遗室诗话》云:余初至厦门大学,可言诗者惟叶生俊生长青,龚生达清。旋届重阳,同往南普陀登高。俊生先有一律云:"微霜昨夜点江滨,岁序推迁感又新。佳节他乡回溯处(石师言壮岁后重阳多作客),哀时词客苦吟身。登台杜老犹能健,卖赋相如未算贫(近售稿得数十金)。独有家山增怅望,白云非复旧思亲(时方丁先大母忧)。"余次韵和云:"横舍高楼壮海滨,重阳风日足清新。数峰排闼如相识,卅载登台尚此身。案有和诗殊不寂,瓶余浊酒未为贫。两生青眼高歌望,昕夕过从倍觉亲。"(此诗序系叶长青节录于《石遗室诗话》卷二十九)

《松柏长青馆诗》由"鹭江草""秣陵草""南归草""韩阳草"四部分组成,皆郁勃可诵。

叶长青,名俊生,字长青,又字长清,号长卿,以字行。室号无尽藏室、松柏长青馆。福建闽县人。1921年,考入厦门大学教育系读书。次年著成《闽方言考》,为民国年间研究福建方言的最早专著。1923年,由陈衍聘为国文系助教。在此前后,他还师从吴曾祺、唐文治等人。1925年,厦门大学油印出版了其所著《版本学》,它比钱基博《版本通义》的问世要早5年。1926年,叶长青发起成立"厦门大学国学专刊社",编辑出版《国学专刊》。同年春,受聘为南京金陵大学教授,离开厦门大学。1927年,被录取为北京大学研究所国学门通讯研究生。1930年,受聘为无锡国学专修学校教授,主讲韵文、《文心雕龙》、《诗品》。是年,《松柏长青馆诗》在福州出版。抗战军兴,1938年1月,叶长青带领无锡国专师生南迁长沙,将部分学生疏散,而后携家回闽,弃教从政,先后任福建省沙县、永安、长汀、福安和莆田等县县长。1944年,因获罪入狱,并于数年后病故狱中。叶长青先后出版计有10种:《闽方言考》《版本学》《闽方言续考》《文字学名词诠释》《长青先生文集》《松柏长青馆诗》《钟嵘诗品集释》《文心雕龙杂记》《文史通义注》《汉书艺文志问答》。其学术贡献甚丰,是厦门大学培养之一代学人。2016年1月27日《中华读书报》有张京华之《前无锡国专叶长青先生》一文,言之甚详。

周瘦鹃

我家旧藏有周瘦鹃先生的行楷对联:"商盘孔鼎有述作,刘略班艺供研探。"先生盖近代鸳鸯蝴蝶派著名文人,故写来秀润渊雅,丰神绰约。忆读高中时,素壁长悬此联,昕夕相对,因而对他的作品特别留意,不仅读过其散文集《花前寄语》,还看过其他小品文,知其不仅是作家,还是盆景艺术大师。

周先生喜欢紫罗兰花,园中塑有紫罗兰神像以敬拜,我家那副对联即钤盖"紫罗兰庵主"为名章。他写有《紫罗兰神赞》云:"比花长好,比日长圆。香柔梦永,别有情天。右把明珠,左探涕泪。愿花之神,持欢毋坠。"数十年前,某日夜读闲书,获悉抗战前夕周瘦鹃先生在上海中西莳花会上展出其盆景,有人竟以为是出自日本人之手。周先生闻之大怒,大声呵斥曰:"此乃中国人周瘦鹃的作品!"旋又在《申报》刊登诗八首以明志。我录有其中三首云:

奇葩烂漫出苏州,冠冕群芳第一流。合让黄花居首席,纷红骇绿尽低头。

占得鳌头一笑呵,吴宫花草自娥娥。要他海外虬髯客,刮目相看郭橐驼。

百劫余生路未穷,灌园习静爱芳丛。愿君休薄闲花草,万国衣冠拜下风。

文前周瘦鹃先生还写道:"国家正在岌岌欲危之际,我们中国人无论什么事,只要能在国际争一口气,也是好的。"于是,我知周瘦鹃先生如此爱国,越发敬仰。日居月诸,只是那本闲书难再觅读了。

高梦熊

高梦熊(1881—1974),字呦苹,福建古田人,早年留学日本,清宣统三年(1911)参加留学毕业生考试,得优等,赐法政科举人出身。抗战军兴,于1939年9月赴长汀任国立厦门大学法学教授,从此在此工作至退休。

高梦熊先生工诗,亦厦门诗坛老一辈健者也。曩读绣伊仁丈《梦梅花馆诗钞》,有《送高呦苹丈安海视女》一律云:

> 诗人到处好流连,谢屐不教春占先。团扇放翁原近事,姚村嫁女是何年。游从尺地心逾远(安海尺远斋颇擅胜),吟傍枯龛佛有缘。潮退鱼虾时上市,酒楼不负杖头钱。

又从虞北山《虚白楼诗》读到《赠高梦熊教授》诗云:

> 倚海楼栏景万千,绳床卧看月娟娟。久更世患身犹健,自养天倪意已便。谓我能诗真失笑,与公讲学竟忘年。山花初放东风软,十里香红杖履边。

我常通过这些诗篇遥想其人,然其诗作则见之不多。初,拜读其癸未(1943)十月和罗稚华《四十初度感怀四律》,继而在子鋆仁丈斋头读其所赠七律一首手稿云:

> 葭管飞灰既望天,楼名橐龠集群贤。萌消鄙吝师周举(汉周举尝言:一日不见黄叔度,鄙吝之萌复生于心。余每日必诣橐龠楼,盖师此意),才擅经营等计然。书架琳琅时可借,茶铛烟火日长煎。簪缨华胄工治产(君家先代尚书、探花,簪缨相望),愧长先生廿五年。

1964年绣伊仁丈去世,高梦熊先生作《追悼李绣伊老友哀辞用古介韵》云:

　　　　生死寻常底足悲,美公才艺尽人知。乌山旧侣多荒冢,鹭水闲题尚妙辞。零落晨星伤故我,腹心今雨数伊谁。鸿江鹭岛非遥远,执绋无端竟后期。

　　回忆虞北山先生云,昔曾与高先生同掌教厦大,忘年师友也。高先生每至子鉴仁丈之橐籥楼,必请北山帮助扶梯而上。九十三岁那年,体气犹健,自许可登期颐无疑,不料是年竟一病不起。高梦熊先生作品未闻结集传世,谨于此记其雪泥鸿爪耳。

画家郭应麟

　　现代著名油画家郭应麟(1898—1961),原籍福建龙海,1898 年 9 月 27 日出生于印度尼西亚东爪哇的文都鲁苏(Bondowoso),6 岁时随父回国,居海澄,在私塾启蒙。继而随宗叔郭美丞到集美师范学校读书,后由集美中学转入南京国立暨南学校师范科继续学习,毕业后到菲律宾马尼拉的中西学校任教,课余到菲律宾大学美术系学习绘画。郭应麟热爱体育运动,1922 年曾与顾拯来一起历时 3 小时,从集美游泳近 14 公里抵达鼓浪屿。在菲律宾时还参加过三级跳远比赛。

　　1927 年(一说 1928 年),郭应麟得友人资助,赴法国留学。1929 年初,他报考巴黎国立高等美术专科学校(简称"巴黎美专")的雕像写生班并被录取,白天在班上学习木炭画,晚上则到市立美术夜校充电。1930 年 4 月,郭应麟参加"美专正式生考试",据知这种考试一年一度,录取极严,不论考生多少,总以前 15 名为限。他这次落选。翌年他终于考取为该校的永久正式生。1931 年 6 月,郭应麟参加学校炭笔画比赛,竟获得第五名。这是巴黎美专历史上第一个获奖的中国学生,常书鸿曾说过"郭君为同学中成绩最好的一个人"。

　　郭应麟在法国靠半工半读完成了学业。1932 年 7 月,他结束了在美专的学习。第二年 1 月,他参加留法同学为他举办的欢送会后回国,同时也成为著名的中国留法艺术学会的初创成员之一。同年 3 月 18 日,郭应麟被集美学校聘为美术馆主任,并在厦门美术专科学校任西洋画教师,学生包括台湾著名画家庄素和著名画家黄永玉。

1934年，郭应麟与鼓浪屿名媛林翠锦结为伉俪。林翠锦出生于菲律宾依琅，曾就读于集美师范学校。她的三位表姐分别嫁给陈嘉庚的三个儿子，三姐妹成为三妯娌，一时传为美谈，这也注定郭应麟夫妇与陈嘉庚一生的不解之缘。

　　抗战全面爆发后，郭应麟出走南洋，在新加坡南洋美术专科学校任教。这所美术专科学校是由厦门美专创办人之一的林学大（1895—1963），在陈嘉庚之子陈厥祥以及集美校友会的推动下创办的，教员有林学大（校长）、邱应葵、郭应麟、钟鸣世、谢投八等，谢投八曾说："南洋美专是厦门美专在海外的延续。"1941年12月8日，新加坡沦陷，郭应麟随郭美丞到印尼的泗水避难，先在华侨小学教书，一年后在与友人合办丽都礼品店。1942年陈嘉庚避难到印尼，郭应麟为掩护嘉庚先生，主动放弃礼品店的生意，全家搬到中爪哇的梭罗租屋居住，以后又迁居东部的玛琅（Malang）。郭应麟将嘉庚先生化名为"李文雪"登记在他在泗水开办的礼品公司户口册内，让嘉庚先生取得身份证。这也是嘉庚先生能够一次次摆脱日寇围捕的重要原因。这三年期间，郭应麟完全放弃了绘画。

　　1945年日寇投降，9月底郭应麟陪同陈嘉庚乘火车赴雅加达。嘉庚先生离开玛琅前，将亲自誊写的《南侨回忆录》交给郭应麟夫妇保存。20世纪80年代，夫人林翠锦委托子女分两次将手稿捐献给国家，现珍藏在集美陈嘉庚纪念馆。1950年以后，郭应麟因儿女成人，生活安定，遂又重新拿起画笔。1956年10月，由"印尼华侨美术协会"10名成员的作品组成的"印度尼西亚华侨美工团作品展览会"在北京举行。郭应麟任副团长并有多幅作品参展，同时他还在北京见到几十年前的学生黄永玉。展览后，他还遍游祖国名胜，回到厦门鼓浪屿的老家，并创作了一批画作。1961年10月19日，郭应麟不幸以心肌梗死而突然病故，终年63岁。

　　安徽博物院董松研究员撰有《从中央美院三件藏品谈早期留法画家郭应麟》，刊布于2019年1月19日《美术报》，戊戌除夕我读之，亟为之摘录如此。

赵复纾擅画能诗

　　赵宽，字复纾，惠安崇武人，同窗好友张君尚伟之舅父也。复纾先生总角负笈苏州美专,从徐悲鸿大师学画,20世纪三四十年代以画鸣厦门画坛。后移居台湾,2000年病逝于美国洛杉矶,年已九十岁,堪称大老矣。其离厦后,悲鸿大师所绘赠之骏马图轴遂流落他方矣。

复纾先生所作花鸟画多半兼工带写,笔墨精致有神韵,而色彩也清丽不俗,颇有书卷气,盖复纾先生得力于诗词之涵养也。寒斋有先生遗诗数首。《寄鹭江石雪庵》云:

肝胆相投尚有谁?虎头山下(君任职虎头山下)虎头痴。江湖画笔分烟雨,天地干戈共涕洟。海角清秋蝉咽断,云边落月雁飞迟。何当旧雨西窗下,抵掌高歌酒百卮。

《飏灯》云:

荧荧一炬飏高空,灿夺群星斗化工。忍照人间别离恨,凌风欲入广寒宫。

《甲子春日访摩耶精舍二首》云:

亭园掩映曲溪头,往事如烟水自流。一代高名人去尽,猿啼鹤唳上梅丘。

回廊百折饶池台,鱼鸟应嘲客又来。风片雨丝春料峭,梅花落尽海棠开。

其海国怀乡之诗,每多见诸题画诗,如《七夕画乌鹊》云:

牛女原仙客,何愁一水遥?人间沧海劫,待尔驾飞桥。

《题画燕子》云:

旅梦惊回玳瑁梁,半帘花影掠斜阳。乌衣旧国无消息,海角春深何处乡?

《题鲲瀛晚眺图》云：

> 登临海上山，引吭行云遏。极目九州天，落霞红一抹。

其余如《题画奔马》：

> 大道任驰驱，大荒容吞吐。芳草足生涯，何必孙阳遇？

亦可诵。

台湾友人李雄（侠庐）为作传略，称"复纡生平清旷绝俗，读其诗可知其人，孔昭而后三绝布衣，重见于今日矣"。孔昭，即明末闽南诗书画名家黄克晦，字孔昭，号吾野，亦崇武人，终身未仕。

诗人连洛珊

南社诗人朱剑芒与稚华罗丹师抗战时在永安重组南社闽集，稚华师为副社长，时年方四十，编有《稚华居士四十初度唱和集》线装出版，唱和者有朱剑芒、高梦熊、包树棠、汪照陆、邱韵香等东南诗坛健者二十九人，其中有连少鹤洛珊先生和韵四章。癸未（2003）初冬，我在稚华师斋头又获读连先生旧作诗稿数篇。《博学楼夜读》云：

> 万方多难欲何之，满眼山河叶落时。午夜月明人静后，西风声里读唐诗。

《游虎溪白鹿》云：

> 十年不作名山游，今日登高一纵眸。草长莺飞三月矣，鹿鸣虎啸几时休。闻钟古寺心方定，抚树新亭泪又流。望里中原犹戍角，一樽难遣意悠悠。

此亦国难当头,书生忧时伤世之感慨也。我友洪峻峰兄在《厦门大学学报》任副主编,工余对厦门近现代文献颇有研究,承他相告:连少鹤先生,字洛珊,1933年至厦门大学校长办公室任职,全面抗战前夕乃厦大员工。

连先生另有《寿郑笔山老先生》云:

> 漫悔功名十载迟,文章一代仰吾师。建言能使群公服,驰檄终教一贼夷。倦矣风尘归故里,怡然溪涧采华芝。称觞未克登堂拜,遥献南山祝寿词。

犹记稚华师当时云:少鹤龙岩籍,年少能诗。还说郑丰稔字笔山,亦龙岩人,清末拔贡,后入全闽师范学堂深造,毕业后从事教育和社会活动,编撰方志多种,吾闽文化名人也,1953年在鼓浪屿去世,享年81岁。

后数年我偶遇连洛珊先生亲眷,知其归道山后,其遗作已无存。

莫耶曾就读鼓浪屿慈勤女子中学

女诗人莫耶以其创作的《延安颂》为世所知。莫耶,原名陈淑媛、陈爱,1918年2月6日出生于福建安溪县。其父陈铮系地方民军首领,因而全家移居鼓浪屿。陈爱亦就学于该岛之慈勤女子中学,14岁就在当地《厦门日报》发表散文《我的故乡》,1933年8月起相继在厦、沪两地的进步刊物发表文学作品,后因思想激进与其父发生矛盾,遂在祖母和母亲帮助下前往上海,1934年8月在《女子月刊》杂志社任主编,并与假借记者身份,化名为"陈仓"的军统特务沈醉认识而且秘密同居,生下一子。1937年卢沟桥事变爆发,陈爱加入"上海抗日救亡演剧第五队",积极投入抗日救亡运动,同时准备奔赴革命圣地延安。此时陈爱才知道沈醉的真实身份。由于当年政见和信仰的不同,沈醉和陈爱最终分道扬镳。

1937年10月,陈爱随演剧队来到延安,改名为"莫耶",先后进入抗日军政大学和鲁迅艺术学院学习,在延安高涨的抗日热情和欣欣向荣的气氛鼓舞下,莫耶写下《延安颂》的歌词,由郑律成谱曲,这首歌得到毛泽东、周恩来等领导人的肯定,很快传遍大江南北。多年后还被列入20世纪华人经典音乐。莫耶在延安随八路军 120 师前往晋绥抗日前线,任战斗剧团编剧,创作了大量歌剧、话剧和其他文艺作品,贺龙称她为"120 师最出色的女作家"。莫耶于 1950 年加入中国共产党,同年和她的夫君双双调入《人民军队报》,并担任副主编。1955 年转业到《甘肃日报》任常务副总编。在反右派斗争和"文革"期间,莫耶遭受到迫害,直至粉碎"四人帮"后才得以平反。1979 年,年逾花甲的莫耶当选为甘肃省文联副主席。在此期间,她重新伏案创作,先后有《春归》《青山夕照明》等作品问世。1986 年 5 月 7 日,因心脏病不幸逝世,终年 68 岁。当已经获得特赦的沈醉得知她去世时,在当天的日记上写道:

　　40 多年前的知心,一别之后竟成永诀,而未能再见一面。一想到上海分手时的情景,禁不住老泪纵横。

戊子年(2008)后鼓浪屿申报世界文化遗产,我着力搜集当地近现代优秀人物之事迹。从 2017 年第 3 期《档案春秋》获读左中仪所撰《沈醉莫耶的沪上初恋》一文,得知莫耶为鼓岛的慈勤女校校友,遂泚笔记之。

诗人高云览

高云览之小说《小城春秋》中有诗两首,其一为中共地下组织成员在狱中高歌的一首诗:

　　把你手里的红旗交给我,同志,/如同昨天别人把它交给你。/今天,你挺着胸脯走向刑场,/明天,我要带它一起上战地。/让不倒的红旗像你不屈的雄姿,/永远鼓舞着我们前进,走向胜利……

另一首是书中革命青年秀苇写给四敏的情诗:

　　为什么你不明说,/你的沉默为我?/倘我猜的是错,/我愿远远走开,/不让你有一分难过。/假如冬花须入暖房,/我宁愿与霜雪一起;/假如离开你可免灾祸,/我宁愿入地狱跟着你!

晚年某日,我与高仁婉聊天,说令尊如不写小说,一定是著名诗人。

忽忆二十余年前,我曾向友人借阅《李忠石先生六秩进四双寿诗集》刻本一册,竟获读署名高云览的七律一首,诗云:

> 年逾耳顺犹强健,客里团圆乐可知。儿辈阶前同舞彩,先生蔗境自含饴。门悬弧帨称觞日,宾满东南介寿时。何日乘桴浮海去,登堂待颂九如诗。

此诗若是高云览所作,是也能见其学养非"一日之寒"也。

画家蔡鹤汀墓志铭

当代著名花鸟画家蔡鹤汀、蔡鹤洲两昆仲长居西安,其实乃福建福州人也。最奇者是蔡鹤汀夫人区丽庄、蔡鹤洲夫人林金秀也都是花鸟画名家。20世纪70年代中,区丽庄女女史自西安来隐居于鼓浪屿,我因其长君年腾兄和尊坦高振碧兄的缘故,有幸亲近大雅。蒙年腾兄出示其先尊之墓志铭拓片,全文皆以单刀刻就,略似治章之边款,是当代美术史之重要史料也。文曰:

> 蔡君鹤汀志铭,长安翁维谦造文。君讳鹤汀,字颐元,氏蔡,曾号枕石散人,于公元一九零九年农历三月十六日生于福州,于一九七六年三月廿五日逝于西安,享年六十有七。君幼贫,爱画,尝布芦花、沙砾画瓦雀、寒蝉,乡人善之。十五,从事国画。二十又一,入上海书画会,举首次画展,树清新风格于画坛;颜其室曰获芦庵,示不忘幼也。间游山川,自然奥秘尽入画囊,源泉广博,推陈出新,有所成就岂偶然哉!君尝强调书画同源,精研书法,熔六书以为画,从金碧山水到没骨花卉,从画院之逼真到民间之淳厚,并及西洋画,均取其长。故克独树一帜。写山水、人物、鸟兽、草虫,各臻其妙。尤其写风雪巉岩、云烟变幻,所绘惊涛飞瀑早获"画泉有声"之誉。晚好写松、虎、牛,有深意焉。解放后,任陕西戏曲剧院艺委会委员、全国美协委员、西安美协常务理事、市政协委员、剧协委员,蝉联市二、三届人民代表,出席省文艺先进工作代会,二次作品被选出国。君髫龄

嗜画,老而弥笃。铭曰:岐嶷八闽,熠耀三秦。丹青驰誉,彩笔绚春。晚献身于革命,耕画苑以维新。恸先生之长逝,欣后继之有人。

20世纪80年代初,我复旦毕业后在中国历史博物馆实习,特到帅府园中央美院家属院拜访丽庄女史。是时她老人家严重失聪,只能笔谈,终日笑口常开,令人倍觉温馨。

顾毓琇教授

顾毓琇教授是驰名海内外的科学家,江苏无锡人,1923年毕业于清华大学,1928年获美国麻省理工学院电机博士学位。曾任国民政府教育部次长、国立政治大学校长。顾先生治科学之余亦善诗能戏剧,著有《一樵诗词集》以及《琵琶记》《白娘娘》等多部话剧。

1990年我旅居美国,某晨突然接到顾小樵博士不幸因车祸弃世的电话。小樵是顾先生的公子,我三哥振辉的好朋友。三哥闻此讣音后,悲伤至极,槚户竟日,与我回忆起从前受知于顾毓琇教授,以及和小樵博士在读书时候的种种友谊,并出示一部他珍藏多年的《一樵诗词集》,一樵是顾先生的字。诗词集的扉页有他的赠书题款。我在洛杉矶之帕罗斯·佛德斯(Palos Verdes)山居的那段日子,每日就以诵读《一樵诗词集》为常课。回国许多年后,犹能记得多首,其中1947年他所作的《摸鱼儿·秋声,用稼轩韵》词一阕云:

有谁愁一楼烟雨,矶头燕子飞去。秦淮浮碧钟山紫,霜叶栖霞无数。秋勿住,吊井底胭脂,寂寞台城路。江山不语,问花落花开花残花好,非雾亦非絮。　　楸枰里,不道苍生尽误,几番风月相妒。阴晴圆缺风知否?离合悲欢谁诉?风莫舞,怕落叶随风席卷中原土。兴亡最苦,且共扶危栏,秋声环绕,更上一层处。

卢嘉锡教授

科学家卢嘉锡教授善属文。1998年,我为收集整理厦门摩崖石刻,在厦大水库之后山获读其四十年前所撰《厦门大学方虞田副教授事略》碑文。文曰:

> 方虞田副教授为吾姑家独子,生于公元一九一六年岁次丙辰十二月初五日。少善处贫,有大志。抗日战争前夕,考入我校土木系,甚得师友器重。既卒业,留校教课兼主基建工程。解放后,于厦市建设殊多贡献,被选为市人民委员。院系调整时,我校工学院外并,当局以基建需人,挽留之,畀以总务要职。数年来,依靠党,热爱社会主义,任劳任怨,敢想敢为,多方创造,具见崇高品质。在今日"大跃进"中,工作尤为积极。不幸因试验沼气发电,亲自下坑检查,被爆火灼伤全身,病中忍痛支持,犹关怀校内任务。历旬日,经专医疗救,以伤重不起,于一九五八年六月二日逝世。呜呼痛哉!余向爱其才,嘉其志,尤钦佩其工作精神。今乃遭此意外,实堪悲悼。爰志其生平,俾垂不朽。公元一九五八年秋,表兄卢嘉锡识于厦门大学。

卢嘉锡教授有善德。1957年,厦门大学张兆荣、李拓之及林鸿琪三教授都被打成"右派",两年后又被清扫出门。时届岁除,他们在厦皆举目无亲。卢先生和他们素无交集,那天闻悉情况,即见义勇为,提供市区通奉第巷自己的一所旧宅以纾难,而且片钱不收,直到拨乱反正,他们重返教坛。张兆荣教授生前每对我提起此事,感恩不已。前几年,我曾对卢先生的哲嗣咸池兄谈起,希望将来他主编的《华夏赤子、科教巨擘卢嘉锡》(中央文献出版社,2017年)一书若再版,记得将此事补上。

卢嘉锡教授擅诗工对联

卢嘉锡教授家学渊源,科研之暇亦擅诗嗜书法。1989年春节,贺英国著名科学史学家李约瑟(Joseph Needham)诗云:

颂我古今不薄今,烛微知著为求真。辉煌七卷科学史,天下谁人不识君。

1990年作《诉衷情·李约瑟博士九秩大庆》云:

等身著作胜封侯,杖履任优游。金丹九转精核,明道有谁俦？前史事,感君修,茧方抽。学人同赞,光耀双星,海屋添筹。

1995年李约瑟去世,卢先生强忍腰椎剧痛,作《怀念中国人民的老朋友李约瑟院士》云:

深情厚谊系中华,科技史传遍遐迩。独运精思评历算,勤携妙笔论丹砂。烹茶雅舍谈医药,把酒明窗话稻麻。多少神州兴废事,富强当见锦添花。

朋友为带到剑桥李约瑟追悼仪式上展示,中外科学家无不唏嘘动容。卢老工对联。1996年贺陈国珍教授八十寿诞联云:

争东返,培育桃李,授业著述,同侪喜看分析界新秀,南强辈出；
奉北调,献身核能,深居勤出,全国欢呼蘑菇云上天,西帝震惊。

1996年贺叶笃正教授八十寿诞联云:

叶茂根深,东亚环流结硕果；

学笃风正,全球变化创新篇。

1982年挽恩师张资珙教授联云:

忆早岁喜聆教诲,嘱改主修化学,今日言犹在耳;
赞平生苦钻学术,未忘忠爱祖国,何期死竟含冤。

1992年挽爱妻吴逊玉联云:

佐夫君学成功遂,同甘共苦,诚贤内助;
育后代五男二女,勤劳俭朴,念我慈亲。

1995年挽李约瑟联云:

科技名家,望隆山斗,长传巨著书千卷;
和平卫士,德重圭璋,永慕高风士百行。

晚年挽方锡畴教授联云:

在厦大学习四年级,初承教诲,谆谆指导,重视实验基本功夫,仿佛言犹在耳;
离鹭岛工作卅余载,缅怀师道,循循善诱,培养问题解决能力,铭感言出由衷。

咸池兄主编的《华夏赤子、科教巨擘卢嘉锡》一书之封底,刊载卢老先生题为《读曾子名言有感而作并书此自勉》之手迹云:

吾日三省吾身:为四化大局谋而不忠乎?与国内外同行交流学术而乏创新乎?奖掖后进不落实乎?

郑德坤教授

郑德坤教授,中国当代考古界之泰斗也。1907年5月6日出生于鼓浪屿。中学时代就学于岛上的英华书院(按:今厦门二中的前身),1926年考入燕京大学中文系,师从顾颉刚、容庚等名师。1930年燕大毕业,次年得研究院硕士学位,留任哈佛燕京学社研究员,从事研究校读《山海经》和《水经注》,并研习古物鉴赏。1934—1936年回厦门大学任教,讲授中国文化史和通史,其间于1936年4月与林惠祥教授共同主持泉州中山公园唐墓的发掘,发现"贞观三年闰十二月廿五日"和"贞观三年岁次己丑"纪年墓砖,并出土明器74件以及铜器等随葬品。此次发掘,首开中国南方应用近代考古发掘方法之先河。同年受哈佛燕京学社委派赴四川,在华西协和大学任教,并主持大学博物馆。后著有《四川史前考古》一书,在剑桥大学出版社出版。被日本考古学家水野清一教授誉为"四川考古学之父"。

1938年郑德坤赴美国哈佛大学攻读考古学及博物馆管理,1941年获博士学位后,返回华西协和大学任教兼博物馆馆长。1947年赴英伦在剑桥、牛津和伦敦三所大学轮流讲学一年。1948年路经香港,本打算入川,因当时国内政局动荡而未能成行。1951年受邀再次来到剑桥大学任讲师、研究教授,直至1974年退休,总共服务23年。退休后,他又应邀到香港中文大学,出任该校文学院院长一年、副校长两年。1978年于香港中文大学创办"中国考古艺术研究中心",任首届主任。在港期间,他与陈公哲、饶宗颐等有过从,他们都是香港考古的奠基者。1979年第二次退休,但仍被邀请出任中国文化研究所义务主任,直到1985年底因健康原因不得不彻底退休。2001年4月6日,94岁的郑德坤逝世于香港。郑德坤教授遗著有《水经注引得》《四川古代文化史》《中国明器图录》《中华民族文化史论》等10余种。2007年,商务印书馆出版《郑德坤古史论集选》,内容包括《水经注》研究、历史地理与民族、史前考古和文物艺术研究,皆当代考古领域的重要成果。

郑德坤教授是鼓浪屿名门黄廷元的快婿,夫人黄文宗毕业于燕京大学。其学术声名在外,亦我英华母校之荣光。

郑德坤是中国研究古代明器第一人

丙申（2016）秋，检旧藏书，获读鼓浪屿人郑德坤、沈维钧两先生合著的《中国明器》（上海文艺出版社，影印本，1992年）一书。郑德坤先生自序云：

> 一九三一年春，我随本校国学研究所容庚、顾颉刚两教授访古到洛阳，由郭君玉棠的引导到西郊去看被挖了的古墓。洛阳附近人民多系穴居，善凿穴开洞，遂为劫墓的能手。他们由墓顶凿穴而入，穴大不及三尺；及尽得墓内遗物则由墓侧开洞而出，洞亦不盈三尺。劫窃完毕，即以土填穴塞洞；其技术的精妙如此，洛阳古物出土日多，这是个重要原因。
>
> 容教授为研究所在洛阳收买汉、六朝、唐明器数十种，遂引起我的兴趣，同时又看到龙门千佛崖、巩县石窟寺及正定大佛寺的刻像，颇足与当代明器相印证。回校后，遂将所得与诸图谱比较，考诸经籍，探讨其制度，研究其艺术，而作此系统的叙述。吾友沈君维钧有《明器制度考》之作，收集汉唐文献约五千言，叙述明器制度颇详，闻我研究此学，慨然将稿见示，并许任意采用。本文直录其稿不下十余条，因并记其名以志合作。（下系感谢其他帮助者，从略）郑德坤一九三二年，十，十五，燕大。

书为1933年哈佛燕京学社出版之《燕京学报》专号之一。1992年上海文艺出版社影印再版时，附说明云：

> 本书是中国学者研究明器的最早著作。通过对文献资料和实物资料的印证研究，论述了从仰韶文化到明清各个时期明器的组合状况、风格特征等，并从社会生活、宗教文化、工艺技术等多方面探讨其成因，对今天文化学研究有参考价值。

郑德坤教授佚文

1934年，郑德坤在厦门大学任教，并兼任厦大文化陈列所主任，其间教育学院学生茅乐楠适著有《新兴的厦门》一书，求郑德坤作序。其序言全文如下：

我相信中国的问题要中国民族自己来解决，我更相信中国民族有自己解决的能力。四千多年的历史已证明中国民族有这种能力，他们不断地接收新文化，很稳固的[地]进步着。中国目前的状况好像落后极了，处处呈露着紊乱的现象。清末以来，内乱、外患、天灾，那[哪]一天是太平日子？但是经过这苦痛的时间，中国民族处处在维新、在奋斗，在建设新文化。新兴的厦门便是个很好的例子。七八年当中，把一个落后的、污秽的，各种恶势力盘踞着的厦门改新了，这不是个伟大的事迹吗？谁说中国民族是退化的？厦大同学茅乐楠君在这小册里，简单把厦门新兴的事迹写出来，让我们知道厦门近年来的进步，这是他的贡献。

茅君最后所提的几个问题，我相信在最近的将来，都可以解决。譬如收回鼓浪屿，不久准可以实现的。厦门改新以后，鼓浪屿早已失掉它重要的地位。论居住，鼓浪屿比厦门贵，何止三倍？论治安，厦有抢案，有绑票，有籍民，鼓浪屿或者来得更凶，连巡捕也遭殃。论游玩，据工部局的报告书，鼓浪屿有六个公园，可是大的比不上厦门中山公园的足球场，小的没有网球场一半大。论交通，厦门堤岸造成功，码头林立，鼓浪屿当局，相形见绌之下，才大提高税率，开始修筑第一个码头。论平民的生活，在厦门要受种种的拘束，在鼓浪屿，小贩经过洋大人门前，谁敢高声叫卖，小学生学吹号，洋大人竟擎枪警告。这都是鼓浪屿的家常便饭，鼓浪屿不收回行吗？我们让我们的同胞在这种情形下生活，已经三十几年了！我相信中国政治一上轨道，这些问题，便不解而自解。

维新是困难的，改革要受种种的损失，唯有团结，有计划的奋斗，才可以成功。

民国二十三年八月二十日，为茅君所著《新兴的厦门》作序，并与同胞共勉之。郑德坤序于厦大。

铎音篇

梦梅花馆二三事

绣伊李禧仁丈与我家有通家之世谊，1962 年我读高中时，先祖仰潜公即命我时常趋庭请安问字，是以在他晚年，我有机会仰承謦欬、接受熏陶。绣伊仁丈时任厦门市图书馆馆长，但居恒布履长衫，宛然有夫子之风。其对后辈之好学者辄加奖掖，某日仁丈告诫我，宋人《沧浪诗话》所谓"入门须正，立志须高"，学作诗、学做人，皆应如是。

绣伊仁丈特别赞赏陈掌谔（幼穆）先生为厦门中山公园捐赠宋代钧窑鱼缸的义举。1963 年深秋，仁丈大病稍愈，在廊下负暄曝日，犹记挂公园的菊花今年开得好否？幼穆捐赠的宋瓷还在否？

我闻先祖父说，仁丈元日每自撰四字春联，其最脍炙人口者为"小人有母，大地皆春"。1962 年壬寅春节门联已作"三面红旗，一春绿树"，墨沈熊熊，观者击掌。

岁壬寅，仁丈之《梦梅花馆诗钞》问世，其自跋云："余夙读诗爱青莲之高旷，昌谷之谲诞，玉溪之工丽，欲冶三李于一炉，究之仙鬼殊才，别开境界，迥乎难矣。"其实，仁丈晚年于《沧浪诗话》论诗意境之"羚羊挂角"一说，颇有心得，得闲每娓娓为我析之。

《梦梅花馆诗钞》由卷端所附李正华《问云山房诗钞存》《鹿呦集》《解放集》三部分组成，线装一册，少数寄境外亲友者则无《解放集》，亦线装一册。寒斋珍藏有此两种，皆仁丈惠赠也。

绣伊仁丈辞世于 1964 年 3 月 14 日，其大敛在本宅，身后之哀荣为我平生所仅见。犹记陈玉琮先生主祭，当祭文念至"呜呼尚飨"时，玉琮先生抚棺，已痛泣不成声调。时先祖父命我作挽词云："世谊通家五十年，趋庭我记落花天。百篇诗思闲鸥侣，一叶莲乘太乙仙。永巷墨兰花忍发，青山红树愿终悭。最怜一片西江月，从此娟娟只自圆。"亦悬灵右。

《紫燕金鱼室笔记》

绣伊仁丈《梦梅花馆诗钞》之"郑延平遗迹"十一首,及《紫燕金鱼室笔记》,乃我对地方文化产生兴趣之嚆矢也。1974年,仁丈归道山之十年,我重过梦梅花馆,祖实世兄出示绣伊仁丈《紫燕金鱼室笔记》之剪报粘贴本三大册,"蒙许借读,欢喜欲狂。笔记凡四百六十九则,约五十年前载于地方报刊者,绣伊公自剪贴存之。于鹭门名胜、风俗信仰、近代事件、文物遗迹、名士诗文,包含万象,无所不有"(拙作《敬抄绣伊公紫燕金鱼室笔记序》)。是时,我友张志华君业余与我同在罗丹师门下求艺,见而鼓励我全部抄录。自此之后,我利用工余时间,争掇片暇,以小楷恭录。时适先祖母寝疾,我一边侍奉汤药,一边抄书,终于在翌年初夏抄毕,并乞稚华罗丹师为之题耑。2017年,《紫燕金鱼室笔记》根据我的抄本整理出版。当初的剪报粘贴本我抄毕即归还祖实世兄,世兄病逝后,已不知去向。我的抄本两册,今归厦门市图书馆收藏。

"阳台夕照"传佳话

绣伊仁丈于厦门书法界独推欧阳桢。厦门万寿岩后有"阳台夕照"四个擘窠大字,乃其唯一存世的摩崖石刻。欧阳桢字小椿、小邨,号韬聿,别号"思明一布衣",清末进秀才,年犹未弱冠。其后,曾任厦门大学国文讲师和厦门诸中学教席。其行书往往兼容魏碑笔意,写来骨力坚苍而神完气足。"阳台夕照"此四字书于1935年,欧阳桢先生时病笃,写成后遂去世。十四年后,李禧、罗丹、蔡乌石等朋友为怀念亡友,特意出资为其镌石。绣伊世丈不仅附刻题跋记其事,还作诗一首,存之《梦梅花馆诗钞》,诗曰:"剧笭僧去剩吟魂,墨沈长留镇山门。撼碎夕阳钟百八,玉溪忆共乐游原。"前辈文人之间互相尊重的高风,诚为厦门文坛的一段佳话。

"廿年才饱看梅福"

新中国成立后,厦门为海防前线,1958年10月,田汉、梅兰芳曾率中央慰问团莅厦演出。绣伊李禧仁丈时任厦门市图书馆馆长,因此应邀出席观赏,归来大有感触,作诗一首云:"也擘瑶笺寄好怀,月明林下美人来。廿年才饱看梅福,破例还思一写梅。"有请教诗中第三句当如何解释者,仁丈云,1937年抗战全面爆发,翌年厦岛陷敌,他不得已只身走避香港。适梅兰芳在港举办抗日义演,彼不忍以难民身份入座聆听。不期二十年后,得以在厦门家乡亲赏大师奏艺,抚今追昔,能无感慨乎!

醉桃庵

钟文献(1890—1983)老先生,厦门人,同盟会会员,福建文史研究馆馆员。20世纪50年代,先祖父仰潜公与钟老同在厦门市政协老人小组参加活动。1972年,我有幸在他绛帐之下执经问字,即以桐城派大家姚鼐选注的《古文辞类纂》为课本。钟老先生一开始就告诫我,此道别无捷径,须从后面的清文读起,每篇都要背诵。经此炉锤,我的古文知识方有稍进。

钟老时已八十四岁高龄,非唯思维清晰,犹且博学强记,《十三经》名句常能脱口而出。他世居厦门出米岩,榕荫深巷,瓦屋数楹而已。因为索居早睡,故从不用电灯照明。北山虞愚教授曾来探访,赠以在北京特为他选购的煤油灯罩。老先生每晨必登万石岩散步,风雨寒暑几无间阻。钟老曾为我言:其中年时某岁春正,以除夜残酒浇洒庭前桃花。及春,花开特艳,挚友绣伊李禧先生见而奇之,遂以"醉桃庵"三字颜其书斋,并题诗一首云:"掷杯天外挹流霞,不数汪伦近酒家。只恐碧翁同醉去,且将余沥酹桃花。"今"醉桃庵"三字榜书及诗跋的手迹,珍藏寒家已数十年矣。

钟老平生所作诗不多。抗战时写成的《厦岛沦日百咏》,旨在"俾知国家羸弱所受之惨痛",故能随事感赋,借抒愤懑,今已成重要之诗史。

钟老去世后，我遍寻他当年为我讲授的那部《古文辞类纂》而未果。三十余年后，旧友林泽辉君来家晤叙，偶谈起后来钟老将这部书赠予他，惜毁于"文革"。

陪钟文献老前辈游山

1973年，李大伟同学邀我陪钟文献老先生在岛内万石岩、狮山做一日之游，意在向钟老现场讨教这一带的文物遗址。时空山无人，鸟鸣更幽。钟老兴致极高，拄着拐杖，带领我等遍寻郑成功杀郑联处的"锁云"、万石岩的"水鸣韶""闲乐居"等石刻，还登临中岩——鹧鸪岩这座昔日郑氏的家祠，最后朝拜了太平岩的延平王读书处。钟老每到一处辄将相关历史娓娓道来，让我等吸收了文物遗址的常识，对郑成功的历史文化产生了特别的兴趣。

记得那天中午，我们在"石笑"附近席地品尝馒头水果，然后汲泉烹茗，其乐融融。钟老说此行不可无诗。嗣后，他作了一首题为《访郑延平读书处越西山大南区同丙仲大伟》的七律诗，诗云：

古刹横摧百感并，雄风奕奕草鸡称。无边景色抽新思，一茗清供谒故灵。回首悬崖惊陡削，提心叠嶂勇攀登。修龄未觉豪情减，偏向崎岖步不平。

这首诗后来收录于《钟文献诗集》。

钟文献夫子遗诗

钟文献夫子归道山已二十余年矣。岁丁丑（1997），有友生自香港回厦门，愿梓其遗诗，辑为《钟文献诗集》，得诗稿共四百余首，戴光华先生为序。丙戌（2006）冬，爱女婉莘结婚，我整理旧物，忽在书柜中检得钟夫子遗诗七绝四首，乃为厦门市政协文娱室开放而作，先祖父仰潜公之遗藏也，诗云：

留得人寰不老春,沧桑历劫怅前尘。心旌未肯随风靡,耿耿秋晖照洁身。

　　歌喉婉转散眉愁,话雨巴山记曩畴。缔造升平新气象,吟诗顾曲尽风流。

　　矫健精神扶杖少,文章锦绣不言寒。柴桑合有盈樽酒,脱节飘香就菊餐。

　　盛时未见不平鸣,到处欢腾颂政声。自是桃源新境域,怀柔无事剑光横。

　　此诗集所无,遗珍也。

　　钟夫子生于前清光绪十六年(1890),迟仰潜公两岁,而同为末科秀才。是科,闽县陈太傅适在厦门,主考官乞太傅定甲乙,夫子遂名列前茅。民国初年夫子到永春长卿园小学校,而先祖父则在厦门长五通乐安学校。夫子旋受聘主印尼泗水之华文学校,而先祖父辄株守家园矣。抗战全面爆发,夫子避难鼓浪屿,不肯为日寇所用,士林以气节称之,而先祖父则鼓励先父投军报国,亦留下一段佳话。晚年二老又同参加市政协之活动,虽非风雨过从,亦声气相求之老友也。中学毕业后,先祖父命我从钟夫子读,除学问外绝少闻其负暄谈往。

　　晚年,承我中学业师陈中柱先生相告,他少年时也曾师从钟夫子读古文,并说钟夫子又名锡年。

先祖父仰潜公

　　先祖父仰潜公(1888—1969)总角入惠安县学。平生所学唯四书五经,偶亦涉猎杂学新书。中年以后居鼓浪屿,长斋绣佛,除参与市政协活动外,足罕出户。我青少年时多接受先祖父的熏陶影响。他晚年常读《古文辞类纂》和《诗经》外,闲书有《曾文正公全集》等,记得他曾抄录过二十余副曾国藩撰写的对联,我今犹能背诵其中两对,其一为《挽弟国华》云:"归去来兮,夜月楼台花萼影;行不得也,楚天凉雨鹧鸪声。"其二为《挽弟国葆》云:"大地干戈十二年,举室效愚忠,自称家国报恩子;诸兄离散三千里,音书寄涕泪,同哭天涯急难人。"先祖父常教训我:"要做'家国报恩子',才是好子弟!"

仰潜公读清代张潮《幽梦影》,其有句云:"春听鸟声,夏听蝉声,秋听虫声,冬听雪声,白昼听棋声,月下听箫声,山中听松声,水际听欸乃声,方不虚此生耳。"他以为家中听到微风吹过,书画挂轴敲打在粉墙上的声音,最美。所以祖父弃养后我家几回迁新居,都记得在客厅墙上悬挂书画。

仰潜公常用来临池的字帖是《大唐王居士砖塔铭》原拓本,暮年嫌其字小,改学左宗棠所书"天地正气"之行楷墨拓四大字,每天意临数过而已。祖父说点划之间与文襄公神交意会,妙不可言。

仰潜公书斋常年悬挂一幅落款为"嘉庆癸亥(1803)岁九月初七日坐鹿门精舍,伊秉绶书"的格言扇面,曰:"无私如天地,光明如日月,静重如须弥,深广如大海,无住如虚空,随顺如流水,荣辱如空华,冤亲如梦幻。"祖父每对我说,一生要恪守此"八如",甚难。

先祖父晚年为我撰书警句云:"见先哲于羹墙,慎独知于衾影。戒慎乎其所不睹,恐惧乎其所不闻。战战兢兢,如临深渊,如履薄冰,诸恶莫做,众善奉行。此希贤希圣之妙诀也。"2014年,厦门市老龄委、市委文明办和厦门晚报社联合举办的首届全市十佳家训家风评选,我举此参与,博得头筹。

先严所作先大父母行述

1969年、1975年先大父母先后弃养,时先严启人府君居台湾,为作《先考行述》,文曰:

> 先考何公讳仰潜,字良麟,福建惠安人,生于民前廿三年,世居邑之慕边乡,山明土厚,中夹平畴,累叶相承,耕读为业。先考邃于文学,乡党推重。民国七年受聘为厦门禾山乐安学校校长,乃举家迁居焉。
>
> 先考秉性刚直,仪容庄重,处事以公,接物以诚,治学以勤,自奉以俭。少从涂岭名师陈修梅先生游,颖悟过人,纵心礼教,熟习四书五经,博览诸史百家,故其学术精深而渊博,尤以历代兴亡与古今名人成败事迹详予分析,探讨其盛衰得失之理,针砭邪恶,阐扬正义,源源本本,至精至当,俾不孝暨及门弟子知所效法与警惕。晚年皈依佛门,力倡"万法以慈悲为本",宏扬释理,同沾法益者不知凡几。先考惇厚,待人恳挚,慷慨仗义,乐善好

施,常引前人格言"贫者无怨难,富者无骄易"以自勉励,益以身体力行,亲友之获益者良多;且守正不阿,地方偶有纷争,得先考一言而获排难解纷,免于涉讼对簿公庭者,更难胜数。

民国廿四五年,寇患猖獗,国事日非。先考时以"有抱负者无逆境"训示不孝。未几,七七事起,不孝正自海军航空学校毕业归。时中枢需才孔急,先考抚不孝之背而言曰:"风云际会,男儿报国之时,汝宜凌霜雪而弥劲,方无负何氏族人之期望也。"不孝自抗战军兴,迄至转进来台先后凡二十三寒暑,供职空军驱逐机廿六中队、轰炸总队,四任空军站长及基地勤务组长、航行总管制长,勇敢杀敌,无役不与,坚贞不移,劳苦不辞,皆遵奉先考之训示,有以致之。

三十八年秋,不孝自四川空军基地仓卒飞台,未遑奉先考俱行。厥后多次托人设法,期得迎养来台,晨昏定省,借报乌私,而先考坚持不许,终未如愿,负咎弥深。荏苒韶光,廿载于兹,未尝一日稍释于怀,而引为终身之憾也。

八月下浣,惊闻噩耗,先考竟于五十八年八月十六日八时(即农历五十八年七月十四日八时)溘然弃不孝等而长逝矣,呜呼痛哉!"树欲静而风不止,子欲养而亲不逮",望云陟岵,五内崩裂,抢地呼天,百身莫赎。丁兹巨祸,谨泣述先考事略与不孝未克迎养之罪,苦块昏迷,语无伦次,伏维矜悯而垂鉴焉。不孝何启人泣述。

《先妣行述》曰:

显妣高氏,闺名绢,民国纪元前二十三年生,世居惠邑八担乡。年二十来归我父,布衣荆钗,亲操井臼,先后生一男七女,白发齐眉,兰桂满庭,可谓积厚流光。先妣和亲睦邻,倡行公益,恤寡济贫,居恒以"人之谤我也,与其能辩不如能容;人之侮我也。与其能防不如能化"等语以训示儿辈,里称贤母。

民国十一年,吾父蛰居厦门禾山,家境清寒,吾母耕织以维家计,典质以款友朋,提携抚育,备极艰辛。其孤心孤诣足以淬励良人之豪志,终能使吾父无内顾之忧,从事著述。相夫教子,尤为乡间所乐道。先妣幼习诗礼,中年奉佛,晚年茹素。其于人也,长则执礼惟敬,幼则奖掖有加。孝友成性,朴实可风。习于勤劳,体魄素健,正期晨昏定省有日,稍赎久疏奉养之恸于万一,胡天不吊,竟夺我母以去,呜呼痛哉!□月下浣,骤闻噩耗。如遭霹雳。泣血椎心,百身莫赎。谨略述先妣生平行事,奉告诸亲友。苫块昏迷,语无伦次。伏乞矜悯垂鉴焉。不孝男何启人泣述。

琐记梁果斋先生

梁果斋先生是当代书法家,能以口衔笔作草书。其归道山后,哲嗣君吉为编印《口墨书法家梁果斋》一册,其中刊有郁达夫一函云:"闽南梁果斋先生多才多艺,能以口书,擅铁笔,通金石文字,所制印泥绝精,惜世无好事者为之宣扬耳。将去京沪,道出三山,曾与接谈,恂恂儒者。感佩不置,因书此以为赠。"郁达夫于1936年至1938年曾寓居福州,查《申报》1937年3月10日果有《口书画家到沪》一文,报道梁先生"昨由闽省乘靖安轮抵沪",则郁达夫此函当作于此前不久。惜原件已荡然无存矣。旋抗日战争全面爆发,是年8月,梁果斋先生在上海义卖作品,以所得尽捐给抗战事业,《神州日报》1937年8月28日刊登《梁果斋鬻书输捐》一篇消息云:"厦门海啸书画社旅行全国展览会主事梁果斋,以书画蜚声全国。兹悉梁君鉴于暴敌当前,发起鬻书输捐,以所得润资,悉助前方将士,资杀敌之需。收件处为本埠中汇大楼四楼福建旅沪同乡会。"梁果斋先生"恂恂儒者",生前从未提起这段往事,故鼓浪屿人皆不知先生当年之爱国义举也。

梁先生居鼓浪屿,每作书辄先饮酒少可,谓可止口涎也。晚年为我作草书清人绝句一幅,笔势雄健洒脱,洵为妙品。先生好客,有客来必招待以佳茗。我读高中时,某夜和林禧祝同学登楼做客,及谈到他年轻时在北平师从梁任公时,神情激动。不意突然内急,归来后竟忘乎所语。

梁先生嗜诗爱交游,记得壁间悬岭南名家潘飞声(字兰史)的赠诗手迹。老前辈健庵施乾先生时亦居屿上,赠以《梁果斋口书影像题句》云:"书家多悬肘,君竟运以口。字学雁衔芦,作俑知谁某。张芝古草圣,淋漓墨濡首。乃知大才人,誓不与众偶。煮字难疗饥,得钱即沽酒。酒向口中倾,笔向纸上走。能事何必多,今名期不朽。学书苦无成,予颜芳杜厚。拟将笔砚焚,挥剑断吾手。"健庵先生盖其知己者也。

傅衣凌先生重视乡土史学

傅衣凌先生"文革"前在研究中国社会经济史的同时,大量阅读全国各地明清时期的方志、文集、笔记和其他公私记载,随手进行札记,或摘录,或原文照抄。他曾从有关福建部分选择15篇札记,以《闽俗异闻录》为题,分4次在《福建文博》1984年总第6、7期,1986年总第9期,1987年总第10期刊登。傅先生在前序论及区域文化时有言:"当代史学研究中,乡土史学、地域社会是一门值得重视、有广阔前途的史学领域。同样地,我国传统的史学研究亦很注意于地方志的撰述与探讨,它为通史的编写,提供丰富资料,打下坚实的基础。"今将其15篇的题目胪列如下,非唯借此管窥傅先生之治学门径,亦谨表我对前辈学人的葵仰之情。

《冯梦龙记寿宁风俗》(据日本东都大学人文科学研究所所藏《寿宁县待志》影印本抄录);《福建宁洋人祭遗习》(据同治《宁洋县志》所载当地宋代尚有人祭遗习);《闽中禁左道榜》(从明人张鲲渊的《禁左道榜》,揭示农村迎神赛会与社会经济发展的关系);《龙岩西陈的鸭禁碑文》(发现碑文中有关民俗的史料);《谢肇淛万历〈永福县志〉所记明代永泰客民》(异县之民,十有二三);《福鼎〈蓝氏族谱〉中的畬字义和石碑禁文》("大抵从番而入,捏造入番二字,合即读畬字");《陈北溪论南宋漳州淫祠与淫戏》(《陈北溪集》有淫祠与淫戏两论);《莆田戏剧史资料:北关外瑞云庙志德碑》(不许混雇戏船,以误营生);《泉州〈清源金氏族谱〉中的〈丽史〉》(对研究元末泉州民族混居情况及社会风俗颇有参考价值);《龙溪县二十五都的禁丐强乞碑》(乞丐是封建社会的特殊产物,地主阶级所利用的工具);《清末安溪的卖妻和改嫁文书》(研究清代福建农村的婚姻关系和妇女社会地位的文书);《泉州〈吴氏族谱〉中的〈黄龙族规〉》(清代福建泉州收、继婚习俗的残存);《清代龙溪农村的水利管理》(以龙溪杨氏家族的水利管理碑文,和以二十五都一份互换字契为例);《明清福建各地风俗的转变》(以崇祯《海澄县志》、康熙《沙县志》、康熙《同安县志》等方志为例);《连城新泉张氏、福州侯官云程林氏的族规》(两篇均全文)。

回忆李芳远先生

曩读《晚晴山房书简》有弘一大师《与李芳远居士》论"初学篆书,宜先习《说文》,解建首,每日写四字"一节,辄知鼓浪屿有弘公之"十三岁童子"李芳远其人,遂心仪之。及20世纪70年代初先生方从塞北归来,年未周花甲,望之已颓然一翁。

李芳远先生居北京久,与文化名流多有过从。初返厦门,因病废,形同寒丐。偶以齐白石、钱君匋为之治印示人,每遭白眼。闻幸有高怀先生仗义,请市政协按月予以生活接济。时我在鼓浪屿当工人,闲暇在家读书作画,无意间与芳远先生成了忘年交。先生早年毕业于福建协和大学,博学多闻,尤长于诗,尝为我谈晚唐诗人韩偓与近代南社诸贤之诗文掌故,此在当时于我不啻荒漠甘泉。先生还不时出示田汉(寿昌)、郑逸梅等许多文化名流给他的书信,供我阅读欣赏。我也常将习作请他指正。他开玩笑说,日后尊作结集,可名《蚊雷集》。

芳远先生某日为我书其当日在塞外劳动时所作《红杏》诗一首云:"红杏枝头芳意迟,人间春讯柳先知。若教嫩绿阴成后,定有莺声拂晓时。"字近六朝,颇瘦硬有致。十数年后新加坡永春会馆搜辑乡贤遗迹,遍寻未获。最后在我家见此,称此为李芳远罕见的墨宝。

1980年,厦门郑成功纪念馆恢复开放,正为筹备郑成功复台纪念活动而需才孔急。我虽樗材,经李芳远游扬奖饰,恩师张宗洽先生竟千方百计将我调入,加以培养。两先生之知遇隆恩,我永矢弗谖。

李芳远先生言必称弘公,言行举止亦以弘一大师为范。1987年他归道山后,我过笔山他的故居,赋诗数首,其二首云:"江山故宅雨声中,往岁招贤觅旧踪。一自梅花零落后,更无人与说弘公('江山故宅雨声中'为李先生杭州招贤寺怀念弘一法师句)。""得意高吟此句工,江山故宅雨声中。至今拾翠谁相问,独向空山怅落红。"

李芳远先生《李叔同印藏歌》

李芳远先生曾抄示其《李叔同印藏歌》七古旧作一首。诗前有"小引"云：

倭夷既降,河山光复。明年夏,漫游吴越,遂应约来湖上招贤寺结夏。弘伞大士为指吾师未出家、临出家、既出家留孤山胜迹凡三：曰"西泠印藏"；曰"小青墓碣"；曰"华岩塔径"，而灵隐巨赞上人时来导游,遂往寻访。辄为长歌,以申永慕,而志斯游焉。

诗云：

仓颉结绳天雨粟,缪篆制文史所录。范铜镌铸印乃成,屈蟠龙蛇相追逐。传令戎行初虎符,秦权锥勒政文书。汉钮已印紫泥封,商契沿袭竞规摹。阴文阳文鸳鸯篆,精妙无伦世所称。百家造作方圆笔,叶奕运思逞异能。赵宋开基风益炽,衍流传派自千秋。奚蒋继声遂鼎盛,西泠八家是俊俦。西泠结社肇民初,特起异军有缶庐（公与吴昌硕为雅侣,留连古欢,遂亦入社）。吾师原被尊社掌,法乳尚传乐石徒（时公方执教武林,亦结"乐石社",授篆刻技。今浙派印人不乏公之门下）。吾师铁笔出东汉,早岁风靡著美声。勘破红尘三万丈,出世原为了死生。舍了妻孥舍技艺,宵夜负印上孤山（丁年尝闻公言比出家,连夜葬印孤山事）。二百余石成印藏,叶舟题碣石坝间。风雨飘摇尚俨然（社中人言光复前夕,石坝坍于豪雨,经已修复）,冒暑来寻亦胜缘。可无印蜕供人惜？蹢躅歌吟早不传（马一浮尝制月臂大师治印歌,不可得矣）。西湖自古风流地,孤山佳气无时无。梅花犹郁林逋冢,待建诗龛祀曼殊（公与曼殊称南社两畸人。时海上旧侣方议建燕子龛墓侧,已绘蓝图）。广陵埋骨荷香岸,清呗随风来不断。芳名堪与湖山永,碑是高僧真笔版（明广陵女士冯小青墓碑文,柳亚子藻拟,公为书丹,题名皆一时名士,世为小青幸矣。墓面对隔岸招贤寺,属"曲院风荷",西湖名胜之一）。水边突兀华严塔,亭亭倒影荡清波。风霜凌厉岁时异,常有衔花瑞鸟过（华严石塔经文,公所书写）。吁嗟乎！西湖西湖真灵秀,一丘一壑见天工。应为文林添掌故,瘗印而今李叔同。

今再读此诗,如闻山阳之笛,怅然久久。

李芳远先生记弘公移居南普陀事

林子青著《弘一法师年谱》,记丙子(1936)十二月初六日上午,弘一法师由鼓浪屿日光岩迁至南普陀寺,引用李芳远《记音公(按:弘一,号演音)移居南普陀事》云:

> 日光岩为鼓岛甲刹,香火甚盛。虽所居在偏僻,亦时为爆竹所惊,乃移居南普陀后山石室。……回忆移居之日,芳远所赠水仙花犹含蕊未吐,音公去时,乃将水仙花头起出带去。所用器皿,如数检交清智长老。并以手书《佛说无量寿经》装订成册,载以木匣,刻以手书经名,蓝青加金,奉赠寺主清智上人,以为纪念,借答半载供养之厚恩。

弘一法师于1936年5月至1937年1月,在鼓浪屿日光岩寺闭关修行了8个月,研究律宗并抄写经书。2013年11月鼓浪屿管委会影印出版三部弘一在日光岩所写的佛经,却缺这部《佛说无量寿经》。

李芳远怀念弘一大师的遗诗

1985年在复旦大学读书时,课余在图书馆读《弘一大师永怀录》,谨抄李芳远所作诗文。今老友墓木已拱,我不忍坐视其生前所作与宿草同朽,为移录于此,以志鸿雪。

《哭亡师》,短序云:

> ……九月初四(弘公)迁化温陵矣,越明日,余驰泉州,助理身后事,到则入龛矣。独恨苍昊,何靳我最后一面。嗟夫!宝鼎香销,吊流魂于异域,而此废寺寒蛩,引悲而来,怨不自持。搁管赋诗,诗成夜阑。目瞑意

冷,皓月窥窗,罡风树影,呜呼,吾弘师之魂其来歌乎!

诗云:

钟颂入汉化周宣,涵淡腾波似海川。二十诗文惊海内,亦曾京兆鹿鸣筵。

紫樱曾把红情系,走马章台弄竹丝。金粉歌残脂冷后,茶花声色壮虾夷。

埋骨西施实有灵,千秋气馥美魂馨。更从鸿爪留碑后,湖海墨林认小青。

披发原为亡国恨,西风异域几悲秋。宝刀一曲英雄泪,唱向神州撼鼠俦["披发伴狂走",即(按:弘一所作)《留别祖国》语也]。

载宝沈湘一笑浑,几曾虎跑辟红尘。只因悟澈娑婆事,归向西天拜美人(师出家后日持观音菩萨尊号)。

道义宏深能表戒,海青百补见归真。掩关日作超生计,怜恤愚蛾不点灯(师于一草一木莫弗视同骨肉)。

踏破南天千万岭,芒鞋寒锡气萧森。投荒未竟身先死,遗偈犹存洒血心。

蓬山细雨寻芳日,漫踏山花话昔游。我再来时人已去,一山黄叶唤啼鸠。

销魂冷水成诗谶,岁晚梅居不可期。病榻尺书犹绝笔,西山落日使人悲(余曾约师往梅香界渡岁)。

冲霄劫火出坛来,此别音容去不回。七载相依成影事,黄花一束伴公埋(茶毗礼时,昙昕师以余所荐黄花入龛伴焚)。

澄潭皓月冷如冰,愿把寒梅种满陵。他日移灰苏塔畔,题碑南社两诗僧(曼殊大师在西湖)。

《蓬山云房二首》,短序云:

蓬山云房夜梦与老人泛舟西湖。于时秋高气爽,湖光宜人。及醒,忽觉老人去我人天。篝灯起坐,瞑想前尘,怅惘奚已。爰托毫素,聊抒予怀,兼题老人遗照。时溪虎在鸣,皓月当天。

诗云：

山馆夜眠醒，心寒唤奈何。航湖无宝筏，苦海失伽陀。鹤化庵灯在，月明溪虎号。重来在何日？我欲问嫦娥。

我本梅魂冰雪姿，青蝇遍地岂宜时。只应灵鹫访禅定，休对巫芝描艳词。绿草裴公蠋势力，白莲陶令愧腰眉。何如振锡还山巘，双袖云烟胜画师。

《无题》，短序云：

吾师弘一上人于戊寅岁春日登九日山，凭吊冬郎，慕其劲节孤忠，发愿为辑全传，聊慰忠魂。今余方吊罢弘师，来吊冬郎，抚今追昔，不亦重可哀耶？壬午之秋芳远记。

诗云：

邮亭御轿去潘山，芳草凄迷第几关？寂寞香奁千载后，萧条善梦几年间。尚传红泪洛江怨，空见白头天塞还。落日冬青啼杜宇，羊昙从此泪痕斑。

李芳远《留题招贤寺》遗诗

李芳远先生生前常来寒舍茶叙，某日谈其昔年寓杭州招贤寺，寺中有联曰："池通葛岭仙翁井，门对孤山处士家。"可谓位置极宜，文字亦雅，移他处则不能也。言毕，信笔为我题诗数首，其一乃《留题招贤寺》七律一首，诗曰："葛仙山里梵王宫，一榻寺楼尚可容。引蝶纷飞绿柳影，令人陶醉白莲风。骆丞终向空门老，韩帅长怀漂母功。午夜醒来魂欲断，江山故宅雨声中。"其二为《湖上》七绝一首，诗曰："清吟几度怀湖上，狂寇频年阻海边。何日烟尘能净扫，邓山清映两华颠。"芳远先生曾为人民文学出版社校注《韩偓集》，受其影响，故下笔有晚唐气象。

弘一法师致李芳远两封手札

故友李芳远居士少年时代亲近弘一法师。忆曾出示法师手札两封,一为答其问艺,一为抗日战争厦门沦陷前夕,表示爱教爱国、誓持晚节之函。今录之如下。

其一:

初学篆字,宜先习《说文解字》建首。每日写四字,每字写数十次,写时宜提笔悬肘。如是,积日渐进,万不可以求急速。音启。

其二:

惠教诵悉,至用感谢!朽人已于九月廿七日归厦门。近日厦市虽风声稍紧,但朽人为护法故,不避炮弹,誓与厦市共存亡。古诗云"莫嫌老圃秋容淡,犹有黄花晚节香",乃斯意也。吾人一生之中,晚节为最要,愿与仁等共勉之。

我友陈飞鹏整理出版《弘一法师书信全集》(文物出版社,2017年)收录此两函,第一封定为1936年旧历五月写于鼓浪屿日光岩寺,第二封为1937年旧历十一月二十一日写于厦门万寿岩寺。

澄览大师

李芳远先生曾告诉我,壬午(1942)之春,郭沫若向弘公求墨宝。弘公为书寒山大士诗:"我心似秋月,碧潭澄皎洁。无物堪比伦,教我如何说?"上款署"沫若居士澄览",托芳远转交。事后郭沫若致李芳远书,竟称弘公为"澄览大师"。芳远先生藏有郭老此信手迹,让我抄录:

芳远先生：五月廿日手书奉悉。辱承嘱书《归国诗》，因往事不忍回忆，谨录近作一首奉教，望谅之。澄览大师言甚是，文事要在乎人，有旧学根底固佳，然仅有此而无人的修养，终不得事也。古人云"士先器识而后文艺"，殆见道之言耳。专复，顺颂时祉！郭沫若叩。六月八日。

许多年后，我在林子青《弘一法师年谱》第310页的注释，也读到这封信。

马一浮赠李芳远诗

故友李芳远先生20世纪70年代中由京返厦，甚潦倒。每柱顾寒斋，必携一二封他与当代名贤来往的信札或诗笺供我品赏。所能记得者北京有郭沫若、田汉、茅盾诸大家，沪上则为郑逸梅、钱君匋、陈巨来、冒叔子、陈兼与、吴青霞、陈小翠等名家，共一二百封之多。芳远先生说马一浮先生的赠诗最为难得，我遂顺手恭录二首。一为《酬李芳远先生书寿字》云："龙门字势最雄奇，何况南山法乳滋。只恨人间僧腊短，如来寿量渺难思。"一为《敬酬芳远见赠》云："昔年陆亘问南泉，片石庭花并入禅。言外与君相见了，世间文字若为传？"这两首诗，未审《马一浮集》收录否耶？

马一浮，号湛翁，别署蠲叟、蠲戏老人。浙江绍兴人，与梁漱溟、熊十力合称为"新儒家三圣"，是中国现代思想家、诗人和书法家。曾为绣伊仁丈的《梦梅花馆诗钞》题耑，署款"蠲叟"。

《艺林散叶》所记之李芳远

纸帐铜瓶室主人郑逸梅先生所著《艺林散叶》（中华书局，1982年），书中所记之李芳远多与弘一法师有关系。录之如下：

弘一法师凡友人来往信札，作复而后，每交弟子李芳远保存，十年动乱散佚殆尽。（第507号）

  弘一法师有奇楠香念佛珠一串,赠松江费龙丁。奇楠香可治胃病,龙丁曾磋去部分为粉末,作为药剂服之,致其中有数颗稍欠匀整。龙丁死,物归朱孔阳,孔阳以赠彭长卿,长卿又转送厦门李芳远。芳远,弘一法师之弟子也。(第704号)
  李芳远为弘一法师弟子,藏弘一法师戒牒,三十年来,随身南北,来回万里,保存不失。(第762号)
  李芳远记弘一法师在厦门轶事,曰《厦谷幽光录》。(第845号)
  谢公展与人书,署名下喜用免冠。杨锡章喜用合十。史槃喜用主臣。李芳远喜用顶礼。(第1139号)
  李芳远为弘一大师弟子,弘一逝世,撰《弘一大师本行记》若干万言。既成,邮寄马一浮批阅,不料马遽病,不及加墨,未几作古。《本行记》稿本,幸由马之岳家汤氏保存,始得归还芳远。(第3721号)
  李芳远听弘一法师讲经,撰《佛教之简易修持法》一书,印行问世。(第4062号)
  闽中李芳远馈桂圆种,一皮壳呈铁色,乃漳州产;一粉红色,乃莆田产,即唐梅妃故里物。(第4175号)

  李芳远先生言必称弘公。其寓鼓浪屿时,时常携其珍爱文物供我欣赏,曾经眼者忆有叶圣陶、田汉、茅盾和丰子恺、郑逸梅等海上名家之信翰,齐白石、钱君匋、陈巨来等为他雕刻之名章。自芳远先生归道山后,所有文物和遗著手稿荡然无存。
  1974年我因李芳远先生宠荐,受知于上海郑逸梅先生。时我将有去国之举,郑老特书香山诗横幅一帧以壮我行色,诗末因有"又送王孙去,凄凄满别情"之句。

郑逸梅致李芳远手札集册

  近读中汉拍卖行印行之《梵网经菩萨戒本疏》一册,乃弘一大师手书墨宝,凡八十八页,封面书名后署款"戊寅(1938)冬敬抄于温陵养老院,沙门一音"。该书附《郑逸梅致李芳远手札集册》,收录信札手迹二十九通。李芳远先生"文革"后居鼓浪屿,时或在编撰诗话,故郑逸梅先生信中多提供沪上诗友之掌故或佳句,零缣断玉,以供采撷。书后有李芳远先生致郑先生《乙卯元正·天明》七律诗稿,诗云:"爆竹声中岁序更,连宵寒雨接新晴。孤衾才暖人将起,残烛钩沉鸟未鸣。庭际烟回屯瑞气,枝头春到粲红英。挂帆不用问潮汛,自有东风为送行。"署款"逸老一粲,空照"。乙卯为1975年,时李先生扶病自塞外归厦门,年才过半百,而望之如风前病鹤,无人识其能书擅诗也。

郑逸梅先生极赞赏李先生,信中屡有推挹之辞,如第二通信中誉其"性情文笔,尤为希见,真我道中人也。大诗二截,风神澹宕,诵之如太羹玄酒,令人味之不厌,倾佩倾佩"。第八通称其"颁来大诗,清新俊逸,写作俱佳,自当以琼琚珍之"。第十五通又称其"尊撰联语,微妙高超,非通禅理者不辨,为之拜倒"。郑逸梅先生还将李芳远之"叠来瑶札,弟已专粘一册,标题为《天涯芳草》"。

李芳远先生初归厦门,处境不甚如意,去信或有幽怨之语,郑先生复信勉之曰:"兄诚达者,何以满纸凄音?世间无所谓孤亦无所谓苦,能尚友古人典籍作伴,孤而不孤矣;能从筚瓢陋巷中追寻乐趣,苦而不苦矣。此间虽人文荟集,实则气味相投而可谈者亦寡其俦,只有随俗苟安,以尽我年而已。"

该书前序有载,郑逸梅先生曾说:"芳远于1984年病死,所有叔同遗物不知散落何处了。"今观这批信札,知其身后所有墨宝已悉散人间矣!

钱释云为李芳远作名字嵌头联

曩读沪上郑逸梅仁丈致鼓浪屿李芳远先生一札云:

芳远老人史席:损书忻悉。孙女有慧幼稚作品,深蒙溢誉,愧不克当。文运以来,图籍被挈而去,兹已部分交还,但残损什之七八,无从恢复矣。嵌尊篆联,友人梁溪钱释云才思敏捷,立成其十,录呈以博一粲:"芳树常含春露润,远山犹带夕阳红。""芳径花留蝴蝶梦,远空箫度凤凰声。""芳躅高凌尘世外,远书喜接雁声中。""芳垂南国希韩切,远隔龙门御李难。""芳草长怀君子德,远山巧作美人妆。""芳辰有信春三巳,远树含烟路几千。""芳讯遥传春有脚,远书频至雁多情。""芳草碧侵南浦路,远帆饱借马当风。""芳树青葱晴雨里,远山浓淡有无中。""芳草池塘萦梦妥,远乡知己比邻同。"

钱释云先生当是诗钟高手,惜未见李芳远先生作书悬壁。

罗丹先生咏梅诗

1963年岁末,绣伊仁丈病笃,稚华罗丹先生往探视,仁丈当场荐我游其门下。当天下午,我即随罗先生归福河街之慧庐。坐间,蒙先生宠赐《稚华诗稿》等书,并赠行书一联:"樵客出来山带雨,远飚归去水连云。"罗先生书毕,笑问下联第二字为何字,我答以"帆"。先生甚满意,始目为可教。此我有幸名列门墙,忝为其诗弟子之滥觞也。

稚华师尝自评其成就,当于诗词第一,书法第二,丹青第三。罗师之治学精神,我受益最多。绣伊世丈讲究"必传",而稚华师推崇的是"多推敲",往往作诗时一字未妥,辄寝食不安。晚岁录旧作数十首为我书册页,其中一首云:"洁以冰为伴,孤招石为邻。欲教天下暖,先放一枝春。"盖咏梅诗也。诗后题跋云:"右诗为客燕江时画梅题句。始印诗稿时,友人为易起句为'不许桃为伴',心有未然,但不忍过拂其意。及今思之,殊自悔也。"昔抗战期间,稚华师避氛燕江(永安),与朱剑芒、陈瘦愚、潘希逸等东南硕彦创立南社闽集。讵料当时的一句诗,他竟推敲了近半个世纪,其严谨如此。

次第春风到草庐

稚华罗丹师1978年后常吟此诗句:"不敢妄为些子事,只因曾读数行书。严霜烈日皆经过,次第春风到草庐。"盖心情舒畅也。一日问我这首诗之出处,我以为吴敬梓《儒林外史》第九回杨执中之舟中遣兴,当系吴氏之作品。稚华师以为不然,说在他书曾经读过,似曾相识。后我向稚华师借阅陶宗仪所著《辍耕录》,竟在该书中见到元代吕仲实(思诚)有此一首七言律诗,后半四句即此,其上半云:"典却春衫供早厨,老妻何必更踌躇。瓶中有醋堪浇菜,囊底无钱莫买鱼。"稚华师说:"只撷一半,意更佳妙。吴敬梓真是高手。"后来我又偶然发现《儒林外史》第四十四回有迟衡山向余大先生吟一首诗:"气散风冲那可居,先生埋骨定何如。日中未解逃兵额,世上人犹信葬书。"原来乃明代沈石田过郭璞墓所写的诗。稚华师说,他从前读小说,书里的诗词也从不放过。所谓凡事认真,处处皆有学问。"文革"中陪稚华师坐,每多请教此等琐事。

稚华罗丹师隽语

稚华罗丹师晚年作书之余,每有妙语连珠,发人深省。

岁甲辰(1964)之某日,稚华师召诸弟子观赏字画。其中有近代郑孝胥行书中堂一轴,字幅末行仅一"中"字,中竖一笔自上而下尤长,疑写至中段而墨尽,乃重新蘸墨由断处续起,略似竹节状。弟子啧啧称羡,或谓"笔断意不断",真妙;或说此鹤膝、梅花骨,甚奇。稚华师微微哂之,曰:"此中途变节也!"又曰:"书道虽微,但笔笔心声,尔曹其慎之。"

罗稚华师题山水画

先父启人公在台湾退休后,从张大千的入室弟子孙云生先生学画。1964年秋,闻我在厦门也向云松张晓寒老师拜师学山水画,大喜,速命我为故乡风景写生,由香港戚友转达,以解乡愁。我应命作溪山嘉树一小幅,请中山路裱画店周吉安先生为装池。周先生建议求我师稚华罗丹先生再写一幅诗堂,合裱起来好看。稚华先生应允,审视良久,然后抬毫伸纸,为书唐王摩诘之名句"行到水穷处,坐看云起时"。

周先生及见稚华师所题,大惊失色,曰:"罗先生独不要命否耶?"盖当时我家有涉台关系,最忌杯弓蛇影。稚华师闻之,连夜另书一诗易之,诗曰:"浩浩江流渺渺天,霜毫幻出墨光鲜。小亭一角多诗意,若个书生正少年。"周先生读之再三,犹心有余悸。

1990年我从美国洛杉矶探亲回国,我三哥振辉将先父生前所读的张大千、黄君璧和溥心畬等大画家的精美画册,以及先父的十余幅遗作交给我保存,其中居然有我二十多年前的这幅习作,海外飘零,终于归赵。

罗丹晚习《衡方碑》

稚华罗丹先生之隶书早年专攻《汤阴令张迁碑》《曹全碑》《西岳华山庙碑》诸汉碑,终身服膺清代伊秉绶的隶书,经长期的艺术实践,直到晚年才悟出伊氏用笔,乃获汉代《衡方碑》之精髓,由是习之益勤勉,书风为之一变。20世纪60年代中,稚华师每日白天必到单位接受"世界观改造",夜晚则在灯下伏案临碑习帖。不久,余云师母去世。稚华师三餐寄食单位,家中书案积尘盈寸,稚华师仅清理眼前方尺之处安排笔砚而已。时门庭几可罗雀,唯我夜晚常常过江与老师做伴,观其临池运笔。长夜孤灯,共享寂寞。稚华师曾书赠其《题衡方碑后》七绝二首云:

擎天大笔此淋漓,腕底风雷不自持。长谢古人真厚我,悠悠千载拜良师。

汀州隶笔此研精,壮岁徒知羡墨卿。探得骊龙珠在手,三更灯火寄深情。

旋又在题赠给我的对联上复加一段长跋云:

伊墨卿,古汀州人也。予幼习其隶法,觉高古朴茂之气,未得其神。四十年来,徒深慨喟。兹者得睹《衡方碑》本,偶一临写,恍知前贤得力之所自也。今老矣,天能假我几何岁月耶?

噫!前辈攻书之勤,至老不懈也。

罗稚华师与南社闽集

我曾撰写《南社的福建诗人》(1982 年 7 月 2 日《厦门日报》副刊),介绍"一九〇九年,诗人陈去病、柳亚子、高天梅等发起组织了革命文学团体——南社,同年十一月十三日在苏州虎丘张东阳祠举行首次集会,参加的诗人不到二十位,其中有福建诗人林之夏(号秋叶)。而后,南社逐渐发展,不少福建诗人加入这个团体,有几位还是当时南社的中坚力量",他们是林亮奇(号寒碧)、林獬(别号白话道人)、林学衡(号庚白)、陈勒生、蒋信、丘翙华、丘复(荷公)等。在当时革命思潮的影响下,他们用诗歌鼓吹民主革命思想。但随着国内革命形势的发展,南社由于内部分化,力量逐渐削弱了。抗战期间,各地的诗人颠沛流离,又在长沙、广州和福建省的永安等地重新组织诗社,分别名曰"南社湘集""粤社""南社闽集"。

抗日战争全面爆发后,神州陆沉,福建省政府内迁永安。在原南社社员朱剑芒的倡导下,罗丹稚华、林霭民、胡孟玺、陈瘦愚、姚景桢、田子泉、高伯英、朱大炎和潘希逸等 17 位来自南方八省的诗人结为诗社,是为"南社闽集",时朱剑芒任社长,罗丹任副社长。地点在永安桥尾罗丹的寓所"燕尾楼"。关于创立的时间,稚华罗丹师曾告诉我是 1941 年的端午节,朱剑芒《我所知道的南社》则记为"一九四三年旧历五月初五",但文末又说"南社闽集正式成立后,只隔四个多月,日寇投降,所有这个临时省会的机关团体都迁回福州,大家也就离别了永安"。因此,"南社闽集"的创立时间一时难以确定。

岁丙申(2016),我为同文书库整理出版罗丹师的《稚华诗稿》,了解到其"抗战期间侨居永安所作"皆辑为《燕尾楼集》。从"民国三十年辛巳"所作《步公展柬融社诸子十二月》和《芒庵约融社夜集因识剑芒》两首来看,在南社闽集之前,永安已有"融社"之集。稚华师初识朱剑芒在 1941 年底,罗丹师的创立于 1941 年(辛巳)之忆,显然不可靠。1942 年(壬午)、1943 年(癸未)两年,《燕尾楼集》未见有雅集修禊一类的诗作。而 1944 年(甲申)有《上巳集羲和山剑丈新居修禊分韵得禊字》,1945 年(乙酉)有《上巳后一日剑芒景桢绩卿集燕尾楼修禊一楼诗酒灯火万家亦快事也》。但这两次修禊并没有标明与"南社闽集"有任何关系。

近日我查找潘希逸《孟晋斋诗存》，这是一部编年的诗集，其中有《南社闽集第一次雅集步朱剑芒社长韵，乙酉诗人节》七律一首云：

挥毫珠玉羡清新，手盥蔷薇拱北辰。文物东南萍水聚（赴会社友有江浙赣闽湘桂皖等籍），年光今古去来频（南社成立已三十五年，社长柳亚子时尚健在）。龙睛破壁惊神韵（罗丹副社长出示其所作书画多幅），鸿爪留泥证凤因（到会社友摄影留念。除朱剑芒、罗丹正副会长外，记得有林霭民、胡孟玺、陈瘦愚、姚景楷、田子泉、高伯英、朱大炎及予，其他已忘记）。况是端阳逢竞渡（是日燕江赛龙舟），临江骊酒几逡巡。

附录有朱剑芒《南社闽集第一次雅集呈同座诸君》云：

日月重辉世运新，客中高会际芳辰。好凭南国人文盛，再续东吴社事频。我向闽天温旧梦，谁从尘海话前因。卅年一部沧桑史，聊佐当筵酒几巡。

由此可知"南社闽集"成立的准确时间，是1945年的端午节。

近年有学人根据《南社闽集第一次收支报告》（李诠林：《南社闽集钩沉》，《团结报》2021年1月28日第6版）所载，得知南社闽集"自成立日起至八月底止"，共收35人"入社费"各50元，共1750元。这就是说，在此之前，先是有17位诗人发起唱和雅集，至1945年端午节才举办第一次聚会，南社闽集也同时正式成立，已有社友35人。

1946年，南社闽集又在福州举办过一次雅集，从此就劳燕分飞，社事零替了。潘希逸也参加了这次盛会，十年后他在《孟晋斋诗存》有题为《环碧轩雅集》的诗怀念此事，诗云：

为欣南社有支流，雅集名园景色幽。环碧轩中诗酒会，东南人物气横秋。（1946年南社闽集诗友假福州城北龚氏花园环碧轩雅集）

四君子画屏

忆1965年，厦门南普陀寺藏经阁之法堂正中悬挂张晓寒、杨夏林二师精心合绘之《五老凌霄图》巨幛,杰作也。堂之左右则陈列顾一尘先生画梅、许其俊先生画兰、张人希先生画菊、林英仪先生画竹,皆巨幅佳作,一堂清气,满壁生辉。家祖父每到法堂,必驻足欣赏,流连忘返。惜其后竟毁于秦火。1967年岁次丁未,我欲为家祖父八秩祝寿,再乞林英仪、张人希和许其俊等先生作相同内容的画。时顾先生已归道山,梅花一图即由林岑师兄代作,勉成"四君子画"一屏。岑兄画毕,罗稚华师见而赞之,遂题一诗云:

猎猎北风号,千山起怒涛。寒檐一夜雪,万类沉喧嚣。独有梅花傲,铁骨撑孤高。朝霞作颜色,冰雪为兰膏。幽姿匪自好,磐石成其曹。此意谁能会?林子诚俊髦。意写孤山独,心从北国翱。披图涉远想,构句殊郁陶。异味鼓诗兴,把笔醉颜酡。坐对寒风烈,酒杯深可逃。

题完搁笔,方恍然曰:"此非祝寿诗耶?"相视大笑。

罗丹介绍画家杨夏林的佚文

岁丙申(2016),我为先师罗稚华夫子整理出版其遗作,得佚诗百余篇。秋日检旧藏书,于1982年第5期《福建画报》获读稚华夫子所撰介绍山水画名家杨嘉懋夏林之《多君画笔起疏慵》一文,颇有文史价值。文曰:

"素壁虚堂一荡胸,多君画笔起疏慵。千山泼黛春如海,万壑奔流水似龙。卅载愿酬桃李实,百年心共水云踪。相期好践西闽约,异样风光岭万重。"此予近题夏林山水画幅之作也。夏林为予三十年前旧友,擅山水画,工写俱佳。厦门为滨海城市,风景独优,水畔山崖,皆为画境。夏林居此三十余年,足迹殆遍,一木一石无不体察入微,以故了然胸中,略无凝滞。其为画也,雄奇秀拔之中,具潇洒出尘之致。设色雅淡而意境湛然,衬以曲径远山,尤觉引人入胜。画杂树则枝叶参差,千姿百态;画流水则云烟缥缈,万壑争流,水木清华之间,饶有诗趣。尤善画榕,凡榕之生态习性,枝柯条理,根须纠结,绿荫四蔽,使人如对伟丈夫,低徊而不忍去。

夏林原籍闽之仙游,出生于印度尼西亚,嗜艺术,习山水画,因家庭之教爱国之心甚炽，稍长归国，就读于重庆国立艺专，从诸进步人士游。解放初期返闽来厦，相识于鹭水之滨，予亦归国华侨，性情相近，遂尔订交，昕夕过从，一见如故。其时夏林伉俪应某院校之聘，欲作京华之行。窃思解放之初，百废待举，随处都可努力，何必远涉长途，徒滋纷扰；精神建设当随物质建设以俱来，果能在此地办一美术学校，培育专材，亦吾人报国之道也。夏林领予言，遂止北行之计，不久即共同创办鹭潮美术学校，以夏林为之长，盖即今之工艺美术学校之前身也。

前年秋间，夏林邀予同游武夷，予因足疾未与偕行。孰知彼竟囊括九曲风光，成画数十幅归以示予。予既诧其所作之多，复佩其画笔之妙，一股清新之气扑人眉宇，既美且妒，此盖非具足豁达胸襟与深湛素养，所能成此卓绝不群之作者也。予亦甚称西闽诸山名胜，邀与同游，夏林欣然期诸异日。安得有生之年重游旧地，以夏林为师，尽写宇内名山诸胜以自娱，则终吾生为不妄矣。

杨、孔二师家中读画

1965年常到杨夏林、孔继昭老师家中看他们作画。杨老师工山水，孔老师擅工笔人物花卉，两伉俪皆毕业于昔日国立艺专，当代名画家也。某日，杨老师出示一本他家珍藏的册页，其中有傅抱石、李可染诸大师之小品，真是令我大饱眼福。记得还有关良先生为绘《打渔杀家》一帧，画中京戏人物寥寥几笔，极为传神。夏林师说，关良善用墨，所作墨色皆泛银光，为他人所无。又说他通常都署单款，而此幅却题有七绝一首云：

英雄老去隐渔家，失水龙蛇困鱼虾。打尽天下不平事，蹉跎岁月女儿花。

后来我在1963年某期的《人民画报》上，又读到关良先生的佳作《凤姐》，果然墨韵淡然，印象殊深。画的上端有老舍先生题诗一首，诗云：

自古有恋爱，唯难尽自由。最好作皇帝，四海齐叩头。秀色细送刷，宫中百美收。一旦厌金紫,微服闲出游。旅舍逢娇小,轻灵似野鸥。飘飘龙心悦,金口涎欲流。百般肆调戏,龙步舞不休。可怜弱女儿,含怒倍娇羞。宛转拜尘埃,富贵乃所求。呜呼!皇帝恋爱得自由。

当时顺手抄录,犹在箧中,而老舍与关良两先生,杨老师和孔老师都已作古多年。日斯夕斯,不知这本册页还在否?

陈子奋先生琐记

20世纪50年代盛传吾闽四大国画家,曰仙游李耕,曰福州陈子奋,曰厦门顾一尘,曰泉州李硕卿。陈子奋(1898—1976),字意芗,号无寐,一生沉染于丹青和书画篆刻艺术,其花鸟画深得陈洪绶与任伯年用笔敷彩之妙,尤擅长于双钩白描,得宋人笔法旨趣。徐悲鸿先生尊为生平畏友。人民大会堂福建厅昔曾陈列其所绘屏风《万寿无疆图》,乃其精心绘制的代表作也。迄今五十年来海内画坛尚罕有能出其右者。

1965年,陈子奋先生因事来鹭门小住。我因张人希先生之故,得以有缘亲近大雅。陈先生客中为我绘《桃花鸲鹆图》,以"没骨"法与双钩设色法画红、白桃花两株,枝头单栖八哥一只,神态极为幽闲清寂,盖先生得意之作也。识者谓陈先生丧偶后画鸟不画双栖,此将来或可为鉴定陈先生作品的一个依据。

某日,人希为我绘黄菊、螃蟹,陈先生在一旁看着心动,说他来添几笔。顷刻之间,画面上增加了酒壶酒盅,穿插有白菊一丛。这一幅两位大师合作的精品,其构图宛若天成,秋意盎然。

陈先生深于情,故偶作诗词亦楚楚可观。我曾珍藏其手书诗作数页,《题画》云:

晶莹洁腻泥嫣妍,透漏苍浑石作山。智慧与心皆许国,中书虽老尚斑斓。

《题画鸦》云:

昔人画枯树,取意伤雕残。我独与之异,墨海翻波澜。春光回大地,村舍歌清欢。长条发新枝,寒鸦亦不寒。

陈先生又善幽默,某次在人希先生斋头闲聊,他说清初人周亮工的《印人传》明明写着:篆刻家许友"大腹,无一茎须,望之类乳媪(按:奶妈),面横而肥,不似文人"。但后人看到许友《采菊图》里的自画像,则颊有短须,貌清癯,与周亮工说的判若两人,所以古人的话不可尽信。

陈子奋先生暑天常科头,手持一柄由自己作书作画的大折扇遮头,独行踽踽,人群中一下子就可辨认出来。

鸡山草堂琐忆

中华人民共和国成立后不久,私立鹭潮美术学校借旧八卦楼为校舍创办。时楼房残破,或闻闹鬼。少年时代我曾鼓勇入内看画,被张晓寒先生的山水佳作所迷,竟"无有恐怖"。三十年后,八卦楼被辟为市博物馆,张先生说我的办公室,正是他当年刚到厦门的第一个落草处。

我童稚时喜欢涂鸦,先祖父命我临摹《芥子园画谱》。当年国画还叫彩墨画,直到1963年春我成为张晓寒老师的校外弟子,才知道我那时单线平涂的模仿作品,根本不是山水画。于是在张老师教导下,从水石草木的钩皴染点开始学起。

张晓寒老师居鼓岛鸡母山麓,自署"鸡山草堂"。家贫,常年点以十五支光之灯泡,照而不甚明也。室有古琴一张,弦已松断,老师说,取其意耳。架上除《苦瓜和尚画语录》等画论之外,还有夏完淳的《南冠草》、张苍水的《冰槎集》和侯朝宗的《四松堂集》等南明士人的著作。张老师平素多与生徒谈艺术讲笔墨,但得闲辄会与杨胜、林岑等师兄谈谈郑成功、张苍水和陈士京等人的抗清精神。老师架上的史书我都借阅了,他们缅怀昔贤的话我也听进去了。草堂后山有明志士陈士京墓,某年春我陪老师在墓前修剪乱竹,老师边做事边吟杜诗之句:"新松恨不高千尺,恶竹应须斩万竿。"此情此景,永存我心。此后,我走向文史研究的道路,应该就萌芽于"鸡山草堂"求学的岁月里。

晓寒老师告诉我,"作画讲究'以少少许胜多多许'"。又说他平生就练几根线条,要硬要韧,有如钢丝。计就造型,线条就要"刻"进去,让它"站"起来。老师说时每每动情,以手背作单刀斫切状。

1998年,晓寒老师逝世十周年,门生举办画展以怀念师恩。祥锐、林生、良丰诸师兄弟命我作画,勉成《鸡山学艺图》一幅。图成,意犹未尽,更作诗一首云:

> 荡胸生烟霞,一线还如铁。作画如作人,灵魂不可缺。苍茫三十年,为我树圭臬。我画虽不成,岂敢忘立雪。

晓寒老师平生与人为善,却有走避无路之时。1968年3月,"避难住林生、林岑、何丙仲家。于何丙仲家作《风雨山居图》及《春、夏、秋、冬》四条屏"(《张晓寒年谱》,载《张晓寒画集》,福建美术出版社,1995年)。记得护送晓寒老师回家那个夜晚,街巷中突遇支左部队在执行任务,老师大吃一惊,旋立定在凄清的月光下,轻声念佛。盖老师抗战时在西安大慈恩寺出家过,"无罣碍故"。

钓归图

1968年夏,画家张晓寒师生计甚窘。时其小儿潮潮停课在家,日随邻童至鼓岛近海水滨处垂钓,以佐三餐小菜。晓寒师每以水深礁滑,心颇忧之。某日下午,张老师百无聊赖,于是吮毫伸纸作《钓归图》,指图中英雄山下,那个持竿从海上款款归来之小童,对我等门生曰:"此潮潮也,愿他平安回家。"

20世纪80年代,雨过天晴,厦门市文联为晓寒师等画家开画展,有领导某君读到此画,一口称赞这幅《渔家乐》画得真好。晓寒师闻之,瞠目久久。

顾一尘先生轶事

顾一尘先生年青时代曾写诗呈弘一法师云:

月水清姿迥出尘,奇僧奇佛亦奇人。灵根悟澈千般梦,慧业修成万里身。法雨化沾雷霹雳,诗心炼就月镰新。挥毫腕底天风落,海宇共钦健笔神。

弘一法师亦回赠一首云:

过去事已过去了,未来不必预思量。只今便道即今句,梅子熟时栀子香。

当时闽南文化青年多仰慕大师,如泉州张人希、林英仪、许霏和漳州马东涵先生均亲近过大师。

顾先生神态清癯秀逸,脑门上有数茎鹤发飘萧。我读中学时和张尚伟、郭弈平等同窗醉心求艺,心仪先生已久。当时课间操二中学生在操场列队,顾先生每每不顾,径直从队伍中穿行,到汇丰山上之艺校红楼上课,同学辄呼:"老先生鹤立鸡群!"

顾先生工花鸟画,最注重笔神墨韵,其作画必楗户谢客,亦不善当众挥毫。每一画必作数幅往复比较,最后选留一幅,余者尽毁,其态度认真如此。闻艺友言:20世纪60年代,顾先生与福州陈子奋先生联袂自京返闽,在榕城勾留数日,省垣美术界开会欢迎,列席诸君怂恿顾、陈二师当场示范。子奋先生作画是观者愈多愈兴奋,下笔辄有意外俊采。顾先生则习惯"闭门造车",临场心中叫苦不迭。

1964年顾先生因病遽归道山,厦门文化艺术界假瞰青别墅为先生举办追悼会,挚友张人希先生竟哭之失声。四十年来,张先生每与我谈到顾一尘的艺术造诣,辄相对唏嘘。退休前,我就在瞰青别墅听鼓上班。是处高树摇风,绿荫布地,却已无人可谈当年这些艺坛的"天宝旧事"了。

老诗翁钱碧海

岁丙午(1966),我在罗稚华师座中幸识钱碧海老诗翁。彼时钱翁虽年逾古稀,但清神矍铄,浑身有书卷气。某日我到府上拜访,适翁外出。俄顷,闻门外有吟哦之声,随声上楼者钱翁也。翁一手持旧报纸包装的酱菜,一手扶栏,口中犹喃喃吟诵唐诗。当是时也,如翁而犹读古诗者海内几稀。钱翁寡言语,待客唯清茶一杯。

甲申(2004)初秋,我重到梦梅花仙馆,闻李祖实兄言,乃知钱翁与绣伊仁丈、陈桂琛、虞愚等前辈当年皆鹭岛诗坛之健者,今其后人在海外将为翁整理出版诗集。祖实兄出示其所藏《菽庄诗钞》,卷后附录有戊辰(1928)钱翁与林尔嘉唱和的七绝四首,诗云:

小兰亭上继流觞,骚雅相乘正未央。何幸来参修禊事,也从弆笔记风流。

永和故事又重张,一咏居然又一觞。等是未除名士气,愿流结习两难忘。

名园春禊闻自昔,惟分今朝占一席。座中不觉为停觞,引领主人千里隔。

世界于今甚不祥,祓除何待更商量。来游不少忧时者,莫作寻常看咏觞。

后来我又在《鹭江乙组梅社吟草》以及林尔嘉结集的一些吟草中,读到钱翁不少诗作。其最早问世的诗,当是创刊于己未(1919)《鹭江乙组梅社吟草》第一册的《顾轩先生暨德配七十双寿赋此奉赠》那首七律,时钱翁翩翩年少,已头角峥嵘矣。

稚华师常称赞钱翁之"花讯空传风廿四,眉痕曾妒月初三"等妙句,若置古代香奁诗集中,几可乱真。

惠安寓厦诗人

近代惠安文人旅居厦门者甚多,其中以诗词鸣世者,就我所知有杜唐(印陶)、汪照陆、庄贻华(瘿民)、贺仲禹、胡巽(军弋)、曾词源与何适等人。杜唐、胡巽、庄贻华已见前文。贺仲禹(1890—?),本姓何,字仙舫,以字行,少年时代在惠安乡下的教会学校就学,及长,至基督教英国伦敦差会在鼓浪屿主持的澄碧中学读书,毕业后因其古文辞方面之造诣,受聘为英华书院的国文教师,继而也曾任教于厦门女子师范学校、双十中学,也曾兼任《东南日报》总编辑。由于长于诗词歌赋,贺仲禹在厦门有一定影响,所著有《绣铁庵丛集》《绣铁庵联话》。1928年厦门中山公园建成,园内大部分景点的楹联皆出自他的笔下。贺仲禹还工书,林文庆先生鼓浪屿别墅的侧门门额那"笔架山"三个大字,即他所题,今不知尚在否?

汪照陆世丈(1880—1956),名煌辉,字蔚霞,号照陆,以号行。清光绪二十八年(1902)举人,历任厦门大学文科国文讲师、副教授,菲律宾天南诗社社长,泉州昭昧国学专修学校国文教师等。1941年世丈自菲律宾归国,长居泉州。其后世丈与先祖父先后辞世。我生也晚,未及亲近大雅,实为遗憾。1972年,姻亲孙俊英先生知我对世丈的诗文有葵藿之倾,遂出示其《哭世琳先生》七律墨迹一首,供我抄录。世琳先生为俊英之尊甫,1955年去世。诗云:

洞天六载别清门(一九四九年拜晤于鼓岛),俊瘦须眉映酒樽(承乔梓盛款备至)。乌埭楼台犹入望,紫山杖履枉招魂(先生惠籍紫山)。世交砚北弓箕古(先生令尊甫与先考同芸案),仁闻螺西齿德尊。赴告遥传挥老涕,浦江呜咽浪声吞。

另附挽联一副云:

春暮讯违和,我病幸存君作古;故交哀死别,魂天堪慰子能贤。

照陆世丈平生作诗甚多,曾自选为《古莲花庵诗集》,风尘鞅掌,竟未梓而散佚。

曾词源先生我素未识荆。往年编虞北山教授诗,获悉词源先生为其总角吟侣。嗣后读书,乃知先生早年毕业于福建法政学校,常年在厦业律师,又为弘一法师的方外弟子。工诗,所作散佚殆尽。箧笥中适有其"甲辰(1964)清和月"所作之《策勋词长以六六吟属和予既次韵奉酬意有未尽再赋长句呈正》云:

椠铅事业播芳声,千里迢迢未识荆。梅鹤伴随膺厚福,枣梨持献祝长生。故园花好迟归客,雾岛人歌见性情。我愧蹉跎虚岁月,一樽何日得同倾。

诗人何适

何适先生字访仙,号抱素、晚号梅隐,敝族叔也。初由惠邑迁鹭门,1919年秋考入鼓浪屿英华书院,1928年又毕业于厦门大学中文系,平生以坐拥皋比为业,先是厦大学成后即下南洋任教职。中华人民共和国成立后,应陈嘉庚先生之聘,回国在集美等校执教。族叔好诗酒,著有《官梅阁诗词集》,其初版刊于民国二十一年(1932)元月,私印,由厦门审美书社代售。初版共收录诗词二百多首,卷前有著者像及自题诗,厦大教授缪篆题词,汪照陆、毛常、郝立权和杜唐、张时元、贺仲禹六人的序言,以及作者自序。今所见为1961年新加坡宏文印务有限公司的同名刊印本,全书上半为《官梅阁诗续集》,前有甲申(1944)汪照陆序和作者自序,以及自传各一篇,内辑录作者己卯(1939)至辛丑(1961)的各体格律诗作,时任《南洋商报》编辑的曾心影乡贤在其校阅后跋称,这部作品"积(作者)四十年之吟咏……综合其诗词,几达千首。钧天广乐,奇丽大观,诚近代之巨著也"。

20世纪40年代,族叔侨居新加坡,有和《沁园春·雪》词一阕云:

> 带砺山河,唇齿江淮,雨打风飘。剩强豪四族,裙骄带满;东西两厂,士滥官滔。野泣哀鸿,原嘶战马,会敛头箕术益高。羞家国,是秦庭夜哭,媚态妖娆。　　游华一曲多娇,奈难得荆王爱细腰。问穷城有几,堪容眷恋;苍生误尽,肯许风骚。蚁梦应醒,机心别作,塞上高秋奋鹗雕。归来矣,让江南桃李,一笑春朝。

《官梅阁诗词集》之佳句颇多,诗句如"十年霜学程门夜,一院笙歌马帐春"(《赠集美学校董事长陈春牧》);"霜催节序天如客,月浸帘波夜似潮"(《新除夜宿鼓浪屿》);"半岛莺花诗眷属,一江风月客生涯"(《移家岑江》)等。词句如"遁仙去后无知己,冷落黄昏,谁与温存?斗雪丰姿瘦几分"(《罗敷媚·咏梅》)等。最奇者是族婶陈镜如女士毕业于鼓浪屿毓德女校,年轻时居然也能诗。其《咏斑竹》云:

凌云气势自斑斓,漫道湘妃泪染斑?摇断红霞飞翠影,同谁镜里斗春山。

　　筼筜港似旧潇湘,遮莫娇姿竞晚妆。十日春阴帘不下,休随月影入回廊。

　　万千个字隔窗垂,谁写湘云影外枝?翘首苍梧魂欲断,月明休唱竹枝词。

见于诗词集中的"自传"。

记忆中我仅见过族叔一面,记得是读初中的某年到升旗山给另一位族叔拜年。这位族叔的破瓦屋建在美国医生夏礼文(C. H. Holleman)的公馆下面,夏医生回国后,墙外一树桃花开得正艳。两位族叔适在榻上躺着饮酒谈诗,谈着喝着,两张老脸已是"人面桃花相映红"了。

邵循岱先生

　　邵循岱先生身材高瘦,常年穿着汉装,手持一把带弯柄的黑布伞,在鼓浪屿的街巷里踽踽独行,人不知其为厦门大学俄文教授,却道是宛如漫画里的英国首相张伯伦。我读中学时,在稚华师斋头观赏了邵先生的楷书五言联,因在鼓岛所居望衡对宇,随后就认识并成为他的忘年交。

　　循岱先生翻译并出版过《成吉思汗》(人民文学出版社,1956年)。他送我一本再版时修改的底本,非常珍贵。他对卷首那首译诗很满意:"鹰翮倘不丰,凌空自无力。人缺鞍马行,何由显赫赫?"他常常对我说:"读书学习最要紧。'鹰翮倘不丰',做什么都不会成功。"

　　中学毕业后我到工厂做工烧玻璃熔炉。邵先生并没有嫌弃我,我照旧得闲就去叩门。他没有强调要我学点什么提高什么,每次只是谈诗词论书法,久而久之,却觉得沾受教益良多。某次,我在阅读《世说新语》时,觉得书中"赏誉"一章所说的"学之所益者浅,体之所安者深。闲习礼度,不如式瞻仪形;讽味遗言,不如亲承音旨"这一段话很有意思,邵先生说:"没错!'式瞻仪形''亲承音旨',我小时候就受这种家学熏陶。"

　　1971年史学家陈垣先生去世,我背诵了北大邵循正教授的那幅挽联:"稽古到高年,终随革命崇今用;校雠捐故技,不为乾嘉作殿军。"循岱先生听了很高兴,说邵循正就是他大哥,他还有一位兄长邵循恪,当年他俩都是清华大学最年轻的学霸,以后都分别留学欧美,抗战时期回国在西南联大任教,后来又都在清华、北大教书当教授。循岱先生还说,他们三兄弟小时候都受到宣统帝师陈宝琛严格的督教和熏陶。因而每提起三坊七巷往事时,他都会恭敬地称呼"陈太傅"。他曾对我说,太傅公厅事常年悬一联曰:"客能谈古今,许分半席;儿不读诗书,莫过斯庭。"

邵循正是国学大师陈寅恪的弟子。某次陈先生开玩笑问"中古时老僧大解后如何洁身",举座默然,唯有学生邵循正回答:"据律藏,用布拭净。老僧用后之布,小僧为之洗涤。"我友谢泳教授著《陈寅恪晚年诗笺证稿》(秀威资讯科技,2019年)曾举其事。

1968年,张晓寒老师为我作《风雨山居图》,用的就是"陈太傅"转送给邵家的几张大内贡宣,难怪张老师一落笔,连呼"好纸"。

循岱先生气度如鹤,落落寡合。唯与邻居洪子晖老先生有往来,他说洪老儒雅不俗,家里富藏书,孙女洪珑又能弹钢琴,文化气息浓。此外还有杨夏林先生伉俪,因为20世纪50年代初,杨老师初办私立鹭潮美术学校,邵先生曾热情赞助,去兼过文化课。

邵循岱写字静态求美

邵循岱先生工书法。他曾在闲聊中告诉过我,丰子恺先生作书之前要听一段西洋古典音乐以助兴,若遇有中竖较长的字,必邀一小童在旁边吆喝,丰先生随声落笔,一气呵成,结果气势大佳。

邵先生幼习唐代虞世南书法,中年以后特别服膺弘一法师的书风,故其书法秀挺丰润,饶有书卷气。某日,应我之请为我挥写弘公《金缕曲·留别祖国》一词,特地提前闭门披阅弘公手书《金刚经》全卷竟日,并嘱我届时磨墨折纸携至笔山寓所。记得临落笔时,邵先生还焚香一炷,默坐片刻。他自谦说,无丰先生的气势,唯能静态求美。

黄紫霞绝笔画荷花

老画家黄紫霞先生(1894—1974),字德奕,福建南安人,居泉州。黄老前辈于抗战时期创办《爱国画报》《一月漫画》等刊物,积极投身抗日救亡运动。仗此气节,已足为士林仰望矣,况其画花鸟蔬果之施墨敷彩,自成风格,早已蜚声闽南及南洋一带。

往日我在向人借阅《中国美术年鉴1947》读到黄老的作品,还听说黄老抗战前曾在鼓浪屿任慈勤女子中学校长,心仪久之。1972年,因便到泉州,我以俚句呈教,竟蒙不弃,引为忘年小友。记得黄老读到拙句之"老去花犹生妙笔,兴来意自写寒梅"及"沧江涛涌催长句,晚岁庐居听怒雷"两联,吟之再三,大概见我"两鬓苍苍烟火色",连声询问:"这诗是你写的?"回厦后,遂宠获黄老寄赠的两幅佳作,珍如拱璧。

越年秋,我突起思情,去信订来年元宵作鲤城之良晤,并柬先生以七绝一首,诗云:"桃花笺纸映华巅,卖画江南老郑虔。春日晋江风景好,剪灯来看写红莲。"是年正月初三日,忽获先生邮寄《荷花图》一幅,上题:"我写红莲寄君看,不须再度剪灯来。"诧异数日,旋接讣音。呜呼!此《荷花图》得毋黄老之绝笔耶?

隔江枫树迫人红

厦门华侨画家萧百亮先生(1897—1978)是我的父执。髫龄时,绣伊仁丈赠我萧百川先生"伏虎达摩"扇面画,百亮先生即其令弟也。先祖父曾说,百亮昆仲作画的童子功极好,他20岁出洋之前,既接受兄长的熏陶,又得到苏元(笑三)、林嘉(瑞亭)、赵素(龙骖)和赖少嵩等名家的指授,所以在东南亚一带打拼几十年,1954年回国后重操丹青旧业,还能以独具一格的花鸟画为世所珍赏。

百亮先生在海外为谋生奋斗的同时,并与胡愈之、黄曼士等进步的文化人为友,全面抗战前夕还积极参加陈嘉庚先生领导下的新加坡华侨筹赈总会,投身抗日救亡的爱国行动。抗战胜利后仍在陈嘉庚先生创办的《南侨日报》工作。徐悲鸿、郁达夫这两位大师全面抗战前夕旅居新加坡时,都与百亮先生有过交往,还赠送给他书画佳作以做纪念。

20世纪60年代,我常出入百亮先生门下,他也笑称我是他的忘年小友。当时他虽年近古稀,出门犹骑自行车,来去如飞。平居则衣冠楚楚,俨然"南洋番客"形象。客至,无论老幼尊卑必以香茗招待。客去,则亲送至大门口,殷殷挥手道别。好读报,每谈家国乡邦之顺心事,辄眉飞色舞。画宗岭南名家居巢(古泉),诗则自谦为"打油体"。百亮先生的胸襟气度,是我青年时代学习的楷模。

1964年初冬,萧先生画一幅《芙蓉花》为赠,时因我高考失意,观画时脱口吟道:"芙蓉生在秋江上,不向东风怨未开。"他闻之,说:"否否,此木芙蓉也。"越三数日,复为我泼墨作《飞鱼图》,题以"力争上游"四字。前辈鼓励后进的用心,我于是马上心领。

1965年,百亮先生曾由邮筒寄赠我七绝一首云:"忘年相契立新风,偏是青年惜老童。读罢华章秋未半,隔江枫树迫人红。"

百亮先生去世多年后,白磊、张友福和我等"小友"为他编辑出版《萧百亮画集》。我在新加坡他哲嗣萧更青世兄家中,观赏了他青年时期绘赠给黄曼士的一幅名为"游鱼"的扇面画,上有徐悲鸿先生的一段题跋:"萧君伯亮擅绘事而数奇,居星多年郁郁不得志,吾友曼士重其品行,独与相善,伯亮为写此扇贻之。廿八年夏,悲鸿题记。"厦门艺术家的画品、人品能得到徐悲鸿大师肯定的,唯百亮先生一人。

郁诗徐画

20世纪60年代,我偶陪先祖父到市政协民主大厦参加活动,见壁上悬挂名家书法屏幅,其中一幅署款"衍"字,先祖父说那是已故诗人陈衍陈石遗先生的好字。当时厦门许多人家的客厅皆悬有书画,如稚华师家有陈子奋《博古图》巨幅,鼓浪屿刘寿祺老医师家有左宗棠行楷对联和郑煦、石延陵的花鸟画,真叫人观之流连而忘返。

萧百亮先生家所悬书画我最喜欢。萧先生归国后借寓厦门斗西路某宅楼下，厅事极简朴，中挂自画的巨幅苍鹰翱翔图，左右两墙则有现代著名文学家郁达夫及艺术大师徐悲鸿所赠的佳作各一幅。

百亮先生说他与徐悲鸿认识是在南侨筹赈时期的朋友黄曼士家中，他们一起欣赏徐先生的一幅画马新作，徐先生说"马还好，只是这斜坡不行"，又说"补景不容易，我怕这个"。后来朋友替他代求的这幅《犊》，看起来画面不太完整，百亮先生在其后的文章回忆道："恐怕是由落笔了的一幅整张纸的中堂裁割出来署款的。也许因'牛'的臀部某笔不太需要，也许补景有问题；然而这样的去取倒也成材。"（萧百亮：《记徐悲鸿先生》，载《萧百亮画集》第 94 页，东南国画院编，2014 年自刊本）

至于郁达夫的书法条幅，也是这位黄曼士先生替他求到的，他与郁先生并未晤面。郁达夫的书法乃以行书录旧作一首，诗曰："不是樽前爱惜身，佯狂未免假成真。曾因酒醉鞭名马，生怕情多累美人。劫数东南天作孽，鸡鸣风雨海扬尘。悲歌痛哭终何补，词客纷纷说帝秦。"我因读到这首诗，后来还向张人希先生借抄了郁达夫的《毁家诗纪》和他的诗集。

红豆诗人王凤池

红豆至微，却乃古人寄托相思之信物。20 世纪五六十年代，龙溪王凤池先生以角美龟山特有的红豆，分赠海内文化人士，竟获回赠吟咏红豆诗词的墨宝数百篇，作者有叶恭绰、叶圣陶、老舍、沈尹默、周振甫、郭绍虞和周瘦鹃等文坛巨擘，有贺天健、邓散木、白蕉、方介堪等书画名家，而丰子恺、袁松年和孙雪泥等著名画家不仅写诗还作画，本地名家则有李禧、虞愚、罗丹、洪子晖和庄子鹤。小小闽南红豆，却结下文坛一段胜缘，王先生亦被称作红豆诗人。

我总角时与王先生有一面之雅。年前忽接到王先生来信，附有我旧作七绝一首的复印件，诗云："曾吟红豆记髫年，唱和芗江昔愿悭。今日高堂瞻俊采，依然红豆映华颠。"诗后附注云："余少时曾由友人兆斌处拜读红豆诗。"我记得和亡友黄兆斌是"文革"前夕到石码他家的，而拙诗系作于 1982 年前后因公出差顺路去叩门的那次。

王先生信中说当年那批珍贵的墨宝多数已毁于秦火,所幸剩下一本存诗126首的初抄本。1997年10月,龙海市政协即以此初抄本为底本重排出版,名《红豆诗集》。

王先生名凤池,字云甫,号静轩,早年毕业于锦江学堂,终生在邮电部门工作,业余自学不辍,终至"朴茂能文,雅好笔墨"(罗稚华师诗中所语)。来信之时,王先生年已逾九十。今故人墓木已拱,隔江怅望,不知红豆可安好?

宋省予先生论画诗

闽西自来多书画家,清代之上官周、黄慎(瘿瓢)、伊秉绶诸人皆为彪炳我国书画艺术史之巨擘。上杭宋省予先生,当代著名画家也。或云其花鸟画得山阴任伯年之笔墨神韵,兼得岭南诸家之法乳,故自成一格。1964年仲夏,我高中毕业,宋先生时执教福建师范学院艺术系,便中为我作墨竹横幅,极疏秀苍雅之态。右下以行书题诗云:"不袭今人与古人,自家有法写风神。一枝一叶常观察,胸竹何如眼竹真。"读此,足见其下笔实得大自然造化之妙趣。

宋先生字廉卿,别署红杏主人,惜于"文革"初去世。他生前画多诗少,此类论画诗更是凤毛麟角。闻宋先生哲嗣展生世兄将为辑诗文佚稿,未审有收录此诗否耶?

王云峰先生

王云峰,字少亭,近代鹭门之山水画家也。先生束发负笈津门,从名画家汪慎生游,其山水笔墨近清初"四王"画法而超逸灵秀,自有韵致。绣伊李禧仁丈尝作长歌推挹之,其结句云:"楼居胜处安笔砚,虎溪鹿洞罗胸前。时时看山堪入画,日日画山不卖钱。摩诘风流原不泯,汪家衣钵妙能传。"盖称赞王先生的画既得唐代王维之法乳,又受汪慎生的真传。

云峰先生所居曰"望城楼"。1965年秋,我始登楼一亲謦欬。先生不良于听,且病痹,不作丹青久矣。闻先生言,卢沟桥事变当日,彼适在宛平县郊外写生,因走避不及,双耳被日寇炮声震聋,故其后作画辄自署"聋生"。晚年每语及此,犹愤愤然。

马冬涵赠墨宝不署款

近代闽南篆刻艺术成就最佳者当推漳州马冬涵先生(1914—1975)。冬涵先生又名海髯,早年工书法金石,1938年前后,曾为弘一法师治印多种,甚得奖饰,称"所刻各印,甚佳,佛像尤胜"。法师那封著名的论艺函,就是写给冬涵居士的。这封写于1938年农历十月二十九日的信中写道:

> 朽人于写字时,皆依西洋画图案之原则,竭力配置调和全纸面之形状。于常人所注意之字画、笔法、笔力、结构、神韵,乃至某碑、某帖、某派,皆一致屏除,决不用心揣摩。故朽人所写之字,应作一张图案画观之则可矣。不惟写字,刻印亦然,仁者若能于图案法研究明了,所刻之印必大有进步。因印文之章法布置,能十分合宜也。又无论写字、刻印等亦然,皆足以表示作者之性格(此乃自然流露,非是故意表示)。朽人之字所表示者:平淡、恬静、冲逸之致也。(陈飞鹏整理:《弘一法师书信全集》第476页,文物出版社,2017年)

20世纪70年代梁披云先生在香港出版《书谱》杂志,曾刊此函,我已获读,且家中藏有马海髯为"晦民师"所作水墨山水画一件,因而很仰慕冬涵先生。

1965年曾托漳州同学代求墨宝,冬涵先生遂作鲁迅先生的"横眉冷对千夫指,俯首甘为孺子牛"篆书对联一副、迅翁七绝行草小中堂一幅为赠,但皆无上下款,只钤名章。今犹宝藏箧中。

橐籥楼

子鎣世伯之故居曰橐籥楼,在厦市镇邦路。橐籥者,风箱也,典出《老子》"第五章":"天地之间,其犹橐籥乎!虚而不屈,动而愈出。"橐籥楼黄氏可谓书香传家,世伯有哲嗣七男一女,皆彬彬儒雅,学有所成。大世兄永砥乃华东师范大学教授,五世兄永碶为厦门市台湾艺术研究所所长,两人皆享受国务院津贴。永玧世兄居六,曾荣获法国国家青铜骑士勋章。三世兄永碟任教师,英年早逝。我友王翼奇兄由杭州回来,作有《过亡友黄永碟旧居有作》一律云:

> 惊心四十四春秋,重过君家橐籥楼。总角论交情历历,登堂拜母事悠悠。季方情貌何相似(谓君之弟黄永玧,旅法名画家),鲁直声名孰与俦。今日人天俱老矣,忽闻邻笛一回眸。

噫!地非山阳,情深向秀。

子鎣世伯系温陵近代名宦黄贻楫之侄孙,两广总督黄宗汉之曾侄孙。黄贻楫(1832—1895),字远伯,号霁川,清同治甲戌(1874)探花,闻其所著《招鸥别馆文集》《静妙轩诗钞》等稿本均藏于厦门大学图书馆。黄贻楫工对联。先祖父仰潜公说,昔北京宣武门附近的泉郡会馆有门联,乡"先达"所撰,后人或相传其出自黄贻楫手笔。联曰:"清紫葵罗钟间气,蒙存浅达有遗书。"外郡人读之如对天书,不知所指乃泉州之清源山、紫帽山、葵山和罗裳山,及乡贤重要著作《四书蒙引》《四书存疑》《四书浅说》《四书达解》也。

先祖父藏有黄贻楫进士履历一册,其填黄宗汉结衔最翔实,今抄录如下:

> 父宗汉,字季云,号寿臣,晚号望雪老人。道光乙酉(1825)副榜。甲午(1834)、乙未(1835)联捷进士、翰林,改主事,由兵部郎中任监察御史、给事中,广东督粮道,山东按察使。道光二十九年(1849)调浙江按察使。咸丰二年(1852)任浙江巡抚。四年御赐"忠勤正直"匾额,升四川总督。六年授内阁学士。七年粤海不靖,命为钦差大臣总督留京,以侍郎候补。

十年补吏部右侍郎。上初御极,命兼兵部右侍郎,旋罢,缴还先朝赐额,诰授光禄大夫。

黄子鋆世伯八十弧辰唱和诗

戊午(1978)旧历十一月,黄子鋆世伯有弧辰八十之庆,友人唱和律诗贺之。刘浑生(勖中)诗云:

橐籥楼头鹭海潮,一枝彩笔欲凌霄。身怀三绝诗书画,行则初民帝舜尧。学佛维摩曾示疾,言茶陆羽亦天骄。耋年君际休明治,坐看闲云入岫遥。

二十年前识面时,群贤济济快谈诗。健庵归后悲曾巩,炎郑云亡复绣伊。访旧惊呼泉下是,看云犹觉眼前非。欲寻海角灵光殿,橐籥楼前一鹤飞。

洞幽鼓浪唯无我,奎耀鹭江有此楼。天为诗坛留喘息,君宜橐籥主沈浮。舞花有梦何妨老,杜仲能灵不肯愁。今日向君呼万岁,地行仙愿永优游。

陈祖宪(易庵)和诗云:

橐籥楼高压海潮,主人风义接层霄。年登耋岁咸尊吕,身际明时合颂尧。安素几人甘淡泊,放歌何处许矜骄。投诗此日寻同调,咫尺当时万里遥。

正是蕙风解愠时,更吟刘子寿君诗。前贤唱和迟来我,大雅扶轮独赖伊。夙慕令名今一见,始知吾道未全非。何当促膝楼高处,共看朝云暮雨飞。

新春雅集汾阳宅,今日复登橐籥楼。数客东南洛社共,群山遐迩鹭江浮。升平在望应无憾,清圣由来可解愁。闻道先生诗酒外,龙眠陆羽早同游。

张兆荣(华谟)和诗云：

惯向滩头赏早潮，闲看白鹭舞青霄。临碑自昔尊颜柳，治国于今见舜尧。处事高明多智慧，为人忠厚不矜骄。羡君洞悉机微早，归老及时眼力遥。

前尘回首不多时，橐籥楼中好咏诗。闷遣幽怀师杜甫，闲吹玉笛效桓伊。骚人一去行云散，燕子重来故垒非。话及风流全盛日，新声犹绕画梁飞。

行年八十犹康健，日日攀登百尺楼。扶杖渡江诗兴动，呼朋醉月羽觞浮。儿孙成器能增寿，药物有灵可解愁。堂上弧悬宾客盛，端宜畅饮恣嬉游。

子鎏世伯工诗，惜未拜读自寿原玉。其生前有《黄花草堂别集读后题赠松鹤宗兄》一律云：

奋翮南溟一鹤飞，九皋声彻彩云围。卅年梦远青山别，一集吟成白雪霏。皓首乡心猿鸟瘦，黄花秋思鳜鱼肥。高楼纵酒欣重聚，有客新从万里归。

后署款"辛酉(1981)黄子鎏时年八十二初稿"。四十年后，承永盘世兄示我手稿。

黄松老人

岁癸丑(1973)初夏，子鎏世伯陪其八旬姑母黄松前辈光临寒舍。黄松(1887—1982)，字渔仙，晚号温陵老人，福建泉州人。早闻世丈称其工画工笔花卉，并擅古琴，居沪上，为上海文史研究馆馆员。渔仙前辈老犹矍铄，体态轻盈，坐谈间出示不久前媒体为她拍摄的舞剑照片，观者无不啧啧称奇。前辈早年嫁湖南湘潭黎家，望族也，其哲嗣乃现代著名文学家、翻译家黎烈文先生。抗战胜利后，黎烈文到台湾大学任教，其后一峡鲸波，两岸隔绝。前辈知黎先生与家父有来往,此行即托我代询消息。不久后家父来信说,烈文晚景寂寞,去年秋刚去世,后事还是他们几个朋友帮忙处理。此信至今犹保存箧底,当时不敢转告老人也。

樊伯炎画闽南山水

1976年,上海樊伯炎来厦小住,黄子鋆世伯代我求其墨宝,樊先生乃画闽南所见山水一幅,画闽南丘陵陂田,间作蔗林一带,盖用"四王"浅绛技法,笔墨神形俱妙。其后我负笈沪渎,曾到万航渡路拜访刻竹名家徐孝穆先生。徐先生系诗人柳亚子外甥,画家唐云之至交,所谈多海上名家逸事,却不知樊先生谁何。

二十年后我读《万象》杂志,有陈巨来先生所撰《安持人物琐忆》,其中有《庞左玉和陈小翠》一文,始知樊先生是当代女画家庞左玉的先生,著名山水画家樊浩霖(少云)之哲嗣,家学渊源如此。陈巨来文中云:昔时海上大收藏家庞莱臣曾聘陆恢(廉夫)、樊少云、张大壮等名家为西席,专代整理、鉴定古书画。樊伯炎先生少时为其父助手,在庞家浸淫文物至久,故作画笔笔讲究来历。中华人民共和国成立后,樊伯炎先生任职上海戏剧学校,为昆曲组组长,教授琵琶。据陈巨来说:"左玉人矮貌陋,但伯炎畏之如狮。"

黄永砅世兄

黄永砅世兄痛于2019年10月20日在巴黎去世。世兄幼嗜丹青,及长,毕业于浙江美术学院。其备考之前,每到鼓浪屿写生,必到寒斋休息,并出示所作,供我观摩。记得他当时的习作已非常佳妙,至今我箧中犹藏有四幅,殊足珍贵也。2020年10月,我将永砅世兄之四幅遗作,由永磬世兄转交嫂夫人沈远保存。

2002年8月,我应邀到荷兰莱顿大学访学,其间利用假期到巴黎做五日之游,即借宿永砅世兄寓所。时世兄翌日将到卢森堡准备画展,遂先带我熟悉巴黎之地铁,眺望塞纳河上的夕阳,然后乘暮色参观他工作的蓬皮杜艺术中心。晚餐后聆听其介绍当代艺术,真是增我知识。世兄还赠我一册介绍他艺术成就的法文书刊,书中有他画的设计草图。良宵苦短,哀哉竟成永别。今世兄已永远安息在巴黎二十区的拉雪兹神父公墓,2020年9月,得悉法国国民教育部将莫奈、苏菲·陶柏·阿尔普和黄永砯选为艺术专业的官方课程之一。他于2012年创作的装置作品《大洋蛇》也将永久安放于法国南特江口。他年若有欧游机会,必备椒浆,先瞻仰之。

洪子晖仁丈

我家与洪子晖仁丈有世谊。闻先祖父言,仁丈同安下后滨村人,1897年生,早年到新加坡经商,著有《电约》一书,据说是根据中国传统字书并结合实践,重新改编的一种电报号码工具书,结果以快捷省钱为南洋侨界所乐于采用,此得力于子晖仁丈在文字学方面之甚有根基。1925年,仁丈在家乡创办"乐群义务学校",至今遗址尚存。抗战时期,他追随陈嘉庚先生,积极参加南洋华侨筹赈祖国难民总会的工作。太平洋战争爆发前夕,仁丈回国避居鼓浪屿。该岛沦陷后,他备受摧残,但始终保持民族气节。1949年以后,子晖仁丈归隐赋闲,每日茶烟禅榻,以萧散暮年。

仁丈家富藏书,据先祖父说,厦门市图书馆那部陈梦雷编纂的全套《古今图书集成》,即其慷慨捐赠。"文革"中,他家的书柜全部被封,后来日久,封条脱落,于是仁丈听任我到他家借阅。根据我的笔记所载,当时四五年中我获阅《涵芬楼影印四部丛刊》的许多部古籍,还有章士钊的《甲寅》杂志十数卷,以及闽南乡贤、侨贤的遗著等,一时如枯鱼之入海。

仁丈当时年逾八十,犹目清耳明,有寿者相。每晤叙辄垂询读书心得,自谓年老神疲,听听多少可以长进学问也。

邓拓题"海园"联

1957年后,厦门大学李拓之教授蛰居老城区"洪本部"之陋巷。1974年,我因父执张兆荣教授之荐,得以时往趋庭问字,李教授也不以我系一介锅炉工而弃之。

拓之教授早年与邓拓同乡,又是同学,交谊甚笃。某日清坐,他回忆起当时居厦大校园时,居室近海,故自署曰"海园",索邓拓书联。邓拓不假推辞,自书一幅集古诗句之冠头联寄赠,联曰:"海日生残夜,园柳变鸣禽。"此极高雅妥帖之联也。激赏之余,拓之教授要求我查明这两句诗的出处。第二天我即查出:"此上联是唐代诗人王湾《次北固山下》之名句,下联则出东晋谢灵运之《登池上楼》诗。"拓之教授颔首称可,于是目为可教,允为忘年交。我友曾纪鑫著《笔墨风云——邓拓传》(海峡文艺出版社,2019年)的第11页,记其为邓拓六七岁时的一次"诗钟"之对句,且将"园柳变鸣禽"列为唐诗。

拓之教授晚年门可罗雀,日唯楗户吟诗读书,仅汪毅夫兄与我时去扣门问字。

李拓之《黄花草堂别集序》

黄松鹤先生晚岁自书所作诗为《黄花草堂别集》,1978年12月在香港付梓后,托子銮仁丈惠赠我一册。李拓之先生为别集作序云:

> 诗之为道博大精深,各极其变,各穷其妙,各遂其志,各嘉其成可也。宛如苑卉园葩,嫣红者宜笑,惨绿者宜颦,浓抹者迷人,淡妆者绝世,安能执一色以求之也。迩者骚坛群彦嗣响前修,辄有佳制以遗后人。吾友漱园投荒万里,劬学一生。揽胜山川,寄情文酒。交期之广,吟俦遍及海东南;经历之多,游踪远涉疆内外,发为篇什,其境平淡而幽深,其声郁勃而俊亮,非留连光景者图写容华而已。别有生世之忧伤,山河之惓爱在也。

既刊《黄花草堂诗钞》,复出续集行世。吾方喜其日晋不已,而君来书忽有废吟之想。嗟乎!诗何可废也。乃赠以短言曰:诗何可废,酒焉得止?风高气栗,脉张口侈。愤逼屈吟,悲填腐史。呜咽流泪,不能自已。食如不化,中斯结痞。炉锤由我,金铁绕指。如檗在醪,如蜜在蕊。灵采独标,陈骸自委。叠叠者山,苍苍者水。运穷诗昌,没而犹视。垂老奋迅,强吟忘罢。千载为心,谁欤能毁!甲寅春二月,邵武李拓之写于听蜩书屋。

郑朝宗先生编《李拓之作品选》(海峡文艺出版社,1987年)未录此序。甲寅,1974年,时松鹤先生尚居印度尼西亚花都也。

李拓之教授的诗

吟咏鼓浪屿之诗词多矣,我最欣赏李拓之教授的《游厦门鼓浪屿》七律一首,诗云:

> 园亭小筑枕寒流,丛绿风吹水国秋。揽梦市声虚入榻,负暄海气浩当楼。闲云一往无归鸟,高柳孤垂有去舟。指点延平遗垒在,至今万马看潮头。

其《过菽庄花园》意境也甚高妙,诗云:

> 高情投老眷林泉,累石牵云别有天。一霎鸟啼人境外,几番花落海门边。朝曦暮霭难论价,明月清风不用钱。独怅逝波留未得,只余韵事话当年。

似此高吟,若置菽庄吟社也可称为白眉。

我在拓之教授门下日久,知其最深乎情。郑朝宗教授为编《李拓之作品选》(海峡文艺出版社,1987年),其第二辑"诗词"更分为"怀念""咏史""游览""赠答""杂诗""词"共六部分。佳者如《寄舜平兄》云:

分袂巴山四十年,而今相见各华颠。回肠别有劳生梦,执手如温隔世缘。寻得园林乌石下,认来门巷粉墙边。春风冻解人初健,尊酒端须倒百川。

《寄虞愚》云:

京尘万斛梦瞿昙,月落严更雪正酣。知汝宵深寒不寐,杏花春雨忆江南。

《怀杜师守素》云:

追陪杖履记犹新,杜老长眠忽几春。土室褚衣研易地,市楼白首著书辰。启蒙一代传薪火,审古千秋辨芥尘。最是谨严精悍处,音容宛在欲沾巾。

《悼邵君循岱》云:

未必文人无足观,明时还复见才难。门前落叶惊栖隐,屋角来禽惜抱残。书法俊追王大令,译文畅述吉思汗。孤洲斜日山楼在,续稿伤心不再刊(君精俄语,所译《成吉思汗传》全稿,经余校阅一过。续篇《拔都传》未及印行,而君逝矣,悲夫)。

拓之教授作诗讲究声律,用心炼字,我平生学诗受益最多。

李拓之佚诗

拓之先生曾出示其哭某友人七律一首云:

饱经世态逐云飞,老去杜门久息机。哮疾更堪秋入肺,蹇行偏遣露沾衣。前游药圃看花断,往梦苔岩踏叶稀。惆怅鸿山山畔路,冲寒犯雨送君归。

含哀彻骨，读之酸鼻。（补记：1987年郑朝宗教授编《李拓之作品选》，果然漏收此诗。）

《瓶花集》

1976年，我曾将二十八岁以前的格律诗习作近百篇编成《蚊雷集》，旋易名为《瓶花集》，寓龚定庵诗句"瓶花妥帖炉烟定，觅我童心廿六年"之意，诗稿乞稚华罗丹师、李拓之教授删正。稚华师"丙辰嘉平年七十有三"时赐我一律代序云：

一士岿然住海涯，轮囷肝胆自成诗。昂头独向青天外，下笔能窥造化奇。不倦研磨宜有获，从来日月最无私。即今待展图南翼，伫看鲲鹏击水时。

拓之教授则赐一序鼓励，序云：

《瓶花集》者，丙仲何君少时之作也。君好艺文，于金石绘画之余，复耽吟咏，独学自证，下笔辄有俊采。余客鹭江十数稔，初不识君，岁甲寅秋日，君来叩余居而未遇。阅半载，始获面晤，则恂恂然劬学有得，见于容止。他日袖出手稿以示余，灯下读之，凡写景抒情、怀人纪事，皆涵泳情灵，撷掇生活，富于思致。君盖至性中人，而读书之种子也。夫诗道博大，难以浅言，一如春园秋圃，灿锦簇英，不妨万卉竞艳，未容扬抑其间。日月转丸，世时流水，必有心声，踵起今后。所可言者，有真实感兴之内容，有为生民群体之品操，不论出以何种形式，庶于诗苑，占其一席。来景方长，君使涉历，孟晋不已，当有丰美之续作，以饷世人，为风雅放异彩。读此集者，皆将拭目俟之矣。丙辰春三月李拓之写于蜗天寄庐。

陈祖宪前辈有《题何丙仲〈蚊雷集〉》云：

吟坛别调更翻新,雅颂沉沦久失真。誓挽狂澜真健者,竟抛热泪作诗人。才华正茂怜君少,豪气全消笑我贫。高格丰神宛相肖,一泓秋水净无尘。(载陈祖宪:《怀古斋焚余草》,天马图书有限公司,2002年)

诗中"一泓秋水",皆前辈奖掖之辞,万万不敢当。

今马齿渐长,甚悔少作之无似。兹唯存前辈宠赐的诗与序,以表师恩不敢忘也。

朱鸣岗先生《抗战木刻集》后记

丙戌(2006)夏,我配合海峡导报社为读者鉴定古玩文物,有人持《朱鸣岗1940—1941木刻集》来求鉴定。该册毛边纸质,大32开本,系"中华全国木刻界抗敌协会福建分会"于"民三十年十一月出版"。发行者为歌林出版社,印刷者为大道印刷字电版公司。

全册总共收录朱鸣岗先生抗战时期在永安所作木刻作品8幅。其后记短文极佳,可做中国美术家之抗战宣言读。可惜现场匆忙,记录竟未能完整。

文曰:

这本集子的原版已被敌机轰炸中损失了一部分。原保存原版的卢秋涛也被炸死。……目前我们整个国家民族正遭到空前的酷劫,个人的一切损失算得什么?今后我只有本着愈挫愈奋、再接再厉的信念,努力地工作,补偿这一次因空袭而受到的损失。我从开始拿木刻刀到现在,仅仅只有两年的历史,时间虽短,但我工作的态度是严肃的勤恳的,同时我也抱定了木刻刀便是我的武器,用木刻这武器来打击敌人的信心。民三十年八月三十日于三元。

朱先生伉俪在沈阳鲁迅美术学院退休后即定居厦门。其台湾弟子尝为他出版书画作品集,但其抗战时期木刻作品只选一二,未见全豹。我将此集彩印成册,并制成光盘为赠,朱先生开卷如见故人,真是喜出望外。夫人林端正女士说:"此书闻北方某次拍卖会曾出现过,太难得了。"

画家许其骏

1983年,著名画家黄永玉在集美学校校庆70周年的庆典上,特别对陈村牧、许其骏等当年的恩师表示怀念之情。可惜事隔多年,人们已不识许先生何人。

许其骏(1900—1986),字乙腾,福建惠安人,家贫,17岁考入集美师范学校,毕业后由陈嘉庚先生资助考取上海美专艺教系,并赴日本学习竹编等工艺美术。学成后返回母校任教,学生黄永玉从之游就在此时。1949年后,许先生即在集美校友会下属的机构工作,业余仍从事一些艺术活动。1958年调入厦门工艺美术学校任竹编工艺教师。旋因家庭出身等问题被清洗出教师队伍。1969年起率全家返乡务农。

许其骏先生身材短小黑瘦,两枚门牙特别突出,我少年时代初见面时,他刚调进厦门工艺美术学校,破旧西装的上口袋斜插着一支自来水笔。若不是让我进宿舍观赏他挂在墙上的几幅水墨淋漓的兰竹画,真不敢相信他就是大名鼎鼎的画家许其骏。

其骏先生退户口要离开厦门的前一天,突然记起要给我祖父画一幅墨兰中堂。我们一起到张人希家中,借用他的笔墨画具。少顷画毕,他把笔一搁,匆匆下楼。此别经年,我们再也无缘相见。

1981年秋,黄永玉到访厦门,许其骏先生特地从惠安乡下赶来。黄永玉感念师恩,为他画了一幅速写,上题"其骏老师造像。学生黄永玉敬作,辛酉(1981)秋日于厦门"。但见画中,许先生上衣口袋依然斜插着一支自来水笔。

翌年3月,我师稚华罗丹为此画题了诗堂,曰:"一士谔谔,卓尔不群。潜心画艺,誉满河汾。黄子高才,世有令闻。重亲师席,鹭水之滨。为师造像,下笔殷勤。华顶之鹤,黄海之云。图成索句,野人献芹。掷笔莞尔,仰视高旻。"诗中称赞许先生的"一士谔谔,卓尔不群",非常得当。

后来,黄永玉在他那本自传体的《无愁河的浪荡汉子·八年上》(人民文学出版社,2016年),留下了不少许其骏老师的身影。耄耋之年,他还想到当时"劳作教员许其骏先生是日本留学生,也画画,竹器编织真是了不得。编出的竹器像九层象牙那样,玲珑别透,完全看不出所以然;一经他点化,只要细心,却又人人会做。我佩服,欣赏这手艺,却是不耐烦专心破那些根根齐整的篾片,所以我很少跟许先生亲近。几十年后他老了,我去拜访过他,还给他画了张速写"(黄永玉:《示朴琐记》,《文汇报》1999年5月10日)。但这一切,许先生可能都看不到了。

听渢楼

张人希师精于书画,尤工篆刻,其书房兼卧室匾曰听渢楼,最初是在厦门升平路17号五楼,那住房其实是顶楼天台上的加盖。"渢"字原意出自《汉书·地理志》的"美哉渢渢乎",但人希师曾私下告诉我,实非此意——因每风辰雨夕,全家都能听到风声和屋漏的水声,于是乎"听渢"哉。他许多年来就在如此拙陋的环境中读书、画画和刻制金石,由上班听鼓之余的"游于艺"到退休后成为闻名遐迩的艺术家。其后,随着社会的进步,他的居住条件越搬迁越好,但当年老友黄永玉为他所题写的"听渢楼"匾额,无论搬到哪里总挂在他的书房。我知道,人希师很珍惜过去那些在"听渢"中努力奋斗的日子。

1965年我始游于人希师门下,遂成为他的忘年友生。晚年,他与刘海粟、黄永玉、叶圣陶、俞平伯和沈从文等海内许多大师都有过交往。不过,我还是无法忘却在老"听渢楼"里,他与张晓寒、林英仪、傅子玖、林文衍这些当地文化艺术界老朋友杯酒论艺,促膝谈心的场景。当时我住鼓浪屿,人希师每过寒斋,都会袖出他近期的画作和金石印蜕供我观摩。人希师去世后,我将他生前陆续赠予的数十方篆刻佳作,辑藏为《墨禅室印藏》,乞稚华罗丹师题耑,宝存至今。

人希师藏书不多,但柳亚子《磨剑室诗词》《郁达夫诗词集》《中国美术年鉴1947》等书,20世纪60—70年代中我都是向他借阅的。

人希师尝自评在诸艺中,他的篆刻艺术当属第一,画次之。意芗陈子奋亦甚推崇其篆刻。1965年,他刻了一方印章,文曰"莫名其妙"。陈子奋在边款刻上"人希兄此刻刚健遒劲,佳作也"几个字,以示称赞。不料人希师喜极,凡有作品悉加钤盖。结果在一幅恭录诗词的书法作品中也钤盖此章,于是大吃苦头。

听沨楼主喜读王仲瞿诗

听沨楼主张人希爱读古诗。有一阶段他常说"唯秀水王仲瞿最获我心"。仲瞿生际乾嘉之世,乾隆五十九年(1794)举人,会试不第。当时人称其"为学无所不窥。好游侠,兼通兵家言。善弓矢,上马如飞。慷慨悲歌,不可一世"(钱泳《烟霞万古楼文集序》),诗风庶几与定庵、瓶水(舒位)鼎足而立。张先生很仰慕其为人和作诗,故喜欢吟诵其《住谷城之明日谨以斗酒牛膏合琵琶三十二弦侑祭于西楚霸王之墓》二首,诗云:

江东余子老王郎,来抱琵琶哭大王。如我文章遭鬼击,嗟渠身手竟天亡。谁删本纪翻迁史,误读兵书负项梁。留部瓠芦汉书在,英雄成败太凄凉。

秦人天下楚人弓,枉把头颅赠马童。天意何曾祖刘季,大王失计恋江东。早摧函谷称西帝,何必鸿门杀沛公?徒纵咸阳三月火,让他娄敬说关中。

仲瞿讳昙,浙江秀水人,平生嗜奇好古,喜诗文,善绘画,然终不得志,故发为诗文,豪迈奇肆。其为人孤冷疾世,据说在嘉兴南湖边筑"烟霞万古楼",自撰楹联曰:"家中近碧水丹山,妻太聪明夫太怪;门外皆青磷白骨,人何寥落鬼何多!"其人、其事、其诗有如此。

20世纪80年代初,我在郑成功纪念馆听鼓上班,某日人希先生陪作家何满子和单复两位大老来馆看我。他见我书架上有《烟霞万古楼诗选》,便兀自翻开,坐对蠡亭高声吟哦起来,如入无人之境。

张人希诗作多题画短章,其赠老友黄永玉七律一首云:

湘西景物擅清奇,孕育先生手一枝。闽海烟波初脱颖,燕京风雨写离披。醍醐出处谁能识?甘苦论心我备知。今日扶摇看健翮,几人寰宇任驱驰。

5　漱园雅集

　　1981年,松鹤先生自旅居之印度尼西亚泗水、香港,最后终老厦门。黄松鹤(1907—1988),号漱园,厦门人,工诗,尤擅倚声。所著有《漱园诗摘》《黄花草堂诗钞》《煮梦庐词草》等。松鹤先生与香港张纫诗、陈荆鸿、潘小盘等为诗中挚友。晚岁居鹭岛,与李拓之、张人希、高怀、陈祖宪、张兆荣诸人日以唱酬为乐,漱园雅集几成本地一道文化风景线。

　　彼时我适从复旦学成归来,不敢分心公事,然不时辗转拜读松鹤先生佳作,获益良多,至今箧中尚有抄存。其七律《题所藏明初王宗素墨梅册二首》云:

　　　　几辈名流护碧纱,谩题缣素墨如鸦。六桥烟景空千树,四代梅花自一家。檐下暗香闻细细,雪中疏影认些些。等闲多少人间事,五百春光去已赊。

　　　　虬枝长向卷中开,客邸幽探日数回。欲寄相思无驿使,偏教索笑有诗媒。熏风吹绿江南梦,香海留青劫后灰。旷代骚坛何寂寂,不辞献佛借花来。

《若绮书来,问泗游迟迟未行,诗以报之》云:

　　　　行装欲发又迟回,几度东游语笑陪。舟泊荔湾无梦去,云停梅岭有书来。三春尚见花能放,一水空归眼倦开。漫定吟笺酬女弟,风怀只合老袁枚。

七绝如《过江仲春伉俪燕居》云:

　　　　闭门煮字十年灯,才妇安贫得未曾。期许濠江老词客,别来犹此我何能。

《答李拓之》云：

　　难得相逢月下松，落花风送尺书来。明时知有弓藏例，海上何心论钓台。

松鹤先生之长短句或长于诗，佳者如《何满子·和纫诗怀远二阕》云：

　　小叠香笺初擘，疏灯自照愁痕。背向花间久立，一眉新月如人。此夜天涯望处，吟楼恐在深云。
　　相见可曾相识，丁宁燕子归来。若问西风消息，愁心仍独徘徊。笑我黄花依旧，篱边长为谁开。

《临江仙·用天从韵兼寄》云：

　　海外骚坛虚霸座，几回曲度阳春。十年心迹付蹄轮。茫茫今古恨，尽化帝京尘。　　陶令归来排日醉，宅边五柳藏身。行吟屈子楚江滨。一腔孤愤在，抵死作词人。

我友刘梦芙编注《二十世纪中华词选》辑录黄松鹤先生词一阕（《二十世纪中华词选》中册第810页，黄山书社，2008年），《扬州慢·二度北归前夕用白石韵兼寄香江纫诗思敏》云：

　　芳草池塘，古槐庭院，梦余暗数归程。怎江干别后，任柳眼遥青。视天际，风云渐敛，笑谈尊俎，无预销兵。是谁来，三弄梅花，吹落孤城。
　　寄心北国，甚衰年，白发还惊。况月下怀人，灯前忆女，依旧悬情。此日又传消息，低徊处，断续箫声。纵东南重问，栖栖何奈苍生。

梦芙兄《冷翠轩词话》评曰：

　　潄园《扬州慢》和白石，怆怀家国，心系苍生，斯乃词人第一等襟抱，辞工韵隐，尚其次也。

《怀古斋焚余草》

《怀古斋焚余草》，2001年陈祖宪先生捐馆后，念之高怀等朋友将其平生所作各体格律诗二百左右首编印而成，以垂纪念。祖宪先生，福建泰宁人，工诗词，擅书画。中华人民共和国成立前曾加入农工党地下组织，开展革命活动。后任职厦门民主党派。1975年先生六十初度作诗四首，遍征朋好唱和。我敬和的诗中有"升沉薄宦家千里，清淡生涯月二分""尚堪浅醉身犹健，每遏幽光气自平"等句，陈先生吟罢，谬为可语，从此定交。

祖宪先生诗遵东坡、剑南一脉，如《五十初度》一律云：

乍见荷花忆旧游，况逢初度动乡愁。故园云树三千里，宦海风波二十秋。落魄今遗妻子累，痴情长抱杞人忧。问天生我终何用，五十才过已白头。

深情婉约，绝无怨老嗟卑之态。其《步韵和修祺感怀》云：

似水交情岂厌深，阙如雅调慰知音。拾青拾紫原无意，忧国忧民却有心。棋艺一时传鹭岛，词名他日重鸡林。生涯不改箪瓢乐，抱膝堪为梁甫吟。

此诗乃步黄修祺元玉。修祺，鼓浪屿人，在区房管所务泥水匠，工余酷嗜格律诗词，兼擅手谈，张兆荣教授、祖宪先生与之交挚，每每唱和，许为能诗。今下世多年，人不知其为工人诗人也。

祖宪先生诗出心声，佳句如"劫波渡尽愁何在，盛世重逢喜可知"（《代柬呈萧子义师》）、"星火从风燎巨野，金轮出海丽中天"（《恭祝中国共产党建党六十周年》）等，卷中比比皆是。其《赠张晓寒同志》一律上半之"羡君意气贯长虹，岂止丹青点画工。顷刻烟云生腕底，万千丘壑出胸中"，寥寥数语，尤能为我晓寒夫子传神。

区丽庄先生

区丽庄先生,字耐霜,号磨剑室主,广东中山人,名画家蔡鹤汀之夫人,我友高振碧兄之岳母也。区先生来鼓浪屿小住时,我得以仰亲风范,并获宠赐墨宝多种。区先生一家居长安久,画名满天下,举凡人物、花卉、翎毛、狮虎等均能传神,尤擅长工笔花卉。我观其作画常以色破墨,浑然一体,偶兼以粉色衬托,愈显得层次分明而玲珑别透,洵妙品也。福州潘主兰先生极推崇其"画虎惟妙惟肖,极逼真地写出下山后张牙舞爪的凶猛形象"。

1985年秋我在首都实习时,适北京中国画院请区先生作画,我曾到中央美术学院她的寓所做客。席间拜观了区先生的许多新作,并蒙出示诗人霍松林所赠诗三首云:

闽海曾闻比二阎,长安今更美灵鹣。各师造化出新意,画稿纵横满绣奁。

学风远绍蔡天涯,点染风华世艳夸。几树夭桃红欲滴,翩翩凤子饮流霞。

一门风雅古来难,竞艳百花蔚壮观。墨舞笔飞歌颂党,巨屏开处万人欢。

区先生年事既高,而神态慈祥。惜重听,见面唯笑口常开,人不知其所云。

芦村退叟

芦村退叟是老诗翁潘希逸晚年的自号,潘先生本名熙翼,字月笙,福建南安人,平生以教育为业,工诗,著《孟晋斋诗存》。1972年我因奉稚华罗丹师之命,敬和过他的《七十初度自寿诗》五律四首,从此邮筒不辍,文字缘深。《孟晋斋诗存》中有一首《感怀步何丙仲吟友韵》云:

敢道吾生也有涯,拼将热血化新诗。笔端花蕊同开艳,口角风雷竞吐奇。人类愿求多贡献,党恩长感不偏私。驹光安得从头过,世界朝阳属少时。

古稀之人,词句和意境竟如此清新可读。潘先生尤长于集句,其《感怀集句依何丙仲吟友韵》云:

莫辞闲淡送生涯(赵执信),此老胸中常有诗(陆放翁)。入妙文章本平淡(戴复古),出山云冻可能奇(张问陶)。青鸥白鹭定吾友(黄山谷),马角乌头尽有私(王彦弘)。记得横塘秋夜好(吴梅村),一星如月看多时(黄景仁)。

又《集句叠书怀原韵奉酬》云:

良会真成意外奇(赵翼),胜情今日似君稀(吴骏公)。而今照水头成雪(袁简斋),报国惟忧或后时(梁启超)。到处溪山如旧识(苏轼),侧身人海叹栖迟(黄景仁)。雄心壮志销难尽(秋瑾),独立苍茫自咏诗(杜甫)。

水清石瘦便能奇(苏东坡),竹坞花潭过客稀(吴骏公)。心事浩茫连广宇(鲁迅),海天寥廓立多时(梁启超)。狂歌落日登临罢(吴梅村),我醉归来信马迟(吴伟业)。斑管润生红药雨(袁随园),可因春尽竟无诗(严遂成)。

此皆《孟晋斋诗存》所未录也。

严楚江与《厦门兰谱》

厦门大学严楚江教授,字君白,江苏崇明人,所著有《厦门兰谱》,内载兰蕙二十种。严教授平生所涉及者共有一百种之多,其余八十种或在研究中,盖严教授科研态度一向严谨。严教授早年毕业于东南大学农学院,1929年留学美国,获芝加哥大学哲学博士学位,一生致力于园艺学与植物形态学之研究。他于书中对各种兰蕙进行科学分类,配以学术文章及照片,并逐一加以工笔设色写生,且每画均有题书钤印,宛然花卉画佳作也。

科学家兼擅丹青,洵少见,是以著名学者钱崇澍题诗赞之曰:"出色丹青貌独奇,幽斋绣阁两相宜。姚黄覆玉争夸说,王者香何如此芝。""重图兰谱胜前人,描述当知尽逼真。赠我一枝红且艳,题名长寿更清新。"款云:"楚江仁弟作《厦门兰谱》,出之科学之笔,其准确程度自当与前人不可同日而语,作此以贺。一九六四年七月,钱崇澍时年八十有一。"钱崇澍(1883—1965),1914年始留学于美国伊利诺伊大学、芝加哥大学和哈佛大学等,中国近代植物学的奠基人和开拓者之一,时任全国政协常委、中科院学部委员。钱先生曾在厦门大学任教,1928年《厦门大学四周年纪念特刊》所载"教员表"记有"钱崇澍,字雨农,(本校)植物学正教授"一行。

严楚江教授修髯鹤立,丰神秀逸。来厦大任教后长居鼓浪屿,与我家望衡对宇,且其爱女晏英乃我学妹,但我辈中学生当年对科学家唯知敬仰,不敢亲近。十年动乱之后,1978年,严教授因病去世。翌年,福建省政协与厦门大学为他举办追悼会。其妹倩陈珊轮先生乃我中学时的业师,命我代作挽联云:"学术贯中西,惜浩劫无端,《兰谱》一编留典范;春风甦万象,痛招魂何处,芝兰九畹仰园丁。"

鼓浪屿女词人黄墨谷

顷读安徽刘梦芙先生所编《二十世纪中华词选》,其第十九卷刊有黄墨谷先生词作四首。《江城子·丙午春竹韶有缅之行》二首云:

沉香亭畔碧阑阶。点冰苔,独徘徊。薄雾轻烟,微湿金缕鞋。欲掩画屏风不定,明月影,入帘来。　红尘日日暗妆台。细钿钗,忍重开?冷艳凝霜,谁折一枝梅?驿路千程山万叠,书不到,雁空回。

沉沉绮阁酒微醒。小秦筝,谱离情。愁水愁风,寒食到清明。料得天涯行客苦,征战地,短长亭。　江潮带雨晚来生。枕边声,不堪明。残烛双花,照影太伶俜。试剪双花寻好梦,天欲曙,梦难成。

《玉楼春》云:

黄昏阵阵廉纤雨。花谢重阶三月暮。陌头柳色上帘波,镜里霜华凝鬓雾。　　春江不合离人住。潮水无情来又去。孤帆何日趁东风,长系桥南乌桕树。

《清平乐》云:

幽居空谷,世味如纱薄。芳草天涯依旧绿,人倚阶前修竹。　　春山殢雨含烟,高墙柳树飞绵。片片落花风里,韶光似水流年。

黄墨谷(1913—1998),名潜,号墨谷,福建厦门鼓浪屿人,黄廷元先生女孙,1931年入厦门大学中文系,九一八事变后去国。太平洋战事爆发,壬午(1942)除夕由缅甸飞抵重庆,曾任教任职于重庆女子师范学院、中国科学院秘书处、文学研究所、河北师范学院,1987年受聘为中央文史研究馆馆员,著有《谷音集》等。《二十世纪中华词选》第十九卷还辑有叶嘉莹、沈祖棻、张充和、冼玉清和我复旦业师黄润苏教授等女词人之佳作。黄墨谷名列其中,皆当代词坛之一流人物也。

黄墨谷《谷音集》后跋

岁丙(2016)申重阳,洪峻峰词兄持赠黄墨谷之《谷音集》。集凡四卷,一至三卷辑录词65阕,卷四辑诗29篇。墨谷女士戊辰(1988)冬作后跋云:

右《谷音集》四卷。第一乃壬午(1942)避太平洋战乱来渝,至乙酉(1945)抗战胜利时期之作;卷二,乙酉至己丑(1949)渝州解放,其时友均先后东下,余因受重庆国立女子师院之聘,独自滞留川中,故卷中多伤离念远之篇什。第一、二两卷原已写定,"文革"时被焚毁,后经鸠集,劫灰之余耳;第三、四卷乃七十年后期及八十年代所作诗词。余早岁师事厦门大学江山毛夷庚先生、重庆中央大学乔大壮先生,晚年又蒙唐圭璋、施蛰存诸词学前辈提掖。唐老屡屡以编词集相勉,壮师生前亦惓惓以写定"谷音"为念。兹将焚余之篇什及近作编为一集,并将壮师晚年见惠之书札置诸卷首,以志不忘。承唐[老]为书名,师兄蒋维崧君为篆扉页,又承挚友、香港书谱社长梁披云先生俯允为影印,并此致谢。

黄墨谷之师友交游

读《谷音集》,可略知黄墨谷先生的交游圈。关于她的老师,她在戊辰(1988)的后跋写道:

> 余早岁师事厦门大学江山毛夷庚先生、重庆中央大学乔大壮先生,晚年又蒙唐圭璋、施蛰存诸词学前辈提掖。

毛常(1881—1951),又名翔,字夷庚,江西江山人。前清廪生、拔贡。1923年任厦门大学讲师,后受聘为国民政府大学院秘书兼编审委员。1930年再度赴厦大任国文教授,至抗日战争全面爆发。《谷音集》有两处提到她1931年入厦大"师事"或"受知于"江山毛夷庚先生。

乔大壮(1892—1948),原名曾劬,字大壮,四川人。近代词人、篆刻家。历任重庆中央大学词学教授、台湾大学中文系教授,后因好友许寿裳被暗杀,深受刺激,自沉于苏州枫桥下。《谷音集》卷二《八声甘州》注云:"余于乙酉年(1945)在先师壮翁(乔大壮)客馆,初识唐老(唐圭璋)。"《水龙吟》题"念丙戌(1946)偕壮师(乔大壮)访戴氏园",又《苏幕遮》题"丁亥(1947)除日得壮师自台湾大学来示"。作七绝《白下吊先师大壮先生和唐老韵》。岁己未(1979),还读"大壮师绝笔诗手稿",并作"二绝句兼寄师兄维崧君"(卷四)。

唐圭璋(1901—1990),字季特,江苏南京人,南京师范大学中文系教授。中国当代词学家。据《谷音集》卷三《八声甘州》注,乙酉年(1945)在重庆"初识唐老(唐圭璋)"。"癸亥(1983)冬参加华东师大召开之建国以来首次词学讨论会。会后赴宁谒见唐圭璋先生。"(卷三《临江仙》题)。丁卯(1987)秋日作《千秋岁》"贺祝步唐先生九十四寿辰"(卷三《千秋岁》),作七绝《白下吊先师大壮先生和唐老韵》并附唐圭璋先生《墨谷枉顾赐示壮翁遗迹感赋》原诗。

施蛰存(1905—2003),浙江杭州人。著名文学家、翻译家、教育家、华东师范大学中文系教授。"丙寅秋日,(施)蛰存先生函嘱索取黄君坦先生新词"(卷三《鹧鸪天》题）。

她的同学，有师兄蒋维崧和同窗黄萱、盛配。

蒋维崧（1915—2006），字峻斋，江苏常州人。毕业于南京中央大学中文系，山东大学中文系教授，当代著名文字语言学家、书法篆刻家。卷二《蝶恋花·维崧师兄将之白下赋此赠别》有"蜡烛西窗余几许，何年重话巴山雨"之句。卷四《己未（1979）冬读大壮师绝笔诗手稿，作二绝句兼寄师兄维崧君》，又从所附《大壮师留与师兄维崧君绝笔诗》，乃知乔大壮的绝笔诗在蒋维崧处。

盛配，见卷三《望海潮》注：

> 丙寅（1986）深秋，盛配学长枉顾寒舍。阔别数十载，忆余于1931年入厦门大学中文系，以词受知于江山毛夷庚先生。先生于经精通《左传》，许以相授。未几，日寇入侵东北，盛配学长主持学生会，号召罢课。之后，余渡海赴马来西亚之槟城执教。不意半世纪后在北京重逢，知盛配学长正在撰写《词调订律》，不胜钦佩。

政界长辈、乡贤有郭沫若、"奎翁"、梁披云等人。

何鲁，号奎垣，黄墨谷尊称为"奎翁"。卷二《念奴娇·奎翁命题五一盛节图》注云：

> 一九四九年十一月，渝州解放。一九五〇年五月一日，伯承将军集同志于重庆西南军政委员会。重庆大学主任委员何鲁，号奎垣，名数学家，赋诗二首有"历史翻新页，将军百战余"之句，伯承将军和诗云"共饮联欢酒，勤翻建设书"。癸亥（1983），奎翁制《五一盛节图》索题。

《水龙吟》题云：

> 岁暮天寒，奎翁自红岩戴氏园折蜡梅数枝见惠，静对孤芳，感念丙戌年（1946）偕壮师访戴氏园，阅读《词林翰藻》旧事，赋此为之悄然。是当丁亥（1947）、己丑（1949）间之事。

卷三《满庭芳》题云："庚寅（1950）仲夏，奎翁来京出席高等教育会议……缅怀旧游感赋。"

此外,有画家秦岭云、词人施议对、校友黄克立等人。

黄墨谷与郭沫若

词人黄墨谷曾任中国科学院院长办公室秘书、秘书处副处长。其《谷音集》可读到与郭沫若有关的诗文。《清平乐》题兼小序云:

一九五八年中科院有东移至九爷府之议。一日,偕领导前往。见一枝牡丹盛开。郭老谓余曰:"此黑牡丹也,天下名种。"后因故斯议遂寝。隔二十多年,余再访九爷府而黑牡丹不得复见矣。赋此阕用温助教体兼怀郭老。

词云:

画栏西角,开一枝幽独。晴日倩影扶疏绿,淡墨凝香绰约。　　世事过眼云烟,耆宿化鹤升天。无地再探名花,遗恨终古绵绵。

20 世纪 80 年代参观山东聊城蒲松龄故居,见有郭沫若题楹联曰:

写鬼写妖,高人一等;刺贪刺虐,入骨三分。

遂有感而作《永遇乐》云:

子夜灯昏,荒斋案冷,满腔孤愤。狐鬼奇文,风雷绝唱,托寄痴狂忿。汨罗沉江,寒郊骑驽,一例吞声饮恨。想当年,呕心沥血,总为苍生泪揾。
松溪映带,三间茅舍,依旧烟霞隐隐。魂返魄来,青林黑塞,比黄州困顿。藏之名山,传诸后人,春秋微义谁引?算知我,刺贪刺虐,诗人笔奋。

此外,尚有五言绝句《读郭沫若闽游诗》云:

故垒雄风在,先生到此来。宏篇应刻石,千古水操台。

黄萱与黄墨谷

1981年黄萱先生回鼓浪屿安度晚年,时常邀我到府上清谈鼓岛往事,辄提起她昔日"上女学"(即厦门女子师范学校)之同窗闺友黄墨谷先生。数年后,洪峻峰词兄赠我《谷音集》,集中有赠黄萱先生诗数首。《辛酉(1981)萱姊回乡定居感赋》云:

踏遍青山七十归,旧时城郭怅皆非。一颗掌上明珠在,他日斑斓戏彩衣。

盖黄奕住先生在世时,视女儿黄萱如掌上明珠,故有此诗句。《萱姊自鼓浪屿寄花木数株感念旧游赋二绝句》云:

兰竹山茶折几枝,当年共赏月明时。而今远滞幽燕北,君问归期未有期。

土花斑驳碧苔侵,静对孤芳自苦吟。故垒延平雄风在,屐痕无处可追寻。

黄墨谷先生长年旅食在外,但家山无时不在其念中。《谷音集》卷二有其旧作《念奴娇·笔架山感旧》云:

笔山之麓,旧曾倚,小楼阑干一角。佳日春秋畦圃内,开遍幽兰素菊。深夜闻蛩,清晨浥露,数丛潇湘竹。崎岖荒径,朝夕来去踯躅。　　堪恨倭寇侵陵,匆皇抛别了故家池阁。从此飘零似散蓬,几番风涛南北。少小离家,老大回返,往事惊如昨。人生若梦,可悲梦何曾觉。

忆虞北山教授

1970年北山虞愚教授养疴南旋,住鼓浪屿,先寄寓福建路20号楼下陈景隆姑丈原先的旧居。是年5月我和颜惠芬结婚,虞先生谨集毛主席词句为联作书赐贺。

虞愚教授居鼓浪屿时,最初为我背诵少时陈石遗赠他的那首"总角工书世已称,更殷年少缀文能。断章正好望吾子,青眼高歌老杜陵"七绝,继而每回晤叙必为我谈诗,诵读他的得意之作。2017年虞先生的《虚白楼诗》辑入厦门文献系列,我为其辑补佚诗二百四十余题(二百七十余首),其中有不少是我当年每次谈诗回家后的随手默记。

忆一日晤叙,偶谈到钱锺书先生之《通感》一文。我问虞教授他昔日为罗丹先生《稚华诗稿》作序,有一段"故灵庙碑阴之浑金璞玉,陶靖节之形质天成也;爨龙颜之轩辕古圣,杜工部之端冕垂裳也;石门铭之瑶岛散仙,李供奉之骖鸾跨鹤也;高植碑之苍崖巨石,韩昌黎之错节盘根也;慈香之公孙舞剑,苏和仲之浏亮浑脱也;温泉颂之龙髯鹤颈,黄涪翁之奋笔云霄也;马鸣寺之野竹过雨,温飞卿之轻燕侧风也;杨翚之苏蕙织锦,李义山之绵密回环也",是否也是"通感"?虞教授唯唯,颔笑不语。

1949年,虞先生编诗为《虚白楼诗》,托稚华罗先生在风行印刷社印制。因等待陈铭枢先生序言,印成后尚未装订。不料印刷社管理不善,竟将其当废纸处理,两老友从此交疏。1970年虞先生回北京后,我从洪子晖丈处觅得一册寄呈。2017年之重印,遂有底本。

虞先生作诗不存底稿,随手书赠予人,我则每从寸笺尺素抄录其诗作,如淘宝状,然集腋成裘,亦后来补辑佚诗之来源也。

虞愚之"外观内游"

虞北山教授《虚白楼诗》自序云:

故诗歌之道亦不出"内观""外游"二途,由"内观"言,不必多阅世,阅历愈浅则性情愈真,天趣愈浓,陶靖节、王摩诘、李供奉之作是也。由"外观"言,不可不多阅世,阅历愈深则经验愈丰富,思力愈精透,杜工部、白香山、金亚匏之作是也。

虞教授此"内观""外游"之说,似出自王静安先生《人间词话》第十七章所云:

客观之诗人不可不多阅世,阅历愈深则材料愈丰富,愈变化,《水浒传》《红楼梦》之作者是也。主观之诗人不必多阅世,阅历愈浅则性情愈真,李后主是也。

唯虞教授又说"前者孤悬物表,尘嚣不侵,富有生命之意义。后者抚时感事,一归于实,富有社会之意义,此其不同耳",兹则更有新意。

虞愚自评书法

北山虞愚去世于 1989 年 7 月 28 日,时我正在广州办理赴美探亲的签证,未克为其灵前执绋,至有歉意。返厦后与余纲(字维之)老师叙北山往事,彼时他正在撰写《怀念虞愚老师》一文,蒙出示初稿,中有北山先生生前对自己书法之评价,亟为抄录:

一为刚柔相济,碑帖结合,熔阳刚与阴柔之美为一炉。譬如"骏马秋风冀北,杏花春雨江南"乃两种美之结合。二为笔断意不断,意到笔不到。譬如丰子恺漫画,人物皆略去五官,却更为传神。此意足不求形似,往往有令人感到灵妙俊逸之趣。三为粗细相配,讲究节奏。作书有如音调的高低徐疾、宛转悠扬、淋漓尽致,或苍劲或秀丽,兼而有之。

虞先生又说:"碑体之刚健浑劲,适合题写摩崖、牌坊和榜书等大字,至于扇面、册页等小品,又宜于帖体之秀丽绰约。"

窃以为先生的书法以魏碑之体为骨肉,以帖体为丰神,无论擘窠大字、蝇头小品,皆达到宋人苏东坡所谓的"端庄杂流丽,刚健含婀娜"(苏轼《次韵子由论书》)那种境界,浑然天资灵气也。

虞愚题赠红玫瑰诗

1970年,北山虞愚教授伉俪自首都南归,养疴鼓浪屿。时有上山下乡之青年亲友回厦,北山教授每书写自己所集毛主席诗词句子为联相赠,联曰:"不管风吹浪打,直下龙岩上杭。"盖当年厦门知识青年多到龙岩、上杭等地落户。此联天造地设,妙不可言。

是年5月24日,惠芬与我结褵,北山教授书赠郭沫若集毛主席诗句之联为贺,据师母林逸君女士说,此乃虞先生南旋的第一幅书法作品。事后,我们以外家所种鲜花回赠,蒙他宠赐五律一首,诗云:

　　赠我红玫瑰,如君有几人?一花开烂漫,新叶见精神。自媚空阶夜,能回大地春。海天欣晤对,相赏莫辞频。

好诗妙联,为新房增添如许喜气、文气。

弘一法师为虞愚题偈

1933年癸酉正月,弘公自万寿岩移居妙释寺。竹园虞愚以幼年书法呈阅,弘公为题:

　　竹园居士善解般若,余谓书法亦然。今以幼年所作见示,叹为玄妙。即依是义,而说二偈,质之当代精鉴赏者。癸酉正月,无碍。

偈云:

> 文字之相，本不可得。以分别心，云何测度？
> 若风画空，无有能所。如是了知，乃为智者。

1934年二月，弘一法师题虞愚《佛家心理学》：

> 竹园居士著《佛家心理学》，为题二偈，以志赞喜："白香山诗，老妪能解。斯文亦尔，善导蒙骏。""南欧北韩，盛誉驰传。复有竹园，若鼎足三。"甲戌二月璎珞院沙门胜幢书。

北山虞愚先生生前从未与人谈及此事。见林子青《弘一法师年谱》第207、216页，宗教文化出版社，1995年。

虞愚论颜鲁公书法

北山虞愚先生工书法，对"颜筋柳骨"颇有研究。寒斋珍藏有其论颜鲁公书法的题跋，乃其早年题金章学友所藏颜帖之感言，跋云：

> 后人推鲁公之书至矣。然鲁公所师及其用笔与众不同，世罕知之。吾尝究学书之道，知非用藏头圆笔则不足语鲁公书。盖藏头圆笔，属纸令笔，心常在点画中行，故能古厚盘礴。所谓"字外出力中藏棱"是也。惟此藏头圆笔，系出于穆子容、高植，是为鲁公之所师也。

虞北山先生论书每从实践中获得妙悟，故能高迈群伦。奈平时言多记寡，否则辑录成书，当可与蒋星煜先生之《颜鲁公之书学》（武汉古籍书店，1986年）一书相伯仲。

虞北山论诗与陈石遗

黄伯远，旧时老报人也，所著有《红叶草堂笔记》。其记北山虞愚先生（竹园）论诗与陈石遗一则甚妙：

> 虞竹园先生，今之诗家亦书家也，昨过寒斋，与予论诗，竹园谓："作诗譬如制钢，愈锻炼愈佳，若草率成篇，东拉西凑，只求协韵，则不如毋作。"味其言，竹园之苦吟可知，而竹园诗能成名者亦在此，非幸而致也。竹园云："尝以一律谒石遗，石遗只录取两句，乃'客思涛声和断续，壮怀暝色共沉沦'是也。然则其余六句为不佳矣。既不佳，则不能不更作，冀成完璧。人徒知一诗之成，寥寥数十字，宁知已呕却几许心血耶？"予固心折竹园诗，但不无"诗人何自苦乃尔"之感，因笑："予为诗，不推敲，且亦不求其解，如君所论，其不被打入油瓮者几希！"竹园为莞然。既又谈及石遗，竹园云："石遗善论诗，诗之美丑，经其品评，无不中肯者。"予谓："眇公论诗，美弢庵而贬石遗，岂石遗亦有所短乎？"竹园曰："善论诗者，诗不一定工，善作诗者，论不一定对，仁者见仁，智者见智。"予亦云："予善观画，而予实不能画。然则君所言，固幽深而有味，岂徒词令妙品已耶！"竹园虽笑谢不敏，亦颇以予为知己言也。

虞愚教授题篆刻诗

虞愚（北山）教授擅书法，故对篆刻艺术似有偏好。其旧作《虚白楼诗》录存《题岳武穆小印》长歌一首，有句云：

> 丹诚直共篆文传，四字今将涅背看。若与背嵬同什袭，吉光片羽少齐肩。龙天呵护珍珪玠，蝌蚪形态宛然在。英雄英物俱千秋，历尽沧桑长不坏。

集中尚有《题铁庵印存》云：

  苍茫古篆映灯微，金石传声世亦稀。提挈万灵役刀底，云雷海岳挟之飞。

《题陈三畏印存》云：

  刻玉镌铜寄古欢，规形容易得神难。精能惟有陈三畏，风雨孤灯勒肺肝。

晚年虞教授屡自京返厦小住，所作书铃用之印皆请名家为之奏刀，其题赠名家印存诗三首云：

  风雨孤灯勒肺肝，摩挲篆刻不知寒。此中自有精微在，莫作雕虫小技看。
  悲庵笔墨开生面，苦铁精神接大荒。并入明窗三昧手，奏刀字字挟风霜。
  胸有朝阳气自华，恢恢游刃舞龙蛇。红旗如海应争奋，作个人民篆刻家。

虞教授虽不是金石家，却于此道并不外行。

虞北山沪上诗友

1974年后，北山虞愚每归首都，必在上海与陈声聪及沪上诸诗友盘桓数日。陈声聪《兼于阁杂著》（上海古籍出版社，2002年）之《虚白室诗叙》载："予识（虞愚）君晚，甲寅（1974）秋始获定交，有作必以寄示。"陈声聪（1897—1987），字兼与（兼于），号壶因、荷堂，福建闽侯人，上海文史研究馆馆员，当代著名诗人，所著有《兼于阁诗》《荷堂诗话》等。虞先生又因此获交沪上许多诗友。据施议对《当代十词人述略》之评述摘录[《中华诗词研究（第一辑）》，东方出版中心,2016年],陈声聪晚年"其书斋号称小沙龙,沪上一批老诗人、老词人,每逢周五,都前去品茶谭艺,例如高仁偶、陈琴趣、沈轶刘、陈九思、施蛰存、周炼霞、包谦六、吕贞白、何之硕、周退密、张珍怀诸辈,皆为其座上宾客"。

然与虞北山游者,即其中寓沪的福州籍诗人。除了东道主陈声聪外,主要有王彦行(1903—1979),号澹顑,原籍福州,著有《澹顑词录》。陈泽锽(1905—2000),字琴趣,以字行,原籍闽侯,著有《琴趣楼诗》。林岩(1911—1977),字松峰,原籍福州,著有《松峰词稿》。虞北山与他们唱酬的诗作十数篇,我皆编入《虞愚先生诗词补辑》,附于《虚白楼诗》(厦门大学出版社,2017年)出版。

虞先生尝言,厦门朋友多求字,谈诗者寡。1973年,虞先生作《丙仲见赠新诗勉成论诗一律报之》云:

> 代谢新陈未有涯,能娴矛盾可言诗。常忧微意无人会,不道南天见此奇。声律细时方妥帖,灵魂深处要无私。为谁而作真当勉,正是防修反帝时。

颈联推挹逾量,实愧不敢视人。

陈兼与叙《虚白室诗》

陈声聪《兼于阁杂著》为北山虞愚作《虚白室诗叙》云:

> 屈子为诗之祖,杜老为诗之圣。馨祀百世,笼络千家。卢照邻忧苦愤懑,好仿《骚》《辩》者也;李贺藻丽诡奇,亦受于《楚辞》者也。元稹、白居易之新乐府,感时托兴,学杜者也;李商隐五七首近体诗,抒情述事,壮采顽艳,亦学杜者也。黄庭坚之崄深,陈师道之僻涩,陈与义之幽夐,皆无不出于杜者也。所向同,因其时与人之殊,所成就则万其趣。若屈与杜之广大精深,学者得其一偏,皆足以名世,是无可疑已。
>
> 吾友虞君北山,少喜吟咏,每于攻课之余,于《楚辞》、杜集,日暗诵一二篇以为常,凡数年而卒其业。所作尝为石遗老人所激赏,录其句于《石遗室诗话续编》中,时君年甫逾冠也。既而执教母校厦门大学,即以平日

学习心得诏来学。有《屈原研究》《杜甫研究》二著,于其微旨,多所阐明,学者称之,而君诗亦益以进。抗战军兴,展转湖湘岳邑间,举目山河,有神州陆沉之惧,忧生悯世,含毫抽绪。是时所作七律数篇,极似少陵《登高》《登楼》《阁夜》《秋兴》诸作。

君诗趣隽上,声情发越,尤长于怀往叙事之咏。予识君晚,甲寅秋始获定交,有作必以寄示。见其《敬念鲁迅先生》《古刺桐城新咏》七言绝句,《悼逸君》28首,叙其夫妇前后数十年之出处踪迹,大都铺陈尔雅,亦诗亦史。又读其《玄奘法师一千三百年纪念》《游万里长城》《登岱》诸篇,则又沉雄壮往,光气逼人。

君少年勤苦,遭世多艰,倾心内向,沉潜梵典,而于国家民族之否泰、忧畏之情,奚能自已。故其为之于诗者,类皆郁勃多感。全国解放,日出东方,君欢欣鼓舞,矍然以兴,移个人之哀怨,为时代之感情。于是胸襟疏朗,眼界开阔,歌颂党,赞叹人民,见其于游览抒情及与友朋酬唱诸什,处处表现其忠爱感与时代性。千年以后之寝馈于《楚辞》、杜诗者,又见一新其壁垒。君素所标举为诗必"清""深""真""新"四字者,是以当之矣。

项君来书谓海外友人将选录其诗,付诸剞劂,君之传远矣,为之喜而不寐。委为一序,所不敢辞,乃述平日所知于君者,复之如此。

虞愚与施蛰存唱和诗

虞北山教授在厦门大学时,赁居虎头山,居舍曰"涵虚楼",我家尚存其《虎头山寓楼杂述》及《涵虚楼雅集分韵得涵字》两诗。"杂述"所云"结庐虎头山,颇得称幽雅。嵌寄罗崖石,轮囷列松槚"者,盖为《稚华诗稿》作序即在斯楼也。虞教授时有七律《新居牖下有古松一株所谓雀舌种者为赋一诗录似蛰存道兄高评并乞和章》(载施蛰存《北山楼诗》,华东师范大学出版社,2000年)云:

相对忘年牖下松,挐云直干欲成龙。苍鳞自合混茫气,翠鬣谁窥块独踪。划梦绳床供一瞑,拷魂宵雨暗千峰。羁栖与我宽愁思,掀尽涛声答暮钟。

施蛰存前辈有《奉和虞竹园新居古松》一律报之,云:

> 南村卜宅为贞松,尽日虞翻对卧龙。小院虽妨回雪舞,重门不掩出云踪。老怀自蓄乾元德,遐览何劳泰岱峰。肯与枋榆争得丧,春雷伫待发鸿钟。

抗战期间施蛰存前辈更有诗寄余仲詹、高呦苹两教授兼讯虞北山一律云:

> 凌寒犯雪回三舍,横水明光误一筹。虚为烽烟劳远戍,祗应觞咏写离忧。谢家池馆犹巢燕,龚令民人已买牛。何日挂帆办归计,一汀烟景待公收。

时厦门大学内迁长汀,施蛰存前辈辗转入闽,与虞教授同任讲席,且亦均喜宋诗韵味也。施蛰存前辈与鲁迅先生朋辈,以小说鸣世,乃当代文坛硕果仅存之百岁大老,所作诗结集曰《北山楼诗》。而虞愚字北山,著有《虚白楼诗》。"文革"中我从洪子晖(梅生)词丈处录副一册,集中新居古松一诗,诗题照旧,却无"录似蛰存道兄高评"等语,且颈、腹两联改为"苍鳞自接混茫气,翠鬣谁窥块独踪。出岫片云弥六合,横天飞雨暗千峰"。不知孰者为佳?

万灿之教授

万灿,字灿之。1970年,虞北山先生养疴南旋,居鼓浪屿,我在虞先生家与他有数面之雅。灿之先生时任厦门大学经济系教授,十年浩劫中备受批斗,今虽骎骎乎古稀,然犹矍铄有生气。虞先生很敬重灿之先生,即席书赠七律一首云:

> 绵丽江山合有诗,煌煌斗柄照红旗。天开地辟逢千载,汉武唐宗彼一时。顾我满怀同改造,知君不至更迟疑。争教解放全人类,稽首弥天马克思。

今墨宝犹存我家。其后我辗转方知灿之先生当代奇人也。先生湖北鄂州人，1901年出生于民主革命世家，早年入清华学堂，参加过五四运动。后留学日、法、德、俄四国，在柏林大学修经济学，任莱比锡大学教授，授政治经济学和中国文学。因与邓演达交深，回国后共创"第三党"，反对蒋政权。1933年，十九路军在福建发动"闽变"，成立"中华共和国人民革命政府"，灿之先生任秘书。"闽变"失败后，走避苏联。抗战全面爆发后，应周恩来、李济深之邀回国，在重庆初任国共合作的政治部第三处处长兼留日学生总教官，后辞去。蒋中正问其原因，曰："没经验。"问有何要求，曰："无。"遂不用。抗战胜利后，在安徽、金陵诸大学任教，积极参与民主党派活动，曾任立法委员，而在国民党败退台湾时，则毅然留在大陆。中华人民共和国成立后，获周总理垂询，问有何设想？曰："还是教书好。"院校调整时，遂由南京大学调至厦门大学任教，当年与虞先生同事也。

1973年灿之先生病逝于南京。虞北山在北京有挽诗两首云：

闽变风云彼一时（1933年灿之曾任福建人民政府秘书长），暮年剩有笔枝枝。德文汉语都娴后，歌德青莲一论之（灿之有文论歌德与李白作品谓德国人民爱好李诗有甚于歌德者）。不道肺癌成夺汝，方推强健是吾师。哀歌不尽平生意，空想昂藏万里姿。

酒酣握手今无复，卅载回思只故情。草草杯盘记除夜，迢迢横舍听潮声。新知旧学同商略，岱岳鸿毛孰重轻。胸有千秋长已矣，可堪重至石头城。

闻灿之先生牛眠之地在南京望江矶公墓，怅隔云山，我心常系念之。

周哲文先生教我篆刻入门

1964年我读高中时喜欢篆刻，曾致函福州周哲文先生求教。周先生不以中学生之初学，立即回信云：

丙仲同志：接书，因忙稽复，无限抱歉。自从闽西南遍历二十余县市，抵榕后又忙于整理各项资料,一直挤不出时间,所以各方缄件具已积压。今宵披阅各友来书,特就灯下,草草作答。我是生长贫苦之家,自幼失读,文学艺术修养至差,篆刻只不过是业余时间自行研究,聊以排遣,正苦未受师承,为了应付报刊之索,偶刻一二,与当前政治形势结合。印章深惭功力未逮,徒博虚名,殊为负疚。今承远道来书,殷殷相问,不免感到空虚。印学研究,据历年摸索经验,首先锐意学习书法,继而研究章法即布局,进即注意运刀。今阅足下寄来印稿,已经入门。为今之计,愚意还是先从临摹汉印着手,多临多看各家印谱,这是最好自学办法。当前文学艺术革命,印章亦可用简体入篆,如能以汉魏合渗,有碑碣味而工农而懂,更为普及化,可试行。雕刻亦可创新,不必拘泥于古法。最近新华书店出版古巴谚语印语,系上海方去疾、吴朴堂、单孝天先生合刻,价亦廉宜,可购买参考,对于初学,不无有助之处。此间虽有藏印,不甚惬意,未敢奉赠,恐误青年。特随函寄上几份,请予指正。今后来函,切勿以师长之称,我们至望共同研究。祝健!周哲文手启。一月廿九日。

此信写于1965年,洵为哲文先生的治印心得,非常难得。周先生去世后,福州市政府为他在三坊七巷创立艺术馆。

恩师张宗洽先生

20世纪80年代之前,张宗洽先生是厦门文史界为数不多的具有大学本科学历的专业人员。1962年后,他便以从事郑成功史事研究为其终生志业。我于1980年得其谬爱,从工厂把我培养成一名文史工作者。张先生于我有知遇之恩,而且是我学术研究方面的导师。

记得刚调入郑成功纪念馆时,有近两年的时间,宗洽先生安排我专心攻读明郑史的"四部丛刊",即《先王实录》《海上见闻录》《台湾外纪》《闽海纪要》,为我日后的郑成功史研究奠定基础。

宗洽先生的重要学术成果,如《郑成功杀叔考》《郑成功家世考》《郑芝龙早年事迹考辨》《关于闽台地区郑氏墓葬的探讨》(均见《细说郑成功》,北京燕山出版社,2002年)等论文,至今尤为学术界所赞赏。他对郑成功史的研究,是由敬佩、热爱而上升到探究、弘扬的层面,最终耗尽平生的心血。他的这种心存敬仰的学风,为我开启了治学的不二法门。他将其所学法律专业的逻辑思维,很好地运用到日常的写作中,形成自己既严谨又生动的文风,为我树立了楷模。他辞世以后,我仍遵从他的教导,受益终生。

我负笈复旦大学之后,发现正规的高校都特别敬重老师、讲究师承关系,优良的学术传统由此薪火相传。如教古汉语的夏维民先生,开学第一天就告诉我们他是丁声树先生的弟子。教考古学通论的张鸣环先生,言必称"苏公",因为她是北大苏秉琦教授的得意门生。班主任吴浩坤先生教甲骨文,讲到他的老师胡厚宣先生时更是眉飞色舞。晚年我常在《中华读书报》读到许多学者怀念他们恩师的文章。清夜扪心,我以师承宗洽先生的衣钵为荣。

记"柯髯"

柯文辉先生蓄须,自署"柯髯",供职于中国艺术研究院,刘海粟之"十年秘书",著名之文艺评论家也。1999年由京来厦小住,短住在鼓浪屿八卦楼与我为邻,我遂有缘亲近大雅。

某夜,本地文友数辈慕名来访,并在寒斋茶叙。因"柯髯"是安徽安庆人,遂讲起汪曾祺的诗文逸事,后又聊到汪静之、应修人等几个湖畔诗人的作品,惜文友们对湖畔诗派了解不多。时我适在读汪静之的《蕙的风》,稍知一二,所以"柯髯"那天心情不错,只和我一人说汪静之和他的诗。

某日,"柯髯"坐室外木棉树下,为张人希先生之花鸟画集作序。石桌上仅笔一支稿纸两张。他抚髯沉思片刻,遂动笔。其势如怒骥奔江,不可遏止。时园花烂漫,雀鸟时鸣,一饭未熟而文章已成,且卷面无丝毫涂改之迹。其后为王柏生、苏梦辉两君的国画、篆刻集作序亦复如是。古人说"下笔千言,倚马可待","柯髯"之谓也。

"柯髯"移赠其《采石矶绝句》为我书册子,诗云:

> 浪漫诗才少比肩,山川空待百千年。新人谁坐昆仑上,重理江河好管弦。

柯先生临行,我送他出博物馆大门,突然他又转身过来对我曰:"我写几个字送你。"所题乃"丙仲兄,避誉如避谤也!"数字。题毕,相顾一笑,提将行囊便走。这寥寥数字,此后我一直奉为座右铭。后来我读到1979年7月2日钱锺书致夏志清的信(载王祖远:《鸿雁叼来的文学史》,《中华读书报》2018年1月24日),其中有一段话说:"凡称赞一人,极口侈说,必有旁人反感疾视。……'过誉招损'。吾友爱我太过,反成适得其反,为我树敌也。"此或与文辉先生之深意,如出一辙也。

甲申(2004)岁首,文辉先生复有厦门之行,并辱问贱况,奈我因到哈尔滨治疗病足,竟缘悭一面。归来读《厦门日报》,有其访谈录一文,说我国抗战最大的损失是梁漱溟诸人的近代新儒学体系来不及建立。

曹秋圃与林英仪

林英仪先生早年在厦门美术专科学校学习,其书法得台湾曹秋圃的影响最大。曹秋圃(1895—1993),号澹庐、半庵道人、菊痴,台北市人,少攻国学和书法,弱冠以前学楷书,后来受吕世宜书风的滋乳,以专工古篆隶书闻名,晚年倾意由隶书转入行草,风格古朴浑穆,颇具个人特色。1934年,曹秋圃曾在厦门台湾公会举办书法个展,翌年厦门美专聘任为书法课讲师,林英仪即在此时执经受艺。暮年林英仪非常思念这位恩师,无奈海峡两岸隔绝,聚首无从。1989年,原厦门美专教师、著名油画家谢投八先生的女公子辗转从台湾寄来曹秋圃签赠的近照,林英仪览信喜极而泣,赋诗四首,其一首云:

甲午奇羞痛割台,倭奴扫穴又重来。童蒙惴惴犹惊梦,师泽沾沾比宝瑰。穷访吉光争片羽,飞将真影下琴台。恍然隔世音书到,无那夺眶热泪催。

1992年曹秋圃在台北做百岁大寿,林英仪写诗祝贺云:

忽传师座拜期颐,欢舞蒲衣鹭水湄。猛忆晨修亲背读,独留学散侍临池。干戈历劫沧桑慨,翰墨篇常天地垂。不是高贤焉此致,会将五代凤来仪。

1965年，林英仪先生绘松菊图大中堂赠我，其上题旧作诗一首，仍有"青毡存殁曹夫子，芳冢萋迷姊墓庐"之句，足见林英仪平生所念念不忘者，曹秋圃夫子也。曹秋圃不仅是林英仪的书法导师，且是他儿时的启蒙老师。盖1927年，英仪先生十岁在台湾时，曾入曹秋圃之澹庐书房读书。

梁廷琛先生

1949年秋漳厦战役中，国军驻守鼓浪屿的团长为梁廷琛先生。2010年6月17日，我与老友潘维廉教授接受美国国家地理网关于郑成功史迹的采访，到鼓浪屿。在日光岩的西林大门外，遇见梁廷琛。当时他坐轮椅上，精神矍铄。他的儿子介绍说，父亲今已96岁，是当年驻守鼓浪屿的国军团长，正在寻找他过去的指挥部，一座叫白楼的所在。我告诉他白楼还在，即今之鸡山路8号楼房。梁先生返台后，寄赠一册他所著的《九十老叟怀旧集》。该书不仅使我们感触到这些台湾老兵对大陆故乡的眷念之情，还为当年漳厦战役期间的嵩屿和鼓浪屿之战增加了史料，特别是鼓岛上这座当年厦门海关监督署的楼房，又有另一个前所未知的内容。

黄润苏教授

顷读陈四益先生之《臆说前辈》（人民文学出版社，2003年），书中有《〈澹园诗词〉勾起的回忆》一文，不由得让我想起了澹园黄润苏先生。1985年我读于复旦大学历史系，特到中文系选修诗词鉴赏课，授课老师就是黄润苏副教授。因为申报者不少是理工科男生，第一节课黄老师即要求先交习作，再定去留，结果生徒反而更多。记得我交上去的是一篇写元宵夜怀念旅台双亲的词，引起了润苏老师的注意。她了解到我的家学和一路求学的坎坷历程，遂对我青眼有加，邀请我当她的讲课助手，每遇到古诗词名篇，辄责我背诵并代作板书。润苏老师每课所引诗词颇多,兴致极佳,我亦不觉其累。

后来,我还应邀到润苏老师家做客,还得以认识她的先生刘铸晋教授。刘教授时任中国科学院上海生物化学研究所研究员,著名的科学家。贤伉俪皆出四川荣县之名门。他们相爱于时迁在北碚夏坝的复旦大学,然后刘先生赴美留学,获得美国罗切斯特大学博士学位,1955年毅然回国,一家团聚。润苏老师叙述刘先生不仅爱国亦爱家的事迹实在感人。1990年我之从美国翩然回国,实受刘、黄二师之影响。

《澹园诗词》(学林出版社,2001年)辑录有《乙丑冬送何丙仲毕业返闽》一首云:

豪情一曲壮骊歌,好趁长风万里波。四绝清华生腕底,春光骀荡写山河。

是书由我师朱东润教授题耑,陈子展、贾植芳、吴中杰和柳倩等十数名家各有题诗题词。苏步青校长赠诗云:

竹思一篇传九州,澹园文彩自悠悠。咏诗才似谢家女,生子贤如孙仲谋。不慕荣华添污染,岂歌风月逐时流。细培勤育前功在,粉笔生涯数十秋。

蒋天枢教授作《金明池》一阕,前有小序云:

抗日战争中,流离川东十载。后随复旦返沪。在夏坝期间,识荣州黄生润苏、蓉城刘季铸晋。刘学化学,黄从卢前、汪旭初受诗词,沈浸其中,斐然有作。世变苍黄,忽忽四十年矣。日昨润苏、铸晋贤伉俪过访,并以《澹园诗词》一册见贻,枨触前尘,赋《金明池》一阕敬题,并以志感,借博一笑。

词云:

嘉陵江畔,夏坝滩头,曾是黉宫旧地。忆昔年天风习习,峭岸拾级千尺。池塘边,小舍相连,也算是,萍踪东西寄迹。更雪窗风急,红红绿绿,是是非非谁记? 记澹园题咏处,把缙云山色,收归笔底。倡和随,寻芳揽胜,鸳鸯侣,深情密契。私愁怅,东归何日?奈河山破碎,身犹旅羁。剑外飞传喜讯,寰宇重光,且更归来树蕙。

风尘鞅掌三十年来,润苏老师之教泽时在心上。披阅诗集,当年我为她篆刻的"澹园"印章,钤盖在封二,知道老师"毋忘我"矣。

丰华瞻教授

1948年11月,丰子恺到厦门,拜谒了弘一大师住锡过的南普陀寺等胜迹。先祖父仰潜公因彼时追随过弘公座下,故与丰先生有胜缘,且获赠一幅题为《长堤树老阅人多》的墨宝和一册《护生画集》。我小时候对画册中那幅《瞻瞻的车》特别感兴趣。没想到多少年以后,在上海复旦大学成了"瞻瞻"的忘年交、友生后辈。

记得是福鼎老友周瑞光兄的介绍,我得到认识丰华瞻教授的机会。丰教授就是子恺先生笔下的"瞻瞻"。可能由于我祖父的缘故,首次拜会丰教授就对我很投缘,有话说。临别时还签名赠我一本他和师母戚志蓉刚合编出版的《丰子恺漫画选》(知识出版社,1982年)。我住的学生宿舍离他们家不远,所以在复旦大学读书时,我去取扰很方便。

毕业前夕,我求丰华瞻教授为我题写册页以做纪念。他用非常漂亮的"丰体"抄录了子恺先生的两首诗。这两首诗即出自1963年上海人民美术出版社出版的《丰子恺画集》那五首"代自序",诗云:

阅尽沧桑六十年,可歌可泣几千般。有时不暇歌与泣,且用寥寥数笔传。

泥龙竹马眼前情,琐屑平凡总不论。最喜小中能见大,还求弦外有余音。

也学欧风不喜专,偏怜象管与蛮笺。漫言此是新风格,尝试成功自古难。

当年惨象画中收,赠刻图章曰速朽。盼到速朽人未老,欣将彩笔画新猷。

　　大地回春万象新,百花齐放百家鸣。此花细小无姿色,也蒙东风雨露恩。

朱东润咏怀郑成功

朱东润先生是复旦大学教授,当代著名之传记文学家。1983年我负笈沪上,得以时承教诲。时东润师已九十高龄,精神犹矍铄,治学之余常引纸拈毫,录唐人七绝一首为人书条幅。某日与东润师谈及海上书坛,他曰:"我的字最好。"又说读书人写的字才叫书法,余者二三子只堪称作写字匠,不配入流。

又某日,闻东润师云,他本名世溱,小时候业师汪民甫根据《论语·宪问》之"东里子产润色之"一语,遂为改今名。复忆东润师曾开玩笑说,蒋孔阳教授讲授"文艺学引论",其夫人濮之珍教授教"语言学引论",家里实在可以挂一幅"双引楼"大匾。

东润师泰兴人。有一天我告诉他厦门有明代抗荷名将朱一冯之"攻剿红夷石刻",东润师说朱一冯正是他之远祖,言谈之下颇以这位老祖宗为荣,并说如果老天假以岁月,必到厦门亲手摩挲先人余泽。由是,我趁放假特到摩崖石刻处摄影呈老师清赏。东润师览之大悦,当即为我的册页书其咏怀郑成功旧作七绝一首,诗云:

　　淮上雄风付劫灰,金陵回首有余哀。延平宝剑今何在,总为江山惜霸才。

2000年鼓浪屿皓月园添建纪念郑成功之碑廊,我为之提供东润师这幅诗作墨宝,与柳亚子、尹瘦石诸名家手迹同时寿以贞珉。字幅虽略小,却神完气足,足为海山生色。

史树青先生

史树青先生是我1985年秋天在中国历史博物馆实习时的指导老师。那时我每天下班后都会陪他回家,晚上旁听他给研究生上的课,然后深夜才乘坐公交车走好长的一段路,再走过天安门广场,回地处玉渊潭的军博招待所。史先生国学根底深厚,加上博学强记,一有问题辄追根溯源,恨不得立刻把知识全传授给学生,因而那段时光我在文史和文物方面得益良多。史先生在东堂子胡同的老宅藏书很多。某日,我和洛阳籍的同学赵振华请他帮找东汉的一件旧拓片,到他家才发现他收藏的古代石刻拓片少说有上千件,从地上直叠到天花板。因为每一份他都细心装在旧信封或废档案袋里,标上名称、号码并登记造册,因此一下子就找得到。史先生笑着说这批"黑老虎"十年浩劫中已被送到造纸厂,人家嫌它太黑,弄脏纸浆,又退回来。他的这套收藏资料的好办法被我继承下来,用到如今。又某日,我在老宅里看到一本清代周凯亲笔作画的《武当纪游二十四图》山水册子,史先生说:"周凯在你们厦门当过官,本该送给你们博物馆,可惜我已答应捐赠给周凯的家乡富阳县(今杭州市富阳区)政协。"史先生知道我喜欢,所以1996年12月,他特地签赠浙江人民美术出版社出版的这本画册。其后我每晋京办事都会上历博拜谒史先生。那年我在鼓浪屿调整到新居,书房坐山面海,因虞愚先生赠有"一灯青到海"的联语,故名之为"一灯精舍",史先生获悉此事,欣然以此为我题匾。2004年,拙著《厦门碑志汇编》即将问世,出版社要求国内有分量的文物专家题写书名,我第一时间想到的就是史先生。史先生是著名的文物鉴赏家,平生为文博部门捐赠了诸如"越王勾践剑"等不少文物,也蒙受一些莫名其妙的委曲。晚年他作诗自嘲云:

> 越王勾践破吴剑,鸟篆两行字错金。得自冷摊欲献宝,卞和到老是忠心。

史先生退休后乔迁至魏公村新居,我还曾携眷拜谒过。

史树青夫子怀柴德赓教授诗

先师史树青夫子20世纪40年代毕业于北平辅仁大学,彼时先师曾从柴德赓教授游,执弟子礼甚恭。柴德赓教授,号青峰,其去世后,后人将《青峰草堂师友墨缘》捐赠给苏州大学博物馆,该册子辑录先师致青峰师信函两封,1948年所作诗函一封。诗云:

冷落尘寰鬓有丝,春寒恻恻欲何之(用先生句)。而今重过东华路,第一销魂是此时(《甲申春日怀人诗》三十首之一,青峰师)。归来巴蜀又经春,著述千秋准过秦。载籍几多夫已氏,罪名不让谢三宾(《丁亥春日怀人诗》二十首之一,青峰师)。

款题:"旧作小诗皆怀青峰师之作也,录请海正,树青。"
此诗函后人所编的《青峰草堂往来书札》未见。

罗哲文师

2011年,我搜集整理的《厦门墓志铭汇粹》准备付梓,乞罗哲文师为题耑。时罗师抱病在家,写完后还亲自到邮局付寄。第二年书出版,师已赴修文之召,呜呼痛哉!忆在北京实习时,闻罗师得闲谈往事。他说他年轻时考取营造学社充其绘图徒弟,得到梁思成、林徽因夫妇的悉心栽培。抗战时随学社内迁四川省宜宾的李庄。时师母病肺,卧床已久。记得有一天,师母听到山下人生鼎沸,鞭炮声声,闻知是抗战胜利,日寇投降,激动得眼泪哗哗,硬是叫罗哲文把她背下山,参加游行队伍。后来岳南所著的《南渡北归》那部书也提到此事,言之更翔实。

我生何幸!从罗哲文老师的背影可以仰望梁思成和林徽因,从黄萱老人的背后,可以仰望陈寅恪大师。

全增嘏先生

20世纪六七十年代,我在工厂烧大炉,余暇读过一本旧书,即英人狄更斯的《艰难时世》,译者便是全增嘏。因为译笔流畅,所以印象深刻。1983年我考进复旦大学,才知道全先生就是这所学校的教授。历史系的老师告诉我,其实全先生的英语才真正了得,1927年他就在美国的斯坦福、哈佛等名校拿到硕士、博士学位,后来回国一直在复旦教书,曾经当过外文系主任。据说抗战胜利后,蒋中正接见社会贤达,把全先生的名字念成"全增虾",闹出大笑话。中华人民共和国成立后,他被调到哲学系,教学之余还出版过一部代表作《西洋哲学史》。

我在中文系选修课的老师黄润苏教授藏有一柄全先生赠她的书画扇面。正面画的是设色红梅,技法老练,宛若大家。下面题诗一首云:

霜媒雪友已非时,冷艳逞姿更不宜。百折千回出幽谷,漫舒火色比红旗。

落款:"乙巳(1965)初夏写奉润苏先生正之,鸡盲不自知其拙劣耳。双清老人。"背面行书,写词一阕云:

明净巉岩似洗,碧澄峡水如油。南云万里又逢秋。别花来古寺,听雨宿高楼。　二十年前旧事,一时涌上心头。故人未下说巴州。山川敷缛绣,草木共绸缪。

落款:"友人自北碚来,欣然作此。录奉润苏大家正之,增嘏。"

全增嘏先生已于1984年遽捐馆舍,享年81岁。他生前是享誉海内的哲学名家,虽然诗书画俱佳,却没有以此扬名。尽管我无缘承其謦欬,其实我已经与之神交良深,毫无遗憾了。

蔡尚思教授

20世纪80年代初,我读于复旦大学,有幸游于蔡尚思教授门下。某日,我随诸砚友登门请安。蔡老是闽南德化人,对我这个老乡似多瞩目。寒暄甫毕,蔡老辄曰:"幸勿恭维。你说说,我的书你读过几本?"我举平日所读其大著数部告之。蔡老闻之,兴致颇好,又问:"哪一本最好?"我答以《孔子思想研究》较有心得,蔡老连声说:"否否!我的《中国思想史纲要》最好。"言毕,要求我辈必篇篇背诵,方能有益。我初以为此乃老先生一时随便说说,不料第二次在校外五角场偶遇,蔡老劈头便问我背诵情况。是以复旦学子素来叹服蔡尚思教授之认真,果然如此。

蔡老身高腰直,精神矍铄,可谓"松筠精神海鹤姿",每在大讲堂对数百生徒授课,竟不必使用麦克风。其声洪亮,浑不似年逾八十之老先生。我毕业时全班拍摄合影,同学推我去恭请蔡老出席。时师母刚去世,蔡老说:"不照。我这愁眉苦脸,能上照啊?"所以我们的毕业照前排的衮衮学术大佬,独少蔡尚思教授一人。

宋伯胤谈林惠祥先生

厦门理工学院之前身为鹭江大学,址在厦港蜂巢山邻近的顶沃仔。我每至厦门大学必经此地,猛忆顶沃仔路侧有一洋楼,门额乃仲詹余謇先生篆书"松岩"二字,今楼与匾俱已圮。

1983年我从北京拟经南京勾留数日,适与宋伯胤老先生同车。宋先生时任南京博物馆副馆长,正在写作"中国博物馆的百年足迹"系列文章。他告诉我,厦门大学林惠祥教授创办的"人类学文物标本展览室",乃厦门博物馆事业发展史之嚆矢。蒙他出示书稿,其中写道:

> 1931年,林惠祥从南京中央研究院民族组回到母校厦门大学任教。

为了满足讲授人类学课和必须参读实物的需要,乃在厦大附近的顶沃仔盖了一幢砖木结构的占地74平方米的两层楼房(抗战胜利后,捐赠给厦门大学)。楼上住家,楼下作为人类学文物标本展览室,展出文物三四百件。这座楼房现在还保存着。楼前一株木棉树,高耸入云,它就是林惠祥教授手植的。

但此"两层楼房"不知是否"松岩"小筑?思之久久。2002年,宋先生将这部书命名为《博物馆人丛语》,由陕西人民出版社出版,特地寄赠一册为念。

可惜2003年出版的《厦门文物志》在记述当地博物馆发展过程时,并没有将林惠祥教授自建文物展览室之事写进去。

朱维铮师的中国文化史考题

2012年3月10日,复旦大学朱维铮教授与世长辞。我读大学时曾担任他的中国文化史的科代表,亲炙过其教泽。丙申(2016)秋整理旧书,发现维铮先生之期末考试任选考题七十道,这些题目对我日后读书很有指导意义,今谨据1985年元月之笔记抄录如下:

1.释"文化";2.释"文明";3.历史的文化和文化的历史;4.时间的文化和空间的文化;5.考古学与文化史;6.民族学与文化史;7.略论物质文化史;8.略论精神文化史;9.物化的精神与精神的物化;10.自然的神化与神化的自然;11.谈"文化心理";12.论"文化传统";13.说"文化比较";14.议"文化交流";15.中国文化的内在结构;16.中国文化的外在风格;17.中国文化的古近区别;18.中国文化的地域差别;19.中国文化史:整体与局部的关系;20.中国文化史:逻辑与历史的关系;21.述《周易·系辞》关于上古文化的关系;22.述《尚书·多士》关于殷周文化的议论;23.从《诗·鲁颂·閟宫》看周文化的东渐;24.从《楚昭王问于观射父》看楚文化的巫风(以上两文均收入《中国历史文选》上册);25.《山海经》所反映的图腾崇拜;26.《世本·作篇》所反映的工艺起源(新辑本见《中国历史文选》上册);27.评《荀子·社论》的"礼起于养"论;28.评《庄子·胠箧》的"重利致

乱"论;29.韩非《说难》中的帝王心理分析;30.屈原《九歌》中的民间巫风描述;31.秦朝的文化政策(参看《史记》的《秦始皇本纪》和《李斯列传》诸篇);32.西汉的"儒术独尊"(参看《史记》的《魏其武安侯列传》《儒林列传》诸篇);33.《周礼·春官·太卜》所记各种巫祝职责;34.《仪礼·既夕礼》所记各种殡葬礼器;35.《礼记·礼运》首章今释(由"昔者仲尼与于蜡宾"至"是谓小康");36.《礼记·玉藻》的"佩玉"章今释(由"古之君子必佩玉"至"孔子佩象环,五寸而綦组绶");37.《史记·封禅书》中的秦汉祭天制度;38.《汉书·郊祀志》中的西汉祭地制度;39.董仲舒"以《春秋》决狱"的含义(材料可参程树理的《九朝律考》内的《汉律考》);40.王莽以《周礼》"改制"的真相(材料以《汉书·王莽传》所记较集中);41.评刘歆的《移让太常博士书》(见《汉书·楚元王传附刘歆传》,又见《文选》卷四三);42.评嵇康的《与山巨源绝交书》(见《文选》卷四三,又见鲁迅校《嵇康集》);43.《文心雕龙·正纬》对东汉纬学的批评(参见范文澜的《文心雕龙注》);44.《世说新语·言语》对魏晋清谈的描述(参看此书刘孝标注);45.简述北朝佛教与道教冲突的过程(参《魏书》中的《释老志》《寇赞传》《崔浩传》等);46.试分析汉魏名教与自然辩论的意义(参《三国志·魏志·王粲传》及裴松之注,袁宏《后汉纪》关于汉献帝部分,《世说新语·任诞》等);47.唐玄宗《孝经注》初探(比较汉人、唐人对"孝"的看法同异);48.柳宗元《封建论》新解(注意作者的写作意向);49.慧能《坛经》对宋明文风的影响(此书是禅宗南派开山者慧能的语录,同理学家的言行录做比较);50.韩愈《原道》对宋明史论的影响(至少同朱熹命门人所撰《通鉴纲目》略做对照);51.《通典》所记唐代山陵制度(见此书《礼门》"凶宅"总论后面);52.《通志》所记宋代乐器概论(见此书《乐略》"历代制造""八音"二部分);53.《文献通考》所记先秦宗庙制度(见此书《宗庙考》"天子宗庙"部分);54.宋代理学家所传的"河图""洛书"(重点考察他们将科学神秘化的方式,"河图""洛书"出自汉人谶纬书,文字描述可参《太平御览》所辑材料,图像绘制可参朱熹《易本义》卷首及"图说"、胡渭《易图明辨》卷二);55.南宋理学家所辩的"正统""闰统"(重点考察他们将史学纳入道统说的含义,参考《资治通鉴纲目》的"凡例"及"统系"等部分);56.《续通典》所记天子五辂(见此书《礼门》"嘉礼"部分);57.《续通志》所记士庶冠服(见此书"器服略");58.《续文献通考》所记明代火器(见此书《兵考》"军器"部分附录);59.《清朝文献通考》所记玺宝符印(见此书《王礼考》);60.《清朝续文献通考》所记乾隆钱币(见此书《钱币考》);61.读龚自珍《说字彝》(见上海人民出版社出版《龚自珍全集》第四辑);62.读魏源《书古微序》(见魏源《古微堂序》,又见中华书局编校《魏源集》上册);63.评康有为《大同书》甲部绪言(此书有北京古籍出版社1956年校点本);64.评谭嗣同《仁学》"自叙""界说"(见蔡尚思、方行编《谭嗣同全集》增订本下册);65.《天演论》卷下"教源"解(严复《天演论》有多种版本,可任择一本,注意严复的按语);66.《訄书·明独》解(见朱维铮、姜义华编注《章太炎选集》);67.王国维《殷周制度论》提要(文见《观堂集林》,参看中华书局1962年版《中国历史文选》下册所选的此篇注释);68.梁启超《清代学术概论》提要(此书有几种版本,可任择一本);69.跋鲁迅《门外文谈》(见《且介亭杂文》,收入新版《鲁迅全集》第五卷);70.跋陈寅恪《陶渊明之思想与清谈之关系》(见上海古籍出版社1980年出版的《金明馆丛稿初编》)。

犹记当时我以《屈原〈九歌〉中的民间巫风描述》为题作文并通过面试,得92分。

记李学勤讲学和我的考古文物知识

20世纪80年代初我负笈复旦大学,主修除历史学和古汉语外,考古文物学乃重点学科,同时,还有许多国内外名家来校举办学术讲座。我聆听的中国社会科学院历史研究所李学勤先生主讲的"近年考古新发现与文化史"最有心得。该讲座从1985年3月20—28日分五次,共讲十个专题:1.关于中国文明起源的问题;2.夏文化问题;3.殷墟五号墓(妇好墓)发掘情况;4.关于周原甲骨文的发现;5.扶风庄白一号窖藏青铜器调查;6.楚文化探索;7.随县与平山战国大墓;8.战国文字;9.秦始皇陵及与其有关的考古发现;10.关于简牍帛书。李先生的讲座让我领略到当时考古领域最前沿最系统的知识,那本笔记至今不时还会翻看。感受最深的讲座还有谢稚柳的"北齐娄睿墓壁画与敦煌壁画"、蔡尚思的"图书馆:我的太上研究院"、庞朴的"说'叁'"等。当时讲授考古文物学的老师皆此道之翘楚,如教我们古代青铜器的马承源先生、古陶瓷知识的汪庆正先生,马、汪二师皆为上海博物馆的正副馆长、享誉中外的学术权威;教商周甲骨文的是吴浩坤先生,他是古文字大家胡厚宣先生的弟子。在这些名师的教诲下,我不知不觉培养了对传统文化的无比兴趣,并决心以甘坐冷板凳为终生的志业。虽然考古文物学在我日后的工作中发挥作用的机会并不多,但闲暇的时候我常阅读《中国文物报》《文物》《福建文博》等这类报纸杂志,借以开阔学术视野,丰富自己的精神生活。总之,旧情难忘也。

诗话篇

弘一法师发现韩偓佚诗

家藏清惠安陈澍编《螺阳文献》二十卷,其后附"十八峰传墨姓氏爵里"和"十八峰传墨"二卷。"十八峰传墨"卷二的"七言律"辑录唐韩偓题为《松洋洞》诗一首。诗曰:

> 微茫烟水碧云间,挂杖南来渡远山。冠履莫教亲紫阁,衲衣且上傍禅关。青邱有地榛苓茂,故国无阶麦黍繁。午夜钟声闻北阙,六龙绕殿几时攀?

1933年"小春十月,(弘一法师)偶出泉州西门外,在潘山路边,发现'唐学士韩偓墓道',登临展谒,至为惊喜。师极佩诗人韩偓的忠烈……史家称他为唐末完人。遂嘱高文显居士编著《韩偓评传》,自撰《香奁集辨伪》一章"(林子青:《弘一法师年谱》第204页,宗教文化出版社,1995年)。弘一法师和高文显(胜进居士)何时发现此佚诗?高文显所著《韩偓》(新文丰出版公司,1984年)一书没有提及。但书中刊载一幅弘公题此诗墨迹,题为"松洋洞,在松洋山。唐韩偓。载《螺阳文献》",下款为"戊寅春残与胜进居士游慧水获此诗,为书之"。戊寅,为1938年,弘公时年五十九岁。是年元旦在泉州,三月曾到惠安讲经(林子青《弘一法师年谱》)。弘公读此诗即在斯时。旋回厦门,在厦门沦陷前四天(旧历四月初八日)走避漳州。

十数年前,厦门大学周祖譔教授收集晚唐诗人佚诗,我即以此赠之。近年陈继龙之《韩偓诗注》(学林出版社,2001年)出版,却查无此佚诗。

《石斋逸诗》

黄萱先生晚岁息影鼓浪屿故庐,每招内人与我夫妇到其府上茶叙聊天。岁庚辰(2000)春日,黄先生赠我一册精印之《石斋逸诗》,乃黄道周手书自作五

言律诗八十二首之手卷,楷法绝伦。卷末有诏安韩希琦跋云:

> 乡先正黄忠端公自书逸诗,旧为榕城某氏藏本。中华民国十七年赍至沪上,余与友人黄君浴沂并借观之。余顾谓黄君曰"此吾乡之瑰宝也,君其致之"。黄君笑而不言。逾年己巳,乃为所得。

因而可知1929年后此卷归黄浴沂先生所藏,并影印寿世。此卷后更有陈宝琛、宝熙、梁鼎芬、陈三立、郑孝胥、林纾、王震、清道人、何振岱、朱益藩、(日)内藤虎、赵世骏等名人题跋,殊珍贵也。

明末厦门诗人寓京所作诗

庚寅(2010)为校释厦门阮旻锡《夕阳寮诗稿》,参阅明刘侗、于奕正所著《帝京景物略》,竟获读到燕京诸名胜多有闽南名贤如朱熹、李贽、黄道周、黄居中、黄景昉、张燮、王志道之佳什,而厦门许獬、蔡复一、池显方等人之作也厕其间。

许獬二首皆在卷六,《游香山寺》云:

> 层峦看不尽,折折上香山。有翠霭天色,来青喜圣颜。宿云亭隐约,淘石水斓斑。日莫烟岚合,茫然客未还。

《游碧云寺》云:

> 微雨青槐道,风裾度石梁。泉清鱼动日,柏密鸟争凉。古洞盘云朵,野花和露芳。名园谁得似,草木发山香。

许獬,原名行周,字子逊,号钟斗,同安县翔风里(现属金门县)人。万历二十九年(1601)进士,授翰林院编修,著《丛青轩集》(金门文献委员会编印,1971年)。集中有此两诗,似较佳。《游香山寺》云:

> 层峦游不尽,拍手上香山。举白浮天色,来青识圣颜。披云亭渺渺,

漱石水潺潺。日暮烟岚合,相看意未还。

《游碧云寺》云:

微雨垂杨道,清风度石梁。泉清龙吐气,柏翠鸟争凉。古洞盘云伏,名花和露芳。可怜千面佛,只为一炉香。

蔡复一二首在卷二,《闰六月望立秋,集张园玩月,时积雨新霁》其一云:

素练随风展,鲛珠片片虚。金精秋欲盛,水气雨之余。照叶全窥鸟,翻波半起鱼。荷香风断续,杯影亦销疏。

其二云:

积雨夕光暗,月随行阻修。九分犹是夏,一满始登秋。全领素娥笑,新从白帝游。徘徊今夜永,渺渺独予愁。

蔡复一,字敬夫,号元履,福建同安人,万历二十三年(1595)进士,所著有《遯庵全集》(何丙仲点校,商务印书馆,2018年)。全集卷一同题五律诗共六首。其一末句为"杯影亦萧疏"。其二前两句为"积雨虞光暗,重烦月户修",尾两句为"徘徊今夕永,无限汉宫愁"。

池显方三首,卷四《赠远西艾思及》与本书"蠡测篇"的《"西来孔子"》一文所述略有不同,故录之如下:

尊天天子贵,绝徼亦来庭。邹衍之余说,张骞所未经。五洲穷足力,七政佐心灵。何必曾闻见,成言在窅冥。

卷五《万寿寺钟》云:

洪钟金质五行备,象蹲螭盘蒲牢惫。原为晨昏唤梦人,但有声闻无字义。文皇转轮大愿力,上承祖位扶佛日。华严法门深似海,铸钟中边如镌刻。经之所余补诸咒,端楷分明非篆籀。万灵呵护不轻鸣,忽然鲸吼震宇宙。先皇神武偃征战,所过群黎日迁善。尽洗黄尘忏宿怨,神道设教开方便。字画无相化音声,钦哉一声一部经。胡为八方四千塔,阿育犹须神鬼成。

卷八《谒李卓吾墓》云:

半生交宇内,缘乃在亥州。闽楚竟难得,佛儒俱不留。世人伺喜怒,大道任恩雠。我亦寻知己,依依今未休。

池显方,字直夫,号玉屏子,中左所人,天启二年(1622)举人,著有《晃岩集》(厦门大学出版社,2009年),其卷四有《与大西国艾思及》五律二首,《赠远西艾思及》即其一,末句作"解颐在宵冥"。其卷三有《西山万寿寺华严钟》,即《万寿寺钟》也,第二句作"象蹲盘螭驾赑屃",第十三、四句作"先皇晚年厌征战,欲令群黎日迁善",末两句作"却笑育王八万塔,秘密犹借神鬼成"。其卷四之《通州谒李宏父墓(马侍御所造)》五律二首,其一则为《谒李卓吾墓》,其中"亥州"作"玄州",末句作"至今犹未休"。李贽(1527—1602),字宏甫(父),号卓吾,明代著名思想家。《晃岩集》称李宏父,识者不多。

《闽中即事诗》

朱希祖先生《明季史料题跋》(辽宁教育出版社,1998年)有"稿本叶学山诗稿跋",称"此诗稿中有南明史料数则,堪称一字千金者,如《闽中即事诗》"。此即事诗共四首,下各有注。诗云:

"孤悬日月照台湾,玉几虚无北极间。可惜飓风吹不到,千秋输于海陵山。"注云:"台湾一殿虚设御座,遇大事必陈禀。"朱先生跋云:"读此可以知郑氏非虚奉正朔已也。"

"先人坟墓寄铜山,松柏西靡向汉关。一剑相随干净地,肯将碧血落凡间。"注云:"明鲁藩先葬铜山,其子乞省墓,因遂自刎。"朱先生跋云:"余近作《鲁监国薨葬时地考》,或言监国葬台湾,或言葬金门之后浦。此言先葬铜山,且有一子自刎于墓,则又别增一说矣。其是否传闻之误,则又当别论。"

"受降城接海天云,越鸟难依代马群。别向东波结新寨,今将军是故将军。"注云:"郑将黄进亡之琉球,为将军,立寨东波。闽督抚招之,不至。"

"曲谦抽毫说数公,参谋军事有谁同。淮阴自取夷三族,休把书生比蒯通。"注云:"耿精忠未叛时,幕下六才子十一生,每游谦辄从。后皆迫授以职,遂有逃匿。"朱先生跋云:"此亦三藩史之逸事也。"朱希祖先生云:该书"其他南明逸闻尚多,亦可谓当时一诗史也。"

朱希祖先生云:"旧抄本《叶学山诗稿》一卷,补遗一卷,不著其名与籍贯。考袁景辂《松陵诗征》,'叶舒颖,字学山,明虞部绍袁孙,顺治丁酉副榜贡生,有《叶学山遗集》'。"

《闽游诗话》

《闽游诗话》(与《明诗话》《榕城诗话》合辑为点校本一册,福建人民出版社,2012年)三卷,清乾隆年间徐柞永著。徐氏寓榕城久,唯所记闽南事甚少。其有趣者有:"闽中自兴化府以南,房屋但用山泥烧砖筑墙,色若涂丹。""闽俗大半贩海为业。福州人多往上海、乍浦,若漳、泉人则走东西二洋,经年在洪波巨浪中,虽家有万金,身命不惜也。""明嘉靖中,泉州陈鸥、朱汶、江一鲤、朱梧、于宗亮结诗社,为五子。一鲤号草塘,家有园一区,方塘半亩,杂植花草蔬薤,篛笠袒褐,抱瓮携锄。园无墙樊,佳实离离,盗不忍窃,知为高人所树也。汶号碧潭,家极贫,居西郊僻处。一日,郡守过访,数椽欹倾,植竹撑拄,守坐其中,汶拾楮叶煨火,烧笋煮茗以饮守,于是泉人始知有朱诗人。""台湾常年气候皆燠,游客三月辄着轻纱,至九月不更。每朔风骤凛,遽易薄裘,曦光一射,仍被縠衫,一日之间,暄凉数变。"

其实台湾气候徐氏只是听闻,此厦门之气候也。

徐柞永,字学斋,自号散樵,云间人,生与杭世骏同时,所著《闽游诗话》,福建师大图书馆藏有孤本。

清蔡新九十寿诞祝嘏诗册

蔡新(1707—1799),字次明,号缉斋、葛山,乾隆元年(1736)进士,后历官工、兵、吏部尚书,文华阁大学士等职,蔡新还通算术,笃守理学,任《四库全书》正总裁,有《事心集》等著作传世。《清史稿》有传。蔡新崇尚紫阳之学,乃清代闽学之佼佼者,世称葛山先生。

2000年11月6日,余过漳浦,我乡王文径兄时长该县博物馆,蒙出示馆藏蔡新九十寿诞祝嘏诗册共赏。该册彩缎封面,古色斑斓,共七十三开,一色素笺,全部楷书恭录。作者有刘墉、纪晓岚、法式善、洪亮吉、朱绂、王杰、吴锡麒、曹振镛、石韫玉,共73人,皆乾嘉两代之硕彦。二百余年前故物,犹奕奕有灵光焉。

惜形迹匆匆,仅录一二。其一为《漳浦中堂前辈九十寿,后学刘墉(石庵)拜稿》,诗云:

> 黼黻升平到九旬,黄扉绿野总精神。羲皇日月春常住,佺倻风期晚更亲。频赐天章藏里第,特颁奎藻拜恩伦。邺侯满酌麻姑酒,合有方平列上宾。
>
> 六曹三省遍声华,密勿论思帝汝嘉。玉尺量才常秉鉴,金瓯卜相早宣麻。文澜滂沛词林诵,经笥纷纶讲席夸。归去不须劳梦想,依然星汉接烟霞。
>
> 帝眷儒臣远不忘,每从邮递示文章。丹心早向层霄炳,紫气频临越峤长。何必求仙传籙秘,只应祝圣诵时康。家山正有蓬壶近,好比维南献寿昌。

第四首余后半段云:

> 馆阁论交谁伴侣?林泉发兴几诗篇?迩年白发知多少,廊庙江湖思邈然。

其二为《葛山老夫子大人九旬大寿,受业纪昀(晓岚)拜呈》,诗云:

乾坤间气聚闽中,毓此皤皤鹤发翁。与蔡季通传世学,为朱元晦续儒风。倦辞黄阁当全盛,老住青山任屡空。静以延年仁者寿,丹方不待注参同。

八派分流自一源,儒宗矩获□□存。寿如□君祥符□,□□甘盘道脉尊。四十年来陪讲席,六千里外望师门。鹤南飞曲殷勤寄,惜不亲持暖玉樽。

其三为《葛山夫子九十寿,受业阳湖洪亮吉顿首稿》,诗云:

晓日沧溟瑞气流,喜看海屋又添筹。黄扉陶铸三千士(自尚书拜大学士皆兼国子监),绿野优游二十秋(前养亲及后予告在林下者逾二十年)。奇福未妨参计相,崇阶早已冠通侯。他时□岁方前立,多恐门生尽白头。

□□太傅暨宫师,大小欧阳世共知。朝客每参谈艺暇,诸王都忆授经时。日边书到频烦答,海上春来未觉迟。最是九重恩遇重,瑶签乙夜自题诗。

其四为《恭祝漳浦夫子大人九十荣寿,受业法式善(梧门)呈稿》,诗云:

蟾天不可阶,观海难为水。廿载列门墙,几年违杖履。高贤仰钱□,周献传李耳。召保载于书,潞公名在史。泰交逢圣朝,晋画有夫子。幸际龙飞初,□其凤翔始。诗书以泽躬,刚介自绳己。笔丽云与霞,材收杞若梓。(以下所拍照片模糊)

文径我友因工作过劳,2011年以未周甲子之世寿,遽赴玉楼之召,今匆匆已近十霜。平生知己,时萦梦寐,不知这部珍贵的文物归博物馆珍藏否耶。

池上翁重游日光岩诗

鹭门诗人张锡麟,字尔苐,清乾隆年间龙溪贡生,放情山水,以吟咏自娱。

居厦门双(莲)池上,因号"池上翁",其诗集也名之为《池上草初集》。集中有《重游日光岩》五律云:

> 鼓枻寻僧去,灵岩胜昔年。双扉衔远岫,新牖纳晴川。钵击松留韵,茶烹竹抱烟。浩然归思发,一啸暮云边。

张锡麟除了日光岩,在厦门岛内还常到万石岩、普照寺、仙洞和白鹤岩等名胜游览,并留下不少诗篇。诗集的卷六有《和洪艮甫太史古浪屿宴集元韵》《和倪深田鼓浪屿宴集用友人原韵》两首记述到那里参加雅集饮宴的七律诗。从诗中的"梵王宫""祇园"等名称来看,宴会地点应该是在佛寺。可见当年鼓浪屿不仅风景宜人,且有美食飨客。

短笛横吹古洞天

清乾隆厦门诗人张尔芾锡麟之《池上草》,有《游鼓浪洞天》七律一首云:

> 寻幽何必阆山巅,咫尺浮山自渺然。鹿耳小礁秋色里,海门双担暮云边。清樽独酌须弥地,短笛横吹古洞天。何日招携重载酒,早潮系艇夜潮还。

诗中所写海天秋暮,短笛横吹,令人神往。清人吟咏鼓浪屿,还有"风清夜,仙宫月满,歌吹遍雕栏"之句,见乾隆《鹭江志》,想见数百年前鼓浪屿已以音乐引人入胜矣。

蓼花风

清乾隆年间诗人张锡麟的《池上草》有《和倪深田鼓浪屿雅集用友人韵》一诗云:

洞庭曾宴碧云宫,也值清秋兴不同。长笛依楼楼依月,片帆浮水水浮空。祇园昔日诸天护,劫火前朝半壁红。极目狼烟今永息,游人晴趁蓼花风。

乡前辈曾回忆从前"河仔墘"(现泉州路前段)生长蓼花、瓮菜,信然。

《鹭江志》八景诗词重校

乾隆《鹭江志》(整理本)于1998年由鹭江出版社出版,然其"附一"林兆鲲题咏的"八景图诗",因由各种字体写刻,录入时难免仍有鲁鱼亥豕之处。今据嘉庆甲子(1804)仲秋新镌《林太史集》,与《鹭江志》原刻本对校。

《洪济浮日》:"羲和整驾涌金轮,万顷波光五色新。试上高台看初出,分明身是日边人。"(载《林太史集》卷七,首句"整驾"作"整辔"。)

《筼筜渔火。题深田倪明府舫壁。满江红》:"月下澄江,浑无际,秋天一色。问谁把长空装缀,幻成金碧。初认燃犀牛渚夜,又疑赴市鲛人集。细端详,点点出筌箵,渔郎迹。 看不尽,情无极;杯在手,风生席。羡云林迁叟,辋川移宅。架水爱邻鸥鹭渚,挥毫恣写烟霞癖。待何时,把钓永相随,筼筜侧。"(载《林太史集》卷九,无"题深田倪明府舫壁"一语。后注云:"倪深田明府别业在焉。"按:该集卷五另有《鹭江题倪深田明府筼舫斋》一诗。筌箵,鱼篓也。)

《阳台夕照。胡捣练》:"孤峰独立不胜寒,峭壁会[绘]纹自碧。最爱斜阳无力,能映山颜赤。 偶然名字冒风流,好梦岂容承袭?何处雨云踪迹,一片空山石。"(载《林太史集》卷九,第二句为"苔纹"。按:胡捣练,即胡捣练令,词牌名)

《万寿松声》:"俗器不可有,天籁不可无。静向动中见,禅理乃不枯,君看万寿寺,寂寂锁空虚。佛力鞭老龙,幻作松千株。时而银潮涌,时而铁马趋。时而轻雷过,时而骤雨余。人世淫哇耳,借此一扫除。山僧方入定,片瓦参真如。坐久形神旷,今我亦忘吾。"(载《林太史集》卷二,同)

《虎溪夜月》:"天与游人分外情,夕阳才下月华明。心空恍与无遮会,眼豁疑登不夜城。石到宵来寒越瘦,鹤于栖处梦常清。惭余浪泊奔驰客,也在东林寺里行。"(载《林太史集》卷五,同)

《鸿山织雨》："海气蒸成云，顷刻而为雨。迷离惝恍间，疑借鲛人杼。天孙织七襄，余霞散成绮。雨师忒好奇，也展经纶技。"（载《林太史集》卷二，第五句"天孙"误作"乞丝"）

《五老凌霄》："结伴沧江上，何须五岳图。论年多甲子，阅世几荣枯。往事斜阳外，残碑古寺隅。山灵都不管，怕易白头颅。"（载《林太史集》卷四，第五句"往事"，原作隶书作"往叓"）

《鼓浪洞天。凤凰台上忆吹箫》："到处招游，一筇双屐，而今又欲乘船。似凭虚公子，缥缈随仙。极目洪涛万顷，忽露出、鸡犬人烟。新来客，钟声远接，引入洞天。　　岩前老僧指点，这一所村庄，曾憩征鞍。有旧台荒垒，雨蚀苔墁。折戟沉沙已久，都忘却、帝力耕田。听说罢，掀髯一笑，共醉云端。"（载《林太史集》卷九，同）

杨庆琛陪周凯游日光岩

南普陀寺后有一段摩崖石刻，记载道光十二年（1832）兴泉永道周凯和杨庆琛、孙云鸿、吕世宜等人的"到此一游"。杨庆琛，字雪椒，侯官人。嘉庆庚辰（1820）进士，历官山东布政使，内用光禄寺卿，工诗，著有《绛雪山房诗钞》二十卷，续钞六卷，道光二十八年、同治元年（1862）刻本。该诗钞卷九有《少鄂司马招同芸皋观察仪国都尉游鼓浪洞天》七古一首云：

六鳌海上凌天风，扶桑初挂朝阳红。扁舟八桨渡溟岛，峨峨云阙三和宫。主人肃客揖我入，琪楠香味腾帘栊。罗列杯觞杂鼎俎，一饭饱啖东瀛东。乘兴更过三丘田（地名），藤萝秀色分茏葱。舆夫下岭复上岭，山径屈曲如蚕丛。下舆蹑磴联袂入，突兀岩嶂撑青空。鼓浪洞天字如斗，苔花葳绣云霞封。郑氏乱石余废寨，宋家金带迷沉踪（岩后金带水，宋幼主渡海投金带处）。此地于厦为屏障，南注漳海当其冲。左剑右印排水面，鸡母灵石警兵戎（剑石、印石罗列海面，鸡母石海中，有警辄鸣）。时世隆平山水福，长官忧乐与民同。我亦蹑屐陪清宴，幸睹喷云泄雾之高峰。会当振衣凌绝顶，呼吸上与帝座通。惜哉兰若久倾圮，无僧夜半撞诗钟。竹林居士进杯茗，甘泉清冽开尘胸。归舟倒载夕阳去，大担小担（俱山石，在海中）浮溟濛。回望龙头一片石（石在鼓浪屿），如拱如揖苍烟中。

周凯喜爱游山玩水，在厦门任职期间几乎游遍岛内名胜，《绛雪山房诗钞》卷九有《少鄂司马招同芸皋观察集快园》《芸皋观察招游万石岩》《周芸皋观察许少鄂司马原清来子庚赞府锡蕃集虎溪岩》《芸皋观察招同仪国都尉西村孝廉叶生东谷化成游南普陀遇雨》《七月七日芸皋观察招同仪国西村东谷游云顶岩冒风登观日台眺海而归》等诗题足以为证。其游伴除杨庆琛外，还有许原清，字少鄂，江苏华亭人，时任厦门海防同知。孙云鸿，字逵侯，号仪国，厦门人，原籍龙溪，世袭骑都尉，历官江南福山水师总兵官。来锡蕃，字子庚，浙江萧山人，时任石浔巡检司。吕世宜，字可合，号西村，厦门人，原籍金门，道光举人，书法家。叶化成，号东谷，厦门人，原籍海澄，书画家。

郑开禧的《鹭江竹枝词》

清嘉道之时龙溪郑开禧《知守斋初集》卷五有《鹭江竹枝词》十首，极尽鸦片战争前厦门的风情。诗云：

鼓浪屿前春水生，厦门港口暮潮平。谁家夫婿横洋去（俗谓台湾为横洋），趁得东风几两轻。

米价高昂少宿储，居民顿顿食番薯。荒年倍觉持家苦，望断暹罗一纸书。

赔得妆奁费万千，邻家嫁女共喧传。谁知娇婿回门后，已卖膏腴十顷田（鹭门嫁女最为豪奢，往往至破家，可叹也）。

讨海生涯亦可怜（海边捕鱼俗谓之讨海），十千买得鸭头船。日来喜得东风劲，担口侦洋又贩鲜（大担、小担皆海口礁名。俗谓出洋瞭望者为侦洋。凡南风起则获鱼必多）。

悔教夫婿去当兵，几两钱粮那代耕。拼得新婚容易别，三年鹿港换班行（戍台湾者三年一代，曰换班）。

暮春时节雨晴兼，却为游山也不嫌。漫说虎溪太奇险，阿侬还上最高尖。

高髻新妆插素馨，长裙阔袖斗娉婷。昨宵女伴来相约，不是烧香便踏青。

　　端阳最是可怜天，不寒微热恰相便。制得纱衫新上体，水仙宫外看龙船。

　　洋船初到北船开（往西洋者为洋船，往天津、锦盖州等处为北船），冬以为期便驶回。商女可知离别意，镇南关是望夫台。

　　内街屋室外通关（凡贸易皆在外街），人物繁华见一斑。谁谱一篇风土记，鹭门原是小台湾。

郑开禧，字迪卿，号云麓，福建龙溪人。嘉庆十九年（1814）进士，授内阁中书，官至分巡广东粮储道、山东都转盐运使。喜藏书，著有《知守斋文集》。今所见《知守斋初集》《知守斋二集》《知守斋别集》，辑录其自嘉庆八年癸亥（1803）至道光十年庚寅（1830）的诗，厘为十卷，附"试帖"为《别集》一卷。《鹭江竹枝词》在卷五，为道光壬午年（1822）之诗作也。

《知守斋初集》有关厦门的诗

龙溪与厦门一水之遥，但郑开禧仅有《知守斋初集》卷五数首诗与厦门有关。其《鹭门》云：

　　横截万流奔，巍然一岛尊。地形如虎踞，潮势欲吞鲸。百里成天堑，连营镇海门。波涛今已靖，抚育戴天恩。

《游虎溪》云：

　　海上诸峰似接连，探奇首试虎溪泉。眼前突兀山横走，屋角崚嶒石倒悬。僧有食单工待客，佛无言说得真禅。鹭门今纵繁华地，丘壑原来自可怜。

《白鹿洞》云：

更从绝顶策枯藤，游兴方浓罢未能。向背石分前后寺，高低云逐去来僧。山蹊曲折归仍误，洞府空虚语辄应。何事雨声催客返，未容夜浦看渔灯。

《赠郭兰石山长》云：

醉后雄谈四座惊，旧时豪气尚纵横。林宗雅擅风流誉，汝水新闻月旦评。排日递邀文字饮，近来翻避酒人名。鹭门偶印鸿泥迹，合有余芳沐后生。

通读《知守斋初集》，可见郑开禧与林则徐、张际亮、姚莹等名人都有唱酬（他去世后，林则徐还为作墓志铭），与厦门文士则无交集，有来往者唯郭尚先（号兰石）、倪琇（号竹泉）、李廷钰（号润堂）、苏廷玉（号鳌石）和孙仪国（号云鸿）等官宦人物，有《赠倪竹泉观察》《赠李润堂袭伯》《竹泉观察招同兰石、润堂饮署斋》（均在卷五）、《孙仪国云鸿别驾改袭都尉，将归隶厦门水师，诗送其行》（二集，卷三）、《题苏鳌石观察看山万里图》（二集，卷四）等诗。

他在辛巳（1821）自京归闽南途中所作的《莆田访郭兰石》一诗末句"临歧预订明年约，鹭岛邛须访戴船"的自注："时将主讲鹭门。"可以佐证郭尚先担任厦门玉屏书院山长的时间，在道光二年壬午，1822年。他在道光庚寅（1830）送别孙仪国的诗作中，有"轻裘缓带总翩翩，江表孙郎果少年。横海戈楼千百舰，传家兵法十三篇"等佳句，描绘了厦门水师将领的形象。

林则徐佚诗墨迹

岁己酉（1969）七月十四日，先祖父仰潜府君不幸弃养。越年，我将其平时所读佛经典籍悉数移赠日光岩寺，无意中发现其中夹有一纸诗笺，行书共7行，题为"又题啸云丛记二首"，书于林则徐自用之"云左山房书笺"之上，无上下款或钤印。诗云：

两粤兵戈尚未除，几人筹策困军储。如何叱咤风云客，绝岛低头但著书。

矮屋三间枕怒涛,狂歌纵酒那能豪。驰情员峤方壶外,甚欲从君踏六鳌(记中谈海国甚详)。

啸云、瘦云是林树梅的字和别号,其为金门后埔人,近代闽南著名的爱国者和诗人。林树梅于林则徐有知遇之恩,临终前口占一截云:

深负平生国士知,盐车老驾欲何之。归来化作孤山鹤,犹守梅花影一枝。

足见其对林文忠公之终生服膺。我友陈支平教授从内容分析,断定其为林则徐晚年诗作的佚稿无疑。2004年,厦门大学杨国桢教授参加编注"近代文学名家诗文选刊",将这两首诗选入《林则徐选集》(人民文学出版社,2004年)。

"碧纱笼"

厦门南普陀寺大殿有昔年黄仲训先生所题隶书长联曰:

法界礼三摩,天然鼓阜钟峦,为江上灵丘,挂佛子开山杖锡;战尘昏五季,留此云巢石笕,是闽南净土,护诗人题壁纱笼。

十余年前,有旅游小册解释"碧纱笼",竟附会为洋人聚会之"纱龙"(salon)。我因少时曾闻先祖父仰潜公常吟这两首诗,并告知此出典于五代王定保所著《唐摭言》卷七之"起自寒苦"章。故事说:

王播少孤贫,尝客扬州惠昭寺木兰院,随僧斋餐。诸僧厌怠,播至,已饭矣。后二纪,播自重位出镇是邦,因访旧游,向之题已皆碧纱幕其上。播继以二绝句曰:"二十年前此院游,木兰花发院新修。而今再到经行处,树老无花僧白头。""上堂已了各西东,惭愧阇黎饭后钟。二十年来尘扑面,如今始得碧纱笼。"

当时以为黄仲训此联用典讽僧,似有不妥。及长,偶读宋代吴处厚《青箱杂记》亦有"碧纱笼"故事,其卷六云:

> 世传魏野尝从莱公(按:寇准,封莱国公)游陕府僧舍,各有留题。后复同游,见莱公之诗已用碧纱笼护,而野诗独否,尘昏满壁。时有从行官伎颇慧黠,即以袂就拂之。(魏)野徐曰:"若得常将红袖拂,也应胜似碧纱笼。"莱公大笑。

可能黄仲训或出此典。噫!开卷处处皆有学问,读书不可不细。

"珍重何人护碧纱"

比起五代王播和宋人魏野,清季苏廷玉就幸运多矣,毕竟厦门山僧比前代和尚厚道,能为他保护好未第时的题诗手迹。苏廷玉(1783—1852),字韫山,号鳌石,福建同安澳头人,嘉庆进士,累官至四川布政使。

苏廷玉少贫,李禧仁丈《紫燕金鱼室笔记》云:

> 鳌石居澳头,夫人恒亲赴海边捕获鳞介佐膳,一日跣足归家,手携鱼介,见客在堂则亦不避,但高声呼曰:"相公,府上要买海味否?"鳌石会意,答曰:"可向拙内一问。"夫人入内,旋烹鱼介出飨客。

苏廷玉既贵,重游厦岛云顶岩,作诗并自序云:

> 道光癸卯(1843)闰七月二十三日重游云顶岩,距嘉庆丁卯(1807)九月八日前游题壁,已阅三十有七矣。寺僧珍壁上字,不忍垩去,墨迹宛存,感其意,爰成三绝。

诗云:

> 翩然昼锦赋归来,前度刘郎旧秀才。三十七年真一瞬,几时兴废有

高台。

当年壁上走龙蛇,珍重何人护碧纱。我亦顿生今夕感,秋风依旧卷云霞。

探幽已是再来人,山水有缘亦夙因。过眼繁华皆幻梦,欲从明月认前身。

并刻录前诗于后云:

秋风万里净云霄,洞古山深未寂寥。但得天衢能振策,重游此地醉清宵。

夜半登高第一峰,残台遗迹有苔封。惟余底事堪惆怅,蔽日浮云海气浓。

万仞峰头眼界开,凌云意气薄层台。要知俯视饶奇趣,全仗山灵蕴藉来。

这段文字与诗载于《紫燕金鱼室笔记》,苏廷玉的《亦佳室诗文钞》未辑录,云顶岩也无此诗刻,但肯定是厦门旅游文化的一段佳话。

《问云山房诗存》补遗

李正华,字望之,清道光五年(1825)同安拔贡,居厦港,掌教紫阳书院,工诗,所著有《问云山房诗存》,李禧绣伊仁丈称赞其诗"风流潇洒,时有警句"。1963年仁丈编印诗集时,特附入卷首,"以表崇拜之忱"。若非仁丈此举,李正华之诗作必散失无疑。

曩夜读江仲春《闽三家诗》,其中李正华诗为一家,不知江仲春所据何本,却比《问云山房诗存》多五首。闲来补录如下,《题渔樵问答图》云:

绿沙坡上画中行,山水何妨各性情。一束薪同一竿竹,相逢共与话平生。

《赠雍瑞上人（本系名士，避世为僧）》云：

论文耻作小乘禅，第一义从绝顶传。闻道珠玑堆满席，偷闲来颂白云篇。

自笑钝吟色不空，几番促我寄诗筒。他时说法生公座，应悟当头一喝中。

《许鼎斋小照》云：

浣纱石上日初移，乘兴莲舟下碧漪。位置座中许无度，清风明月有人思。

《秋怀》云：

生性与秋宜，游心在于淡。呼月入我牖，皎皎如相阚。横琴冥室中，声谁辨真滥。弹罢空长吟，俯仰聊三叹。为欢有几何？一年将过半。光阴真过客，苦留不能暂。

清人俞恪士在厦门所作诗

《台湾诗乘》第六卷记：

俞明震，字恪士，浙江山阴人。既预台事，不成而去，宦游江南。后赴甘肃任兰州道。著《觚庵诗存》四卷。

其《自厦门泛舟渡台湾海中见夕阳感赋》云：

自浮沧海送残阳，渐觉闲身入莽苍。一掬酸辛成独往，无边天水共微光。风樯隐隐开元气，朔雁声声吊战场。凄绝一更初魄语，故人相望涕成行。

其《登厦门南普陀和易实甫原韵》云：

登临初见海嵯峨，回望神州感逝波。坐久自疑趋大壑，再来应恐泣盘陀。愁边草树天风急，泪眼乾坤落照多。今日五洲成大梦，独留残梦在岩阿。

末两句苍凉沉着，颇见功力。

吴钟善之厦鼓诗

鼓浪屿日光岩有吴钟善诗刻，今读其所著《守砚庵诗稿》，知吴钟善（1879—1935），字元甫，号顽陀，别号桐南居士、守砚庵主，福建晋江人，乃清末状元肃堂吴鲁之哲嗣，泉南之诗人也，但所作涉及厦门者不多，其《鹭江客次感赋》（选一）云：

掌大鼓浪屿，孤悬海中间。楼宇凌日星，绿阴随山弯。迁地丛富人，斗室金百锾。少年好游冶，彼姝桃花颜。白沙路如砥，携手相往还。我本山野人，福地游琅嬛。悲愤浇难平，偷此数日闲。

《鼓浪屿中秋摄影宠以小诗》云：

空撑凡骨傲霜风，天入沧溟一短篷。秋士影添秋色里，浪仙寄迹浪声中。化身直到无人相，对面真惟与我同。斫桂吴刚余昔梦，青云梯断广寒宫。

《过瞰青别墅》云：

别墅于今说瞰青，巍然楼阁短长亭。主人亦自耽风雅，白石新磨待勒铭。

《访菽庄》云:

独步沙堤访菽庄,枳篱茅舍自清凉。主人一棹新东渡,半岁词坛闭夕阳。

吴钟善之诗稿存世十四卷,词一卷。

吴钟善赠洪晓春先生五古长诗

吴钟善与厦岛诗人交往不多,其诗集卷十一"桐南后集"有寿洪晓春先生五古一首,题为《同安洪秀才晓春以今癸酉岁登年七十,溯其良配来宾之日为前五十岁癸未,泰西人称为金婚者也,于礼宜寿,其同宗万宗寓书征诗。君常以赀雄一方,今乃贫甚,至不能有其故宅。迹其生平行事,岂古所谓侠者耶?遂为声之以风世,并以就正》,诗云:

富者恒河沙,戢戢海内外。钱神独何能,时来巧相会。铜臭终污人,为利不敌害。上座延五穷,破瓮镇百怪。洪君勇且英,仗义一方赖。在念惟胞与,与世为耆蔡。厦海风浇漓,人心藏机械。只手支艰虞,了此事无大。半壁得安堵,世肥家乃败。中夜与妇谋,吾宅尚可卖。何必黄绸被,吾其枕管蒯。何必五鼎食,吾其饱粗粝。良配诚贤明,委心安天汰。矍铄双古稀,西俗符佳话。我身初来时,一丝原不挂。达哉杨王孙,裸葬期速坏。今者吾丧我,何事足芥蒂。况且傥来物,直可等自桧。古有黔娄子,夫妇节并介。风流久益伟,曾下五柳拜。君子自坦荡,时运有隆杀。太古以为履,眉寿未有艾。佐君酹一觞,吾亦颇伤隘。诗成付故人,一寄临风快。

此诗可做纪念洪晓春先生之史料也。

诗人王人骥

王人骥先生工诗,著有《蒜园诗稿》若干卷,惜抗战胜利后,已荡然无存。其哲嗣世元世兄恪守先芬,辄于故纸残编中钩稽其断缣零璧,如获至宝。《厦门市志》卷三十五"杂录"载其七律《感怀》三首,乃抗战期间厦门沦陷,先生"不满附敌诸人,情见乎词,读之觉正气凛然"。诗云:

江干引领独徘徊,满目凄凉话劫灰。何不学仙辽鹤去,那堪望帝蜀鹃催。蝇头名利知安用,虎口妻孥剧可哀。谁念东门尼父狗,乞怜摇尾此间来。

鹭江夜夜泣胥潮,蜃雾漫空毒不消。可有温犀穷水怪,终期汉节弭天骄。烽烟惨淡悲焦土,城郭迷离梦覆蕉。国难未纾家已毁,男儿生愧霍嫖姚。

老来人事感蹉跎,磨蝎身宫可奈何?路鬼揶揄惭作郡,梦婆富贵笑登科。拙鸠那得安巢计,老骥空悲伏枥歌。一角荒村聊息影,相怜只有病维摩。

《贺菽庄主人云环夫人结婚三十年》七律云:

银婚宴罢日方长,又赋房中乐一章。偕隐湖山刚卅载,回看儿女已成行。云翘自是神仙侣,曼倩曾沾郎署香。羡煞齐眉人未老,金刚石待与催妆。

《题赋秋草堂图》七绝二首云:

市声充耳恍秋声,货殖人怀作赋情。堂构数椽留手泽,聊将集古代争荣。

北溪拓地供琴书,窃比当年颍水庐。抛却百忧兼万事,也同解组赋闲居。

我家旧藏有绣伊李禧世丈《恭和叔臧词长冒雨访王选闲孝廉看牡丹大作原韵四首》诗稿墨迹,知王家"慎余堂"曾种植过闽南少见的牡丹花。

周墨史佚诗一辑

周殿薰,字墨史,号曙岚,光绪丁酉(1897)举人,平生致力地方文教事业,成果斐然,近代厦门文化名人也。墨史先生亦工诗,石遗老人称清末民初厦门能诗者唯雁汀黄瀚与墨史周殿薰二人,所著有《棣华吟馆诗文集》,惜已散佚,莫之见也。读书之余,我留意搜寻,获读若干首。

1.《戊辰三月三日小兰亭修禊寄怀菽庄主人(得骋字)》云:

时光一去如泡影,宁问千年与食顷。五年前事试回头,一例悠悠永和永。忆当甲子暮春初,初修禊事肆游骋。其时闽海正扬尘,小兰亭中暇以整。一觞一咏自风流,至再至三屡邀请。一月衔杯笑几回,惜取阳春好烟景。主人未几远游去,寂寞韶光度乙丙。梁园宾客数从头,云中思舫村思杏。由今视昔曾几时?临感斯文我心憬。主人去岁忽遗书,怜念名园太清冷。贤郎折柬约今春,陈迹重寻旧山岭。哪知江干作大浪,一水盈盈空营将。竟与阿罗沙里人(主人瑞士寓次),同此望洋引长颈。因思咫尺亦天涯,倍向天涯忆和靖。感旧怀人一段情,写托长风寄巡省。蹉跎莫负故园春,古人万里怀乡井。(录自《林菽庄先生诗稿·附录》)

2.《菽庄主人四十有八寿诗》云:

好是长林林下仙,降生回忆渡河年。刚过花烛期三十,又祝椿萱寿八千。四纪诞辰逢午运,六番永日闰中天。欧风吹到如兰气,更喜孙枝簇簇鲜。(录自《菽庄主人四十有八寿诗》)

3.《菽庄银婚帐词二首》云:

锦瑟初调廿五弦,洞房回首忆华年。沧桑历劫情弥笃,黻佩辞荣春似仙。桂树满垂秋后子,梅花爱取岁寒缘。宵来双照银蟾影,三百回经此月圆。

由来世界重金银,银比夫妻价漫论。大有儿孙权子母,应将龙马写精神(借用汉武以百金铸龙马事)。广寒宫殿团圆月,白頯楼台美满姻(尊寓白楼,嘉名特称)。廿五年情镕一片,梅花和雪认前身。(录自《菽庄主人银婚帐词》)

4.《海天吟社雅集并柬杨振衡先生》云:

删除俗嗜少交游,整顿骚坛叶应求。夏日行师鏖笔阵,汉书下酒作诗钩。朋簪共结忘年契,匠斧能将缺月修。独惜盈川旧令尹,临行惟有影堪留。(录自《海天吟社唱和诗》)

5.《叠韵答施云舫先生》云:

诗霸旌旄建上游,过江子弟还相求。群英荟萃归囊橐,一字推敲重勒钩。好拥皋比同子厚,莫嗤鸡肋赚杨修。骚坛下走同牛马,也厕军书姓氏留。(录自《海天吟社唱和诗》)

6.《三叠韵柬丹初学友》云:

屏山风雨旧从游,好学如君未易求。室有简编供寝馈,生依笔墨作锄钩。哦诗能事同无己,习算专门比慎修。且喜棱冰寒出水,读书种子赖存留。(录自《海天吟社唱和诗》)

7.《和石遗丈游万石岩诗》云:

厦岛山皆拔海出,剥尽皮肤见山骨。就中山石何处多,万石岩前罗万笏。我从黄石几来游,据石当关相龃龉。(曾与雁汀仿施鸿葆夺关事。)兹游添得老诗人,万石低头一石凸。此石乃自太古遗,锻炼功深光发越。早闻踪迹遍寰区,五岳归来脱布袜。不嫌此地山如拳,翻爱兹岩颇突兀。相逢一笑订石交,历险探幽穷洞窟。忽到延平读书处,怀古幽情触石发。不周天柱有时崩,太平古刹犹崔崒。划然长啸山谷鸣,掷地石声久未歇。更有王郎

(谓孝泉)斫地歌,苦恨山石时见伐。呜乎厦岛山皆拔海出,海岛山根万仞没。奇石奇才沦海滨,安得诗人一一为扬拒。(录自《石遗室诗话》卷二十九)

8.《石遗先生丙寅避兵又至厦门诗以迓之》云:

乐安悬榻待周璆(夏间有至省之约),愧我愆期负九秋。今日真成反宾主,重歌杕杜肯来游。

大难迨邂岁寒时,栖息休嫌屈一枝。预种梅花待高士(堂边老梅数株,先生故喜居此),安排纸帐乞新诗。

净土宁无一片存,鹭门旧号小桃源。庞公此日携家至,合便更名小鹿门。(录自《石遗室诗话》卷二十九)

9.《又叠前韵(第二、三首)》云:

敢比空堂奉客时,屋椽仍旧是卑枝。盘飧有幸供高士,又入彭衙工部诗。

丘陵从上叩禅门,海阔天空悟性源。小坐鸿山怀雁侣,高攀云顶约犹存。(录自《石遗室诗话》卷二十九)

10.《陪石遗先生登云顶岩》云:

正是晴明作好天,雨余来听四山泉。短筇直上身差健,众壑回看眼欲旋。古寺峰腰原陡绝,方台岩顶更孤悬。茫茫云海开奇境,要仗诗人笔与传。(录自《石遗室诗话》卷二十九)

11.《张良》云:

葅醢韩彭击鄷侯,毒于乌喙敢夷犹。五湖尽入炎刘地,不托游仙何处游。(录自《石遗室诗话》卷二十九)

周墨史佚诗二辑

洪峻峰兄知我收集周墨史遗诗,遂倾其所藏数首寄我。《庚申菽庄咏菊八首》其一云:

何处重阳快赏心,霜痕染鬓酒沾襟。孤山隐士居临水,佛国空王地布金。老圃花随人并寿,名园秋与海俱深。年年盛会从头忆,无限西风此夜吟。

其二云:

不随金谷斗繁华,插竹编篱处士家。西蜀有亭唯结草,柴桑余地尽栽花。孤根移后怜金瓦,冷艳开时夺锦砂。隔岸红羊凡几劫,义熙年月寄生涯。

其三云:

游人无待叩柴扉,尽放秋光照四围。应节宾来鸿有信,餐英筵佐蟹方肥。酒边题句诗怀淡,醉后传神画手挥。解语晚花开并蒂,花间曾睹凤双飞。

其四云:

偶因游迹误芳时,管领随园属阿迟。十亩有秋仍父播,一船送酒共花移。范村吟客诗留卷,甘谷仙人寿介眉。我对黄华犹负债,小坡索和愧愆期。

其五云:

杖策东篱日往还,惊心风雨损秋颜。狂霖三日天成漏,暴飚连朝木尽删。谁信金刚能不坏,却怜霜蕾最相关。根深自具争存力,晚节依然香满山。

其六云：

尽收海色袖襟中,填海新成地百弓。万顷沧茫环郡水,一场黄白战西风。镜间背指人摇橹,桥上回看露满丛。客莫谈瀛感秋思,平泉零落七鲲东。

其七云：

爱士曾如爱菊不？尽招名士共园邱。淡如花品交情永,瘦称诗身傲骨留。海内风尘余净土,隐中人物自瀛洲。正因开后无为继,寂寞相看惜素秋。

其八云：

生爱莲花不蔓支,我家数典敢忘遗。品题隐逸仍知己,含咀英华合有诗。陶后君增黄种色,唐来人坐牡丹痴。八年濡染秦川墨,篱畔题名绕梦思。（录自作者手稿）

《叔臧侍郎暨配龚夫人四十双寿》云：

戢翼琼条乐有仪,廿年琴瑟静相宜。并根香粒餐红稻,同本灵茎擢楚芝。门内优[伏]龙多令子,福中雏凤称佳儿。几生福慧能修到,五月榴花开满枝。

介寿齐称九酝觞,瑶池西望绮筵张。洞天上隐神仙眷,华屋高文云汉章。偕老再看周六甲,隔旬又近闰端阳。东山久卧终须起,安石新亭四十强。（录自《菽庄主人四十寿言》第55、56页）

《和己丑生得子》云：

尧夫卅五始生儿，卅五生儿未始迟。昨日尊翁课儿命，命书吉语遍评眉。

我亦多男尽侧生，晚年增累厌添丁。记曾授予丹玄诀（前在中学曾授"丹玄子步天歌"），北极偏明庶子星。（录自《己丑生得子唱和集》第2页）

《题陈右铭先生渡海寻骸记》云：

邪说横流甚汨陈，表章潜德首天伦。颍川乔梓堪风世，一是寻亲一显亲。（录自《陈右铭先生渡海寻骸记题辞》）

《咏石》有序：

予以旧居湫隘，就舍旁隙地构一楼，环楼多山，山多戴石，石多有名。因其名各纪以绝句，就正于诗社诸友并索和章。

诗云：

爱莲家世敢忘之？庭小难容更凿池。石作芙蓉生木末，远观长爱半开时。（芙蓉石）纱帽当年博一官，谁知毁冕警高寒。归来仍傍青山隐，山石依稀似挂冠。（纱帽石）三更灯火五更鸡，有石多年傍照藜。今日翻成雌伏势，满山风雨正凄凄。（鸡母石，亦称通天蜡烛）（录自《陈丹初先生遗稿》"敬和周墨史夫子咏石所附原作"）

《甲子冬和陈祖荣留别同文书院诸同事》云：

贤子英多我见尝，又向同文附末光。后凋松柏先凋柳，旧感新欢意并长。

经义纷纶异浅尝，巍然今又识灵光。名山片石犹留影，也似存神教泽长。（录自陈绍宗《姚峰诗稿》）

周墨史佚诗三辑

《八月观潮》云：

平地风波到处高，眼看天下尽滔滔。吴亡越霸寻常事，八月胥潮莫怒号。

枚乘八月此抽毫，仲则题诗意气豪。别有潮流谁写得，翻天恶浪正滔滔。

《象棋》云：

偃武知何日，观棋目笑存。河山分楚汉，韬略法吴孙。车向行间出，兵从纸上论。我心超象外，胜负两忘浑。

卅二丁丁子，冲锋聚一枰。橘中谁衍秘，楮上好鏖兵。蜗局防人乱，鸿沟越界争。解围思将帅，如听鼓鼙声。

以上皆录自厦门市图书馆《馆声》第 2 卷第 9 期。原编者按：以上所登诸诗，皆先生在日，倡鹭江吟社之"击钵吟"，即命题限韵，急就以斗胜负，取古人击钵催诗之意，尚未暇推敲也。

《叠前韵奉答陈石遗先生三首选二》云：

惭将顽铁并梁璆，引得双歧麦有秋。（连得石丈、雁汀和诗）不管军书过络绎，却将诗句宠交游。

香火天然地主存，华堂宗派溯渊源。（堂祀临水夫人陈姓女，故丈有"众母推元后，吾宗仰祖姑"联语）祖姑定喜携家到，投止休言等望门。

《雁汀约招石丈、文典集商业学校同游云顶岩回，读石丈寄谢雁汀律诗，又得雁汀三绝句并和石丈诗，未能遍和，勉步律诗原韵戏呈石丈、雁汀并示文典》云：

我来循海子盘山，后至鸿宾免叩关。（雁汀自乡到校，逾西孤岭先至）今日林泉劳作主，偕行少长笑居闲。（文典最少）片云应为犹龙至（石丈生丙辰，自云登山多遇雨。余曰"云从龙，固应尔"），细雨翻催倦鸟还。颇怯诗筒传络绎，难将步韵比追攀。

《陈圆圆》云：

倾城颜色出群才，终始兵间亦可哀。一曲梅村歌未了，觉罗弓矢上苏台。（台在滇南，圆圆所居）

山海关门为汝开，将军亲拾坠欢来。丈夫易主寻常事，旧宠休提十八孩。（《桃花扇》后序："海飞山走，跳出十八孩儿。"）

《穷鬼》云：

故居闻说在恒山，柱顾绳枢瓮牖间。暗里助人成节义，未应三揖送他还。

若非相遇在恒山，只合韩文见一班。得汝上门仍不恶，小人滥矣敢相攀。

以上录自厦门市图书馆《馆声》第 2 卷第 11 期。

《陈后主》云：

结束南朝局，风流计未差。都官词似藻，学士女如花。宫苑传新曲，台城隐暮笳。国亡头尚在，胜向镜中赊。

《琵琶亭》云：

芦荻参差处，凉亭水一方。风吹秋瑟瑟，江浸月茫茫。陈迹思移舫，余音尚绕梁。四弦已千古，老大不须伤。

以上录自厦门市图书馆《馆声》第 2 卷第 12 期。

周墨史《泉南指谱重编》题词

林鸿霁秋先生《泉南指谱重编》有周墨史先生题七绝八首,其一云:

十八篇中寓劝惩,泉南乐部旧师承。(泉南乐部名"七子班",所演"十八篇"多取元、明曲本,如"琵琶""金印""玉钗""杀狗""负心"等记,译为方言,被之弦管,泉南词谱自当导源于此)衣冠犹孟殊今昔,词曲流传尚有徵。("七子班"江河日下,而词曲风行,一时士流、商贾多好习之,名曰"南管")

其二云:

南词北曲枉驰名,徽调秦腔里耳倾。(十余年来盛行徽调秦调,若昆腔则寥落罕闻)街唱中郎何处听,悠扬一阕玉箫声。("玉箫声",大意从《琵琶记》"路途劳顿"一出套出,音调悠扬,情文并茂,当奉为南管中正声也)

其三云:

海客乘风轻去乡,台澎遣戍每颜行。(泉地山多田瘠,民多浮海从商。清初又有更番戍台之役,故多思妇)拨弦爱谱相思曲,看月闺人易断肠。(南管中,"相思引"北调,凄恻动人,妇女多好歌之)

其四云:

采风本并列贞淫,订乐应删郑卫音。靡靡何年传荔镜,挥琴我欲正人心。(《荔镜传》诸曲叙陈三、王五娘之事,调既狎亵,声复荡淫,本非"十八篇"中所有,鄙见当尽删之)

其五云:

投壶鲁鼓原无字,华黍周笙只有声。听到梅花三弄笛(南管中有"梅花"

"三走马"诸谱,有声无词,于曲阑后奏之),融和春意满江城。

其六云:

合乐曾夸奏御前(传闻康熙年间南管曾进御,意或南巡时事也),妙音不数李龟年。只今清客犹声价,法曲尊严肯浪传。(学曲者必执贽从师,始授以谱,严师弟子之礼如是)

其七云:

按拍寻声费耳谋(南管词调均系口授手抄,坊间并无善本),谁将千腋缀成裘。孤山处士饶闲兴,一片宫商袖里收。

其八云:

子野闻歌唤奈何,传经心事枉销磨。一编留与知音赏,某业输君所就多。

周墨史先生或也为南音之热心者欤?所撰泉南指谱题词,颇有史料价值。

刘大白读苏眇公诗

刘大白(1880—1932),浙江绍兴人,现代著名诗人、散文家和文史学家,前清拔贡。五四新文学运动兴起之后,刘大白致力于新诗写作,遂蜚声文坛。1913年因讨袁之役不利而亡命日本,曾写作《读苏眇公简剑侯诗次韵作》七律二首,诗云:

长剑铮铮夜作声,风云天际动豪情。目空一切纵横惯,胸有千秋俯仰惊。大好头颅供老死,奇穷骨相了平生。花前樽酒樽前泪,九曲回肠百感并。

肯随薄俗盗虚声,歌哭无非任性情。星宿罗胸天地窄,风霜绕笔鬼神惊。难凭丝竹商哀乐,悔把文章托死生。多少健儿能用武?不堪回首望幽并。

剑侯即沈定一(1883—1928),号玄庐,浙江萧山人,近现代民主革命家,刘大白的挚友。苏郁文(1888—1943),福建海澄人,早年加入同盟会,民初在厦门办报,因抨击袁世凯而遭迫害致一目失明,故自号眇公。刘大白因读到苏眇公给沈玄庐的赠诗而有感,可见苏眇公与沈定一、刘大白一定有过联系。苏眇公与国内文化界名人的来往,值得引起重视。刘大白逝世后,后人将其格律诗词编为《白屋遗诗》,以上两首诗即见于其中的《东瀛小集》。二十年前我在上海购得《白屋遗诗》,珍爱至今。

雾峰林俊堂《无闷诗草》

台湾板桥林家和雾峰林家与近代鼓浪屿史关系至密切。岁丙申(2016)清明前夕,余有台湾之行。过台中阿罩雾(雾峰),特谒林氏之故居。裔孙林义明先生出示其从叔祖林俊堂之遗作《无闷诗草》。其《谒延平王祠》七古云:

国能独立无小大,蜂虿有毒谁敢害辈。呜呼贤哉延平王,弱冠起义辞宫墙防。承恩隆武初赐姓,永历分茅加九命正。惟王诞降三神峰,扶舆磅礴气独钟重。海上治兵心力瘁,江南一败真短气地。一夜骑鲸鹿耳门,荷兰名王竖降幡屯。婆娑世界真天府,经纶草昧暂偃武土。燕都君相漫销兵,卷土重来势可惊城。如王不愧奇男子,明末群雄谁可比史。披荆斩棘更难忘,开辟功勋地共长馨香。魏之辽东梁吴越,仰人鼻息真奴割据金厦两小岛,东南七省忧海移孝作忠岂得已,太师训子不以八旗弓马不挂眼,誓奉天子还九苍穹白日鉴精诚,东洋现出新天水师仍习昆明战,军食初营渭上西来遗老如归市,北伐生番弥拓太息天将绝明祚,大星忽落赤崁勤王大业虽不成,一片丹心照青今日海邦三易主,开山庙貌尚

《过竹沪吊宁靖王》云：

玉带歌残瘴海曲，一抔竹沪烟华绿。欲吊先朝宁靖王，杜鹃飞上冬青哭。忆昔煤山龙驭遥，江南半壁旋沉陆。关破仙霞碧血腥，城降乌鸞青衣辱。伤心金翅啄龙子，谁与天家收骨肉？辅国将军辽藩裔，受封最晚权不属。间关海外依田横，中兴敢望刘文叔。剩水残山满目愁，藜床皂帽余生足。延平父子又继没，神州早料难恢复。东宁云暗鼓声死，楼船飞渡来杨仆。肉袒牵羊自有人，此身好结残明局。慷慨吟成绝命词，遗民掩涕不忍读。杳杳中原化鹤归，两京陵树淡斜晖。钟山气黯高皇庙，易水风翻异国旗。列祖在天心定痛，一灵出世泪还挥。遗骸终古留孤岛，大义当年感五妃。五妃同为君王死，一门红粉光青史。却忆燕都社稷亡，宫人费氏遥堪比。殉国偏多美妇人，负恩转属奇男子。郑家乳臭何足道，沧溟难洗刘冯耻。吁嗟乎！霸业三传失草鸡，凤阳帝胄驾青蜺。金支翠旗渺何处？东海扬尘望眼迷。一代天潢遗恨在。春秋赐姓大名齐。只今吉失门非旧，犹宝朝天玄玉圭。

《梦蝶园（明遗老李茂春别墅）》七绝云：

破瓦颓垣夕照昏，偶随蝴蝶过荒园。春风草绿城南路，剪纸难招处士魂。

林俊堂（1875—1915），名朝崧，字君堂，号痴仙，一号无闷，雾峰林祖密尊父林朝栋之从兄弟，前清邑诸生，台湾诗史之重要人物也，所著有《无闷草堂诗钞》五卷，论者评其诗"婉约凄怆，而感怀家国，常难自已"。鼓浪屿有雾峰林家所建之宫保第，时林俊堂乙未之役内渡居泉州，旋又返台湾，创栎社。彼虽以诗鸣世，却无寸笺吟咏鼓岛。

林鹤寿工诗词

1907年创建鼓浪屿八卦楼之林鹤寿亦工诗词。台湾女学者廖一瑾先生之《台湾诗史》第八章"日据时期之诗"介绍林鹤寿云：

> 林鹤寿，字兵爪，板桥林本源第三房维德之次子。风姿高彻，倜傥绝伦。及长，书无不读，举凡经、史、百家皆能得其精蕴。工词翰，旖丽高华，涵情绵渺，有誉庠序间。林氏有园，自咸同而后，能文通艺之士云集。民国建鼎，龚亦癯、陈蕖、苏镜潭、吴钟善等尤以诗文负重名。鹤寿相与周旋，唱和不间。……五年戊午十月，从兄柏寿自英伦归，钟善之子普霖渡海来，遂议设"寄鸿吟社"于方鉴斋，拈韵分题，联床叠唱。……讵奈日本台湾当局，对于台人使用汉文，悬有峻法。寄鸿诸子所作，又多为不忘君国，痛念家山者，禁网将及，宜有以避之。……鹤寿在沪，组织鹤木公司，自为其长，亦渐废吟咏。

廖一瑾先生评其诗云：

> 鹤寿之诗，隶事精切，遣词高迥，使人有婉约清新之感，是能兼古名家之长而自有机杼者。

并选其《春晓》云：

> 翠竹窗前复，寒衾梦益清。暗风沉画角，晓雨湿鸡声。花事三春了，离愁两鬓盈。相期辞世网，扰扰尚江城。

《送柏施归泉州》云：

> 家世重南州，清才第一流。文章应自惜，杂乱信须周。高谊围全指，闲情酒满瓯。相期各肝胆，千莫负吴钩。

《望登海阁》云：

> 一尊竟醉曲栏前，寂寞关河障晚烟。五岭东来峰扑海，九州南尽水争天。将开菊蕊黄如酒，乘兴松风响似泉。却怪灵胥尤念往，年年久浪到吟边。

《台湾文献》第 6 卷第 4 期陈世庆《台湾词话综补》一文,刊载有林鹤寿词一阕,调寄《壶中天·寿季弟》云:

> 爱书耽弈,恐晋人无此风流潇洒。胜水名山游历遍,得意几番陶写。瑞雪仙梅,花娇人健,献寿称觥斝。艳才清福,定添他日佳话。　　尤美绿鬓华年,盈囊少作,一世惊诗霸。客里偏多风雨夕,结构谈筵吟社。尘市难喧,生香不断,坐客多枚马。阿兄将老,仔肩容我相卸。

林鹤寿与日本人关系密切,尤与汉诗家米溪等人酬唱频频。忆数载前在阳明山,我闻廖一瑾先生云,尚未见到林鹤寿之诗词结集。

周醒南先生的诗

20 世纪 20 年代厦门近现代城市建设,周醒南时任厦门市堤工办事处顾问、厦门市工务局总工程师,负责制定厦门新区的建设、规划和施工,开辟马路,兴建市场,建设中山公园,围筑鹭江道堤岸,他对厦门城市建设的功绩,人多知之。而周醒南能诗,则知之不多。

我友同安吴鹤立兄藏岁壬申至癸酉间(1932—1933)厦门诗人之唱和诗笺一册,题曰《重阳集》,其中有周醒南行楷自书《和绍丞词丈虎溪即景》七绝八首。诗云:

> 翠袖含烟雨乍晴,天涵海色水澄清。操台遗迹依稀认,莫负延平爱国情。
>
> 岩巇石径曲相通,绝巘高撑百尺松。漫道洞名沿白鹿,紫阳千载有遗风。
>
> 悬崖如削峙西东,怪石高横杳霭中。最是天桥清绝处,隔江塔影夕阳红。
>
> 野花开遍发幽香,古寺钟声度短墙。不待杨枝洒甘露,令人心地自清凉。
>
> 世味何如道味长,身轻文绣薄膏粱。先生老去书台圮,剩有春云抱

夕阳。

落花时节尽游人,踏遍棱层第几层?只恐风烟来海上,玉壶洞里不胜春。

留云洞口认模糊,石磴千回路曲迂。若问名山形胜好,外如玉玦内如壶。

碧山亭对绿云亭,红遍山花草色青。泉水出山砧韵急,猛闻棋子响丁丁。

周醒南(1885—1963),字惺南,号煜卿,广东惠阳人。1934年后移居香港,后卒于澳门,闻其晚岁自作挽联云:

人间何世,那可久勾留,最堪怜,五十年挣扎生存,士农工商军,宗宗做过;西土言归,真是大解脱,尤可笑,六七次流离迁徙,咸酸苦辣涩,件件尝齐。

贺仙舫《鼓浪屿竹枝词》

贺逸汝女史自澳大利亚寄赠其尊人贺仙舫先生诗文数篇,其中有《鼓浪屿竹枝词》,乃作于抗日战争鼓岛沦陷期间,极有文史价值。诗云:

一担食粮五十千,疗饥无术有谁怜?如珠米贵侪唐末(史载唐末斗米三十千,较开元时之斗米三钱,增至一万倍),负郭羡他二顷田。

家家喊着买柴单,工部局前立足难。男妇老孺齐拥挤,中宵等到日三竿。

救济会中买票回,黄家渡上人成堆。俨然排列长蛇阵,都为添薪到此来。

十磅一元吕宋柴,票应先买队应排。可怜巧妇张双手,叹罢难炊叹析骸。

昂到鲜鳞贵到猪,不知肉味咏无鱼。万钱一食何曾侈(何曾一食万钱,尚嫌无下箸处。人以为侈),下箸盘中尽菜蔬。

巷尾街头锣打频,便宜票价剧清新。怪他满座寻常事,影院偏多看戏人。

此组竹枝词,1928年出版的《绣铁庵丛集》未及辑录。

黄雁汀诗近"同光体"

近代厦门诗人似各有师承,眇公苏郁文先生之诗豪,颇受羽琌龚自珍之影响。绣伊李禧世丈之诗雅,因其平生深爱铁云舒立人和十研老人黄莘田的诗。虞北山师之诗高迈清健,则得力于陈散原之意趣;而罗稚华师之诗雄且逸,似浑然出入陆放翁一路。

日前从黄猷先生处假读其先祖雁汀黄瀚先生所著《禾山诗钞》,颇觉其诗略似宋人简斋陈与义,渊雅而有古味,可谓接踵"同光体"之后尘。石遗老人有手书一跋,推挹备至。跋云:

> 大著工力甚深,处处是自家语。古体以《西孤岭》《鹭江竞渡》《流民图》《东飞伯劳歌》《弟弟到那去》诸首为最。近体多似陈简斋,而《村妇吟》寄托温厚,尤尽风人比兴之旨。闽南作者恐罕有其匹矣。

其《西孤岭》云:

嘉禾小岛耳,众山尊洪济。精英聚市廛,蜿蜒赴络绎。蓄笋开御屏,作势一停息。将去顿住间,西岭捏成隙。我家西岭南,逾岭如越陌。一年数十经,痛苦愧舆役。一经一兴怀,觅句久未得。梯磴自不高,荦确复欹仄。线路自不长,计步余十百。南谷注长溪,错杂露岩石。雨淋水冲刷,滑不受荐舄。山异己字形,径合人字格。上跻面仰朝,下翻手旁勒。天本不倾邪,地共弃偏僻。怒蛙昼吺喝,怪鸟时格桀。古冢狐或凭,小亭蠹半蚀。世人避恐晚,流连辄向夕。翻喜少逢人,险径难骈迹。及其转折处,又复震心魄。行行临绝险,闭目不敢逆。舆夫后北趋,前者趾西适。笋舆悬在空,扬簸拼一掷。虽无千丈强,一落破头额。诗人侈蜀游,谓可扩胸臆。我怜西岭路,在在具体式。栈道此悬崖,三峡尽肖逼。峥嵘在气象,位置听宽窄。分量孰低昂,清浊随审择。截蜀山一角,西岭无愧色。西岭扩而大,夔峡为辟易。又闻山海关,雄壮古规画。凭览寄舆图,实地用推测。有时西入市,扣关过镇北。左山右带海,雉堞俨丈尺。指似即榆关,私心矜创获。问讯过来人,幸不太膜隔。攀援乏健脚,游资又靳惜。西笑向长安,肉美讵真食。小言陋蚓吟,大言等鸱赫。毕竟管蠡见,蛙井长自域。

雁汀先生此五古诗作于民国丙辰(1916),若置之陈三立《散原精舍诗》,几可乱真。

黄雁汀咏怀郑成功遗址

雁汀黄瀚先生《禾山诗钞》之中册有咏怀郑成功遗址的诗篇:
《玉沙坡(二首。土垒纵横棋布,数十年前尚在)》云:

鹭洲洲畔玉沙坡,往日旌旗满涧阿。一闰卅年残历数(郑氏割据三世凡三十八年,遥奉永历年号),但凭两岛小山河。英雄命短原无那,嗣子才庸可奈何(成功卒年三十九。长子经嗣立,亦旋殁,孙克藏内乱被杀,克塽幼弱,终献台湾降清)。太息田横膺爵去(施琅本成功故将),剩留废垒啮颓波。

另一首见本书"稽古篇"的《咏怀郑成功遗迹诗》一文。
《嘉兴寨(在鸿山顶)》云:

落日登临首重回,层关南北镇长开(镇南镇北两关分列左右)。江山此地无王气,人物当年只霸才。雨立将军头柱续(山有石像人立而无首,塑泥补之。土人呼谓石将军,今犹在),夜深翁仲语应哀(山麓有武荣郑翔千彦千墓,称曰太师,石人石马略具。上有大石镌双忠魂三字,或云郑之先茔)。不图一袭儒衣火(福州破,郑成功焚所著青衿哭辞孔庙,乘巨舰遁来),等是昆明一劫灰。

落日苍凉江上峰,登临到此兴偏慵。草鸡为尔思遗谶,金豹饶他纵遁踪。大小担分门户险，东西山拥壁垣重。可堪事定论成败，好借风涛一荡胸。

《龙头山寨（在鼓浪屿）》云：

水操台址久荒凉，游客扁舟问夕阳。当日三千射潮手，只今十部蹴球场。腥膻海气吹来恶，冷冽泉流净自尝（屿中井水多甘，拂净泉尤胜）。一线涛连双鹿耳，不堪变换几沧桑。

《羊角寨（在阳台山下，有石穴深不可测）》云：

猿啼鼠窜昼阴阴，羊角嵯峨洞黑深。灭炬有风疑阻入，崩崖无路费重寻（早年数往探之）。空山寂寞谁来往，乱石纵横自古今。人世沧桑凡几变，怅然百感起悲吟。

《石门（在狮山之南，今石门石墙具存）》云：

乱石嵌空叠作门，岩墙一道岿然存。幽泉呜咽流悲曲，细路蜿蜒入烧痕。南太武雄犹耸峙，西孤岭接有屏藩。壮图已去余陈迹，地僻凭谁吊毅魂。

《镇北关（在鸟空园）》云：

颓垣一道俨雄关，右带奔涛左倚山。谁是此间司锁钥，几家后夜梦刀环。丸泥函谷宁封闭，天堑长江竟破还（金陵失败）。风定潮平关下过，飞鸢趷趷水潺潺。

《演武场》云：

平坡浅草晓苍苍，五老峰前旧较场。几日健儿争赛马（西人曾借作跑马场），一春牧竖便驱羊。时艰遍野张新幕（南北之争），岁久崩沙拾断枪。忽忆铁人八千辈（郑选左右卫军戴铁面、披铁裙，号曰铁人八千人），比今身手是谁强。

《演武池》云：

演武亭边演武池，晚风吹荡水涟漪。蛟龙岂向泥中伏，鹅鹳应教海外驰。傍岸蛙声长阁阁，绕堤萤火故累累。误当汉苑昆明凿，差幸田夫得灌滋。

《高崎寨》云：

三路兵联局益危，赖他陈蟒保高崎。败回余勇犹堪贾（金陵败回未久），强末长持恐不支。半夜夺台三窟固，一声陨地万笳悲（得台湾后未几殁）。他年嗣子重来日，人种能无痛靡遗（成功殁后，清军大搜两岛，墟其地而还。先是有嘉禾断人种之谣，至是果验）。

《太平岩读书处》云：

滨海区区一弹丸，兵兴何地不摧残。试从今日村墟过，便作当年壁垒看（近南北交哄，遍地驻扎重兵，校舍祠庙已满，犹复不给）。遍识也非难指屈，多吟只怕益心酸。龙头羊角何须问，石笑同寻旧学坛（郑氏读书处有石状如开口，镌石笑两字）。

民国初年，厦门诗坛多有咏怀郑延平遗迹之作，其见诸诗集者有绣伊李禧仁丈《梦梅花馆诗钞》之《郑延平遗迹》，有遗址十一处；岁己未（1919）雁汀黄瀚先生《禾山诗钞》之七律组诗《厦门郑延平故垒十二首》，有遗址十处。两者相同的遗址有：嘉兴寨、羊角寨、龙头山寨（日光岩水操台）、演武场和太平岩读书处共五处。所不同的，绣伊世丈有郑延平祠、水操台（小走马路）、国姓井、集美寨、延平坟和甘辉庙五处，雁汀先生有玉沙坡、石门、镇北关、演武池和高崎寨五处。因延平坟不在厦门，甘辉庙已毁，可见当年有迹可循的郑成功遗址至少有十三处。

黄雁汀赠先祖父诗

雁汀先生《禾山诗钞》有民国乙亥(1935)赠先祖父仰潜公七律一首,题为《古历十一月十一日何仰潜、家[黄]渭川邀游曾氏园菊花渐即衰萎剩余细磊杂花三叠前韵》,诗云:

日寻娱乐百无知,已约园游肯后期。白发相看三老共,黄花也怯九秋移。庭隅有待缸盈架(渭川贻御豆种),门外何如枳作篱(仰瞻亦种菊一畦)。恨欠霞觞延寿客,霜螯左手并教持。

仰潜公初由惠安来厦门五通村办学,遂家焉。殆先父启人公考入厦门海军航空处飞行学校,复迁居邻近之黄厝村西柄社,即雁汀先生邻里也。仰潜公晚岁常说,当时他所交有陈嘉庚之弟陈敬贤、华侨画家萧百亮及其岳翁郑宝塔、南安黄渭川与雁汀先生,皆素心人也。忆先祖平生喜艺兰,竟不知他老人家还爱种菊。我曾到曩昔吾家所居之西柄社访古,因无人导引,遂不知其菊畦所在。

苏大山咏板桥别墅诗

台北板桥别墅有池亭台阁十二处,皆错落有致。民国初年,闽南诗人苏大山寓台时,各有诗咏之。《定静堂》云:

明德常怀知止训,海东门第自清华。登堂璀璨瞻奎藻,乔木春深此故家。

《来青阁》云:

凭君莫话兴亡事,排闼青青且看山。举目任教风景异,也应不改旧时颜。

《汲古书屋》云:

无忘学业得修绠,插架图书发古香。五万里天无限思,榛苓我自眷西方。

《方鉴斋》云:

丈夫自有棱棱骨,圜转终羞事削觚。入世何须圭角去,神仙亦是住方壶。

《梅花坞》云:

梅花本属君家物,何必孤山始一吟。踏遍峰南还水北(雾峰莱园亦有万梅庵),月明纸帐有同心。

《香玉簃》云:

长生何必事求仙,斗室之中春盎然。玉暖香温作绮语,始知学士是枯禅。

《菡萏阁》云:

回波渺渺界横塘,恰好吟成出水刚。消受晚凉人倚槛,雨初过处便闻香。

《自凉亭》云:

绿云深处水平铺,异境别开天一壶。只许洞仙亲得到,冰肌玉骨汗都无。

《钓鱼矶》云：

大人龙伯太荒唐，濠上翛然意两忘。纵不得鱼亦垂钓，红蜻蜓立一丝长。

《海棠池》云：

杜陵不作海棠诗，一水迢迢寄与谁？却怪卷帘春睡足，干卿底事亦皱池。

《云锦淙》云：

声声敲彻玉玲珑，本是西流不向东。除却天孙机杼巧，人间未许有槎通。

《观稼楼》云：

知道楼台重起日，也应还我旧窥模。开基稼穑君无忘，此是豳风一幅图。

余近年数度寓台北，未及详细游览，不知诸景观皆完好否。

禽言诗

以禽言鸟语为诗，古已有之。初有汉魏六朝之"姑恶，姑恶。姑不恶，妾命薄"，继之有宋代梅尧臣的《四禽言》之诗，盖模仿杜鹃、提壶、婆饼焦、竹鸡四种禽鸟之鸣声为诗。厦门写禽言诗者最早当推宋末同安诗人邱葵，其《禽言》诗云：

春泥滑滑雨潇潇，田妇力汲收坠樵。归来不敢道姑恶，我自忘却薄饼焦。去年冬旱无麦熟，阿婆饼焦难再得。门前忽报谷公来，灶冷樽空难接客。阿兄提壶沽浊醪,阿弟布谷披短蓑。不时脱却布裤渡溪水,只愁行不得哥哥。

诗中"泥滑滑""姑恶""阿婆饼焦""谷公""阿弟""布谷""脱却布裤""行不得哥哥"皆禽言鸟语也。

清道咸间,钱塘人施鸿保游幕闽南,在其《闽杂记》云:"厦门多异鸟,不知其名,俗但以鸣声所似而名。"因作《禽言诗》四首。其中有"形如鹡鸰"的"车歇歇","形如鹊"的"早作",从未见过的"肯吃亏"和形状"似鸠"的"老快活",各以诗系之。绣伊李禧仁丈所著《紫燕金鱼室笔记》提到清末厦门海防厅衙黄昏时常闻鸟叫"大老爷冤枉",声极凄惨。可惜仁丈未作诗记之。笔记载泉南诗人苏菽浦作于1905年秋之禽言诗两首,分别以"咄咄怪"与"告天子"为题,其一云:

咄咄怪。强者胜,弱者败。畴教鼾睡来榻旁,恫吓瓜分剧狡狯。龙头渡对虎头山,可怜势力范围大。如此江山被占量,行人只说公共界。咄咄怪!

其二云:

告天子。帝阍咫尺,而今万里。常关并入税务司,毒加搜刮盖无已。裕于国课几何?宦囊自肥,民自瘠死。今之关也将为暴,自来关吏猛于虎。嗟我民,毋自苦。

这两首诗分别揭露1901年外国列强控制下的海关税务司强行接管厦门地区50里以内的中国常关,以及第二年鼓浪屿沦为公共租界这两件厦门近代史上影响最大的事件,颇具史料价值。

林骚与《半邨诗集》

民初泉州林骚先生之诗名尤甚,所著有《半邨诗集》,今已难以觅读矣。辛

酉(1981)三月,陈泗东作重刊之后记云:

> 泉州处闽南滨海,有网罟梯航之利。故泉人古多徙居台湾,侨居南洋,今犹然。泉州山川秀丽,名胜棋布,文化昌荣,有"海滨邹鲁"之誉。诗歌吟咏,累世不衰,晚清有"桐阴吟社"之集,近代有"温陵弢社"之会。诗人骚客,类多矫矫,先辈林醒我先生其著也。泉去京都远,诗名难列于中州,独蜚声于海外,醒我先生亦然。《半邨诗集》者,醒我先生之遗作也。三十余年前经其手订付梓,传本甚稀,今已罕见。哲嗣林琛先生缅怀先人之手泽,今出而重刊,以飨读者。醒我先生名骚,字叔潜。泉州市人。卜居城北,其地半村半郭,疏卉成畦,因晚号半邨老人。家传书香,尊人月樵先生,名霁,善书法,泉州洛阳桥诗碑,乃其手笔。先生生于公元一八七五年,少颖悟。光绪戊戌秀才,壬寅举人,甲辰与兄翀鹤先生同捷南宫,称"同怀同榜登第"焉。榜后不仕,隐居闾里,致力于吟事。诗坛推为巨擘,垂数十年。卒于公元一九五三年,终年七十九岁。先生之诗清新隽逸,素所仰止;而先生与家父仲瑾先生有同案及秋闱同年之谊。林琛先生嘱予为《半邨诗集》重印书数言,不敢辞,谨以为记。

《半邨诗集》有咏怀郑成功诗数首,如卷二《郑延平焚青衣处(在南安县学口,石为知事马振理立)》云:

> 武荣州外山川好,九日峰回溪环抱。禾黍中原几废兴,有石穹然立大道。上书延平焚青衣,二百余年事探讨。在昔有清初入关,汉儿无数尽低颜。降臣已拜三王爵,先帝空悲万岁山。隆武东班南安伯,拥兵跋扈闽海间。最怜薙发事新主,辽左羁留去不还。北望幽燕明社屋,公子时着诸生服。逃禅有恨方密之,弃儒又见郑大木。火未成灰剑已横,百战风涛罔臣仆。迄今厦岛水操台,故垒萧萧鬼夜哭。壮哉延平古所无,英雄何必不是儒?精灵为化诗书腐,光焰长留天地枯。天地纵枯石一片,行人下马泪如霰。

《游鼓浪屿日光岩因登郑延平王水操台故址》云:

> 平生愿与着袈裟,稚子闲携访法华。碧海江山一抔土,红墙楼阁万人

家。藤萝绝壁西风紧,钟磬来时夕照斜。莫惹兴亡多少恨,八旗龙虎已虫沙。

卷四《石井谒郑延平王祠》云:

东走涛声日夜翻,宗臣故里至今存。青衣早湿山河泪,黑塞难全父子恩。金厦岛从旌旆起,朱明朔向海天尊。江南一旅中原动,蘋藻应馐未死魂。

附录一有《水操台》云:

江边雄峙水操台,水剩台空江自哀。信国已随亡宋去,申胥何事哭秦来。戈当落日潮声壮,发为支天幕府开。一领青衫孤岛血,萧萧故垒几低徊。

怀古抒情,似有秀水王仲瞿风韵。

林骚诗咏周起元

泉州近代名诗人林骚之《半邨诗集》有《读周忠愍公奏疏三律》,盖咏怀明代名宦周起元之作也。周起元(1571—1626),厦门海沧人,明万历二十九年(1601)进士,官至右佥都御使,后遭魏忠贤迫害,崇祯时赠兵部右侍郎,追谥"忠愍"。林骚诗云:

狱囚真累累,待士酷桁杨。为触龙鳞怒,休劳蛇胆尝。君恩虽不杀,臣弱已难当。报国縻顶踵,伤哉应诏亡。

故宅频经处,悲风飒飒来。高堂双泪眼,寡室一遗胎。槛岂朱云折,棺非乐远抬。徒然资暴主,坑我少年才。

纵有荣名在,其如痛毒曾。幸生杨御史,蹈死浦文登。犬马视同贱,骅骝恨早腾。清流与党锢,遭世涕沾膺。

1998年我为编纂《厦门碑志汇编》,在海沧后井村获读《绵贞周公功德碑》(基本残缺),而知敬仰其人,继而在《明史》以及黄道周、周顺昌和张燮等文集中又通读其人其事,得知周起元非唯明末的清流名宦,还是当时东南"海丝"之重要推手。海沧区委副书记曹放兄热心地方文化,已成功摄制了电视纪录片《海洋赤子——周起元》在央视播放,同时还嘱我搜寻周起元的遗著。戊戌(2018)初夏,我在泉州图书馆找到同治壬申(1872)之家刻本《周忠惠公传疏》及《周忠惠公年谱》,林骚所读当是此书。

于是,我根据《周忠惠公传疏》刻本广搜文献进行辑补,同时重新点校,历时两年,抱病完成《周起元传疏辑补》(鹭江出版社,2020年)的编纂工作,以飨学林。

半邨老人寓厦鼓诗

半邨老人林骚昔曾游寓厦门鼓浪屿,有诗数首辑入《半邨诗集》。其1920—1924年间所作之《由安海至厦门舟中》云:

> 昨夜安平镇,荒鸡到枕边。壮心无奈老,往事复流连。急鸟渡阔岸,孤帆上远天。飘飘游子意,落日鹭门烟。

《至鼓浪屿》云:

> 为访桃源人,扁舟作渔父。哀哉古闽疆,剩此干净土。

《由(鼓浪)屿渡小船至厦》云:

> 大江浮一叶,胸际杳然空。篙师无停橹,容与中流中。是时天宇澄,微微水上风。白鹭忽飞没,各自逐雌雄。徘徊瞻两岸,重楼峙仙宫。仙宫不可到,兹游蓬莱东。

《全家寓鼓浪屿值除夕》云:

忽忽过残岁,随人梦一场。乾坤开别岛,风月认他乡。此乐非吾土,无愁且引觞。笑歌妻子在,作客未为妨。

1946年《重至鼓浪屿》云：

重来鼓浪旧风烟,小别如今廿二年。花草可怜兵革后,楼台犹倚水云边。一蓑渔父兴亡话,双鬓诗人来去缘。忍把血痕江上认,纷纷无奈冷枫天。

《游虎溪岩》云：

放眼山河在,扶朋上虎溪。千峰寒水外,一啸夕阳西。梦寐争槐蚁,英雄问草鸡。至今谁伏得,俯首听菩提。

《留别复纾二绝》云：

昔别莲城东,今别鹭江涘。此意无东南,海水与江水。伯牙尔其为,成连吾滋愧。弹得一声琴,天风吹月坠。

复纾即书画名家赵宽,惠安崇武人,时居厦门。

鼓浪屿物产四咏

近世闽南诗人江煦,字仲春,海澄人,久居鼓浪屿。晚年在澳门辑印其诗作《草堂别集》,并录其旧作《圭海集》附于卷末。《鼓浪屿物产四咏》乃菽庄吟社辛巳第七集之诗课题目,江仲春20世纪20年代有旧作四绝,皆收录于《圭海集》,其《内厝芋头》云：

田田叶大新荷似,结实于根不著花。煨得懒残牛粪火,只今李厝作生涯。(内厝澳旧名李厝澳,产芋头甚佳,人皆称之。)

《鹿礁海苔》云：

鹿耳礁前春雨足，石华如绣添新绿。山斋寒具独清供，约醉梅花歌一曲。

《高丽白菜》云：

心共芭蕉千万转，晚菘何似故山园？自从平壤分余种，赢得人思咬菜根。

《西洋红薯》云：

颗颗象形如马铃，淡香欲比白薯清。移根智利来何易，贵似金茎重汉京。

从知近百年前，芋头、海苔、高丽菜与红薯，乃鼓浪屿名产也。己亥（2019）夏，我整理江熙《草堂别集》，将其纳入"同文书库·厦门文献系列"第四辑交厦大社出版。

崇武二詹

曩昔向张人希师借读旧《中国美术年鉴1947》，知崇武有詹侨先生擅大篆石鼓文书法，其后更耳食有石如詹振先生也能书善诗，心向往之。三十余年后詹石如先生之后昆为刊其遗稿，曰《崇武詹石如》。其《道情词·题友人摄影》一曲，颇天真有趣，词曰：

一片毫光，高挂着螺峰千丈。奕奕丰仪，自形自色，现出真如相。正是清明在躬，点缀这儒冠道貌，菩萨心肠。更兼那忠诚孝友，注重伦常。后身外身，把亲爱原人搅在心儿上。因此常终年碌碌，都是为成人成物思量。如今隐身闲轩，默默老庄，只怕无人肯放。还要你现身大瀛之上，唤醒那漂泊迷津，人人上慈航。

卷末录有1947年闽南诸文化人士贺先生暨德配魏夫人六秩双庆之诗词，陈培锟、林骚、曾遒、苏大山、汪照陆、黄雁秋、李禧、黄紫霞、叶道渊、陈村牧、林英仪均与焉。李禧先生七律云：

莲山佳气郁苍苍，天遣先生杖履康。小隐丰裁称泉石，一家机杼擅文章。磨人岁月终输墨，入眼烟云且尽觞。尽共麻姑阅东海，砚池原不幻沧桑。

教育家陈村牧先生素不以诗鸣，而下笔渊渊如响，想见其国学根基也，其七律云：

佛耳峰高景仰深，书香弈叶播徽音。传经有子翁还健，为善忘名理可寻。落落长吟领风雅，倏倏闲意足山林。从容冠履谈茶墨，寿酒欣同莱妇斟。

《崇武詹石如》所存作品颇泛，大抵暮年乡居应景之作为多。人间刍狗，早年佳作谅已散佚弗存矣。詹侨先生往日赠我书法多品，篆书多获缶翁法乳，行书则有板桥风骨，下皆署款"詹侨左笔"。冬日冻雨敲窗，灯下读二詹诗文书法，故乡文风于此尝鼎一脔。

读《悼珍词》

《悼珍词》乃1932年闽南诗友为晋江许书表悼亡诗所作的题赠唱和集，凡百余章。丙辰（1976）秋，我偶向芸友借观，其中有可读者，如同安张懋修集龚定庵诗句八首云：

吹坠离愁到世间，半襟斜月不知寒。兰因絮果从头问，万劫千生再见难。

娇小温柔播六亲,为谁出定亦前因。初弦相见下弦别,恐是优昙示现身。

一寸春心红到死,四厢花影怒于潮。新诗急记销沉事,尘劫成灰感不消。

万千恩怨属名流,过眼云烟浩不收。别有尊前挥泪语,他生飘渺此生休。

悲欢离合本如此,窈窕秋星或是君。谁分江湖摇落后,一钗一佩断知闻。

重礼天台七卷经,更何方法遣今生。槎通碧汉无多路,愧负银河织女星。

秋衫红泪潸复潸,山影低回黛影间。冰雪无痕灵气杳,灵箫合贮此灵山。

歌怜夜雨闭门时,惜听花间惜别词。原是狂生漫题赠,骈文撰出女郎碑。

惠安汪照陆(煌辉)先生诗两首云:

蛾眉天妒最高才,鼓浪声淘战垒哀。儿女英雄同一哭,招魂莫上水操台。

天骄鲸浪卷台澎,巾帼萧娘寂鼓声。新鬼厉魂能敌忾,愧他男子尽虚生。

集中吾惠籍诗人尤夥,汪丈以外,杜唐(印陶)、贺仲禹(仙舫)、何适(访仙)、汪炳烜(寿仁)、程禹门(梦龙)、辛雪兰、刘锡畴(范甫)、王悦萱(实华)、汪枕流、孙家璧(镜堂)、郑意澄、卢菁苑、王渊鱼(贤如)皆闽南诗坛健者。

族叔何适为填《满江红》一阕云:

玉折香消,似难免,一番凄恻。但达人能了,死生消息。月到圆时光便灭,花于吐处香旋寂。看人间,衰盛总如斯,悲何益?他生恨,朝和夕。

相思泪,纵横滴。想黄泉路渺,怎生知得?潘令悼亡辞浪费,纳兰伤逝心徒戆。只南华逸叟鼓盆歌,堪为则。

不知其《官梅阁诗词集》收录否。

《陈仲瑾先生遗诗》

丁亥（2007）年冬，在泉州获读陈泗东尊翁之《陈仲瑾先生遗诗》油印本，泉州政协陈盛明序云：

> 陈仲瑾先生为辛亥革命先辈，泉州同盟会总务股长。光复之役，多所擘画。一九四〇年为筹募西隅学校基金，南渡菲滨，值太平洋战起，菲岛沦陷，避寇于纳卯埠深山中，隐名躬耕自给，手足胼胝，乡国音绝，而先生处之泰然，难中不废吟咏，迨战息还里，检存稿数十首，携归藏于家。近市政协征集辛亥史料，并及革命先辈遗著，泗东同志出示其先人南岛难中诗篇，所作多寄故国之思，表敌忾之怀，记强寇凶焰，写难民流离，不但个人遭际留下鸿爪，而且反映当时历史侧面，固不仅一般平凡的吟咏而已。因建议付印，作为史料保存云。

陈泗东序云：

> 一九四〇年先父仲瑾公赴菲筹募西隅学校经费，即遇太平洋战起，避地于菲岛纳卯埠深山，耕作为生。故乡万里，环球烽烟，与亲属音讯不通者数年。一九四六年日寇投降，始束装返里。先父避难中不废吟咏。此旧体诗二十六首，系在纳卯深山所作者。

仲瑾先生七律颇具中唐古韵。其《避难感怀》四律云：

> 回首乡邦隔海天，干戈未解费情牵。桃源渺渺能谁到？棘路漫漫不我前。一水艟艨皆炮垒，万家灯火付烽烟。可怜游子思亲切，痛阻归期倍怆然。
>
> 狂风骤雨袭南州，菲族河山去不留。舞榭歌台成陈迹，玉楼金屋变荒坵。疮痍满目水为厉？夷夏伤心共此仇。最是北来云外雁，哀鸣未断使

人愁。

北望乡邦涕泪零,妖气[氛]未靖复凭陵。桂湘要隘多惊失,滇缅迢途尚苦争。誓扫东奴悲有待,毒流中土痛难平。庙堂胜算今操否?引领蛮荒盼肃清。

忽闻美舰到南来,满谓东方曙色开。礼智争端犹未息,菲滨战局颇难猜。空间树帜惊多杂,海上凶锋患不摧。长此相持成鹬蚌,岛城何日快收回。

《夜雨感怀》云:

一宵云雾绕愁城,冷雨凄风梦不成。举目河山皆惨变,当头雷电并交轰。声声留作冲霄恨,滴滴尽为彻夜鸣。何事滂沱犹未足,教人惆怅到天明。

《元宵感怀》云:

银花火树此时鲜,谁料山居兴索然。野有萤光权作闹,门无蜡炬不生妍。金吾只合归虚渺,铁锁何烦启后先。犹幸故乡明月在,遥思儿女共团圆。

陈掌谔填词纪念抗战烈士陈镇和

丙申(2016)夏,芳邻张蓁蓁女士迁居,赠我旧书刊,其中有20世纪40年代末菲律宾出版之《世界运动会》一册。其第111页有厦门旅菲华侨陈掌谔先生所填调寄《高阳台·纪念陈镇和烈士》词一阕,前有小序云:

烈士陈镇和,国立暨南大学全能选手。足球一艺,尤为中外人士所称赞。曾代表我国出席远运会、柏林世运,及参加我国远征队赴菲岛、澳洲、英国比赛,成绩优良。镇和,福建龙溪人,长于南洋爪哇,幼时负笈暨南,个性刚强,忠慧过人,同学爱之如兄弟。余于"一·二八"前二年任暨南体育主任,每于训练谈论之间,喜镇和有大志。及中日言和,暨南复校,镇和问余欲离母校投空军为何如?余对之以留校事小,报效国家事大。翌日,镇和辞别,决心从军。其热诚爱国可风,至今余犹不忍镇和之行也。七七事变,余任国立厦门大学训务,闻镇和噩耗,驰书问惠堂,惠堂复云:"镇和在兰州遇雾,已作热烈牺牲。"呜呼!镇和已矣!镇和不死于炸出云舰队之时,而死于塞上之雾,亦幸与不幸而已。然镇和有不世之功,与日月配、天地同休,犹幸不为敌人所戮也。

词云:

左海中军,神州虎将,暨南场上英雄。威撼欧洲,柏林载誉声中。又从征绿波英澳,大西洋,万里长风。足球人,几度穿杨,几度歌功。　　江南重忆依依别,正山河变色,投笔从戎。杀气凌云,炸机横断斜虹。炮弹粉碎东洋舰,好男儿,妙手神工。最伤心,关上烟濛,关外魂憎。

陈镇和 1906 年出生在印尼雅加达,12 岁回国到南京金陵大学附属中学和暨南大学就学。1941 年 1 月 28 日在河西走廊的星星峡遇难殉国。抗战胜利后,我母校英华中学曾为校友陈镇和烈士召开追悼会。

陈掌谔著《中华词》

汪一凡世兄曾赠我陈掌谔所著《中华词》一册,乃 1976 年其以八十岁高龄首次回国观光,沿途之所作。其前言曰:

回国观光,还乡探亲,早经决定。盖数十年栖迟异域,不无去国怀乡之感。客岁中菲建交,今春乃得携妻挈女遄归国门,一路揽胜纪游,按拍填词,不期完成百阙,名曰"中华词"。急就之章,都非惬意,聊作此行之纪念云尔。

并以一阕调寄"绿要"的词作后跋云:

浪潮澎湃，寰海多经历。亚欧万里游遍，大地染红色。南北三洲美丽，非澳锋芒苴，都收吟帙（著寰球、澳洲、扶桑、曼谷、罗马、西德、洋洲、墨西哥等三十集）。家园归梦，几度惊回梦难得。转念千花齐放，美作归来客。更喜新貌中华，不怕山河隔。百阕游踪纪胜，尚缺天山辑。先君遗迹，兰州戈壁，大好伊犁久思忆。

词后附注云：

先君穆斋公与先姑丈赖长公，助左宗棠西征，天山南北，定多遗迹，惜未能一游为憾耳。

由此可知陈掌谔在菲律宾著有词集三十种，今仅见其《中华词》一种也。《中华词》百阕，其佳者如《临江仙慢·名胜》云：

披阅画中好，九州绮丽，山水迢迢。几千载，三潭印月秋宵。名标。吏堤上柳，清波秀，淡抹春娇。明湖里，却济南亭古，名士风骚。　飘飘。庐山佛殿，赢得钟鼓朝朝。泰山青，松柏笙入云霄。天骄。念游人乐，长程路，五岳遥遥。三江远，问桂林风景，词客魂销。

《燕春台·石头城》云：

凤阙龙蟠，石城虎踞，高楼峻宇森森。危笋江城，雁门燕子消沉。雨花台恰成阴。偶登临，风打潮音。奔流万里，壮怀自喜，感慨难禁。六朝金粉，秦淮胭脂，莫愁幻梦，堂榭低斜。姮娥夜晦，乌衣巷里难寻。大好山河，拥红裙，买醉狂吟。恨深深，回首雕栏泪，点点伤心。

《芳草渡·集美》云：

箟篁月，鹭江畴。成功垒，虎头秋。风光人物两悠悠。今胜昔，消旧恨，永无愁。　时非远，村已见，集美弦歌未断。禾山翠，岛桥浮。嘉庚馆，航海院，最高楼。

《番枪子·鹭江》云：

绝早飞去清波隔。好钓碧山头,春消息。美景鼓浪冲天,虎溪明月看难得。鹿洞雾烟中,千山寂。　　花园四季浓香,红梅秀质。金鸡笑啼声,全球白。龙须桥上风光,云岩游罢游万石。五老色葱葱,超尘域。

陈掌谔旧作

《世界运动会》有陈掌谔散辑旧作词数阕,《水晶帘·乘机过台湾赴七全运会》云：

清波万里透烟宫,白云空,乘长风。一架飞机,才过台湾东。又向西窗争看取,沧海碧,笑言中。

《鱼水同欢·于七全运宴会上拜读国桢市长暨卓群女士花鸟佳作》云：

绿意红情千万缕。莺啭芳花,蝶伴芳花舞。丹粉染成娇欲语。问伊谁是南楼主？　　云淡烟轻杨柳树。没骨传神,写尽春情绪。吴鼎调成新乐府,江南好景为伊驻。

《永遇乐·飞绕吴淞狮子林炮台空上有感》云：

落日长虹,怒涛东海,无限风雨。狮子吴淞,烽烟满目,未毁山河去。浦前寒水,吾家壮士,好个将军威武。忆当年,红须碧眼,铁骑摧敌如虎（鸦片战争先伯祖父化成死守吴淞炮台）。　　而今依旧,巍巍雄视,昔日匈奴何处？百四年来,万军继起,庙行江湾路。了无尘迹,不堪回首,十载重游吴楚。悲愁地,英雄战迹,健儿在否？

《乘机参加世运时赠念顺先生夫妇》七绝云：

围塌兵喧得胜时,主人豪气酒盈卮。明朝又向伦敦去,临别依依欲语迟。

《由曼谷寄内子玉英》七绝云:

轰轰铁鸟又西飞,一抹青天接落晖。此去征程三万里,柔肠能不两依依。

日后如编成陈掌谔所有诗词,当皇皇可观。

黄晦闻妙文

北山虞愚教授很推崇近人黄晦闻的诗,说其诗格律精严、苍凉沉郁,为历来学杜诗者最具功力者,自言在京时曾到北京大学图书馆借阅他写的《蒹葭楼诗》。黄晦闻,名节,广东顺德人,早年在上海组织"国学保存会",创办《国粹学报》,鼓吹民主革命,后在北大、清华讲授国学。虞先生最激赏其《岳坟》一律,为我诵之曰:

中原十载拜祠堂,不及西湖山更苍。大汉江声垂断绝,万方兵气此潜藏。双坟晚蟀鸣乌石,一市秋茶说岳王。独有匹夫凭吊去,从来忠愤使人伤。

虞先生说,黄晦闻的文不多见。我曾在洪子晖丈家中借阅章士钊编的旧《甲寅》杂志(惜当日未记录刊期卷数),内有黄晦闻序曾刚甫所编《罗瘿公遗诗》一文,其中有一段甚妙,曰:

甲子元日,瘿庵过余曰:"吾度岁之资,今日只余一金耳,以易铜币百数十枚实囊中,犹不负听歌钱也。"语未改腊,瘿庵遽于是秋八月逝世。……瘿公与世可深而不求深于世,学书可深而不求深于书,为诗可深而不求深于诗。至于驰情鞠部,宜若深矣,然自谓非有所痴恋,则亦未尝求深。唯其不求深,故万缘之空,犹得在未死之日,否则其怀早乱矣。乱则无所不至而义失,义失则诗虽存,存其字句声律耳,诗云乎哉!

辛亥(1971)岁首,录呈北山先生一笑。

虞先生少年时颇得陈石遗老人奖饰,但他不知老人并不看好黄晦闻,晚年老人曾对钱锺书说:

> 清华教诗学者,闻为黄晦闻,此君才薄如纸,七言近体较可讽咏,终不免干枯竭蹶。(钱锺书:《石语》,中国社会科学出版社,1996年)

郁达夫厦门佚诗

1936年冬,郁达夫曾短期旅居厦门,并为时在厦门大学校长办公室工作的何励生先生所著的《山居集》题诗,诗云:"东阁官梅西崦日,永嘉山水厦门涛。春来多少田园景,合让何郎再和陶。""东阁官梅"典出唐杜甫"东阁官梅动诗兴,还如何逊在扬州"之句(《和裴迪登蜀州东亭送客逢早梅相忆见寄》),是写旧体诗常用的典故。

何励生(1897—1996),浙江瑞安人,一生在厦大工作、生活七十载。业余工诗,归道山后,其哲嗣为编印《期颐老人何励生诗集》,于1997年分赠亲友。我有机缘获读之,并发现这首佚诗。

何先生的诗集分为《消寒吟(1917—1927)》《山居集(1928—1937)》《长汀集(1937—1945)》《双燕庵上篇·国光集(1947—1971)》《双燕庵中篇·回乡集(1972年至1977年6月)》《双燕庵下篇·晚晴集(1977年7月至1993年)》,下篇由唱和、观感、月会、怀友、述怀和亲情共6卷组成。郁达夫的题诗置《山居集》卷首。《现代中文学刊》2015年第6期有宋洪涛《郁达夫佚诗〈题山居集〉》,首次披载此佚诗,乃《郁达夫诗文集》所未刊。

寻源中学教师的诗

寻源书院乃教会学校,原在鼓浪屿,后改称中学,1925年迁至漳州。久闻该校名师辈出,惜档案缺失,无法一窥全豹。漳州政协文史资料有文述及抗战胜利后,陈鉴修、陈湘龄两先生受聘任高中语文教师,皆擅诗。其题《三七级毕业同学录》,鉴修先生诗云:

青毡坐破钟声歇,握手临歧一惘然。此去各为千里鹤,吾衰已作九秋蝉。皋比倘了今生债,罄欬仍观异日缘。飞尽木棉搔首望,龙江帆影落樽前。

湘龄先生诗云:

干戈未定欲何之,再见悬知有后期。每日盘桓同水乳,一朝离散寂埙篪。合多乡树迎归棹,能否他年记紫芝?老矣怕听三叠曲,那堪更作送行诗!

湘龄先生又有《冷云》一首云:

冷云千顷压危楼,世事都归枕上愁。一夜霜风欺薄鬓,全家破褐当轻裘。依然饮啖贪非病,如此生涯老未休。客散道孤守闭户,别多阴雨费绸缪。

彼时内战频仍,物价腾涨,民生凋敝。某年适岁暮,教师们作《穷教员度岁吟》互相唱和以解忧,郭耿辉先生有句云:

了此干戈抗攘年,青毡坐破抑何贤?……围炉桌上都如旧,只欠儿孙压岁钱!

代课老师陈家瑞先生亦和一律,末句云:

  海外飞来千金券,度岁居然百万钱。

郑文澜先生是数理化教师,素不作诗,一气竟和两律,其中一首之前半云:

  粉笔生涯十五年,老妻骂我究何贤?半颓残瓦聊遮顶,百结鹑衣不蔽肩。

当年中学老师作诗,的确太有才了。

蒋炳煌作《征妇怨》

  昔林骚主盟温陵诗坛,某日以《征妇怨》为题征诗,我邑崇武诗人蒋炳煌先生(字宾鸿)之五绝被评为拔筹首唱。其诗云:

  长别相思苦,衰颜只镜知。归来带战血,为妾作胭脂。

  此诗确有晋唐遗韵,佳作也。先生为我友蒋维新之尊甫。维新世兄亦擅诗古文辞,海门深处一奇士也。己亥(2019)春日张尚伟、王文生两友来萧斋夜坐,为我谈之。

玉箫吹彻一天晴

  绣伊李禧仁丈有观梨园戏《白蛇传》诗两首,辑入其《梦梅花馆诗钞》。1961年我读高中时,尝陪祖父侍世丈坐,蒙抄示原稿,原来此题共有诗四首,其他两首编选诗集时删弃。《梦梅花馆诗钞》中另有《参观汀溪水库止高崎堤,听金凤南乐团奏曲》七绝二首,其一云:"玉箫吹彻一天晴,幽壑潜蛟睡里惊。

今日长台无别恨,何缘儿女不平鸣?"起首两句原为"琵琶卷雨作江声,定有蛟龙跋浪听",后两句乃取南音名曲《长台别》与《不良心意》之意,如此改后,更加自然妥帖,意韵动人。此两处即可见前辈诗人作诗之认真也。

仁丈雅人,平生喜爱闽南地方戏剧,独夸"金莲升"的柳素稗唱腔有"出谷迁莺"之妙,为作《春柳》七律一首赠之。

《梦梅花馆诗钞》补遗

余丙申(2016)端阳为绣伊李禧仁丈重刊其《梦梅花馆诗钞》,又为其补辑遗诗五十首,编入同文书库,交由厦门大学出版社出版。迩来又搜集仁丈佚诗十数首,亟抄录如下。

1.《菽庄先生云环夫人结婚三十年帐词》云:

移将国庆作家庆,三十嘉名继三九。君家伉俪一何敦,鲲海双栖又鹭门。文鸳比翼三十六,神仙底事美刘樊。夫婿郎官应列宿,人间萧史奚足论。新诗一卷嗣薇花,赢得清芬扇眉阁。孤山骑旅得春先,婿乡弹指三十年。银烛摇红丽婚谱,金屏蘸墨署筠笺。玳瑁帘钩双影照,巫云忽现玉堂前。指顾金婚君领取,好编佳话入诗篇。惟君福慧本双修,难得多男兼富寿。金屋年年日长日,添来色线绣文鸳。明月前身谁得是,梅花岁暮最温存。岂知处士恋梅鹤,拂衣归遂唱随乐。雏凤飞向天池鸣,一家词赋工著作。合欢堂上忙置酒,珠履嘉宾烂绮筵。就中京兆修眉笔,更谱新声赋管弦。松柏之姿桃花面,人间争识地行仙。(录自《菽庄林先生暨德配云环龚夫人结婚三十年帐词》)

2.《寄鼎卿先生六秩双寿(二首)》云:

看遍沧桑更赋诗,王郎容易鬓成丝。家无担石青毡旧,梦绕湖山赤嵌奇。凤有文章通性命,不缘流俗任推移。斧柯莫假悬壶去,聊慰生平济世思。

陈迹鲲溟杳似烟,谁能煮茗话当年。士龙入洛原非偶,王粲登楼莫怅

然。佳日何当修禊近,深杯且醉落花前。驻颜久得丹砂诀,行乐应推地上仙。(录自《鹭江乙组梅社吟草·庚申第二期》)

3.《赠杨子晖即用原韵》云:

欲浣征尘百感侵,风光无那去駸駸。一春萍迹亲醇酒,旧梦梅魂艳冷衾(君任国会议席,羁留粤垣,云将禊被入罗浮)。入世何当沉陆日,题诗宁是出山心。故园猿鹤休相忆,老大头颅共不禁。(录自《鹭江乙组梅社吟草·庚申第七期》)

4.《饯春》云:

啼鴂声声劝春去,飞花故故入杯深。玉壶佳酿谁能买,金谷前尘未许寻。薄醉可怜红是泪,多情怎奈绿成阴。江南最恼词人意,旧梦无痕酒在襟。(录自《鹭江乙组梅社吟草·庚申第七期》)

5.《赠雅化女校(二首)》云:

雷雨冶名山,铁花光如炬。铸得莫邪成,还应付处女。
旧学费商量,新潮劳鼓吹。鲁事忧何深,潸焉陨红泪(山东问题发生,该校特组演说团)。(录自《鹭江乙组梅社吟草·庚申第七期》)

6.《顾轩先生暨德配黄淑人七十双寿》云:

武陵从古是仙家,岁岁桃开并蒂花。高蹈几时来避世,春风次日醉流霞。双修福慧身应健,能读诗书气自华。况是养生契微旨,不须勾漏觅丹砂。(录自《鹭江乙组梅社吟草·庚申第八期》)

7.《咏古》云:

炎汉两钓徒,一亡一剪屠。君王情易喻,君后险难愚。未央雊喋血,功狗骈首诛。子陵大泽去,四海一狂奴。寻常共帝榻,如何星象殊。可知太史奏,出自妇人谋。伟哉光武帝,才能制彼姝。云台罗将相,老死得全

躯。(录自《鹭江乙组梅社吟草·庚申第八期》)

8.《题画》云：

空江月黑潮相送,千尺虬松云影冻。忽听惊涛声撼天,夜深恐醒蛟龙梦。(录自《鹭江乙组梅社吟草·庚申第八期》)

9.《题虎头画室》云：

虎头千仞峰奇出,画意撑胸隘斗室。先生莫是顾恺之,淋漓日试沧州笔。(录自《鹭江乙组梅社吟草·庚申第八期》)

10.《读琵琶行(三首)》云：

笑鼙原是自由身,老大何须定嫁人。枉抱琵琶诉红泪,曾禁深夜梦前尘。

青衫酒后泪痕新,秋老江州谪宦身。亦有杨柳难绾别,轻宁岂独是商人。

学得琵琶惯惹愁,不关愁绪怨卢洲。邻船或有伤心女,欲嫁商人不自由。(录自《鹭江乙组梅社吟草·庚申第八期》)

11.《吊郑延平故垒(四首)》云：

拂拂天风总不平,曾闻孤岛奋田横。归魂春寂乌衣国(厦门称乌衣国,见厦志),落日潮连赤嵌城。形势可能恃鹿角(鹿耳礁在鼓浪屿下),英雄几辈听鸡声(《槎上老舌》载草鸡讦言)。百年尘劫匆匆甚,差喜江州复旧名。

蜃海楼台一望通,依稀遗塞大王雄。飞花剑蹴寒涛白(剑石在鼓浪屿海中),浴血旗翻落日红(升旗山旧在鸿山)。高举鸿毛余壮志,扶摇羊角起悲风(鸿山嘉兴寨、阳台山羊角寨皆延平旧垒)。苍茫怅杀樵溪路,高读岩前水自东(高读岩为延平读书处)。

割据东南计未疏,何当天不祚扶余。草深石穴潜金豹(延平欲杀施琅,匿草仔垵石穴,复走仙洞,一叟曰"金豹逃难耳"),秋老沧溟网鲤鱼(延平垦台日,土番献金色鲤鱼,若为受困之兆)。至竟昆池荒战备,凭谁笔驿护储胥(延平水操台在大走马路及玉沙坡者,今均废)。椒浆欲荐春何处,甘庙江干一例墟(延平自金陵败归,哭甘辉而后人立庙祀,今湮)。

沙虫寂寞话弥哀,尽日渔人举网回(近海产贝,花纹种种,土人称国姓兵)。异代可怜余战地,彼苍终负济时才。蛟螭蛰后湉波浪,鸡犬喧时换劫灰(厦鼓延平垒近咸有居人)。渐觉花源春色好,避兵世外我曾来。(录自《鹭江乙组梅社吟草·庚申第九期》)

12.《题沈观格旅垄即事诗》云:

频将心血灌灵苗,荒岛花抽百尺条。今日擘笺题旧事,不知吟损沈郎腰。(录自沈观格《拙庐谈虎集·拙庐零墨》)

13.《和黄天爵留别箟筜吟社诸友原韵》云:

乐毅何缘作报书,高勋受谤最愁予。未妨久住乌衣国,到处应回墨翟车。春趁寒潮来鹿耳,心惊巨浪跋鲸鱼(时君将赴台湾)。满庭诗意休虚负,落叶萧萧人境庐。(录自《厦门轶事·诗词拾遗》,厦门大学出版社,2004年)

14.《和黄市长天爵辞职感怀原韵》云:

名山著述黄吾野,左海疏狂李卓吾。生幸并时居异地,芥磁引吸本同乎。

授书何幸逢黄石,励学会闻赋白盐。高足孔门嘉木赐,儒林货殖许相兼(君毕业厦大商科)。

文渊井底珊瑚海,铁网三秋聚异材。恰记高楼上巳日,争从白袷乞诗来。

平生低首谢宣城,持向钧天句欲惊。滑笏鲍江春水暖,锦屏青雀载仙行(哲配谢腿臣先生令嫒)。

万里星槎博望张,海天阔处自相羊。支机转去奚须卜,未恼崎岖蜀道长。

千秋岁宴觥筹错,五老峰登謦欬闻。另有箟筜渔唱起,大江鸥鹭许同群。

一着儒冠味总酸,那容乱世作清官。汉家黄老推龚遂,晋代苍生望谢安。

兰叟能吟有石契,不翁亲写玉田碑。后先志乘堪辉映,文献搜罗又一时。(录自《厦门轶事·诗词拾遗》,厦门大学出版社,2004年)

15.《偕金涛仁兄厅长由鼓屿渡江返厦口占》云:

十年一见休嗟晚,且喜相逢面目真。君看江天云冻合,要知万户待阳春。(录自《厦门轶事·诗词拾遗》,厦门大学出版社,2004年)

16.《图书馆由榕林迁南洋公会柬诸友》云:

谁为借书赠一希,醉仙笑我出门迟(榕林旧有"恰揖醉仙"小额,盖地与醴泉岩相向也)。换巢凤怅丹山侣,摊卷人怀绿阴时。六月南溟鹏乍息,七襄秋讯鹊悠期(七夕至今,电话局延移话机)。平泉树石分明在,应诮词人作记痴。(录自《厦门轶事·诗词拾遗》,厦门大学出版社,2004年)

17.《梦华弟凤临仙坛记书来谓近得爨宝子帖》云:

红垆峰下墨如烟,度岁先储纸笔钱(弟尝谓新岁贮纸供一春洒翰,米则未能筹一个月)。仙是麻姑佛宝子(康长素谓爨宝子如古佛),期君成佛又成仙。(录自《厦门轶事·诗词拾遗》,厦门大学出版社,2004年)

18.《诸吟友和图书馆迁址之作奉答仍前韵》云:

思量荷下醵清希,弹指楼台现莫迟。秋水一方堂宛在,琅玕古地梦多时(余与林叔臧倡议,筑荷庵为宛在堂,胡军弋曾萦梦境,陈丹初以诗纪之,现拟即其地起图书馆,而营宛在堂于上层)。鹊巢鸠占谁能效,引玉抛砖正所期。欲乞蔡光生异彩,杜陵广厦愿宁痴。(录自《厦门轶事·诗词拾遗》,厦门大学出版社,2004年)

19.《以紫燕花投伯远》云:

栏角风斜一剪芬,春泥微嫩夕阳曛。风流李愿应输我,未解樽前赠紫云。(录自《厦门轶事·诗词拾遗》,厦门大学出版社,2004年)

绣伊仁丈挽词

1964年岁次甲辰之花朝,绣伊李禧仁丈遽归道山。先大父仰潜公谨备赙仪,命我代撰挽词,并代他过江祭奠。挽词云:

世谊通家五十年,趋庭我记落花天。百篇诗思闲鸥侣,一叶莲乘太乙仙("太乙仙乘一叶莲",公挽周墨史先生句)。永巷墨兰花忍发(公曾询栽兰之法),青山红树愿终坚("笑指青山坚后约",公集中句也)。最怜一片西江月,从此娟娟只自圆。

当时仁丈之挚友及门下所作哀挽词、联甚多,事后有好事者裒集成册,以油印本存之。五十年后,我承乏重印仁丈诗集,洪峻峰词兄从厦门大学图书馆觅到一册,诚孤本也。册中作者共四十七人,如余少文、陈玉琮、高梦熊、孙印川、钟文献、施缉亭、洪子晖、汪受田、曾词源、何适、梁果斋、黄子鋆诸老,皆鹭门一时之耆旧也。洪峻峰将其诗作编为《李禧先生挽词》,附于新编《梦梅花馆诗钞》之卷末。这批诗作中,有友生谢云声越洋寄来的挽诗云:

邮电忽传鲁殿摧,不禁热泪放声哀。词章五典三坟历(师任厦门图书馆馆长修志局副纂),言行光风霁月裁。一卷梦梅聊慰望,千条灯谜待黎灾(师著《梦梅馆诗钞》已于壬寅八十生日梓行,其他《紫燕金鱼室笔记》《灯谜》等尚未刊世)。殷殷寄语深辜负,燕子何时故垒来。

有市文献会和图书馆数十年同事余少文的七绝四首云:

坐拥青毡五十年,及门桃李数逾千。诗情俊逸人争诵,书法端庄世共传。

探母三回患难中,奔波万里孝堪风。弥留嘱葬慈坟侧,孺慕终身与舜同。

　　管领琳琅满玉楼,百家文史足风流。协商政治参闽厦,借重高才赞典谋。

　　以文会友自儿时,赏析奇疑忆故知。方冀长期相笑语,音容忽杳不胜悲。

老吟侣吴古介寄自福州的七律诗最动感情,诗云:

　　山邱零落不胜悲,后死将何报受知。卓尔平生存道义,粲然余绪及文辞。人间应念迂疏我,地下曾逢故旧谁。一瓣心香双眼泪,泪犹有尽痛无期。

这些挽诗今日读来,如闻山阳邻笛,读之令人酸鼻。

章佩乙先生遗诗

1972年岁壬子秋,黄子鋆世伯携一手卷供我欣赏,乃署名"保大"之步杜工部《秋兴》八首原韵者,行楷沉郁工整,后有跋云:

　　丁未(1967)冬初,余友诸大少甫告余此间有薄少陵秋兴而作秋怀八律,其实都空疏而不堪一读,乃必欲步少陵原韵。余勉允少甫所要约,聊抒鄙臆。灯尽目昏,书多倚斜,不足存也,此俟春暖重写。八十二叟保大书。

从所钤白文印得知,此章保世先生之诗书佳作也。章保世(1897—?),字佩乙,号适庐,别称保大,江苏吴县人,现代著名收藏家、诗人。早年同盟会会员,曾在北洋政府财政部任职。其诗云:

　　莺啭友求出上林,周旋爽气抱清森。朝晖夕照千家静,十雨五风一院阴。乔木于今多画意,菊花满地是诗心。投梭漫识黄金缕,思妇无眠月下砧(此叙余民十九年及廿五年秋离京时事。投梭句谓余坚拒爱居及季新迭约余去南京也)。

阊阖门开面面斜,晚霞映处炫秋华。银河隐载支机石,兰棹轻摇博望槎。问字穿针兼数鼓,戍楼刁斗梦应笳。升沉不必君平卜,自与晦堂说桂花(壬辰年自沪返苏。项联谓尚有烬余,腹联乃深深自晦,如山谷之闻木犀香却亦不隐讳也)。

秋雨秋风送落晖,我身转现一尘微。回峰过雁声何咽,接翅盟鸥息不飞。得意凌云偏病榻,抗颜前席与心违。失时应识遵时晦,裘马多惭赤亦肥(《故乡息影》一卷以遣己自晦矣,岂必裘马以学子华耶)。

烂柯山下一枰棋,胜固寻常败勿悲。黑白纵横知象纬,璇玑隐现定年时。桃源洞狭荒鸡乱,丝竹声繁驿马迟。错着莫贻持角笑,中心平处弈秋思(此诗余盖深责段合肥也。合肥以善弈自豪,结果主政总失败,因合肥处处以和平为依归,于是人人得而负之)。

振衣千仞俯群山,濯足沧浪咫尺间。莫觑细流归浅壑,要凭豪气叩雄关。帝王将相原陈迹,月露风云未解颜。纵使楚骚成蠹纸,倘随周颂记鹓班(此余反骚语也。少陵受唐玄宗知遇之感,故蓬莱宫阙一律有颂圣之意。余则何敢望此楚骚、周颂云云,亦聊以自嘲耳)。

阔步楞伽最上头,醍醐灌顶佛千秋。昙花相好归根净,杨柳枝慈接叶愁。钟鼓无声严大地,瓶尊有耻堕浮沤。榛菅辟尽山林启,不许烽烟扰九州(少陵咏万里烽烟,盖深深叹长安陷后而尚回歌舞,此则唐人斤斤焉。惟繁华萦念,余未敢以为然也)。

久治长安吊伐功,乾坤瑞蔼日方中。盎然春酒如膏雨,肃矣秋清广漠风。摆丫蒸蒸双穗绿,芙蓉采采一江红。凭高落帽空凝望,献赋忝今白头翁(中国之有今日,盖共产政府之功也)。

徜徉七里岂逶迤,可惜无塘孰买陂?笑摸鱼儿寻丙穴,转伤蝉翼曳残枝。素娥未分玄霜捣,谪宦何妨泛梗移。明月故乡愿长照,忍寒独夜草堂垂(少陵第八律感伤憔悴,恰与义山人间晚晴之句成反比例。香稻啄余、碧梧栖老,其晚景之凋瘁为何如耶?余则颇相似,但区区之愿只在故乡看明月耳。泛梗移为李赞皇谪居后句)。

章佩乙诗入老杜堂奥。2017年,复旦大学出版社出版《适庐诗词遗稿》,得诗一百七十余首,未审此八首诗有辑入否?

章佩乙奉谢寄茶诗

庚子(2020)岁末整理书簏,发现近人章佩乙先生一封1969年谢友人寄茶之书函,不仅领略到前辈学问之渊博,舌底且沁沁有余甘。书云:

子鏊我兄,函来,知佩乙茗椀已歇,为邮留香佳品,并云是武夷"簌尾""种角"(此四字系茶业中人内行话),闻之狂喜,不待茗到而文园之渴已解。诗以奉谢,即希粲存并教:"虾须原未卷(放翁诗'垂帘不卷留香久'),雀尾故予添(唯添故能久)。椒缀新泥壁(义山诗'椒缀新泥和壁香'),麝熏白玉查(记是李群玉句,或误)。井华心欲沸,棋韵鼻知拈。风引吟且住,霏霏雪共掩。"君家山谷世居宁州,州之南有双井,井甘而冽,居民汲以造茶。山谷送东坡双井茶,有"落硙霏霏雪不如"之句。是诗上四句熨帖"留香"两字,句句有根据,五六两句点出茶来而仍带"香"字,七八句方提出君家山谷。是诗以佩乙耄荒,尚能千锤百炼,非兄知己,不敢献媚。八十四矣,恐一瞬即烟云耳,尤足夸君实实在在。"文革"以后,孤馆萧然,故有时古人诗句每多李戴张冠,希读者谅我。佩乙并记,己酉(1969)二月下浣。

癸丑雅集太平岩联句作诗

岁癸丑(1973)秋冬,张兆荣教授、陈祖宪先生等师友邀我雅聚鹭门诸名胜,诗酒流连,竟日作联吟裁句、拈韵分题,为平生最难忘之往事也。是年阳历十一月四日首集太平岩,联句四首云:

振衣直上白云湄(何丙仲),水库风光分外奇。先到中岩斟绿蚁(张兆荣),更从"万笏"品新旗。青螺翠黛供吟啸(陈祖宪),碧浪金波共骋驰。此日登临多胜概(陈仲云),何时高会更论诗(何丙仲)。

联咏观光众侣偕(陈仲玉),断垣今昔怆诗怀。残碑冷对秋山暮(黄修祺),

远思愁当酒力乖。邂逅欣逢严父执(何丙仲)，登临空吊郑王骸。"锁云"石畔耽寻句(张兆荣)，难得天晴景物佳(陈仲玉)。

太平岩上把秋晖(陈仲玉)，好友敲诗坐翠微。拂石松声空谷响(何丙仲)，登盘风味紫螯肥。心随野鹤凌霄去(陈仲云)，意共浮云带叶归。胜迹平生多领略(陈祖宪)，如斯盛会数来稀(陈仲玉)。

寺前喜见紫薇花(张兆荣)，娇艳迎风映晚霞。南国鹧鸪啼十月(陈仲云)，荒蹊蟋蟀鼓三挝。孤鸿声逐秋江远(何丙仲)，老树影随夕照斜。莫漫莼鲈动归思(陈祖宪)，且循旧径赋还家(张兆荣)。

癸丑雅集日光岩联句作诗

癸丑(1973)阳历十一月十一日，张兆荣教授、陈祖宪先生、稚华罗丹师、徐鼎文先生、漳州郑玉水等师友共十四人复集鼓岛寒舍，午后乘醉登日光岩、游菽庄花园，联句得诗五首云：

此日登临亦快哉(罗稚华)，风光无限郑王台。长天翠黛秋江远(陈仲云)，落日苍黄画角哀。万里河山增胜概(陈祖宪)，百年岁月几雄才？空亭缀句成高会(罗稚华)，不负吟朋乘兴来(张兆荣)。

十友相携上翠微(罗稚华)，读碑不碍紫苔肥。千山落木秋风劲(何丙仲)，万绿擎空日影稀(罗稚华)。遗迹启封重入眼(黄修祺)，高台直上莫沾衣(张兆荣)。当年驱虏人何在(何丙仲)？夕阳空送晚潮归(张兆荣)。

当年巨舰锁寒江(陈祖宪)，一剑终教丑虏降。历劫名山雄气勃(何丙仲)，经秋流水响声淙。吟哦不限高低调，谈笑任凭南北腔(张兆荣)。宛在亭中依柱坐，敲诗觅句兴无双(陈仲云)。

又历名园水阁寒，临流一望海天宽。夕阳无限千山紫(罗稚华)，老树多姿万叶丹。胜迹令人思往古(陈祖宪)，良朋对客话辛酸(张兆荣)。吟声直共涛声急，倩取西风涤肺肝(何丙仲)。

落日衔山引兴长(陈仲玉)，千波亭外对残阳。吾侪诗酒皆豪放(何丙仲)，朋辈言辞莫激昂。不负胜游迎素月(陈祖宪)，好将佳句入奚囊(何丙仲)。万家灯火归来晚，野草闲花满路香(张兆荣)。

癸丑墨禅室雅集占韵分题

癸丑(1973)初冬十月,稚华罗丹师、华谟张兆荣教授、易庵陈祖宪先生等十四位闽南诗人雅集鼓浪屿寒舍(时号墨禅室),座中占韵分题,得诗十余首。稚华罗丹师《癸丑十月初十日丙仲吟友约游鼓浪屿日光岩及菽庄花园午间设馔招待盛情可感分韵吟诗予得"肴"字》云:

笔墨怡情老未抛,隔江多谢主人庖。一堂高会杯能劝,十友游踪句共敲。绝顶天风腾海气,吟边白日下林梢。归来怪底诗肠健,口角香留巧妇肴。

盖称赞拙荆颜惠芬善烹调也。华谟张兆荣教授《丙仲细兄座中分韵得"添"字(四首)》云:

鸡黍相邀未弃嫌,多君为我酒频添。喜瞻王母臻高寿,却忆太翁有美髯。回首当年如隔世,开怀此日醉前檐。何时得见尊严面,一诉衷情梦亦甜。

直上晃岩放眼瞻,晴云暧叇聚峰尖。水光已共山光碧,诗兴更随野兴添。此日联吟同觅句,几时重会更分帘。胜游无限风情在,倩取何人画素缣。

赋诗赏景两能兼,旧雨重逢新雨添。步入名园情款款,吟成佳句喜沾沾。思深方见文章妙,才捷何嫌声律严。此际襟怀谁会得?夕阳如血挂山尖。

千波亭外对飞蟾,夜色才侵别绪添。分道吟朋离绿囿,归巢倦鸟宿朱檐。片时小住犹难得,终日欢游未可嫌。倘许同临普陀寺,不辞一醉卧西崦。

易庵陈祖宪先生《雅集丙仲墨禅室酒后游晃岩得"开"字》云:

当年平房起高台,此日登临望眼开。薄海波光浮厦鼓,极天秋色黯澎台。名岩题咏忙诗客,落照苍茫想霸才。击楫中流徒有愿,可堪衰鬓苦相催。

其他分题者尚有陈佳(金藩)、徐鼎文、陈仲云、黄修祺、陈中玉等先生。触景生情,各纾胸臆,皆佳作也。

夕阳空送晚潮归

辛酉(1981)夏,我适由工厂调至厦门市郑成功纪念馆,与恩师张宗洽先生合作编撰《风流千载忆延平》一书。按原计划,该书拟辑录历来咏怀郑成功之诗词。此中,清末民初台湾爱国文人的诗文集,以及纪念馆建馆后前来参访的国家领导人和社会名流皆有留题,都是现成的。黄寿祺、郑朝宗、虞愚和李拓之等我省知名学者的佳作,多散见于报刊或友朋之间的传诵,收集起来颇费工夫,但最终都被我们收入奚囊。其中有厦门大学已故张兆荣教授之《游太平岩郑延平读书处》七律一首,诗云:

太平岩上白云飞,想见书声落翠薇。暂借林泉温史策,欲凭肝胆挽天机。雄师威逐红夷去,义帜光争日月辉。叹息英雄长已矣,夕阳空送晚潮归。

宗洽先生最激赏其最后两句,以为吊古抒情,尤有韵味。

张兆荣教授佚诗(一)

甲申(2004)季秋,从箧笥中找到张兆荣教授20世纪70年代中,赋闲在家时寄我的信件十数封,内中多半附有诗稿。

《癸丑(1973)和丙仲细兄感怀韵》云:

节近中秋临水涯,与朋共赏使君诗。清词雅句伤心丽,皓月鲜花夺目奇。至善待人能克己,大公遇事不偏私。君犹年少前程远,终有风云际会时。

《又和丙仲细兄感怀韵》云:

苦海茫茫未有涯,散愁排闷强裁诗。难消身世飘零恨,那管风云变幻奇。自笑狂狷甘冷落,岂疑雨露有偏私。吟君佳句长堤畔,正是落花流水时。

《癸丑初冬十一月四日,与易庵、陈佳、丙仲、修祺、仲玉、仲云诸友修禊太平岩寺,分韵得删字》云:

莫笑老夫筋力孱,犹堪挂杖强登山。汲泉煮茗禅房内,剔藓观碑崖石间。良会缘君怀故友,胜游共我慰愁颜。终朝联句豪情在,日暮只应促驾还。

《丁巳除夕(1978年2月6日)感兴》云:

岁暮青松气益增,豪吟狂饮记吾曾。寻欢何惜金千镒,取醉不辞酒数升。风厉拥炉寒自减,花开与客福同膺。感怀此夜难成寐,觅句床头伴一灯。

好风落帽忽经年,鹭岛平居意适然。送酒宁忘良友德,持家端赖老妻贤。谛观古籍三千卷,赋就新诗一百篇。多谢旧时李明府,岁除又寄草堂钱。

杨门女将刘三姐,京曲山歌誉口交。宛转啼声莺出谷,轻盈姿态燕归巢。绣球欲赠人堪偶,飞箭能承艺入梢。重睹百花争艳丽,赏心谁吝破微钞。

殊方节物倍堪惊,一字长蛇购买争。货缺谁怜门外客,价昂自有孔方兄。粗言出口多闺秀,怒骂挥拳畏后生。天下于今方大治,如斯风尚要澄清。

《悼杨振亨医生次郭俊年先生韵》云：

老成凋谢最伤情，再拜灵前感慨生。百岁光阴驹过隙，一生事业日西倾。摊将心迹羞争利，施尽恩情不计名。鹭岛风云增惨色，更堪夜雨断肠声。

缘何天地不留情，一代良医竟丧生。处世有方公论在，活人无数众心倾。三千里外孀妻泪，四十年来国手名。青草年年寒食路，招魂惟有杜鹃声。

《和启锵兄咏梅妃》云：

上阳入夜月临除，寂寞何人慰索居？料得个侬哀怨起，清清泪水涌如珠。

《贺刘浑老赴政协报道》云：

佳讯传来慰我心，喜心倒极（杜甫诗"喜心翻倒极，呜咽泪沾巾"）泪沾襟。只今还盼囊时友，次第同沾傅说霖。

张兆荣教授佚诗（二）

20世纪70年代后期，兆荣教授幸得匡亚明校长青眼，先招至南京大学编辑学报，静候佳音。其间多有诗作：

《己未（1979）感事呈匡校长》云：

二十一年弃置身，何期此日见阳春。钟山含笑迎来客，白下相逢有故人。契阔师朋謦积愫，团圆婿女叙天伦。从今唯竭驽骀力，四化前程斩棘荆。

《秦淮河畔漫步作》云：

秦淮河水碧于油,两岸垂杨系小舟。十里画楼今胜昔,六朝金粉去难留。境幽但觉尘氛净,风暖惟闻鸟语柔。我欲抱琴来此地,高歌长啸散千愁。

《奉和匡亚明师三首》:

钟山春色来天地,玄武湖光一望遥。我到金陵犹得见,桃花万树漾红潮。

喜看苍松犹挺立(指明师),经冬不畏雪霜摧。更闻处处歌声起,传送长征捷报来。

樱花遍地迎春放,此日扶桑画意深。我欲因之游旧地,曼殊居处吊诗僧。

《次韵和郭老〈娇桃〉》云:

玄都观里梦重温,娇艳浑疑倩女魂。锦浪千重生夹岸,红霞万朵耀前村。夕阳不惜花间照,夜宴何妨林下论。我到金陵春正好,桃园直似武陵源。

《次韵和易老中秋见怀之作》云:

翘首东南望好风,何时走马竟全功。佳音自合传千里,大法闻将及四狁(华主席答西欧记者问,谓"四人帮"将依法处理)。拨乱果能偿素愿,登高自可遂初衷。还期来岁中秋夜,欢聚工农精舍中。

鹭门一别忽经年,皓魄婵娟挂在天。独酌遥知佳兴发,长吟欲共彩光圆。金风拂处秋将老,玉雁过时岁又迁。闻道龙图抵榕市(中央调查团到福州落实政策),伫看词侣好音传。

《次韵和易老〈接读旧案改正结论〉志感》云:

泽畔行吟满径蒿,由来屈子是诗豪。千寻岩顶三株树,万古云霄一羽毛(杜句)。双鬓已华徒感慨,一心许国益坚牢。遥知优诏从天降,冤狱毋庸置讼劳。

佳节中秋转瞬过,传来鸿雁好音多。华章已报消前虑,良药果能起宿疴。昔日艰难终幻灭,暮年幸福莫蹉跎。何时重作联吟会,古刹殿前一放歌。

《己未重阳》云:

沦落天涯二十霜,闲情今始度重阳。持螯把酒邀新雨,扶杖登台望故乡。雁叫西风声惨烈,马嘶落日气悠扬。升平盛世欣重睹,朋辈何时首一昂。

《参观菊花展览会》云:

却疑因梦入花宫,五彩缤纷耀眼中。秋色满园看不厌,一钩凉月下疏桐。

梅兰桃李各争春,一到金秋俱委尘。惟有东篱黄紫锦,迎风摇摆笑频频。

乌鲁木齐雪满天(报载该地早已下雪),金陵风暖菊鲜妍。温寒两地悬殊甚,近水楼台得月先。

去年词侣咏黄花,佳什连篇灿若霞。何日鹭门重聚首,也须赏到月光斜。

《奉陪陈朝璧、何永龄二老重游莫愁湖》云:

鸢飞鱼跃莫愁湖,结伴重来景象殊。浩浩烟波开眼界,亭亭雕像见形模。胜棋楼上观遗事,烈士碑前仰典谟。多谢鹭门老夫子,小餐厅上赏香厨。

《二月六日,南大经济系全体教师动手包饺子,为我举行欢送会,会上有作,留别南大经济系全体教师》云:

经年相聚大江浔,一曲骊歌别恨深。还盼邮筒常往返,科研报我以佳音。

《将返厦大，拜别匡校长亚明师》云：

春风坐我忽经年，拜别登程一惘然。鹭岛几番延故客，金陵无计献新篇。诲言尚乞随时锡，伟绩行看到处传。夺取长征新胜利，诸惟康健寿绵绵。

张兆荣教授遗诗(三)

张兆荣教授亦擅七古长诗，佳者如《大桥歌留别南大诸同事》云：

昨夜梅花开满枝，相将接伴郊游宜。金陵诸友邀我同上长江大桥一游之。是日天气好，满天皆晴昊，自合驱车直上桥头堡。大桥总长七八里，宏伟壮观无伦比。人在桥上行，浩浩长江踏脚底。桥上行人多，下层火车过，江上轮船如穿梭。更有小艇泛碧波，风光如画直堪歌。长江气势雄，历朝往事思无穷。千古风流人物，尽付逝水东流中。人生去住不由衷，此别何时更重逢？桥下两旁有林园，亭台错落花木繁，归期已迫心绪萦。安得重来游此地，尽洗胸中无限烦。

《将返厦门过沪喜与侄女阿怀一家团聚赋排律二十韵》云：

金陵春梦客中过，企首南天思念多。团聚于今酬夙愿，诺言自合奉金科。欲将积愫倾谈尽，争奈归期迫促何。前途一瞥肩难息，旧地重游鬓已皤。霞飞路上寻遗迹，黄浦江头坐绿莎。漫从书肆搜新籍，却趁电车渡大河。胡琴独奏声何巧，美酒频斟面已酡。途中往事闲评议，梦里新诗自琢磨。新词相寄休嫌避，外语常攻莫厌苛。沪上三朝劳照拂，闽南千里待奔波。海峤风光萦梦寐，街头楼宇郁嵯峨。路上行人如集蚁，江中船只似穿梭。兰草阿桥语绘画，古诗小路解吟哦。咏絮才华输道韫，加餐本领愧廉颇。顾我飘零如泛梗，怨它道路似登坡。客舍无端离北陆，生涯何似在南柯。长闲犹未归三径,垂老浑如染百疴。大海大洋空想象,青山青史两蹉跎。即逢至戚心虽喜,却话尊亲泪欲沱。明日茫茫隔山岳,不堪重听渭城歌。

张兆荣教授早年留学日本早稻田大学攻读经济学,乃先父启人公抗战期间在西安时之挚友。中华人民共和国成立后,先父去台,鲸波阻梦,遂断知闻。拨乱反正后,张教授在厦门大学恢复教职,更加努力为科研和教育事业竭尽才智,最后竟以心脏病发作,猝死于书案之前。诗词是张教授的余事,今敬录其遗作,庶免与草木同朽也。

林憾《鼓浪屿竹枝词》

鲁迅先生所编《语丝》刊有林憾的《鼓浪屿竹枝词》十首,诗云:

南词北曲旧声多,到处笙歌奏又和。料得古歌君听惯,为君翻唱竹枝歌。

日光岩上水操台,尽有雄风扑面来。一自台湾割让后,采茶歌调带余哀。

田尾游人暑季多,天风海浪正相和。却羡年青佳士女,双双携手踏沙坡。

美景风光浓渡湾,竹篱茅舍小田村。可惜洋楼零乱起,不然应似武陵源。

海风吹浪拍沙坡,临浴西娃披绿罗。为怕浪花飞湿发,橡皮小帽绾双螺。

夏月清光碎碧波,中流鼓棹兴何如。为有清风能解愠,枕波席浪和弦歌。

刺桐茂叶自浓阴,争似郎情荫妾心。但愿经秋桐叶落,郎情还似海般深。

汽笛呜呜番舶开,鹭江潮汐水萦回。潮水有情去复返,小郎番去不回来。

皎皎水轮离虎头,鹭江潮水向西流。暗想玉人何处所,浩歌一曲思悠悠。

更深夜静月明时,江畔何人唱竹枝。迁客离人肠欲断,半缘调苦半乡思。

公共租界时期,鼓浪屿人泰半华侨侨眷,于此可知。林憾,原名林和清,林语堂之三胞兄。此十首竹枝词后辑入其《影儿集》,1929年北新书局出版。

《日光岩歌》

辛卯(2011)春应媒体邀约,为市民鉴定家藏古玩。获见一幅行草《日光岩歌》,下款云:"录旧作呈仲凯馆长大雅双正,辛巳荔夏,自明弟徐昭于素履斋。"今从网络得知,徐昭(1917—2005),字自明,福建闽侯人,福建文史研究馆馆员,闽侯凤山诗社社长,著有《秋光集》。辛巳,1941年也。诗云:

黄花未放放黄槐,思明人望思明来。舟车辐辏南州最,楼台遮眼怅尘埃。尘埃趣我觅净土,鼓浪屿头指烟雾。落涨泥留到岸鞋,入衢洁胜新过雨。览胜无如先登高,登高怀古心所主。只因胸臆多茅塞,不易知今略知古。日光岩近光皑皑,映得白头不断抬。人烟繁后没山脚,东回西转困墙隈。歧路不愁认石磴,游人争踏不生苔。入胜惊余天一线,劈岩不合合生灾。更有覆石大过岫,行人每悚入鲸腮。一岩摩天削为二,如仲随肩伯领魁。凿级旋螺从仲上,铁栏天险挟迂回。股慄天风背浃汗,外寒内热一时骇。老朽何尝甘落后?免遭造极先颜开。向往半生千里客,今朝一拜升旗台。升旗台上雁嗷嗷,升旗台下水滔滔,想见见危受命忧心忉,中原似望疮痍满,不禁热泪湿征袍。忠孝伯,大英豪。岂容戎敌肆贪饕!内忧外患事如毛,图强不寐夜焚膏。设馆储贤肃官曹,中权后劲精练操。七十二镇仰旌旄,海天千里接舻艚。舟涉扬子挫狂涛,大明数尽痛徒劳。数尽宁穷大将韬,秀才意匠薄弓刀。红夷大炮震城壕,台澎一鼓荷兰逃。郑成功,朱成功,望承国姓岂常崇!君不见明清两代去匆匆,惟公海疆伟绩独共中华日月无穷。胡为乎有父偏遗憾,不死仙霞作贼终。

徐昭作此诗时年方廿四,行草书法却比诗更有可观。徐昭晚年犹常作诗,其《甲子(1984)二月念二有长乐龙泉寺住持之招,念一夜不寐作》七律云:

日佣刀笔废春游,逸兴蠢蠢控莫由。堆案图书纷不理,满庭苗檗苗争抽。花朝无赖惟谋醉,兰若相招好散愁。檐溜休为前路泥,吴航明日发轻辀。

两宗叔

1924 年,华侨黄仲训辟地鼓浪屿建码头,名黄家渡。老岛民或皆知之,但不知依码头谋生者,多为敝宗亲也。彼时黄家渡一带尽蓬屋草寮。髫龄我曾随先祖父到建于此地之"先祖宫"祭祖,记得庙里四壁悬挂有笙、琶、檀板等南管乐器,平时乃族亲工余娱乐之场所,遇有"郎君生日"等良辰佳节,则为龙头街一角颇热闹之庙会也。

我小时候有两位宗叔,一名定法叔,一名寸金叔。定法叔住近"先祖宫",在码头司账务。因粗通之无,为人淳朴,故先祖父善待之。20 世纪 60 年代末,宗叔由搬运公司退休,寓龙头街陋巷,一介老编民也。某日招我小酌,酒半,忽自吟哦七绝二首云:

二十余年补一字,完成题画岁寒诗。于今回念寒之友,泉下经陈知不知?

破碎山河容再造,凋零师友记同游。中山陵树年年老,扫墓于郎已白头。

不意吟到"中山陵树"两句,竟悲从心来。盖我宗叔于近世人物最崇拜孙中山先生,日前从旧报纸上读到这两首诗,遂能背诵,但不知"经陈"两字何解?我告以此乃于右任之诗作。1928 年何香凝、陈树人和经亨颐三人合作《岁寒三友图》,请于右任题诗其上。三十年后于公在台湾重睹旧物,时陈、经二友已谢世,何则梦阻鲸波,不禁怆然而作此。宗叔闻之,唏嘘不已。

寸金叔,泥水匠也,居升旗山与美国医生夏礼文(C. H. Holleman)旧居为邻。宗叔识字不多，但唐诗绝句能背十数首。尝见他扛着梯子替人在屋顶堵漏，口中犹喃喃念着"清明时节雨纷纷"。他不信仙佛，平生只崇拜张襄惠，擅长布道的夏医生还在鼓浪屿时，都拿他没办法。张氏名张岳，死后谥"襄惠"，吾乡明代名宦也，其刚正不阿、光明磊落的故事估计是宗叔从"讲古脚"听来的。今两人皆作古几十年，但此情此景，长留我心。

噫！鼓浪屿之美不尽在山光海色，更在那些充满"六朝烟水气"的寻常人家。

《觉庐译诗遗稿》

《觉庐译诗遗稿》，邵庆元先生（1895—1950）译诗之遗作也。先生字觉庐，同安籍，近代鼓浪屿之文教名家也。早年毕业于厦门大学，后为林文庆校长之秘书，兼中文系讲师。1931年任鼓岛毓德女中首任华人校长。庄克昌先生曾称赞其"译外国诗歌则极为精切准确，神韵悠然"。庆元先生捐馆后，壬辰（2012）春，其令爱蕙卿在菲岛编其遗稿五十余首，裒为一册，乞蓝田为题耑。蓝田者，庄克昌先生之笔名也。前既举其《往日》（"Auld Lang Syne"），今又从作家李秋沅处得获读遗稿若干首。

《繁星》云：

槛外参横斗转，熠烨长空漫漫。金光莫入朱栏，伊人好梦未阑，伊人好梦未阑。天际一轮皓月，照见悬崖清绝。且请稍敛光明，伊人好梦未醒，伊人好梦未醒。透帘飒飒西风，幽香似带忍冬。为请敛将风翼，好令伊人将息，好令伊人将息。斜月一帘幽梦，为语伊人珍重。情人时刻依依，不曾稍离罗帏，不曾稍离罗帏。

此歌词译于1938年2月4日，译自伍德伯里（I. B. Woodbury）所作歌曲"Stars of the Summer Night"，收录于《英文经典歌曲101首》（*101 Best Songs*）的第55首。

《黄昏》云：

黄昏静也,庭院无声,正轻烟淡霭初凝。暝色凄清,嘿然欲下,冉冉犹曳朦胧影。万恨千愁,心头交并,伴西风瑟瑟泠泠。知君此际,可犹望我,向萋萋衰草遥汀? 为卿为我,为我为卿,倒还是分飞干净。黄昏静也,漫恁凝凭,为我立尽阑干冷。抛撇了你。周全了卿,且漫责阿侬薄幸。吾心已碎,好梦难成,你道我今生怎生? 为卿为我,为我为卿,倒还是分飞干净。为卿为我,为我为卿,倒还是分飞干净。

此为1927年译。

《盈盈凌波去》云:

　　盈盈凌波去,南楼月般勤低转。晓色上远山,乍恨春宵短。认得莹莹晕眼,蕴万般相思无限。恁是星眸倦启,别恨分明见。尼达! 瓦尼达! 问君心可许离别? 尼达! 瓦尼达! 还是同心结? 别后君梦里,依旧是玉川明月。待晨光淡荡,又灵魂空结。问君解否相思,为离人婉转呜咽。一瓣心香相许,替征人祷切。尼达! 瓦尼达! 可容我流连君侧。尼达! 瓦尼达! 今夕复何夕?

此译自"Juanita"。

据庄克昌先生《感旧录》载,邵先生遗稿尚有《陇头云》("Aiohe Oe")、《老黑枣》("Old Black Joe")等,不日当再向秋沉索观。

韩国磐工诗

　　厦门大学韩国磐教授乃海内著名之隋唐史学家,住鼓浪屿,谦谦然君子,人罕知其能诗也。韩先生,江苏如皋人,抗战时辗转负笈至长汀国立厦门大学求学。晚年,黄天柱等弟子为编诗文钞,辑录其1949年前后的诗词和散文都共百数篇。韩先生是学者,一生业余作诗,却不以诗人自况。他的诗朴实有深情,诵之令人瓠犀生香。其《无限诗思忆长汀》(《厦大校友通讯》1988年第7期)一文回忆昔年读书时,在长汀参加由中文系主任余謇、李笠创办的龙山诗社:

龙山山顶的北极阁,城外的通济岩、朝斗岩、双峰亭、梅林等处,都成为诗社的集会处,当时参加者有叶国庆、施蛰存、虞愚、郑朝宗、戴锡璋、王咏祥等老师,有欧阳怀岳、马祖熙、丘述尧等同学。自己也是经常参加者之一,趁此向老师和同学们请益。

四十年后的戊辰(1988)仲春,他有诗回忆往事,诗云:

北山暮鼓与晨钟,催得山城春意浓。柳径桃蹊今在否,霞飞莺燕记前踪。
戎马关山志未穷,骚人雅集咏长风。双峰秋色梅林月,犹有诗情到梦中。

1988年厦门市博物馆假鼓浪屿八卦楼开馆,其后我承乏馆务,陪韩先生来馆参观,他即席赋诗一首云:

览古观今八卦楼,楼中文物即春秋。残篇折戟皆瑰宝,应有知音络绎游。

2000年,有关单位将我之前所发表的闽南文化小文章辑为《厦门史事杂俎》,韩国磐教授乐为序言,曰:

厦门位于闽南海滨,系我国东南名胜之地,青山碧海,白云蓝天,此乃晴日之丽景;若夫大风骤起,乱云交驰,波涛山立,雨下如注,此又阴雨之奇观。丙仲何君《厦门史事杂俎》于此二者皆不书,而尽写厦门人事沧桑之迹,起于唐,迄于今,大至于帝王将相,小至于陋巷庶民,凡有可书者,靡不笔之,真厦门之信史也。夫厦门阴晴显晦之景,人多身历之,鲜不知者;而盛衰兴废之史迹,则不知者众矣;摒而不书,即湮没无闻,何以启迪教育后人、鉴往知来哉?!则斯编之作,功用至大,故书数言为序。公元二千年仲秋,韩国磐志。

后成书之事未葳,兹将前辈之宠赐敬置于此,以志微衷。

《虚白楼诗》补遗

余丁酉(2017)秋为北山虞愚教授重刊其《虚白楼诗》,又为其补辑遗诗计三百八十余首,编入同文书库,交由厦门大学出版社出版。虞先生诗成,每随手抄送朋友而不留底稿,故朋辈间多有保存。余友谭南周兄藏其《参加评选厦门市花市树市鸟有感》七绝云:

一行鹭起翩翩舞,三角梅开处处春。佳木凤凰红似火,评来诗什各清新。

又《黄松鹤先生逝世周年》七律云:

霎时竟与世长辞,忍对寒灯读寄诗。微觉死生成短梦,剧怜江海有孤嫠。南旋执手犹相问,北上谈心不可期。惟有枫青无限思,如钩月色助凄悲。

时虞先生病笃,是夏旋归道山。

泉州收藏家洪清培先生酷爱北山作品,戊戌(2018)冬出示所藏虞先生诗作散叶,《恭谒毛主席纪念堂》云:

开天伟业信非常,遗爱人间有此堂。仰望移时垂涕泪,缅怀万古发光芒。道恢马列宏吾党,气迈洪(秀全)孙(中山)辟大荒。选集新赓长绍述,东方何限是朝阳。

《七月廿八日地震》:

沙飞泉涌群山动,风起澜翻暴雨来。床替浮槎摧骇浪,地掣制电响惊雷。所期亲旧恬无恙,行见军民儋此灾。班志机祥原诞语,胜天坚念漫疑猜。

附赵朴初《一九七六年七月二十八日地震次韵和虞北山》云：

大波掀涌声光激，陡向华胥撼梦来。地发杀机恣吼爆，物为刍狗听风雷。余生幸未循墙走（寓庐墙塌二处），众力知能息劫灾。多难兴邦吾益信，窥垣熊虎漫轻猜。（释典所云地六种震动，为动、涌、震、击、吼、爆，吼则发声，爆则发光，今皆见之。）

《南侨中学建校三十五周年写此敬祝》云：

汤汤晋水念乡贤，四化宜推教化先。三十五年弦诵里，南侨盛誉振难南天。

《李耕先生诞生一百周年写此寄慕（甲子冬）》云：

声名喧海外，遗作满华东。绢素光芒聚，关河寤寐通。墨痕题尚湿，人物叹为工。奕奕垂精气，于时振画风。

《柬友芝画家》云：

闲研朱墨写梅花，冷艳还宜正色夸。漫向孤山比标格，红专倪许作根芽。

《留题玛瑙园酒家》云：

昌诗讲学且淹留，万顷惊涛壮酒楼。食谱而今合开拓，别寻俊味到蜗牛。

《泉州市盆景艺术展览写此博教》云：

玉立孤峰入眼新，袖中东海有千珍。云根剪刻多奇气，我亦携诗为写真。

虞愚先生有《古刺桐城新咏》组诗,余零星辑录在《虚白楼诗》者有《泉州开元寺》《留题泉州清净寺》《清源山礼弘一法师舍利塔》《留题泉州圣墓》《访李贽故居》《过韩偓墓道》《白沙战场》《展郑成功墓》八首,今见洪君所藏者尚有六首,《泉州湾宋代海船并序》云:

一九七三年,庄为玑教授在厦门大学历史系考古组开门办学中,抵泉州后渚港发现宋末海船一艘。一九七四年六月九日开始,在福建省晋江地区革委会、地区文管会张立书记领导下,偕同省博物馆、厦大历史系、泉州海外交通史博物馆等单位考古工作人员进行发掘,至八月下旬毕其工,厥功伟矣。船中藏有香料木药物、木牌(签)、铜钱、陶瓷器、竹木藤器、铜铁器、文化用品多种,足证此船曾抵亚非等国。

宋季犹存万斛舟,沉江铁锁仗谁收?亚非文物堪追证,航史东方占上头。

《九日山》云:

联袂跻攀九日山,山前久废水潺潺。回环石穴寻残刻,飞鸟闲花相与还。

《老君岩》云:

长耳虬髯石可攀,巍然石像镇空山。凿成一片混茫气,时吐光芒夜斗间。

《洛阳桥》云:

洛阳桥下水交流,劳者之功孰与俦?垒址于渊基始奠,君谟一记炳千秋。

《安平桥》云:

满抱豪情欲付谁?桥长五里立多时。水头遥望重重绿,如此风光合有诗。

《海上视师石刻并序》云：

> 石井海壖巨石有"海上视师"四大字。"视师"两字为海水冲荡无存。余新河以郑成功此古迹与解放台湾有关，觅影片原拓本放大，出赀请石工凿成，石刻顿复旧观。
>
> 淬砺收台要此碑，多君完补最堪思。视师两字干霄斗，隅负宜张挞伐时。

《读林英仪〈风涛集〉次韵以报》：

> 廿年北客返闽南，画卷诗篇恣一探。但愿身心奉尘刹，何求骨相似天男。乱余未改平生志，别后能为数日谈。忘却归来劳倦意，相看鬓发各鬖鬖。

虞先生作诗常改动，如《虚白楼诗》中之《弘一法师百年祭壶翁有作余亦继和》一首，手稿之赠"朴初词长两正"的第五句作"东海学归曾作曲"，另一幅手稿则题为"甲午秋留题弘一大师舍利塔"，后四句却为"东海学归偏托钵，南山律废赖传音。际天石塔巍峨在，依约昙光远照临"。

《在水中央》

黄猷先生（1925—2015）自福建省社科院离休归厦门后，我忝为世交，时闻謦欬，每有学术疑难问题请益，辄获解惑，且蒙垂青，目为忘年知己。黄先生博学强记，阅历丰富，然始终坚持"述而不作"之古训。2009年6月，作咏怀郑成功史事之四言古诗《在水中央》示我，诗凡102句，摛辞渊雅而情有所托，殊为难得。诗云：

> 湛湛江水，淡淡晨光。大王披衣，起望南东。白云苍狗，回顾茫茫。鱼龙寂寞，在水中央。我来招魂，回首踌躇。金厦相属，郑氏之墟。今则睽离，魂返焉居。台澎燕翼，有十八芝。十年生聚，乃复先基。岂为帝业，

辟地攘夷。以海为田,生民之资。我疆我御,今又何如!嗟我七闽,古越之余。暨晋及唐,河洛来据。梯山履海,以田以渔。出入波涛,往来波斯。沉香苏木,大龟明珠。豪强积聚,客作铢锱。宋明末运,保此一隅。铁骑南来。我将为鱼。环视南溟,群盗汹汹。艨艟夹板,火炮长铳。覆人之社,灭人之宗。掳人之子,充彼奴工。南岛已尽,横海而东。美丽大员,为腥膻场。陆海五商,气沮不扬。局促闽粤,遂厄资粮。王赫斯怒,直撄其锋。赤嵌既降,寓兵于农。设官分治,抚辑流亡。平埔以辟,教化以张。南有沙巴,苏禄早通。漳人托足,万众熙攘。化人侵踞,祸福无常。王于兴师,继绝安良。胡天不吊,实命不遑。凶陷相乘,祸起萧墙。三世而斩,天地玄黄。维东有祠,庙貌星霜。维西有茔,累世一丛。驻马泉山,空拳莫张。忽闻鼓乐,锵锵咚咚。优孟擅场,跻跻跄跄。三献祝颂,俎豆馨香。王心滋戚,不歆蒸常。风日虽好,世事不常。会当骑鲸,出没重洋。鹿耳门外,再启雄风。三千宾客,谁人我从?王且待时,在水中央。

蔡启瑞院士悼念陈泗传诗

1977年6月厦门大学蔡启瑞院士作《悼陈泗传》七律一首云:

知君不起来相诀,忆到旧情泪欲垂。映雪楼中成抵榻,囊萤窗下感同帷。汀城岁暮防疯犬,鲤郭暑深议四非。建设有期方共喜,无缘再叙竟长违。

附载《陈仲瑾先生遗诗》之后,陈泗东记云:

先兄泗传(1914—1977)为先父仲瑾先生长子,毕业于厦门大学化学系,与卢嘉锡、蔡启瑞诸同学挚交。抗战初在厦门大学任中英庚款国内研究助理,为适应抗战需要,试验土法制造硫酸,致毒气伤肺,罹肺病。缠绵床第近四十年。一九五八年曾扶病任泉州化工厂顾问,为社会主义建设服务,旋以病体不支辞职。先兄能诗,高中毕业后,有"万千风纸写相思,莫道千言有尽期。且向千言万语外,千言万语语边知"之句。又通英、德、俄、日四国文字，科学知识渊博，以多病未能用于世，知者惜焉。今其子笃信任教南京工学院，奉派往英国（按：应为美国）Syracuse 大学进修，其婿蔡俊修（蔡启瑞先生长子）任教厦门大学，将赴西德进修，可慰先生之志。爰录蔡启瑞先生悼先兄一律于先父诗后，聊志鸿爪。

日前央视播放泉州西街走出三位大学校长，一为我母校复旦大学校长谢希德，一厦门大学校长林祖庚，一则东南大学校长陈笃信。陈仲瑾先生有女陈碧玉，厦门二中校长，我之恩师也，2010 年荣获"厦门市十大杰出时代女性"之一的称号，时年 90 岁，今将百岁高龄矣。

邵建寅学长的《金禧怀旧》

顷读《厦门大学 1947 级毕业五十周年纪念册》，有歌曲《金禧怀旧》，作词者乃机电系校友邵建寅先生。词三段：

（一）物换星移，五十年间，长忆芸窗前缘。宫墙依旧，夕阳西山，师友深情惓惓。（二）北山嵯峨，汀水潺湲，梅林十里香传。载驰载驱，容与流连，萋萋芳草天边。（三）苍茫鹭海，壮阔波澜，美景萦梦牵。五老峰下，演武亭前，重谱红豆诗篇。

每段又均以副歌"流光似水，往事如烟，不堪回首当年。剪烛叙旧，引杯尽欢，寄望绚烂明天"为和，读之悱恻蕴著，颇有其尊人邵觉庐前辈之风韵。

《绿痕庐联语》（一）

岁甲申（2004）孟冬稚华先师百岁诞辰，王翼奇同学由杭州寄来献辞云：

大笔独淋漓，每忆音容增孺慕；

瓣香长供奉,难忘桃李在公门。

翼奇同学和我都是稚华先师门下弟子,五十余年前我们同年高中毕业,翼奇有幸考取北京大学中文系,而今已饮誉海内诗坛。朱家麒同学寄示其近作《绿痕庐联语》,多有佳作。

《施蛰存先生百岁华诞贺联》云:

先生以讲席为炉锤,得英贤而教育,挥麈从容,百载树人多硕果;
大老乃文坛之瑰宝,历闲寂与昭苏,操瓢自若,四窗论学尽菁华。

《赠韩国画家闵庚灿及苍梅画会》云:

湖山怀旧雨,正重九日来,笑簪黄菊;
书画喜同风,看三千里外,怒放苍梅。

《题雷峰塔》云:

湖天涌七层佛国浮屠,杰阁上摩天,允宜鉴古观今,击节吟百杵疏钟,千年夕照;
吴越留两浙人文胜迹,鸿猷逢入世,正好凭高眺远,披襟揽一轮海日,万丈江涛。

《题杭州鼓楼》云:

十四州长剑霜寒,吴越雄风曾镇海;
廿一纪洪钟雷动,湖山淑气此登楼。

《题上天竺法喜讲寺》云:

是何年初开讲寺?雨曼陀罗华,觉诸有情,从古东南多佛国;
于兹山允号上方,向阿兰若处,观大自在,原来咫尺即西天。

《题万松书院仰圣门联》云：

> 松岭仰弥高，万仞宫墙，居仁由义；
> 杏坛瞻在迩，一堂弦诵，托雅扬风。

《题高丽寺遗址东坡亭》云：

> 雨奇晴好形容，自杭迁颍惠二州，到处追随有西子；
> 海阔天高襟抱，由宋溯隋唐五代，几人旷达似东坡？

《绿痕庐联语》（二）

《绿痕庐联语》美不胜收，其《题萧山南江公园寻桂听鹂馆》云：

> 何以遣闲情？春听黄鹂，秋寻丹桂；
> 不妨谈逸事，诗成吟月，笔梦生花。

《题杭州黄龙洞月下老人祠》云：

> 梦雨仙云，白石三生圆凤愿；
> 情天月地，红绳千里证良缘。

《题浦江仙华山昭灵宫》云：

> 昭质如冰，翠羽明珰俨若；
> 灵风尽日，兰香荃绿来些！

《题刘庄水竹居》云：

> 水抱山回，一角湖天留别业；

竹边花下，百年桑海话斯人。

《题中国书法公园浙江馆》云：

高文出东晋，记当时曲水流觞，遂教华夏千年，长传禊帖；
胜景辟西江，问此地茂林修竹，若到暮春三月，可似兰亭？

《题超山吴昌硕纪念馆》云：

继龙泓悲庵而作，印社长西泠，是先生宏开浙派；
与唐柯宋萼为邻，梅园瞻北斗，俾后学永挹清芬。

《题金庸茶馆》云：

此处幽居，高致乐山人益寿；
谁家仙馆，明轩临水碧环湖。

《为浙江省楹联研究会第三届年会在天目山禅源寺召开》云：

对偶以六代骈文为盛，至唐宋体精，明清思妙，千载赏奇葩，踵事增华期我辈；
联家从八方橐笔而来，正名山耀月，大树拏云，一堂研绝学，扬风扢雅看今朝。

《题西泠印社甲申春季雅集》云：

长忆数峰商略，开西泠印学一代宗风，何止湖山归管领；
共邀四照登临，接东晋诗书千年叙雅，更将文藻续春秋。

翼奇同学今为中国楹联学会常务理事，所撰之联多为名家书之，镌刻悬挂，为湖山生色。

《绿痕庐诗词》

王翼奇同学之七律尤佳。《将离北大吟别褚水敖》云：

相逢北国意相投，大野长城豁远眸。一去褚欣谁下榻？几回王粲独登楼。订交浪许风华茂，废学羞言岁月稠。唯有香山秋色里，年年红叶忆同游。

《括苍山中夜读李贺诗》云：

千载灵均嗣向谁？中唐忽见此瑰奇。生来骨相非凡马，呕出心肝是可儿。世路蹉跎秋士老，诗魂寂寞美人迟。忆君亦有如铅泪，独下苍山夜半时。

《杭州马坡巷谒龚自珍故居》云：

来从箫剑想英仪，太息当年国士悲。六合残梅喑病马，一缄红泪湿青词。秋风淮浦南归日，夜雪黄河北上时。我亦飘萍文字海，四厢花影欲催诗。

《谒陈散原先生墓》云：

同光诗垒昔摩云，今日春芜属此坟。浮世几人倾大雅，生刍一束吊斯文。遥怜绝学无余子(谓寅恪先生)，永侍空山剩长君(旁为衡恪先生墓)。三燕馨香来再拜，不知心事向谁论。

其七绝清妙可诵，《读郁达夫诗抄(1981年)》云：

河岳英灵一卷诗，樊川风调剑南思。悲歌痛哭音容在，大节无惭弱者师。

　　丽句清辞气似兰,弟兄两席占骚坛。江山方幸机云出,死国何期哭二难。

　　纵有三分癖未忘,率真襟抱恐无双。集中十七忧时泪,至竟从容作国殇。

　　登楼王粲感离群,草檄陈琳对夕曛。路比前贤宽几许,远游都胜屈灵均。

　　重读文山正气歌,投荒万里事如何?东南一柱扶风雅,报国频挥退日戈。

　　悲歌易水去萧萧,此集人间已不祧。丹戍革岱凭高望,遥向英魂奠一瓢。

《读己亥杂诗1989年》云:

　　雄文未付蜡丸封,战垒萧萧虎帐空。横海故人翻出塞,落红心事与君同。

　　邪许声中泪满襟,报恩深疚此时心。千艘远去沉沉夜,山泽何当起大音。

　　剑气箫心未易消,桂花风外等秋潮。家山合受无双誉,国士归来慰寂寥。

　　北驾南舣几送迎,美人英绝意纵横。先生出处思量后,帘卷黄河满别情。

　　青词不属古时丹,应作骚魂一例看。凛凛风雷廿八字,霜毫那不倚天寒。

《六桥春行》云:

　　六桥如画合来频,湖树湖云岁岁新。却笑春风太怀旧,桃花红似去年人。

其诗余亦有宋人趣味,惜不多作。《水调歌头(杭州喜晤蔡厚示先生)》云:

客里聆珠玉,儿时识姓名。怅触天南诗梦,漠漠海云横。今夜轻车松径,为报钱塘苏小,词客到西泠。欲赋《高轩过》,华发奈星星。　　鹭江雨,燕山雪,共先生。神交岂但倾盖,相见若为情。草草杯盘湖上,且向名园赋菊,长句更题楹。我岂眉能白,公莫眼加青。

《绿痕庐诗话》

翼奇同学积数十年诗词学习和创作的实践,著《绿痕庐诗话》与《绿痕庐吟稿》合集,编入"霜叶楼丛书",在浙江古籍出版社出版。诗话共 371 篇,尤以《严沧浪之言》为开篇,已先得我心。书中所举古代名篇、近贤佳什,皆有论有话,点评精当。其他如《四声平仄》《今音新韵》之属,实乃真知灼见,经验之谈。其关于故乡诗事,也有若干篇章。如《陈化成诗》(第 47 页)云:

民国四年三月十八日之《申报·自由谈》选载其(陈化成)诗,不仅五七言律不愧作手,且感事忧时,大声疾呼,振聋发聩。《呜咽》云:"呜咽不成调,英雄血泪多。功名狂拔剑,事业愧提戈。何计除中饱,还虞倒太阿。一声天欲裂,整顿旧山河。"三四联抨击时弊,呼唤改革,激昂慷慨,不让定庵。《药石》二章云:"少年壮志立戎行,战老无颜答圣王。拊髀已成千古恨,扪心初对一炉香。功名未了平生愿,药石难医举国狂。多少儿曹谁解脱?再来此地话沧桑。""血溅征袍志尚存,一场梦醒海云昏。蛮夷猾夏英雄泪,草木悲秋古将魂。何限哀猿翻旧恨,无情啼鸟诉奇冤。莫非斯世真聋哑,耳是不闻口不言。"满腔悲愤,洵是近代爱国诗之先声。

民初有假托前人之作而传世之风,时人不察,往往以讹传讹。陈化成不闻其能诗,鄙意其作,或亦此道也。

又如《虞先生诗》(第 32 页)缅怀了自己拜见虞愚先生的经过:

迨考取北京大学,方因林祖文先生、觉星法师之介,谒先生于宣武门外西砖胡同寓所,得接清芬。先生见示其早年所作。

《善见上人》(第81～82页)则回忆幼时所见厦门妙释寺善见法师的芬陀室,有弘一大师题匾,竺摩题诗。《黄诗孙诗》(第139页)有记云:

> 丙辰秋南归鹭门,芎江林岑兄见示其友黄诗孙二十八岁生日感怀一律,风调绝似黄仲则,置《两当轩集》中几可乱真。诗云:"哀乐匆匆廿八秋,当时画舸去悠悠。弥天愿已成孤愤,怀古诗曾动客愁。浊酒力辞中夜醉,洁身还为稻粱谋,天涯烽燧诸兄隔,差喜飞鸿一解忧。"

其实此诗乃1974年我《二十八岁初度》的未定稿,庆生当日接到我的四位兄长适自美国来信,故有末后两句也。同安林岑兄虽然误以为我友诗孙黄兆斌之作,但拙句能谬承翼奇同学如此高评,幸甚!幸甚!

《二十世纪中华词选》所录厦门词人佳作

刘梦芙先生所编《二十世纪中华词选》卷九录虞愚先生词三首,《天香·西藏香》云:

> 麝尘飘雾,丝烟曳雨,奇香乍爇山馆。翠幕分温,褭空无尽,独有一生欢欠。人间别久,空冷落,骚魂一线。只恐游丝不定,还愁夜风吹断。
> 几回梵香寄远,拨残灰,寸心先乱。更恨郁金消尽,密严池苑。芳思年来顿减。便海迥宵寒有谁管?寂寞南楼,青衫泪满。

《高阳台·君垣词长读香江宋城巡礼记感赋属和,因拈此解》云:

> 画鼓铜街,灵钟贝阙,芳春燕语连翩。笠屐登高,海天旷览无边。上河旧迹随流水,幻层城,金碧依然。似曾传。元老东都,录梦华年。
> 千秋漫忆清明节,便樊楼置酒,汴岸牵船。翠幄成围,桥头月色婵娟。曲阑小苑经行处,感苍茫,过眼云烟。寄缠绵。有客沉吟,沧海桑田。

《齐天乐·王又真将适新加坡,赋此志别》云:

苍茫家国无穷泪,新霜鬓毛如许。乍定吟魂,又说飞篷南渡。江湖倦旅。记朋饮山楼,坠欢如雾。奄忽风波,水滨凝伫舣舟处。　无情江树一碧,只新词几阕,消得残暑。月色苍凉,山云黯淡,相对浑忘迟暮。骚心最苦。似为我羁留,细商音吕。后会何时,更烦君试数。

卷十四录王翼奇兄词五首,《如梦令丙辰清明闻都中事,自杭至婺,有欢呼之游行,逢梦卉夜话》云:

偬偬东华风雨,啼血鹃声正苦。何事忽喧阗,震耳六街锣鼓。无语,无语。后笑料应凝伫。

《水龙吟丙子初秋自广州至香港,车中缅想林少穆、龚定庵二公恨事,慨然久之。丁丑仲夏赋此,时香港回归在即矣》:

望中虎垒鹏湾,当时都是伤心地。故人横海,将军空拜,阴符难寄。呜咽秦淮,石头雄踞,翻成和议。痛空前变局,百年遗恨,魂不远,应挥涕。
休说珠崖终弃。尽西风,人民犹是。气寒西北,神州长剑,倚天万里。七月归航,白豚跋浪,紫荆舒蕊。蘸霜毫急就。青词焚祝,令先生喜。

《清平乐·赋闲》云:

江南许大,是处闲来坐。兴到无端去则那。痛哭高歌都可。　湖楼几日盘桓,清宵一枕沉酣。梦与渔樵闲话,醒来云水微寒。

《减兰·西溪访旧》云:

秋芦飞雪,绝胜溪山风景别。雨笠烟蓑,最忆江南水调歌。　梦寻何许,犹有昔年秋韵否?金色池塘,如绮余霞伴夕阳。

《定风波·赠龚鹏程兄》云:

望断台澎卅载中,蓬山消息石榴红。一水盈盈人不见,翻羡,峡云无迹任西东。　　忽有清言惊四座,如堕,一九凉月满襟风。且缓沧波东去棹,一吊,君家箫剑定庵公。

书中尚有厦门作者作品入选,如第九卷有黄松鹤先生《扬州慢》一首,第十四卷有张宗洽先生《满江红·缅怀民族英雄郑成功》一首,同卷有黄拔荆先生《暗香·秋夜闻笛》三首和蔡厚示先生二首。

蔡厚示咏鼓浪屿词

蔡厚示先生有《清平乐》咏鼓浪屿词,1948年3月之旧作也。词云:

> 碧峰如染,渺渺波光远。几处渔歌依柳岸,四十四桥春满。　　崇楼杰阁纷纭,千红万紫腾芬。偏忆水操台畔,将军大树常新。

蔡先生,江西南昌人,字佛生,厦门大学中文系教授也,后奉调福建省社会科学院任研究员。此旧作入选《二十世纪中华词选》,足见刘梦芙先生几无遗珠之憾。

刘梦芙赠诗

咏馨楼主冯永军撰《当代诗坛点将录》(华东师大出版社,2011年),以陈衍为托塔天王晁盖,钱仲联为天魁星呼保义宋江,陈寅恪为天罡星玉麒麟卢俊义,夏承焘为地英星天目将彭玘,柳亚子为地妖星摸着天杜迁,吴宓为地杰星丑郡马宣赞,而以刘梦芙为天败星活阎罗阮小七。其评刘梦芙有言:

> 刘蓉卿(按:梦芙字蓉卿)七律最工。且好为连章之体,融唐入宋,是当代一大作手。啸云楼(按:梦芙斋名)古体诗喜作长篇,如上梦苕庵、饶选堂、读少陵诗诸作,大气磅礴、元气淋漓。刘蓉卿颇推重陈寅恪之"独立

之精神,自由之思想"之说,不为陈腐之论。当代人作诗,多嘲风弄月,周旋于个人之小圈子,虽贤者如陈兼与等亦不能免,啸云楼诗则颇多感世伤生者,然格老句炼,较诸梦苕翁同类之作,似尚有间焉。啸云楼主人颇注重近当代诗词文献之整理研究,所作如论梦苕庵诗、论选堂词、笺注《石语》、编选《百年词选》者,皆有功于当代,而《五四以来词坛点将录》步武前贤,上承钱仲联之《近百年诗坛点将录》,独具慧眼,品评精当,此诸事皆颇似当日之梦苕翁。(《当代诗坛点将录》第81页)

乙未(2015)秋,诗友翁丽萍陪梦芙先生光临寒斋,谈诗说词,受益良深。别后自合肥寄七律二首为赠,诗云:

> 清谈霏玉畅幽悰,闽海来游偶一逢。笔铸千秋慕司马,楼高百尺卧元龙。逍遥自得琴中趣,吟啸多思物外踪。摄取丰神存永念,夕阳花影正葱茏。

> 尘寰大隐问谁如,岂向侯门浪曳裾。万象碧收山海景,一灯红照古今书。道求先圣高风在,诗注遗民浩气舒。他日重来应煮酒,愿随庄叟乐观鱼。

时拙注明末遗民阮旻锡之《夕阳寮诗稿》方出版,梦芙先生一见倾心,遂引为知己。

刘梦芙先生,安徽岳西人,安徽省社科院文学研究所研究员。

《双红树图册》诗跋

先师《张晓寒画集》之"年谱"载,1968年3月,福建省工艺美术学校造反派到家中抓人,先师"避难住林生、林岑、何丙仲家。于何丙仲家作《风雨山居图》及《春、夏、秋、冬》四条屏"。此四屏画皆无款,"春"写宋陆放翁"山重水复疑无路,柳暗花明又一村"诗意,"夏"写唐骆宾王"西陆蝉声唱,南冠客思深"诗意,"秋"写唐李商隐"君问归期未有期,巴山夜雨涨秋池"诗意,"冬"写唐韩愈"云横秦岭家何在,雪拥蓝关马不前"诗意,晓寒先师都有寄托。先师除画上述五幅佳作外,又画凤凰木、木棉树共十二幅给我做范图。三十后之丁丑(1997)暮春,我始装裱成册,名曰《双红树图册》,乞朱鸣冈师题耑,张人希师题扉页并作诗云:"缔交廿载忆当年,谈画论诗夙夜虔。此日看君真迹在,前尘回首尽成烟。"林英仪师诗云:"曾记联翩办展时,春风喜到鹭江湄。于今忽睹双红树,读画怀人不自持。"(后跋云:"丙仲贤弟以所藏晓寒先生册页嘱题,忽忆浩劫后春风初拂,厦门文联为美术界举办联展,先生与余安排于第一场,而先生竟以盛年谢世,同年每一念及,不禁无限兴嗟也。")林岑师兄诗云:"健笔纵横造化工,鸡山问道沐春风。而今重过旧时路,几树红花夕照中。"我于册末附一诗云:"山居风雨夕,作画不题诗。露重蝉声湿,岩幽野径微。蓝关横暮雪,夜雨冷秋池。剩有双红树,深悲入梦时。"盖惋叹《风雨山居图》诸作其后寄先师处,不慎为宵小辈所窃,独《双红树图册》幸存,今犹宝藏于寒家矣。

风物篇

《元丰九域志》有关漳泉之记载

《元丰九域志》，北宋王存纂修，曾肇、李德刍协修，共十卷，始于四京，次列十三路。其卷九为"福建路。太平兴国元年(976)为两浙西南路，雍熙二年(985)改为福建路。州六，军二，县四十五"。其中有关泉、漳两州的记载为：

（一）上，泉州：清源郡，平海军节度（伪唐清源军节度。皇朝太平兴国三年改平海军。治晋江县）。地里（略）。户：主一十四万一千一百九十九，客六万二百七。土贡：绵一百两，焦、葛各一十匹。县七（太平兴国四年以莆田、仙游二县隶兴化军，五年以长泰县隶漳州，六年析晋江县地置惠安县）。上，晋江（五乡。盐一百六十一亭。有泉山、晋江）。中，南安（州西一十三里。八乡。有金鸡山、晋水）。中，同安（州西一百三十五里。三乡。安仁、上下马栏、庄坂四盐场。有文圃山、东西溪）。中，惠安（州北四十七里。三乡。盐一百二十九亭。有锦田山、洛阳江）。中，永春（州西一百三十里。五乡。倚洋一铁场。有石鼓山）。下，清溪（州西一百五里。四乡。青阳一铁场。有庐山、溪水）。下，德化（州西北一百八十五里。五乡。丘店一寨。赤山一铁场。有灵馨山）。

（二）下，漳州：漳浦郡，军事[唐漳州，后改南州。皇朝乾德四年(966)复旧。治龙溪县]。地里（略）。户：主三万五千九百二十，客六万四千五百四十九。土贡：甲香一十斤，鲛鱼皮一十张。县四（太平兴国五年以泉州长泰县隶州）。望，龙溪（六乡。海口、峡口、清远三镇。吴惯、沐溪、中栅三盐团。有九龙山）。望，漳浦（州南一百一十李。三乡。敦照一镇。黄敦一盐场。有九侯山、李澳溪）。望，龙岩（州西二百七十里。二乡。大济、宝兴二银场。有箬山）。望，长泰（州北三十七里。二乡。有鼓鸣山、双髻山）。

王存，字正仲。润州丹阳人，宋庆历六年(1046)进士，初为上虞令，后累官至吏部尚书。《元丰九域志》当是元丰年间(1078—1085)他任国史编修官兼判太常令时所编纂的一部地理总志。当年漳泉两地进贡的特产还只是绵、焦、葛、甲香和鲛鱼皮。当是时，今厦门所属海沧区的文圃山和吴冠（疑即书中之"吴惯"）、同安区的东西溪以及集美区的上下马栏（马栏，疑即马銮的谐音）等地名已被记载在书上。上下马栏、吴冠且为产盐之地。

[札记：《元丰九域志》将天下州县分别标以赤、畿、望、紧、上、中、下之等级

(三等望州,四等紧州,五等上州,七等下州。五等望县,六等紧县,七等上县,八等中县,九等中下县,十等下县),次列户口,次列土贡,每县下又详载乡镇。]

宋代厦门的吴西宫

宋庄夏《慈济宫碑》记,南宋绍兴"岁在辛未(1151),肇创祠宇"。清杨浚(字雪沧)的《白礁志略》卷一"传略"又称"淳祐初,复下诏改庙为宫",同一卷的"宫庙"则云:"吴真人所建宫凡四,曰南、东、北、西。"白礁乃坐化处为南宫,青礁乃炼丹处为东宫。

孙氏族谱《柳塘记》中有一篇《西宫檀越记》,记述天圣四年(1026)作者孙瑀的祖父在厦门岛上的旗山养病,借此机会,白礁的神医"吴姓名悟真者"拜识了云游四方的裴姓"养真老子",并得其"悉以神秘授之"。至此,"吴悟真翁与先大父聚首多缘,亲其宿疾而为治,治三日而见效,半月而平复,阅三月而肢体强壮,颜色如故。先大父大喜过望,即以百金谢,翁挥不受,缘与为深交"。宋仁宗景祐三年(1036),吴真人去世,"先大父痛不自禁,因建小祠于屋西,塑像其间,岁时尸祝,志不忘也。嗣后英灵赫濯,无祷不应,无特族人钦之,即乡之远迩咸欢超焉。先大父以其庙隘少容,乃捐腴地四亩,中拓庙宇,余授庙守耕种,以为香火之资,因扁之曰'吴西宫',且属后人令世祀无废也"。设若《西宫檀越记》所记之事可靠,则吴西宫的建造时间,当在吴真人去世的当年至孙瑀作记那年,也即1036—1087年之间,这就比慈济宫的"肇创祠宇"要早百年左右。

柳塘社在今厦门市湖里区五通社区西村社。近千年的沧桑陵谷,吴西宫早已无迹可寻。《西宫檀越记》的记载虽暂属孤证,但也不能以"空穴来风"视之。

宋代厦门男丁以数字称郎为名号

唐五代以后,中原人民相继南迁入闽,聚族而居。至今闽南地区仍有不少村社为这些家族后裔为主的聚居地。这些村社大多还保存有宗祠家庙、先人祖墓或各种家族谱牒。厦门岛上辖区的农村亦然。我们在接触有关的文物文献时，往往发现宋元时期厦门的男丁有用数字称郎的现象。

从入厦开发较早的五通孙氏和莲坂叶氏的族谱来看，"孙氏之先光州固始县人也，唐光启中初迁徙居闽之福清"，其后孙朱于北宋建隆至乾德年间（960—967）始"家于小演村，后徙居柳塘"。叶氏家族原居河北河间府，南宋时因避战乱，由叶文炳率族南迁入闽居龙溪，隆兴元年（1163）由其儿辈再次率族众闯关入厦，居莲溪（今之莲坂）。柳塘孙氏的第三代勤，开始号为"十二郎"，接着四世茂号"十五郎"，五世阐号"十九郎"，六世庆余号"十六郎"，从七世后始分为四个房派，但同一个家族的取号不分房派，只以出生时间先后为序，结果数字越来越大，到了第十一世有号"八八郎""九二郎""九五郎"，第十二世就只好称"千四郎""千八郎"，到第十三世的"万八郎""千十郎"，其后族谱就不再以数字称郎为名号了。莲溪叶氏也一样，其率族入闽的叶文炳本人就号"五郎"，其子三人：长子名颜号"十二郎"；次子名颐号"十三郎"，即厦门莲坂叶氏的开基祖，其墓葬为市级文保单位；三子名颙号"十四郎"。老二的长子叶元溕，今思明区滨海社区茂后社巨岩下那座"宋十五郎叶公墓"即其牛眠之地。叶氏二世以后，以数字称郎为名号的现象如孙氏族谱一样，最后到了第九世出现了"万九郎""万十郎"，估计数字再增加已有难度，所以同一代的男丁也取号"孟十郎""仲三郎""季三郎"，有点日本人名字的味道。第九世以后，再也没有以数字为郎的名号了。

五通孙氏的十三世，差不多与莲坂叶氏的九世同时，都已进入元代。明清以后，闽南的男丁名字后面多缀以"舍""官（观）"等。

唐朝士人喜欢以对方的排行次序的数字冠以姓氏相呼，以示亲热和尊重。例如诗人元稹被称作"元九"，杜牧为"杜十三员外"，李绅为"李二十"，等等。宋元时期厦门的这种以用数字称郎做称号的习俗，说不定也是唐代中原的遗风。

明代闽南民风

何乔远（1557—1633），字稚孝，号匪莪，晚号镜山，晋江人，万历丙戌（1586）进士。所著有《名山藏》《闽书》等行世。《闽书》之卷三十八为"风俗

志",今将其对闽南各县的"民风"特点归纳如下:

吃苦耐劳,富有开拓精神。泉州"枕山而负海""地狭人稠","附山之民垦辟硗确,植蔗煮糖,黑白之糖行天下","瘠土小民,非是无以得食"。龙溪"漳首邑也","壮者散而之他郡,择不食之壤开山种畲,或拿舟沧海间,皆挈妻、长子其处"。安平(今晋江市安海镇)和龙溪的"族之大家",多"入海而贸夷"。海澄的孩子更是"长使通夷,其存亡无所患苦"。

勇而有文。何乔远认为"闽中诸郡,惟漳为悍剽",南靖"其俗如漳"。浯洲(今金门)有"漳之风焉,强圉多事"。永春"其人悍武,居若处女",但一旦"遇患难,提戈赴斗,有燕赵之风焉"。然而闽南各地又有文风称盛的一面。如安平"儿童诵读,声闻乎达道。俯首钛心,无所不能为……是以缙绅先生为盛于中原"。南安"人质率尚意气",有勇武之心,但也"有邹鲁之风"。同安"因朱文公之所过化也,其韵犹在"。浯洲人虽刚强,但其"士多读书"。龙溪"士君子也,斌斌有文,翩然意气,而多自贵于千秋之业"。漳浦"其君子娴于文词"。诏安"其民羯羠多学,萑苇君子焉"。

淳朴本分。何乔远于此有君子(知识分子)和小人(一般老百姓)之分。安平"其君子无仕不仕,无造次辩丽之音","小人帖帖愿谨,自取衣食而已,或为诘曲诋欺,不剖自露"。惠安"其君子忠信,其小人俭畏而任悫"。永春"君子文而小人朴"。长泰"市巷四民,率岸帻群聚"。

此外,何乔远还指出泉州人聪明,"百工技艺……敏而善仿,北土缇缣,西夷之氇剧,莫不能成"。漳州人富有包容心理,"其心好交合,与泉人通,虽至俳优之戏,必使操泉音"。

蔡复一《遯庵文集》与其骈体文

丁酉(2017)春病后,我为商务印书馆校点明代同安蔡复一之《遯庵文集》。该集用山西大学图书馆珍藏本为底本。海峡两岸所藏之蔡复一著作刻本为《遯庵诗集》十卷与《骈语》五卷、《续骈语》二卷。山西大学藏本多出明刻牍文八卷(楚、燕、鄢、黔之牍),另附以台北"中央图书馆"之《遯庵蔡先生文集》,该手抄本录文五十七篇,原系"绣佛阁藏本"。目前,《遯庵文集》点校本的内容当为国内最齐全之版本。

蔡复一工四六骈骊文体,其《答谢寤云总戎》云:

骏金题价,曾观入彀之英;鹊印登坛,有味出车之雅。士心豫附,海色森然。恭惟麾下,芒角文昌,韬钤武库。虎头报主,定远之笔堪投;龙气腾身,士行之梭自远。貌醇儒而可将,窥智勇之深沉;笔文士以谈兵,穷孙吴之秘要。人服傅修期,兼击贼露布之略;独师岳忠武,无爱钱惜死之心。兵法笥五十家,既雄西府;怒翼抟九万里,爰总南溟。属小丑夷,啸海以窥;赖真将军,从天而下。雕旗映日,威生虎豹之山;雀舰横空,气捣鲸鲵之窟。慑红夷而遁影,蜃市无烟;澄赤水以探珠,鲛宫有月。盖怯衣得兆,将陋卑耳之浅波;而击楫渡江,讵数豫州之短业。定知麒麟之阁,在此鼋鼍之梁。不佞昔仰国士无双,荐之天子;今歌元戎十乘,赖及乡人。稍宽桑梓之忧,敬颂蘩藜之芘。寄惊墨客,努力封侯。

谢寤云,即谢弘仪,浙江会稽人,厦志作抗倭名将"谢隆仪"。谢氏又是诗人兼剧作家,厦门虎溪岩、日光岩皆有其摩崖诗刻。

蔡复一尺牍

夜读周亮工《赖古堂名贤尺牍新钞》,得蔡复一致友人书十一封。

《与刘侍御》:

仆独木易风,危矶难水。始以蕉弱受修竹之弹,既而拭唾逢羿彀之怒。束身待黜,何能勉树如大雅所奖期乎?虽然返璧,心承已重。

《与黄石斋吉士》:

先辈有言,官必有事。馆阁人便当理会相业,不然则为忘其事而虚国恩矣。书之于业,弈之谱、医之方也。执谱与方,必无国工。然未闻国工之学而去其方与谱者。姑以兵言,赌墅而费人也多矣。今士未尝为谱与方,姑妄言之而妄听之,骤以国赌而寄人生死之命,可乎?语曰:"习方三年,无可医之病;医病三年,无可用之方。"此善喻也。

《与杨衡毓》:

别论云云,私所扼腕。语云流言,流之所行,周公亦谨避之而已。流必自止,日月宣朗,亦何假于风雷哉!

《与毕东郊郧抚》:

聪明不及前时,道德日负初心,虽退之语,而台台为我挕出,遂令汗出透背矣。外典有言:利刀割泥,泥无所成,刀日就钝,良可惭叹。

又《与毕东郊郧抚》:

庄诵《征信录》,老伯母真笄帼伟丈夫也。是开名世于祯国家,岂偶然哉?台翁以第一等之人兼三不朽之事,解绂则六载彩衣,贻芬则百年彤管。天人之际,得全全昌。即授简如云,孰若自昭前者之大且永乎?弟以不敏,借砚聿当执御,荣施□量。然伟丈夫之母,必得丈夫之言方无惭色,而弟也夸父之弃杖,且自挺□志矣,即欲槃悦其辞,以赘槐眉,恐王母之山不受也。不独刀笔羽檄,情田未耨,而负羊公鹤之嘲。有何徽音,可当三青鸟乎?谨拜而藏之,容兵事稍定,勉效一言,庶赖赞佛之虔,以忏桡栋之罪。

《与孙玉阳楚抚》:

梦与人战者,角敌甚苦,而不知敌者之亦己魂也。天下一身也,奈何一身之中而六凿相攘乎?薪火相推而人材、国事俱受其敝,熒恤有心,匪独同调之私慨矣。台台山立难摇,玉磨更莹,所谓何伤日月者,但怅星福守而旋移,雨膏收而难下耳。无力攀辕,忍言秣马。

又《与孙玉阳楚抚》:

不肖观近事水火之胜,数年一复,其胜愈甚则其复愈速。方胜之日即有不可居之势,而使饱帆风者莫之察也。臣子何足言,而以剖落受之人材,以空虚受之国家,谁生厉阶,忍负君父?天定胜人,台台休复不远,所望岳镇八风,海平万壑,相皇极之化而消偏陂反侧之争,天下犹可为也。敬因返岫,豫祝赐环。

《与王昆璧中丞》:

不肖舍崟岭入贵筑,承积坏之余,于疾为瘵。身既庸医,而奇穷不能具药物。以意治之,黔病未动而医先病,反以其病病黔,主人责其不效,逐医宜矣。

《与顾桐柏》:

南浦龙光,锦江鱼字,影移音间,梦路苦迷。易水治兵时,台台鸣珂卿月,只尺天喉,而修候未能。若或制之,乃知舟近三神山,风辄引去,非虚语也。

《与长沙府》:

曩拜瑶华,藏袖经年,字不灭也。参衡相望,远莫致之。惟遥想紫芝,引领畛中一星,心随飙往耳。新化陈令治安曾见所著《贞言》及古诗数首,类贞恬士;又闻武昌县言其骑驴赴补选,步行投谒,买饭饦过午,则虽未卜其有为,而似有所不为者也,故为之缓颊。今闻宝庆道府议处,岂其县政不可耶?抑宜古而不宜今也。其乡绅阳生白公祖有书极颂其贤,子民或从厚道,而阳公祖清介甚,又素不轻言者。门下有真闻见,幸直示,庶得自省,而免失言失人之悔。

《答刘学宪》:

承教,大刻为黔画者,真是老农谭稼,粒粒皆苦;国医处方,剂剂皆中。所恨牛种无畜,药物不全耳。实心做事之难,惟同病者始知其痛。回风赋谢,未罄欲言。

是书刊于康熙元年(1662)。周亮工,字元亮,学者称栎园先生,河南祥符人,明末进士,清初任福建布政使,著有《赖古堂集》等书。蔡复一这些信函,当明人小品阅读可也。

海沧金沙书院

古之书院昉自唐代。宋代闽南有清源、石井、泉山、龙江、丹诏等五座书院,见诸记载。元代厦门始建大同书院。明代在厦门同安的梵天寺后建有文公书院,海沧的云塔书院也与佛寺为邻。2015年我校注明代理学名宦林希元《林次崖先生文集》,其卷十有《金沙书院记》一文,乃知在明代龙溪县之三都(今大部为厦门市海沧区所在)还有一座金沙书院,"诸生周一阳、陈科选辈肄业于是"。书出版后,偶读乾隆《海澄县志》卷二"规制·学校",才发现"金沙书院在沙坂,今废"。且从方志获知周一阳为名宦周起元的祖父,其家乡在今海沧之后井村。

林希元在《金沙书院记》中说:明嘉靖二十五年(1546)广东人林松来任龙溪知县,时有"苏文岛夷久商吾地,边民争与为市",屡屡发生纠纷,其后林松与巡海道副使柯乔到海沧处理这个问题。"岛夷既去",这座与葡萄牙岛夷有关系的"金沙公馆",先是有当地(后井村)诸生周一阳等人在彼读书肄业。嘉靖年间时已致仕的林希元适至海沧,认为办学可启"牖民之机",便将该公馆扩充为金沙书院,"堂庭厢庑咸拓其旧,梁栋榱桷易以新材,又增号舍三十楹,由是诸生讲诵有所"。

林希元所处的是明代中后叶,即大航海时代欧洲势力渐至远东的时代。林希元曾经力排众议,主张与佛郎机(即葡萄牙人)进行贸易。嘉靖乙卯(1555)这所书院还特地重印《古今形胜之图》,以扩大诸生学者对"天下形胜、古今要害之地",尤其是东西洋的了解。海沧区曹放副书记为成功拍摄电视纪录片《海洋赤子——周起元》,特派人到西班牙塞维利亚市西印度群岛总档案馆复制《古今形胜之图》。原图系明嘉靖年间喻时根据《明一统志》在江西信丰首印,复制的这件其左下角标明:"嘉靖岁次乙卯(1555)孟冬金沙书院重刻。"

从时间上考量，这件事当与林希元和周一阳等人的倡导有关。据学者考证，金沙书院的重刻件于1574年被西班牙驻菲律宾第二任总督拉维查理士（Guido de Lavezaris）从一位闽南商人手里得到，第二年将此图敬献给西班牙国王菲利普二世。

金沙书院在清代乾隆年间可能一度废圮，然泉州市图书馆所藏《周忠惠公年谱》之扉页却刻有"同治壬申（1872）岁仲夏敬刊，板存澄邑三都金沙乡书屋"。可见金沙书院到了近代尚在，唯已改称"金沙乡书屋"。

明代的圭屿

厦门海沧的圭屿，乃九龙江口之蕞尔小岛。乾隆《海澄县志》载："澄为漳东咽喉，圭屿在海中央，锁钥最重。考'壬申志'，郡人吏部蒋公（孟育）有《圭屿建城设兵记》、都御史周公（起元）有《圭屿建佛塔募缘疏》、石隐山人张公（燮）有《圭屿重建佛阁、文昌祠、天后宫募缘疏》，文极古雅，而纪载甚明。"（卷之首"凡例"）又记"圭屿屹立海中，为全漳门户，俗名'鸡屿'，或云状如龟浮波面，故亦名'龟屿'。隆庆间，郡丞罗公拱宸置城，城凡八面，以象八卦，名曰'神龟负图'。后为势豪所毁，远近恨之。万历间，邑侍郎周公起元因众议，醵金建塔，于分郡形势为宜。未几，亦毁，并昔所构天妃宫、文昌祠、大士阁俱与沧波同逝矣。唯屿影浮空，沧涟天际"（卷之一"舆地"）。圭屿之建城、塔及诸祠宇均在明中后期月港海上贸易最盛之时，因该岛置于当时东西洋通商必经的咽喉之地，必须驻兵施海禁，故隆庆时所建城被"势豪所毁"后，"郡分守洪公世俊、推官萧公基、邑令傅公魁共兴焉"（卷之二"规制·城池"），而圭屿塔亦"屹立波心，控镇霄汉，经潢池煽殃，纵火焚之，竟不能坏"（卷十七"名迹"）。

因其为风水塔，"关阖邑形胜，实赖补全郡东北之虚"（卷十七"名迹"），或主要则为船只出入之航标也。明代圭屿之能居住，端赖岛上有一"甘泉在圭屿穴，仅容斗，数百人挹之不竭。潮至咸水汇焉，潮退甘美如故"（卷之一"舆地"）。

道光《厦门志》亦将圭屿纳入"分域"，称其"在厦门西，澄海交界处，屹立海中，状如龟浮波面，故一名'龟屿'。隆庆间置城。万历间建塔。后俱毁。今塔重修矣"（卷二"分域略"）。可见城池于明末洪世俊修后，未再复修，因港口优势已转移至厦门矣。两百余年后重修石塔,应有舟楫导航的需要。厦门近代开埠以后,塔则废。

圭屿今属厦门。前年余数上此岛调查古迹,但见草树萋萋,并无人迹,唯蓁莽间偶见有零星石质建筑构件而已。

明崇祯《海澄县志》卷十六"艺文志"有周起元《圭屿塔》、郑爵魁《题圭屿塔呈陶令君》等咏怀诗,其中有邑人林唐臣《海漕使京停舟鸡屿》七律云:

> 遥山尽处是沧溟,眼底云涛一色青。野鸟随波明远白,毒龙挟雨散余腥。水滨女佩春留月,天上仙槎夜泛星。赖有同舟贤李郭,舵楼尊酒火荧荧。

作者为林弼,光绪《漳州府志》卷十六"选举":"林弼,龙溪人,广发子,原名唐臣,至正七年(1347)丁亥乡榜,其进士科分无考。"林弼是元末明初闽南著名诗人,入明后官至登州知府,所著有《林登州集》。在这部诗集中,这首诗题为"海漕使京,停舟鸡屿,呈朱伯厚明府、王克明邑尉"。足见明初尚称"鸡屿",其后逐渐雅称为"圭屿"。

土笋冻

今之风味小吃土笋冻,闽南古早已有此佳味。明代屠本畯《闽中海错疏》称"泥笋",说"其形如笋而小,生江中,形丑味甘,一名土笋"。清康熙初年任福建左布政使的河南祥符人周亮工在其《闽小记》中云:

> 予在闽常食土笋冻,味甚鲜异。但闻其生于海滨,形类蚯蚓,终不识作何状。后阅《宁波志》:"沙巽,块然一物如牛马肠脏,头长可五六寸许,胖软如水虫,无首无目无皮骨,但能蠕动,触之则缩小如桃栗,徐复臃肿。去涎腥,杂五辣煮之,脆美为上味。"乃知余所食者即沙巽也,闽人误呼为笋云。

该书又引谢在杭云浙江乐清人呼之为沙蒜。现已知其学名为星革虫,浅海中之软体腔肠动物也。唯周氏所见有五六寸许,今只有一寸左右,不知何故。旧时海澄一带民间称其为"土虬",亦形象。

1961年值经济困难时期,在鼓浪屿的二中母校为筹办初中毕业班的聚餐会,派我们到海沧鳌冠挖掘土虬,结果十余位同学毕一潮水之工,所获仅少许,乃知此物亦"当思来之不易"也。

明代海澄之土楼

崇祯《海澄县志》卷十六"艺文志"有《土楼》一诗,邑人、知府黄文豪作:

> 倚山兮为城,斩木兮为兵。接空楼阁兮跨层层,奋戈戟兮若虎视而龙腾。视彼逆贼兮如螟蛉。吁嗟!四方俱若此兮,何至坑乎长平!奈何弃险阻于不守,闻虎狼而心惊?古云:闽中多才俊兮,岂无人乎请缨!谁能销兵器为农器兮,吾将倚为藩屏。

福建土楼今为世界文化遗产。由此诗可见其功能以防御性为主,惜乾隆志未载。崇祯《海澄县志》系明崇祯六年(1633)刻本,日本东京图书馆所藏,申遗时尚未翻印出版。故这条史料未经引用。

《露书》里的闽南风物

戊子(2008)秋,我读明人姚旅所著《露书》(福建人民出版社,2008年),作者福建莆田人,初名鼎梅,字园客。全书十四卷,所记明万历、天启间杂事甚多。其记大航海时代闽南之风物者最有价值。

一、烟草。"吕宋国出一草曰'淡巴菰',一名'醺',以火烧一头,以一头向口,烟气从管中入喉,能令人醉,且可辟瘴气。有人携漳州种之,今反多于吕宋,载入其国售之。""淡巴菰,今莆中亦有之,俗曰'金丝醺',叶如荔枝"(卷之十"错篇下")。此或为烟草入华的最早文字记载。闽南话至今称"烟"为"醺",

源于明万历、天启间。后读卞孝萱《现代国学大师学记》的《邓之诚与〈清诗纪事初编〉》(中华书局,2006年)载:"丙编余缙小传:'是时嗜烟者众,及于闺阁方外,圣祖即甚恶之而不能禁也。'又李来泰小传:'又有《和乩仙美人饮烟诗》,知是时闺阁已吸淡巴菰矣。'"可见康熙朝妇女已吸烟了。

二、向日葵。"万历丙午年(1606),忽有向日葵自外域传至,其树直耸无枝,一如蜀锦,开花一树一朵,或傍有一两小朵,其大如盘,朝暮向日,结子在花面,一如蜂窝。"(卷之十"错篇下")

三、自鸣钟。"近西域琍玛窦作自鸣钟,更点甚明,今海澄人能效作。"(卷之九"风篇下")

《露书》其他有关闽南风物亦很有意思:

鹿筋、乌鱼子。"鹿筋、乌鱼子、鳗鱼脬,最佳味,而海澄最多,皆来自北港番。北港番者,去海澄七日程,其地广而人稀,饶鹿与鱼。"(卷之十"错篇下")北港,即今台湾云林之北港镇也。

木屐。"谢安折屐,阮孚蜡屐,皆平常履之,非为雨设。今惟晋江犹然。其木轻、皮韧,制度亦精,晋江因晋人南迁居之,故曰'晋安',有晋之风,无足怪者。"(卷之九"风篇中")

骰子。"骰有六面,古只刻四面,以枭、卢、雉、黑犊四物刻其象于上。据《晋书》,惟'黑犊输,枭胜卢,卢胜雉'。今俗刻点,犹曰'呼卢',实不副名。"(卷之九"风篇中")此当今研究中秋博饼民俗文化者尚不知也。

人客。"闽人称客不曰兄,必称之曰'人客'。"(卷之九"风篇下")

雪关上人与《白毫庵肤偈》

先祖仰潜公藏有《白毫庵肤偈》一册,书品古朴可爱,书中存六言诗一百四十五首,共二十五页,皆以小楷精抄而成。其封面乃篆书"白毫庵肤偈"五字,右钤两印,一朱文"念西",一白文"义俊",下为"手誊"二字,"念西""义俊"当为抄录者名字。卷末署款"崇祯甲戌(七年,1634年)立冬前一日,雪关道人智誾和南具稿"。固知明末张瑞图著有《白毫庵集》,疑此册或为张氏所作。戊戌(2018)冬检示《白毫庵集》,而无此六言肤偈,唯其《庵居肤偈》六言诗一百四十一首,诗风与此《白毫庵肤偈》颇为相似。且又读到《白毫庵集》中之《和雪关师》《寄挽雪关和上》二诗,知张瑞图与雪关和尚乃方外诗友也。

我友粘良图兄为"晋江文库"点校张瑞图《白毫庵集》,于雪关和尚之词条注云:雪关,即明末高僧智訚禅师,又名道訚,号雪关,俗姓傅氏,江西上饶人,八岁出家,参博山元来和尚。天启七年(1627)主持玉山县瀛山寺,崇祯四年(1631)继席博山,崇祯十年圆寂,寿五十三,建塔于博山莲花峰西原,著有《雪关和尚语录》六卷,以及《摘灯录》和《炊香堂诗文书》等。近又从与之同时代的"闽中西峰居士曹学佺"所撰《博山雪关智訚禅师传》得知,雪关和尚"示生万历乙酉年(1585)九月初一日,示寂崇祯丁丑年(1637)十月十一日,享年五十有三",著名画家个山和尚(八大山人)且为其再传法嗣。

雪关和尚这部诗稿系为明末清初抄本,但为何也以"白毫庵"为名?值得日后研究。

《白毫庵肤偈》

雪关上人《白毫庵肤偈》佳作甚多,今录数首,浅尝辄止。诗云:

幽栖仲蔚三径,宴坐维摩一龛。月白禅心俱寂,樨香鼻观先参。
黄公炉头避世,辟支乘里安禅。浮生暂度驹隙,成佛且待驴年。
昨宿白毫庵里,今宵金粟洞中。明日古玄净室,后日更在何峰?
逸多不断烦恼,曹溪善说真常。莫道桃源路隔,问津错认渔郎。
山寺竹林木榻,野厨淡饭粗茶。客无尊卑长幼,但无外事即佳。
溪东溪西白牯,舍南舍北清鸥。随分沾他水草,忘机任我浮沉。
绿野从新碧草,白云依旧青山。珍重西来消息,春风吹到柴关。
万事无如返照,百年强半蹉跎。谓我无用自好,谓我有用奈何?
霜月禅心秋老,水云法眼春供。三十年前梦语,提起一轴真容。
借得异书数部,钞誊未了当还。简取自家旧本,寻常也更耐看。
开口拙三寸舌,扣胸饶十分痴。惟有焚香扫地,白云生处相宜。
般若多生缘熟,九天谪降才仙。既得心空及第,祖师榜上同年。

明代诗人喜作六言绝句,时有可观。

明末徐𤊹笔下的海沧

今之厦门市海沧区主要乃辖原海澄三都之地。海澄于明嘉靖四十五年(1566)由龙溪县析出设县,鸡屿(圭屿)是海澄的要地,初有明代早期邑人林弼的《海漕使京,停舟鸡屿,呈朱伯厚明府、王克明邑尉》一诗,所见海澄的鸡屿唯"野鸟随波明远白""天上仙槎夜泛星"的景象。明末大航海时代,我国东南以海澄月港之海上贸易著称,时有"天子南库"之誉。乾隆《海澄县志》卷二十之"艺文志"有明末徐𤊹《海澄书事寄曹能始》诗一首,所述"隆庆开海"后海澄一带社会状况甚详,亦有助于了解古代海沧。诗云:

> 海邑望茫茫,三隅筑女墙。旧曾名月港,今已隶清漳。东接诸倭国,南连百粤疆。秋深全不雨,冬尽绝无霜。货物通行旅,赀财聚富商。雕镂犀角巧,磨洗象牙光。棕卖夷邦竹,檀烧异域香。燕窝如雪白,蜂蜡胜花黄。处处园栽橘,家家蔗煮糖。利源归巨室,税务属权珰。里语题联满,乡音度曲长。衣冠循礼让,巫蛊重祈禳。田妇登机急,渔翁撒网忙。溺人洪水涨,摧屋飓风狂。永日愁难遣,清宵病莫当。羁怀写不尽,期尔早还乡。

徐𤊹(1570—1645),字惟起、兴公,福建闽县人,万历中与曹学佺(字能始)同为我闽诗坛祭酒,所著有《红雨楼集》等。

阮旻锡佚文

民国《同安县志》卷二十五"艺文志"载阮旻锡的著作共19种,今仅剩《海上见闻录定本》和《夕阳寮诗稿》两种,其余皆散失。故其吉光片羽,弥足珍贵矣。施世纶《南堂诗钞》卷首有阮旻锡序言一篇,前所未见。全文曰:

圣门分政事、文学为两科，然求也艺，非无文学；子游宰武城，非无政事，特以所重者言之耳。历观唐宋诸诗人，有政迹者多矣，而皆以诗擅名，如韦左司之刺苏州，白太傅之守杭州，欧阳公之历滁、颍而兼开封尹，苏子瞻之任徐、杭而移定州守，多有善政可纪，而世但以诗人称之，政事多为文学所掩其大较也。此其故，何哉？盖政之善者，一时邦国传之，天下传之，久而见诸史策，过则已焉。即后世传之，亦指其行事，识其姓名而已。若夫诗人之集，当时之人读而传之，后世之人又读而传之，其旨趣之工，辞华之美，足以使人闻风而悦，慨然想慕，直欲师之友之，与之同堂而晨夕不忍舍去也。此政事所以多为文学所掩也。

京兆浔江施公，工于诗者也。自其志学之年，穷经核史，性喜吟咏，不事交游。稍壮以勋荫出牧海陵，历守维扬、秣陵二郡，巡淮、徐，作藩吴、楚，入为卿，擢京尹。公之为政也，以廉能称，不避权要，一以慈爱为本，其治郡最久，除奸去蠹，俨若神明而清操凛然，即赵清献、海忠介不过是也。此天下所共见而共传，而他日史官当载之名臣之列。但其所为诗，世未尽见而尽传之。

公居官虽簿书旁午，手不释卷，焚膏继晷至丙夜始休，故其诗高峻如泰华之峙，浩荡如江海之流，巍峨有大人气象，堂皇具清庙遗音，而丰姿秀擢，才情横放，则风水相遭，云烟变幻，而不可穷极。大抵得之杜、韩、苏、陆为多。其所刻有《浔江集》，在金陵有集，在湖南有集，入都以后又有集，其锓布未尽，世虽知之而无由读之。故但以政绩称公，不知政绩虽不可磨灭，而文章光焰，后来或亦掩之矣。

尝读史，见魏钟繇都督关中，晋王羲之为会稽内史，皆有经济之才。特以工于法书，世重其笔迹，称之曰"钟王"，而不及其他。夫一艺之神尚能掩其人之生平，况文章载道，又非技艺可比乎！公后日必以文学掩其政事，又何疑哉！阮旻锡轮山。

许钟斗复蔡复一书

许獬，字子逊，号钟斗，福建金门（原属同安县）人，明万历二十九年（1601）二甲第一名进士，由庶吉士授编修，以文章鸣海内，著《八经类集》《丛青轩集》。

其所著《丛青轩集》卷六有《答蔡元履》二函,其一云:

> 杪冬辱手书,甚忙且病,未及裁答。嗣后伏枕者弥月,每以足下言当药石,则霍然自起。念与足下促膝不数数,乃遂能攻所不足于我,此真古谊,殊非今世貌交可比。南中僻静,有山水之致,足下夷犹其中,兴自不浅。窃怪今人书笺学晋魏,诗学唐,文学两汉,近则北地济南、江左不患面目不肖,只患模拟太工,愈工愈拙。须于此外陶铸百氏、独出匠心,方能为古人,方能不为古人所牢笼。北地济南、江左能为汉唐晋魏,未能不为汉唐晋魏,此其所以终为北地济南与江左也。足下才气足可自雄,故敢效其区区。倘有鸿便,勿吝嗣音。

其二云:

> 辱大教,方再请益,询之来人,则闻足下乃重叠在衰绖中,知足下至性哀号,思慕良苦,其少自爱。始足下去时,二尊人尚健无恙耳,不虞及此,其得及此以终,大事无憾,不可谓非天也,顾于以慰孝子之心则得已。谓所生何?既弗昌于厥身,又弗享于厥子,天道之报施何如哉!然毕竟不没以是矣。曩于王父母之行,盛道令先公孝友敦厚长者,宜以殊礼礼之,且可以风今。即无及已,尚有可为者,谅不宜遂已。内有不腆之奠,少布鄙私,惟叱入。余祈照亮不备。

钟斗衡文虽寥寥数语,眼界却开阔,闽南文士不多见也。读《明·蔡见南夫妻合葬墓志铭》(拙编《厦门碑志汇编》,中国广播电视出版社,2004年),可知蔡复一双亲均卒于万历壬寅(1602)十一月,"相去二十四日",故云蔡复一此时"重叠在衰绖中"。

明清职官别称

家藏清乾隆庚午(1750)坊间木刻本《增补尺牍达衷》乙册,1995年余得诸同安莲河某杂货店。该书连史纸,凡38页,长20厘米,宽11厘米,封面残页刻"云间陆九如先生辑录",每半页上半为尺牍"活套"及常用称号常识,共14行,单鱼尾;下半为各类尺牍范文,共10行,亦单鱼尾。此书错字甚多且已残破殆毁,但书中有明清古籍或文物常见的职官别称,可做读书之助。今整理辑录如下:

一、文官称呼

宰相、太师、少师、太傅、少傅、太保、少保:大柱国、大元辅、大元宰、大台辅、大赞元、大燮理、大昱国。

(六部)吏部:天官、冢宰、宰相、弦衡;**户部**:地官、司徒、相君、民部;**礼部**:春官、宗伯、相君、容台;**兵部**:夏官、司马、相君、武部;**刑部**:秋官、司寇、相君、宪部;**工部**:冬官、司空、相君、起部。

吏部四司:天官曹、天卿、天曹;**户部十二司**:垣官曹、民部;**礼部四司**:仪曹郎、仪卿、春卿;**兵部四司**:兵曹郎、兵曹;**刑部十二司**:宪部郎、宪卿、中台;**工部四司**:起曹郎、虞部、冬官。

(九卿)通政使:赞国、参辅;**大理卿**:廷尉、明刑;**鸿胪卿**:司容、鸿胪;**太常卿**:宗伯、容台;**太仆卿**:国卿、驭驾;**光禄卿**:光禄;**尚宝卿**:堂篆、符卿;**苑马卿**:戎马、苑卿;**詹事府**:宫詹、端尹。

国子监祭酒:大司成、宗师;**国子监司业、助教**:小司成。

翰林院侍读、侍讲学士、大学士:大内翰、国史、太史。

二、五府都察院、经历、知事、照磨,总称大赞善

都堂:都宪、宪台、伯府、乌台;**御史**:侍御、名巡、豸史、乌台。

布政:方伯、藩侯;**参政**:辅政、参伯。

参议:赞首、亚参伯;**廉使**:廉宪、宪台。

提学:大宗师;**副使**:大宪副、大观察。

佥事:佥宪;**按司经历**:宪经;**照磨**:宪照、知事、宪幕、检校、宪检。

知府:郡侯、邦伯、刺史;**同知**:郡丞、司马、二太守。

通判:郡宰、别驾;**推官**:谏台、豸史;**运使**:都运。

州同:郡丞、司马、二太守;**知州**:州牧、郡伯;**州判**:州驾;**吏司**:州幕。

知县:邑宰、邑侯、令尹、县令、谏台、豸史、神君、圣君。

县丞:少尹、赞府、佐理、大尹。

主簿:三尹、少尹、判簿;**典史**:赞政、大莲幕、大长史。

教授：外翰、秉铎；**教谕**：司教、掌教；**训导**：司训（凡**教官**统称广文）。

三、武官称呼

挥督：镇国麾下；**总兵**：大总戎；**参将**：大参戎、总戎。
指挥：万户侯、指挥使；**千总**：大户侯、千兵；**百户**：百宰；**巡检**：巡宰。

四、命妇称呼

夫人：一、二品；**淑人**：三品；**恭人**：四品；**宜人**：五品；**安人**：六品；**孺人**：六品以下。

福建水师提督多擅书画

清代两百余年间驻厦福建水师提督凡47名，其中不少能书擅画者。第一任即平台有功而饮誉青史的施琅，他于"军旅稍暇，辄赋诗磨盾（墨）"（蔡世远《靖海纪事·跋》），乾隆诗人赵瓯北曾见过他在衙署花园留题的榜书"涵园"两大字，作诗咏之。至今泉州清源山也留有其行楷题刻，略有魏碑风韵。乾隆二十六年（1761）任水师提督的甘国宝在上任当年的荔月，就在衙门附近的巨岩上题刻"瞻云"二字，还在厦门城的石上用隶书题刻"[曼]倩偷来"四字，以示风雅。据《中国美术家人名辞典》其传略介绍，甘国宝，字继赵，一字和庵，福建古田人，乃清代指墨画虎之名家。厦门市博物馆藏其一轴指画中堂，所绘老虎稳健生威，造诣确实不凡。清代后期的几位水师提督都是书画高手，如咸丰朝之李廷钰，字润堂，号鹤樵，同安人，平生擅金石书画，书宗二王，下笔丰神秀润。同安大同镇妙建庵尚存其行楷所题柱联，云："妙化宰元精，水德配天光斗北；建勋存大道，金丹济世镇桥西。"颇足观瞻。李廷钰还精书画鉴赏，著有《美荫堂书画论跋》行世。同治朝之李成谋，字与吾，湖南芷江人，善擘窠大字，每以草书"虎"字赠人，一气呵成。光绪朝之杨岐珍，字西园，安徽寿州人，"厦门城"遗址有其所题"山环水活"四字，写来端庄遒劲，亦楚楚可观，有书卷气。1891年主持筹建厦门胡里山炮台之彭楚汉任职时间最长，前后共二十年。彭楚汉，字习之，号纪南，湖南湘乡人，其于军务之瑕，常以画梅自娱。当时的诗人雪沧杨浚有诗句赞美其画云："将军画梅如画龙，水晶鳞甲排长空。起弄明月自吞吐,海天一镜罗心胸。兴酣笔墨夺卉服,高挂百尺托桑弓。"(《索彭纪南军门画梅》,载杨浚《冠悔堂诗钞》卷五)今偶可见到公私所藏其墨梅作品,笔墨亦潇洒大方。艺坛所称"同(治)光(绪)厦门三画家"的吴大经(号纶堂)、苏元(号笑三)和章溵(号汉仙)都曾得其指授。吴大经与苏元皆为世袭水师营将,苏元还是现役之水师后营守备。与其同时或稍后的海防同知钮承藩和世袭水师营将赖少嵩,亦是厦门近代有影响的书画家。

《闽游偶记》所载闽台见闻

辛卯(2011)孟春读陈左高《历代日记丛谈》(上海画报出版社,2004年),其中清初吴振臣《闽游偶记》中述及闽台之见闻甚多。该日记辑录于清王锡麒《小方壶斋舆地丛钞补编》第九帙,起康熙戊子(1708)二月,止康熙癸巳(1713)五月。戊子二月吴氏由吴门出发,沿江浙入闽,由厦门渡海抵台。

其记闽中芭蕉云:"芭蕉经冬不萎,遇雪微觉憔悴,然迟发之叶,仍卷舒可爱,宛如摩诘画也。"

记榕树云:"闽中多榕树,垂枝入地,辄复生根,尝一树作十数干。有以榕为门者,明杨载诗'榕树成门却倒生',洵不虚也。"

记根雕艺术云:"上杭县多老树根,有像椅杌者,有像人物者,琢磨而成为书斋珍玩。"

记漳泉二地之工艺品云:"泉州街市中所出纱灯,工制甚巧,款式颇多,名为洋灯。漳州出乌段(按:乌缎)及剪绒。漳浦镇出桃核素珠,每粒镂空,镌刻罗汉三四尊,须眉毕肖,亦绝技也。"

《闽游偶记》记岁癸巳(1713)四月随冯协一到厦门,准备渡台。十七日,"至厦门镇,城内有提督衙门重兵镇守。城外三里即至海边,人居皆在高阜,远望海洋中,艨艟桅橹,森罗星布,所谓穷区没渚,万里藏岸,何其骇也。是时,台湾接官书役已到。"书中还记载登舟之前,因担心海峡风浪颠簸,众人必须"先要备牺礼,祭天妃海神。每人须做红袖香袋,上写天妃宝号。至进香时,取炉内香炭实袋,缝于帽上,以昭顶戴之诚。再于荷包内装土些微,及人参少许,佩于身边,以防晕船时服之。并带小磁罐,以防呕吐"。厦门此习俗,为他书所未载。

记抵台湾云:"舟近鹿耳门,浪高如山,一涌而退,如此者三。又忽飓风大作,天气昏黑,无从下碇。"二十九日,风平浪静,乃起碇张帆。及至,"俱用牛车盘运上岸,岸上即大街,去府仅里许"。

记在台湾吃龙虾云:"二十九日,有渔人进活龙虾二只,每只重有斛余,其头逼肖龙形,命厨人取肉作羹,甚美。而以其壳为灯,点火其中,鳞鬣须足俱明。"

吴振臣,字南荣,小字苏还,吴江人,清初名词人吴兆骞之子。吴兆骞以事被戍宁古塔凡二十年,卒因好友顾贞观以《金缕曲》乞援于纳兰性德,始得赎归,诚古代文坛之美谈也。

《此游计日》所载台湾民风土物

陈左高《历代日记丛谈》一书介绍有雍正闽臬丁士一《此游计日》一种,系吴兴刘氏嘉业堂刊本。该日记两卷,起雍正二年(1724)正月,止次年二月廿八日。雍正二年甲辰四月,历福州、厦门而至台湾。

所记雍正年间台湾民间疾苦,一为徭役繁重,"官弁民役,动拨夫车,番民苦累,莫甚于此"(见甲辰闰四月乙未日记)。二为米价腾泳,"甲辰五月丙寅,台地缺雨水,又值青黄不接,米价日昂,贫民苦之,因申禁贩运"。三为吸毒成风,故丁士一为拟《禁约四则》。甲辰闰四月壬寅记云:"拟《禁约四则》:一偷渡客民,一滥派番车,一私结社盟,一开鸦片馆,皆台郡积弊,特为揭出。"

记台地槟榔云:"甲辰八月甲戌。槟榔数本,如竹如棕,亭亭直上,无旁枝。端顶叶若凤羽,偃盖婆娑。"

记台湾所见闽南柚子云:"十月朔。辛未,厦门载文旦至,闽人呼曰'泡'。产长泰者佳,皮厚近寸,重膜分瓣,肉如丝,包络晶莹,红白二色,饶汁,浆味甘香。其形似者,多酸涩。"

记绿珊瑚云:"(甲辰八月)戊寅。海声如雷,午集斐亭,亭前一树,高丈余,碧色,多丫枝,无叶,如鹿角,名曰绿珊瑚。"此绿珊瑚,当是厦门人所谓的"光棍树"。我2017年从白磊兄家中移植一株,今已二尺余高。

丁士一(1665—1732),字鹗荐,号河峰,山东日照人。康熙四十五年(1706)进士,授四川什邡知县。后任户部主事,累官至福建按察使,后擢为江西布政使。著有《此游计日》《双砚斋文稿》等。

京华读书记

1985年9月,在首都做毕业实习两个多月,先入中国革命历史博物馆,9月10日起转至中国历史博物馆。其间夜读最勤,乙酉(2005)初冬,检示旧笔记,竟发现当时五十日之间,共获读历博资料室珍藏古籍三十部,书名如下:《粤行纪事》("知不足斋丛书",常熟瞿昌文、寿明甫著);《天南逸史》("天尺楼钞本",无名氏著《南明史料》二函十三册之一);《四朝成仁录》("天尺楼钞本"上中下三册,番禺屈大均著);《崇祯遗录》(一卷,草莽孤臣王世德著);《鹃碧录》(二册);《滟滪囊》(二册,叙李自成攻川事略);《崇祯五十宰相传》;《螳臂录》(古越丁业在文撰);《复社纪略》;《岛夷志略·琉球》("雪堂丛刻",日本藤田丰八校注);《上谕八旗》(七册,记雍正四年至十三年事);《熙朝纪政》(六册,闽县王庆云雁汀撰,光绪辛丑上海天章书局石印);《中华民国当代名人录》;《满清十三朝之秘史清谈》(六卷,安吴胡怀琛编次);《康熙朝品级考》("房山山房丛书");《艺风堂友朋书札》;《庐江何氏家记》(石印本,记明洪武广东东莞何氏事);《顺治镇江防御海寇记》(光绪手抄本,记郑成功攻南京事略);《史料丛刊初编》(二函共二十册,甲子岁朝春东方学会印行);《苏松常镇总兵将领清册》(记郑成功部将高谦、李必、刘进忠事);《季明封爵表》("明清史料汇编"八集,江都毛乃庸征甫编著,台湾文海出版社);《张文烈遗集·卷二》("明清史料汇编"八集);《养吉斋丛录·卷二二》(清人吴振棫著);《史料丛刊二集》(六册);《圣祖仁皇帝起居注残稿》(录自"史料丛刊二集",记康熙二十四年二月事);《大清世祖章皇帝实录》(一册,手抄,仅剩卷之三十六);《祯朝奏疏》(九卷,有给事中辜朝荐十六年五月《用人贵审听言贵广疏》等,藏历博善本库);《十叶旧闻》;《交行摘稿》(徐孚远著);《离垢集补钞》(华嵒著)。

十年浩劫,无书可读,此回入屠门大嚼,为平生最痛快之事也。虽未免囫囵吞枣,然重要篇章都有摘录。时无复印设备,其中光绪手抄本《顺治镇江防御海寇记》、徐孚远《交行摘稿》等文献幸能全文抄录,并得到洛阳赵振华、无锡陈瑞农等同窗认真核对。2003年我友陈支平教授编《台湾文献汇刊》,广征秘本,我所提供的一部分即当时夜读所抄者。

《大清世祖章皇帝实录》随录

手抄本《大清世祖章皇帝实录》今剩卷之三十六至卷四十一仅一册，所记顺治五年(1684)春正月至年底事，当时认为重要者做摘录如下：

> 四月癸未：升户科给事中刘显绩为右给事中。吏部议招抚大学士洪承畴给广东游僧函可护身照牌，负经还里，被江宁守门官兵搜出福王答阮大铖书，并《再变记》一册，内中字迹有干我朝忌讳。承畴以师生之故，私给印牌，殊属徇情，应革职。得旨："尔部议甚是。但洪承畴素受眷养，奉命江南，劳绩可念，姑宥之。"
>
> 六月戊寅中元节，颁给靖南将军陈泰敕印，饬曰："自以为福建叛贼作乱，罪恶滔盈，亟应诛剿。特命尔陈泰，克靖南将军统兵前征，凡事与董阿赖、李率泰、济席哈、祖泽远等同心协谋而行，毋谓自知不听人言，毋谓兵强轻视逆寇，仍严侦探，毋致疏虞，抗拒不顺者戮之；不得已而后降者杀无赦；被贼迫胁，大兵一到即来迎降者悉行赦宥；有能杀贼擒贼归正者，仍分别升赏。总以安民为首务，须严禁兵将，申明纪律，凡归顺良民不得擅取一物，务体朕定乱救民至意。其行间将领功罪察实纪明类奏，如系小过，当即处分。至于十人长、拨什库以下，除死罪以外，其余无论大小过犯，俱与诸将商酌，径行处分。尔受兹重任，宜益殚忠猷用张挞伐，荡平闽地，以安黔黎，钦哉！"

惜该残卷未见郑成功史料。

清吴振棫《养吉斋丛录》随录

清代吴振棫所著《养吉斋丛录》者，笔记也，其卷之二十二有史料甚值一记。

记施琅特赏戴花翎云：

> 孔雀翎始甚贵重。有单眼、双眼、三眼之别，皆定制，详见《会典》。有例不应用双眼、三眼而特赐者，异数也。康熙间，施琅为内大臣，尝戴翎。后以平海功授靖海将军，封靖海侯。疏辞侯爵，而乞如内大臣例，仍戴翎。下部议，驳，言在外将军、提镇无给翎例。特旨允之。其时虽将军不戴翎也。

记黄梧鱼肉乡里云：

> 世祖时招降黄梧，而郑芝龙以书阻之。芝龙子成功寇镇江、瓜州，贝子罗托、总兵官梁化凤大破之，余贼投黄梧，梧遂献海澄县，因封海澄公，子孙世袭，至今不替。初封时，因其标下设兵，颁给印信。其后兵裁印存，往往凌辱小民，蔑视府县，动称公府文书可直达部院。后署闽督史公贻直奏请销毁，其势始戢。（余录"卷之四"）

记同安李长庚逸事云：

> 嘉庆间，壮烈伯李忠毅长庚治海盗最有声，所击灭、攻散如水澳、凤尾、补网、卖油、七都等帮，不下千艘。终岁在海不归，即归亦在镇海修船备粮，不至家也。尝封所落齿寄其夫人，示以身许国，恐无归榇之意。后击蔡牵于粤洋，喉间中炮而薨。先是，祷于宁波关帝庙，占签诗云："到头不利吾家事，留得声名万古传。"故文达（按：阮元，谥文达）哭公诗云："麦城久合关帝谶，仿佛英风满庙旗。"

此三人皆清代闽南人，可做史料，亦可为谈资。
另有记左宗棠挽林则徐的对联也佳，联云：

> 附公者不皆君子，间公者必是小人，忧国如家，二百年来遗直在；庙堂倚之为长城，草野望之如时雨，出师未捷，八千里路大星颓。

《养吉斋丛录》刻本，藏中国历史博物馆资料室。
吴振棫亦工诗。向读钱锺书《容安馆札记》，获知吴振棫（1790—1870），字仲云,号宜甫,著有《花宜馆诗钞》。钱先生评其为"浙派之举止大方者,雅健极似东坡。七古、七律最佳"。

《圣祖仁皇帝起居注残稿》随录

"史料丛刊二集"有《圣祖仁皇帝起居注残稿》,记康熙二十四年(1685)二月事。摘录如下:

> 二十七日丁巳,上驻跸武清县坨地方。二十八日戊午早,命大学士明珠、一等侍卫仪度额真通图、二等侍卫海青等,传谕天津总兵官刘国轩曰:"朕抚御寰区,聿臻治理,止台湾余孽一线尚存,虽属小岛未平,犹虑海滨弗靖。尔刘国轩身为渠党,乃能仰识天时,劝令郑克塽纳土来归,朕心嘉悦,授以总兵官之任。闻尔家口众多,栖息无所。京师廛市人有定业,况价值不赀,尔安从得之?今特赐尔第宅,俾有宁居,以示优眷。"国轩免冠叩头奏曰:"臣以穷屿微躯,久违圣化。向者王师下讨,皇上睿算神谟,如雷霆摧击。臣等自澎湖败衄,心胆俱寒,天威所慑,不得不输诚归命,釜底游魂,苟图免死,何敢望如此洪恩?且皇上圣德昭宣,天远弗届,海外诸国莫不慕义向仁,将来被尧舜之泽者,又不但臣等已也。"是日,上驻跸永清县韩村,东安县防尉莫琐里等、知县吴兆龙来朝。

"史料丛刊二集"其余各卷尚有《江南按察司审土国宝赃案招拟文册(顺治八年)》《江南总督洪承畴详查旧额解南本折钱粮及酌定支用起解事宜册》《光禄寺进康熙六十一年四月分内用猪鸭甲品等项钱粮数目清目黄册》《工部进乾隆卅年六月分用过银钱数目黄册》《工部进乾隆四十三年七月分用过杂项银钱数目黄册》《工部进乾隆四十九年分用过缎匹颜料数目黄册》《内阁典籍厅关支康熙廿八年秋冬二季俸米黄册》《吏部进道光廿三年春夏二季在京文职汉官领过俸米黄册》《三朝实录馆馆员功过等第册(乾隆七年)》《田文瑞公行述》。除顺治八年(1651)土国宝赃案一卷用心细读外,其余匆匆寓目耳。

"史料丛刊初编"二函十册有关顺治朝文献颇多,计有《太宗文皇帝日录》《太宗文皇帝致朝鲜国书》《招抚皮岛诸将谕帖》《天聪朝臣奏议》《圣祖仁皇帝起居注》《服色肩舆永制(顺治九年)》《礼曹章奏(顺治元年)》《工曹章奏》《洪承畴呈报吴胜兆叛案揭帖》《投顺提督张天禄呈报功绩册》《北直河南山东山西职官名籍(顺治元年)》《苏松常镇总兵将领清册(顺治四年)》《徽宁池太安庆广德总兵将领清册(顺治四年)》《内翰林弘文院职官录》《内弘文院职官录》《豫通亲王事实册》《平南敬亲王尚可喜事实册》《陕西平凉提督王进宝事实册》《陕甘提督孙思克行述》《广西巡抚马雄镇事实册》《果毅亲王恩荣录》《东瀛纪事》。当年秋夜苦短,只能泛览。

是时,中国人民革命军事博物馆玉渊潭宿舍窗外多白桦,宵深其叶萧萧,伴我伏案读书,一晃竟二十多年矣。

《粤行纪事》摘录

我在中国历史博物馆实习时,偶读《粤行纪事》。该书常熟瞿昌文、寿明甫著,乃"知不足斋丛书"之一种也。作者似南明时期江浙一带的商人,顺治三年由浙东出闽东沙埕,乘舟到闽南石井、安海经商。连夜摘录数则:

(顺治二年乙酉)五月初十日,南都不守,数日间大清兵克镇江、常州、苏州,寻破嘉、湖、杭诸郡。邑中职方郎严君栻、兵科时君敏集绅士练义勇,谋保一垒。

(常熟)城于七月十四日破。

至秋而天台不守,鲁藩航海入闽。

登陆至新昌县。新昌距天台一百五十里,山路陡绝。由关山、会士诸岭为"白头"出没之所(以布裹头号白头王),杀掠无虚日。

(月不详)二十七日,遇徽商周明宇者,其人老成练达。期新春初十后,发货出沙埕埠。

而是秋,浙东水灾,米石价陆金。

泰顺不守,禁各商毋得出洋。

(正月)初十日……周明宇亟来叩门,启询之,曰:"十三日,众客俱由瑞安、平阳、金乡、蒲门陆路出沙埕,特相约同行。"

是日晴和,蚤达蒲门所,所城小而坚,止汛兵五百,记商旅货税、籍贯,听出关。登山行二十五里,即沙埕,隶福宁州福安县,有鲁藩水师屯泊而不设备,心窃笑之。至关则见巨舰以千计,居半俱郑芝龙叔鸿逵(按:误)、弟芝豹辈部领通商者也。憩客店程荣九家,为觅舟开洋达闽之计。二月初十日,有澄济伯旗帜,天离罾船四号,泊岸。登楼见之,心窃喜。……翌日,谒其将领水营左协参将吴雄,雄字凤苞,铁面剑眉,爽气磊落,有古豪客风。一见如平生,相得甚欢。……

三月初五日,周明宇贸易事竟。束装回姑苏。……曰:"若必俟刘君至,则海汛、风期不可失,奈何?"

次早,乘东北风,扬帆两昼夜,达泉州府城外三十里,名安海所。登岸宿凤苞家。二十日谒澄济伯郑芝豹,恳其给引照身。越数日,觅洋船诣粤者,不得缘未至安海之先,揭惕会兵官渡,各宗已发二日。复至石井关,访"高州告籴信"(漳、泉每岁自高、雷籴济,春往夏还),得郑标宋姓者舟,归以语凤苞,凤苞曰:"南行之舟何患无之,所以迟迟不遽相告,必择十分完好舟子之无他者,乃敢送子前往。今尔心迫矣,容敢滞青云之羽?"初五日,至井,登舟。凤苞执手流涕,不忍言别。次日午刻开帆出洋,溔沧浩淼,逸骇耳目,有非前两昼夜光景。彼中人所谓大洋也。依指南车顺风所之。……

明末郑氏的海上贸易,与内陆徽商之互动,史料如《粤行纪事》者可谓罕见。可惜当年设备全无,仅能手工摘录,未能一获全豹为憾。

檨

闽台民间称杧果为"檨""檨仔""番檨"。明中叶黄仲昭《八闽通志》闽南诸县之"果之属",竟无"檨",也无"杧果",想必斯时漳泉二府尚无此物。唯清初蒋毓英《台湾府志》卷之四"物产·果之属"载:"檨,乃红夷从其国移来之种,株极高大,实如猪肾。"继之,康熙三十四年(1695)高拱乾等修《台湾府志》卷之七"风土·果之属"则曰:"檨,红毛从日本国移来之种,实如猪腰。"清乾隆《台湾府志》记载:"台地夏无他果,此果视为珍品,人共羡之,因名曰'羡',误写'檨'。"而乾隆《龙溪县志》卷之十九"物产"则记:"檨,出台湾。近漳中移植甚众。其实圆而稍长,味甜酸。"盖清初台湾广泛种植"樣"之史料不少,此果或明末清初由台移植闽南也。康熙三十六年仁和郁永和经厦至台居半年有余,所作《台湾竹枝词》中云:"不是哀梨不是楂,酸香滋味似甜瓜。枇杷不见黄金果,番樣何劳向客夸?"此或咏樣果之第一首诗也。继而康熙四十九年桐城孙元衡《赤嵌集》有"千章夏木布浓阴,望里累累樣子林。莫当黄柑持抵鹊,来时佛国重如金"之句,《台湾全志》更有阮蔡文的《樣圃》诗写道:"小圃茅斋曲径通,参天老树郁青葱。地高不怕秋来雨,暑极偏饶午后风。"可以想见当时台湾樣果之繁盛,今则海峡两岸遍地有此果树矣。

甘蔗

古籍称甘蔗为"薯蔗""甘芦"。早期台湾先民则称为"竿蔗""部蔗"。明末先于郑成功入台之沈光文已看到台湾"甘蔗植于原者如竹"。《广志》记载甘蔗有两种,一种"皮带红而节短,亦有青黄皮者",另一种用于制糖,"勒而小者,谓之竹蔗"。康熙初年高拱乾在其所作的《台湾赋》中描述当时台湾大量种植甘蔗的景象,曰:"嘻嘻!户满蔗浆兮,人艺五谷。"蔗浆,即制糖之原料也。闽台两地制糖的作坊俗称"蔗廊""糖廊",冬春之际,甘蔗成熟,"蔗廊"便开始榨蔗煮糖。清康熙年间仁和郁永和的《台湾竹枝词》有诗咏道:"蔗田万顷碧萋萋,一望葱茏路欲迷。捆载都来糖廊里,只留蔗叶饲群犀。"即此景象也。

明宋应星《天工开物》有图解读之,图画两大石碾紧靠,以牛拖转之而榨蔗,下以石盘引浆。可见台湾"蔗廊"的技术乃传自闽南。清黄叔璥所著《赤嵌笔谈》于此述之甚详。该文献云:台湾甘蔗播种于五六月,当年十一月便可收割,经营"蔗廊"者十月就开始筑廊屋,准备蔗车,同时招募工人,一所"蔗廊"凡用"糖师二人;火工二人;煮蔗汁车工二人,将蔗入石车硤汁;牛婆二人,鞭牛硤蔗,去尾去箨;采蔗尾一人;看牛一人"。其中"糖师"全盘负责,所以必须选聘经验丰富,能"知土脉,精火候",其他工种则由农民工短期担任,称"场工"。蔗汁几经煮制,分别制出"乌砂""红糖""白糖"几种糖。

初,台湾之制糖技术计较落后与烦琐。郑成功父子开发台湾期间,由于陈永华等积极经营,故其制糖业发展很快,清中叶台糖已大量行销到天津、上海,后来还直接间接远销到日本、英国等地。

岁庚辰（2000）我有探亲印度尼西亚之旅，在雅加达之国家博物馆大院里无意间发现一件带齿槽之大石碾，该馆研究人员不知此为何物。经我据《天工开物》图解之，皆诧中国闽南之制糖技术早也流传至彼邦也。

蓬莱酱

黄叔璥所著《赤嵌笔谈》说清代台湾杧果有三种品类，香杧最佳美，木杧次之，肉杧最次。除了趁鲜品尝外，"台人多以鲜杧代蔬，用豆油或盐同食"。此外，台湾民间还掌握制作杧果蜜饯之法，称之为"蓬莱酱"。"蓬莱酱"必用青果，乾隆二十八年（1763）福建建宁朱仕玠任凤山县教谕，有诗写道："番蒜（按：番杧）新收暑雨时，青虬卵剖满林垂。瀛壖自重蓬莱酱，应笑稽含状未知。"（《小琉球漫志》）同时代的黄叔璥在其《台海采风录》记其制法，曰："番杧……台产也，切片腌久更美，曰蓬莱酱。"《赤嵌笔谈》亦曰："所食者木杧、肉杧，晒干用糖抹蒸，亦可久藏。"

盖其工序无非选果、切片、晒干、抹糖、蒸煮与久腌诸法。某日读乾隆年间江阴人薛约《台湾竹枝词二十首》，其下有注云："番蒜……始生时，和盐齑捣为菹，曰蓬莱酱。"始知以未成熟之杧果和盐捣碎成泥，也可制酱。一直到清光绪年间，蓬莱酱仍为台湾的名品。其时福建巡抚王凯泰的《台湾杂咏三十首》还称赞道："高树浓阴盛暑天，出林杧子最新鲜。岛人艳说蓬莱酱，谁是蓬莱籍里仙？"

台北故宫博物院的《宫中档》有资料记载：杧果和蓬莱酱的美名，康熙皇帝早已有所闻，并曾命当时的福建巡抚吕犹龙选送进呈。康熙五十八年（1719）首批杧果和蓬莱酱千里迢迢贡入北京。吕犹龙附奏曰："奴才于四月二十八日购得新鲜者，味甘，微觉带酸。其蜜浸与盐浸者，俱不及本来滋味；切条晒干者微存原味。奴才亲加检看装贮小瓶，敬呈御览。但新鲜番杧不比法制者可以耐久。"弗料此批贡品康熙皇帝却不敢受用，他在吕犹龙的奏章上加上硃批："知道了。番杧从未见，故要看看。今已览过，乃无用之物，再不必进！"

宝岛西瓜

西瓜一般成熟于农历六七月间,可是清代台湾中部的西瓜却有八月下种,十一二月成熟的特例,这种情况清初的地方志均有记载。如范咸等修《台湾府志》卷十八"物产·附考"载:"西瓜盛于冬月,台人元旦多啖之。……台、凤两邑每年分进。"该文献又载:"上西瓜八月下种,十一二月成熟,气候之异,真不可以常理测也。"《诸罗县志》则说是"诸罗之种,莫知所自也"。

台湾西瓜瓜期的殊异,甚至被视为太平盛世的一种"祥瑞",有一年它被贡入京师,碰巧赶上康熙皇帝的生日,所以它又被改称为"万寿瓜"。康熙年间台湾府司马王礼在其《台湾吟六首》有诗吟咏此事,诗云:"蔬园迫腊熟西瓜,剪蒂团团载满车。恰好来春逢圣诞,急驰新果贡京华。"此外,清廷还把良种瓜引种到台湾试植。康熙五十七年(1718)六月,闽浙总督觉罗满保有一封奏稿,专为五年以来在台湾县(按:今台南)及观音山下等地试种西瓜事宜,向皇帝汇报情况,同时还记有这种西瓜种子系由内廷直接颁发到省(按:指福州),八月中旬再派专人送到台湾播种诸事。时任福建巡抚的毛文铨还记述这种瓜被称作"喇嘛瓜"(上述转引自《台湾风物》第31卷第1期)。

"喇嘛瓜"年底成熟后,都要经过精选,装船西渡,贡入北京。台湾诗人孙霖有诗一首,记述了当年运瓜的过程。诗云:"除却风风雨雨天,分装急唤渡头船。深秋播种清冬熟,拣得西瓜贡十园。"(《赤嵌竹枝词》,载余文仪《续修台湾府志》"艺文")诗末有注云:"台(湾)、凤(山)两邑每岁进西瓜……最忌风雨,恐防损伤,择日选择,分两船西渡。"贡瓜的数量虽曰不多,但种瓜、选瓜和运瓜却很辛苦。

据史料记载,在台湾试种的贡瓜并不见得佳美,康熙末年的《诸罗县志》就嫌其"味薄"。所以到了雍正初年遂停止贡瓜。

古代台湾的牛

清初蒋毓英之《台湾府志》卷之四已载"有水牛、黄牛,山多野牛",康乾时代黄叔璥《台海使槎录》卷四甚至说:"(野)牛之来也,千百为群,凭陵溪谷;聚饮则涓源为涸,回食则蔓草皆赭。"可见古代台湾野牛之多。然而,甘为霖(William Campbell)牧师《荷据下的台湾》第一部分之"先住民概述"却说台湾先住民耕田时"没有使用马、牛和犁,只使用尖锄慢慢做",似乎早期台湾民人包括高山族人农耕尚不懂得用牛。

其实不然,且不说明代崇祯初年郑芝龙已有鼓励闽南人以"三金一牛"的入台开发(焉知全是水牛而无黄牛?),康熙年间高拱乾之《台湾府志》卷之七"风土·土番风俗"已分明记载:"(土番)出入皆乘牛车。"说明台湾先民早已懂得驯养野牛为畜力。蒋毓英《台湾府志》记"(野牛)取来教训,方可耕田",《台海使槎录》也说"闲以围楅,制以钩盾;百步就羁,以耕以驾",此与《台海采风图》的"肩闭而饥饿之,然后徐施羁靮,豢之刍豆"等,皆先民驯野牛使之能驾车耕田之法。《诸罗县志》所引陈小厓《外记》说得更为具体,说当地先民捕到野牛,"设栏楅系之,牡俟其馁,乃渐饲以水草,稍驯狎,阉其外肾,壮以耕以挽;牝纵之孳生"。应该说,当台湾岛开发之初,驯服野牛来耕田之现象并不普遍。随着大陆沿海人民之渡台开发生产,荷兰人侵占台湾时期,农耕水平得以提高,据《热兰遮城日记》所载,郑成功未收复台湾之前,每年均有若干次从大陆沿海、澎湖载牛到台南,多者每船载 41 头,少者也有一两头。荷兰人也运牛来岛,主要是作为商品卖给岛民做生产之用,当然也部分满足欧洲人肉食的需求。近日读林金水《台湾基督教史》,该书引用甘为霖上述的著作,说:"1650 年,东印度公司又向哥拉维斯牧师提供无息贷款 4000 里尔,以供其购买耕牛,'这些耕牛最终卖给萧垄的居民,以便让他们学会用牛耕田'。"甘为霖《荷据下的台湾》所录 1650 年 4 月 6 日"热兰遮城日志摘要"有如下记载:"倪但理牧师给我们看一个账目,是要购买耕田的 121 头牛及其配件。……这 121 头牛中,已有 30 头卖给村民。其余依决议,留在倪但理那里,由他负责并使用。"

近年来中国台湾学者过分夸大荷兰人引进耕牛之作用。我友杨莲福君在其《图说台湾人的代志》中甚至以为台湾本岛原先只有水牛,荷兰人引进的才是黄牛,哥拉维斯牧师"后来又从越南和爪哇引进一些黄牛,从此以后,黄牛便开始在台湾出现",实际上,台湾本岛先住民所驯养的牛,与荷据时期历年从大陆沿海和澎湖运进的耕牛总数,已超过荷兰牧师所引进的数量,而且中外文献并无黄牛、水牛之分。

乾隆年间的玉屏书院

赵翼在厦门,先在福建水师提督署后的涵园"住连旬",然后移居玉屏书院,作《移寓玉屏书院》诗云:

> 武夷游未成,先遍鹭门境。涵园住连旬,复迁玉屏岭。楼阁依岩转,屈盘斜不整。聊喜占地高,立脚万人顶。俯瞰爨烟浮,了了见间井。百雉难目遮,四山与身等。苍茫浔尾海,一掬水在皿。斋前榕三株,密叶蔽日景。林木何与人?爱此浓绿影。披襟得晏坐,豁落意界迥。已觉炎瘴消,转嫌风力猛。离地才几丈,便逼霄汉冷。始知天非高,再上头必打。夜深灯火明,蠡壳映窗耿。下方遥望处,疑有红妆靓。谁知白头翁,摊书寸烛炳。

从诗句可知当年书院还延伸至"玉屏岭",地势甚高,"聊喜占地高,立脚万人顶。俯瞰爨烟浮,了了见间井。百雉难目遮,四山与身等"。景色幽静,适宜读书,"斋前榕三株,密叶蔽日景","披襟得晏坐,豁落意界迥","谁知白发翁,摊书寸烛炳"。这首诗宜与乾隆十八年(1753)白瀛所作《重修玉屏书院碑记》参读,碑记称"(书院)复斥地而广之",又云"萃文亭中植魁星碑,巍然高踞,俯视一切",堂后且有"巨石屹立如削"。据此,约略可知当年玉屏书院之范围。

榕林琐谈

黄日纪之建榕林别墅在清乾隆三十二年(1767)。黄日纪《嘉禾名胜记》云：

> （榕林别墅）在厦城南门外，望高山之北。古榕攒簇，奇石屹嵑，有堂、有楼、有台、有阁、有亭、有池、有果木、有花竹，盖近喧嚣而自成幽僻，入城市而若处山林者也。

黄氏有《榕林二十四景》诗吟咏之，分别是：贻香屋、摩青阁、雾隐楼、赋闲亭、适我居、养翮轩、半笠亭、披襟台、漏翠亭、百人石、漱玉亭、小隐园、三台石、得月轩、钓鳌亭、苹鹭台、榕根洞、小南溟、石诗屏、凌虚台、小桃源、洗心堂、镜湖湾等景点二十三处。

黄氏诗友所吟咏榕林的篇什，尚有一"踏云径"，蔡天任有《题踏云径》诗句云："摩青阁畔三台石，一径斜连迫上清。"黄莲士也写有同题的诗。二"亦灵阿"，蔡天任有《题亦灵阿》一诗。三"芃岛"，道光《厦门志》载："芃岛二字为林佶所书。"林佶，字吉人，号鹿原，康熙年间举人，吾闽著名诗人。此外，《厦门志》还载有一处"镜塘"，它可能是"二十四景"中的"镜湖湾"。黄日纪咏镜湖湾还有诗写道"镜湖一倾波，轻漾鳞纹细"，以后再无诗人提及镜湖湾，而皆称镜塘。这可能是黄莲士《过榕林题》诗所咏的"池塘随筑景随迁，花木浓阴异去年"。直到清末林鹤年《咏榕林》一诗中还有"荔崖风冷镜塘秋"之句。由此可知黄日纪题《榕林二十四景》时，只完成二十三个景点，一些景点尚未竣工或在规划中。

嗣后黄氏家族逐渐零替，据七十余年后的道光《厦门志》所记，榕林别墅仅剩下十七个景点。光绪戊寅（1878）状元王仁堪来园游览，但见满园"荒榛与蔓草"（与王仁堪同游之庄志谦题壁诗句），稍后来游的厦门诗人王步蟾也有"荔崖去后风流歇""清流浑不似从前"之感慨。民国初年李禧仁丈到过榕林别墅之废园，只见到"楼台错落有致，最擅胜者为小南溟"而已（《紫燕金鱼室笔记》）。

迨至20世纪20年代，经过厦门近现代化城市建设，这座昔日池亭楼阁参差如画的"六榕深处居士宅"（《榕林图歌》），已几乎风华不再矣。

慈济四宫

厦门市海沧区的青礁慈济宫与龙海市白礁的慈济宫同为国家级文保单位,此外,海沧尚有慈济北宫等奉祀吴真人的庙宇,何谓东宫?何谓西宫?甚不清楚。辛丑(2021)腊月为泉州文库点校清季杨峻的著作,在其开雕于光绪丁亥(1887)的《白礁志略》卷一之"宫庙"有云:

> 吴真人所建宫凡四,曰南、东、北、西,以宫所向之方称之。在白礁向南,为南宫。由白礁五里至院前,即青礁,一曰赤礁,向东,为东宫。由白礁十里至徐坑,向北,为北宫。再由白礁十里至后山尾,向西,为西宫。白礁为坐化处,属同安界;青礁乃炼丹处,属海澄界。泉人多谒白礁,漳人多谒青礁。香火以南宫为盛,东宫次之,北宫寥落,西宫久圮。北、西二宫亦属海澄界。

四座宫庙不以所在位置为名,却均以各自朝向为号。可见今之白礁慈济宫原称南宫,青礁慈济宫为东宫。北宫在今海沧温厝村,西宫在今囷瑶村后山尾社,1987年重建,自称南宫,盖未尝读过《白礁志略》也。

白铁无辜铸佞臣

杭州西湖边之岳坟,前置宋权奸秦桧夫妇铁像,供人唾骂。此事盖未审始于何年。"文革"后,陆维钊先生以隶书重写"青山有幸埋忠骨,白铁无辜铸佞臣"一联,大为湖山生色。顷读清人倪鸿《桐阴清话》,其"卷五"有文写道:"阮文达平蔡牵,得其兵器,悉熔秦桧夫妇铁像,跪于岳武穆庙前。"阮文达即阮元,字伯元,号芸台,江苏仪征人,乾隆进士。嘉庆四年(1799),阮元署浙江巡抚,旋实授,即与闽浙督抚玉德、阿林保督提督李长庚等水师镇压之。十四年,蔡牵兵败自沉于浙东之渔山外洋。蔡牵乃吾闽同安人,清乾嘉之际东南海上武装集团首领,纵横于台湾海峡二十余年,一度在台南自拥为"镇海王"。读《桐阴清话》,是知铁像乃缴获同安人蔡牵部曲之兵器合铸而成,我乡之"白铁"果无辜哉!

该书又载:

> 有好事戏撰一联,制两小牌题之,作夫妇二人追悔口吻。其一系秦桧颈上,曰:"仆本丧心,有贤妻何至若是?"其一系王氏颈上,曰:"妇虽长舌,非老贼不到今朝!"公(即指阮元)谒庙见之,不觉失笑。

清人赵翼笔下的闽南风情

赵翼,字云菘,号瓯北,江苏阳湖(今常州)人,清中叶乾嘉时期著名的诗人、史学家。乾隆五十三年(1788),清军平定台湾林爽文之变,他襆被从征,遍历闽南。赵翼生活在草长莺飞的江南,对陌生的闽南风物很觉新鲜。特别是看到汲水用的"桔槔",即闽南俗称之"吊乌",以及随处可见的精美石雕牌坊,这些都引起他的诗兴,有诗云:"不信浇田仗井泉,汲竿悬斗似秋千。一田一井禾都灌,此是闽南古井田。""斫来山石百牛拖,镌刻精严冀不磨。碑碣满途坊满市,此邦人尚爱名多。"(《自泉州至漳州道中作》)赵翼看来挺喜欢荔枝,作诗两首,称赞其"肌肤姑射白,风味玉环肥"(《食荔枝》),感慨自己"老来忽作闽南游,天补此翁馋口福"(《啖荔戏书》)。闽南夏秋特有的台风,可能赵翼从未领略过,所以他在《飓风歌》一开头就写道:"昔闻海风飓最大,我今遇之鹭门廨。"因为亲历,故其《鹭岛大风即事》所描述的场景也很生动,诗云:"海声连日吼,飓母发狂飙。信有水皆立,兼疑山亦摇。楼船依古屿,烽火隔秋潮。安得鞭驱石,排成万里桥。"他还欣赏闽南村舍的绿树红瓦:"榕树荫门人面绿,山泥范瓦屋鳞红。"(《即景》)他对厦门的名胜景点颇有微词,批评"人间千万山,莫如厦门丑。秃髻无寸草,乱石堆作阜。想当鸿濛时,未经巧匠手",不过"岂知丑转奇,于焉构户牖",倒有一些特色。他认为"小普陀"(即南普陀)"两边秘魔崖,阴森昼常黝。一笑舍之去,胡为孔入藕","万石岩"则"所嫌山泉枯,涓涓涩灵湫",至于"两庵互环纽"的"虎鹿洞"(即虎溪岩与白鹿洞),"虎乃石琢成,其威不如狗",总之,在赵翼看来,"此地无名山,卷石遂居首"(《厦门偕章湖庄沈百门游小普陀万石岩虎鹿洞诸胜》)。赵翼吃海鲜有选择,他赞美"江瑶柱""味美胜熊白"(《食江瑶柱》),说"裙带鱼"名字动人,其实"臭味辊辌不可亲"(《裙带鱼臭如腌鲝莪洲百门乃酷嗜诗以调之》)。令赵翼留下遗憾的还有两件事:一为闽南隆冬还有蚊子,为此他专作《腊月蚊》一诗云:"信有闽南气候温,不须曝背向朝暾。冬裘夏葛书生眼,谁识人间腊月蚊。"二为听不懂闽南方言,他有《闽言》一绝记其事:"满耳啾唧不辨何,近来渐解说偻罗。始知公冶非神技,只为听他鸟语多。"

金门林树梅铜活字印书

中国国家图书馆和东北师范大学图书馆各藏有《留庵岛噫诗集》一部,卷端题"明通议大夫同安卢若腾闲之著,同里后学林树梅瘦云校刊",书后有收藏者丁芸题跋云:

> 此集仅一卷。道光十二年(按:1832年)林瘦云先生从林君文仪借得活字铜版排印,仅刷五十部,传本渐少。余从旧书肆觅得之,节录牧洲传于卷首,俾读是诗者有所考焉。光绪戊子,耕邻丁芸识。

参见刘奉文《发现的一部清代铜活字印本——〈留庵岛噫诗集〉》,载《古籍整理研究学刊》1992 年第 6 期。我国的铜活字印书始于 15 世纪的弘治年间,存世排印的书并不多见,所以林树梅的这部《留庵岛噫诗集》颇引起重视。

林树梅(1808—1851),字实夫,号啸云、瘦云,福建马巷厅后浦(今属金门县)人,清代后期的爱国奇人,所著有《啸云诗钞》等。道光壬辰(1832 年)首夏,其作《留庵岛噫诗集》后跋云:

> 右岛噫诗一百单四首,为吾乡先贤卢牧洲先生所作。……树梅方搜罗先生遗稿,适邑人童渊若明经宗莹袖是集见惠。

可见林树梅乃得之于同安的民间藏本。民国二十年(1931),厦门陈掌谔重印《岛噫集》,用的即林树梅的铜活字校刊本。

台湾学者陈汉光在为《台湾文献丛刊》的《岛噫诗》(1968年排印本)所作"弁言"称:1959年他和另一学者陈陛章合撰《卢若腾之诗文》,也才"收诗三十五首"。后来是因为1959年冬金门明鲁王冢的发现,他再次偕学者廖汉臣前往考查,趁此机会在金门"得知若腾《留庵文集》十八卷、《留庵诗集》二卷、《与耕堂学字》二卷、《制义》一卷、《岛噫诗》一卷等书尚存"。后因金门图书馆长吴庆云等人的协助,"幸得寓目《岛噫诗》",也就是首次看到林树梅的这部铜活字校刊本所根据的民间抄本。他说:

> 原本封面为《明自许先生岛噫集》,书内署《岛噫诗》,并有"同安卢若腾闲之著,八世胞侄孙德资重录"字样,系旧抄本。……诗计一百零四首,九十八题。

当今这个旧抄本已不可得见。若以古籍版本论,林树梅的铜活字校刊本最有价值。1969年金门文献丛书"爰撷录散见于县志及他书之若腾诗文,计得诗一百四十七首,文四十六篇,裒成一集",名为《留庵诗文集》,成为研究明郑时期重要的参考史料之一。

《剖瓠存稿》

我友刘瑞光示我清道光甲午(1834)刊刻的《剖瓠存稿》(《清代诗文集汇编》第560册,上海古籍出版社),直隶萧重撰。民国续修《金门县志》(厦门大学出版社,2016年)卷十五"名宦传"载:

> 萧重,号远村,直隶静海人,博学工诗。嘉庆间,补兴化、莆田巡检,自号三十六湾梅花主人。道光五年(1825)迁金门县丞,宽厚爱人,金门硗确,常苦旱,重赋诗祷城隍,是夕大雨,复依韵谢焉。诗学韩杜,与诸生林文湘为莫逆交,唱和文宴无虚日。书院课士,手自评阅,文士翕然称之。既去任,寓浯江书院,署曰客燕,日吟咏其中。贫不能办装,岛人或进薪米,始供朝夕。著有《剖瓠存稿》《左传乐府》若干卷,门下士为之刊行。

读《剖瓠存稿》可知，萧重"生庚子年"（卷四《七哀诗·袁芷洲选士》），即乾隆四十五年，1780年）。"岁戊辰（嘉庆十三年，1808年）仁庙幸淀津，礼臣以例奏请召试。萧子远村以茂才膺上上考，顾以例仅授誊录官。久之，出为凌洋尉。"（同书，易堂柯培元《向荣草序》）其后，嘉庆十七年十二月十六日萧重在其《向荣草》后记写道："重与同取十三人入馆，接办官史天禄琳琅《全唐文》等凡五年，两得优叙，铨选得福建兴化府莆田县凌洋司巡检。"再后来，道光"丙戌（1826）、己丑（1829）两摄金门篆"（县志为道光五年，1825年），活动于金、厦两岛之间。

在其《剖瓠存稿》的二十卷中，有《浯江集》两卷（卷六、卷七），《鹭江游草》两卷（卷八、卷九），《浯江续集》两卷（卷十、十一），其卷十二《絮萍小草》还有道光十年（1830）三月十六日他从金门县丞"卸篆"后，移居鹭门的部分诗作。粗略算一下，萧重一生有20余年的宦迹主要在福建，所著《剖瓠存稿》共存各体诗作766题（1315首），其间在金、厦两地有四五年，所作诗却占总数三分之一强，其他诗作则多作于闽中莆田、省垣福州和闽北各地。萧重这部诗集对研究清代中期福建，尤其闽南地区的社会风情有一定史料价值。

道光年间金厦地名及名胜

2007年续修《金门县志》第十册"职官志"载："（金门县丞，）雍正十二年移同安县丞驻此。乾隆三十一年移灌口。四十五年复置。"明清时期县丞官居八品，此官虽微，但萧重在金门任职时，"讼庭无事长青苔，冠盖稀疏送迎少"（《剖瓠存稿》卷七，《夜坐徘徊作歌九首》），以至于有余暇关注地方名胜等事。

列屿，即小金门，又称烈屿。《剖瓠存稿》卷七有一首《列屿海壖多石子圆洁可爱拾来数百枚作诗纪之》，其后注云："列屿，本名笠（屿），以善形似笠得名，土人误作列。"又有《太武十二景诗》（《剖瓠存稿》卷七），乃"冬至月课浯江书院诸生，拟作示之"。这十二景为：海印岩、玉几岩、浸月池、眠云石、偃盖石、跨鳌石、石门关、古石室、蟹眼泉、倒影塔、千丈壁、一览亭。可惜有诗无注，今之人不知址在何处。

道光年间，厦门又称"禾洲"，萧重无解释，但有《禾洲十六景》诗（《剖瓠存稿》卷八，《鹭江游草》），其"并引"云："《鹭门志》旧载八景，前人题咏甚夥，然罣漏尚多，不足以尽一方名胜。今秋侨寓禾洲，忽忽三月，客况无聊，逐日携筇辙屐，结山水之缘。因取游踪所历者增拟八景，统成十又六景，各作长句纪之。岁莫寡营，借作消寒之具，谫陋之讥，知所不免，采风者谅焉。"此十六景为：洪济浮日（注：洪济为禾洲主山，上有观日台），筼筜渔火（注：在城北，一湾如带，渔利最饶），阳台夕照（注：阳台山高耸，为诸山之冠），万寿松声（注：万寿岩四面皆古松），虎溪夜月（注：虎溪在白鹿洞之北，两山相接，上有石庵可玩月），鸿山织雨（注：指镇南关，两山相夹，风雨如织），五老凌霄（注：指南普陀，五峰森列，如画中五老），鼓浪洞天（注：海中小岛，村舍田园具备，有寺曰瑞暾庵），金榜钓矶（注：唐陈黯字场老，下第后先隐终南，后徙禾洲金榜山，有钓矶遗址），山石棋枰（注：朱公山上有石揪枰，传为仙弈处），石泉玉液（注：石泉甘洌无比），醉岩天界（注：指天界寺。有泉可酿酒，故名。明倪冻塑九仙人像），万石锁云（注：万石岩，石状甚奇诡，有石镌"锁云"，郑成功刺郑联处也，其左有象鼻峰），中岩玉笋（注：中岩山门题"欢喜地"，有亭祀澎湖阵亡将士，旁直上有"玉笋"二字），太平石笑（注：太平岩有石做开口状，镌"笑石"二字），鹿洞梵音（注：白鹿洞在虎溪之南，僧寮踞绝顶，静夜诵经，声闻数里）。

此十六景与后来相传的"大八景""小八景"基本上相同，唯"小八景"的"金鸡晓唱"和"龙湫涂桥"易以"石泉玉液"（即景外景之"石泉龙液"）和"山石棋枰"。从"山石棋枰"的注，大致可知即文公山。《厦门志·分域略》载："文公山。在城东二十一都虎山北。相传朱子尝游其巅，故以为名。右有双石对立，名'仙石'。"（今土名"朱公山"）十六景的命名也与大小八景略有不同，如"鹿洞梵音"是因"僧寮踞绝顶，静夜诵经，声闻数里"而得名，就比现今的"白鹿含烟"有意思，也可能是历时已久，厦门人讲"梵音"误读为"含烟"。

萧重在金厦的交往

从《剖瓠存稿》有关金、厦两地的诗来看，萧重交游的对象似无当地士绅或文人，唯独与厦门陈雪航是个例外。陈雪航，讳荣瑞，字雪航，"道光元年（1821）举孝廉方正，引见以知县用"（周凯《陈雪航墓志铭》，何丙仲编纂：《厦门碑志汇编》，中国广播电视出版社，2004年）。其卷九有《六月望后一日，陈雪航孝廉招集同人载酒游虎溪岩以曲径通幽处分韵得曲字》，说那天"孝廉假地聚诗人,放浪形骸无局束。履屐颇唐四五人,解衣盘薄山之麓"。数年间和他交往的多是外来的良吏薄宦,其中职位最高的是倪琇。倪琇,字竹泉,昆明人,由进士任知府,嘉庆二十四年(1819)、道光八年(1828)两任兴泉永道,有惠政。其卷六有《倪竹泉观察索观诗稿敬呈三十六韵》一诗写道:"重也北荒人,虱虮闽江浒。崔尉结习深,路曹归计阻。……熏风渡海来,熙献新乐府。擘窠得大书,鸿文辉楹庑。穷冬捧檄至,再拜聆温语。下士独速吟,含笑频索取。"看来是萧重主动去结交这位顶头上司,结果其诗稿引起倪琇好感,并回赠给他一幅大字。嗣后,萧重多次陪倪琇游山、喝酒和观剧。倪琇夫人在厦门去世时,萧重作《倪观察夫人挽诗》以悼念,其引言云:"夫人任氏,竹泉观察嫡配也。观察未通籍时,四方糊口,夫人以针指养亲。……后观察莅闽,夫人随勷家政,内外肃然,八年如一日。今夏以旧疾发,卒于署。"从其对倪家的了解,足见彼此交情甚好。这从倪琇去世后,萧重所作《哭竹泉观察五十五韵》得到印证,诗作回忆从前"公每见芜诗,击节不绝口",还在诗的后注里感慨道:"重丙戌、己丑两摄金门篆,办公赔累,亏短官银数千。公解囊佽助,并札致同人代为弥补。"(《剖瓠存稿》卷十四,《倦还轩稿》)

萧重的另一位好友是山左柯培元,字易堂,诗集中有五六首酬答和互相怀念的诗。《剖瓠存稿》卷五《小还吟》有记叙他们在省试考场——锁院短暂共事、一见倾心的《锁院中秋与柯易堂明府小饮》一诗,明府即知县,柯易堂应是候补知县,不过会作诗,于是他们结为金兰之交。道光六年(1826)六月柯易堂还为萧重的《向荣草》作序。这位柯明府的宦途大起大落。就在萧重摄篆金门时,他因奔丧归里,途经杭州时居然穷到几陷绝境。卷七《浯江集》有一首题为《易堂明府寄晋斋太守书云:归途过杭,囊适空,谋一醉饱不可得,竟出涌金门,徘徊西湖岸上,掬湖水饮之,清澈肺腑,此境未易得也》的诗即言此事。不过,时来运转,这位柯易堂回乡后不久,又获实授知县、"宰名区"了,萧重写给他的诗题为《寄怀柯易堂大令一百韵》(卷十三,《倦还轩稿》)。但此后,《剖瓠存稿》却再读不到两人来往的诗了。

郭尚先提倡帖学

清乾嘉以降,汀州伊秉绶之隶书被推为国朝第一,后之莆田郭尚先也以行楷独步一时。先祖父藏有其行书墨迹一册，凡八开，珠圆墨润，颇具二王及襄阳风采。偶读龚显曾《坚芳馆题跋叙录》，谓郭氏"书法娟秀逸宕，直入敬客《砖塔铭》之室，行书嗣体平原《论坐帖》"。然《砖塔铭》楷法精严，郭尚先所擅乃为行书也。

郭白阳《竹间续话》卷四有云："莆田郭兰石尚先，书法米襄阳，工夫老到，兼长画墨兰。"友人陈国添君系清代抗英将领陈胜元之嫡系贤裔，日前我在其斋头拜观其家藏郭尚先书册，木板封面乃东谷叶化成题签，后跋为"董思白自言于《季海不空碑》得笔法，此语细玩方知。西村年兄印可。郭尚先"。若论郭兰石行书取法米南宫、董思翁一路，似较为靠谱。

嘉道以后，富阳周芸皋观察泉厦、莆田郭兰石主讲玉屏，两贤皆提倡"二王"与赵、董帖学，故闽南书道之风再次振作。光绪年间厦门书法家杨凤来，字紫庭，晚号止庭，龙溪附贡生，民国《厦门市志·文苑传》叙其"行书似董文敏，楷书似欧阳率更"。更有陈荣试，字秋崖，同安人，道光丁酉（1837）拔贡，行书得力于赵（孟頫）、董（其昌），笔墨淹雅苍润，颇为后世识者所珍爱。道光《厦门志·风俗记》云："自编修郭尚先主讲玉屏，楷法为之一变。"郭兰石尚先于厦门书艺之发展与有功焉。

《闽县陈公宝琛年谱》所载漳厦铁路之点滴

张允侨编著之《闽县陈公宝琛年谱》（自刊本）关于漳厦铁路有以下记载：

（光绪三十一年，1905年，58岁）闽省沟通南北，为交通要道。矿路等权，久为各国所垂涎，尤以日、法两国为最。七月间，闽省京官张亨嘉等呈请自办铁路，以为福建地僻民稠，生产郁积，全赖转轮利便，以发山泽之藏，以补耕作不足。近年以来，奸商勾引外人，动指数府矿地归其专办，矿路本相辅而行，欲杜盗矿之阴谋，莫若自行筹款，建筑铁路，上为国家挽久远之利权，下为绅民免身家之遗累。闻闽、浙、皖、赣四省均有此议，各选本省人为总理，以司其事，闽省即推公为总理。奉旨依议。兴建铁路本公素志，乃拟定章程，定名为"福建全省铁路有限公司"，规定专招华股。凡华人侨居外洋各岛者，但查确系华人，亦得与股。如有为外国人代购股票及将股票转售抵押于外国人者,概不予承认,以杜外国掌握股票,而盗实权。又规定凡附股之人,不论有无官职,皆为股东,应得各项利益一律从同。又议筹公款为招股保息,以坚众信。凡完地丁一两,粮米一石者,各加收二百文,仍照数给予股票应得红利,按年归还该地方官,以为办学及各项公益之用。公谓:路线必以通商口岸为起点,拟定先由厦门对岸之嵩屿至漳州,由东石经由安海至泉州,一面由福州至马尾,即漳厦、泉东、福马三段。选遣学生分赴东西洋,专习路学。所需要器材尽先采用中国产品。后四省铁路学堂成立于上海,民国后并入南洋公学,亦今日交通大学之前身也。一面聘请本国工程师进行修筑,并建议四省公立一铁路学堂,以拟向各埠倡募股权。由漳厦先行着手,以嵩屿至江东桥一线为嚆矢。十月,公遂有厦门之行。初十夜,月下渡鼓浪屿。

(三十二年)二月,公借正太铁路洋员二人,自福州勘路至漳州。

公以铁路募集股款事,十月远游南洋。

(三十三年)七月,返抵厦门。公南洋之行,计为铁路募得股款一百七十余万元。决定先办漳厦间铁路九十华里。沿线地势平坦,惟多溪流,先后架桥四十一座,筑涵洞五十九个,工程艰巨。于七月开工,工程师全用国人。

(宣统元年,1909年)公入京后,仍为福建全省铁路公司驻京经理。以遥领不便,推陈炳煌暂代主持召开第三次股东会,重推经理,众仍推公。为续筹股款事,乞假两月回籍规画,经商由广东交通银行借银五十万元,将业已动工尚未完成之工程限期完成。

(宣统二年)五月,福建铁路因经费困难,决将嵩屿至江东桥一段,先行通车营业。公旋亦辞去总理职务。

陈宝琛《沧趣楼诗文集》(上海古籍出版社,2006年)之"附录四·奏议"有一篇《闽路续筹招股乞假两个月回籍规画折(宣统元年十月十二日)》,也有参考价值:

奏为闽路续筹招股,需臣暂回规画,恳恩赏假两个月,恭折仰祈圣鉴事。窃臣前经商部奏派,总办福建铁路事宜,亲赴南洋各岛,招募股本百数十万,先筑漳厦一段,程功将半,奉召来京总理礼学馆事宜。彼时匆促北上,仅将经手事件交协理董事代办,本届股东开会,虽已添举总理,而以臣系创办之人，目下正须添募新股，仍欲责臣主持其事。臣查闽路巨股多半出自华侨，势不能工辍半途，使其失望，惟有仰恳天恩，赏假两个月，俾臣回籍规画，稍有头绪，即交替人接办。所有礼学馆编纂各事照常办理，已纂之稿，臣并可随带阅，定不至有假期，稍涉旷误。一俟假满，即当北上销假。理合恭折具陈，伏乞皇上圣鉴训示。谨奏。

《竹间续话》书中的厦门书画家

清末民初郭白阳著《竹间续话》，记与厦门有关的书画家多人，如：

> 同安吕世宜，字西村，小楷精工，尤以八法负盛名。所书《四十九石山房石刻》，得之比之璚琚。著有《爱吾庐题跋》。莆田郭兰石尚先，书法米襄阳，工夫老到，兼长画墨兰。
> 李廷钰，字润堂，号鹤樵，同安人，长庚抚子，官福建水师提督，善诗工书，长于画墨兰，有小李太尉之目。
> 谢颖苏，字琯樵，诏安人，行、草书法元章，晚学颜鲁公。工画能诗，善篆刻。咸丰间殉粤匪之难于漳州。闽南人甚重之。琯樵画山水最工，兰竹次之，翎毛多用秃笔，不失为能手。署款恒不书姓，惟署"琯樵苏"。传其画兰竹也，先写兰，置瓦盆于窗间，移灯取影，故放笔为之，未尝为古人所囿，其得力处，全在一两笔生动也。
> 郑霁林先生煦寓厦门甚久，擅长工笔花卉，尤工佛像，敷色鲜艳，愈老画愈工。与先公交甚挚，今年八十，尚健在，世以"鸳湖外史"目之。

另记诏安画家，或与厦门也有关系者。如：

> 谢琯樵外有沈古松瑶池，人物规模黄瘿瓢。许万涯钓龙、吴织云天章善花卉翎毛，胡汉槎俾善人物写意，沈云湖祖文善兰竹，谢半圭锡璋工草虫，尤长墨牡丹，许友农士谷善花鸟，马子般兆麟号竹坨（按：应为竹坪），又称东山里人，光绪间举人，画山水花卉以北派为宗，参以己意。及门者有沙涛松韵工花鸟，谢东澜观有及东山林瑞亭嘉善山水佛像，笔墨严肃，

敷色雅逸,皆诏安画派之能深造者也。

其父郭柏苍《竹间十日话》偶也记道光间厦门书画界人物,如其卷三云:

> 同安金门林子树梅,字实夫,将门子也。工诗文,善古篆隶,能舞剑。尝枕石长啸,与海涛相答,因自号啸云。以神骨清癯,又自称瘦云。淘井得铁笛,人不能吹。林子撼之,声彻云表,众乃呼为铁笛生。时与李山人作霖、吕孝廉世宜过予山房,所作缪篆,笔笔造古。尝曰:"刀锥之学,初则智巧,继则愚戆。"著有《缕縞存参》《静远斋诗文集》行世。

郭白阳(约1885—1940),侯官(今福州)人,幼承家学,后毕业于福建法政学堂。《竹间续话》于民国二十八年(1939)定稿,未刊。其父郭柏苍(1815—1890),又名弥苞,字兼秋、青郎,号梦鸳藤馆主人、但痦老人。道光二十年(1840)举人。后历试不第,转而研究天文、地理、河运等,锐意收集、采录地方文献、乡邦掌故。除《竹间十日话》外,还著有《乌石山志》《补蕉山馆诗》等传世。2001年,福州市地方志编纂委员会将清林枫《榕城考古略》、郭柏苍《竹间十日话》和民国郭白阳《竹间续话》合编为一册,由海风出版社出版。

盛宣怀跋吴德旋论文

道光《厦门志》附载有吴德旋为总纂周凯所撰《皇清诰授通议大夫加按察使衔福建台湾道周公墓志铭》,文称"公于德旋固尝有知己之言者,不可以不文辞"。后人对周凯的这位知己了解并不多,仅知吴德旋(1767—1840),字仲伦,江苏宜兴人。清嘉道年间文人,著有《初月楼文集》等。日前读《初月楼古文绪论》(与《论文偶记》《春觉斋论文》合集,人民文学出版社,1998年),卷末有宣统庚戌(1910)十二月武进盛宣怀之跋语,评吴德旋的学术成就甚得体。文曰:

> 右《初月楼论文论书》二卷,国朝吴德旋撰。按:德旋,字仲伦,宜兴人。幼有神童之称。既长,以廪贡生入都,三试不售,绝意举业,攻古文,宗韩退之氏,一主于法。时姚鼐方为海内文宗,学者翕然称桐城,仲伦亦

步趋之。然仲伦实有志圣贤之学,既不为世用,特托于文,以为养心之助。尝与同里路应廷书云:"德旋于朱子、象山、河东、姚江诸大儒之书,亦尝博观而详考之;顾自以心杂不专,不敢遂名其学。昔人有云:'一自命为文士,便不足观。'殚一生之心力,而求为不足观之人,而犹未必得,可为浩叹!"应廷得其书,三复玩诵,以为有道之言,非文人所能托也。此《古文绪论》,桂林吕月沧所录;《论书随笔》,门人康康侯所录;海宁蒋元煦刻入《别下斋丛书》。予喜其论文论书足为后学津逮,有名理,无高论,近世学者当知之。

杨雪沧在闽南

清同光二朝对闽南文坛影响最大者,当推晋江杨雪沧。粘良图学长新撰《晋江历代人名辞典》("晋江文化丛书"第六辑,厦门大学出版社,2013年)述杨雪沧云:

> 杨浚,字雪沧,号健公,晋江十九都曾坑人,居侯官,擅诗文楹语。清咸丰二年举人,授内阁汉票签中书及国史方略校对官。

近读杨浚所撰《冠悔堂楹语》,其作品大多附有跋语或年款,可以考其行踪。其题漳州左文襄公祠楹联之前跋云:

> 同治丁卯(1867)浚随文襄公西征,综营务处,昕宵列幕,受教良深。光绪丁亥(1887)适主丹霞讲席,为请当轴建公专祠,择地幸毗连,书此以庆成云。

题漳州丹霞书院联之前跋云:

> 同治丙寅(1866),左爵帅由漳班师,命浚司正谊书局,校刊先文靖公子、朱子各集。洎成,从征秦陇,为掌书记。兹又承乏此席,获读帅刊万松关篆碑、试院楹语。

又题金门浯江书院联之前跋云：

> 庚辰(1880)，予承乏紫阳讲院。越岁兼汀、漳、龙二郡一州之丹霞。附以龙溪之霞文。今夏再主金门之浯江，凡四席。

因此可知，同治五年(1866)左宗棠班师离漳时，命杨浚至福州"司正谊书局"。同治六年左氏西征，杨浚复随之"从征秦陇，为掌书记"。光绪六年(1880)到厦门主讲紫阳讲院，第二年又兼漳州丹霞和龙溪霞文两书院。任金门浯江书院则不知"今夏"是何年？但光绪十三年丁亥(1887)，杨浚尚在丹霞书院任教，犹能"为请当轴"建左文襄公祠，并题楹联云：

> 河山百战话从戎，口指亲承，佣笔昔曾司记室；文字廿年感知己，死生难忘，横经今又托比邻。

同治丙寅至光绪丁亥，首尾正二十年。其题厦门南普陀寺左文襄公祠联云：

> 知己托文章，命综校儒林，专司记室，佐治军资，八千里秦陇相随，每饭忝上宾，谔谔到今，垂老依人惭一士；报功崇庙宇，溯削平草寇，剪灭莠顽，攘安结，二十年海天无恙，余威庇孤岛，熙熙如昔，再来活我诵元戎。

此联今仅剩下联，藏南普陀寺藏经阁。1997年我参与文物普查到寺，曾抄其名款为："前总办福州正谊书局、陕甘爵督大营总理营务处兼督办军需总局、候选道、内阁中书、紫阳书院掌教，温陵杨浚敬撰并书。"

杨雪沧为厦门官廨书院题联

杨雪沧所著《冠悔堂楹联》共三卷，光绪甲午(1894)孟夏刻板印行。其中有题厦门水师提督署楹联多对。其题"头门"联五对云：

仆射如父兄，挟纩知恩，雁户周庐联一体；金吾冠仕宦，握符邀宠，鹭门列幕领千官。

为王者师，振旅治兵，是真万人敌；得圣之任，敦诗说礼，本自六经来。

第一重门，银棨当关蹲虎豹；方千里地，金鞭断渡制鲸鲵。

鹅鹳示军容，海上儿童识都督；麒麟留画像，阁中神武拜将军。

大海化为醪，掬水咸沾一斗；长杨森作戟，拂云更种千章。

题"仪门"联六对云：

三箭定天山，壮士长歌，华夏威名传铁勒；六爻演地税，丈人贞吉，太平节制镇嘉禾。

横海楼船，南服阑干森百尺；伏波铜柱，中流磐石奠千年。

更历一层，列座句陈应星象；请修百礼，升阶侧弁进风诗。

海水知王，阳气乘时开武库；东风入律，罽宾罗拜集天朝。

万鹢齐飞，擂鼓长风排木柿；六鳌高策，挂弓初日见榑桑。

刁斗有铭，奏凯八濛同立马；海天如镜，归农二岛且骑牛。

代彭纪南军门题"大堂"联云：

君恩重比邱山，梁栋寄苦心，敢负一时际会；母训懔如天水，简书明远智，不忘两字忠勤。

代彭军门题"东花厅"联云：

胜地留宾正，六十年华，置酒初筵歌抑戒；清时偃伯与，两三耆旧，剪灯良夜读阴符。

代彭军门题"西花厅"联云：

敢学祭弟孙，得暇投壶，趁今夕只谈风月；愿为羊叔子，相逢馈酒，叙平生且进笙簧。

题"花厅"联云：

　　草木知名，留得梅花万本；春秋多暇，酿成醇酒千盅。

题厦门海防厅署亦有多对，题"大门"联云：

　　方卅里左带右襟，对逝者长流，敢负初心有如此水；第一重卯开酉阖，看巍然屹立，倘非公事莫入吾门。

题"二门"联云：

　　再进一层，所入更深，弄笔招尤休逞舌；为言二比，有冤宜解，投弓修好且回头。

题"大堂"联云：

　　白鹿著遗规，佐治可师，主簿今为十哲长；红羊换小劫，更新有象，堂皇永巩万年基。

题"二堂"联云：

　　是是耶？非非耶？留余地作退一步想；丝丝也，忽忽也，有老天能核满盘差。

题"花厅"四联云：

　　地邻左鼓右钟，猛省晨昏，敢守此心勿放；座列南陈北薛，只谈风月，且欣今夕能闲。
　　丹穴溯名山，飞到凤凰，蔼蔼朝阳见文采；乌衣话故国，重来燕子，喃喃春社醉升平。
　　四面海天宽，卉服来归，共倚鸿山作屏蔽；一堂风雨萃，茅檐遍问，所期雁户尽康强。

借尺地种心苗,五品命官斯称职;为群艘护血本,百年元气要藏民。

题厦门通商局二联云:

中国有圣人,万里梯航毕集;重门无暴客,一堂槃敦交欢。
四裔庆如归,日中为市;万方奉正朔,海上不波。

雪沧先生还为厦门紫阳书院题联,摘词用典,亦颇可读。其题厦门紫阳书院朱子祠联云:

广夏尽欢颜,正海日重轮,岛上金鳌骑背稳;考亭曾过化,有洞天片石,阶前白鹿点头来。

题厦门紫阳书院之双华书屋联云:

墙头山色作人立,庭角桐声疑雨来。

杨雪沧鹭门感旧诗所记厦门人物(一)

杨继勋,号立斋。感旧诗注:

家立斋军门继勋,闽县籍,官温州总兵,署宁波提督。移居厦城,辟寄园,一时如南澳总兵庄智庵芳机、宁波提督蒲树亭立勋、阳江副将林笃斋志忠,岁时过从无旷日。长子禹门游戎为予父执。

黄克明,号镜塘,榕林主人。感旧诗注:

黄荔崖驾部日纪,由诸生特用科中书升主事,建别墅于凤凰山麓,漳浦相国蔡文恭公题曰榕林。驾部与薛震湖孝廉起凤辈结瀛洲诗社。后园归其从子镜塘司训克明。予尝题句云:"樊川双鬓渐霜如,禅榻茶烟伴起居。绝好清音有山水,一灯重读选楼书。"

周承恩,号碧峰。感旧诗注:

  周碧峰副戎承恩,官安平,殉海寇张丙难。其子銮石游戎向辰官海坛,因剿土匪林俊,战死于仙游纸山。

陈胜元,字晓亭。感旧诗注:

  陈刚勇公胜元,字晓亭,官福山总兵,咸丰癸丑殉芜湖之难。至光绪丁丑觅骸归葬。南通州家述臣先生有诗纪死绥事。公赴省多住予家。尝制僧衣藏筒,语先大人曰:"他日宦成,当披缁入山。"

杨靖江,号禹门。感旧诗注:

  家禹门游戎靖江,官督标右营。予家虎节河西,首其东,别有三椽,邀公驻焉,公不嗜豚酒,人或馈之,即以赠予。

陈兴隆,号徽亭。感旧诗注:

  陈徽亭参戎兴隆,官水师营护闽安副将。道光丙午正月,先王父见背,公驰唁浙,以劳卒温州师次。

李增阶,号谦堂。感旧诗注:

  李谦堂军门增阶,为壮烈伯忠毅公从子,从击海盗蔡牵功,擢虎门提督。子鸿山千戎懋斋,初纳粟国学,应乡试,旋改职,出师海上,遇飓风,同其长子溺死。

陈世忠,号锦堂。感旧诗注:

  陈锦堂镇军世忠,历仕福宁、登州、黄岩、温州各镇。咸丰初,海上转战称骁将。赭寇踞金陵,朝命会剿,克复沿岸贼垒,力毁横江铁缆,屯兵观音门,断其南北援,声震一时。旋忤大帅,落职。其叔靖波、显生,亦官南澳总兵。

庄中正,号诚甫。感旧诗注:

庄智庵镇军子诚甫上舍中正,能治古文,尝预修《厦门志》。

颜青云,号梯航。感旧诗注:

颜梯航镇军青云,官南澳,以休去。当小刀会匪谋夺金门,乘风破浪,先渡以扼其要,大军继至,获安。

林建猷,号鸿轩。感旧诗注:

林鸿轩军门建猷,历官宁波、厦门提督,为笃斋副戎季子。五十年前厦之水师塘务蹴宅,与予对宇,将弁或携眷寓此,多至予家。

林向荣,号龙江。感旧诗注:

林龙江镇军向荣,官台澎时,殉土匪戴万生难,弟禾江茂才向皋同日死,范新溪侍御熙溥为奏请优恤。

薛师仪,号鼎臣。感旧诗注:

薛鼎臣参戎师仪,风度温雅。

吴清华,号丽山。感旧诗注:

吴丽山参戎清华,殉辛酉杭州之难,时抚浙者为王壮愍公有龄,予姻长亲。今专祠在乌石山。

吕世宜,号西村。感旧诗注:

  吕西村孝廉世宜,又号不翁,道光壬午举人,善八分书,盖得力于《鄐君碑》与《杨宗阙》也。所著《爱吾庐文钞》《笔记》,吴县潘氏采入《滂喜斋丛书》。隶书大字如《张公去思碑》《吕孝子碑》与汉人楮叶莫辨。小字如"四十九石",亦不让鲁公"小麻姑坛"。近枋桥林氏又刻其《古今文字通释》一书。

叶化成,号东谷。感旧诗注:

  叶东谷孝廉化成,道光乙未举人。是年,周芸皋观察集诸生决试,于超等定额之上,独标公一名,果捷者惟公也。善绘山水。

杨雪沧鹭门感旧诗所记厦门人物(二)

林国芳,号小潭。感旧诗注:

  林小潭方伯国芳,台北枋桥人。先世居厦,公亦时往返焉。道光己酉寓省,每夕招饮。咸丰壬子冬,下榻予家。予值赴温陵,比归,遇于枫亭,谆谆属以故人子侄随时情状,当作书与知也。由淡水赴噶玛兰,必经三朝岭,多阴雨苦滑。公独力捐修。相传公为岭神降生者。

孙云鸿,字仪国。感旧诗注:

  孙仪国镇军云鸿,官福山镇,予年伯行。咸丰乙卯,乞病归,寓予邻赵谷士太史在田家,公戚也。谈数十年事,历历如绘。出其《竹里寻诗图》命题。濒行,赠予诗有"少年意气凌沧州""宦海应怜予白头"二语。尝航海,既溺,复获免。晚更号复生云。

陈骏三,号良田。感旧诗注云:

陈良田广文骏三,道光甲辰举人。二十年前与苏少伊同年赴省,频过访。君授读于金厦二岛,及门多闻人。

陈廷菜,号苣塘;陈廷芸,号石香。二人均为陈化成之子。感旧诗注:

陈苣塘比部廷菜、石香水部廷芸兄弟,一道光癸卯恩赏举人,一同治壬戌举人,忠愍公之四子、六子,均官员外郎。二人以父殉吴淞之难,计车誓不航海。

杨鸣凤,号瑞桐。感旧诗注:

家瑞桐先生鸣凤,岁贡生,由晋江迁厦,主紫阳讲席。道光乙巳卒,此席遂废。洎光绪庚辰,家止庭运同集同人谋复旧,以予承乏焉。

林春溥,号鉴塘。感旧诗注:

林鉴塘太史春溥,寓厦时习修炼。忽病,有异人为锥其腹,霍然而起,不传其姓名,殆仙之流亚欤?

林崇光,号春波。感旧诗注:

郭远堂中丞掌教玉屏,值课日,谒客停舆嚣市,见有手执《诗韵》,即课题所得之字,心异之。及揭榜,获一佳什,即其所作。予近访同人,知为林春波布衣崇光。

吴文标,号蘁畦。感旧诗注:

吴蘁畦司马文标,兄弟五人,或举孝廉,或官正郎。尝绘《春江载酒图》,子翘崧中翰廷材为之征诗。中翰葺书院,建义厂。壬寅夷氛,筑石壁。乙卯防寇,总团务,捐资不吝。孙白甫二尹家驹。

吴惇,字怡棠。感旧诗注:

吴怡棠太守惇,乾隆乙卯举人,与胞兄洪同榜,以孝子称。尝因母病,搜罗方书,遂精于医。素耽易说及宋儒语录,守曾子"战兢"十二字不敢忘。丁卯,泉郡修八卦沟,太守饬厦,抽闲架税。公请于厅,尊先瀹双溪之淤塞者,划所集资,以羡解府,而厦之文运一转。文孙编有《兰陔玉谱》。子五:长梅臣葆年,永定训导,捐升盐运副使。次式南葆濂,附贡生。三旸谷葆晃,户部员外郎。四宛南葆澜,候选道。五绳南葆初,盐提举。梅臣与其子小梅司训兆荃,均能诗。

林焜煌,号逊甫。感旧诗注云:

林逊甫茂才焜煌,绩学工诗,尝预修《厦门志》。

杨廷球,号鸣轩。感旧诗注云:

家鸣轩茂才廷球,为吕不翁之女婿,亦工隶书。庄牧亭观察志谦主讲玉屏,每语人曰:"介眉,端士也。"介眉亦其号。弟承渊茂才廷藩,亦能文。

黄元琮,号崑石。感旧诗注云:

黄崑石观察元琮,由诸生官户部员外郎。海氛助饷,上其功,加道衔。从周芸皋先生学,为校刊《内自讼斋文集》。

黄济川,号君舟。感旧诗注云:

黄君舟上舍济川,少孤,为母请旌表。子圭石州牧绍先,补弟子员。省会饥,捐粟得奖。英人扰厦,尝助饷募勇。又子遯庵上舍绍言,善绘事,精医术。

光绪乙未前后来往厦台之"爹利士"

《魂南集》有乙未(1895)上海、厦门、台南间海上航运之具体记载。如是年夏五月二十日记：

（易顺鼎）乘"保定"轮船往厦。自上海至厦门水程三千余里，船价番钱七元有奇；余包房舱一间，加番钱十二元。

又记：

由厦门往台南，海程竟日夜可达，然只有美国公司轮船一艘来往，其船名曰"爹利士"，每次由台南至厦门，由厦门往汕头、香港诸处，又还至厦门而后再往台南，以故每月赴台南不过两三次。此外尚有一船间往台南，不能定也。

并记：

"爹利士"由厦至台南，船价番钱七元有奇，乃另加番钱数元，包大舱一间。

该书还记载：

时台南军民内渡者日不暇给，"爹利士"居为奇货，仍复开往。

出海时，由台南海口登洋船，很有一番惊险，易顺鼎记之甚详：

（五月十一日）闻"爹利士"船已回泊海口外，有乘竹筏出入者。竹筏之制，栽容四五人。用巨竹十余，贯以巨钉，絙以巨绳，置以木桶以贮行李。一人坐于桶上，余人则蹲伏桶旁。操筏者或五人，或六人，人持一巨桡。皆裸身出没浪中，俗呼为"水鬼"，即古之"弄潮儿"也。从海岸出海口至轮船泊处，约五六里，银涛雪浪，壁立万重。……（余）急欲登舟，乃以洋蚨六元雇一筏，操筏者六人，余主仆三人，余坐桶上，两仆坐桶旁。甫近海口，则向所望见之银涛雪浪变为十丈黑山，从天而下，直压筏上，余默谓性命休矣。乃浪从筏上飞过而不落筏上，且一浪未过一浪又来，惟见无数黑山争来相压，不知如何过去，又默谓性命休矣。乃每一浪来，竟不知是浪从筏上行,是筏从浪上行。……如此者数刻之久,余惟闭目坚坐,听其自然,以手牢握桶绳,如在虚空中作秋千戏:时而登天则与之九天,时而坠渊则与之九渊。轮船渐近,浪始渐平。操筏者之力将竭,而余之力亦竭。若再有数刻,不能胜矣。

由此可以遥想当年郑成功强渡鹿耳门收复台湾的艰难,以及乙未割台后那一批爱国台胞内渡到祖国定居之不易。

清末民初闽南的工艺精品

侯官郭白阳《竹间续话》(海风出版社,2001 年)卷三所记闽南风物甚详,其清末手工艺品著称者有:

漳州丽华斋所制印泥极精,色泽旧留不变。

永春王华亭纸织画图,手技精巧,描写人物惟妙惟肖,王氏深守祖传秘法,不外授也。

(建窑)后制者出德化,色甚白,颇莹亮,亦名福窑。有紫建、乌泥建、白建三种。白者似定窑,惟无开片,佳者质厚而表里能映见指形,以白中闪绝色为贵。有凸花及雕字者,然不甚细。

《闽小记》云:会城去贪和尚之鬼工球,莆田姚朝士指环济机上之日晷,龙溪孙孺里一寸许之自鸣钟,漳浦杨玉璇之一分许三分薄玲珑准提像,福清郭去问一叶纸上尽书全部陶诗,笔笔仿欧阳率更。

《闽中纪略》称:闽人雕刻天禄、辟邪、狮虎各钮,精如鬼工。按:清初漳浦杨璇,字玉璇,时称绝技。又有周尚均名彬,制钮,外间刻写意山水,钮旁署名"尚均"。体八分、阳文,或作"周彬",阴文,八分者,其工不及玉旋,而取径各有不同耳。

今人郑逸梅先生的《艺林散叶》也提及:

漳浦周彬,字尚均,善治石,为文房清玩。袁励准藏其所琢寿山石佛,张矩曾藏其所刻田黄石印,钮制荷鹭,极精妙(第 3421 号)。

可见周氏的工艺精品当时已名扬海内。惜数十年后,收藏界竟无人再提到漳浦周彬、杨玉璇之绝艺,遑论永春王华亭的纸织画图和龙溪孙孺里的自鸣钟了。

"郎罢"或是闽南话之"老爸"

闽南话称父为"老爸(音'倍')",疑即古人称父为"郎罢"之遗风。唐顾况《囝》一章有句云:"郎罢别囝,囝别郎罢,及至黄泉,不得再郎罢前。"自注:"闽俗呼子为囝,父为郎罢。"宋黄山谷《送少章从翰林苏公余杭》诗:"但使新年胜旧年,即如常在郎罢前。"唐子西诗:"儿馁嗔郎罢,妻寒怨藁砧。"我友王翼奇《绿痕庐诗话》(与《绿痕庐吟稿》合集,浙江古籍出版社,2006 年)也有《"郎罢""汀茫"》一章,唯"闽人呼父为'老父',父,上古声母为'并',闽音至今犹然"一语无举出处,颇费解。陈培锟《岁寒居士集》第四编"掌故笔记"有"郎罢"之说,故引申之。

浦江清日记中之国立厦门大学

浦江清先生于 1942 年 10 月 8 日到福建之长汀,时国立厦门大学迁此已五年。其当天日记云:

> 下午二时,问明厦大地址,至其门房,问施蛰存,云住长汀饭店,林庚住山上宿舍,惟萨校长则在校办公,乃往谒之。萨氏久别,见余畅谈清华近况及厦大情形,要余留一二日,参观厦大,并云倘能留此更佳,因中文系尚缺人,而西联彼可去电为代办交涉也。余感其意,恳辞。

翌日日记云:

> 校长住宅旧为仓颉庙,经改造,颇清洁。有一会客室,窗用明瓦以代玻璃,光线甚佳,平时亦为会议室。另一饭厅,皆极大,四壁书架,放厦大图书馆书。盖恐轰炸,故择精要者疏散在此耳。……饭后参观各科学实验室,设备均佳。旧为县文庙,化学实验室乃旧监狱所改造者。

同日,施蛰存教授陪浦先生参观图书馆,当天日记又记云:

> 是日上午,蛰存领余参观厦大图书馆。西文书,凡语言、文学、哲学、历史、医学、生物皆富,物理、化学、数学书亦可,而关于中国文学之书籍亦多,出意料之外。据云语言、文学为林语堂,生物为林惠祥所购,故有底子。人类学术亦富。中文则丛书甚多,地志亦不少,顾颉刚所购。金文亦不少。又有德文书不少,自歌德以下至托麦斯·曼均有全集。尼采、苏本华全集英德文皆有。亚里斯多德有最新之英译本。

浦先生对战时厦大图书馆的藏书印象良深,同年在昆明西南联大犹与朱自清教授谈及此事。11月24日日记云:

> 留研究所中看书。又至梦佳处、游国恩处。游,北大新聘担任文学史课程。又至北大文科研究所看书,亦近,不到半里。以两处书合并以观,勉强可足。佩公问较厦大如何,余曰,尚差远也。如《四部丛刊》一、二、三编,《四部备要》、《图书集成》、百衲本《二十四史》等,皆此无而彼有,《丛书集成》只到第三期书。

浦先生10月12日上午即离开,在长汀的厦大仅勾留四天,却留下美好的印象,也为校史留下很重要的一笔。浦先生的日记见其《清华园日记》,三联书店1987年出版。

浦江清先生时任清华大学中国文学系教授,著名的古典文学研究专家也,惜于1957年去世。

苏逸云代林国赓作《中山公园记》

顷读苏逸云《卧云楼笔记》,其卷一"客窗闲话"有作者代林国赓所作《中山公园记》,乃厦门地方史有用资料也。全文录下:

> 民国十六年,国赓督办厦市政。承杨部长命,规建公园。以周会办醒南董其事。崎山、盐草河间,山水殊胜,河南北多民居,重价购之,园址乃大拓。图凡数易,始鸠工。周筑短垣,外环马路。辟门四,来者便焉。内浚两溪三河,架桥十有六。亭台、池馆、簃榭、场圃、园社、华表、丰碑之属,因地区处,惟备惟宜。而古木蓊郁,曲径迂回,海浪掀空,云根筹挈,崎山一隅,尤具天然胜概。园广袤二千零七十三公亩有半,历三稔始成。迁民舍二百四十五家,买地费三十三万五千余缗。工程及常费费三十七万四千余缗,番取新区溢利充之。游斯园者,览规模之宏远,建筑之牢致,谓东南数省区,此其选也。因功余,实则创议者杨部长,聿成者周会办。余何有焉?园名系以中山,从民望也。

苏逸云(1878—1958),又名寿乔,号卧云居士,福建龙岩人,清末被选为谘议局议员,辛亥革命后历任光泽、龙岩两县知事,1928年举家迁居鼓浪屿,任海军司令部督办的堤工处秘书。抗战全面爆发后南渡新加坡,在《星洲日报》任编辑。1947年回国,出任《厦门市志》总纂,旋出国居马来西亚,1958年在槟城去世。此文当作于堤工处秘书任内。文中所称中山公园之"创议者杨部长"不知何人?待考。

郑延平王祠

厦门有两处纪念郑成功的延平王祠。

一在中岩寺。《民国〈厦门市志〉余稿》(鹭江出版社,2022年)的卷五"建置志·附祠庙"云：

> 郑延平郡王祠在万石中岩之上。后人以仙草坪古有尼庵，为郡王读书处，有塑像。尼庵倾圮，雍正间邑人移郡王像于中岩，后岩宇重修，移祀左旁，今存。

厦门大学郑成功历史调查研究组编写的《郑成功史迹调查》一书（福建人民出版社，1962年），其"郑成功在厦门的营寨、府庙遗址"一节云：

> 沿万石岩石阶而上是中岩（又名鹧鸪岩）。这里本有郑成功塑像一尊及"延平郡王"祠庙一座。祠尚存，像已毁。

二在鸿山寺附近。今在陋巷中犹可寻访到郑氏荥阳通祠后殿及双庑旧址，然已经水泥翻建矣。1912年出版之美国毕腓力牧师所著的 *In and about Amoy*（《厦门纵横：一个中国首批开埠城市的史事》，何丙仲译，厦门大学出版社，2009年）一书特别述及：

> 从厦门通往厦门港"大路"的左边，在一座空旷的小祠庙内外，成排地放置着好几尊雕像和一匹无人骑的马，人们说这座祠庙是为纪念"大将军"郑成功的功绩而建的。

这个地点当为鸿山，显然已有"延平郡王祠"了。最有力的证据是画家郑煦（字霁林）作为族亲为荥阳通祠落成所赠送的《苍松喜鹊图》上的一段题跋：

> 岁庚午（1930）侨居厦门，适我宗亲建筑延平郡王庙并荥阳通祠，以画屏见属。爰抚宋元之人笔法以应，借作纪念。东粤南湖派廿一传煦绘，时年七十又二。

同治十三年（1874）沈葆桢奏准在台湾兴建郑延平祠，鸿山的这座"延平王祠"应该是在此之后，附于荥阳通祠供郑氏后人祭拜。今通祠遗存的石柱上，刻有联三对：

桓武开基，报德崇功，俎豆馨香陈酒醴；鹭门衍派，建祠启宇，春秋祭享祀明禋。

鼻祖出荥阳，南北何分双相第；通祠营鹭岛，春秋好叙一家言。

海外我归装，看吴李陈黄，均结拓都势力；关南今建祀，合漳泉闽粤，共谈光固渊源。（年款称"民国庚午年秋月"）

此三联都与郑成功没什么关系。1930年修建通祠和"延平王祠"时，还在后山岩石上刊刻"延平郡王园"五字，把祠庙和原有的"嘉兴寨""太师墓""双忠魂"摩崖石刻等郑氏遗迹都串联起来。"文革"前，我在思明南路边上尚见其门内草莽中有石马翁仲之属，且有稚华罗丹师撰书之楹联。20世纪30年代，李绣伊仁丈的《厦延平祠》咏怀的即是鸿山的这一座，诗云：

废兴翁仲悄无言，禾黍离离石兽尊。麦饭施祠馁寒食，椒觞野老酹忠魂（祠内石镌双忠魂）。鹧鸪声里春三月（厦中岩一名鹧鸪岩，亦供延平王塑像），风雨归时海七鲲。可悯玉鱼蒙葬地，青乌妖网误文孙（清代郑怀陔谒坟，见坟地被葬累累，欲请政府敕迁，堪舆家谓坟系网穴，丛葬网目乃分明，遂止）。

值得注意的是，绣伊仁丈没有忘记"厦中岩一名鹧鸪岩，亦供延平王塑像"。

闽南菜姑

闽南佛教界除僧尼和居士外，"菜姑"比例相当多。菜姑在佛门的地位，界乎比丘尼（尼姑）与优婆夷（在家女居士）之间。菜姑需经过出家仪式，摄受《梵网戒》，亦行比丘尼的戒律，出家住寺修行，只不过"仍挽青丝不落发"而已。

菜姑起于何时？众说不一。《厦门佛教志》（厦门大学出版社，2006年）辟有"菜姑"一章，对闽南文化的这一特色进行研究。该书认为闽南菜姑现象与该地区之崇尚理学传统有关，因为南宋朱子反对"吃菜事魔"，因而自此至明清两代，闽南一带几乎见不到女子削发为尼的记录。迨至明季，有同安进士陈健建"西园院"，供其寡妹留发出家。还有明末遗臣黄其晟（元眉）为其寡女于前岩建"安福院",后将府第改为斋堂称大德堂,由其家族出家菜姑住持。于是开始出现"女众削发出家尼僧少,带发出家菜姑多"的现象。但此风封建当局并不支持,清代厦门诗人王步瞻的《小兰雪堂诗钞》有《鹭门杂咏六十首》,其中有咏"菜姑"一诗为证,诗云:

菜友相逢意便亲,菜堂深处共修真。自从礼佛无拘束,甘吃长斋不嫁人(厦门旧有菜堂,经官毁禁,近复似聚僻处,诱人吃菜念佛,闺女至有不嫁者)。

《厦门佛教志》的编纂者认为,清末民初是出家"菜姑"发展的兴盛时期,20世纪30年代,厦门岛内即有8所菜堂,"菜姑"总数21人。目前,厦门市的日光岩寺、天界寺、万石岩寺和妙清寺等寺院仍由"菜姑"在住持。

弘一法师对"菜姑"的命名不以为然,他认为:"俗云菜姑,亦云贞女。菜姑之名固有未当,贞女之名亦滥俗称。据《大智度论》有五种五戒优婆夷,第五名断淫优婆夷,正属今称清信女。清信女者,优婆夷译意也。"(弘一法师《梵行清信女讲习会规则并序》,林子青:《弘一法师年谱》第214页,宗教文化出版社,1995年)不过,现在大家还是尊称她们为"菜姑"。

"无匾不恕"

南普陀藏经阁后,有清宣统元年(1909)贝勒载洵等题名刻石,盖1900年八国联军之乱后,第二年清廷始推行新政,继而准备"变更政体,实行立宪"。宣统元年载洵之兄载沣以监国摄政王代理大元帅,亲统禁卫军。五月,任命"贝勒载洵、提督萨镇冰俱充筹办海军大臣"。秋,"出洋考查海军"(《清史稿·宣统纪》),间道到厦门"阅视海疆"。书者冯恕(1867—1948),字公度,号华农,原籍浙江慈溪,寄籍河北大兴。光绪十四年(1888)冯氏曾主持修建北京中南海一条长四里的铁路。并与人创办第一家民企股份京师华商电灯公司和电气学校。清末载洵任海军部都统时,历任海军部参事、军枢司司长及海军协都等职,曾随载洵前往欧洲考察海军。冯恕以书颜体尤近刘石庵而名重京华,昔日有"无匾不恕"之口碑,大栅栏"张一元茶庄"及西四"同和居饭庄"等处的市招,皆其得意之笔。晚岁中落,尝自况:"老母时年六旬,为恕磨墨伸纸恒至夜分。"

久而无人知冯恕其人矣。日昨读天津张树基文章(《中国文物报》2005年1月5日第9版),我始识荆。闻冯恕亦擅收藏和鉴赏文物,曾为抢救西周重器毛公鼎,与叶恭绰先生奔走集资,不遗余力。今毛公鼎宝藏于台北故宫博物院。

"四配"

厦门民间俗语有"四配"一词,乃合适、相称之意。如云某(物、人)与某(物、人)真"四配"也,等等。其意或出自古语。古之"四配"者,乃大成至圣先师孔夫子配祀的四位弟子颜渊、子思(居左),曾参、孟子(居右),统称四配。

孔子之有配祀始于三国,《三国志·魏书·三少帝纪》载:三国魏齐王正始二年(241)"春三月……使太常以太牢祭孔子于辟雍,以颜渊配"。唐太宗贞观二十一年(647)诏令以左丘明、子夏、公羊高乃至晋杜预、范宁等二十二人配享。《新唐书·礼乐志·五》载:唐玄宗开元二年(714)司业李元瓘上奏曰"请释奠十哲享于上,而图七十子于壁",曾参坐亚之。于是唐玄宗至五代时之国子监、学宫皆"塑先圣、亚圣、十哲像,画七十二贤及先儒二十一像于东西庑之木壁"。宋代孟轲始进祭坛,宋神宗熙宁七年(1074),"立孟轲、扬雄像于庙庭"(《宋史·礼志·八》),南宋度宗咸淳三年(1267)春正月"戊申,帝诣太学谒孔子,行舍菜礼。以颜渊、曾参、孔伋、孟轲配享"(《宋史·度宗本纪》),但当时"议者以谓凡配享从祀,皆孔子同时之人,今以并配,非是。"(《宋史·礼志·八》)。直到宋仁宗时代,孟子配享的地位才得以确定。元朝的仁宗延祐三年(1316),"秋,七月,诏春秋释奠于先圣,以颜子、曾子、子思、孟子配享"。"四配"于此定局。虽然,明太祖极不喜孟子,大骂:"如此荒谬之言……倘此老在今日,岂可免我一刀!"(《明朝小史》卷二)几被逐出文庙,翌年才"配享如故",而明清两朝从此成定制。

清王杰《重建同安县学大成殿碑记》称"同安学创于五代末,宋绍兴中始迁今所"。就现存碑记考察,庙系五代末邑令陈洪济建,宋绍兴十年(1140)邑士陈彦先迁建于"县廨之东南隅",明正统九年(1444)姑苏陈公"重修孔子庙",清乾隆三十二年(1767)邑侯吴镛"重建同安县学大成殿",嘉庆二年(1797)郡司马高以彰重修同安县儒学,嘉庆三年高以彰再次倡修明伦堂,嘉庆十八年前邑侯何兰汀倡修县学,嘉庆戊寅(1818)重修文庙等处,民国十二年(1923)重修大成殿两庑。明正统九年以后屡修孔庙,想必一如定制,置有"四配","海滨邹鲁"之乡才会以此"四配"为褒词流传至今。

三节涧

厦门名胜有名存而景不在者,三节涧也。石遗老人居厦门时,有三节涧之游,其《雨后三至三节涧,同夷庚、俊生、达清》云:

> 观水吾所欣,听水尤不厌。此岛有此涧,雨后辄念念。念之遂命侣,并携酒一舀。此涧凡三节,节节乱石坫。首节最能鸣,砯匐坠窄堑。骑危艮其背,湍激恣窥闞。般旋临中节,一潭当中占。潭中列数磐,没水仅未垫。右漩而左瀑,溃冒不可敛。春撞奋戈矛,飘瞥拂长剑。据石娱心神,视听双美兼。久之至上节,源泉致丰赡。悬流增数道,前度记所欠(余前游有记)。酌酒食馎饦,愿言屋廛敛。

读此,可知它是当年岛内山中某一处有三跌水的泉瀑。

百年前,厦门岛上之"三节涧"且能"砯匐"有声,"湍激"有势,今查民国《厦门市志》卷七"名胜志"有"三节涧",应即三节涧也。该词条记曰:

> 在五老峰左,《陈石遗游记》略云:涧在南普陀之左,颠末可数百步,其源尚未穷也。其颠数石夹持若衣领,狭不越数尺,泉数尺悬焉。石凌乱,层累梗之,泉夺路下奔,声嗷然鸣。百余步坠于平地,沙见水底。又百余步,数盘石皆丈余当焉。上亘石梁,泉从梁下来,左被石作短瀑,幅数尺。右穿诸盘石,曲折号行。……余以斯涧无名而胜处可分三段,乃取香山八节滩之意,颜以"三节"。

石遗老人所记绘声绘色,惜今已无迹可寻矣。

王人骥故居

王世昌、世元贤昆仲乃厦门近代文化名人王人骥之文孙也。《厦门市志·文苑传》记"王人骥,字选闲,号蒜园。台湾安平县人,性孝友,端重寡言,年十五入邑庠。甲午中日之战,清廷割台湾,人骥世为台巨室,田宅丰腴,弃弗顾,奉大母及父母,内渡归籍龙溪,居厦门",且记其"壬寅(1902)举于乡",科举废后,"赴日本习法政,毕业归国,补会计司主事,晋员外郎"。入民国,"长思明中学校,造士尤多"。抗战时期厦门沦陷,王先生避居鼓浪屿,不为敌寇所用,人高其文章气节。今王人骥所居之石壁街 10 号,已被授予厦门近代名人故居。实则王人骥一家先世即卜居台南之八里庄,世业农。祖式豪,"致赀日多,性好施与,常以不学为耻",因而督子舜中读书甚严。舜中,即人骥先生之尊人也。光绪乙亥(1875)"受知于提学道夏献纶,补县学附生",遂在台"设馆授读",并在乡里行善事。乙未(1895)割台,王舜中奉母吴氏随子人骥内渡"侨居厦海外",所居曰"慎余堂","遍植嘉卉,优游自适"。因其孝道有名闾里,去世后曾"奉大总统令褒嘉",事见《厦门市志·孝友传·王舜中传》。故今之人须知此地非唯爱国的台湾举人王人骥之故宅,亦孝子王舜中之慎余堂也。

红豆小馆

丁亥(2007)4月中旬,我应南宁镛如法师之邀做漓江之游,其间印象最深者实非阳朔,而是无意中瞻仰之"红豆小馆"。斯馆乃国学大师陈寅恪先生抗战期间应聘广西大学之聘,在桂林雁山园中之所居。但见瓦屋一桁,前有红豆一树,森森然如入画中。门额悬"红豆小馆"木匾,盖唐篔夫人诗中所称之"半山小筑"也。忽忆陈寅恪先生有《壬午桂林雁山七夕》诗云:

香江乞巧上高楼,瓜果纷陈伴粤讴。羼縠旧游余断梦,雁山佳节又清秋。已凉天气沈沈睡,欲曙星河淡淡收。不是世间儿女意,国门生入有新愁。

陈寅恪先生之助手黄萱女士晚居鼓浪屿时,谢绝外界一切访问,唯宠许我夫妇与之游,故我得以时常叩门请益。然每谈及陈寅恪先生往事时,黄萱女士辄輒然不语。今老树尚存,遥想前辈贤躅,徘徊久之。因得句云:

山馆初来岁月迟,文章气节是吾师。斯人去后风流歇,红豆临风有所思。

厦联社

家藏旧杂志有《厦联》第 2 期,1936 年 1 月南京厦联社出版。该社成立于 1934 年 10 月 28 日,乃闽南在南京的学生之社团组织。第二届主席林慰桢,第三届主席庄肇昌。这本刊物共 91 页,有《论著》《文艺》《社讯》等栏目。《社讯》又有"闽南大事记"、"社况"、"一年来社友状况"、"升学指导"、"会议记录"和《社友录》等内容。《社友录》所登载社员有 70 人(包括"离京社友"20 人),其中厦门(思明县)籍或通信处在鼓浪屿的有:庄肇昌(中央政治大学,鼓浪屿圣教书局)、林慰桢(金陵大学)、杨佩珠(金陵女子大学,鼓浪屿杨家园 1 号)、田雪畔(金陵中学)、郭兆涵(金陵大学,鼓浪屿岩仔后)、郭兆淳(金陵中学,鼓浪屿岩仔后)、杨启达与杨启道(金陵中学,鼓浪屿杨家园 1 号)、林樱(安徽中学,鼓浪屿鹿耳礁 L31 号)、张冠雄(五洲中学,鼓浪屿安海角 R244 号)、邱继祖(金陵中学,鼓浪屿岩仔脚 E20 号)、吴祥川(金陵中学,鼓浪屿 E67 号)、刘彦仪(金陵大学)、杨和雅(金陵大学,厦门大同厂)、吴长炎(籍贯同安,金陵大学,厦门卖圭巷 45 号)、林镇南(金陵大学)。另有陈希圣(厦门大同路陈天恩医局)、林俊卿(厦门思明西路南山医局)、林慰梓(赴北平清华大学)、杨振泰(鼓浪屿救世医院转)、周育与周颖亮(厦门禾山殿前社 7 号)等"离京社友"。

其"一年来社友状况"所记有关鼓浪屿者,为:"社友杨振泰上学期寄读金陵大学农学专修科,本季仍回金陵神学院","社友林俊卿今夏毕业于金陵大学医学先修科,后考入北平协和大学。林君去后本社于野餐时失一烹饪能手",

"社友陈希圣肄业金大工业化学系,今夏转学上海圣约翰大学改攻医学","社友林慰梓今夏毕业于金陵中学高中部,成绩优越,考入清华大学","社友周颖亮今夏毕业于汇文女中","社友邱继祖被选为南京市足球代表队之队员,参加第五届之全国运动会"。

金陵大学之厦门籍学生刘彦仪作有《厦联社社歌》云:

> 我厦泉漳,峻岭嵯峨海汪洋。物产丰饶,荔枝红兮水仙芳。洛阳桥,虹贯青霄;水操台,千秋立鼓浪,南国文物之邦。驾长风,千里负笈江东;共切磋,勤奋学术扬。一堂志士何跄跄。团结须一心,事业乃飞黄。自强!自强!自强!厦联永无疆!

厦门近代最早的官办医院

厦门最早的官办医院,创立于清光绪十一年(1885)。曩负笈复旦大学时,常在图书馆看书。某日读《申报》,偶见光绪十一年8月8日有记载云:"厦门向无官医,奎乐峰观察特委候补人员之知医者二人,并征厦门名医四人,设立官医局两处,一在厦门港文汛口,一在同安公馆内,俾患疫者皆得踵门求治,仁心仁术殆兼有之。"同月12日又报道:"厦门近多霍乱症,华人死者固多,即西人如某夹板船主、德记写字人、宝记副东家等亦皆染疾而亡。绅董每夜恭迎城隍神出巡逐疫。奎乐峰观察亦率同厦防厅丁礽臣司马每日天明即赴邑庙,拈香虔祈,消灾降福,更出示禁止屠宰,以迓祥和。"

奎乐峰名俊,满人,光绪十一年至十四年任兴泉永道,驻厦门。南普陀寺今存有其光绪十三年撰并书的《重修南普陀碑记》。我病后曾参与复旦大学古籍所整理清末名臣张佩纶的书信集,读到他与奎俊的不少书信。

厦台美术团体琐话

清代以来,厦台关系密切,乾隆年间的甘国宝、嘉庆年间的郭尚先,皆曾往来于厦门、台湾两地弘扬书画艺术，从游者众。近代的吕世宜、谢颖苏、马兆麟和 20 世纪以后的龚植（樵生）、郑煦（霁林）、林嘉（瑞亭）、林子白等同样是厦台两地都颇具影响的书画家，各有画友生徒。鸦片战争后，西方文化东渐，上海、广州等地得风气之先，厦台两地继之而起。早在 20 世纪初，厦门就有黄燧弼教授西洋画的"真庐"画室，1923 年乃在其基础上设立厦门美术专科学校。而台湾地区从日本接受西洋画的影响也早，1910 年即有倪蒋怀的作品参加日本水彩画会年展，1924 年倪氏与陈澄波、陈英声等人发起组织"七星画社"，继而有"台湾水彩画会""赤岛社"，它们被誉为台湾现代美术史上最早成立的西画社团。厦门美术专科学校以西画为主，不废中国书画，其第二任校长林克恭即台湾名人林尔嘉之子，教师陈金芳、翁俊明等是台湾人。一时厦台两地中西画争奇并重，颇为繁盛。

1928 年，厦台两地同时都成立了中国书画团体，厦门有黄紫霞为会长的"温陵金石书画会"，会员有郑煦（霁林）、李硕卿、林子白、顾一尘、陈家楫、赵素（龙骖）、萧百川、王云峰等三十余人；台湾有林玉山、潘春源、朱芾亭发起组织的"春萌画会（院）"。1934 年台湾成立的"六砚会"，其成员有国画家吕铁洲、郭雪湖、陈敬辉，书法家曹秋圃，西画家杨三郎，美术评论家林锦鸿，中西画家的比例很有代表性。

全面抗战期间，厦门美术界的特点是版画（木刻）和漫画渐成主流艺术。1937 年春，许慕沂（沙洛）、林英仪、周沂水等在厦门成立"厦门美专木刻研究会"（海流木刻研究会），胡一川任技法指导。其他如"白燕艺术学社""一月漫画社"则活动于晋江，但主要负责人许霁等后来都在厦门从事艺术事业。当时木刻和漫画是厦门人民投入全民抗战的有力武器，即厦门大学亦成立"厦门大学诗木刻社"，活跃在后方长汀，成员有朱一雄、勒公丁、郑道传等。抗战后期，闽南还成立"晋江美术会"，胜利后更名为"泉州美术学会"，前者会长系李硕卿，后者发起人为林英仪，成员吴芾（石卿）、王云青（岚叔）、石延陵（雪庵）、黄敏（震赋）、赵素（龙骖）、曾位卿等大半为泉籍的厦门书画家。

林英仪先生早年曾受业于台湾曹秋圃夫子，1965 年以杜工部"丛菊两开他日泪，孤舟一系故园心"诗意为我作大幅《松菊图》，犹题诗寄托对老师殷切的思念。

厦门通俗教育社史

厦门通俗教育社之历史，至今言人人殊。丙申（2016）初冬整理书柜，检得先祖父仰潜公旧藏之民国十六年（1927）一月所刊《厦门通俗教育社年鉴》一册。其第61页有该社创始人之一的李维修所撰"社史"一文云：

厦门学校之盛，为吾闽冠，而民间风气，犹闭塞不通者，何也？无他，社会教育之不发达耳。同人有鉴于斯，因于民十八月，提议组织社会教育之机关。时倡始者，有康君伯钟、陈君文总、李君汉青、庄君英才、黄君邦桢、施君英杰、吴君梓人、马君侨儒、黄君建成，及余等十人。经营数月，而通俗教育社因以产生，乃公举康君为总务主任，聘周君宗麟为总干事，设临时事务所于关仔内福音堂，分七股办事，曰总务、曰交际、曰会计、曰教育、曰编辑、曰讲演、曰新剧，每股推主任若干人，专主其事，又备文向省教育厅存案，旋得批准。惟时经济困乏，办事诸多束手。盖各主任主张社务未发达以前，决不外募分文，以维信用。乃各量力输助，或贡献器物。然社务日益发达，开费亦随之日多，于是又议以新剧股演剧鸠资，借资挹注。遂于十一年之元旦，在中华戏院开幕，彼时观众之踊跃为向来所未有，故初次之尝试，成绩即甚佳。自是以往，举凡社中所需经费，多赖此股之收入，故得发展社务以至于今。

同时又以此种社会事业，系公众之事业，自应广征同志，共策进行。乃举行第一次大征求，一时加入者，数达三百人。因定每年岁首，例有一次之大征求。至今量数之增进，竟超千人而上。第一次之大征求毕，乃由社员正式选出各股主任。是年总务一席仍属康君，而陈君文总、施君英杰、黄君邦桢、蔡君鹤友、吴君梓人、李君汉青、马君侨儒、庄君英才、陈君国驷，及余等被选为各股主任。正选后，迁事务所于田仔墘集安堂，以避宗教之嫌疑。自此各股进行，益加奋励。时适本社赞成员黄孟奎先生有海外游学之行，因托其考察各国社会教育状况，以备将来采用。至去年黄君回国，获得美满之报告。今后进行方略，当得愈臻完善矣。

总计第一年所办成绩，多属于宣传方面。盖进行步骤应如是也。及第二年，陈君文总被选为总务主任，马君育才、魏君子铭、施君英杰、蔡君鹤友、陈君振元、赵君邦杰、吴君梓人、林君东山、余君杰、庄君英才、马君侨儒、杨君清江、林君仲馥、邓君世熙、陈君镜辉、陈君国驷，及余等被选为各股主任，聘张君振才为总干事，社务益加扩张。时厦地赌场、妓馆甚盛，嗜者日众。本社乃添设游艺股，以备各界正常之娱乐。第三年，鄙人被选为总务主任，陈君镜辉、魏君子铭、施君英杰、蔡君鹤友、林君福星、张君觉觉、谢君云声、赵君邦杰、徐君炳勋、林君东山、余君超、周君宗麟、周君锡元、林君仲馥、陈君坤秀、周君琛瑶、邓君世熙、陈君国驷、陈君佩真、许君振元、吕君启辉、张君世雄等被选为各股主任，仍聘张君为总干事。是年因地方不静，新剧、讲演、夜学等多停顿不举，然各主任殊不因此而少懈，仍以全力为一部分之工作。陈君新政从海外归来，见本社之创设，大喜，许力任募捐建筑事。不谓志愿未偿，而其人已长逝矣。第四年余复被选为总务主任，邓君世熙、张君振才、张君振汉、王君宗仁、黄君韫山、罗君文祈、许君振元、徐君炳勋、张君觉觉、谢君云声、林君东山、余君超、周君宗麟、周君锡元、杨君清江、吴君锡煌、陈君国驷、邱君虚白、陈君佩真、林君醒民、黄君希昭、许君振元、黄君怡仁等被选为各股主任，聘阮君国利为总干事。地方稍静，社务又得逐渐进行。时疫症盛行，民命危殆，因又添设卫生股，以为防疫及公共卫生之提倡。第五年，余再被选为总务主任，陈君桂琛、张君振汉、罗君文祈、施君英杰、洪君立勋、谢君云声、吴君世杰、王君宗仁、周君宗麟、吴君梓人、陈君镜辉、陈君振元、林君东山、李君伯端、林君醒民、韦君廷钧、叶君李波、吕君启辉、陈君佩真、邱君虚白、邓君世熙、陈君国驷等被选为各股主任，仍以阮君为总干事。佥谓社务推广，社所亟应扩充，乃购定月眉池全部地段，筹备大募捐建筑，预算费用当在十万金。建筑内容，拟设讲演厅、图书馆、科学馆、编辑所、游艺场、公共体育场、学校、医院等十余部。过去情形，大略如是；将来希望，未可限量。惟成功之迟速，胥视各界之助力如何以为定耳。

《厦门图书馆缘起》

厦门图书馆今已届百年芳诞，该馆所藏其首任馆长周殿薰先生所作之《厦

门图书馆缘起》手稿,极有文史价值。全文如下:

  馆长周殿薰启:保存旧学,启牖新知,全赖广储图书以供众览。近世文明潮流日激,学校教育且进而为图书馆教育。故图书馆称为国民之终身学校,下自初学,上至硕学鸿儒,均赖养成,则图书馆教育尤较学校教育为急切。我厦为通商巨埠,人文荟萃,学校林立,而图书馆尚未设立,实为缺点。玉屏书院旧有前观察奎公俊购置书籍,供人阅览。去年夏季,厦门道尹陈公培锟向海关监督处移出旧存博闻书院书籍,交玉屏、紫阳两书院董事储存,面谕董事等筹设厦门图书馆,以殿薰为筹办董事,当即择玉屏别馆为馆址,复得省长、道尹暨热心诸君子补助金,以为修改馆舍并添置书籍、器具之用。其常年经费则由玉屏、紫阳两书院月拨支以为维持,而厦门图书馆规模始得粗备,是皆道尹陈公提倡之力也。陈公复念公益之举,虽有地方长官提倡于先,克底成立,尤必有地方团体维持于后,方能永久。本馆基金尚缺,而官厅补助难于持久。因查教育部图书馆规程第二条,公共团体得设立图书馆之规定。爰将厦门图书馆谕上玉屏、紫阳两书院董事团体公举馆长接办馆事,即将本馆定为玉屏、紫阳两书院财团所设立,于本年九月十五日公举殿薰为馆长,即于二十日就职,九月廿九日呈报道尹、县长立案,厦门图书馆始告成立矣。惟是基础粗具,而规模未充,经费则尚待筹捐,图书则尚待购备,阅览人则尚待招徕,任重才轻,深引为歉。计惟竭其绵力,积极进行,庶免无负贤长官及热心诸君子提倡、赞助之盛意。谨述缘起大略,以缀于章程之首。

附暂行章程:

  第一条:本馆遵照部定图书馆规程,储集各种图书以供公众阅览。

  第二条:本馆为厦门公共团体玉屏、紫阳两书院所设立,定名为厦门图书馆。

  第三条:本馆即以玉屏、紫阳两书院所有张前保蚊烟井之玉屏别馆为馆址,重新修盖,分为阅书、阅报、藏书等室。

  第四条:本馆经费由玉屏、紫阳两书院逐月按额支给,并受官长及地方之补助,以为开办及拓充之费。

  第五条:本馆收藏图书,分购置、捐助、寄存三种。购置图书,视经费盈绌,随时酌量搜集;捐助及寄存两种,另以章程定之。

第六条:本馆每日上午八时至十二时;下午一时至六时为供人阅览时间。

第七条:本馆在开馆时间无论本籍、外籍,各界人士均得来馆阅览,不取阅览费,但须守本馆阅览规则。

第八条:本馆休假日、一月一日、夏历元旦及除夕,均停止阅览一天。

第九条:本馆设馆长一人,由玉屏、紫阳两书院董事公举,呈请道尹、县官存案。玉屏、紫阳两书院董事即为评议董事。另联请名誉董事,无定员(以上馆长、董事概不支俸给、公费)。

第十条:本馆馆员暂设管理员一人,庶务兼书记一人分理,馆务由馆长任用、督察之(其余随事繁简临时酌用)。

第十一条:凡以财产及大宗图书捐助本馆者,本馆应依据《捐赀兴学褒奖例》,分别呈请奖励。

第十二条:本馆每届年终,遵照部章第七条第二项办法,将办理情形报告于玉屏、紫阳两书院,转报厦门道尹及思明县县长。

第十三条:本馆章程如有未尽事宜,得由馆长与董事团开会参酌修改,随时呈报道尹、县长存案。

漳厦警备司令部布告

20世纪20—30年代,厦门是全国唯一由海军执政的城市。漳厦警备司令部对厦门近现代城市建设之关系至大。我友薛世杰(紫日)藏有一份布告文物,颇有史料价值。全文如下:

厦警备司令部布告第　号。为布告事,案准厦门市政会函称:查近日兴兴公司在各报大登广告,意图推翻成案,遂个人牟利之私。此等无意识举动,敝会本置若罔闻,旋因购地各业户来会声请贯彻主张,是以不能无言。查该公司向藏军所购六大地段,每方丈仅缴价一元。敝会所售地段,分甲乙丙三等,甲等每方丈售六十三元,乙等每方丈售四十九元,丙等售四十二元,计六大地段面积共有一万四千四百六十八方丈,以敝会所售丙等最低之价与该公司所缴之地价相比,价格相差已达四十余万元以上,若以甲等之价相比,当差六十余万元以上,谁豪谁劣?不辩自明。况该公司得大利悉以饱私囊,敝会售地价悉以筑马路,为私为公,尤不待言。即以镇南关一段言之,计收入地价二十八万零二百零四元四角六分八厘,收买房屋费计支出八万二千九百七十四元二角,第一第二第三各段工程费计共包价十一万三千二百三十元,迁坟费已发者五万一千四百三十元,未发者尚三万余元,新市区运土工程、沟渠护壁石,及太师墓接连厦港至法院路线收买费及工程费尚不在内,以该段地价收入悉数拨用,不敷尚巨,而该公司诋敝会为违法、为垄断,颠倒黑白,一至于此,可胜浩叹。至该公司所缴贼军地价,曾经贵司令准予照数发还,并酌给利息,所以体恤之者,实已无微不至,而该公司利令智昏,犹思作最后之挣扎,且多方煽惑,公然侮辱,其刁狡行为实出常情、常理之外。总之,该公司所买六段公地既经社团反对,并经长官批销,已无抗争之余地,即敝会亦无申辩之必要,但蜚语沸腾,不免淆乱听闻。合亟函请贵司令从严取缔,以释群疑。至□公谊等由,准此。查该公司购地之不合法,业经明令一再批销。即此次赴京告诉,亦由本部将此案经过情形,函请省政府函复中央政府,定不为其蒙蔽,且本部因整理市区、开辟公园,所有私人合法历管之产业尚化私为公,从而收买。何况六大地段本属公地,公司取得此权又不合法,岂有公家筑马路,任其霸占之理?凡购地各业户尽可从事建筑,安心管业,毋生疑虑。倘该公司再敢逞刁,本部定当从严取缔,不稍宽假。除函复外,合行布告阖厦民众一体知悉。此布。

中华民国十七年六月　日给。林国赓。

《调查厦门民用航空学校报告书》

曩读1929年《航空月刊》第4期,中有沈德燮、刘芳秀所撰《调查厦门民用航空学校报告书》一文,记其"奉令前往小吕宋、厦门接洽及调查民用航空学校情形",目的是将厦门民用航空学校迁往上海一事,与菲律宾侨界进行沟通。关于厦门部分文不长,却未曾见。

全文抄录如下:

(1929年6月)四日下午由港赴厦,六日早到厦门,寄寓古浪屿厦门酒店后,即往五通厦门民用航空学校,晤该校校务主任薛拱年君。薛君系菲岛华侨,不谙中文,毕业于美国陆军学校,前任教授,后继陈国梁君主持该校校务者。飞行场设于五通山上距厦门市约三十里。先乘人力车至全禾长途汽车场,改乘汽车,直至飞行场。兹将调查该校情形,开列于下:

△飞行场:场设在五通山上,南北约长二百米达,东西仅四十米达,中心高而周围低,成斜坡形,且有公共汽车路横贯中心,不但绝对不能用为教练起落之场,即用为临时飞行场,驾驶稍乏自如者,亦必感下落之困难也。

△停机栅(按:应为棚)厂:飞行场之西南角有芦席棚厂一座,矮小无门,仅容小飞机两架。

△飞机:飞机共有七架,式样计有五种。如下:1.美机两架,Eagle Rock双翼,前后双座位式,发动机为Curtiss O×5水凉式九十匹马力。此种机尚未开箱装置。2.德机五架,Klemm单翼前后双座位式两架,发动机为Salmson汽凉式四十匹马力,刻该校即用以教练学生者。Grasunrike单翼前后双座位式一架,发动机为Anzani汽凉式三十五匹马力,业已装好,因无棚厂,放在露天之下。Schwalbe式一架,发动机为Siemens汽凉式一百二十匹马力,此种机尚未开箱。Pelikan双翼前后双座位式一架,发动机为Walts汽凉式一百二十匹马力,前为杨教练摔坏,尚未修理,放在祠堂之内。以上飞机除三架业已装好,放在芦席棚厂及露天之下外,其余未开箱三架,及摔坏一架,分存于相距颇远之古庙祠堂中,且有数部分放在天井之内,毫无掩盖,长此以往,该机必至不能用而后已。

△校舍:教室、教院宿舍、学生宿舍共三处,均借用民房,地方狭小,不合卫生,每处相隔约六七百步。

△教职员:该校仙游校务主任薛拱年一员,飞行主任二员,一为李逢煊,一为德人Cammann,无线电教授一人,由学生吴金良担任。德教授人极粗鲁,自言欧战时曾任航空队队长(以吾等观其举动谈论,及所写之文字,似系工人出身),言谈之间,极为藐视中国人,并言中国无一人可任教官及技工。且将来非请菲律宾委员会,任彼为队长,及再聘请德国教授来华,该校必不能办成。………

△学生:该校前有学生十八名,后经陈国梁添招二十名,共三十八名。陈国梁去后,薛拱年主持校务,以检验身体发生风潮,相继离校,现留校者

仅十八名。身体健全,精神佳。

△技工:无。

△守卫:无。

△拟筑之飞行场:(略)

△经费:据薛主任云,自去年八月至现在,已用经常费约五万元左右。此后维持月需八千元,德人薪水每月一千元。以上系调查厦门民用航空学校所得之情形。

厦门第一届国货展览会

吾友洪君明章藏有《厦门国货展览特刊》乙册,民国廿二年(1933)三月十五日厦门第一届国货展览会编印。封面乃欧阳桢先生所题(署款弢聿),前有梁寒操、黄曾樾等名人作序,时全国掀起振兴实业、提倡国货的爱国热潮,厦门各界亦不甘落后。书中有陈振宗先生题为《参加国货展览会赋》的七绝四首云:

百货如云展览中,灿烂夺目国增光。倘能从此加研究,可卜吾华国运隆。

振兴国势讵云难,只在同胞方寸间。寄语鹭中诸姐妹,莫将国货等闲看。

五光十色国之花,培植全凭实业家。我纵无才心尚热,要拼绵力救中华。

美雨欧风荡亚东,顿令十室九家空。要防外力来侵略,全在推销国货中。

诗虽一般,但反映当年展览会之盛况及厦门人民之爱国情绪,令后人缅怀不已,亦难得之史料也。

鼓浪屿婢女救拔团史料一则

说起鼓浪屿婢女救拔团之沿革,作者常苦于史料不足,故多流于"炒冷饭"。今阅《1937年鼓浪屿工部局报告》,有"婢女收容院"(即救拔团)一章。全文如下:

本收容院本年来竟大加改进,诚属奇妙至极。盖际此非常时期,银根奇紧,殷实之慈善家向顾赞助本院者,近多离鼓他避,而尚留本岛或由外迁入者,复须重担救国公债或抗敌捐款者,又乌有余力顾及本院哉!

本年一月,本局直接向沪德国总领事租该德国领事馆故址,仍作婢女收容院。从此本局能随时作急需之修葺,而增院生之安全与爽快。该楼屋之表里透刷新白灰水,观瞻大壮。夫墙壁既粉垩而雅洁,无论参观者或住院者均有愉快之印象,且能大事提高院生之整洁标准云。更紧要之土木修理,多有进行。底层新辟四窗,而成一餐厅。下层走廊之圆拱空处亦同时展大,使更多日光射进焉。卧室重新布置,宿舍亦见改良。此外,且另设一病房,又特备一普通药箱云。

健康教育及卫生实施仍归救世医院一护士生之指导。在夏季三个月中,有一常川之护士生与厦门派来之军事教官合作,而训导其体育,教以救急伤科焉。

有一慷慨良友捐赠全年所需肥皂,而本局供给其他盥洗之必需品,是卫生问题解决矣。是以皮肤状态大见改善。虽年初略有传染病之麻疹发生,及夏季略有消化不良及疟疾,然大体言之,健康标准尚属可以。特别在最后之四个月间,更有改进也。一院生死于恶性疟,又一院生患急性盲肠炎,经手术而愈。

救世医院苏赞恩医生(按:内人颜惠芬之舅父)被本局聘为收容院之医药顾问,承其慈爱教导及精巧诊治,院生获益不浅。扶轮社创设之诊疗所,对于院生皮肤眼目之患,亦每每施疗。另有一残疾者留泉惠世医院两个月,受锡鸿恩医生诊治云。

本年初夏,因早与伦敦"废除奴隶及保护土番会"通讯,承所谓西门夫人信托款者慨捐一百金镑之巨款(升合国币一千六百三十元五角一分),此款暂由本局保管待用,雅望借其鼓励屿中各慈善家能有更多人作更大之捐助也。何期中日冲突骤然发生,以致新赞助家未见大增,但学校及他团体却多有捐助现金或购赠物品者。本年间扶轮社之月捐廿五元,仍依旧拨交云。

该西门夫人捐款应作何用途,与创办人许春草先生颇久之磋商,方决定将其拨充一年全院肴馔之用,及一副院长之薪俸每月二十元。此种肴菜之供,以现在物价抬高论之,必须俭省节约。然就余较之,胜去年之额多多矣。此事得毛候士、黄省堂两先生之同情合作不鲜,诚可嘉也。

米账在本院仍成为中心问题,最不幸者目下之米账已达千余元。查本院每月需米二百元之多,而许君尚觉每月无法筹足此数也。

洋人和合教会及个人之捐款,供给全年燃料及一年大部分之星期日餐,与某种之医药费。至由本局所管顾旷地可刈来之干草,亦资不少燃料云。

院生之衣被,既无法列入通常预算,必全赖热心慈善家之自动捐赠。其衣被又须渐多,且其价亦渐贵,所幸借圣诞之雪球策,多数之慈善家所捐赠之羊毛绒,足供九十九院生每人各自编织羊毛衫一件之用。此种羊毛衫,院生既各自编织之,寒天一穿,其乐何如?其友见之亦同乐也。破旧不适穿之衣裳,较长大之院生常多服之。故凡肯将旧褪衣裳或新陈布料见赠者,许张舜华夫人(按:许春草夫人)常喜致谢而代收集之。诸如此类之衣被若捐赠者,尽可通知余或本局,自当设法前往收集也。

际此不景气时期,职工部之产品几无销路,故趋停顿。但普通缝纫以及枕头袋、椅垫套等,倘承定制,均喜应命也。

本年间院生数居九十及百零八之间。现在数目为九十九云。八月间,中日冲突发生,厦门济良所结束关闭,则将所剩十女寄养本院。嗣后该十女中有出阁者,亦有回亲家者,至今仅留二人在本院耳。

本院女院长继续服务四年,迨七月辞职告老。回溯四年来院生数目大见增加,而院生所受教育及训练均觉有长足之进步也。学校部亦日进一日。本院有一生在怀仁小学肄业,成绩竟居优越之地位,亦教育进步之实证也。

许春草夫人多半时间在院主持,尚有前一院生及其夫,与一护士生为其助手,共担监督教育、采办食品及体育保健等。凡关心社会公益者欲到院参观,许张夫人极表欢迎。盖慈善家之注意本院,对于本院之职员及院生皆大有鼓励也。

以上已提本院本年虽遇困难不少,仍有多方改进,但尚未尽美尽善,必待更多慈善家之慨助,使经费更充裕,方免处处棘手也。须知本院旨在周急,不在继富。雅不愿院生之养尊处优,致将来不适朴素淡薄之生活。然就营养方面视之,目下之粮食,诚未臻满意云。

至本院经费来源,除工部局月捐一百二十元外(其中五十元充院租,五十元作普通费用,而二十元为卫生保康费云),悉由热心慈善之个人或团体自动乐捐焉。足见各方慷慨宏量,乐助此善举。即英国方面亦有注意而捐助之者。总之,本院经费来源虽因时局略受影响,仍望大众多所指导及捐助,庶本院院生肉体上得适宜营养、保温而智力上受相当教育训练,将来成为健全有为之国民焉。婢女收容院之本局代表:欧施美具。

林衡道谈板桥林家秘辛(一)

《林衡道先生访问纪录》的"林本源史话·谈林本源家族"有一些不为外人所知的事,如:

> 林本源的祖先原是龙溪县的一位卖油郎……这个传说未知其真伪,但我记得在厦门鼓浪屿林本源新府的洋房楼上内,尚保存一副卖油用的扁担与油桶。

龙溪林氏首位渡台者是林应寅。

> 乾隆四十三年(1778),应寅公携子平侯公渡海来台,于今台北县新庄市台湾汽车客运公司车站附近落脚。……其子平侯则在米商郑谷所经营的米店帮佣。郑谷视平侯气质不凡,供钱予平侯从商。郑谷米店之米系在台销售,平侯为不与东家竞争,将米销售大陆,适逢闽浙沿海缺米,平侯之财富很快就超过郑谷。
> 光绪二十一年(1895)清廷割台以后,林家举族内渡,初在厦门岛上买

大厝住,厦门因岛小人多,厝旁的巷子太狭,称为"摸乳巷"……林家后来迁到公共租界鼓浪屿,大房、二房(按:维让、维源)分居于新府和旧府,都是巨大花园洋房。林尔嘉后来在旧府兴建临海之花园,称为小板桥,表示念念不忘台湾。

林平侯有五子,即国栋、国仁、国华、国英、国芳,分别为饮、水、本、思、源五记,林本源乃本纪林国华和源记林国芳的合称……国芳没有儿子,以国华儿子维源兼祧。据板桥的父老说。国芳死后,他的太太对嫂嫂不好,不喜欢维源为兼祧,另外收养账房叶东谷的儿子为国芳后代,是为三房林维德。叶东谷原本专门在林家画像,后来改任账房。

维让有尔昌、尔康二子,均早卒……维源有尔嘉、祖寿、柏寿、松寿四子,祖寿以下皆为实子。维德有彭寿、鹤寿、嵩寿三子。

林鹤寿即鼓浪屿八卦楼之建造者,他与林尔嘉的关系如此。

林衡道谈板桥林家秘辛(二)

《林衡道先生访问纪录》的"林本源史话"一章记述:

林维源因长兄维让很早去世,又掌握林本源家计,俨然林家族长。维源原有一子叫林训寿,是大太太所生,后夭折,越数年仍无子嗣,遂以大太太之大哥子为子。此人原叫眉寿,后改为尔嘉,人称"婴仔舍"。……(其后林维源连得三子)思将尔嘉推给我们大房这边,曾祖母(按:指维让妻)在某日祖先忌辰时,拍桌大骂维源欺负孤儿寡妇,自己不要的儿子想推到大房(其事遂寝)。

尔嘉字菽庄,虽非亲生,但因维源夫妇长时间内只有他一个孩子,备极宠爱。……维源去世时,其他三子尚幼,尔嘉俨如家长。

尔嘉因所袭产丰,生活绰约,为人慷慨,广结善缘,轶事很多。……他又喜欢与众不同,令次子刚义、三子鼎礼同日结婚,而自命为这是中国最早的集团结婚。女儿皆嫁南洋华侨巨子。……尔嘉嗜改媳妇名字,故媳妇名字之末字皆为"英"字,如福英、臻英、慧瑛、竹英、宝英等。

林家内渡后,日人以授伯爵为由,请林维源回台,协助其治理台人,维源拒之;日人退而求其次,冀与之合作,维源亦拒之。虽然日人之企图未售,仍思与林家维持良好关系,厦门日本领事馆的官方宴会,林家都被视为贵宾;日人并且时常劝林家的人,无论他们何时回台湾,随时可帮他们办理返台手续,且说林家在台财产,日本政府会保护它不遗余力。日方与维源合作的计划失败,遂注意到维源的长子尔嘉。林家虽内渡,财产尚在台湾,林维源常要尔嘉回台料理产业。尔嘉每次回台,捐款很多……日人极表欢迎。某一时期因民间仍嗜用中国银圆,不喜用日方纸币,造成台湾银行发行的纸币流通不佳,总督府请尔嘉在钞票上签名,以便向民众表示台湾银行与林本源关系良好,增加民间对纸币的信心。至今,部分日据时期台湾银行发行的钞票上有林尔嘉签名,即由此来。日人思与尔嘉合作终不果行,缘林本源在大陆亦有很多财产,维源死时,尔嘉其他兄弟仍幼,这些财产由尔嘉一人独得,为此尔嘉始终不肯入日籍。

林尔嘉一家,没看到有人拜神、拜佛。

旧时厦门寺庙之禅宗各派

厦门市文物管理委员会办公室藏有一部 1941 年(民国三十年)厦门沦陷期间,伪教育局第二科编制的《厦门市寺院调查表》,共有 24 座佛教寺庙填表交代其基本状况。另有 25 座敬奉佛、道或民间信仰诸神的庙宇,编为《厦门市斋堂调查表》附于后。

属于临济宗者有南普陀、太平岩、万石岩、中岩、天界寺、紫云岩、虎溪岩、鸿山寺、碧山岩、觉性院、普光寺、龙湫亭、甘露寺、妙法林、养真宫等 22 座;属于云门宗者有日光岩寺、妙释寺、万寿岩、启明寺、新(庆)福寺、文灵宫等 8 座;属于曹洞宗者有白鹿洞寺、云顶岩寺、宝山岩(又名董内岩)、妙清寺、白鹤岩、内武庙等 9 座。此外,还有属于龙华宗的斋堂 8 座,慈恩宗 1 座。皆根据当时寺庙斋堂的住持所提供。

抗战期间厦门的几座寺院

据1941年(民国三十年)伪教育局第二科编制的《厦门市寺院调查表》所登记,南普陀寺"沿革"云:

> 南普陀创建于五代之前,初名泗洲院。宋治平间,改为普照寺。迄元至正间寺败废。及明洪武时,有僧名觉光重建之。嗣后兴废不一。至清初康熙间施琅重建之,改为今名,香火甚盛。民十三,转逢和尚因鉴于子孙传统之流弊,改为十方丛林。民十四秋,会泉法师创建闽南佛学院。廿七年事变,众举觉斌师为住持,发起政教合一之改,为各方所赞同,并复办佛学院。去年二月九日觉师圆寂,举块然法师为住持。

其"僧属人数"云:

> 僧侣67名,俗佣人9名,农作人约15名。

日光岩"沿革"云:

> 又名晃岩,位居鼓浪屿龙头山之麓。旧筑三官堂址,即明末郑成功屯兵处。清乾隆间,瑞琳和尚募修石室,又筑高楼、旭亭于其旁。……至道光中焚灭。僧六湛大师驻锡于此,重兴道场。迄清智和尚重建大雄宝殿及功德堂于洞之东西。维新后香火大盛,皈依日众焉。

其"僧属人数"云:

> 僧侣6名,俗佣人1名。

虎溪岩"沿革"云:

此岩一名玉屏山。因山肖虎形,俗传月夜有神虎饮水于溪涧,故号。此刹系明池显方所建,胡真卿建啸风亭。清康熙间吴威鸠工重修建。至雍正间同知李暲捐资建大雄宝殿、准提阁、弥陀楼、供佛泉、飞鲸石数曲。民国后辟山为虎溪公园。

其"僧属人数"云：

僧侣1名,俗人2名。

万石岩"沿革"云：

万石岩建自明季,乃僧维信上人向定远侯郑联公募地所置也。至清康熙间施琅重修之。……民国后,会泉和尚结莲社于此,宏经讲演,极一时之盛也。

其"僧属人数"云：

僧侣7名,斋姑1名。

鸿山寺"沿革"云：

鸿山寺建自南朝,千百年来屡次兴废。清道光间,前提督军门许公鸠资鼎新。同治辛未年董事黄仕德复行重修。至民国路政处变迁,侧□毁除,幸有蒋以德君呈请保存,自出私资重修葺,寺僧传鲁上人亦另募捐建左侧楼屋,为佛化青年会。约至三年,大殿蚁蚀将倾,阶除重新翻建,又加筑后进一座。

其"僧属人数"云：

僧侣1名,斋姑2名,居士1名。

厦门佛寺之楹联

明清之世,厦地名胜每有佳联。如明进士叶普亮题云顶岩留云洞之"两阶苔雨三春湿,半岭松风六月寒";明人题白鹤岩之"野云渡岭疑归鹤,涧水流霞想落花";清人题白鹿洞之"危亭望海千寻碧,曲磴盘云万象低";清人题石泉岩之"孤嶂何年留铁骨,寒泉终古结冰心";清人吕世宜题万寿岩之"参天古木三千丈,出土神钟八百年"等,皆能为海山生色。近代亦每有佳作,如陈衍题南普陀寺之"分派洛伽开法宇,隔江太武拱山门";弘一大师题万石岩之"一句弥陀,声传鹭岛;千年常住,业绍庐山",题会泉法师舍利塔之"会心当处即是,泉水在山乃清"等,皆大手笔也。

丙戌(2006)重阳,我退休后特到文圃山中访正实法师,在龙池岩寺内之"山光亭",拜观已故住持善扬和尚题联,联云:"石上清泉,流出头头是道;山间明月,照来色色皆空。"善扬和尚是先祖父母的方外好友,所题平平实实,却充满禅机。厦门诸梵宇每有撰联之请,我皆敬谢不敏,有昔贤大德之名迹在,我等俗人,岂敢佛头着粪哉!

中山公园景点楹联

厦门中山公园落成于1928年,当初园内各景点楹联皆出之贺仙舫之手笔。崎山亭(二对):

山头瘦石支亭健;松外痴云伴鹤归。

极目感苍茫,看烟雨双清,水天一色;凭栏来俯仰,问鹤云何处,松石当年。

琵琶洲(二对):

闲云微漾洲中影;流水时闻弦外音。

一顷荻芦洲,试铁槛凭来,似曾杜若;双声杨柳曲,问铜琶拔罢,忆否浔阳?

双棉水榭:

青葱抱榭棉双树;湛碧绕花水一湾。

挹翠山馆:

山翠滴前槛,旧地尚留仙馆迹;瓶笙来隔院,轻烟细送玉泉香。

音乐亭:

渺此一亭,每当裙屐联翩,流水调高,句赓白雪;对兹佳节,正好笙歌妙曼,钧天乐奏,响遏行云。

宋词集句长联

近代文坛有集宋人词句为联的风气,其中多有佳作。读高中时,某日偶读郑逸梅《近代野乘》,作者自称他的厅事曾悬黄秋岳集宋词为联云:"春意潜来,正店舍无烟,梨花榆火催寒食;离愁何限,悄郊原带郭,淡月疏星共寂寥。"结果我查到这些词句均出自周邦彦的词作,"春意潜来"乃其《蝶恋花》之句,"正店舍无烟"乃其《琐窗寒·寒食》之句,"梨花榆火催寒食"乃其《兰陵王·柳》之句,"悄郊原带郭"乃其《瑞鹤仙》之句,"淡月疏星共寂寥"乃其《南乡子·咏秋夜》之句。因当时我正在醉心阅读周邦彦的《片玉集》,这些集句加深了我对这位清真居士作品的体会,获益多多。

其后又读到梁启超所集各家词句的长联,也甚绝妙,如:"更能消几番风雨(辛弃疾《摸鱼儿》);最可惜一片江山(姜夔《八归·湘中送胡德华》)。"其赠胡适的联曰:"蝴蝶儿,晚春时(张泌《蝴蝶儿》),又是一般闲暇(辛稼轩《丑奴儿近》);梧桐树,三更雨

（温飞卿《更漏子》），不知多少秋声（张炎《清平乐》）。"赠徐志摩的联曰："临流可奈清癯（吴文英《高阳台·丰乐楼分韵得如字》），第四桥边（姜夔《点绛唇·丁未冬过吴松作》），呼棹过环碧（陈允平《秋霁·西湖十咏》）；此意平生飞动（李祁《西江月·云观三山清露》），海棠影下（洪咨夔《眼儿媚·平沙芳草渡头村》），吹笛到天明（陈与义《临江仙·夜登小阁忆洛中旧游》）。""水殿风来（苏东坡《洞仙歌》），冷香飞上诗句（姜白石《念奴娇》）；芳径雨歇（史梅溪《谒金门》），流莺唤起春醒（高竹屋《风入松》）。""小楼昨夜东风（李煜《虞美人》），吹皱一池春水（冯正中《谒金门》）；梧桐更兼细雨（李易安《声声慢》），能消几个黄昏（赵德麟《清平乐》）。"

此外，还有其他名家的集联，如无名氏的"斜阳画出南屏（张翥《多丽》），更何必十分梳洗（姜夔《解连环》）；春意渐归芳草（黄庭坚《逍遥乐》），暗惹起一掬相思（史达祖《东风第一枝》）"，"天际认归舟（贺铸《如梦令》），见十里长堤（王之道《风流子》），还泊邮亭唤酒（吴文英《三部乐》）；风前问征路（赵彦端《祝英台近》），放一轮明月（柳永《望远行》），谁在水国吹箫（张炎《庆春宫》）"。

忆20世纪60年代末之某寒夜，我偶在批判"毒草"的大字报上，读到吴湖帆先生往日集句悼友人汪君的长联，我读一遍便能背诵，至今不忘，联云："故乡多少伤心地，画舸西流，载将离恨归去；怒涛寂寞打孤城，柯亭遗韵，无端夜雨摧人。"其余各联第二天已杳如黄鹤，惜哉。

胡适之令尊所作挽联

顷读陈左高《历代日记丛谈》所介绍胡传与其《台湾日记》云：胡传（1840—1895），字铁花，安徽绩溪人。幼受私塾教育，及冠，入上海龙门书院肄业三年，擅地理学。嗣后由张佩纶推荐，赴吉林佐吴大澂办理对俄事宜，深获器重。后任淞沪厘卡总巡。光绪辛卯（1891）任台东直隶州知州，值甲午战争前后，军务鞅掌，战死沙场（一说病故厦门），事具《闲话胡适》一书。所存《台湾日记》三卷，起光绪十八年（1892）元月，止廿一年。胡传擅诗词，工楹联。所拟哀挽长联，工于对仗，指事贴切。如挽潘彬卿联云："从公忆郑宋之间，五百丈重筑河堤，雪夜霜天备驱策；移官在闽瓯而外，三千里惊闻邮讣，蛮烟瘴雨助悲思。"

厦门各界追悼鲁迅的挽联

鲁迅先生逝世后不久,厦门各界在中共地下组织的领导下,于1936年11月29日举行隆重的追悼会,高云览任主席。会场设在原小走马路的厦门基督教青年会,门口张挂"厦门文化界追悼鲁迅先生大会"会标,两侧挽联为"鲁迅先生不死;中华民族永生"。厦门大学全体学生敬献的挽联曰:"国步正艰难,《野草》《热风》,塞外方悲烽火;斯文今又丧,《彷徨》《呐喊》,何人更作导师?"

我读书复旦时,在上海鲁迅纪念馆中又读到数联,如《厦门妇女报》的挽联为:"你的生是人类的福音;你的死是躯壳的隐藏。"鼓浪屿美华学校男女学生敬献的挽联为:"是文化明星,推翻礼教曰弃,光气熊熊,伤已于今遂殒;有遗篇巨帙,抨击封建势力,高谈凿凿,信哉终古难磨。"据有识者言,当年厦门各界所献挽诗挽联有六十余幅,会后托厦门良友书店携至上海交许广平先生。日后如能整理成册,亦地方文化之盛事也。

潘受挽陈嘉庚先生长联

1996年1月27日至2月7日,我参加厦门市文化代表团到新加坡访问,参观两地联合举办的《重走来时路》(两地民俗)展览。开幕之晚,对方举办庆祝酒会。席间,我有幸得识潘受先生,并合影多帧。出行之前我已拜读过潘先生的大著《海外庐诗》,深为其"雄古郁勃"之气所折服。我因与潘先生的诗友潘希逸有过酬唱之雅,所以谈起故乡的文事,兴致极高,特别是我能背诵其《老河口》七律一诗,潘先生尤为高兴。先生时已八十五高龄,名受,又名国渠,字虚之,福建南安人,自幼嗜诗词,爱书法,19岁南渡新加坡,从事华文教育事业。抗战时期,积极参加陈嘉庚先生领导的抗日救亡运动,曾率团回国慰问,赢得好评。近日我友陈满意君编著《名人笔下的陈嘉庚》一书,见视潘先生挽陈嘉庚一长联曰:"争义务不争权利,以在野之身,系社稷安危,谤满天下,名满天下,盖棺定论,公实伟大爱国者;是前辈亦是知己,执后生之礼,随杖履左右,声留梦中,影留梦中,临风泪落,我如少小失亲时。"此联语字字实话,声情并茂,近今宇内难得有此手笔矣。

[附记]潘国渠《老河口》:"百战山河此久支,劳军细柳我来时。天围大野风云壮,日落孤城鼓角悲。破房心争摧壁垒,遗民泪尽望旌旗。可堪再话襄樊役,先轸归元恸六师。"

《归来堂记》

陈培锟(1877—1964),字韵珊,闽县人。清光绪二十三年(1897)与其尊人陈海梅(香雪)同榜登进士第,一时传为佳话。庚子岁(2020)我整理《民国〈厦门市志〉余稿》,知其于民国八年(1919)四月初二日署理厦门道道尹,1922年去任。培锟先生在厦门有惠政,创办图书馆即其一。1949年以后,受聘为福建省文史研究馆首任馆长。尝见集美归来堂有福州脱胎漆大屏风四幅,乃陈培锟先生应老友陈嘉庚先生之嘱所撰的《归来堂记》,稚华罗丹老师书写。全文曰:

> 宗兄嘉庚,予四十年前交也,生于集美,少随其尊甫经商新加坡,克承父业而光大之。今与予俱年逾八十矣!宗兄有志济世,以橡胶、航运起家,于国家建设、乡里教育事业,不惜瘁其心力以赴。早岁旅外,中年尽室南渡。舍宅为校,晚勤国事,身居校舍,席不暇暖。拟别建归来堂以承先祀、定栖止焉。贻书告予,嘱为之记。予心私淑久矣,识其生平行义与孟子所云"分人以财谓之惠,教人以善谓之忠,为天下得人者谓之仁"者质相符合,题其堂曰"归来",非求隐也。隐者独善其身,宗兄无取于是,盖其志在事业而不鹜名利,功在教育而不恤身家。辛亥革命,闽省光复,募款数十万元协助救济;抗日军兴,组织八十余埠华侨筹赈助战,此所谓分财之惠也。兴学集美四十余年,由小学而中等专科各校,解放初期,树胶获利,复罄其所得扩建校舍,至于今日生数盈万,有助于地方文化之提高,此所谓教人之忠也。一九一八年欧战告终,筹办厦门大学。时予守尹鹭江,曾共商榷,以赞其成。宗兄自是殚精缔造,历十六年,捐资至四百万金。一九三七年,以独力难支,始归国立。解放后犹为募款扩建。其造就宏才,

不愧为闽省最高学府。此所谓为天下得人之仁也。君子树德，不忘其本。宗兄仁、惠且忠，夙负侨望，老归祖国，仁重而愿小休，志远而思返本，此斯堂之所由建欤？然宗兄之意尚不在乎为自身娱老及子孙居室计也。宗兄一家树十口，侨寓数十年，以言娱老，则骨肉犹隔重洋；以遗子孙，则堂奥难容生聚，故斯堂规模，来书仅谓"若小宗祠然"，盖着重于承先启后而示以海外后人：惟父母之邦当数典勿忘耳！予于集美，既爱其景因人胜、地以人名，而于建堂之义，复嘉其敦本贻谋，名实相称，信有可传者在，用记概要，以告后人知世守云。一九六〇年九月，陈培锟谨识，罗丹拜书。

事隔多年，我曾多次向厦门市政协建议以青石重刻此记，俾存久远。今见其贤裔为编《岁寒居士集》（福建美术出版社，2015 年），《归来堂记》即在书中，亦盛世之好事也。

英文音译对联

故电影评论家钟惦棐先生 1982 年回乡，为四川江津县（今江津市）文庙题联云：

儿时孔庙，偌大排场，巍巍文坛，至此军民皆下马；
再寻故地，少此空间，点点残荷，唯留烟士披里纯。

盖"烟士披里纯"，英文 inspiration，意即灵感。评者谓洋古雅俗揉为一体，妙趣横生。

画家黄苗子先生回忆他儿时居香港，见到有一家南唐酒家用铁皮凿成一副楹联云：

建伟业于港；塞些事乎庐。

观者皆不解下联何意，有识者曰：此英文 successful，中文乃成功也。
《团结报》1989 年 2 月 4 日，曾刊这些奇联，读之令人绝倒。

异材

《达化斋日记》，杨昌济著，1978年湖南人民出版社出版，所记其1889年和1914—1916年的部分日记。其1915年4月5日记：

> 昨日编儿童侦探完，一日未读书。毛生泽东言：其所居之地为湘潭与湘乡连界之地，仅隔一山，而两地之语言各异。其地在高山之中，聚族而居，人多务农，易于致富，富则往湘乡买田。风俗纯朴，烟赌甚稀。渠之父先亦务农，现业转贩，其弟亦务农，其外家为湘乡人，亦农家也；而资质俊秀若此，殊为难得。余因以农家多出异材，引曾涤生、梁任公之例以勉之。毛生曾务农二年，民国反正时又曾当兵半年，亦有趣味之履历也。

杨昌济先生早年留学日本和欧洲，回国后执教于湖南省立第一师范学校，1918年应聘到北京大学任教。从这段日记来看，毛泽东在师范学校念书时，已得到业师杨昌济的非常赏识。这部日记我于1988年6月10日得于鼓浪屿地摊，价4角。

曾熙致李瑞清书

近代海上书坛最推崇者，为曾熙与李瑞清二人。昔曾熙邀李瑞清同来沪上鬻书，寄书云：

> 髯昔不能以术取卿相，汲人财帛以自富，今又不能操白刃，以劫人为盗称豪杰，直庸人耳。今老且贫，犹欲执册奉简，口吟雅步称儒生，高言孔孟之道，此饿死相也。饿死常也，人方救国，髯不能自保其妻孥，不亦羞乎？且富者人之性情，所不学而俱欲者也。语云：求食者牛不如鼠、鼠不如虎，何也？牛服田力耕，以劳易食，鼠则窃处仓廪，无人犬之扰，长养其

子孙。虎居深山、据大谷,上捕飞鸟、下噉野兽,何求不得焉?鬐力不如虎,巧不如鼠。吾与子其为牛乎!鬻书末业也,内无饥寒之患,外无劫夺之忧,无捐金之事,操三寸之觚,有十倍之息,所谓不贵贷之子钱以劳易食者也。太史公曰:"富无常产,贷无常主。卖浆小业,张氏千万;洒削薄技,郅氏鼎食。"他日吾与子起家巨万,与英美托拉斯主者抟富,亦其常也。

李瑞清览信,捧腹大笑,遂从之。先祖父藏书中,曾见此文有趣,遂留为资料存读。

清道人拒绝敲诈书

李瑞清(1867—1920),字仲麟,号梅菴,晚署清道人,江西临川人,清光绪二十一年(1895)进士,入翰林。工书,行书得黄山谷神髓,真书妙出晋唐,磅礴有力。其在沪上鬻书时,声名大震,有不肖之徒,疑其富翁,即假托黑社会中之维良会写信向他敲竹杠。清道人无钱了事,遂复一信。不料维良会没有收到,于是清道人再复一信,信云:

贫道,伤心人也。辛亥国变,求死不得,飘泊海上,鬻书偷活。寒家几四十人,恃贫道一管以食,六年以来,困顿极矣。昨接贵会来书,业已作书报复。顷又得来书云未取得。以万人行路之通衢,何能禁人之不取?至于嘱贫道备汇丰银行票三百,以助贵会。此说误矣。贫道鬻书之人也,非有多数之钱储之筐筥。有一日而得数元,数日而不得一元,此种营业,非平静市面好,然后人才思及此种装饰品,非野鸡之能到处拉人也。近日银根紧急,十余日来一元之收入,自顾不暇,何能为贵会之助?俗语云:有钱钱当,无钱命当,且人之乐生,必有后来之希望。贫道无妻无妾,无子女,所有子女皆兄弟之子女,或寡妇孤儿而已。吾友吴剑秋云:"道士无妻妾之奉,而有室家之累。"况世风日变,奸慝佥壬,俱居高位、拥重兵,亡国之祸已在眉睫。惟求速死,得大解脱。两得手书,故此掬诚相告,请贵会切实调查。如有谎言,手枪炸弹,引领甘受,而无悔焉。

日前过鼓浪屿海天堂构观曾农髯之榜书,忽忆我曾在香港梁披云先生主编的《书谱》1980年2月号刊载过此文,时适由工厂调至文化部门工作也。

惠安童生

近贤邓之诚著《骨董琐记》,其卷六之"天下第一"条所记有各地二三十种物品,其中吾闽入选者为"建州茶""福州荔眼""福建秀才"三种。先祖父仰潜公说,此"福建秀才"当以"惠安童生"更为典型。我在工厂务工时,曾从地方旧报纸上读到《惠安童生》一文,乃某童生的致父信,读之令人喷饭。文曰:

> 父亲大人老兄台,益仔(按:童生乳名)顿首拜。儿自七月十五开奁拜祖,食鸡以来,觉得行路自在。从洛阳经过,吃去菜脯两块,茶二点三。到省城人人叫儿老爷(轿夫叫也),儿想此科必中无疑。报子若到,厅边"土人"(按:"土耷")先徙一边。四妹跛脚瘾龟(按:驼背),切勿令人观见,恐露出马脚。写匾字勿托对面王先生,恐畏字骨太软。前日城哥欺吾太甚,此科若中,定要撩伊。信到之日先要水灰二十担,大杉二枝,有中粉祠堂、竖旗杆,无中糊屎(按:粪坑)、搭牛椆(按:牛棚)可也。此嘱!

此信可做闽南文化研究之佐料。

叶大年会试硃卷

我家珍藏一册叶大年光绪壬辰(1892)科会试硃卷刻本,先大父仰潜公之旧物也。此乃清代科举制度罕见之履历实物。叶大年是近代厦门著名的文化名人,当地历史上为数极少登进士第又点过翰林的人物之一[民国《厦门市志》载其为"甲午(1894)翰林",又载"庚子之变,(叶大年)间关回里,董禾山书院,诱掖后进,不遗余力。受聘上海泉漳会馆,任厦门官立中学堂总董"]。盖叶大年参加是科会试,诗文页首题"会试硃卷。光绪壬辰科中式第一百四十一名贡士叶大年"。会试之后,朝廷将其应试中式的诗文,以及个人的里居、履历和亲族、师承关系等情况刊刻印行。全书共全开十一页,文章和诗七页,置前之个人材料就占四页。

硃卷内页题"叶大年,字濂卿,又字季椿,号梅珊,行十一,同治癸亥年十一月初十日吉时生,福建泉州府同安县优贡生,民籍。朝考一等,钦点知县"。诗文页收录其应试八股文三篇,一题为《子曰"君子矜而不争,群而不党";子曰"君子不以言举人,不以人废言"》,一题为《斯德也,达乎诸侯大夫及士、庶人》,一题为《井九百亩,其中为公田,八家皆私百亩,同养公田》,最后乃诗一首,题为《赋得"柳拂旌旗露未干",得"春"字五言八韵》。直系亲人从"始祖讳文炳号晦叔,宋赠尚书、少师、左仆射、观文殿大学士兼枢密院使"开始,历太高祖、高祖、曾祖、祖、父及其妣氏的名讳及封赠、职位皆简明清楚。可知叶大年"父讳时绶,例赠文林郎","本生父名时泰,敕授布政司经历,军功议叙五品衔,例叠封文林郎","母氏石,敕封安人"。其旁系亲人则有明代"世伯叔祖"叶普亮、叶启蕤、叶翼云等人,还有曾伯祖、胞伯祖、嫡堂伯祖、嫡堂伯、从堂伯、胞兄、嫡堂兄、从堂兄、堂兄、堂弟、胞侄、嫡堂侄、从堂侄、堂侄、胞侄孙名下各有多人,其科举功名及职位也简明翔实。妻党方面所载亦相同:"娶黄氏,貤封承德郎讳爵一公孙女,诰赠承德郎讳得杰公胞侄女,国学生名国宝女,国学生讳国贤公胞侄女,翰林院待诏名培德、敕授布政司经历名培良、奎文阁典籍名培襄、培基嫡堂妹,奎文阁典籍讳培嗣公、邑庠生名培元胞妹,国学生名日秀、邑庠生名日新嫡堂孙女,内阁中书名必成嫡堂侄女,国学生名超群、名旭升堂妹。"另"子,敦煌;女一"。最后载其"世居嘉禾里莲坂乡"。

师承关系又分为受业师、山长和受知师三种。其受业师有:汪夫子讳学莘,家夫子讳子修,胞兄渊其夫子讳有年,雪湖傅夫子名炳锽,藤谷家夫子讳璿,鳌洲薛夫子名冠三。山长有:晓沧曾夫子讳兆鳌,雪沧杨夫子讳浚,桂庭王夫子名步瞻,铁香陈夫子名启仁。受知师有:寿徵八夫子讳十四前同安县知县,少青徐夫子名震耀前泉州知府,筱峰崑夫子名岗前福建学政,露轩秋夫子名嘉禾前厦防分府,切臣丁夫子名惠深前厦防分府,乐峰奎夫子名俊前兴泉永道,蓉石唐夫子名宝鉴前厦防分府,桂生陈夫子名学棻前福建学政,尺珊陈夫子名受颐辛卯科房师,春岩段夫子名友兰辛卯科座师,子玖瞿夫子名鸿礼辛卯科座师。

此外,又有之前所获功名:"光绪戊子科会考中式优贡第一名,朝考一等第十九名、钦点知县。乡试中式第八十五名,会试中式第一百四十一名。"因复试、殿试、朝考和钦点尚未进行,各种等第、名次等结果暂缺。

此会试硃卷不仅是反映清代科举制度重要的文物,对地方文化的研究也具有参考价值。

弘一法师手稿

岁壬午(2002),圆明居士林良丰君出示所藏弘一法师手稿一纸,书法堪称妙品,文亦法师诸文集所未载也。原稿题为《记厦门贫儿舍资请[宋藏]事》,正文曰:

> 二十二年夏历六月,厦门妙释寺募资乞请宋《碛沙藏》。既已倡布,于十五日,有贫母携儿诣僧房中,舍资一圆,谓愿以此助请宋藏。问何人施?曰:"小儿施。"问是一圆何因而得?曰:"曩母常持一钱与儿,自求所须,儿不靡用,乃以聚贮,母数数与,绵历岁时,始为一钱,渐盈一圆,久置儿怀,视若球璧。今日侍母诣寺礼佛,闻他人言募请宋藏,欢欣舞跃,叹为胜缘,遂舍所宝而随喜焉。"儿衣蔽纳,赤足无履,未及童年,名武夷也。

原稿无署款,草稿也。《松风》刊载时,为添"甲戌正月沙门弘一演音撰"数字,蛇足哉。

良丰君与余同出晓寒张云松夫子门下,今以山水画鸣世。君少从妙湛大和尚游,于佛学能信解受持,尤敬仰弘公。

张书旂画论

中国现代花鸟画名家张书旂先生曾于1926年执教于集美师范学校。时应厦门美术爱好者和学生之请,用石印出版一本画谱,并以画论一篇为序。此书今恐已成广陵绝响矣,今为录全文如下:

> 作画要点在布局与用笔,用笔难而布局更难。布局之法虽无一定之

式,自有一定之理,理之所存,法于是定,万变无穷而一理不移。古人所谓行所当行,止所当止,如此而已。一画有偏有正,有开有合,有虚有实,有疏有密,学者知此,则作画之道思过半矣。今世画谱多矣,然山水只于册页,花草不过折枝,不可施诸巨幛大幅,学者恒卷小为大,伸短为长,东凑西拍,漫然填补,不失之散而流于乱。故笔气墨韵或有可观而布局之合度者寥寥莫睹也。客岁余在古婺,学者每感局法之难,嘱余作章法集以供参考。余质既驽弱,而功力又浅,能知之而不能至之,因之迟迟者又一年矣。今春来闽,一般学者亦感同样之难,而嘱余作此尤急,因不辞固陋,写数十幅付梓,非敢持此问世,聊供学者参考耳。研究斯道者若进而教之,则尤幸甚。丙寅初夏,张书旂自序于集美学校。

张书旂(1901—1957),本名世忠,浙江浦江县人。美国白宫首次正式悬挂之中国画,即其1941年绘赠罗斯福总统名为《和平鸽》的巨幅花鸟画。

记清道人论学书

我少时喜爱清道人之书法,故托亲戚从香港寄来《书谱》杂志认真阅读,每见清道人的作品或文字,必抄录为临池或学习之助。记有一作品之跋语云:"学书先贵立品。右军人品高,故书入神品,决无胸怀卑污而书能佳胜者,此可断言也。"又云:"学书尤贵多读书,读书多则下笔自雅,故自古来学问家虽不善书,而其书有书卷气。故书以气味第一。不然,但成手技,不足贵矣。"又云:"学书不学篆,尤为文不通经也。故学书必自通篆始。学篆必神游三代,目无二李,乃得佳耳。"

闻道人先致力于帖字有年,而不得笔法,后沈寐叟等授以纳碑入帖之法,始渐融会贯通,自具风格,且日与诗翁陈散原辈往返,故非独以书艺自重也。

这些片言只语,对我日后的立世和治学都有帮助也。

陈培锟记为厦门市图书馆购藏之古籍

陈培锟,字韵珊,福州人,清光绪戊戌(1898)授翰林院编修。民国《厦门市志》载其1918年11月10日署理厦门道道尹,翌年4月去任。所著有《岁寒居士集》。戊戌(2018)中秋我读是集,中有"厦门沦陷后痛心之一事",所记乃涉及当地文化之重要史料,亟为录之如下:

> 民国八九年间,余在厦门道尹任内曾创建厦门图书馆,搜集各书院藏书,购置新文化书籍,蔚成巨观。时北京正设图书馆讲习所,派余超前往肄业,六个月回厦后,即畀以管理之职。又捐奉三千金,向惠安龚亦楼及各故家续购宋、元、明椠暨手抄秘籍,以期共览。近闻敌人占我厦岛,悉得宋、元、明旧椠暨手钞秘籍,捆载东渡。箧中重检书目尚存,追忆前尘,不胜感痛,但使长期抗战胜券可操,共存玉碎之心,或有珠还之望。谨将书目列左,俾来者有所征求。
>
> 宋椠书目:宋椠《埤雅》。元椠书目:《陆宣公奏议》。明椠书目:《韩诗外传》《三国志》《南齐书》《梁书》《陈书》《南史》《北史》《十七史蒙求》《贾太傅新书》《程伯子》《管韩合刻》《墨池编》《观化集》《三子口义》《道德经解》《抱朴子》《文选》《唐宋白孔六帖》《书叙指南》《文章正宗》《续文章正宗》《三续古文奇赏》《文苑英华》《唐诗品汇》《选诗补注》《吟窗杂录》《陶渊明集》《陶贞白集》《阮嗣宗集》《阴常侍何水部合集》《高常侍集》《岑嘉州集》《李翰林集》《骆宾王集》《吕衡州集》《李元宾集》《颜鲁公集》《李卫公集》《叶水心集》《鄂国金佗续编》《韵要》《魏庄渠集》《甘泉献纳编》《受庵疏稿》《洪武正韵》《五音集韵》《五音编韵》《补韵》《复古编》《古今韵会》《金薤琳琅》《文山全集》。
>
> 四库副抄本书目:《网山集》《龟巢集》《缙云集》《大隐集》《性喜堂稿》《吾吾集》《崧庵集》《湖山集》《定庵类稿》《莲峰集》《云溪集》《潜山集》《南湖集》《河芬集》《月泉吟社》。
>
> 钞本书目:《班孟坚集》《昭明太子集》《高东溪集》《闲闲老人滏水集》《南轩孟子解》《夏小正孟子音义》《九经补韵》《历代帝王宅京记》《南宋中

兴馆阁正续录》《谷音》《唐独孤公集》《小蓄集》《王滹南文集》《丁鹤年集》《二薇堂诗苇碧轩集清苑斋集合订》《勿斋集》《古梅遗稿》《百正集》《宁极斋稿》《存悔斋集》《续轩渠集》《蜕庵集》《梦观集》《荆南唱和诗》《王著作集》《草泽狂歌》《鸣盛集》《僦寮集》《冰槎集》《文山乐府断肠词合订》《云林词松雪斋词竹洲词樵庵词合订》《阳春词虚斋乐府合订》《古山乐府雪楼乐府合订》《信斋词东山词合订》《贞居词》《筠溪词》《经史正音切韵指南》。(该文)载《生力旬刊》1939年第1卷第36期。

蔡尚思教授所开书单

复旦大学伍立杨教授近日为文(《中学国文试题及其他》,载《人民政协报》2008年4月28日),对当代中学国文教学颇有隐忧。说:

> 梁启超、鲁迅、施蛰存、胡适……当年都给青年开过书单,大多是中国文史哲之最基本著作,如梁氏所开书单,子部无非老庄荀韩,史部前四史加《资治通鉴》;鲁迅偏向子书,但都很常见而不生僻,并非钻牛角尖。这些书单乃以大学低年级、中学生为对象。

忆昔1984年3月14日,蔡尚思教授为复旦诸生举办题为"图书馆——我的太上研究院"之讲座,亦曾特为我辈文史考古类弟子开过书单,举凡古代文艺类:《诗经》《红楼梦》;史地类:《史记》《史通》;思想类:《论语》《墨子》《礼记》《老子》《韩非子》《论衡》《六祖传经》《明夷待访录》;近现代文艺类:《鲁迅杂感选集》《家》《田汉文集》;史地类:《中国古代社会研究》、范文澜《中国通史简编》、谭其骧《中国历史地图集》、胡绳《从鸦片战争到五四运动》;思想类:《天朝田亩制度》《天演论》《辛亥革命史论选集》,还特选《实践论》《矛盾论》与中共中央文件《关于建国以来党的若干历史问题的决议》。

蔡先生,号中睿,闽南德化人,时年近九十,而体态清癯如鹤,声音洪亮。他劝诫弟子读书勿做"两脚书橱",尤不赞成读《楚辞》。先生所教,或一家言乎!

像赞

像赞，指为人物造像所作的赞辞，古已有之，典出于《后汉书·应劭传》云："初，（应劭之）父应奉为司隶时，并下诸官府郡国，各上前人像赞。"闽南一带尚保持有此古风。1969年先祖父弃养，家严自台湾命我为作像赞。赞曰：

> 天地之正气，道德之典仪。堂堂古貌，吾祖须眉。弱冠文章，故里声驰。创办黉舍，桃李纷披。善教吾父，威振长空倭胆危。暮年皈民主，昌言盛世志莫移。世俗之眼底，福慧已兼之；佛门之圭臬，能信解受持。昔贤云：其学富，其德立，先祖考当堪称之。

十数年后，我友崇武许志雄兄从《鼓浪世界》（程童一、陈光明、何光喜著，解放军文艺出版社，1992年）一书中偶读到此拙作，谬承奖饰。志雄兄嗜诗词掌故，时执教于泉州仰恩大学。某秋夜来寒斋晤叙，说起像赞其实难写，太谀则假话，不谀则废话。他说泉州剧作家王冬青兄最擅此道。话说著名华侨李光前先生有族叔少寒微，业屠起家，晚岁家道竟致素封，是以谋举为泉郡花桥善举公所主任。开张之日，该族叔在公所壁上高悬肖像，乞名人赐题像赞，而无人应命。同里冬青兄适过其门，信手题曰："三十年前屠宰，三十年后吃斋。上天堂不得，下地狱不该。如今挂在半壁，嗨！嗨！嗨！"读者无不喷饭。冬青兄因编有梨园戏《连升三级》而蜚声鞠部，十年动乱中却含冤致死矣。

［附记］1963年泉州梨园剧团以冬青兄编导之《连升三级》晋京演出，邓拓题赠一律云："三百年前唱宋江，闽南村社梨园腔。泉州处处传高甲，水浒家家话晚窗。莫怪舞台常有丑，从知技艺本无双。远来京国殷勤意，相视何须倒一缸。"此墨迹蒙温陵友人分享，邓拓遗集未审收录否？

又闻我乡昔有为某"土豪"之尊人作像赞者，题曰："儿孙贤，多挂它几年。儿孙不肖，不值一文钱。但愿儿孙代代贤，此像挂它几万年。"然不知是王冬青兄所撰否？

《绣英阁诗钞》

《绣英阁诗钞》，厦门海沧霞阳村邱韵香女史(1888—1977)之诗集也。其卷首《自叙》有云：

> 儿时五十年前遭日人之变，从先君西渡归国。幼善高歌，长耽声律。早岁失恃，为先君所钟爱，晨窗课读，善诱循循，但余少跌宕，虽博览群书，悉涉猎不精，信口吟哦，不计工拙。出阁后益荒疏，中馈之余偶一为之，积而成卷。

乃知"乙未(1895)割台"后，邱韵香随乃父愤而内渡回原籍——海沧新垵村。邱父名锡熙，号缉臣，原是嘉义县的明经(贡生)。从诗钞中的《壬寅哭母七绝十四章时年十三》考证，邱韵香乃清光绪十六年(1890)出生于嘉义县。从其《乙巳别后寄亲》诗，可知她出嫁到邻村霞阳时，时年十六岁。邱韵香的学诗老师施士洁所著《后苏龛诗集》第八卷系辑录其戊申至辛亥(1908—1911)的作品，从戊申除夕以后，施士洁与邱韵香频频互通诗柬，施士洁所作有《韵香来诗有"愿列门墙"之语如韵答之》等近十首。这段时间，师生两人互赠照片，庚戌(1910)"新正八九日"邱韵香还托人给老师馈赠"泰西酒饼"。辛亥六月六日施士洁为弟子作《〈绣英阁诗钞〉小引》。施士洁在赠弟子的诗中，除了赞赏她的诗"清圆可喜"外，往往都不忘提及其先生杨向高(字文升)，称赞"文升善艺菊，工绘事"，"亦耽翰墨"，特别对他们两位或作画或题诗的隐逸生活，欣赏备至，称作是"梁孟几生修得到，双飞彩翼并头莲"的神仙眷属。

邱韵香去世于1977年。生前的文字之交还有苏郁文(眇公)、马祖庚(亦箴)、郑煦(霁林)等前辈。1990年福建省东山图书馆有《丙寅留稿　绣英阁诗钞》校印本问世，乃邱锡熙、邱韵香父女所撰。闻海沧之"沧江文库"将翻印并加注，以嘉惠学林。

扫云山房

近代厦门海沧之杨向高与邱韵香两伉俪,一擅画而一能诗,隐居海壖,唱随有乐,所居曰"扫云山房",比之古代赵明诚与李清照之归来堂、赵孟頫与管仲姬之鸥波馆,堪伯仲焉。

杨向高,字文升,厦门海沧霞阳世家也,工山水。我于《漳州翰墨遗珍》读其佳作两幅,一水墨山水《洞庭秋月》画轴,一丁卯(1927)在霞阳扫云山房所作之浅绛山水《烟江叠嶂》便笺,觉其笔墨纯入古法,下笔萧疏淡雅,飘逸有古意。《洞庭秋月》以寥寥简笔画江边秋树数株,穿插具见工力,有人泊舟亭台观月。上有夫人邱韵香行楷题五律一首云:

一片秋江月,清光绕洞庭。放怀临壮阔,望眼入沧溟。轮讶波心起,船从镜面停。谁吟湘水怨,中夜读骚经。

《烟江叠嶂》则仿黄鹤山樵笔意,皴擦干净不俗,颇有名家风范。该书介绍杨向高"师法海上诸家,善作山水。夫人邱韵香工诗,一画写就一诗成,当时传为佳话"。

忆亡友黄兆斌生前曾赐告海澄邱韵香是其姑妈,却未闻杨、邱两伉俪之诗画联璧。

《箧书剩影录》

家藏《箧书剩影录》油印本一部,石庐林均著。书法家维之余纲师所赠。林均(1891—1971),字亚杰,号石庐,福州人,当代藏书家也。平生收藏金石文字极富,所居曰"宝岱阁",又称"三万金石文字室"。1957 年,林氏将所藏尽归中国社会科学院考古研究所。其自序云:

迨以全部金石书行将北运,从兹脱离蜗庐,登崇高之学术大厦,等于名山石室之藏矣。兼旬以来,蹀躞书室,作最后之摩挲,不忍释手。正如钱虞山鬻宋版《汉书》于四明谢氏,虞山自云"去我之日,殊难为怀。李后主去国,听教坊杂曲挥泪对宫娥一段,凄凉景色约略相似",不啻为吾今日之情况写照也。

其金石类藏书总目甲类计三百五十一种,其中稿本八十九种,传抄稿本二十九种,旧抄本一百二十三种,影抄本一十六种,抄本九十四种;乙类计二百五十四种,其中宋刊本十种,金刊本一种,元刊本八种,明刊本五十五种,精(清)刊本一百六十三种,域外本一十六种。(按:原旧印本如此。乙类总数与各项总和不符。)多有江阴缪氏艺风堂旧藏。阅书目,见清代闽人雪沧杨浚之金石著作,后世所编著录多不载,如稿本有《冠悔堂寿文集》一卷,《冠悔堂骈体文未刻稿》一册,《荥阳大小郑石刻考》一卷,《荥阳二郑碑刻考》一卷,《昭陵石迹记》二卷,《滕县汉殷微子墓碑考》一卷,《周孟鼎释文》一卷,《山左六朝摩崖各碑存目》一卷,《冠悔堂金石题跋》五册。其他还有明黄宗羲撰《思旧录》一卷(旧抄本),清吴枚庵、黄荛圃题跋的钱谦益《绛云楼书目》两册(旧抄本),曹寅撰《曹楝亭书目》三册(旧抄本),缪艺风旧藏《闽海纪录》二卷(旧抄本)。日后晋京,可按图索骥也。

《闽中古物集粹》

"文革"中,我从厦门大学余纲师处假得福州林石庐先生著作数种,凡《闽中古物集粹》一卷、《箧中剩影录》二卷、《石庐藏镜目》一卷,均为油印直行本,其再生纸之质量殊劣,确为三年经济困难时期之出版物。其中《闽中古物集粹》所举皆吾闽文物,扉页乃丁佛言先生篆书题耑。该书云:闽中无古碑,最早之刻字当推《侯官雪峰寺唐天佑枯木庵木刻》、金门县牡蛎碑和《福州东岳庙宋元丰瓷莲盆题字》三种。牡蛎碑早已毁圮,宋元丰瓷莲盆题字也仅余拓片可查,有实物者唯唐天佑枯木庵木刻。该木刻系镌刻在树腹中,又称树腹碑。此寺相传为唐代真觉禅师趺坐处。树非槐非楠,大可十围,已枯。字体略似柳公权,林石庐先生记其全文为"维唐天佑乙丑岁(按:905年)造庵子及作水池约伍仟余功于时廉主王大王"二十六字,更有小字十四字为"枕子一枚雀嘴杖一条匕生自庵中"。赵之谦、罗振玉、陈石遗、陈荣仁、杨雪沧等学者都有题识考证,诚为闽海奇珍。

其后我承乏文博工作,十数年前曾江馆长老兄寄赠其大著《闽侯文物》(福建美术出版社,2002年),重读唐天祐年款之枯木庵树腹碑,并读到史树青、王世襄、朱家溍和杨仁恺诸师的题词手迹,陡生敬爱之情。史先生之"苦心昭两宋,大节凛千秋"一联,写作俱佳。

厦门"射虎"

古人有称猜谜为"射虎"。清末民初,厦门"射虎"成风。旅居菲律宾的英华老学长邵建寅先生曾寄赠庄克昌所著文集,书中之《感旧录》一章,记述了当时厦门的猜灯谜活动,以及罕为人知的近代谜社——萃新社的点滴情况。其中写道:

忆十三岁时……其时鹭门文风鼎盛,雅集频繁,春秋佳日,设宴延宾,分曹射覆,逸兴遄飞。适有陈氏塾师拟谜语数十条,揭诸街壁求教。先君子雅好此道,偶试为之,忆则屡中;而远近人士踵塾师之门对坐推敲者,亦大有其人。于是本"以文会友"的古谊,不期而遇,邂逅相逢,兴趣既同,倍觉亲切,佥谓鹭门春灯雅集有提倡之必要。乃由陈厚庵老先生出而联络组织,而萃新春灯社遂而成立。当日入社者有何(按:应为"柯")荣试、李绣伊、卢蔚其、林桂舟、陈万臻、柯伯行、李实秋、袁申甫、余少文诸先辈,先君子亦参与焉;而后起之秀则有谢云声、陈佩真二氏。柯荣试先辈乃柯伯行老先生之叔,为鹭门一代经师,李实秋则以"六才"擅胜场。

萃新社既成立,胜会就多了。一年中如元宵、清明、端午、七夕、中秋、冬至皆有集会,会所可以假座僧舍、道观、学校、庙宇,东道主由社友轮当,务使张灯射虎的场合没有间断。当日我若不碍正课,就跟着先君子前往凑热闹,正如矮子观场,随声叫好。有时在棚前徘徊张望灯谜之外,或听到猜中的鼓声——"通、通、通",乃私叩先君子以灵机妙窍所在,亦有所得。归来辄翻检经书及诗集,反而获温故知新之益,总比博弈犹贤好。

许文渊《古砚斋谜集》

我少时曾一度喜欢猜谜,中年以后此雅趣渐歇。家中藏书有邑前辈所编谜语集子,皆秦火之孑遗也。其中有前清秀才许文渊(宗岳)的《古砚斋谜集》,内收谜语一百四十余条,谜面和谜底或摘取"四子"、《周易》、《尚书》、《毛诗》、《左传》,或旧学课本之"群书""蒙经""韵目""六才"之章句,或猜谚语、地名、人名、动植物名,字谜尤多,今之人甚难射的。该书卷首有癸酉(1933)四月贺仲禹以骈体文所作的序,还有陈文孙、李禧两前辈的题词。陈氏题《踏莎行》词二阕云:

  文拟雕龙,技精射虎,才名久噪鹭江浒。胡为竟为秀才终?壮年遽尔骑鲸去。　　秦客廋词,齐髡隐语,粲然并向毫端吐。只今春社灯前,尚传斗角钩心句。

  射覆花晨,张灯月夜,当年锦句争传写。鲁齐家学有渊源,一时庠序增声价。　　鹿洞停车,虎岩系马,鲰生甘拜高风下。何须幼妇诮鸿才,直欲中郎骂。

绣伊李禧仁丈题词云:

  禧幼侍师门,每闻谈谜,心焉好之。比年稍长,则师归道山已久。苦觅遗稿,殆将廿年。嗣由陈君厚庵抄得此卷,惜未载谜底。酒后茶余,恒出以质同人。偶为射中,辄录其下,计得百余条,精确者居十之七八,爰都为集。呜呼,吾师文采风流,可传者岂独谜语也哉!顾此卷复多残缺,劫尘如梦,文章厄九,可胜悼欤?

附诗云:

  珍珠百斛串来工,渺渺犀心何处通?惆怅名流吹易尽,凤山一夜落灯风。

六街词客踏金鳌,绮语飞来妙绪多。已惯摩碑题幼妇,筠笺擅胜写曹娥(师工楷法)。

羯鼓无声花欲颦,解铃难索系铃人。可怜古砚津津墨,幸作珊瑚铁网春。

不见当年丁卯集,伤心弟子此传灯。无聊射虎成前梦,我亦垂垂老灞陵。

此四诗《梦梅花馆诗钞》阙如,谨录于此。

《春山染翰楼谜剩》

家藏厦门谜集尚有同安蔡文鹏之《春山染翰楼谜剩》。该书收录其创作谜语凡七十九条,谜面与《古砚斋谜集》略同,皆四书五经词句。卷首有厦门萧培榛(幼山)所作《蔡君文鹏小传》云:

蔡君讳拪,字文鹏,籍同安,世居厦门大悲阁。兄弟八人,君居五。性聪颖浑厚。家贫苦学,读书玉屏书院,月课名辄高列,因借膏火自给,兼佐家计。已而,君两兄及嫂氏相继没,家益困。君年二十许,入邑庠,素与游者周君永镇、柯君伯行、李君绣伊,均一时知名士,平居以文章相切磋,暇时以猜谜相娱乐。君笃于交谊,视朋友事心殊关切。李君常言与君应试同馆舍,于文章利病得其指导之力为多。嗣同入本省师范学校。毕业时,书院已改办厦门中学堂,君归任职教员。妻洪氏,伉俪相得,君亦甘老温柔。岂感于身世迍邅,聊以自慰耶?光绪卅四年九月,君以疾殁,年仅三十。子寿霖生仅周岁。余年甫弱冠,始获交君,时君家居设幛,每偕诸君过访,至则登楼倚槛而坐,君剥枣相啖,煮茗以供,偻与谈文论史,极一时雅集之乐。余有所作,恒举以示君,君流览疾诵,辄指其用意而善之,余始敢自信。阙后周君下世,惟柯、李二君尚无恙,与之谈,差强人意耳。追思曩时盛会,恍如梦寐,怅然以悲。盖世变,几经沧桑。君没廿余年,余亦鬓发苍白,年四十八矣。君素能文,书学由欧、赵进窥钟、王,得其秀劲;画则山水、花鸟俱饶思致。使天与以寿,得敛其颖异之资以肆力于学,其必卓然有以自见,惜哉! 寿霖曾学于余,今已成立,书法颇有父风,品行循循雅饬,余又喜故人有子,为不死也。萧培榛拜撰。

另有李绣伊世伯《春山染翰楼谜序》云:

蔡君文鹏善属文,工书法,谜非其所嗜。以与余过从密,偶戏为之,辄多佳制。始叹骚人慧腕,固无不工也。既入学校,遂不为此戏。其后诸友再角逐谜场,则文鹏已下世。绿酒红灯,时深惆怅。向乃弟索得此卷,置诸案头。又经岁月,略加芟夷,都为一集,恍然当切磋文字情况。文鹏有子名寿霖,年十三四,从余读。询以文鹏书籍、文稿,悉散亡以尽。此卷殆硕果仅存矣。文鹏之学可表见者只此,岂文鹏意耶?抑廿年来诸友文字类多散失,其卷帙裒然完好者,反在谜语?然则小品文字,或不陨于劫尘也,好谜者足自豪矣。己未十月绣伊李禧序于白鹭洲白鹿洞下静室。

《来青阁存删四六》

《来青阁存删四六》仅存卷之五一册,稿本。我友吴君鹤立所藏。是册目录之后书"民国八年己未五月廿九日宽甫书,年六十,在厦景康小楼",封面钤"王宽甫"圆印,可知作者为王宽甫,誊稿时在1919年,居厦门,其余未详。该册存稿十一篇,行楷抄成,内容多涉清代光宣以来闽南人事,惜皆四六骈体,辞藻华丽外史料价值不多。其目录为:《杏圃陈氏神曲茶饼住址小引(壬午十月)》《代友人祭其友杨君文(壬午葭月廿四日)》《公奠庄诒亭水部元配粘宜人祭文(壬午腊月七日)》《代友人题〈夫妇双寿行乐图〉赞(壬午腊月廿五日)》《代周雪村郡侯寿其理刑厅邱秬香父母六十双寿序(前言云:癸未二月七日。周名慎恭,江苏常熟县人。邱名纶锡,江苏吴江县人。邱翁名绿秩,号柳溪,前任山西大同府浑源知州,在任四年,告病归里。寿日二月十八日,年五十八岁。邱母吴,寿日十二月,年六十岁,子一女一)》《公奠茂才林东会、解元林韬会太翁韵亭先生文(癸未蒲月廿一)》《寿门人蔡大成昆仲令堂邱孺人六十序(癸未荔月望日)》《为友人庄亦模孝廉运柩兰溪并请旌其尊阃蒋孺人节烈劝捐启(癸未七月五日)》《公奠庄省斋太翁暨其冢郎庄孝廉亦模、冢妇节烈蒋孺人祭文(癸未七月初六日)》《代谨斋邑侯寿梅石书院山长柯淳庵先生八十南楼介寿征诗启[前言云:甲申。胡名效曾字(谨斋),安徽人,进士。柯名辂,字(淳庵),本邑人,居塘市,丁酉举人,历任永定、诏安、嘉义、邵武训导,升江西安仁县知县,改永安教谕,未赴任,回籍。本年奉教梅石书院,甲申葭月十二日,寿日为腊月廿七日,南楼介寿为腊月十七日。附注:邑中甲科乡绅年八十、九十者,诸绅士俱为之迎上南鼓楼介寿,谓之"科甲眉寿",得登斯楼者,人共荣之。民国八年己未蒲月廿九午,宽甫书,年六十,在厦石埕景康小楼]《代泉州晋江府县两学乐生请赵竹楼制宪观乐明伦堂呈(乙酉桐月廿五日)》。

其《杏圃陈氏神曲茶饼住址小引》云:

乳泉岩畔,裴老练丹;金粟峰头,郑仙捣药。连北山而逶迤,依西郭之巍峨(去西城数武)。桐郡留芬,里名奉圣;里门拱秀,族号小姑。回屋后之长垣,名胜爱标鲤尾(郡城形似鲤鱼,本斋屋后称鲤鱼尾);指门前之脉石,灵区雅志猪肝(门前脉石一片,名猪肝石)。境拟桃源,區开杏圃。林吏部园名栖菜,古迹非遥(栖菜园为林素庵先生书室);蔡虚斋地号谈乾,芳踪可接(谈乾巷为蔡虚斋先生演易之所)。右邻孟巷,欣咫尺之卜邻;左抱何池,指潆纡之入抱。合是青囊宛在,悬日月于壶中;允宜紫气重来,采烟云于洞里。从此地灵胎孕育,尤传橘井之香;喜他年嘉客梯航,不误杏林之路。

杏圃陈氏神曲茶饼住址应在泉州,从知昔日鲤城不止"老范志"一家神曲茶饼之老字号。

《鹧鸪赋笺释》

辛丑(2021)春,我捐赠给厦门市图书馆的首批藏书中,包括有清雍正皇帝之弟果亲王(自署"自得居士")所藏《韩文起》八卷(缺两卷)、嘉庆戊辰(1808)木刻本《香草笺偶注》二卷等善本古籍,《集美周刊》(1927—1928)35 期等旧报刊和《福建文博》自 1979 年创刊后的完整 100 期等学术期刊,以及各类书籍共数千册,整理时,发现一本家藏的《鹧鸪赋笺释》,毛边纸铅印,系 1943 年 4 月伯虎黄典诚先生随国立厦门大学内迁长汀时出版的著作,抗战文物也。

黄先生前序有云：

岛夷跳梁，河山破碎，夸毗戚施之徒，或利诱而失身，或威胁而从逆，行间狐鼠，恬不知羞。风气之衰，于斯极矣。当此之时，苟有大义凛烈之文，出而激发其心，则茫茫天壤，尚存正气，顾其书岂易得哉！顷读南明遗文，得《鹧鸪赋》一篇，瞿然喜之。盖练字练意，既极其工；使事使辞，又尽其妙。华夷之防至严，君国之思甚切，所谓激贪厉薄者非欤！

此其笺释之拳拳用意也。

卷前题词一为余謇（字仲詹）之《越调"小桃红"》云：

数声鼓角送残年，耳风涛险。此江山怎消遣？检陈编，高情懒看英雄传。殷勤搜得，遗民一赋，惨淡费长笺。前人心事后人宣，字里行间见。一片精诚皎如练。此书传，群儿应愧烟花贱。更谁为唱，遗山旧曲，慷慨鹧鸪天。

题词二为王梦鸥七绝两首云：

国破都无芳草怨，刺桐毛竹托离忧。避烧更傍青山宿，隔世犹呼杜薄舟。

残山剩水短长亭，春雨黄陵忍泪听。万古沉哀朱鸟谶，多君彩笔注冬青。

题词三为虞愚七言古诗一首云：

俟斋晚有居易集，文辞刚健伦常植。鹧鸪一赋尤无俦，托意遥深谁与释？伯虞肺腑与之同，鼙鼓声中仍把笔。分疏义例详指归，一十九章辨纤悉。精灵异代若可通，相得益彰神莫逆。光芒照海声动心，能令千载懦夫立。

周寿恺与《轮廓字》

厦门市区周宝巷42号,是近代文化名人周殿薰先生的故居。戊戌(2018)清秋,周氏故居即将被拆除之前夕,我特去叩门,缅怀一番。周先生的后人赠我两本书,一为白话句解《幼学故事琼林》,一为殿薰先生的哲嗣寿恺先生的《轮廓字》。寿恺先生因是我友周菡女史的令尊,所以我对《轮廓字》一书更有偏爱。

1953年,周寿恺先生以所著《轮廓字》一书参与文字改革运动。该书辑录汉字近五千个,自谓系"照美术中漫画方法,把一个字的轮廓写出来",分为减笔、抽笔、中空、代笔、删段诸法,根据字形尽量减少笔画。尽管此"一家之言"后来未被"简体字方案"采纳,但著名学者容庚教授在前言中表示遗憾,他写道:

> 周先生现任岭南医学院院长,专门研究内分泌医术,是一个很成功的医学工作者。于工余的时候,作了一本《轮廓字》,可以说一空依傍,独证心得。我们的毛病,在于每字要觅古人的根据,虽有矛盾,不敢创作。周先生的毛病在于每字只凭自己的理想,虽有简体,不会采用。两者苟能融合起来,便是一本很好的简体字。

周寿恺(1906—1970),1933年获北京协和医学院医学博士学位,抗战全面爆发后,即参加在贵阳图云关创办的红十字会救护总队,投身抗日救亡斗争。中华人民共和国成立后,任广州中山医学院副院长兼附属医院院长。寿恺先生业余时间研究文字学,乃在抗战烽燧之间。其《轮廓字》"编后记"云:

> 是编草于一九四三年在贵阳时,曾以一部分实验诸学龄儿童及成人,大率皆能认识无误,亲朋闻之,辄索阅,许为创获。一九五二年春,与容庚教授同寓康乐,出稿就正,承赐序文,并提示宝贵意见,因重为写定。

可见,此书系其长期研究之心得也。

夜读《雪涛小书》

箧笥中有少年时代所作读书笔记。当时常夜读,遇有"闲书"却是不闲。某日,获读一册晚明笔记,名《雪涛小书》,冰华生撰,1935年中央书店出版。弁言谓绩溪章衣萍偶得于中国书店之破纸堆,初名《亘史钞》。该书纯乎论诗,今日重读犹有所启发:

其《诗意章》云:

> 凡诗欲雅不欲文,文则为文章矣。凡诗欲畅于众耳众目,若费解费思,便是哑谜,非诗也。凡诗不能不使故事,然有意堆积,堆积便赘矣。凡诗析看一句要一句浑沦,合看八句要八句浑沦,若一句不属一气,一篇不如一句,便凑泊不成诗矣。

《巧咏章》云:

> 大凡诗句要有巧心。盖诗不嫌巧,只要巧得入妙,如唐人咏鹧鸪云:"游子乍闻征袖湿,佳人频唱翠眉低。"咏鸳鸯云:"乍过烟坞犹回首,只渡寒塘亦共飞。"咏鹭鸶云:"立当青草人先见,行傍白莲鱼未知。"我朝人咏白燕云:"月明汉水初无影,雪满梁园尚未归。"等等,大都由巧入妙。

《法古章》云:

> 诗所谓贵,古者自《雅》《颂》《离骚》之后,唯苏、李河梁诗与十九首系是真古。彼其不齐不整,重复参差,不即法,不离法。后世模之,莫得下手,乃为未雕之璞。若晋魏六朝则趋于软媚,纵有美才秀笔,终是风骨脆弱。惟曹氏父子不乏横槊跃马之气,陶渊明超然尘外,独辟一家。盖人非六朝之人,故诗而非六朝之诗。沿及唐兴,毕竟风气完聚,所以四杰之琳琅,十二家之敦厚,李杜之逸迈瑰玮,直凌《离骚》而方之驾,非六朝所能仿佛万一也。

《诗胆章》云：

> 夫诗值得有诗才，亦有诗胆。胆有大有小，每于诗中见之。刘禹锡题九日诗欲用"糕"字，乃谓《六经》无"糕"字，遂不敢用，后人作诗嘲之曰"刘郎不敢题糕字，空负诗中一世豪"，此其诗胆小也。《六经》原无"碗"字，而卢玉川茶歌连用七个"碗"字，遂为名言，是其诗胆大也。胆之大小不可强为，世有见猛虎而不动，见蜂虿而却走者，盖所禀固然矫而效人，终丧本色。

此虽一家之言，却能自出机杼，在在有道理。其奈书之主人催之急，呕选有心得者抄录之。

《烟水庵诗稿》

1965年家居无事，陪祖父仰潜公检示藏书，见全面抗战前南普陀寺所编印之《佛教公论》，其中有慧云和尚的《烟水庵诗稿》十数篇诗。其《南太武纪游》云：

> 孤云相逐漫登临，积雨新晴白昼阴。莫怪老僧闲不得，在山泉有出山心。
> 山接青霄昼更浓，初晴始见白云峰。遥看岛屿天连海，远隔沧波万万重。
> 流泉成练出青岑，入耳如听万壑琴。无数烟村邻海住，一衣带水辨漳音。

集中尚有《赠陈丹初居士》七律四首云：

> 十年湖海老元龙，臭味相投又几冬。末俗阿谁论意气，斯文余子重儒宗。孟郊高介贫难累，陶令风流句不庸。应向名山留事业，岂期人世祝华封。

博学深情世已稀,南闽风雅到君微。作诗奇似黄山谷,有女贤于鲍令晖。四海交游多朗抱,平生所好及缁衣。欲将文字酬期许,我愿如空与俗违。

君家兄弟久相知,晤对从容擅妙词。时以闲情观万物,常将慧眼看群儿。向人心地清难染,出世文章淡始奇。垂老爱才应更切,异邦桃李待风披。

鳣鲔岂宜勺水居,直应游泳入天池。致身何用青云上,相契宁将白首期。异国从来愁易起,殊方自古客难为。头陀久蓄投荒意,万里灵山有远思。

其他佳句如"出谷圣泉终入海,参天乔木欲生云"等,皆清新可诵。祖父仰潜公说,慧云和尚即林子青居士也。

2011年出版的《南普陀寺志》载:林子青(1910—2002),字雪峰,福建漳州人,早年出家为僧,法号"慧云",工诗,并通日文、英文。学者、吴宓雨僧教授评其少作,为"真切流利,雄浑超逸","纯系唐音,弥觉可贵"。1932年先后于江苏光孝寺和常熟兴福寺修行。1934年应邀赴台弘法,被日寇逮捕,坐牢一年,留诗52首,其一云:

胡马频闻压旧畿,而今草檄已嫌迟。背人哀怨非豪杰,赴死从容要健儿。自悔空流忧国泪,何心更作断肠诗。山僧若使能归去,愿脱袈裟执战旗。

出狱后还俗为林子青居士。民国二十五年(1936)出版《烟水庵诗稿 台湾狱中杂诗合刻》,弘一大师署签,厦门南普陀寺佛教公论社出版。全面抗战后,居士在上海协助赵朴初从事抗日救亡运动,1949年后,在中国佛教协会工作,致力于弘一大师研究。

1985年,我在首都实习,鼓浪屿日光岩寺托我向赵朴初先生求题寺名,幸得子青居士发心鼎助。但造匾时,手民没有根据赵朴老的特别交代,以至于"日"字过大。及见,已铸成大错矣。

鼓浪屿之书画艺术风气

鼓浪屿素称钢琴之岛,同时又是近代书画美术家会聚之区,堪称艺术之乡。清末民初,著名书画家郑煦(霁林)、林嘉(瑞亭)、龚植(樵生)、施乾(健庵)等先后寓居岛内。郑霁林、林瑞亭擅长工笔花鸟和人物画,其作品屡见于当今书画拍卖市场。龚樵生的工笔菊花则闻名于闽台和东南亚各地,至今犹声名未歇。鼓岛人士爱好、收藏书画亦成风尚,马亦箓所藏任伯年、吴昌硕、齐白石、胡公寿、蒲作英等海内名家作品为世所罕见。黄省堂、林汉南诸先生所藏近贤佳作也甚可观。当时世家多有文化,由是嗜好书画之风甚炽。林尔嘉先生时以诗文、书艺鼓吹国粹,然亦不废西洋画。林先生执厦门骚坛牛耳,故影响亦大。

近代西洋画在厦门渐兴,最初乃肇始于基督教发行的布道小画片,其多为欧洲古代名家所绘的《圣经》故事。1905年,清廷提倡办新学,学堂设有美术图画之目。家庭有艺术素养之子弟,学习西洋美术更是轻车熟路矣。

早期习西画而出名者,当推周廷旭。可惜周氏长期居美国,国内知之者甚少。美国华盛顿大学卡兹教授是周廷旭的"粉丝",从拍卖行得到数十幅他的油画佳作,因此自2003年起多次来鼓浪屿寻其遗踪,每次都到寒斋长谈。卡兹教授后来在《美术》刊载周氏代表作,于是国人才开始重视周廷旭这位前辈画家。

另一著名油画家是林克恭,乃林尔嘉先生的第六公子。他自幼醉心艺术,少长入英国剑桥大学留学经济、法律,毕业后继续到法国、瑞士攻读美术。其油画具印象派的风格,是中国早期赴欧学习艺术而成就较高的前辈画家之一。20世纪30年代,林氏归国,任厦门美术专科学校第二任校长,推动了厦门艺术教育的发展。晚年林克恭偕其瑞士籍夫人海蒂移居美国。林克恭乃我师龚鼎铭先生中表,闻龚老师说,林克恭垂老仍作画不辍,九十高龄还带夫人到台湾开画展。

林克恭先生的作品存于大陆者甚少。我家旧藏有油画写生作品三幅,所绘皆闽南小景。卡兹教授来我家做客,一见辄爱不释手,为摄影而去。

菽庄花园之诸景观

林尔嘉初辟鼓浪屿菽庄花园,时在癸丑(1913),有景观三十处,其《菽庄三九雅集征诗启》云:

> 菽庄之藏海园,堂有眉寿,主人之小名也。轩曰谈瀛,有楼曰半楼。长虹前互,为四十四桥。上有叠石,曰枕流。台曰观钓、曰观涛。亭曰千波、曰渡月,倚山者为真率亭。由藏海园在左曰补山园,室曰蕙香,主妇名也。园有十二洞天,上有吾庐,下有池为上、下池。亭为梅亭,旁有竹。前为听潮楼、为小板桥、为草阁、为芦溆、为止水闸,上有亭曰拜石,台曰晚对。绕园径者为九曲廊,圃曰菊圃,畦为菜畦,塘为荷塘。有湾曰碧石湾,沟为浣花沟,滩曰沙滩。

其后删繁就简,整合为景观十处,苏大山各有诗咏之,见其所著《红兰馆诗钞》卷八。《四十四桥》云:

> 曲曲石桥隐抱山,寻诗镇日往仍还。隔江风自楼船起,骇浪惊涛意自闲。

《壬秋阁》云:

> 一十四回壬戌后,当头又见月轮圆。南飞愁杀横江鹤,不掉孤舟已六年。

《真率亭》云:

> 真率亭前落日横,无风波处任身行。持竿不作诸侯钓,愿住烟波过一生。

《小兰亭》云:

> 潮回大海任觞流,佳日传笺作俊游。此事尽堪古人傲,一年禊事是三修。

《听潮楼》云：

　　海外曾过旧板桥，好春时节雨潇潇。归来仍上君楼坐，重听延平垒畔潮。

《观涛台》云：

　　挈侣重来秋又深，茱萸插后更登临。观潮无复当时兴，凄绝枚乘七发吟。

《亦爱吾庐》云：

　　黄菊开时我便来，陶然一醉一衔杯。低徊亦作吾庐爱，祇事飘零却未回。

《十二洞天》云：

　　个中记得经行处，小洞秋深展语遥。踏遍夕阳人不见，一天黄叶晚萧萧。

《顽石山房》云：

　　米贵东坡思辟谷，年来况味似儋州。从君欲学修三养，一笑未能缩地游。

《谈瀛轩》云：

　　凿空张骞槎未至，好山倘比故乡青。开轩待到归来日，知有奇谈补禹经。

今重建了听涛轩，而小兰亭、听潮楼、观涛台、亦爱吾庐、谈瀛轩诸景则不知何处。

眉寿堂

　　菽庄花园内有眉寿堂，后人以为眉寿者寓长寿之意，典出《诗·豳风·七月》之"为此春酒,以介眉寿",遂讹传此堂乃园主林尔嘉祝寿宴请宾客之所在。实非。盖眉寿者,林尔嘉之乳名也。彼既以其字"叔臧"谐音"菽庄"为园名,复以其乳名"眉寿"为堂名,乃其个人之喜好。昔时堂内有蕙香室,"蕙香",即取其夫人龚云环之字而称之。园内亭台楼榭之名称,如"渡月""千波""熙春""真率"等,皆其亲眷之名号,外人固难以知晓。复因其名既雅且切,时人不察,辄向壁虚造。前年园主裔孙林容先生从台湾来,我曾在业师龚鼎铭先生座中求证此说。

此堂面海,对藏海园。原仅单层,今添筑为双层杰阁矣。台湾出版之林氏传记谓当时林尔嘉伉俪日吟啸其中,煮茗焚香,评花量竹,说者以为赵(子昂)管(仲姬)鸥波,不足数也,可见斯堂乃园主夫妇起居之所。我友包乐史教授赠我 De reis van Harm Kamerlingh Onnes(《哈姆·卡默琳·奥尼斯的旅行》)一书,书中有当时荷兰画家之水彩写生作品,画园主伉俪坐堂中对海品茗,也可为证。

林尔嘉名号甚多,字叔臧、菽庄,幼名眉寿,号尊生,或号尊生道人,别署慈卫、性公、允明、洁如居士、识庐主人、守中道人,晚年自称百忍老人。

宫口桥

鼓岛海坛路四落"大夫第"的院前有一残碑,系由他处移来。碑记清乾隆五十年(1785)鼓浪屿捐修宫口桥之始末甚详(碑文见何丙仲编纂:《厦门碑志汇编》第 81 页,中国广播电视出版社,2004 年)。彼时"三和之宫,宫口之桥,多历年所,由来久矣",故岛上黄姓望族之黄鹍、黄修卿发起倡修,闽海关"鼓浪屿口"带头捐资,金源远、林广隆、金彰德等厦门商行和地方人士各有捐输。既成,立碑记之。从而乃知今之三丘田一带昔日为一大湾澳,有桥利涉。其后嘉庆年间福建水师提督王得禄则在此修船泊舰,有摩崖石刻《重兴鼓浪屿三和宫记》可为佐证。此捐修宫口桥残碑后所载有当时厦门的大小商行和行商之名号,虽不完整,但颇值得注意。

鼓岛说亭

鼓浪屿上亭之多之美，或国内少有。旧建之亭造型各异，命名亦雅，乃极有特色之人文景观也。

菽庄花园内有真率亭、渡月亭、千波亭、熙春亭和招凉亭等。真率亭平面呈菱形，亭盖四角起翘，典雅华丽，属典型的江南园林亭式。渡月亭平面呈扇形，前四柱布成半圆，后为大轩窗，两边悬有石刻楹联："长桥支海三千丈；明月浮空十二栏。"颇通透有灵气，且优雅庄重。亭顶为女儿墙，饰以单面琉璃瓦，甚觉轻松明快。不远处陪衬着朴实自然的千波亭，相映成趣。

日光岩上则有远而亭、蠹亭、宛在亭、伞亭和嵌石亭等。远而亭最为雍容华贵，系典型传统的四方攒尖顶式建筑，亭联两对，其一云："嵌石一亭，临水居然可月；层峦百尺，插天直许栖云。"其二云："与君相约退闲，喜此地襟山带水，大好青春赏雨、白日看云，匿迹鹭滨销岁月；笑我夙称不慧，幸随缘衣税食租，悠然与世无争、于人无忤，寄身蜗角阅沧桑。"其上不远处乃宛在亭，其平面呈六边形，攒尖顶，旧有联曰："所谓伊人，高山仰止；乐只君子，有亭翼然。"寓缅怀郑成功雄风宛在之意也。伞亭最奇，顾名思义，乃一张开之伞置于岩下，显得活泼有生趣。蠹亭在岩麓的高台上，其体量应为吾厦首屈，颇轩畅大方，亭柱二联，其一曰："频年未靖烽烟，回首故国江山，只兹干净；今夕且谈风月，笑指隔岸灯火，无此幽清。"亭顶两侧山花各饰一枚"民国二等嘉禾大勋章"，如此奇特之近代建筑装饰，即山中摩崖石刻杨家栋诗所谓"争传双绾嘉禾绶（君兄弟曾同受民国嘉禾章）"者，奈近今之人竟不之识也。菽庄之招凉亭与日光岩之嵌石亭均依岩壁而建，一观海，一看山，一圆一方，各有情趣。

此外，岛上一些别墅住宅的花园中亦多建有亭，唯简朴实用而已。近年，园林部门先后建造若干亭子，皆能融合传统而有新意，唯缺少亭名与亭联，稍觉美中不足。

鼓岛井水

鼓浪屿多石山与丘陵台地,平地少,无溪河。俗称之"旧庵河""河仔下""河仔墘"等地名所谓的"河",实乃池沼也,并非真正的河流。鸦片战争之前,鼓岛农业和生活全靠井水,发展极有限,社会经济更不遑论。唯岛上多岩石,井水质量多属优良。1878年英国人翟理斯所著《鼓浪屿简史》(何丙仲译:《近代西人眼中的鼓浪屿》,厦门大学出版社,2010年),开头即注意到这个小岛的气候和水资源,他称赞"鼓岛的气候是中国最佳处之一",又说:"(该岛)年平均降水量约44英寸。岛上可用的水是丰富的,还大量运载到厦门出售。"鼓浪屿为厦门提供井水这件事前所未闻,但翟氏据见闻所载应属可靠。今白鹿洞摩崖石刻尚有清代石泉岩的泉水一担可卖四文(铜钱)的记载,不知当时鼓岛井水所值几何?

鼓浪屿郑成功雕像的高度

《厦门市志·大事记》载:

> (1985年)8月27日,民族英雄郑成功大型雕像在鼓浪屿覆鼎岩落成。该雕像高15.7米,重1617吨,由23层泉州白花岗岩精雕砌成。

初,省委书记项南主政吾闽时,建议在厦门建造郑成功大型雕像,以弘扬其爱国精神,时1981年也。旋由厦门市文化局及属下的郑成功纪念馆为主承办此事。翌年春夏之际,市文化局中共文博支部的张继春书记,率领许巨星和我在鼓浪屿上选址,最后初选岛上覆鼎岩上的高炮阵地(即今址),向上级汇报。同时,上方决定组成以中央美院的时宜副教授、厦大李维祀教授为主的雕像创作小组,并任命纪念馆何文基馆长为工作组组长,协调各方面工作。创作小组的前期工作大半在福州省博物馆完成,时我刚调进纪念馆不久,常承乏为艺术家提供材料,故常奔忙榕厦两地之间。

1983年底我负笈沪上,唯假期参加过雕像高度的测量等事。当是时也,事先在巨岩上搭一木架,上绑一条白布可以升降。创作小组成员乘船在大担内海遥遥观察,以一部借自某公司的"大哥大",向负责布条调整的工作组传递信息。当时网络信号不佳,双方隔海大呼小叫,最终才确定满意的高度,放下布条一量,为15.7米。

此外,尚有可做谈资者,如雕像初测定为1400吨,共用625块石头衔接而成,有25层。因事先经过地质部门探测过,承重没有问题。其内是以水泥和118根粗钢筋制作而成的中心柱,入地3米为地基,上端为避雷设备,安全可靠。

附　录

弘一上人史略

刘质平　谨述

　　2016年,我友陈秋波居士得刘质平先生撰述之《弘一上人史略》手书油印件。刘质平(1894—1978),字季武,浙江海宁人,现代音乐教育家。弘一法师的高足之一。此文撰写于1946年,前未见著录,颇有史料价值。兹将全文过录并点校,以飨学林。何丙仲谨志。

　　先师姓李,名息,字叔同。原籍浙江平湖,清光绪六年九月二十日,生于天津。父筱楼公,以进士官吏部,年二十八而生师。母王氏,侧室。当师诞生时,雀衔松枝堕其室,师出家后,常携以自随,圆寂时,犹悬诸床前,珍异可知。

　　师在俗,有兄一,妻一,子二。先世营盐业,家素丰,后为二钱商亏负,遂贫。

　　师五岁失祜,十九岁奉母南下,寓上海城南草堂,肄业南洋公学。丁母忧后,东渡日本,入东京美术学校。多才艺,凡书画、音乐、诗词,乃至戏剧、篆刻,靡不精妙。学成归国,任直隶模范工业学堂图画教员。民初,任浙江两级师范图画手工专修科主任,继任第一师范音乐教员。民七夏,在西湖定慧寺出家,云林寺剃度,与师兄弘祥、弘伞,同礼了悟和尚为师,名演音,字弘一,时年三十有九。从此一代艺术大家,一变而为佛门弟子矣。

　　师入山初期,念佛诵经,中期宣讲律学,晚期从事著述,对于佛学上之贡献甚大。出家二十五年，不收徒众，不主寺刹，云游各处，随缘而止。民三十一年农历九月初四日，圆寂于泉州温陵养老院，享年六十有三。

衣

先师入山初期，学头陀苦修行，僧衲简朴，赤脚草履，不识者不知其为高僧也。中期身体较弱，衣服稍稍留意，多穿要放鼻红，少穿不能御寒，因温州气候较暖，锡足大南门外庆福寺甚久。晚年身体更弱，乃命余代制骆驼毛袄裤（驼毛剪下，僧亦可用），以御寒冬。泉州气候更暖，居住适宜，圆寂于养老院，非无因也。

先师所用僧服，大多由余供养，尺寸来函开示，照单裁制。回忆先师五十诞辰时，细数蚊帐破洞，有用布补，有用纸糊，形形色色，约有二百余处，坚请更换不许。入闽后，以破旧不堪再用，函命在沪三友实业社，另购透风纱帐替代。为僧二十五载，所穿僧服，寥寥数套而已。

食·病

先师研究律宗，戒律甚严，过午不食。每日只食二次，第一次晨六时左右，第二次上午十一时。食量胜常人。忆五十寿辰时，一次进面二大盘，见者愕然。

先师出家后，曾生大病三次。第一次在上虞法界寺，病未痊，被甬僧安心头陀跪请去西安宣扬佛法，无异绑架。师被迫，允舍身，有遗嘱一纸付余。余以其不胜跋涉，在甬轮上设法救回，自轮船三楼负师下，两人抱头大哭。宁中同事，至今传作笑谈也。

第二次病于鼓浪屿，据师函示："九死一生，为生平所未经历。"由黄丙丁医士诊治三阅月始愈。时师因著作未竣，乐于医治。

迨第三次病于泉州养老院，师则以功德圆满，决心往西，谢绝医药，并预知迁化日期，曾函复夏师丏尊与余二人诀别云："朽人已于九月初四日迁化，曾赋二偈，附录于后：君子之交，其淡如水。执象而求，咫尺千里。问余何适？廓尔忘言。华枝春满，天心月圆。"至人境界，固易寻常也。

曩在镇海伏龙寺，曾与师面约：余死在师前，师为余诵华严经普贤行愿品百遍，为余超度。如师往西在余前，余为师侍奉善后。谁知烽火流离，无缘践约。至今思之，唯有徒呼负负耳。

住

先师出家二十五载中,所住寺院,列表如下:

〔杭州〕定慧寺出家,云林寺剃度,玉泉寺居二载,本来寺、常寂寺,各住数月。

〔新登〕普济寺,初出家时,住半载。

〔嘉兴〕精严寺,初出家时,住数月。

〔衢州〕莲华寺,曾到二次,住数月。

〔温州〕庆福寺,住最久,前后十一年。

〔白马湖〕晚晴院,住数月。

〔上虞〕法界寺,前后住半载。

〔慈溪〕金仙寺,五磊寺,住数月。

〔宁波〕白衣寺,来往暂住。

〔绍兴〕开元寺,住一月。

〔镇海〕伏龙寺,住半载。

〔庐山〕大林寺、青莲寺,各住数月。

〔青岛〕湛山寺,住半载。

〔厦门〕妙释寺、万寿寺、太平岩,各住数月。

〔鼓浪屿〕日光岩,前后约住一载。

〔泉州〕大资寿寺,住半月,大开元寺、承天寺、草庵院、养老院等,住最久。

行

先师因云游无定,经典随身携带,常用行李约五件,竹套箱二,网篮二,铺盖一。来往沪杭甬间,大都由余代为整理,或护送。以余兼任沪甬二处学校课垂十二年也。

先师体弱,夜间小便频繁,溺器必需品,其口有木盖,盖上覆毛巾,外洁较宜兴壶尤净,其覆巾亦白于普通面巾也。师行动时,每裹溺器于被中,务使宽紧轻重适度,初感困难,久则惯矣。

每至一寺院,住持之尊敬招待,实所罕见,回忆法界寺然庆法师、伏龙寺诚一法师之迎接情形,至今犹使余肃然起敬。余在二寺,各住二月有余,见其日常供养周到,体贴入微,且始终如一,完全出于至诚。而师亦处处留神,因应适宜。某次,由甬同行至杭松木场弥陀寺,不竟日即移住虎跑定慧寺,余问故,答以无缘,师之见机如此。

名号·边款

先师名号甚多，在家时，除名息字叔同外，因环境变换，名号常改。幼名成蹊，字广平。丧母后，名哀，字哀公。留东时，名岸，字雪霜，又字雪翁。试验断食后，名欣，又名婴。出家后，名演音，字弘一。至民二十二年，别署已二百有余。余恐后世研究艺术同志，考据困难，特与先师数次函商，复经增删，编数二百。此后笔名，在内选用，并命余为文评述，俾后世研究者，有所参考。笔名二百，列表于下：

智身	智幢	智炬	智入	智门	智灯	智眼	智藏	智境	智音
智住	智理	善月	善知	善思	善惟	善解	善憨	善了	善现
善摄	善入	善量	善臂	胜力	胜得	胜音	胜行	胜幢	胜髻
胜臂	胜灯	胜愿	胜解	胜祐	胜慧	无有	无尽	无得	无说
无厌	无等	无所	无缚	无依	无住	无作	为胜	为依	为明
为首	为导	为炬	为趣	为护	为归	为舍	慈目	慈力	慈风
慈舍	慈月	慈现	慈灯	慈藏	大心	大山	大明	大慈	大誓
大舟	大舍	大安	如月	如眼	如说	如实	如智	如空	如理
玄入	玄会	玄明	玄策	玄门	玄荣	不看	不转	不息	不动
髻音	髻目	髻明	髻光	一音	一相	一月	一味	实语	实智
实慧	实义	离垢	离看	离忍	离相	妙胜	妙看	妙严	成就
成智	成实	调顺	调柔	调伏	慧幢	慧树	慧灯	法□	法日
法幢	月臂	月音	月灯	德幢	德藏	念慧	念智	愿门	愿藏
净地	净眼	解脱	解缚	贤行	贤月	安住	安立	悲愿	悲幢
坚固	坚灯	难胜	难思	龙音	龙臂	真月	真义	演音	圆音
宝音	普音	辨音	等月	满月	论月	力月	觉慧	矩慧	明慧
光明	作明	自在	信力	弘一	入玄	亡言	方广	光网	世灯
究竟	忘己	勇说	具足	性起	殊胜	所归	甚深	咸德	相严
被甲	远离	虚空	深心	庄严	晚晴	顺理	偏照	圆满	微妙
随顺	传胤	增上	精进	澄淳	昙昉	杂华	焰慧	璎珞	灵辨

先师书写边款，悉心研究，长幅作品，因布局关系，须将地名、山名、寺名、院名、年月、笔名，全都写上。用印亦费准酌，一印、二印、大印、小印、朱纹、白纹，须将整个作品，详加考虑，方始决定。

所写地名、山名、寺名、院名，有曾住者，有未曾住者，有寺名院名意造者，

有全部意造者,均与笔名同时决定。计山名地名三十,寺名二十,院名八十。列表如下:

[地名或山名]江州　章安　秀州　慈水　永宁　三衢　明州　晋水　钱塘　上虞　越州　温陵　慧水　灵苑　古浪　瑞集　净峰　大慈　双髻　万寿　永嘉　会稽　长水　贝山　贝多　匡山　西安　云居　太平　白马

[寺名]十轮寺　瀞华寺　莲华寺　晋慈寺　善寂寺　实际寺　伏龙寺　法界寺　匡山寺　梵网寺　贞元寺　定慧寺　妙释寺　云林寺　庐舍耶寺　大方广寺　大华严寺　大开元寺　大资寿寺　常寂光寺

[院名]杜多院　晚晴院　日灯院　大明院　调御院　慈力院　瓔珞院　如如院　慈风院　贤首院　灵芝院　澄渟院　龙音院　慈藏院　假名院　清凉院　辨音院　湖顶院　日灯院　尊胜院　蕯葡院　善逝院　久视院　宝雨院　大云院　妙严院　金轮院　甘露院　祯明院　大业院　招提院　银洞院　扶桑院　草庵院　睿尊院　最吉祥院　妙音胜院　无尽藏院　卢舍耶院　南山律院　法藏日院　等虚空院　菩提本院　一言音院　大回向院　大庄严院　智慧华院　世间灯院　法界月院　众生海院　无上法院　众梵行院　佛功德院　如来藏院　回向藏院　清净行院　调御师院　决定慧院　广大行院　普光明院　大饶益院　三世佛院　胜地行院　一切智院　无明觉院　最胜光院　日光别院　无相三昧院　广大清净院　圆满菩提院　利益无尽院　莲华最胜院　入真实法院　最胜寂静院　十方妙音院　大誓庄严院　南陀石室院　天册万岁院　大杂华庄严院　无碍慧光明院

书法

先师用笔,只需羊毫,新旧大小不拘,其用墨则甚注意。民十五后,余向友人处,访得乾隆年制陈墨二十余锭奉献。师于有兴时自写小幅,大幅则须待余至动笔。余在寺院,夜半闻云板即起,盥洗毕,参加众僧早课。早餐后,拂晓,一手持经,一手磨墨。未磨前,砚池用清水洗净,磨时不许用力,轻轻作圆形波动,且不性急,全副精神,贯注经上,不觉间,二三小时已过,经书毕读,而墨亦浓矣。

所写字幅,每幅行数,每行字数,由余预先编排,布局特别留意,上下左右,留空甚多。师常对余言:字之工拙,占十分之四,而布局却占十分之六。写时闭门,除余外,不许他人在傍,恐乱神也。大幅先写,每行五字,从左至右,如写外国文。余执纸,口报字,师则聚精会神,落笔迟迟,一点一划,均以全力出之。

五尺整幅,须二时左右。

某次师对余言,艺术家作品,大都死后始为人重视,中外一律。上海黄宾虹居士[第一流鉴赏家,现已去世(按:此处不确,黄宾虹去世于 1955 年 3 月 25 日)],或赏识余(师自称)之字体也。

师之书法,乃学问、道德、环境、艺术多方面之结晶。晚年作品,已臻超然境界,绝无尘俗气,宜于鉴赏者之倾倒也。

保存墨宝之经过

先师与余,名虽师生,情深父子。回忆民元冬季,天大雪,积尺许,余适首作一曲,就正于师。经师细阅一过,若有所思,注视余久,余愧恧,几置身无地。师忽对余言:"今晚八时三十五分,赴音乐教室,有话讲。"余唯唯而退。届时前往,风狂雪大,教室走廊,已有足迹,似有人先余而至,但教室门闭,声息全无。余鹄立廊下,约十余分钟,室内电灯忽亮,门启师出,手持一表,言时间无误,知汝尝风雪之味久矣,可去也!余当时不知所以,但知从此师生之情义日深,每周课外指导二次,并介绍至美籍鲍乃德夫人处习琴。

余家贫,留东时最后数月费用,由师供给,师函有云:"余虽修道念切,决不忍置君事于度外,可安心求学,至君毕业时,余始出家……"师恩之深如此。余不忍以一己求学之故,迟师修道之期,乃于民七夏返国,而师亦于是夏出家矣。

师恩厚,无以为报。出家后,许余供养,心稍安。民二七余避难兰溪,曾绝粮,后金华陷,匿深山中,但对师供养之资,均提早汇出,幸未中断。不意数月后,师遽生西,恸哉!

先师复函,常附墨宝二束:一命余结缘,一赐余保存。二十余年来,积品盈千,均由苏帮张云伯裱家装池,字箱十二口,用独面樟板制成,特辟一室保存。

民二六秋,日寇掷弹海宁,势危,友朋约暂避。顷刻间,未能将全部作品天地轴截去,整个携出,至今成为憾事。传其余字件、字箱、钢琴、艺术品、书籍,及一切衣服用具等,被敌探知,由沪特放卡车三辆运去云。

余所携字件,中间虽经日寇盗匪翻踏,及水浸日晒,种种损害,但精品保存至今,一件无缺,亦不幸中之大幸也。

惟余以此不能远出任职,绝粮兰溪乡间,窘甚,嗣金华临敌,作小贩糊口,迭经艰险,始能将恩师精品保全。所惜余已年老,此后保存将成问题。若先师西画,原送北平国立艺专保存。民十二年冬,余至北平考察艺术教育时,已知一帧无存,可叹孰甚!

今者余愿将所藏先师墨宝精品，分期举行义展，拟以得款在沪创办叔同艺术师范学院，为师在家时之纪念。并在西湖、泉州二处，建立墨宝石碑，大小四十座，为师入山后之纪念。

先师在俗，咸推为近代最伟大之艺术家，我国艺术，有今日之成绩，未始非先师首倡之功也。凡文、词、诗、歌、字、画、音乐、篆刻乃至戏剧，无不研习，而皆尽善尽美者，实以先师为第一人。入山后，发愿毕生精研戒律，几无日不在律藏中探讨精微，发扬光大，为元明清七百余年来南山律宗复兴之祖，在我国文献史上自有其崇高之地位焉。民国三十五年九月二十日，门人质平谨述。

太史叶大年梅珊公诗稿

叶孟弼　恭录　叶更新　珍藏

叶大年是清末民初厦门文化教育界重要的人物,其贤裔叶更新先生生前居鼓浪屿,从事教育事业,并热心收集乡邦文化的资料。1959年曾参与撰述《"公共租界"鼓浪屿》,辑录于《厦门的租界》(鹭江出版社,1995年)一书。《太史叶大年梅珊公诗稿》是其珍藏的手抄本,殊为难得。曾蒙叶老生前厚爱,让我抄录存读。今作为附录公之于世,以表达对前辈文化人的葵倾微忱。

壬寅孟春　何丙仲识

季大父大年公乳名清忠,字廉卿,号梅珊,生于同治二年岁次癸亥(十月初十日)、公元一八六三年(十一月廿日),辛于宣统元年岁次己酉(八月廿一日)、一九〇九年(十月四日),享年四十七岁。

光绪十四年戊子科会试中式优贡第一名、朝考一等第十九名、钦点知县;光绪十七年辛卯科本省乡试第八十五名举人、复试一等第十六名;光绪十八年壬辰科会试中式第一百四十一名贡试、保和殿复试二等第十五名、殿试二甲第一百二十名赐进士出身,朝考一等第五十五名、钦点翰林院庶吉士;乙未散馆、恭应保和殿御试钦定一等第二十四名、奉上谕改为翰林院编修。

明李贤佑先生游云顶岩尝咏七律一首静庵公和之有半岭松风六月寒之句载鹭江志为古今传诵年来游是岩摩崖读字不无手泽婆娑之感爰敬次前韵四则不敢言和特率由旧章之遗意焉尔

惯携谢屐访名峦,选胜寻幽到此间。树傍山凹筛月碎,泉通石罅沁人寒。全无色相诸般恼,尽有心香一缕蟠。泰岱已登天下小,众峰尽当列孙看。

白鹭洲前耸翠峦,我生听乐智仁间。灵钟岳渎宜封禅,地接蓬瀛半暑寒。境界了无形象隔,江山瞭似掌螺蟠。此中佳趣空依傍,莫作终南捷径看。

睥睨苍茫侍女峦,青云直上翠微间。晨钟未动孤峰曙,阴雨欲来万木寒。斋钵常余飞鸟啄,松杉尽作老龙蟠。一声长啸千山响,满眼儿孙次第看。

挂笏扶筇第一峦,别开天地异人间。满斟石髓春如泻,静听松涛夏亦寒。观日台前初日朗,留云洞口午云蟠。怜余素有看山癖,五岳归来便不看。

登观日台有感五古

台以观日名,我思日日住。斯台几废兴?时日无今古。

题金榜山石室五古

青山留片石,高人适其适。一线日月光,四顾天地窄。

题陈场老钓矶石五古三首

贤者爱避世,江山一缕系。南陈有钓矶,后唐无尽地。
俗称鹰搏兔,谁知渔得鱼。鹰扬世不再,渔者渭边居。
东望小蓬莱,天地闭复开。一拳米芾石,千秋子陵台。

题云顶岩石室七古

大士舍生救众生,何须石室劳经营。易将广厦庇寒士,环球蓦地开文明。

丁未中天节偕林顾三家廷灿雅集龙湫亭亭后有石巍然起立势如削成时人呼为割石俯仰夷犹吟兴勃发爰赋古风韵聊志爪泥之感云

噫吁嘻!扶舆淑气磅礴中州里,龙脉西来走东陲。穿田负峡何蜿蜒,奇峰忽从人面起。阚如哮虎名兹山,亦曰旗山辑邑志。大麓弥望为平原,秀毓灵钟吉祥地。泥桥空嵌关化工,石塔玲珑出天际。赭氩二水左右流,翼然一亭供大士。英灵烜赫垂嘉禾,生佛万家齐仰止。令节端阳竞渡时,吾侪乐山胜乐水。倦游龙舟游龙湫,报道是龙异不异。此龙灵于隐潭龙,此寺名于香积寺。见在田兮跃在渊,入我门来听我偈。我生所好是真龙,取其神似非貌似。晨钟暮鼓清梵音,洗尽人间筝笛耳。有时说法逢生公,石亦点头悟玄理。兹山之石况不顽,如有所立俨卓尔。天柱高擎地维尊,凿凿硜硜乌足齿?娲皇继出重补天,当前俯拾而已矣。风霜兵燹随磨砻,迎刃而解罔不利。俗称割石名实符,宰割天下亦如是。虎山山阴昂然立,龙湫亭后屹然峙。信乎地石更灵,雄镇鹭江作柱砥。镌诗扫石当题碑,谁继岘山羊叔子?取我袍笏学留侯,长拜下风前祷祀。三生石上证夙因,我与为盟垂奕禩。盟曰天地有正气,此石不偏倚。出作泰山云,化为天下雨。永俾九州岛盘石安,山阜冈陵并媲美。于万斯年不骞崩，名山名亭与石相终始。

题家钦甫茂才在枏小照七古 壬寅

君不见陶唐盛世生许由，澡雪垢滓枕清流。君不见瓮牖绳枢有原子，贫而非病谨取与。古来贤士标清操，千金草芥万乘屣。君身况是有仙骨，贫贱不移武不屈。志凛秋霜气浮云，多艺多才挺杰出。读书之暇神逾颐，金石刻划臣能为。画手丹青压曹霸，籀文蝌蚪轩冰斯。其人不夷亦不惠，皓首无官我自贵。阮咸向是竹林裔，不愧吾家佳子弟。潦倒半生为饥驱，青毡绛帐环生徒。达人知命适其适，归去来兮田将芜。

题云顶岩

云梯上云顶，青云得路迥。一鹭飞鹭江，江田千万顷。

庚子春入都考差试事方竣而义和团难作各国联军攻陷天津旋犯京师两宫乘舆仓皇西狩大小京官横被劫掠俱有死生呼吸之虞回首前尘辄用凄怆

乘舆播越入长安，天子咨嗟行路难。怪底励精图治日，武官有罪罪文官。义和团孽召戎羌，刁斗烽烟震帝乡。豆粥素衣西驻跸，我闻天语泪浪浪。

辛丑两宫回銮诏废科举改行新政余不得已遁迹申江以当市隐

制科罢试九天班，雁塔龙门永闭关。今昔翰詹珂里少，何堪自我作孙山。大吕黄钟笑琵撞，卧龙诸葛凤雏庞。门前绿水箦笃谷，直把鹭江作沪江。

病后有感 七绝二首

尘梦黄粱熟未齐，五花十色已凄迷。人生岁月江河水，一付东流不复西。上寿人人要百年，日惟三万六千天。问年尚觉如人意，计日何人不黯然。

病后苦忆申江诸友 七律

春申浦上旧停骖，知己平生得二三。驿使梅花劳寄远，鲈鱼莼菜许同甘。游踪历遍周吴越，刎颈交深订蔺廉。南来北去何所赠？只余风月佐清谭。

致谢同人 七绝二首

劳人草草怅驱驰，霜雪年来上鬓丝。重累故交桃李赠，门庭口腹赖支持。

只鸡斗酒亦苞苴，自信余生习气除。妻餍糟糠儿犬豙，那堪风雨病相如。

丙午秋卧病申江颃连床榻岁濒暮偕妻挈幞被南旋力加调摄曾几何时秋声又在树间矣怅触前尘百感交集爰赋七言长排二十韵偶效呻吟藉慰岑寂殆所谓歌有思而叹有怀者耶

多病频年榻已尘，命宫摩羯感前因。柳垂青眼常看面，菊有黄花自写真。雅爱登山随谢朓，闲将修谱仿苏洵。知非已近逾强仕，寡过未能勉志仁。金榜昔曾题甲乙，荆妻夜共守庚申。南天北海三千路，转眼前头半百身。裘敝黑貂憎运蹇，铁弹长剑笑家贫。沁脾茶熟香留韵，换骨再成妙入神。俸薄官卑周柱史，声希味淡葛天民。乾坤谁解壶中秘？彝鼎终存席上珍。勋业诗筒和酒贱，丰标羽扇带纶巾。养生难乞长生诀，度岁相期百岁人。怪事书空闻咄咄，残编积案厌陈陈。凉风杜老尝怀旧，异学欧洲竞美新。经国文章余唾弃，救时论策效眉颦。盐梅待用同糟粕，珠桂何堪贵米薪。称体乌纱兼皂帽，疲倦游华毂杂朱轮。寒霜冷露深宵梦，落月停云久别身。日暮蜉蝣怨羁旅，秋高鸿雁盼来宾。唐虞盛世容巢许，休说桃源为避秦。

漫兴七绝两首

贫虽非病老堪嗟，短发鬖鬖感岁华。残水剩山原自富，清风明月不许赊。
冠冕文章达上台，牡丹落后菊花开。寄情三绝诗书画，招隐一声归去来。

林耀卿画筦浮叶杯酒图五古

身世浮一叶，饮和饮其汁。酒乡公可侯，对之我心折。

丁未九秋宿疾初疗重到申江会馆夏葛冬裘电光石火为人作嫁故我悬弧叹李广之数奇感陈蕃之情重纷乘百感勉成两章

燕子楼中燕子飞，去年扶病竟南归。只今重返寻残垒，细认门庭是耶非。
牖户绸缪久托身，秋风容易起州苹。故巢桑土仍无恙，多谢高情旧主人。

钓矶石唐隐士陈先生钓游处也岁丁未过此登山俯仰扫石寻碑磨崖读字慨然于陈先生之风山高水长焉谨集四子书语依次编序勉成七言古歌一则亦自附述而不作而好古之义已尔后之览此将有感焉

有一个臣无他技，万物育焉天地位。莫已知斯已而已，陈子岂不诚廉士！

欲正其心先诚意,强哉中立而不倚。滔滔者天下皆是,我善养吾浩然气。鱼跃于渊虽伏矣,知止有定后得止。仁者乐山智乐水,水哉水哉有取尔。经纶大经物不贰,在即物而穷其理。钓而不纲圣之事,乃所愿则学孔子。

戊申小春美舰来宾上命毓贝勒朗等驰抵鹭门为招待使宴美将士五千余人于演武亭中供张华丽肴核缤纷为向来未有盛举盖答其退还庚子赔款之厚意也贝勒赋诗四章纪盛一时文人学士如陈阁学伯潜前辈陈京卿紫衍如弟皆有和章余勉成十二首非敢云和第效西子之颦借献野人之曝云尔

巨舰艨艟衔尾飞,天潢持节出宸扉。睦邻雅有同舟谊,何似越秦视瘠肥。
翩跹胄子旧知名,航海梯山不计程。八月秋槎天上下,也应占到斗牛星。
皇华四牡听鸾鸣,周道驰驱似砥平。始信阳春真有脚,六街风日尽和晴。
蓬瀛自昔依三岛,间阎而今远九天。瓠落一官周柱史,频年翘首蓟门烟。
斑斓赤鸟化凫飞,星使来从紫禁扉。蔼蔼王朝所吉士,征途衣马自轻肥。
王事贤劳负盛名,往来柳雪短长程。主宾占尽东南美,归路分明照福星。
贺世凤凰试一鸣,升沉何事问君平。云霞出海弥天曙,从此人间尽放晴。
材因拥肿难迁地,石本冥顽奈补天。自笑归来今十稔,朝衣两袖尚香烟。
威凤祥麟振采飞,云移雉尾敞双扉。上天仿佛将军下,车盖乘坚马策肥。
如雷贯耳久闻名,诗派三苏学二程。盖代才华推巨室,北辰长伴紫微星。
式燕嘉宾俨鹿鸣,一家胡越颂升平。此行中外同蒙福,税驾桑田课雨晴。
威棱远播尊中国,重译来同庆普天。日月光华星纠缦,江山万里洗尘烟。

戊申十月廿一廿二连日惊闻两宫大行噩耗薄海臣民如丧考妣微臣眷怀燕阙洒涕沪江悲不自胜谨赋此以志哀悼

哭大行皇帝

蓦地罡风起北陲,鼎湖龙去普天悲。孤臣远洒千行泪,哀诏重颁十二时。主器何人堪继嗣?神州大局费支持。君门万里愁无那,哭向江南化子规(时余适寓沪江泉漳会馆)。

哭大行皇太后

听政垂帘底耄期,两朝幼主荷含饴(穆宗登极亦在幼冲)。手平粤寇曾戡乱,驾幸秦关为攘夷。北极星方归帝座,西王母竟赴瑶池。连朝四海家家雨,尽是臣民眼泪丝。

光绪朝宗室耆臣首推庆亲王当慈圣弥留之夕遗命以醇邸所生世子入承大统皇叔庆王为之辅王以年力衰迈遭此大戚忧泣过度咯血升余几濒于险呜呼大厦将倾仅支一木狂澜既倒谁障中流彼苍者天尚其假王以年俾得股肱登□□□如周公相成王之事□□微臣曷禁馨香祝之

山崩地坼积霾昏,赖有宗潢硕辅存。嗣子正资诸葛相,英才尽出狄公门。委裘顾命推梁栋,负扆亮阴属翰藩。六尺藐孤膺付托,天心国事共谁论?

和刘君养吾吴君默香陈君尧三戊申除夕 七律二首

鸿雪浮生印爪痕,玑璇衡玉转连番。炎凉世态成今古,清白家风付子孙。马齿增年驹过隙,蛛丝冒户雀罗门。催人老大莫愁煞,狗吠鸡鸣远近村。

廉纤微雨上苔痕,预报花风廿四番。对榻无言梅作友,绕庭细数竹生孙。迎新静听鸡催户,索债难禁雁立门。卅六年中争一瞬,拙鸠依旧野人村。

又和己酉元旦纪事

春王正月纪元年(今届系宣统纪元),一瓣心香万缕烟。炉爇庚申曾守岁,钟鸣甲子早回天。犹龙李老终问道,梦蝶庄周强学仙。太息升遐鸾辂渺,桃符忍换旧诗联。

己酉人日承陈君尧三袖刘君养吾吴君默香诸知交游洪济山所咏七绝见视展读一过具见舞雩风浴潇洒不羁气象乐哉游也诗系次苏制军鳌石前辈元韵谨师其意三复答之

寻向上头结伴来,风流谁是谪仙才。招贤耻论黄金价,便胜燕昭市骏台。瞥眼羲轮赴壑蛇,春来皂帽和乌纱。鸡鸣东望扶桑日,报雨浑疑起早霞。儒释同归赖解人,三乘慧业悟前因。丹成九转争方寸,合抵金刚百炼身。梵王宫阙薄重霄,我趁春风想入寥。止宿上方还俯瞰,万家灯火过元宵。白鹭盘空耸一峰,等将梁父泰山封。清风明月长为主,半合淡妆半合浓。洪济山阳画锦开,先公无地起楼台(宋侍郎林光赠先公有"有官居鼎鼐,无地起楼台"之句)。我生不受纤尘染,也向蓬壶振翮来。

再和前韵

天台刘阮喜重来,尽是黄初八斗才。一览众山皆渺小,当前拱主只阳台。

续句自惭画足蛇,前人好语合笼纱。子安独占滕王阁,孤鹜齐飞与落霞。

法门无我亦无人,石上三生证夙因。一滴红尘成梦幻,梅花明月现吟身。

高岗千仞插云霄,巾屐鲜明映碧寥。花木禅房清夜话,千金底事买春宵?

此是蓬莱第一峰,深山深处白云封。松风苔雨惊人语,犹剩当年墨沈浓。

泰岱东封异境开,众山南北赋莱台。岩扉松径闲如水,尽有诗僧得得来。

三次前韵

空门断自圣门来,返璞归真要敛才。丘壑胸中余活泼,高人一着是灵台。

传闻宰相起埋蛇,裘合狐貂帽戴纱。现出慈悲心一片,海天绚烂散余霞。

利薮名场剧困人,菀枯显晦问原因。婆呼春梦真如梦,无古无今况有身。

流莺出谷鹤冲霄,挈伴寻春破寂寥。大放光明新世界,银花火树尽通宵。

名岩数里入云峰,祀典相应附禅封。树木不缠人爱惜,山中犹带露华浓。

福地琅嬛讲席开,生公说法此高台。青云顶上难附骥,宗悫卧游自去来

(是役也,惜余未获从君子后,而高山仰止,景行行止;虽不能至,心向往之)。

四次前韵

盱衡往事识将来,岩穴端储将相才。云为无心迟出岫(山半有岩傍白云岫故云),山宜观日合名台。

巧击常山首尾蛇,留将诗影上窗纱。外孙幼妇施黄绢,散作诸天五色霞。

祖泽南阳望替人(余派出南阳,即楚令尹诸梁公之裔也),一生忙碌太无因。品宜上达心宜下,莫负昂藏七尺身。

苍崖翠壁迥摩霄,俯瞰鹭门境廓寥。一日往还三十里,肯输骏马驾奔宵。

拔地青松傍上峰,昔时记受大夫封。而今偃蹇空山卧,辜负天然雨露浓

(余自庚子寓京遭变,只身南旋,晦息十年,无复出山之想,所欲端居□圣明者,此也)。

海阔天空眼界开,高歌齐上柏梁台。众山同咏霓裳谱,我亦邯郸学步来。

五次前韵

一声长啸赋归来,错认士元百里才。烟水露山如许阔,苍茫酷似子陵台。

冻雷声里蛰龙蛇,春服襕衫漫浣纱。山爱入深林入密,薜萝溪往拨烟霞。

参透禅关叩美人,厌言絮果说兰因。海枯石烂同归尽,我亦何曾有我身?

羽毛丰满便凌霄,迥出风尘境泬寥。快着先鞭追祖逖,闻鸡急起舞中宵。

久闻造极要登峰,努力休将步步封。更上一层开一界,到头眼福十分浓。

蓬门深锁不曾开,谁是黄金为筑台。怪底同时人莫识,太原公子谒裴来。

赠刘子贞观察大公祖庆汾入觐观察迈迹湘江绾符鹭岛下车以来兴学堂设巡警一切要政犁然井然而于中外交涉案件尤能保重主权力持大体士民爱戴异口同声今届解官入觐阖厦绅商卧辙攀辕不能已已寇君难借荀令可怀此时碑立岘山每念羊公而坠泪何日珠还合浦重瞻凫鸟之飞来勉赋俚词敬当纪念

海疆三郡拜神君,郇黍召棠奏积勤。矢志攘夷推管仲,虚怀得士况田文。杏花满眼沾红雨,泰岳高情望片云。琴鹤一肩朝北阙,思言纶綍九重闻。

又句代陈紫衍京卿即次前韵

争向当朝借寇君,梯山航海仰忠勤。子舆绰绰多余裕,周勃期期本少文。毁语何曾伤日月,苍生枉自望霓云。攀辕卧辙瞻丰采,一曲骊歌不忍闻。

又句代黄潮卿中翰仍次前韵

子贞观察大公祖莅厦三年,循声卓著,素娴内政,尤长外交。方期永托姘幪,长资倚畀,乃仓黄入觐,造次去官。阖厦绅民据情乞留,弗获。一时文人学士咸伸颂祷,以系去思。咸独何心,能嘿嘿耶?虽然言无文则意不显,语虽短而情贵长。听我一言,送公千里。谨依叶太史原韵一阕,勉成寸心,爰写抛砖引玉,自惭下里之吟,击壤歌衢,且志河梁之别。

盖代英雄见使君,当年竹马迓殷勤。渡河有虎能绳武,得水如鱼雅好文。保障南天资柱石,拜飏北阙显风云。九重正草求贤诏,预祝纶音日下闻。

金鸡亭怀古(五言古风三十韵)

东方天未明,梦梦悲众生。尘寰布密网,蠕蠕攒蚊蝇。晨钟与暮鼓,马年风力轻。安得广长舌,攻破百愁城。安得药石口,上下起膏肓。曙光放一线,焜耀周人纮。挈挈利害间,□跖同时争。金鸡何慈悲,破晓第一声。当头作棒喝,能使醉者醒。可以伏睡魔,可以砭痴情。猛然发深省,草木连句萌。湛然返汋穆,鸿蒙陋经营。此鸡胜木鸡,养到功已成。盛德况在金,积贯大弥宏。立群本矫矫,掷地皆铮铮。羽毛膻且满,文采华而荣。山中故养晦,待时鸣不平。鬼蜮为之藏,天地与俱清。我闻既如是,夜思旦起行。迷途早知返,努力催前程。祖逖忽起舞,击楫凌沧溟。文王朝寝门,事亲根至诚。忠孝本一辙,寤寐思夙兴。河汉不改色,日月齐为盟。化机触斯动,况在山之英。解人当如是,会心得其精。铜壶滴漏尽,寥落稀晨星。发聩振其聋,仿佛闻诏□。扩充平旦气,宇宙随纵横。先觉觉后觉,一鸣人皆惊。

赠乍浦某司马

从来好官属儒生,记昔儿童竹马迎。树贡优昙叨一脉,花开旌节祝前程。文章驱鳄真魁炳,志操悬鱼仿洁清。暂屈士元婴百里,九重天子应知名。

谨和朱子咏金榜山

寄身石室开天地,俯仰何时日载中。雅爱结庐人径外,居然表海大王风。凤凰世乱休苞采,麋鹿春深惯养茸。九鼎已移山不改,首阳合纪事殷功。

初九潜龙占勿用,肯随诸葛出隆中。十年相对维摩壁,百世犹闻柳下风。人在蓬莱山咫尺,手编书带草蒙茸。典谟点窜诗涂改,濂洛关闽许计功。

东隅已逝桑榆晚,身世苍茫百感中。某壑某邱环水石,从龙从虎厌云风。钓鳌沧海尝登背,放鹤孤山为扫茸。太息之推绵上隐,不言禄亦不言功。

睫蚊角蜗庚子赋,乾坤日月一壶中。元规合障蒙尘扇,宗悫常乘破浪风。地震春雷惊笋籜,山经夏雨长蒲绒。时穷节见唯松柏,枯菀何关造化功。

敬和李贤佑先生莲花吟

欹崎体势列冈峦,直上扶摇九万抟。松茂竹苞天保定,民胞物与我齐观。匡时勋业齐姚宋,盖代文章续马班。奎壁莲溪如带砺,山河权作画图看。

前后辉光发秀峦,亭鸡屿凤趁风抟。岫云岩兆登云路,金榜山同列榜观。先世黄麻开相府,几人青琐点朝班。我生旧是南阳裔,家谱从头着意看。

恭纪贤母堂谨次水心先生原韵

寒门无长物,野韭杂园蔬。岳降崧生白,风潇雨晦余。一官知制诰,万卷读楹书。文采风流后,生民颂厥初。

世德传饘粥,家风淡菜蔬。素心兰有臭,青草野无余。观海难为水,名山尽积书。徽音今已邈,敦朴返皇初。

传家惟俭德,摘我园中蔬。重道尊儒日,含辛茹苦余。姜嫄歌大雅,妐妐读虞书。宋代崇名节,流风尚太初。

周官周礼意,祭庙得嘉蔬。舜禹汤文后,阴晴日夜余。早推华国选,能读等身书。燕翼诒谋远,天开混沌初。

和次作

堂高巢燕子,竹老护鸡孙。四代丝纶事,弥天雨露恩。榜花题雁塔,棣萼傍龙门。宣圣殷勤问,先声考鲁论。

家乘垂清白,含饴苦弄孙。盐梅舟楫选,心腹肾肠恩。饘粥双弓米,声华九鲤门。徽音谁继嗣,纶綍自天论。

达人明德后,清白遗儿孙。社稷生民福,干城国士恩。斗山孚物望,桃李植公门。合绘功臣像,麒麟阁上论。

竹箨常依母,桐阴旧有孙。南阳承祖德,东阁沐皇恩。运际云龙会,名高驷马门。只今丞相府,钟鼓奏于论。

咏句代五兄有年和首作 二首

淡泊饶风趣,秋高梦蹴疏。机声灯影畔,荼苦荠甘余。白璧真无垢,黄金自有书。帝心隆简在,迈迹庙堂初。

桑榆娱老境,抱瓮灌秋蔬。奎璧磨无玷,金钱馈有余。誊黄承帝诏,尺素达家书。尔雅稽篇首,权与肇祖初。

又和次作 二首

聊季姬周裔,承姚子茹孙。敷予心腹选,作朕股肱恩。延士开东阁,亲贤赋北门。绵瓜累葛什,风雅细评论。

一品当朝相,天山本帝孙。文章经国选,忠孝戴亲恩。老去臣稽首,归来稚候门。康成书带草,闲与不同论。

咏修谱 七言绝句六首

鹭岛绵瓜十八乡,蕃滋硕大出诸梁。莲开并蒂群芳谱,溪注群流百谷王。
襟带莲溪派泽长,诗歌清庙礼明堂。翰林风月琼林树,曾接南阳一瓣香。
衣冠少壮挟狐貂,子舍双丁女二乔。惭愧行年强仕过,纂修谱志继林姚。
图书东壁墨西园,朝罢归来梓谊敦。天赐一枝修史笔,闲编家乘学龙门。
汴河流注鹭江深,观谱能生孝弟心。食德服畴皆祖训,一编座右当丹箴。
莲花香满瀛洲路,溪水源通太液池。笑我微官居柱下,移将史笔谱宗支。

题古濑祠堂(代五兄作)

南阳世胄古今夸,门巷乌衣夕照斜。对宇一泓廉让水,出墙万朵吉祥花。有官鼎鼐生民福,无地楼台宰相家。八百年前基已兆,宋朝文武状元衙。

又句和前韵(代子修师作)

服官仆射宋诗夸,祠宇依山带谷斜。望重栋梁知国树,祥占旄节紫荆花。嘉名肇锡光宸翰,俭德留贻载史家。武达文通承祖泽,只今罗拜尚书衙。

自和前韵二首

人杰地灵倍口夸,七闽山水大观斜。圣明倚畀中流柱,文武齐开及第花。盘谷晚年归李愿,紫荆依样种田家。蒸尝禴祀昭跄济,艳说南阳宰相家。

闽中形胜此中夸,万壑千山绕屋斜。清庙明堂回濑水,状元拜相卜荆花。诸梁南楚无双派,明季西姬第十家。小子承祧刚廿六,史臣旧是宰臣衙。

又句十三首

毓秀钟灵自昔夸,我来谒庙日西斜。紫芝砌长科名草,金带围开宰相花。活水源头唯一脉,读书声里是吾家。诸梁含菜初受氏,子姓云礽当列衙。

七闽望族几人夸,丞相祠堂叠翠斜。古濑溪深常带雨,紫荆树老尚开花。衣冠北宋真元辅,文物南阳本大家。卜世卅传年七百,尚书门第大师衙。

天作高山此地夸,门前隐约宝屏斜。濑溪回溯无双派,荆树初开第一花。纬武经文元老选,绵瓜累葛万人家。方迁仆射兼枢密,曾掌丝纶入正衙。

一乡荣耀一时夸,凤骞龙蟠作势斜。掌握丝纶枢密院,评章桃李上林花。瓒圭卣鬯宗人府,玉帛冠裳世禄家。肇祖首基垂统绪,高山合受众峰衙。

居人行乐路人夸,水绕峰回一道斜。树下闻声弹柳汁,陇南养志采兰花。满床簪笏开侯府,数亩园林隐相家。退食自公聊卜筑,晚来尚听鼓催衙。

吾侪言大本非夸,川媚山辉整复斜。固蒂深根知国树,千红万紫称心花。大江东去中流柱,尽室南行崛起家。檐角蜂臣偏解事,向晨南北学排衙。

天宝物华累代夸,紫荆树影斗横斜。玉堂早兆芙蓉镜,金带争占芍药花。绕宅居然严子濑,藏书旧是邺侯家。升平宰相垂风范,南北当年并列衙。

朝罢归来将相夸,紫荆高亚紫薇花。十年始就京都赋,晚节犹香隐逸花。忆昔尸瓮怜有母,记曾弹铗叹无家。重门不是喧哗地,只许群蜂学报衙。

岳降嵩生莫漫夸,大观一幅画图斜。孝慈已种檀栾竹,富贵曾开棣萼花。犀角眼中欣有子,凤毛池上自成家。九重春色无边好,桃李分官柳作衙。

闲将乔木世臣夸,相国堂开昼锦斜。红杏苑沾红杏雨,紫薇郎对紫薇花。平生清白堪千古,四海黎元是一家。文采风流今尚在,何人不识宋官衙。

吉祥止止故乡夸,藻绘山川户外斜。一本枝柯生玉树,三更纺织卜灯花。房谋杜断真王佐,宋艳班香大作家。厚泽深仁能格物,晨昏喜盼鹊栖衙。

江湖归去得雄夸,草绿苔青屐迹斜。侍教萱闱叨画荻,出身阆苑记簪花。文章勋业名臣传,富贵荣华故相家。一样升平好官府,日高三丈放朝衙。

连云甲第漫相夸,南斗横天北斗斜。机杼宵深抽锦絮,蓬壶春暖映萱花。买山卜宅无多业,临水成村只树家。迈迹豫州基古濑,满门槐柳昼参衙。

敬和尚书郑纪题古濑叶丞相正简公祠元韵

桂馥兰芬积善家,平章宅里一阑花。春秋来往堂前燕,依旧双双两两斜。
贤母堂前白水斜,尚书门下介圭赊。文章道德基忠孝,成教从来不出家。
袍笏联翩阀阅家,光明锦上更添花。当门手植三槐荫,仿佛汴都禁树斜。
荆花低榜禁树斜,月白风清不用赊。忠孝节廉明德远,圣贤治国在齐家。
我是莲溪旧世家,书香不断树交花。频年梦绕长安路,惯捧葵心向日斜。
芝兰玉树影横斜,宰相门前紫气赊。栗里归来陶令宅,桃源深处武陵家。
尚书仆射读书家,早看长安遍地花。罗拜孙曾三十世,篆烟齐上玉钩斜。
裙腰芳草抱山斜,归去来兮故园赊。记取立春正月旦,椒盘茅酒荐家家。
濯锦江头杜老家,桃源无树不开花。多情惟有田荆荫,扶植门墙镇日斜。
基开豫省南阳远,地接扶摇北海赊。凤历新颁元旦夜,炉香灯火万人家。

敬题瑞南公和丁少鹤咏留云洞元韵四首

子舆嗟去国,谁解为王留?出没悲麟凤,引藏耻豫犹。妙情多汶汶,臣志本休休。泰岳生方寸,归来学卧游。

岫本无心出,云偏有意留。楚狂歌凤已,老子喜龙犹。大学先知止,微言暂乞休。鹭江环勺水,权作五湖游。

奇观饶洞壑,云在意俱留。泂溯怀人在,婆娑叹树犹。梓桑恭敬止,南北去来休。故国湖山好,相从汗漫游。

荡胸丘壑趣,一半此勾留。为士知斯可,于人迥不犹。伯夷甘忍饿,许子重归休。风月江山夜,依稀赤壁游。

又代五兄作

富贵天前定,浮云等去留。身将皆子隐,文岂莫吾犹？老泪挥羊祜,清吟继日休。卷阿今嗣响,泮鱼且优游。

题金榜山五古

左旗后右鼓,金榜踞龙虎。科名荣一时,山名足千古。先生玩空谷,我书时还读。不愁金榜名,居然金榜乐。

登观日台有感

观日观于海,日在长安在。此日无兴亡,斯台几成败。

咏梅

洗练精神仗雪霜,此身管领付东皇。生平不解逢人笑,清夜问心独自香。

壬辰会试赋得柳拂旌旗露未干得春字五言八韵

报尽鸡筹未,旌旗灿已陈。露珠干得晓,柳线拂当春。漏响千门歇,烟光万缕皱。絮飐盘马地,衣点听莺人。旆旆融金瀣,瀼瀼沁玉尘。芳华妍一色,仙仗丽三辰。重异添炉篆,晞须照日轮。即今叨染汁,锵佩侍枫宸。

赋得山川出云得开字五言八韵(乙未散馆,甲午翰林)

一朵祥云出,机缄脉脉开。山连巫峡走,川自禹门来。太华峰三削,汾阳墨几堆。岳河通气息,霄汉发胚胎。鹏翼垂天际,鱼鳞起水隈。势随鸾凤舞,图并马龙猜。时雨生民望,甘霖宰相才,纪官皇极建,纪缦畅埏垓。

后　记

2021年11月，厦门市图书馆举办了"何丙仲读书生涯图片展览"。我在参与筹备工作的过程中，有机会再一次回顾和梳理自己求知、工作的整个历程。发现读书，才是我这辈子不可或缺的生活内容，贯穿始终。

我的读书生涯大致可分成前后两个阶段。前一个阶段，由于家学的背景，我从小喜爱阅读，中学时代就养成做读书笔记的良好习惯。高中毕业后，1966年我到工厂从事与读书截然不同的体力劳动，而且一干就是十五年，其间遇上十年浩劫，是有限的阅读使我的精神生活获得了慰藉。当年所读的书多半是古文、历史和诗词，甚至外语，但这只是靠着兴趣和习惯，毫无目的也不可能有目的地泛览。随着马齿的渐长，这种阅读动力越来越靠不住。这时，我无意中读到老朋友舒婷写于1976年的一首小诗，非常感动。诗写道："当你从我的窗下走过，祝福我吧，因为灯还亮着。灯亮着——在晦重的夜色里，它像一点漂流的渔火。你可以设想我的小屋，像被狂风推送的一叶小舟，但我并没有沉沦，因为灯还亮着。"（《当你从我的窗下走过》，载《舒婷的诗》，人民文学出版社，1994年）我顿时如醍醐灌顶：那灯，不就是我对文化苦苦追求的炽热之情？我必须加倍努力！那灯既然亮着，就必须让它亮下去！于是，我把我的书房取名为"一灯精舍"，构筑了属于我自己的心灵家园。

灯亮着，终于盼来了禹甸的重光，我也赶上了大学的末班车，从而接受到系统而严格的专业训练。在努力工作的同时，也开始了我长达三十多年读书生涯的后一个阶段。我所学的是文物和博物馆学，涵盖的学科主要是历史学、考古文物学。毕业以后我一直服务于基层的文博单位。由于研究方向和目的已经明确，信心和力量倍增，于是就形成了以郑成功史为中心的闽南文化研究范围，从而广泛、深入地阅读这方面的人文、史地文献，收获了一些值得欣慰的小小成果，也谬承学术同人的认可。退休以后，我百病缠身，先是股骨头坏死做过三次大手术,2017年更患上恶疾,鬼门关走了一遭。然而就是靠着心中那盏不熄的灯,今天还在坚持做我喜欢而且应该做的事。晚年我仍坚持发挥自己古典文学的优势,点校、校注了十数部闽南古籍文献,真正体会到屈原《离骚》那句"亦余心之所善兮,虽九死其犹未悔"的真谛。

20世纪90年代初,我参与编辑《鼓浪屿文史资料》,顺便将我前前后后模仿《世说新语》《阅微草堂笔记》的笔调写成的文史随笔,作为补白刊登问世,得到许多读者的厚爱。继而一发不可收,凡读书所得,若管窥文史之一家言,若闽南乡贤之史迹珍闻,若师友之嘉言懿行,若乡邦之岁时风物,等等,久而久之皆随手整理,竟裒然有成。综而观之,语虽不文,但求雅俗共赏;文有修短,必自出机杼。今从其中选择五百六十二篇,遵照薛鹏志学兄的意见,厘为稽古、蠡测、昔贤、铎音、诗话和风物共六大部分,交由厦门大学出版社出版。

书成,取名为《一灯精舍随笔》,"因为灯还亮着"。"灯亮着",决不是为了赶时髦,故作佛家禅意,骚客雅好。福建省文史研究馆副馆长、著名的百岁老诗人兼书法家赵玉林夫子肯定此"一灯"的含义,生前特地为我题写了书名。

最后,关于本书的出版,首先要衷心感谢厦门市社会科学界联合会、厦门市社科院的大力支持和鼓励,并将此书列入"厦门社科丛书"。还要感谢厦门大学谢泳、王日根、洪峻峰三位教授认真审读了拙著的初稿,并在百忙中为本书宠赐序言。我要感谢厦门市中山医院的赵慧毅主任医生,是他让我恢复正常的行走;更要感谢第一医院的李滨、黄献钟等主任医生,是他们精湛的医术和高尚的仁心,让我五年前免赴玉楼之召,活到今天。至此,我还要感谢厦门大学出版社的薛鹏志、章木良两位责任编辑,是他们精心的劳动,使本书得以体面问世。当然,本书的顺利付梓,与家属长期以来对我的呵护和帮助是分不开的,我妻颜惠芬不仅承担了所有琐碎的家务,还配合医生负责我的日常保健,使我能够正常生活,同时持续我的读书生涯。此外,我的两个女儿何婉菁、何婉苇也参与了文稿的编务工作。上述这些,都是我今生不能一日或忘的。

本书属于传统笔记类的作品,写作时间跨度太长,难免有重复或文风不一的种种不足,加上水平局限,乃望有道君子进而教之。

2022年大暑之日,何丙仲识